运动解剖学图谱

(第3版)

顾德明 缪进昌 著
丁誉声 丁 山 绘图

人民体育出版社

内容提要

本书是一册有1000余幅彩图，辅于简明文字说明，集学术性、直观性、知识性和实用性为一体的图谱。书中主要描述人体运动的结构和执行体系（运动器官系统）的骨、骨连结（关节）和骨骼肌（肌肉）的形态结构和机能。以关节为中心结合体育技术动作描述关节的运动形式，并对运动关节的肌肉机能进行具体分析，提出锻炼身体主要肌肉的手段和方法。

在介绍运动器官系统的基础上，对上肢、下肢、头颈、躯干等部分关节和骨骼肌的机能作了综合性概述，并对肌肉工作进行了分析。为了体现人体的整体性，对人体活动起物质摄取、输送和废物排除的消化系统、呼吸系统、泌尿系统、脉管系统（心、血管等）和对人体活动起控制、调节的神经系统、内分泌腺、感觉器官，以及起人类繁衍功能的生殖系统用彩图作了简明介绍。本书还选辑了儿童少年时期骨龄的X线照片。关节滑膜囊的形态和部位图像、支配人体运动器官的主要运动神经图表。

本书还附有运动系统英汉解剖学常用名词英文索引和运动系统汉英解剖学常用名词汉语拼音索引。

序

运动解剖学是一门极为重要的体育专业基础理论学科。长期以来，在运动解剖学的教学中缺少同教材内容，特别是与运动技术动作相结合的图谱。为了解决体育教学、训练和科研的需要，顾德明、缪进昌同志根据多年的教学经验，结合运动训练实践，参照现行的通用教材，博采众家之长，精心设计与编写，丁誉声同志和丁山同志绘图，出版了这本同行们盼望已久的《运动解剖学图谱》。

《图谱》采用由浅入深的层次解剖表现手法。在画面的安排上，使体表与内容，功能与形态相结合，以便在活体上进行对照。

《图谱》选用国人形体典型的照片和X线照片，反映了我国民族的形态特点，并增强了画面的直观性。即使没有解剖标本的条件下，仍能收到良好的学习效果。

《图谱》尽可能地将运动器官与运动技术动作相结合，使读者在学习与掌握运动解剖学理论知识的基础上，更深刻地理解骨、关节、肌肉运动的原理和实质；使其更具有体育运动专业的特色，增加了《图谱》的实用性。

《图谱》内容系统完整，图像真实，文笔简练。它既是学习与研究运动解剖学，从事体育科研工作，以及指导运动技术训练的一部具有科学价值和实用价值的教学参考书，也可供医用解剖学(运动系统部分)和艺用解剖学(人体造型方面)参考之用。

张鈺

1985年5月于南京

再 版 序 言

《运动解剖学图谱》（以下简称《图谱》），自1985年出版以来，为广大体育工作者，特别是全国各体育院校师生广泛使用，认为该《图谱》具有体育运动特色，内容深入浅出，图文并茂，易学易懂，适合当前体育教学、训练和科研的需要。《图谱》的出版，也受到国内外有关学者和专家的好评。1991年被译成日文，曾在日本出版发行，可喜可贺。

随着竞技体育与群众体育在我国广泛、深入的开展，以及体育教学、科研的发展，体育基础理论研究显得日趋重要。1999年，作者在广泛听取读者意见的基础上又对1985年出版的《图谱》进行了修订。对旧版进一步做了精选，增加了新的内容，并附运动系统汉英解剖学主要名词对照表。修订后的《图谱》，内容更完善、更实用，更符合体育教学、训练和科研的实际需要。在此仅以一个普通读者的身份对作者和出版社所付出的辛劳表示感谢。

1999年5月于北京

再版说明

在体育专业院校运动解剖学教学中及体育运动训练实践中，与之相配伍的《运动解剖学图谱》至为重要。上世纪80年代初期，作者总结了多年的教学经验，并在观摩运动训练实践的基础上，从实际出发，著述了这本以人体运动器官系统为主要内容的彩色《运动解剖学图谱》，填补了运动解剖学教学领域的空白，为体育运动训练提供了人体运动基础知识读本。

《运动解剖学图谱》（以下简称《图谱》）的出版，也为运动解剖学的函授教学、体育科研、学校体育教师、广大体育锻炼爱好者，以及医学院校的医学康复专业、形体艺术专业院校的教学提供了一本卓有效用的参考书。

斗转星移，《图谱》自1985年出版后，近30年来，作者在参考国内外有关资料，深入探究体育运动技术动作成因，不断地对《图谱》内容作了修正和拓展，希冀使之更具有学术性、实用性和可读性。

再版《图谱》增加了关节活动的体育动作示例，揭示了运动环节绕关节运动轴转动形式；动作示例也为增大关节运动幅度在方法上作了探索。

再版《图谱》增加了人体主要肌肉力量性和柔韧性练习动作图例，为体育活动中提高肌肉力量、柔韧素质在方法上探求了思路；也满足了全民健身运动的需要。

再版《图谱》增加并绘制了关节周围滑膜囊分布的图例，为探究在运动训练中和日常劳作中有关滑膜囊损伤提供了形态、部位的基本知识。

再版《图谱》增添了躯干运动动作、上肢运动动作和下肢运动动作的简要解剖学分析，可更好地理解、剖析运动动作是以骨为杠杆、关节为枢纽和骨骼肌收缩为动力的原理和实质。

再版《图谱》增补了骨骼肌的运动神经支配图，为探索体育运动训练中肌肉损伤以及康复医学（针灸、按摩）提供了形态学基础知识。

为丰富《图谱》内容，河北省体科所张绍岩、李小陆先生提供骨骼年龄的X线照片，黄载文、宗卫和先生绘制了关节运动动作图。《图谱》问世以来，深受国内外学者、读者青睐、厚爱和支持，为《图谱》的逐步完善、修正错误送宝献计，在此，竭诚致以谢意。

《图谱》不足之处和错误因作者的有限水平而在所难免，恭请国内外学者、读者一如既往，不吝指正。

作者
2014年6月1日

目 录

人体解剖学的基本术语 1

  人体(标准)解剖学姿势 1

  人体解剖学的方位术语 1

  人体解剖学的定位术语 2

第一篇　人体运动的执行体系(运动系统) 3

  第一章　骨 3

    骨的概况 4

      骨的形状 4

      骨的构造 5

    人体全身骨骼及其在体表的标志 6

      躯干骨 8

        脊柱 9

          脊柱骨(椎骨) 10

            颈椎 10

            胸椎 12

            腰椎 13

          骶骨　尾骨 14

        胸廓 15

          胸廓骨 17

          肋骨与胸骨 17

      上肢骨 18

        上肢带骨(肩带骨) 19

          锁骨 19

          肩胛骨 20

        自由上肢骨 21

          上臂骨 21

            肱骨 21

          前臂骨 23

            尺骨　桡骨 24

          手骨 25

            腕骨　掌骨　指骨 25

            手骨掌侧面 26

            手骨背侧面 27

      下肢骨 28

        下肢带骨(盆带骨) 29

          髋骨 29

        自由下肢骨 31

          大腿骨 31

股骨 31
髌骨 32
小腿骨 33
腓骨 33
胫骨 33
足骨 35
跗骨 跖骨 趾骨 35
足骨背面 36
足骨底面 37

颅骨 38
骨的生长 骨龄 45
X 线照片 46
手腕部骨发育 X 线照片 46
足踝部骨发育 X 线照片 49

第二章 骨连结 50

骨连结概况 51
骨连结的分类与构造 51
关节的分类 52
关节的运动 53

躯干骨的连结 55
椎骨间的连结 55
寰椎与枕骨和枢椎的连结 57
脊柱 58
脊柱的组成 58
脊柱的运动 59
脊柱(躯干)绕额(冠)状轴的运动 59
脊柱(躯干)绕矢状轴、垂直轴的运动 ... 60

脊柱(躯干)绕中间轴的运动 61
胸廓 62
肋与胸骨的连结 62
肋与椎骨的连结 63

上肢骨的连结 64
上肢带(肩带)关节 64
胸锁关节 肩锁关节 64
上肢带(肩带)关节的运动 65
锁骨绕胸锁关节额(冠)状轴的运动 ... 65
锁骨绕胸锁关节矢状轴的运动 66
锁骨绕胸锁关节垂直轴、中间轴的运动 ... 67
自由上肢关节 68
肩关节 68
肩关节的运动 69
上臂绕肩关节额(冠)状轴的运动 69
上臂绕肩关节矢状轴的运动 70
上臂绕肩关节矢状轴和额(冠)状轴之间
的中间轴运动(水平屈、水平伸) 71
上臂绕肩关节垂直轴、中间轴的运动 ... 72
肘关节 73
桡尺关节 74
肘关节的运动 75
前臂绕肘关节额(冠)状轴、垂直轴的运动 ... 75
手部关节 76
手关节 76
腕掌关节 78
掌指关节 手指骨间关节 79
手关节的运动 80

手绕腕关节额(冠)状轴、矢状轴和中间轴的运动 ... 80
下肢骨的连结 ... 81
　下肢带(盆带)关节 ... 81
　　骨盆 ... 83
　　男女骨盆的差别 ... 84
　　骨盆的运动 ... 85
　　　骨盆绕额(冠)状轴的运动 ... 85
　　　骨盆绕矢状轴、垂直轴的运动 ... 86
　　　骨盆绕中间轴的运动 ... 87
　自由下肢关节 ... 88
　　髋关节 ... 88
　　髋关节的运动 ... 90
　　　大腿绕髋关节额(冠)状轴的运动 ... 90
　　　大腿绕髋关节矢状轴的运动 ... 91
　　　大腿绕髋关节垂直轴、中间轴运动 ... 92
　　　大腿绕髋关节矢状轴和额(冠)状轴之间
　　　的中间轴运动(水平屈 水平伸) ... 93
　　膝关节 ... 94
　　膝关节的运动 ... 96
　　　小腿绕膝关节额(冠)状轴的运动 ... 96
　　　屈膝时小腿在膝关节处绕垂直轴做
　　　旋内、旋外运动 ... 96
　　足部关节 ... 97
　　　足关节 ... 97
　　　足关节的运动 ... 100
　　　　足绕踝关节额(冠)状轴的运动 ... 100
　　　　足内翻 足外翻运动 ... 100
　　　足弓 ... 101

　颅骨的连结 ... 102

第三章　骨骼肌 ... 103

骨骼肌概况 ... 104
　骨骼肌的形状 ... 104
　骨骼肌的构造 ... 105
　骨骼肌的辅助结构 ... 106
　骨骼肌的工作术语 ... 107
　骨骼肌工作的杠杆原理 ... 109
　骨骼肌的配布规律 ... 110
　骨骼肌拉力线与关节运动轴的关系 ... 112
　骨骼肌的协作关系 ... 114
　骨骼肌工作性质的分类 ... 115
　多关节肌的工作特点 ... 116
　骨骼肌的横断面 ... 117
人体全身骨骼肌及其在体表的标志 ... 118
躯干肌 ... 120
　背肌 ... 120
　　背浅层肌 ... 122
　　　斜方肌 ... 122
　　　背阔肌 ... 125
　　　肩胛提肌　菱形肌 ... 128
　　背中层肌 ... 128
　　　上、下后锯肌 ... 128
　　背深层肌 ... 129
　　　夹肌　横突棘肌 ... 129
　　　竖脊肌 ... 130
　胸腹肌 ... 133

胸肌 133
　　胸大肌 134
　　前锯肌 137
　　胸小肌　肋间内肌　肋间外肌　胸横肌 140
腹肌及相关肌肉 141
　　膈(肌) 142
　　腹直肌 143
　　腹外斜肌　腹内斜肌 146
　　腹横肌　腰方肌　腹股沟管 149

头颈肌 150
　头肌 150
　　表情肌 151
　　咀嚼肌 152
　颈肌 153
　　颈浅层肌 154
　　　颈阔肌　胸锁乳突肌 154
　　颈中层肌 155
　　　舌骨上肌群　舌骨下肌群 155
　　颈深层肌 156
　　　斜角肌　颈长肌　头长肌　头直肌 156
颈部与躯干肌的功(机)能综述 157
　　呼吸运动的肌群 158
　　运动头颈的肌群 159
　　运动脊柱的肌群 160
躯干运动动作的解剖学分析 162

上肢肌 163
上肢带肌和上臂肌 164
　上肢带肌 166

　　三角肌 166
　　冈上肌　冈下肌　小圆肌 168
　　肩胛下肌　大圆肌　肩袖 169
　上臂肌 170
　　肱二头肌　喙肱肌　肱肌 170
　　肱三头肌　肘肌 173
前臂肌 176
　　前臂前群肌 178
　　前臂后群肌 181
手肌 184
上肢肌滑膜鞘和滑膜囊 188
　　手滑膜鞘 188
　　肩部滑膜囊 189
　　肘部滑膜囊 190
上肢肌的功(机)能综述 191
　　运动上肢带关节的肌群 192
　　运动肩关节的肌群 194
　　运动肘关节的肌群 196
　　运动手(腕)关节的肌群 198
　　运动手指关节的肌群 200
上肢运动动作的解剖学分析 201

下肢肌 202
下肢带肌(盆带肌)和大腿肌(前面和外侧面) 203
下肢带肌 205
　下肢带肌　前群肌 205
　　梨状肌　髂腰肌 205
　下肢带肌　后群肌 207
　　臀大肌 207

臀中肌　臀小肌　股方肌　闭孔肌......... 209
大腿肌 211
　　大腿前外侧群肌 211
　　　　股四头肌 211
　　　　阔筋膜张肌　缝匠肌 214
　　大腿后群肌 216
　　　　股二头肌　半腱肌　半膜肌(合称腘绳肌)... 216
　　大腿内收肌群 219
　　　　耻骨肌　长收肌　短收肌　大收肌　股薄肌... 219
小腿肌 222
　　小腿前群肌 224
　　小腿后群肌(浅层) 226
　　　　小腿三头肌 226
　　小腿后群肌(深层) 229
　　　　趾长屈肌　踇长屈肌　胫骨后肌 229
　　小腿外侧群肌 230
　　　　腓骨长肌　腓骨短肌 230
足肌 232
　足背肌 232
　足底肌 233
下肢肌滑膜鞘和滑膜囊 235
　　足滑膜鞘 235
　　髋部滑膜囊 236
　　膝部滑膜囊 237
　　足部滑膜囊 238
下肢肌的功(机)能综述 239
　　运动骨盆的肌群 240
　　运动髋关节的肌群 242
　　运动膝关节的肌群 244
　　运动足(踝)关节的肌群 246
　　运动足趾关节的肌群 248
下肢运动动作的解剖学分析 249
　　途中跑动作的简要分析 250
　　立定跳远动作的简要分析 251
　　蛙泳动作的简要分析 252
　　自行车踏蹬动作的简要分析 253

第二篇　人体运动的管理协调保证体系 255
　内脏(消化、呼吸、泌尿、生殖系统) 256
　循环(脉管)系统 258
　神经系统 259
　感觉器官系统　内分泌系统 260

附录一

支配人体运动器官的主要运动神经图表 261
　　支配上肢主要关节的运动神经 261
　　支配下肢主要关节的运动神经 262
　　支配躯干肌的运动神经 263
　　支配肩部和上臂肌肉的运动神经 264
　　支配前臂和手部肌肉的运动神经 265
　　支配上肢肌的运动神经（前面） 266
　　支配上肢肌的运动神经（后面） 266
　　支配髋部和大腿肌肉的运动神经 267
　　支配小腿和足部肌肉的运动神经 268
　　支配下肢肌的运动神经 269

附录二

    运动系统英汉解剖学常用名词英文索引 270

附录三

    运动系统汉英解剖学常用名词汉语拼音索引 283

作者简介 290

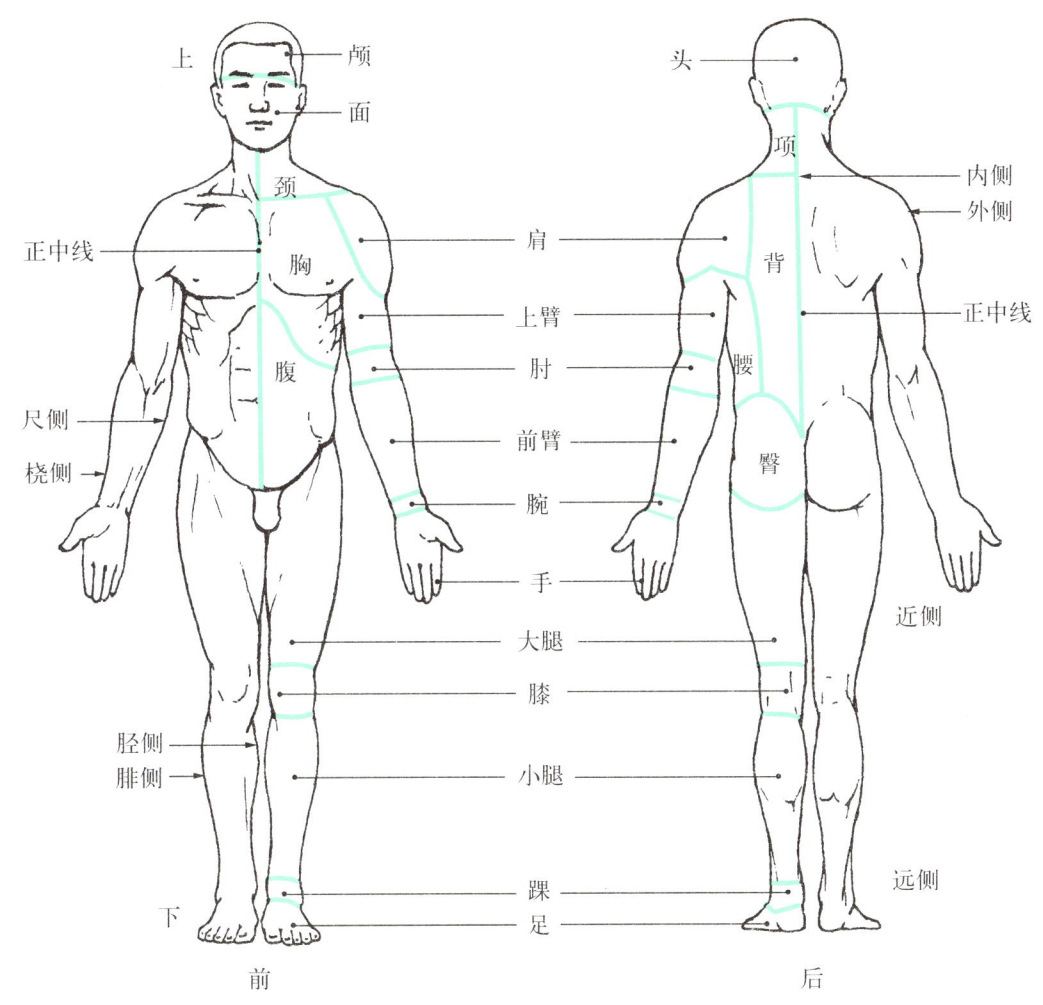

人体(标准)解剖学姿势(anatomical position)

身体直立，上肢下垂，手掌向前，两足并拢，足尖向前。

人体解剖学的方位术语(在标准解剖姿势情况下)

近头(head)者称为上(superior)或颅侧(cranial)，近足(foot)者称为下(inferior)或尾侧(caudal)。

近腹者称为腹侧(ventral)或前(anterior)，近背者称为背侧(dorsal)或后(posterior)。

近身体正中线者称为内侧(medial)，远离正中线者称为外侧(lateral)。

凡有腔的器官，接近内腔的称为内(interior or internal)，远离内腔者称为外(exterior or external)。

靠近皮肤或器官表面者称为浅(superficial)，远离皮肤或器官者称为深(profound or deep)。

四肢靠近躯干根部者称为近侧(proximal)，四肢远离躯干根部者称为远侧(distal)。

上肢的外侧称为桡侧(radial)，上肢的内侧称为尺侧(ulnar)。

上肢的前面称掌侧面(volar)，上肢的后面称为背侧面(dorsal)。下肢的外侧称为腓侧(fibular)，下肢的内侧称为胫侧(tibial)。

人体运动体位发生变化时，对肢体位置改变的描述应用方位术语，不致引起混乱。

人体(标准)解剖学姿势与方位术语

人体解剖学的基本术语

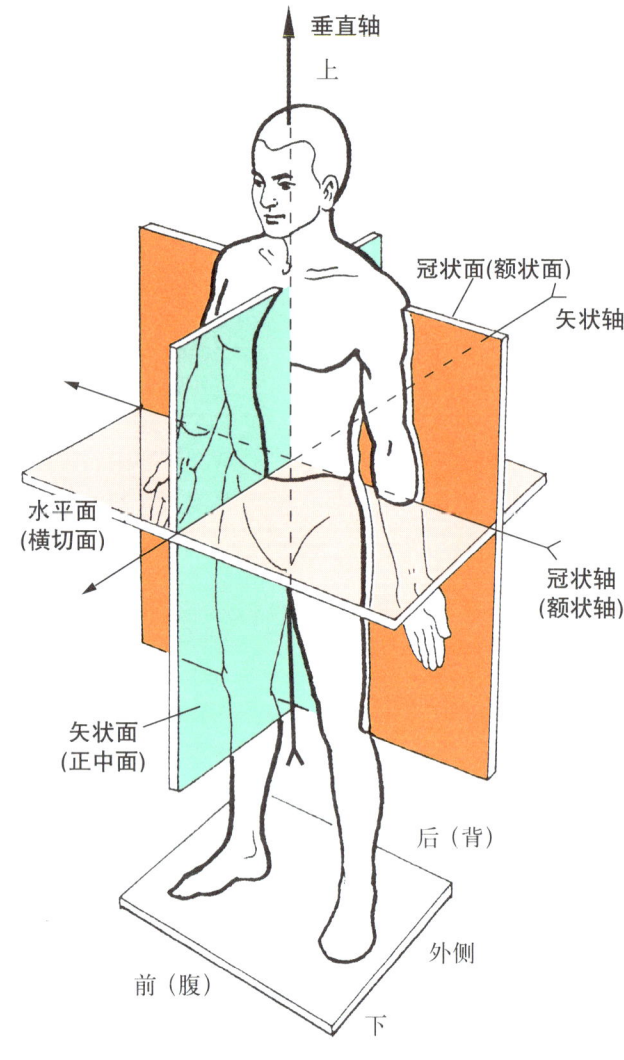

人体的基本切面和基本轴

人体解剖学的定位术语

人体的基本切面

矢状面(sagittal plane)沿人体前后方向,将身体分为左右两个部分的平面称矢状面,其中在正中将身体分为左右相等的两半部,该矢状面称为正中面(median plane)。矢状面可以有数个,而正中面只有一个。

冠状面(coronal plane)又称额状面(frontal plane),沿人体左右方向,将身体分为前后两个部分的平面称为冠状面。

水平面(horizontal plane)又称横切面(transverse plane),将身体分为上下两个部分,与地面相平行的平面称为水平面。

矢状面、冠状面和水平面三者相互垂直。

人体运动的基本轴

矢状轴(sagittal axis)前后平伸与水平面平行,与冠状面垂直的轴称为矢状轴。

冠状轴(coronal axis)左右平伸与水平面平行,与矢状面垂直的轴称为冠状轴,又称额状轴(frontal axis)。

垂直轴(vertical or perpendicular axis)与人体纵轴平行,与水平面垂直的轴称为垂直轴。

人体解剖学的基本术语

第一篇

人体运动的执行体系

（运动系统）

运动系统是人体运动的执行体系，它是由骨、骨连结（关节）和肌肉（骨骼肌）等器官构成。它的重量约占人体体重的60%，运动员的百分比可超过70%。运动系统是人体运动的执行机构。在运动中，骨起着杠杆作用，骨连结（关节）起着枢纽作用，骨骼肌跨过关节附着在骨上，它的收缩力作为运动的动力，牵动骨，围绕着关节产生运动。骨骼肌是运动的主动部分，骨与骨连结（关节）则是运动的被动部分。运动系统在神经系统支配下和其他各系统的配合下，能使人体（整体或局部）在空间产生位置变化和人体各部分相互位置发生变动。在体育运动中，各种各样复杂的或简单的动作，都是由骨、关节和骨骼肌来完成的，运动系统是完成动作的执行者。

第一章 骨

全身骨的数目，成年人有206块，青少年在骨化完成以前，骨的数目多于成年人。人体的骨分颅骨、躯干骨和四肢骨3部分。各骨端借软骨、韧带或关节连结起来。全身的骨多数是成对的，少数是不成对的。

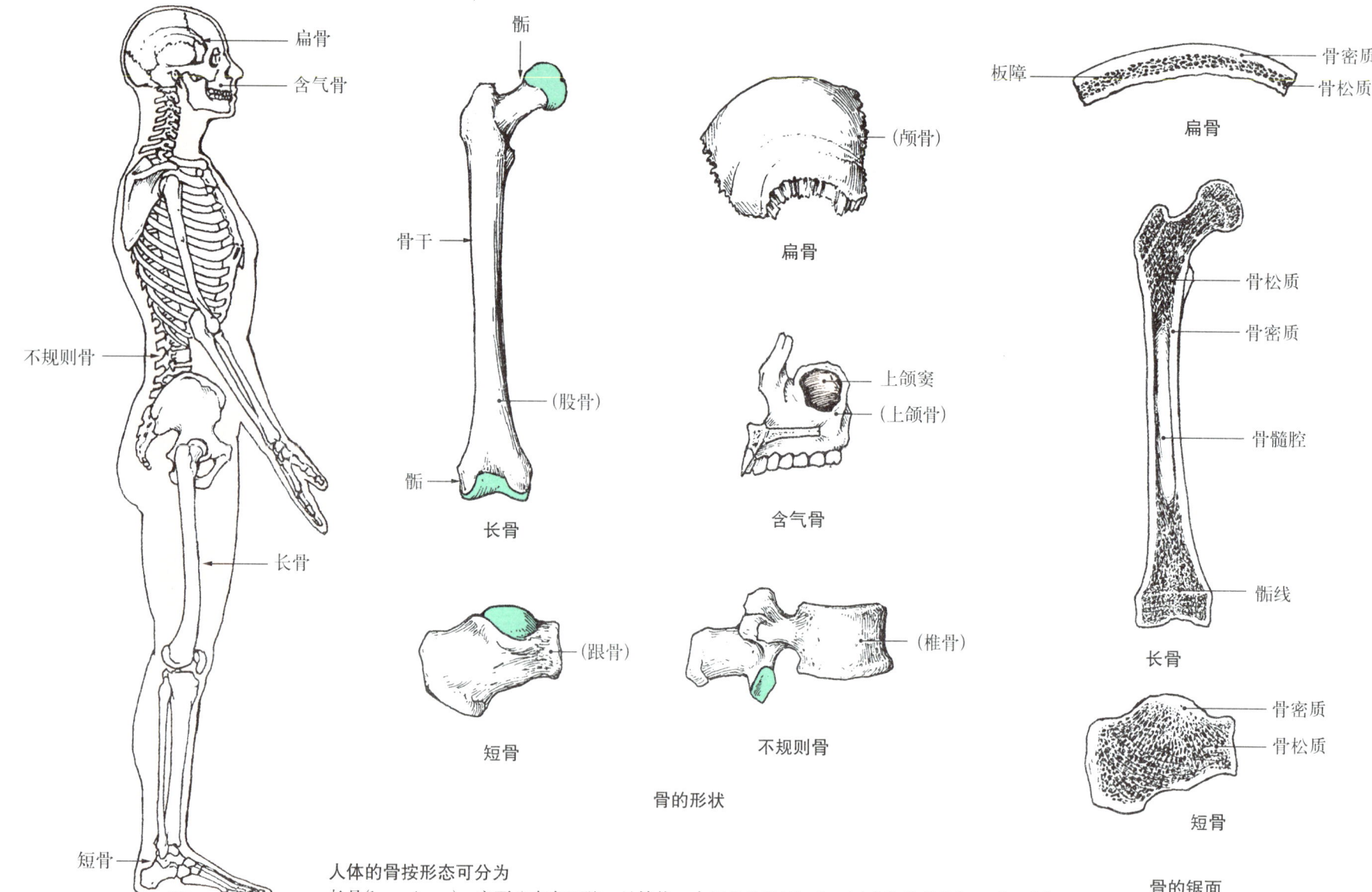

骨的形状

人体的骨按形态可分为

长骨(long bone)，主要分布在四肢，呈管状，中部为骨干(diaphysis)或称为骨体(shaft)，两端膨大，称为骺(epiphysis)。

短骨(short bone)，近似立方形，一般分布于腕部和踝部。

扁骨(flat bone)，呈板状，薄而略显弯曲。

不规则骨(irregular bone)，呈不规则形如椎骨。

含气骨(pnuematic bone)，有的不规则骨内部有含空气的腔，如上颌骨和蝶骨等。

骨的概况　骨的形状

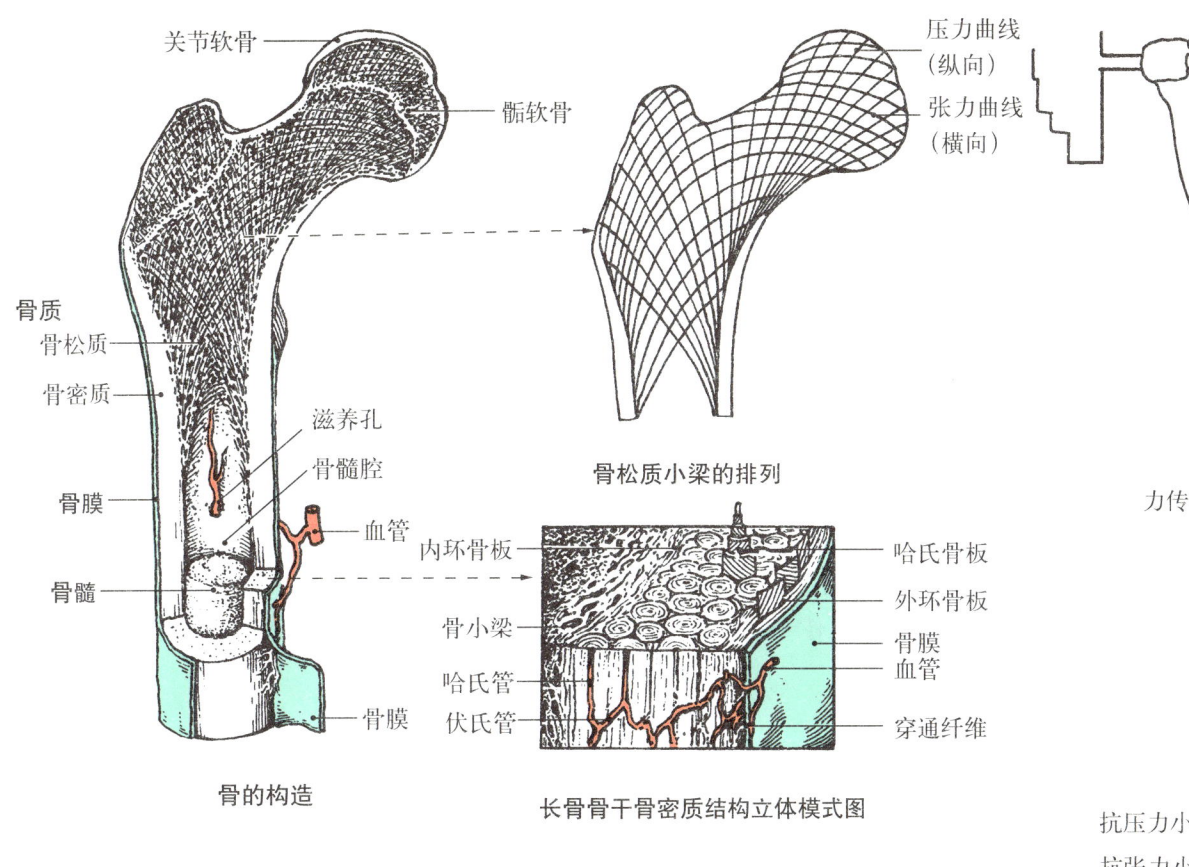

骨的构造

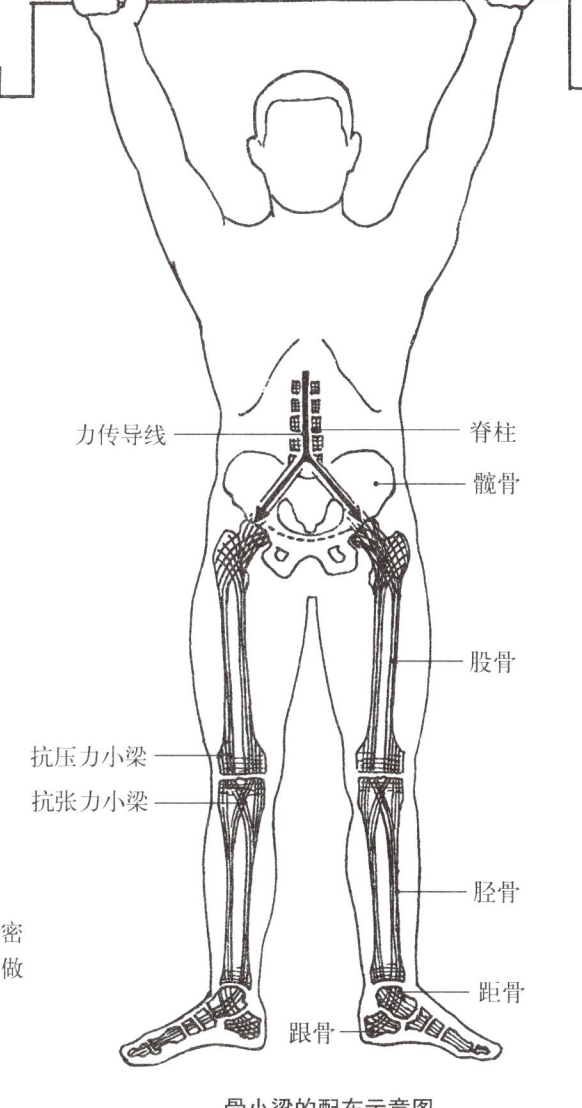

骨小梁的配布示意图

骨 (bone)
　　是个活的器官，由骨膜、骨质、骨髓3部分组成，并有神经和血管分布。

骨质〔bony(osseous)substance〕
　　区分为骨密质(compact bone)和骨松质(spongy bone)两部分。骨密质分布在骨的表面，结构致密坚硬，长骨骨干的骨密质最厚。骨松质分布在骨密质的内面，结构疏松，由许多针状或片状的叫做骨小梁的骨板相互交织构成。

骨膜 (periosteum)
　　除关节面外，骨的表面紧覆一层致密结缔组织称骨膜，血管和神经经骨膜进入骨内。

骨髓 (bone marrow)
　　充满于骨松质的网眼里及长骨的骨髓腔(medullary cavity)内。区分为红骨髓(有造血功能)和黄骨髓(无造血功能)。

骨小梁 (trabeculae)
　　骨小梁是按压(重)力和按肌肉牵拉的张力方向有规则排列的。前者形成压力曲线，后者形成张力曲线。运动时在力的作用下，骨能承受被压缩、拉长、弯曲和扭转等负荷。

骨的构造

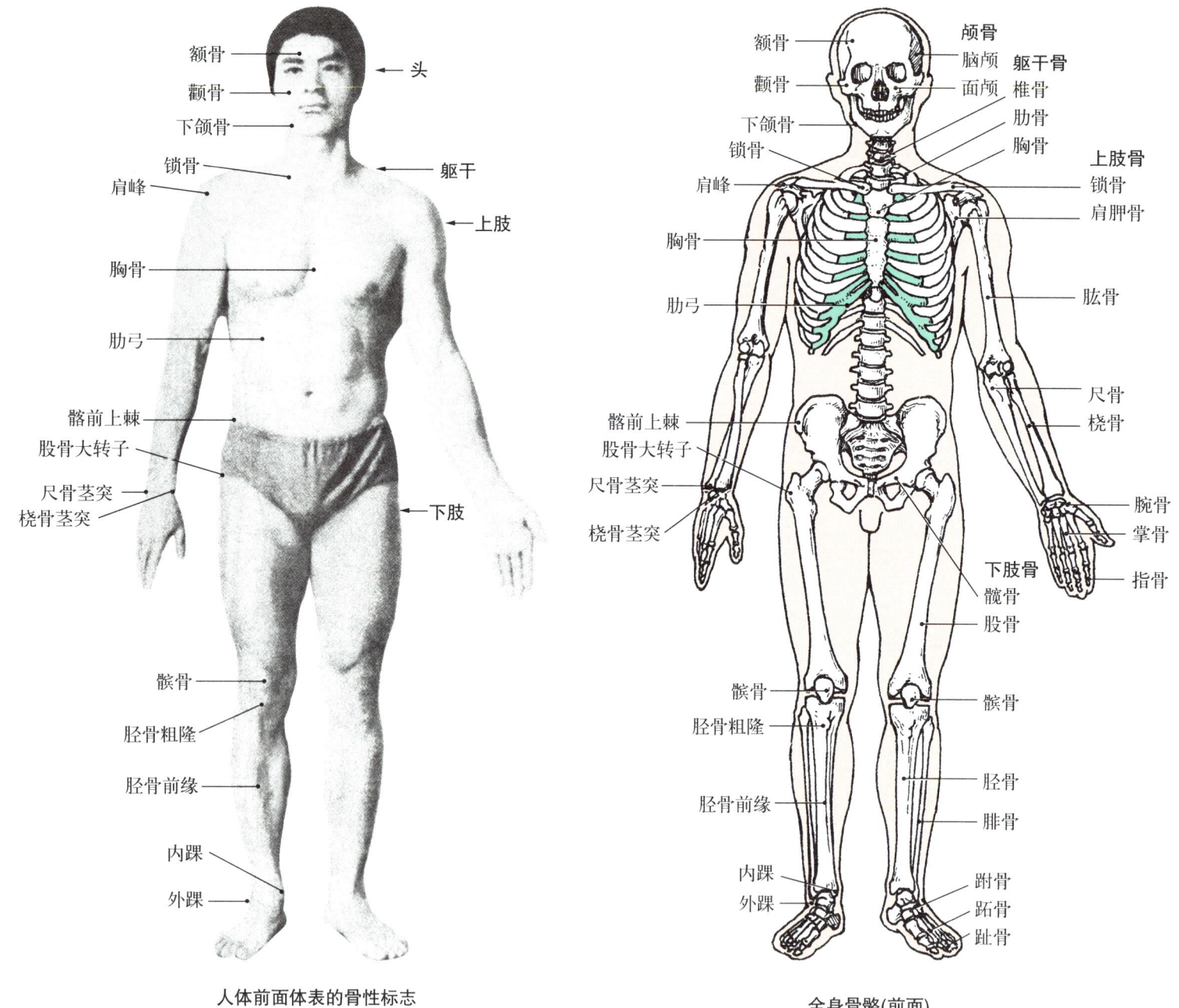

人体前面体表的骨性标志　　　全身骨骼(前面)

人体全身骨骼及其在体表的标志

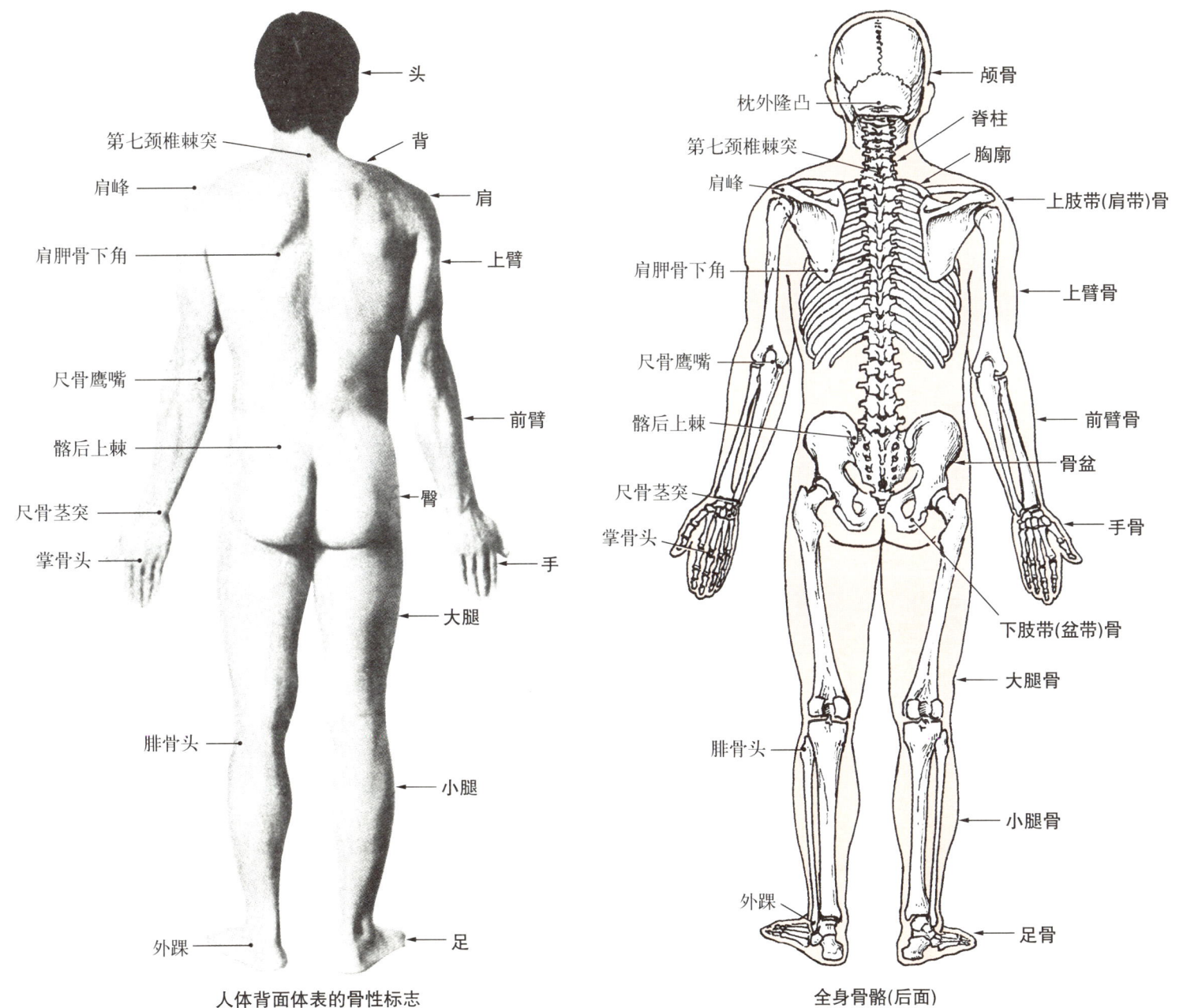

人体背面体表的骨性标志　　　　全身骨骼(后面)

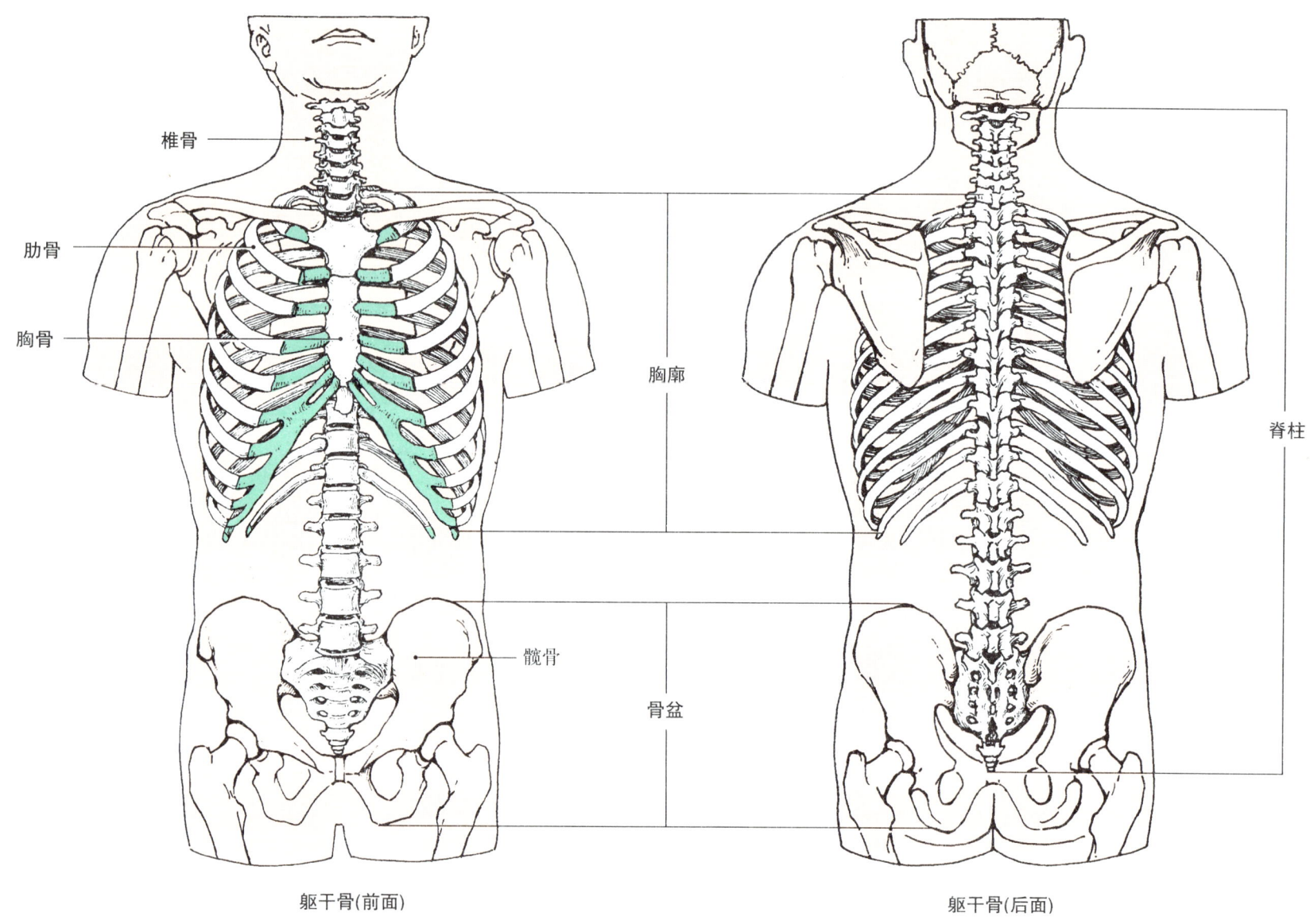

躯干骨(前面)　　　　　　　　　　　　　　躯干骨(后面)

躯干骨

躯干骨(bones of trunk)包括椎骨、肋骨和胸骨3部分。它们相互连结构成脊柱和胸廓，并与髋骨组成骨盆。

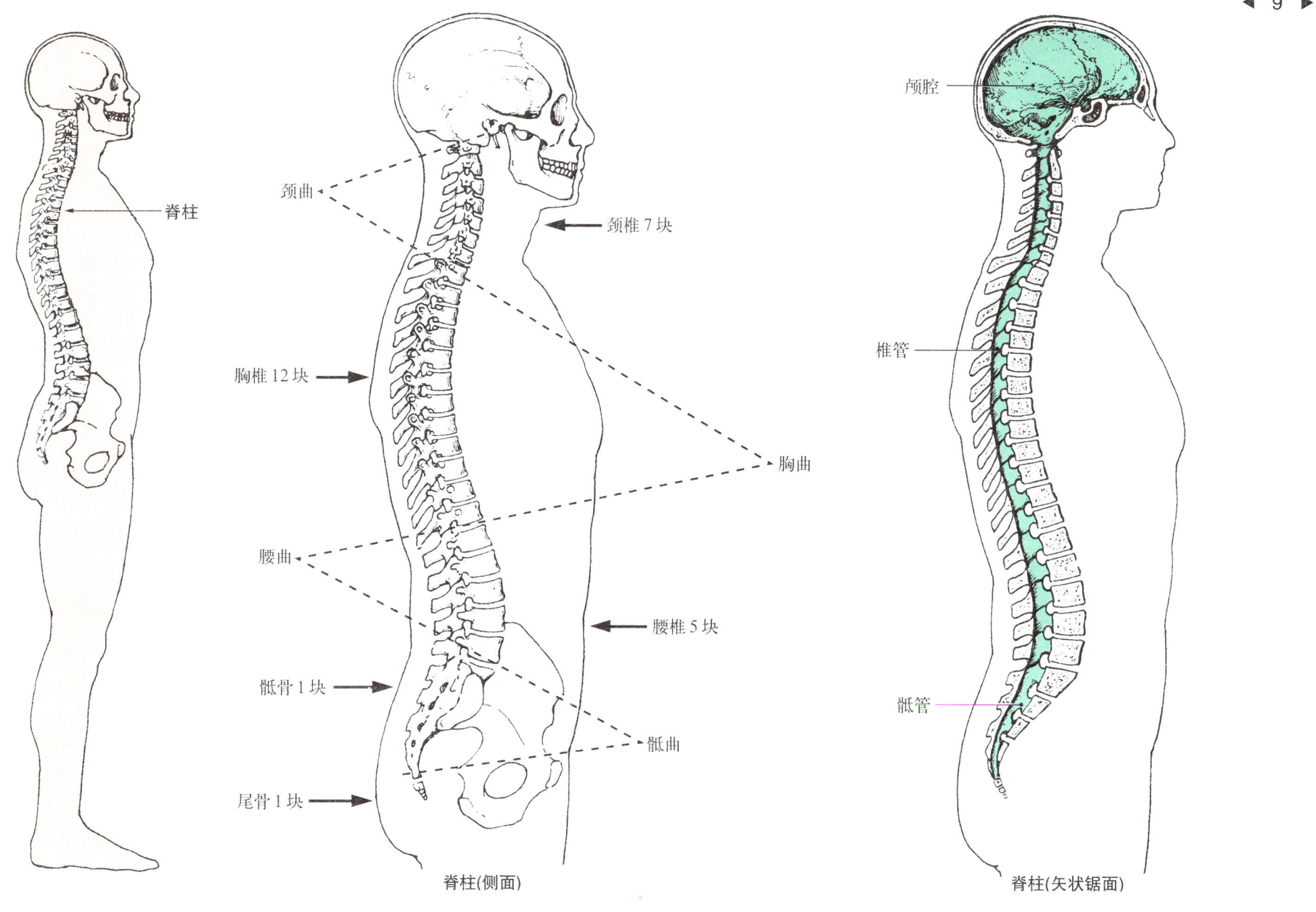

脊 柱

脊柱〔vertebral(spinal)column〕脊柱的骨由颈椎、胸椎、腰椎、骶骨和尾骨5个部分构成，共26块。从侧面观察脊柱，可见颈、胸、腰、骶4个生理弯曲，颈曲、腰曲凸向前，胸曲、骶曲凸向后。

正中锯开脊柱，可见椎管，内容脊髓。

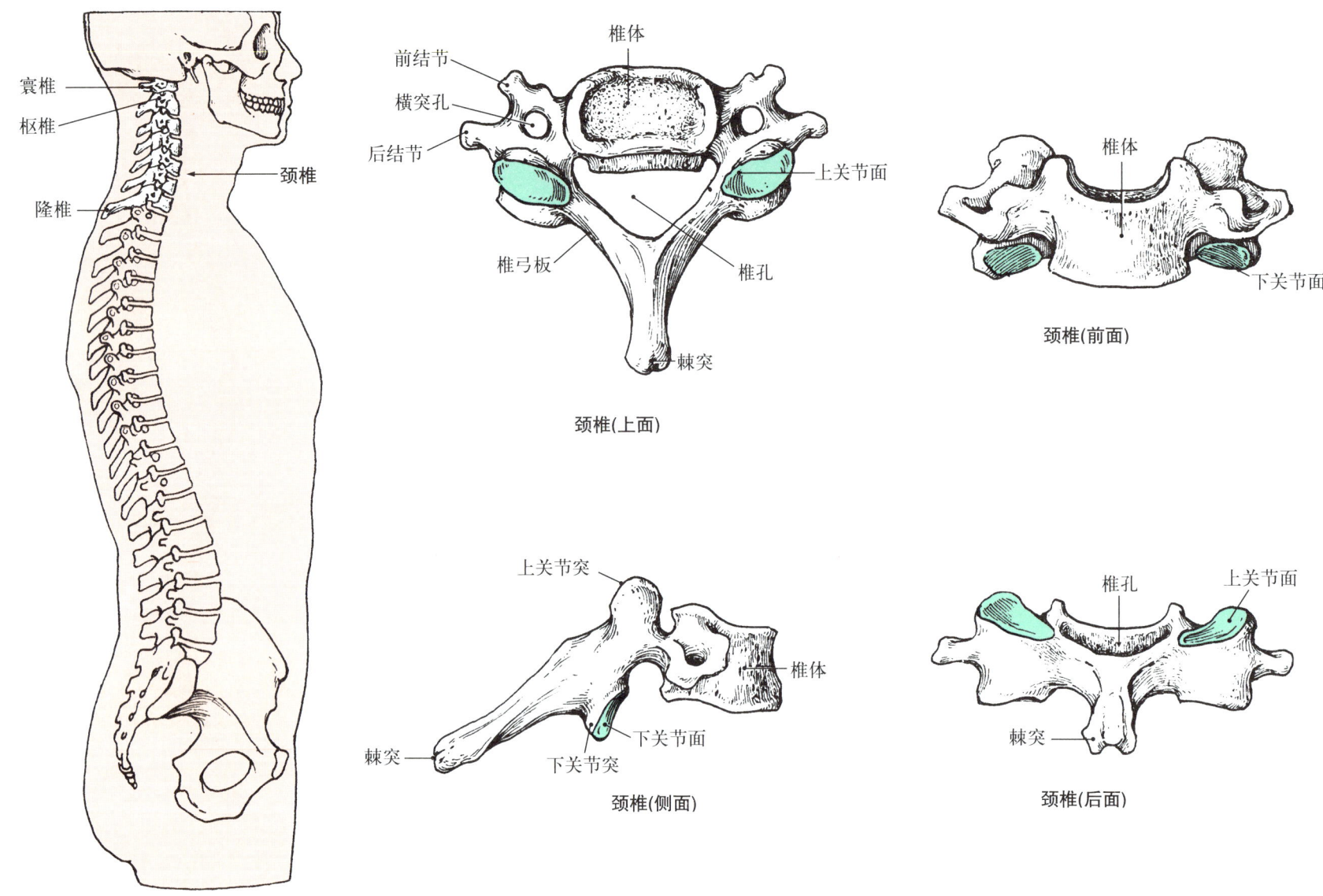

脊柱骨(椎骨) 颈椎

颈椎 (cervical vertebra)

共7块。其中第一颈椎称寰椎 (atlas)(与颅的枕骨相关节)，第二颈椎称枢椎(axis)，第七颈棘突特长，易在颈后摸到，故称隆椎(vertebra prominent)。

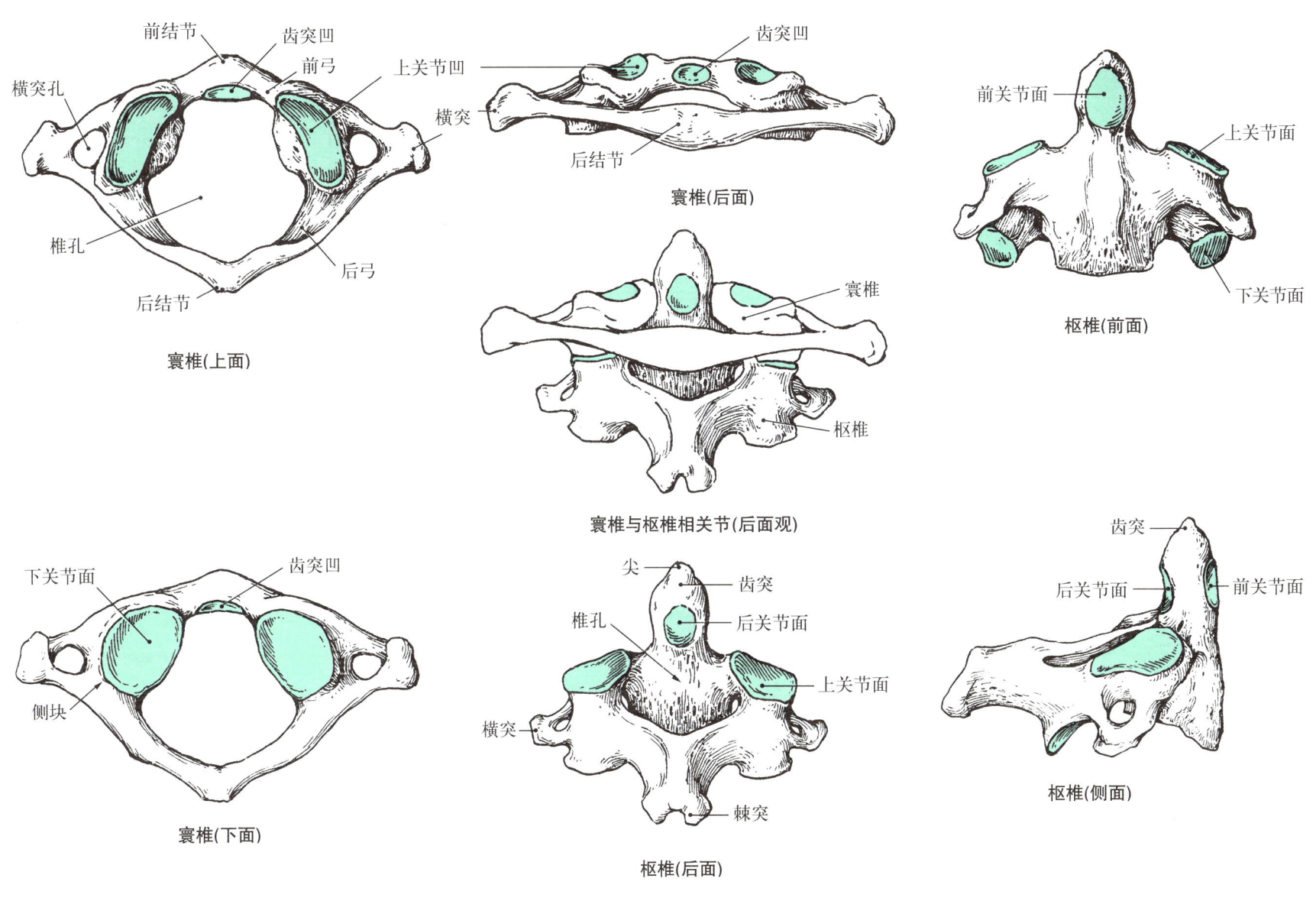

颈椎

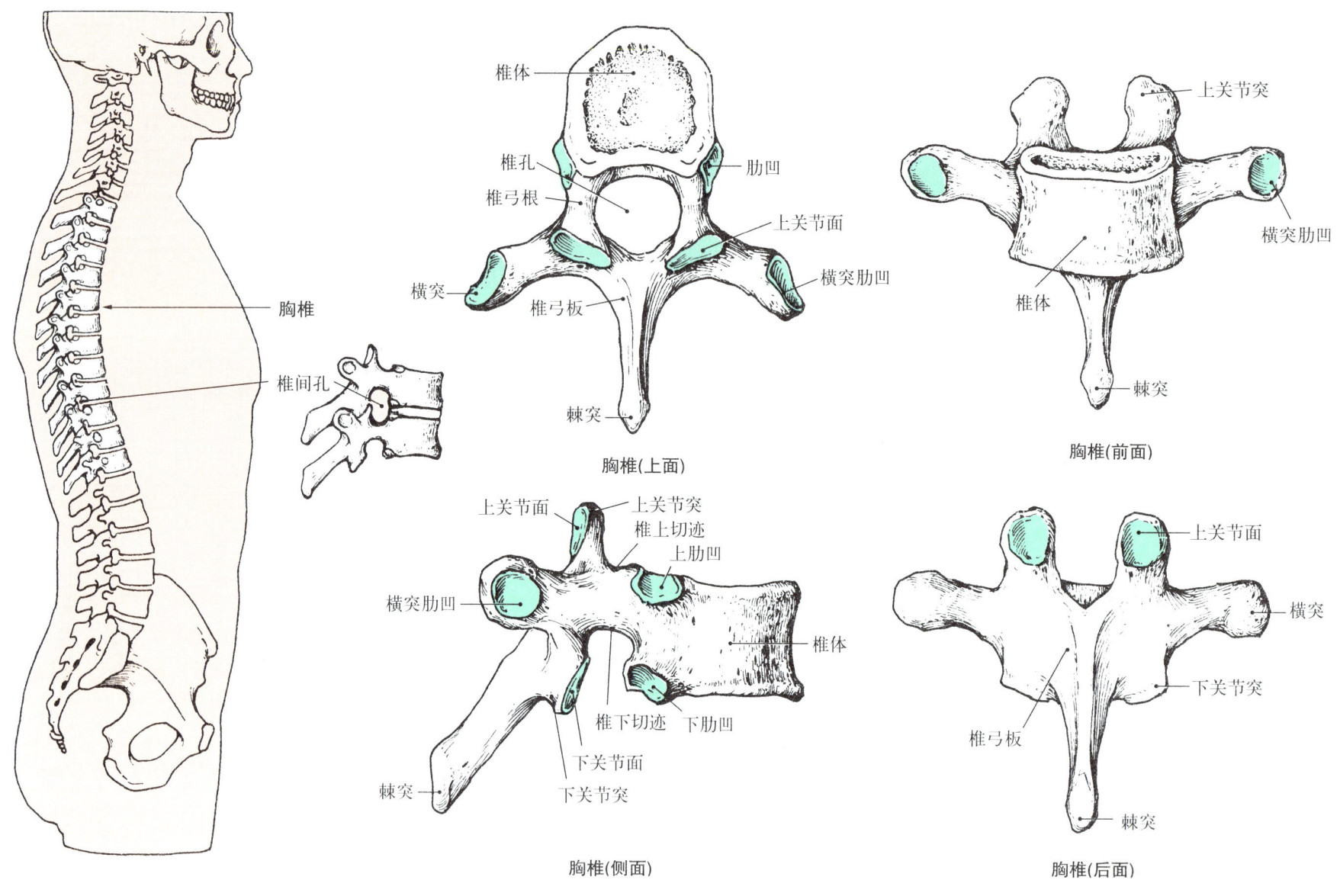

胸椎 (thoracic vertebra)

共 12 块。椎体侧面和横突末端前面有肋凹。棘突较长，斜向后下方，呈覆瓦状。

胸椎

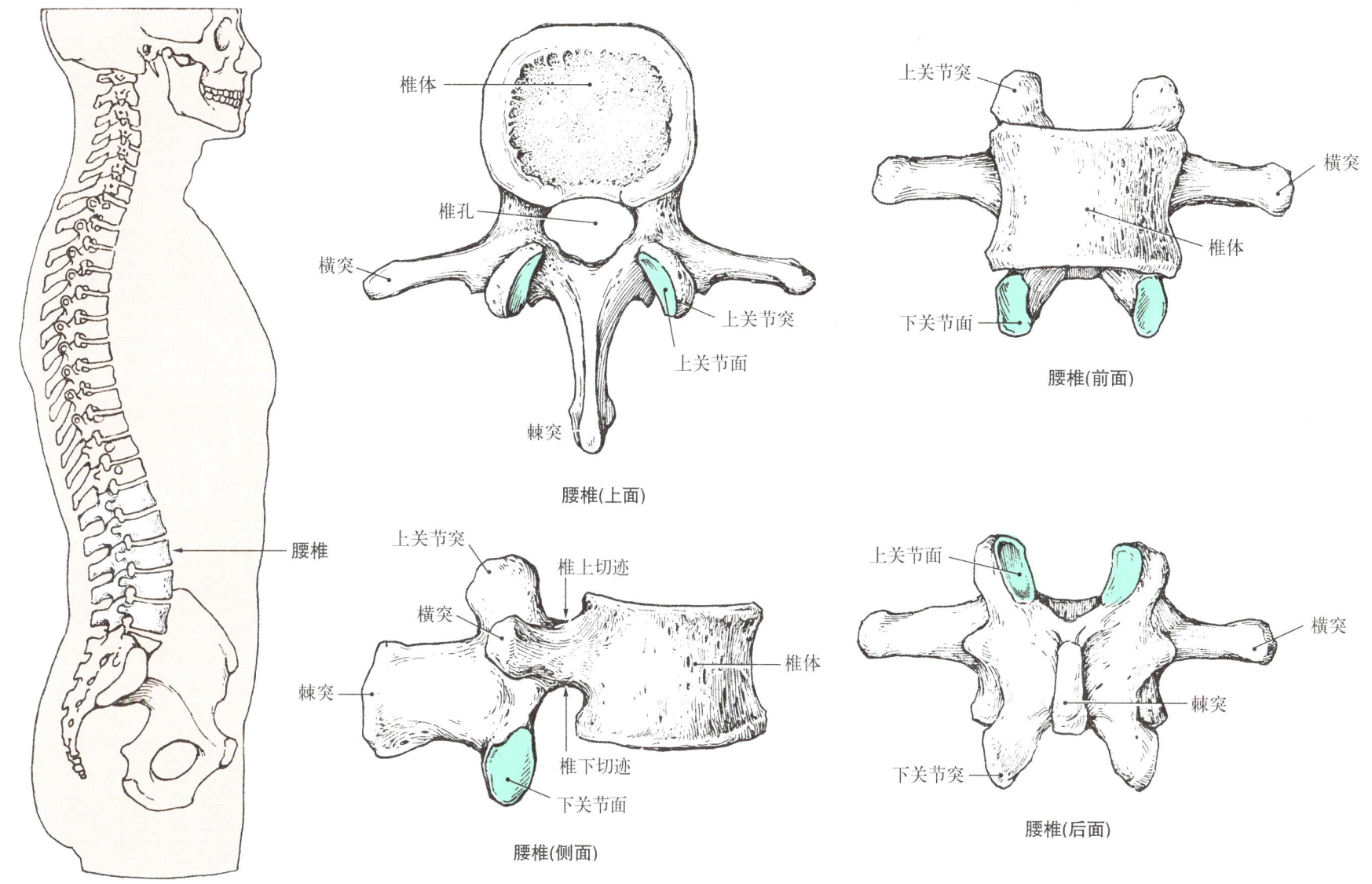

腰椎 (lumbar vertebra)
共5块。椎体粗大，棘突呈板状，水平向后方。

腰 椎

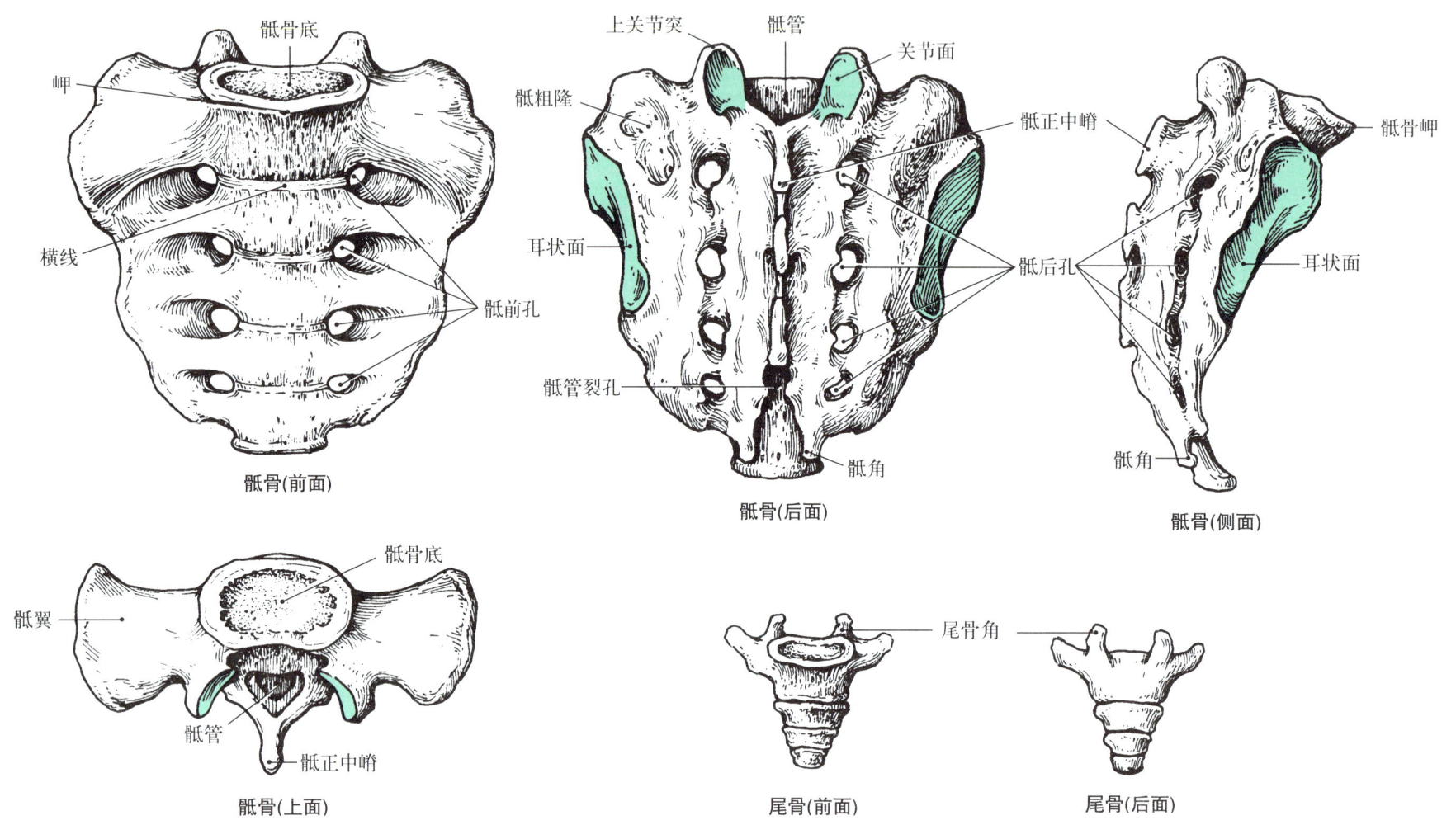

骶骨 (sacrum)
　　成人的骶骨由5块骶椎融合而成。呈倒三角形。底朝上，与第五腰椎相连结，尖向下与尾骨相连结。骶骨前面光滑凹陷，后面粗糙隆凸。
尾骨 (coccyx)
　　成人的尾骨由4块尾椎融合而成。

骶骨 尾骨

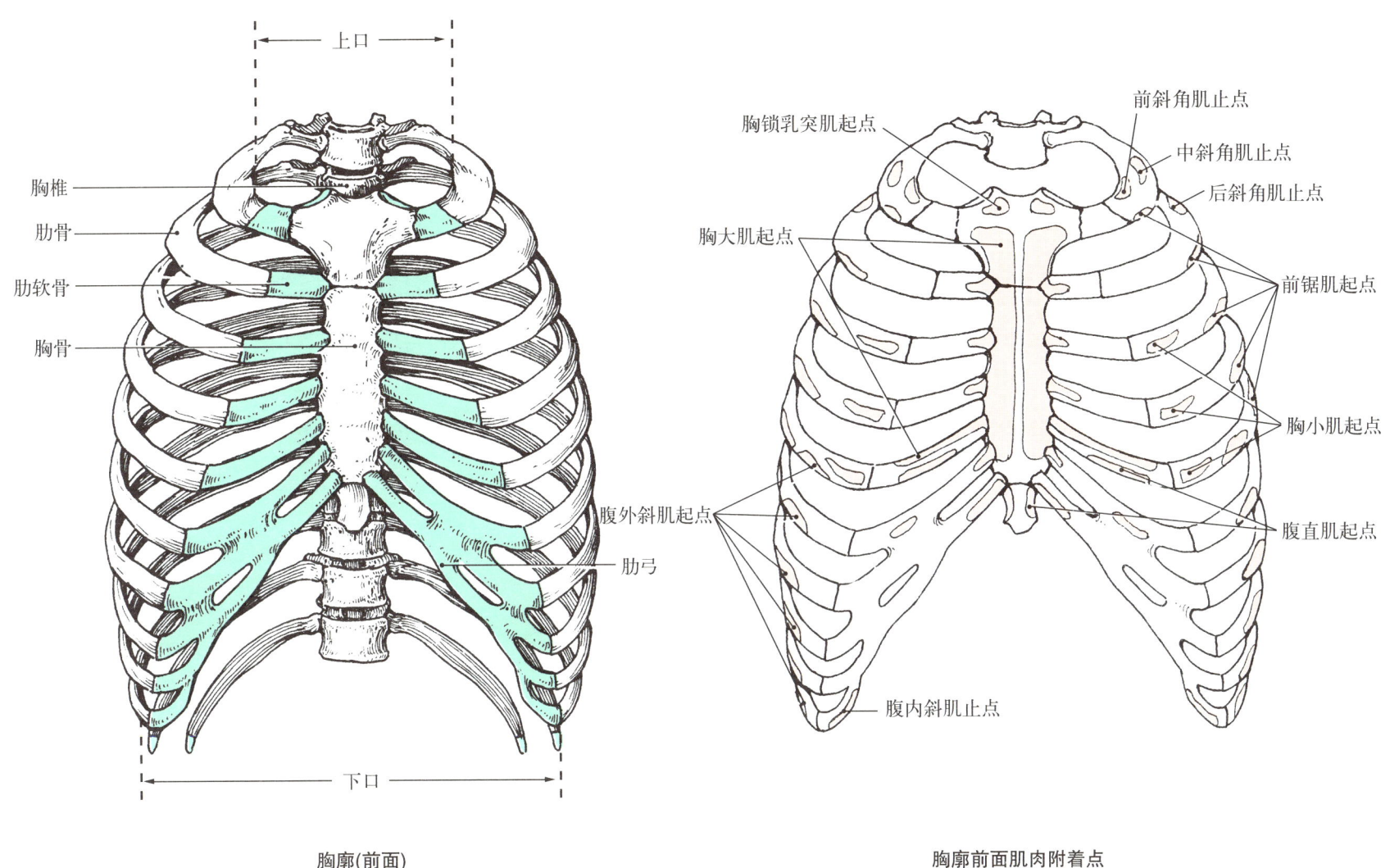

胸廓(前面)　　　　　胸廓前面肌肉附着点

胸廓 (compages of thorax)

构成胸廓的骨有12对肋(rib)，与相应的椎间盘〔12对肋骨(costal bone)和12对肋软骨(costal cartilage)〕和1块胸骨(sternum)。其中第一～第七对肋软骨直接连于胸骨，第八～第十对肋软骨间接连于胸骨，第十一和第十二对肋骨前端游离于腹壁肌层中。

胸廓

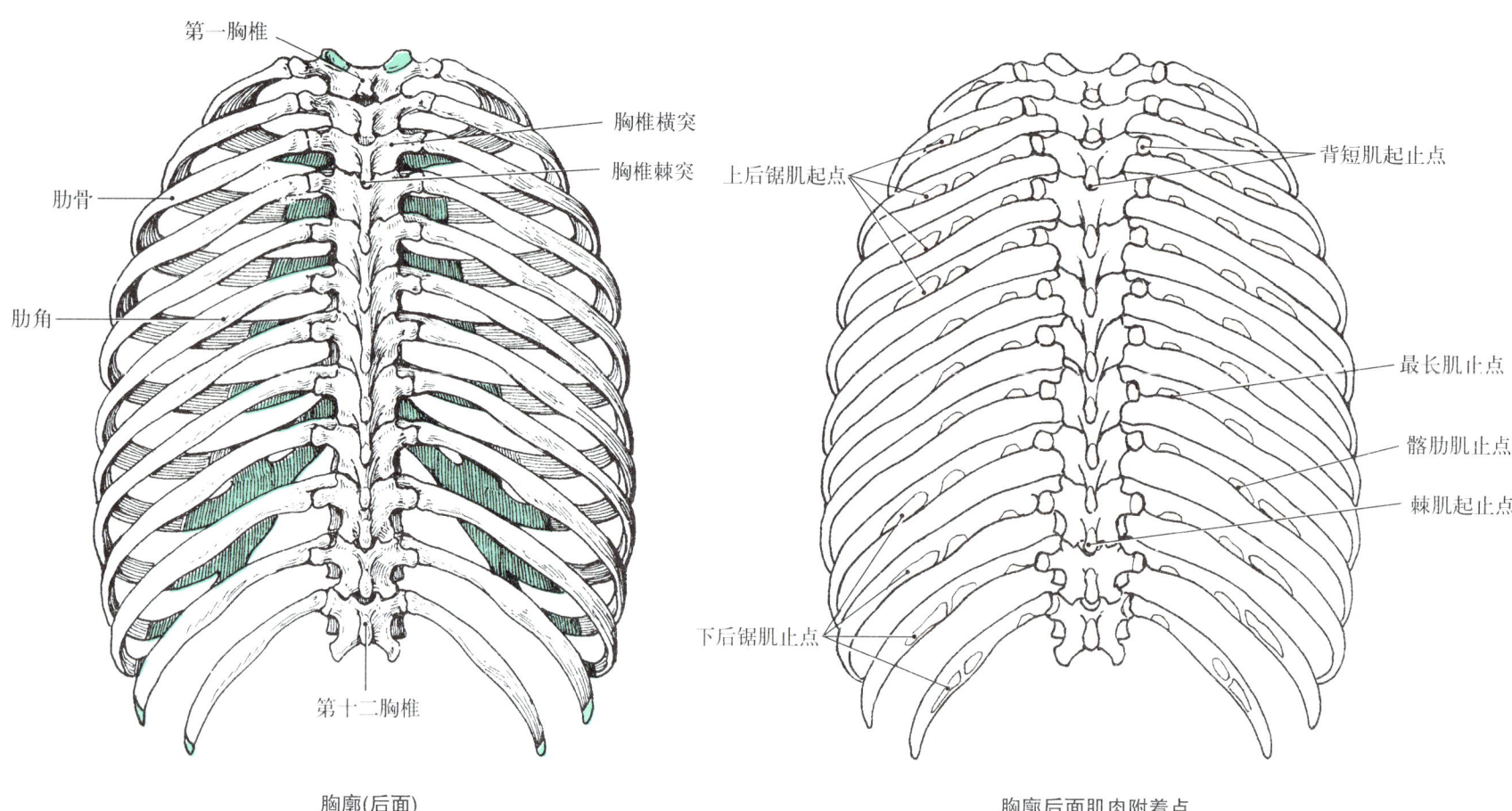

胸廓(后面)　　　胸廓后面肌肉附着点

胸廓

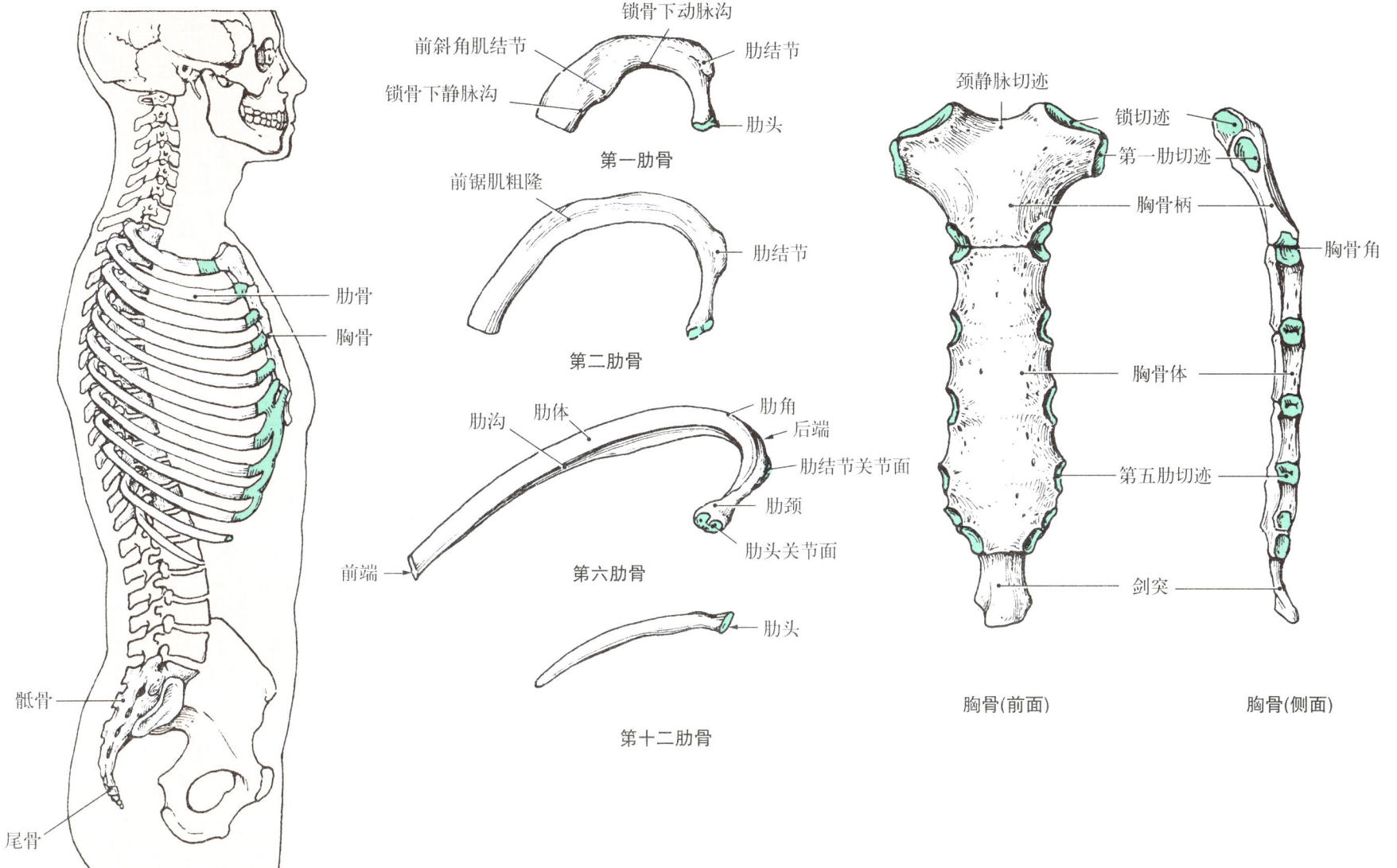

胸廓骨 肋骨与胸骨

肋骨 (costal bone)

共12对，呈长条弓形，可分为中部的体和前、后两端。前端接肋软骨，体的下缘内面有肋沟，后端有肋头关节面和肋结节关节面与胸椎的肋凹相关节。

胸骨 (sternum)

是一块长形扁骨，区分为胸骨柄(manubrium sterni)、胸骨体(body of sternum)和剑突(xiphoid process)3个部分。两侧有锁切迹和肋切迹，依次与锁骨的胸骨端相关节及与第一～第七对肋软骨相连结。

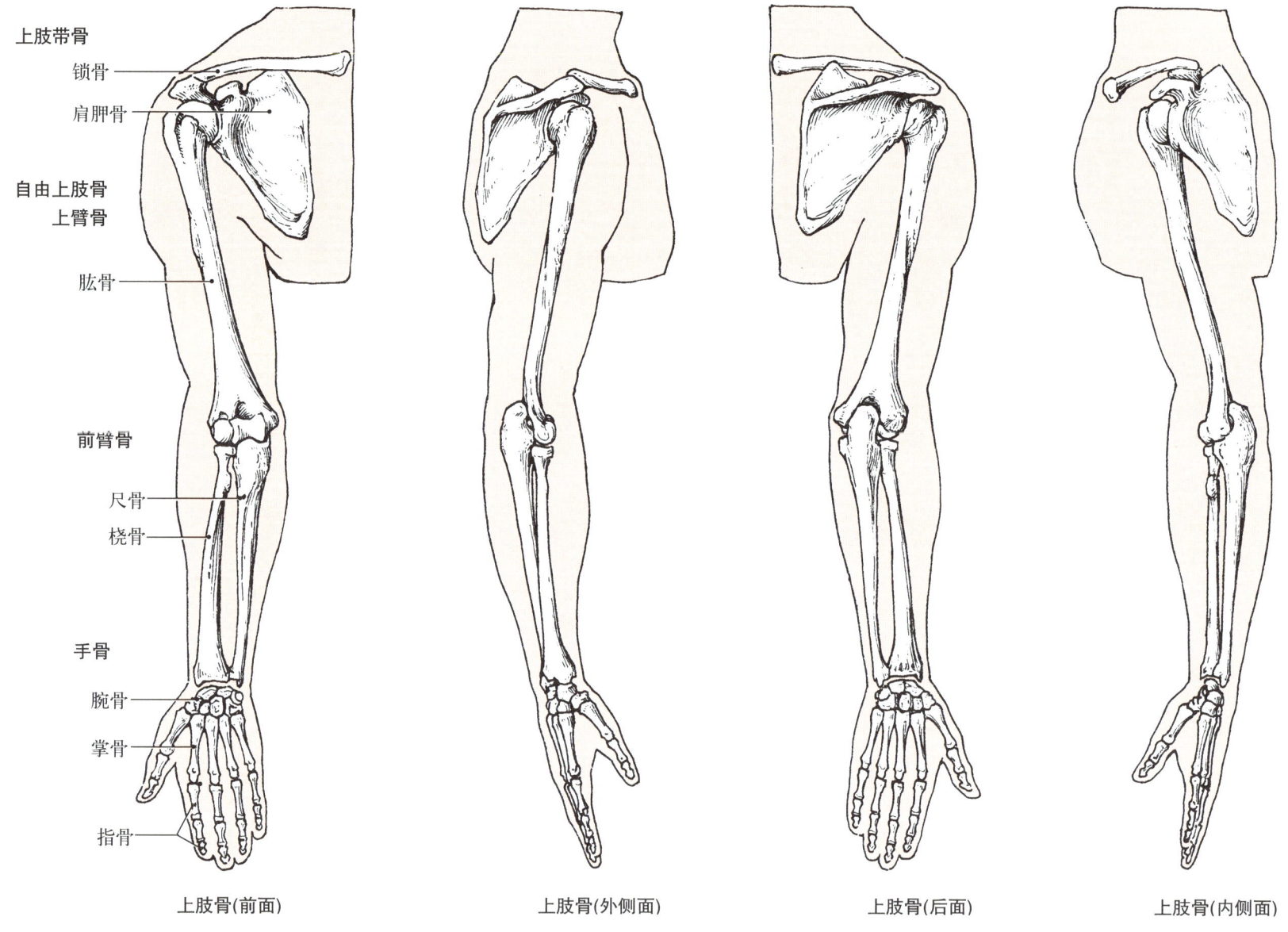

上肢骨(前面) 　　上肢骨(外侧面) 　　上肢骨(后面) 　　上肢骨(内侧面)

上肢骨

上肢骨 (bones of upper limb)

由上肢带骨(肩带骨) (shoulder girdle)和自由上肢骨(bones of free upper limb)组成。上肢带骨包括锁骨和肩胛骨；自由上肢骨包括上臂的肱骨、前臂的尺骨、桡骨和手骨(由腕骨、掌骨和指骨组成)。

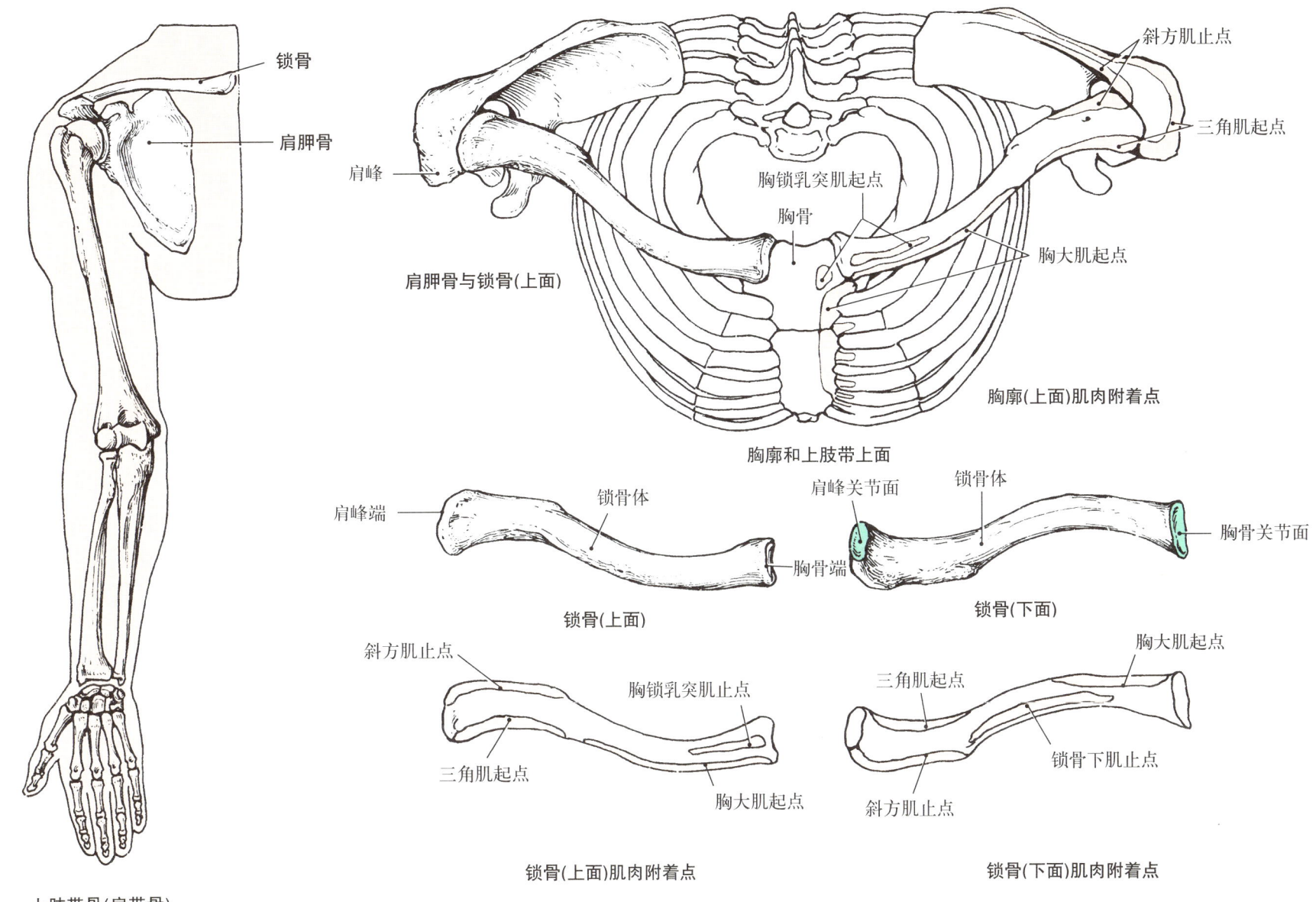

上肢带骨(肩带骨) 锁骨

锁骨 (clavicle)

呈S形,水平横位于胸骨和肩胛骨之间。其外侧的肩峰端和内侧的胸骨端都有关节面,与相应骨关节面组成关节。锁骨体的内侧半凸向前,外侧半凸向后。

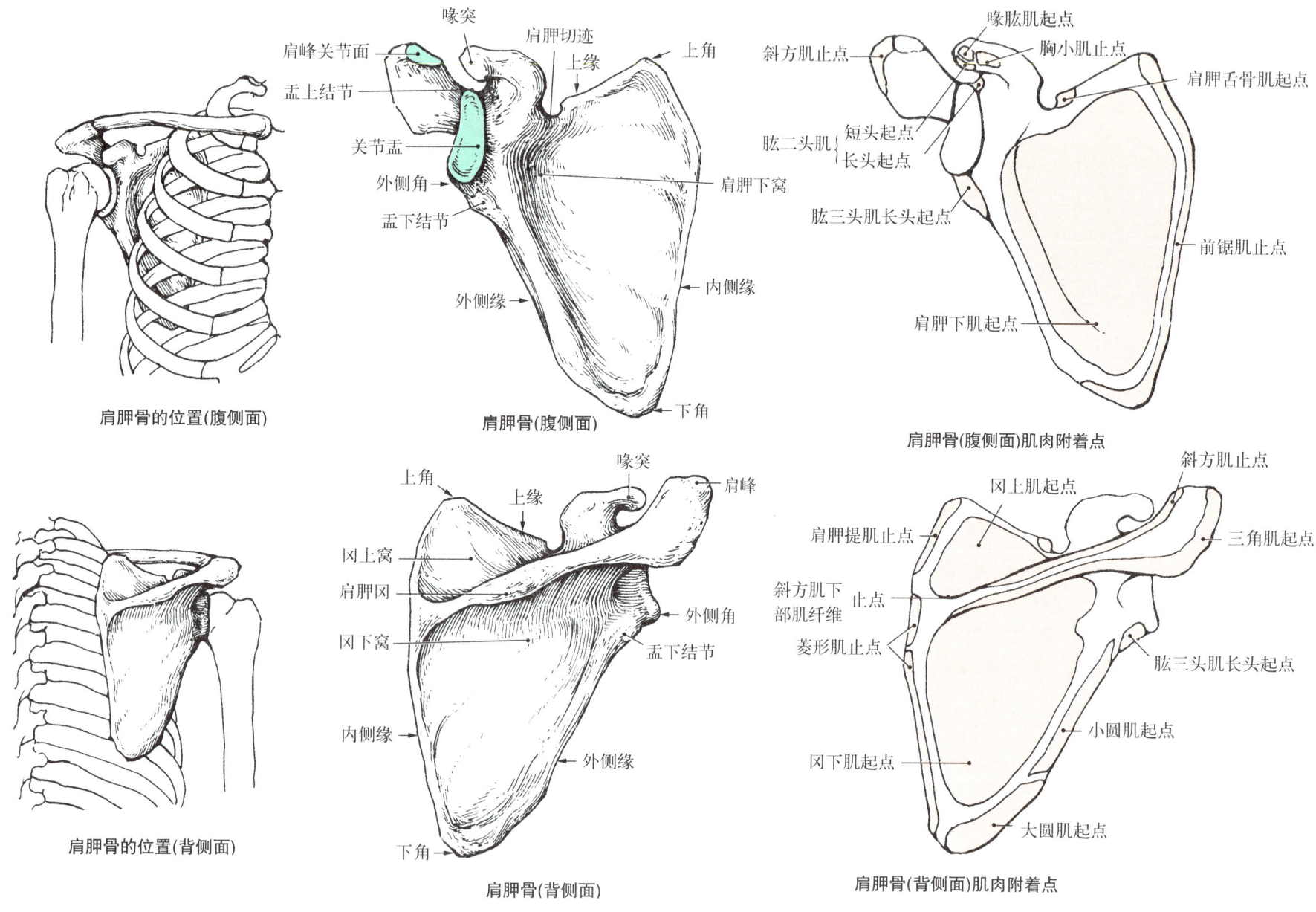

肩胛骨

肩胛骨 (scapula)

呈三角形，位于胸廓后面上外侧，介于第二～第七肋之间。可分为3个角、3个缘和两个面。其外侧角即关节盂与肱骨头相关节，背侧面高起的称肩胛冈，肩胛冈的外侧端称肩峰（acromion），其关节面与锁骨肩峰端相关节。

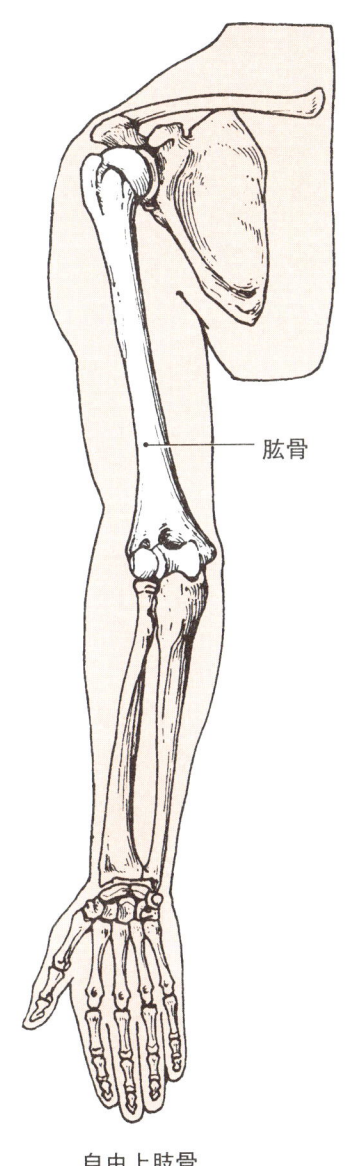

自由上肢骨　上臂骨　肱骨

肱骨 (humerus)

位于上臂，分两端一体。上端内侧有半球形的肱骨头，其关节面与肩胛骨的关节盂相关节。体呈圆柱形。

图中标注（肱骨前面）：大结节、结节间沟、大结节嵴、肱骨头、小结节、小结节嵴、三角肌粗隆、滋养孔、桡窝、冠突窝、外上髁、内上髁、肱骨小头、肱骨滑车

肱骨（前面）

图中标注（肱骨前面肌肉附着点）：冈上肌止点、肩胛下肌止点、胸大肌止点、背阔肌止点、大圆肌止点、三角肌止点、喙肱肌止点、肱肌起点、肱桡肌起点、桡侧腕长伸肌起点、旋前圆肌起点、桡侧腕短伸肌起点、桡侧腕屈肌起点、指伸肌起点、指浅屈肌起点、掌长肌起点

肱骨（前面）肌肉附着点

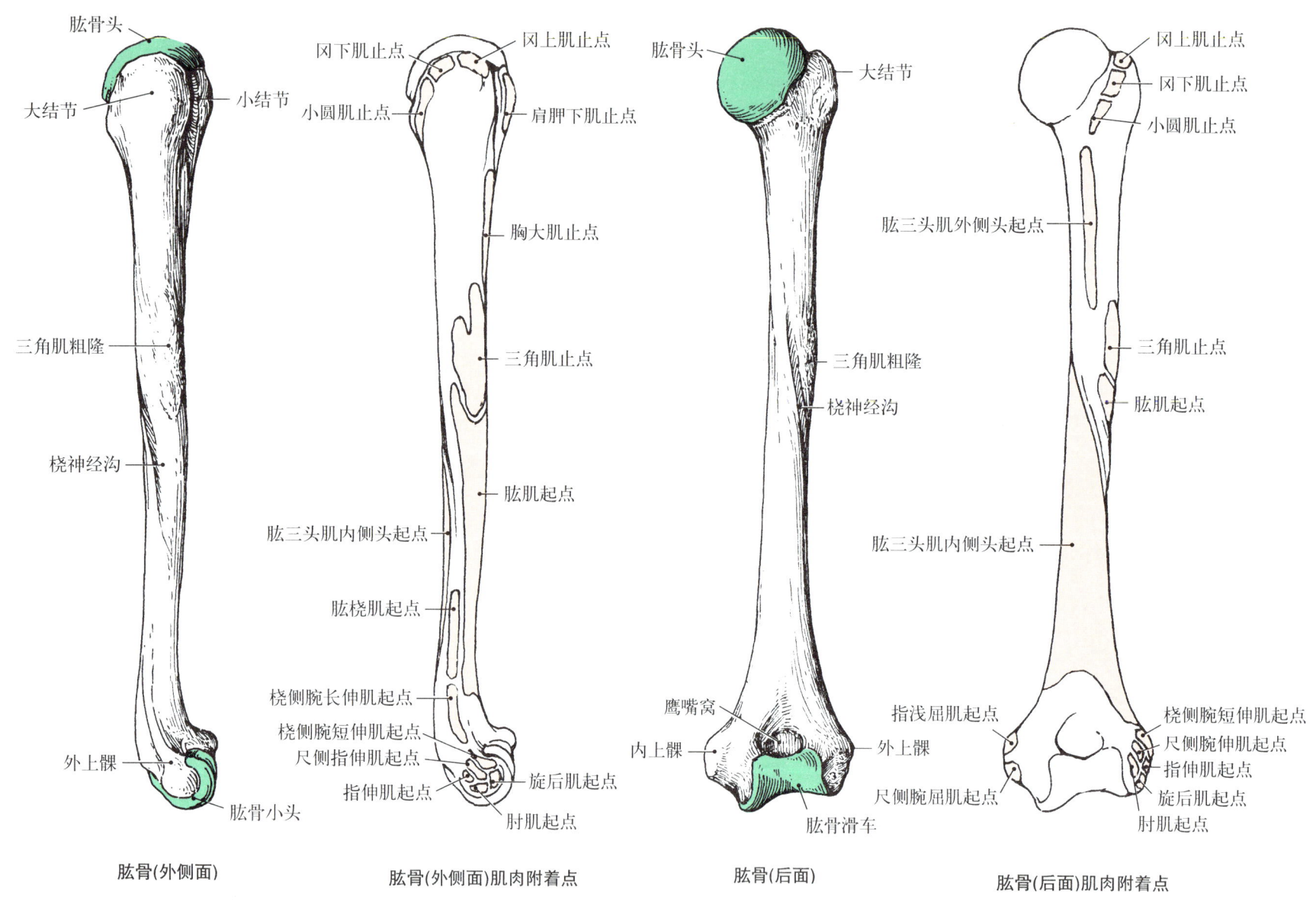

肱骨(外侧面)　　肱骨(外侧面)肌肉附着点　　肱骨(后面)　　肱骨(后面)肌肉附着点

肱骨　下端前后稍扁。后面有一较大的窝称鹰嘴窝，前面(见21页图)内侧有冠突窝，外侧称桡窝；下方内侧称肱骨滑车，外侧称肱骨小头，两者的关节面分别与前臂骨相关节。

肱骨

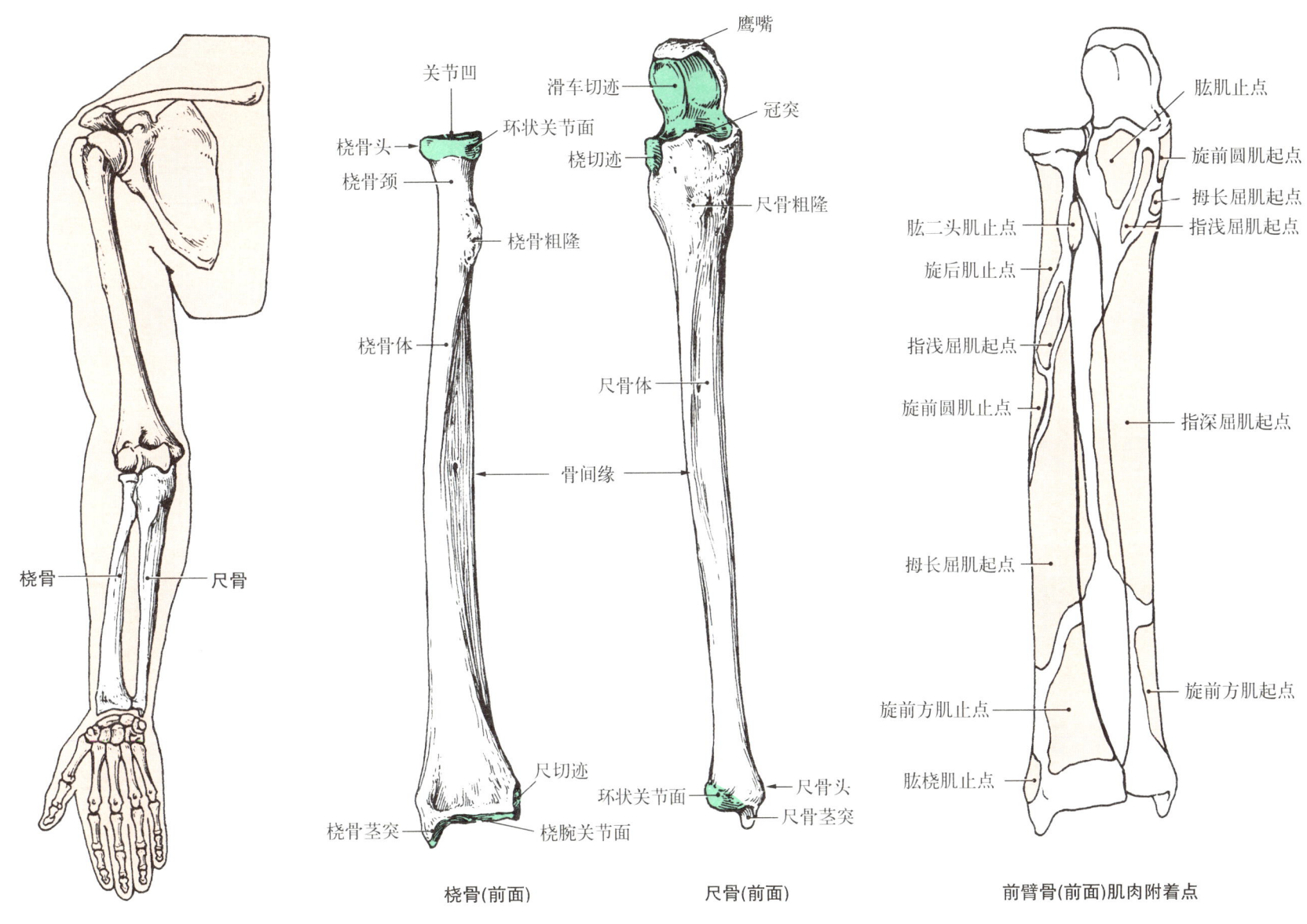

尺骨(ulna)

位于前臂内侧，分两端一体。上端有半月形凹陷，称滑车切迹，与肱骨滑车相关节；外侧有桡切迹，与桡骨头相关节。体呈三棱柱形。下端有半环状关节面与桡骨尺切迹相关节。

前臂骨 尺骨 桡骨

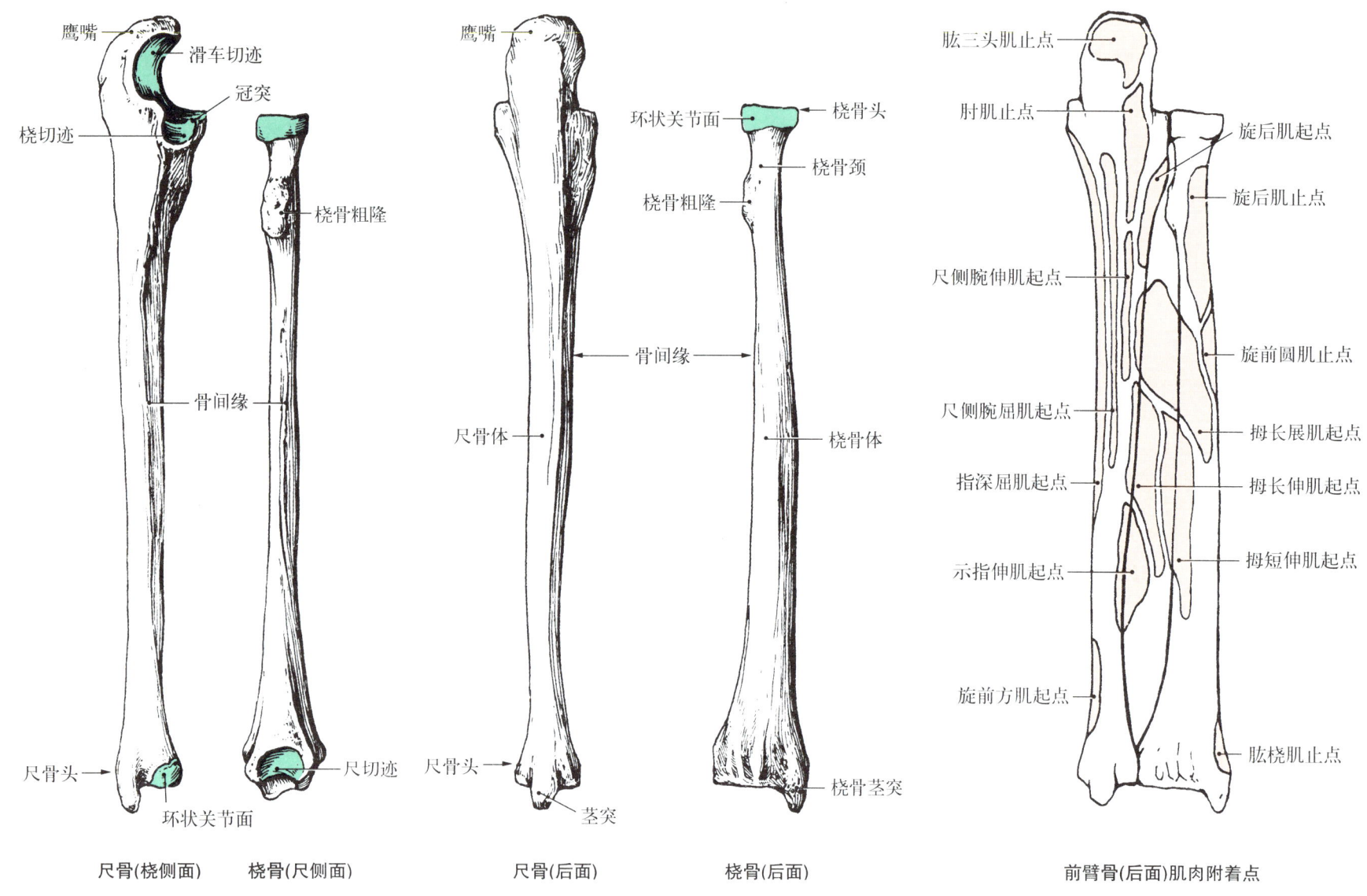

尺骨 桡骨

桡骨(radius)

位于前臂外侧，分两端一体。上端顶部有桡骨关节凹与肱骨小头相关节；其环状关节面与尺骨的桡切迹相关节。体呈三棱柱形。下端内侧有尺切迹，与尺骨的桡骨头环状关节面相关节；下端下面称腕关节面(见23页图)，与腕骨相关节。

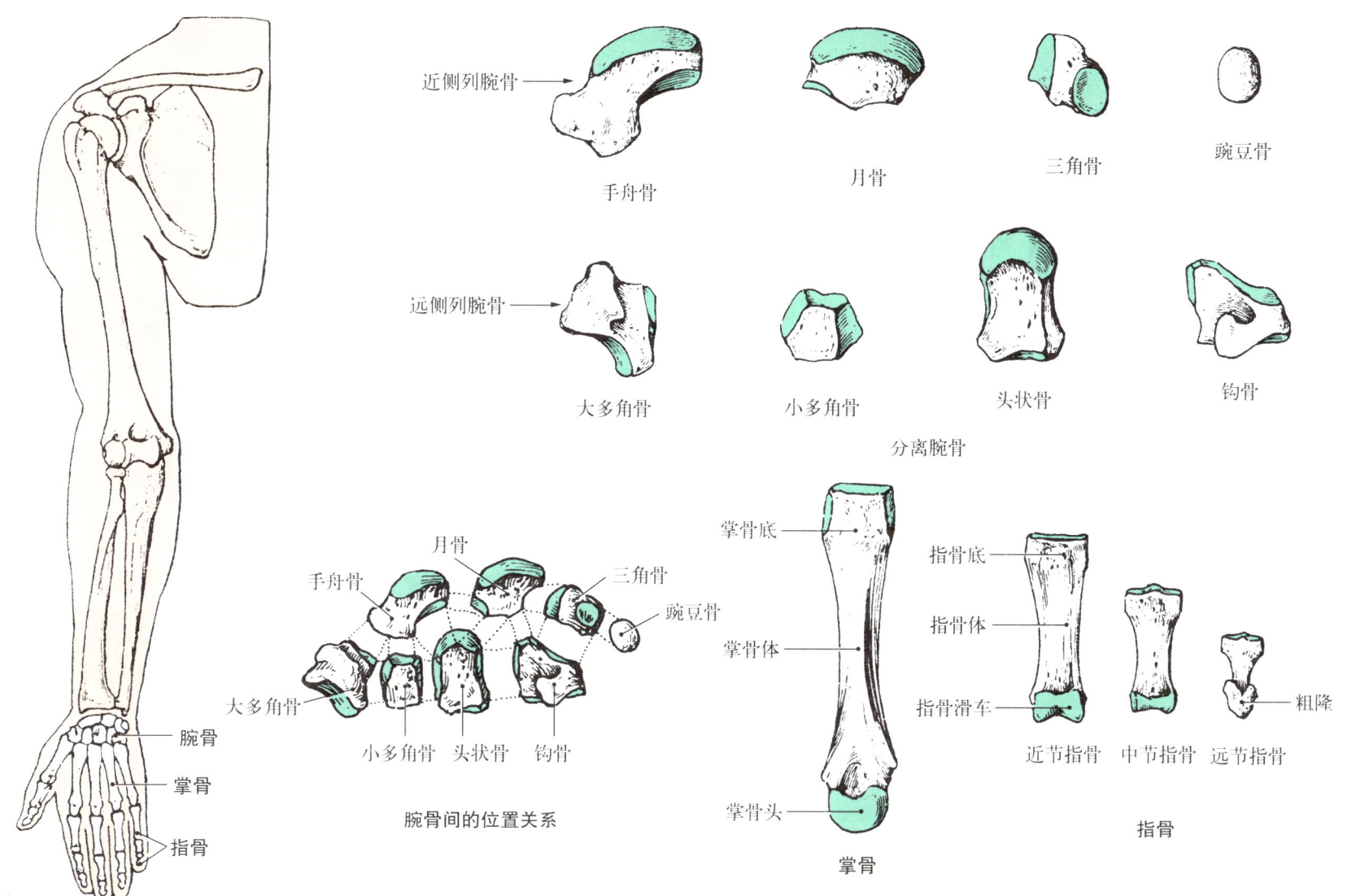

手骨 (bones of hand)包括腕骨、掌骨、指骨3部分。

腕骨 (carpal bone)由8块短骨排成两列，每列由4块小骨组成。自桡侧向尺侧数，近侧列为：手舟骨(scaphoid bone)、月骨(lunate bone)、三角骨(triquetal bone)和豌豆骨(pisiform bone)。远侧列为：大多角骨(trapezium bone)、小多角骨(trapezoid bone)、头状骨(capitate bone)和钩骨(hamate bone)。

掌骨 (metacarpal bones)共5块。由桡侧向尺侧分别称为第一～第五掌骨。

指骨 [phalanges(bones)of fingers] 共14块。拇指为2节外，其余各为3节。由近侧至远侧依次为近节指骨、中节指骨和远节指骨。其顺序命名同掌骨。

手骨 腕骨 掌骨 指骨

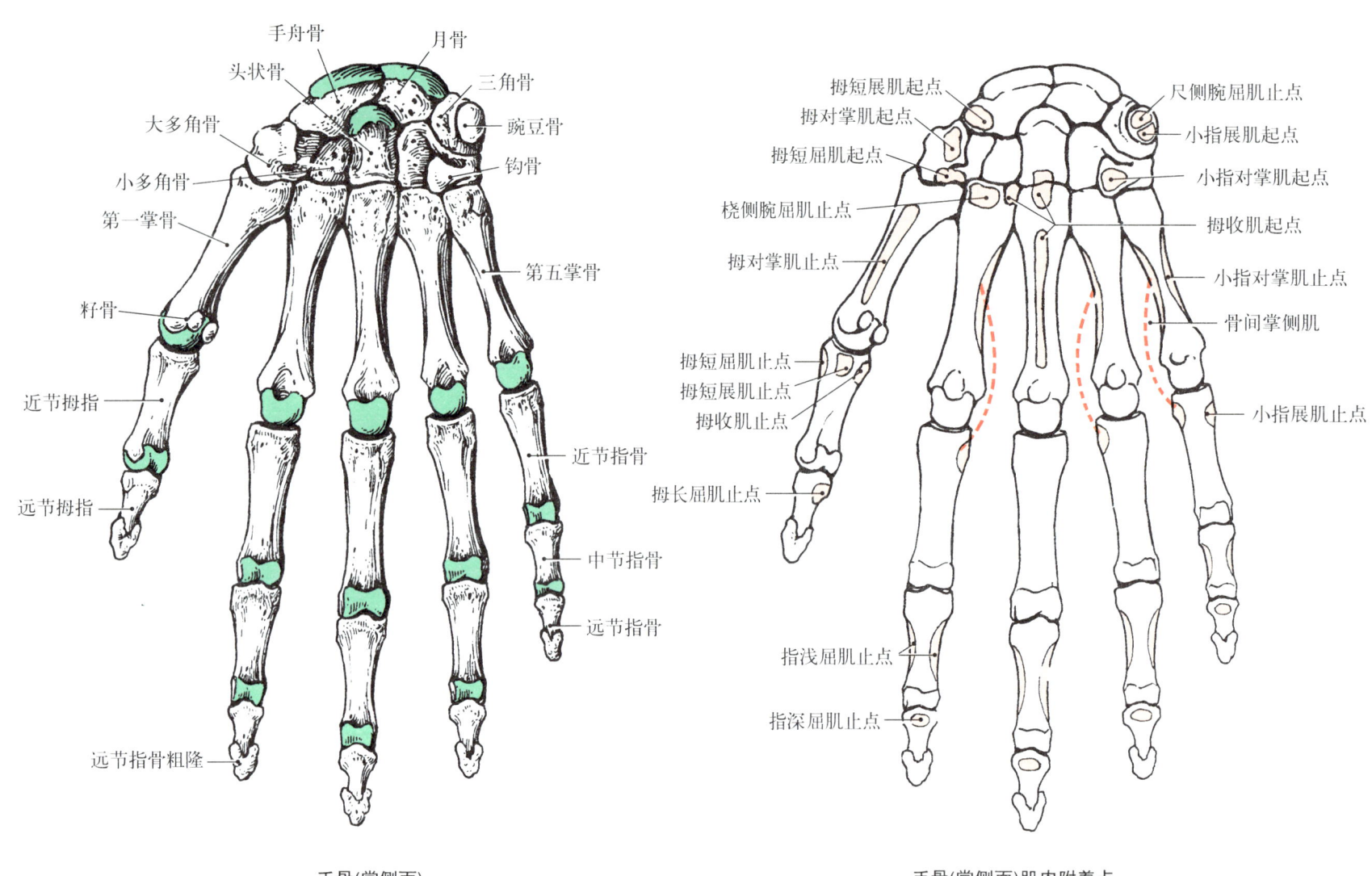

手骨(掌侧面)　　　　手骨(掌侧面)肌肉附着点

手骨掌侧面

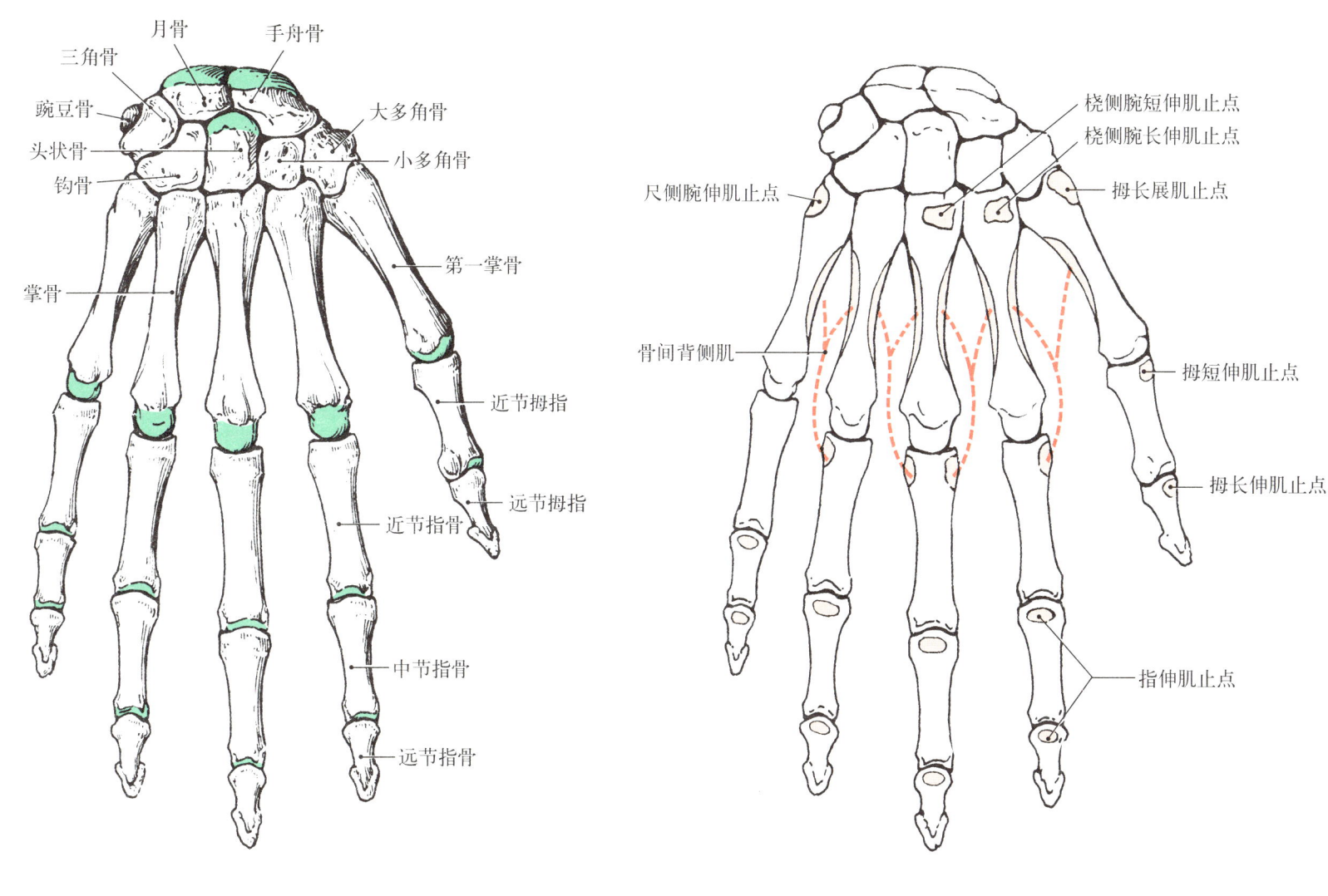

手骨(背侧面)

手骨(背侧面)肌肉附着点

手骨背侧面

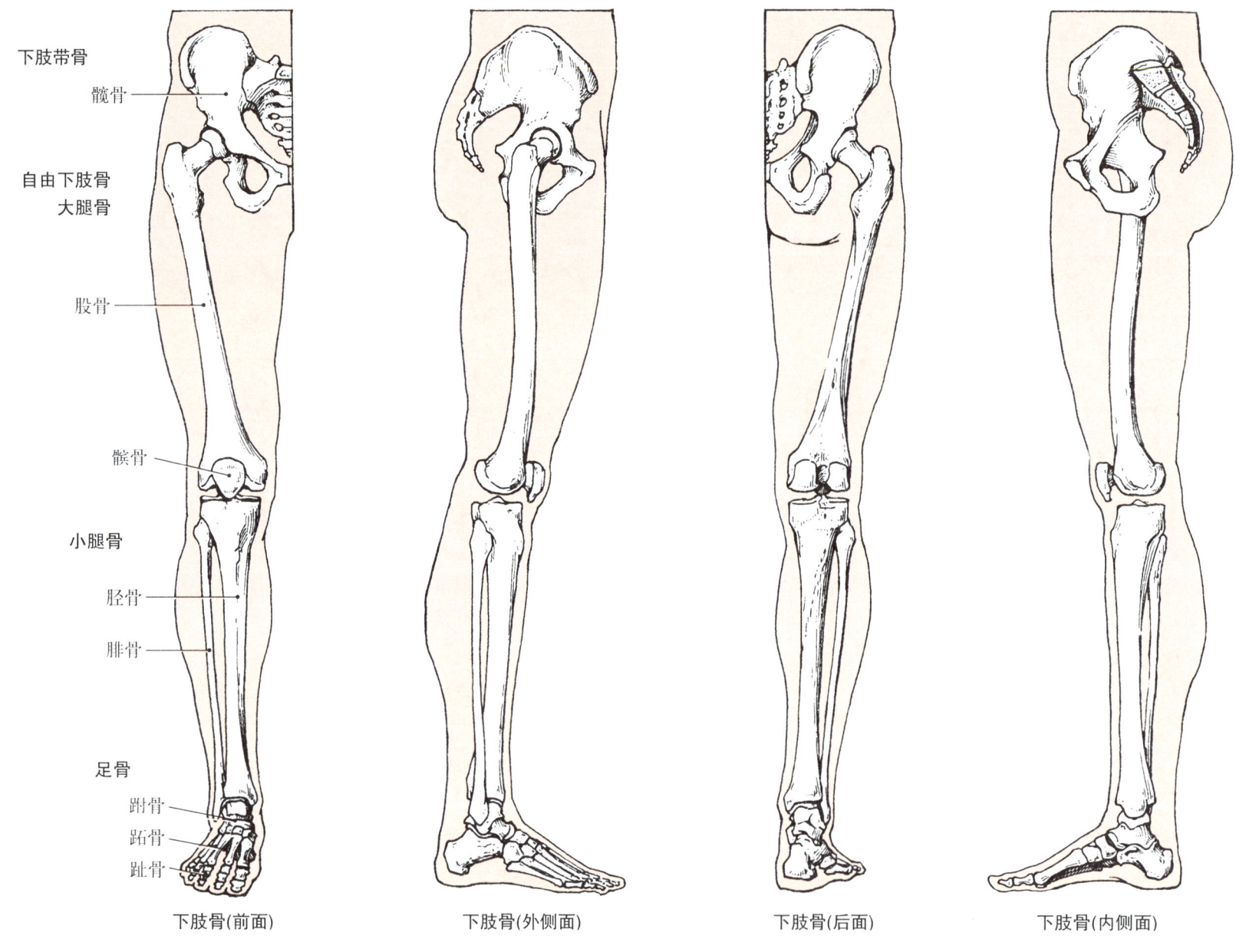

下肢骨(前面)   下肢骨(外侧面)   下肢骨(后面)   下肢骨(内侧面)

下肢骨(bones of lower limb)

由下肢带骨(盆带骨 pelvic girdle)和自由下肢骨(bones of free lower limb)组成。下肢带骨每侧只有1块髋骨。自由下肢骨包括大腿的股骨以及髌骨；小腿的胫骨、腓骨和足骨(由跗骨、跖骨和趾骨组成)。

下 肢 骨

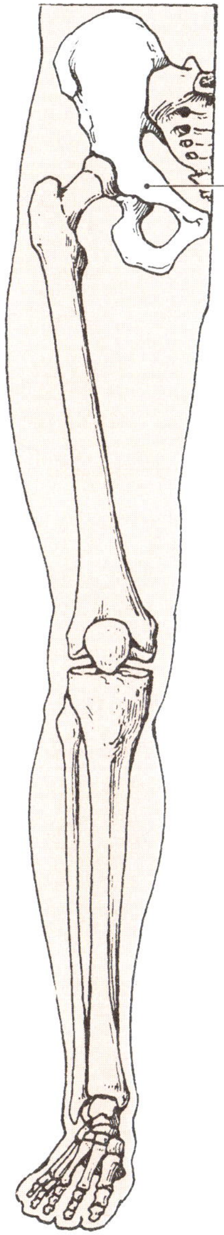

下肢带骨(盆带骨) 髋骨

下肢带(盆带)

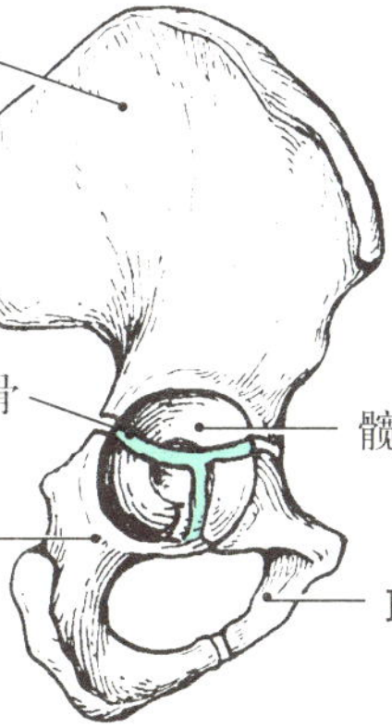

小儿髋骨

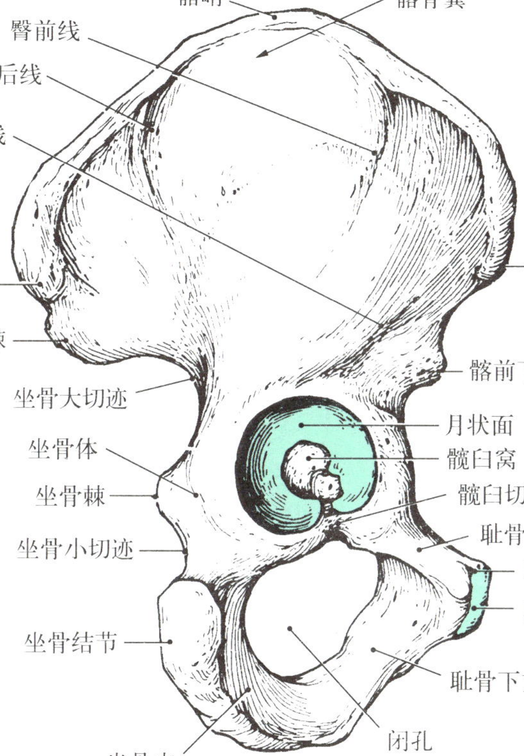

髋骨(外侧面)

髋骨 (hip bone)

属不规则骨，幼年时由髂骨、耻骨和坐骨借软骨结合而成。在16岁前后软骨骨化融合为1块髋骨，融合部的外侧有一深窝称髋臼，与股骨头相关节。

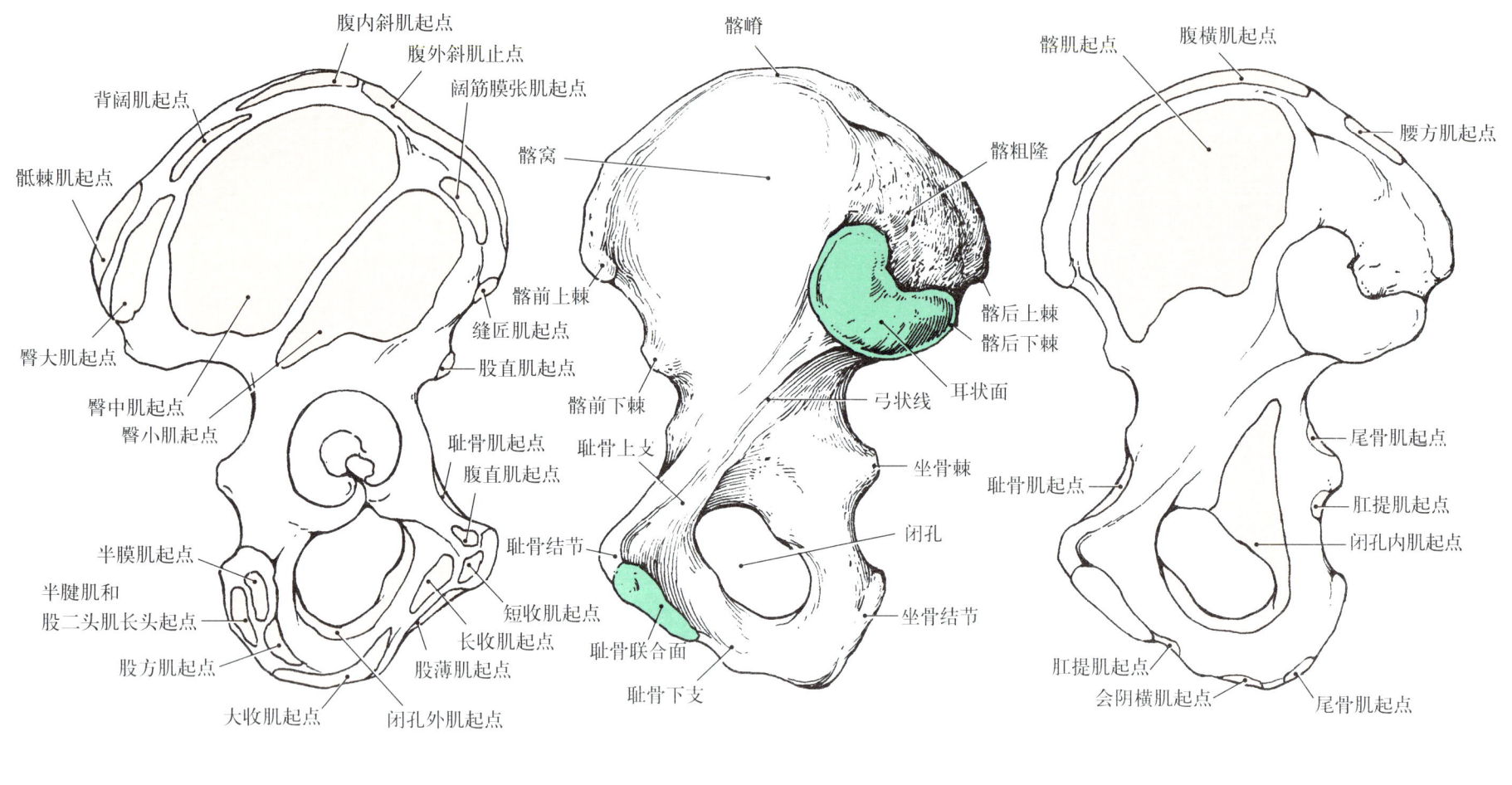

髋骨(外侧面)肌肉附着点　　髋骨内侧面　　髋骨(内侧面)肌肉附着点

髂骨 (ilium)
　　位于髋臼上方(见 29 页图)。分髂骨体和髂骨翼。髂骨翼上缘称髂嵴(iliac crest),外面粗糙不平,内面光滑凹陷,称髂窝,其后方有关节面称耳状面,与骶骨的耳状面相关节。

耻骨 (pubis)
　　位于髋臼前下方(见 29 页图)。在髋臼前内下方的骨支称耻骨上支,再向下后方移行为耻骨下支,上下支移行处内侧称耻骨联合面。

坐骨 (ischium)
　　位于髋臼后下方(见 29 页图)。邻近髋臼处称坐骨体,再弯曲向前为坐骨支,坐骨体和坐骨支连接处的后下部称坐骨结节 (ischial tuberosity)。

髋骨

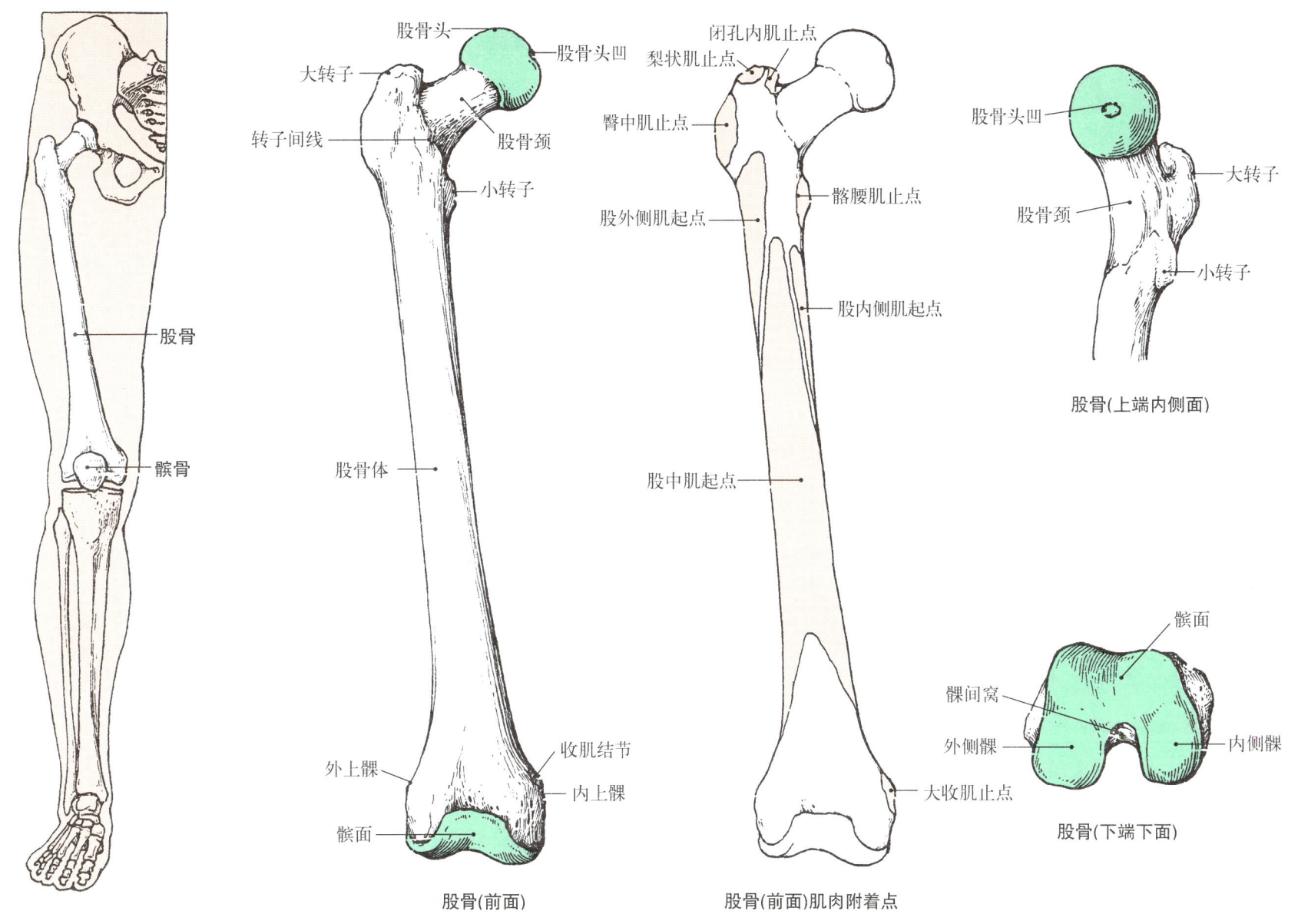

股骨 (femur)

位于大腿，分两端一体。上端内侧有球形的股骨头(femoral head)，其关节面与髋臼相关节。体呈圆柱形，稍向前弯曲。下端粗大，两个向后突出的膨大称内侧髁和外侧髁，两髁前面相连成滑车形的骨面称髌面，其关节面分别与胫骨、髌骨的关节面相关节。

自由下肢骨　大腿骨　股骨　髌骨

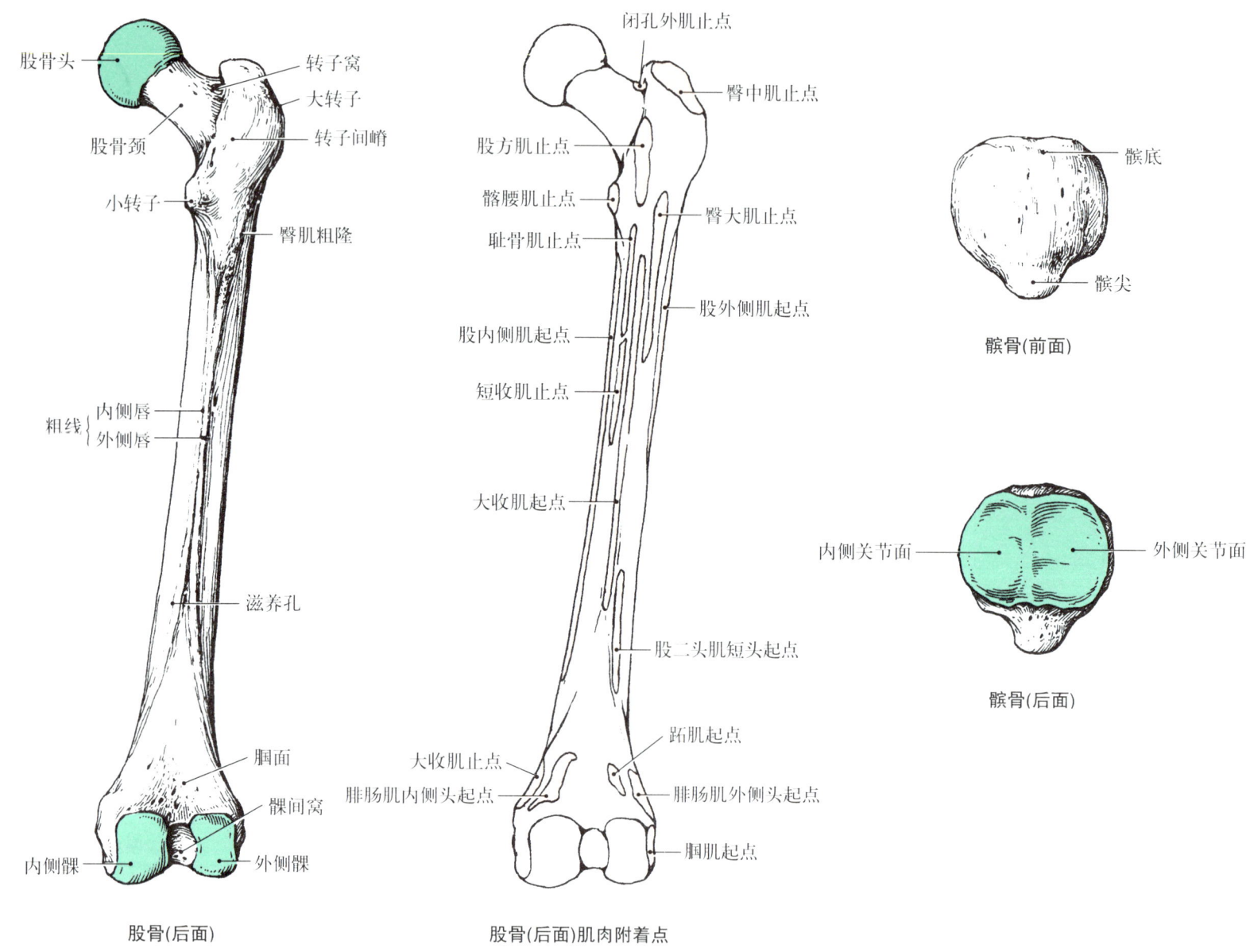

股骨 髌骨

髌骨（patella）

俗称膝盖骨，是人体最大的籽骨，包绕在股四头肌的肌腱中。后面的关节面被一纵嵴分成外侧半宽阔、内侧半窄小的两部分，与股骨髌面相关节。

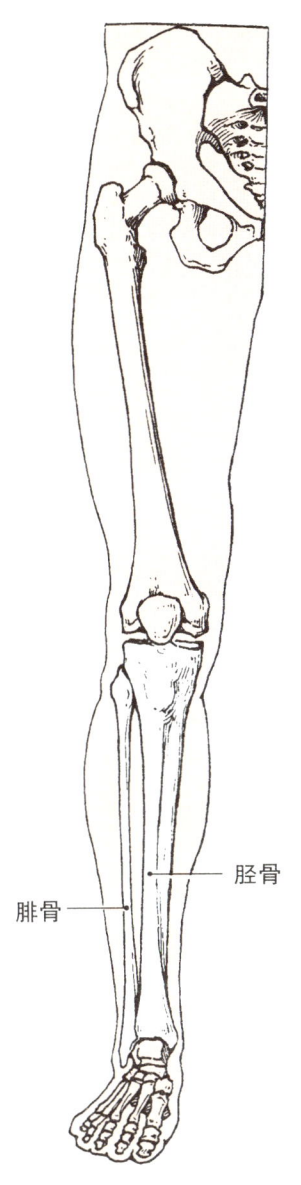

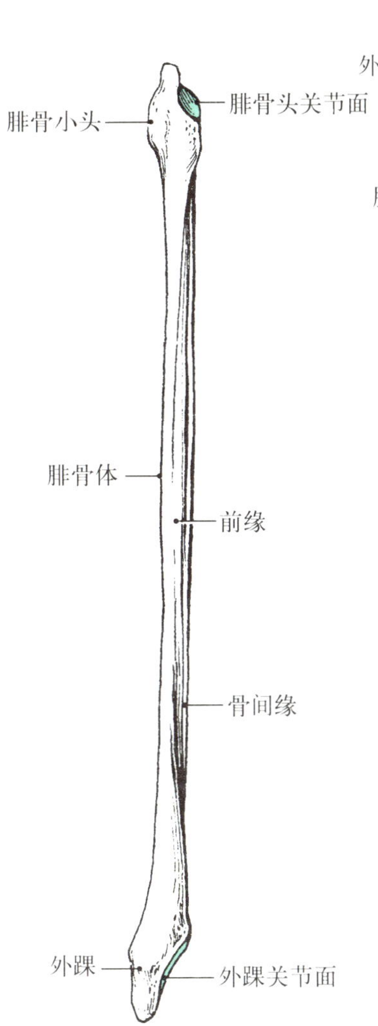

腓骨(前面)

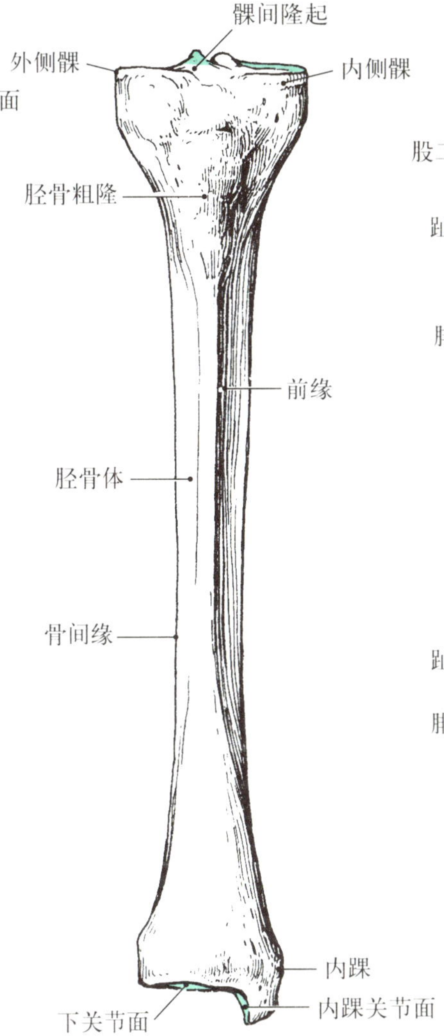

胫骨(前面)

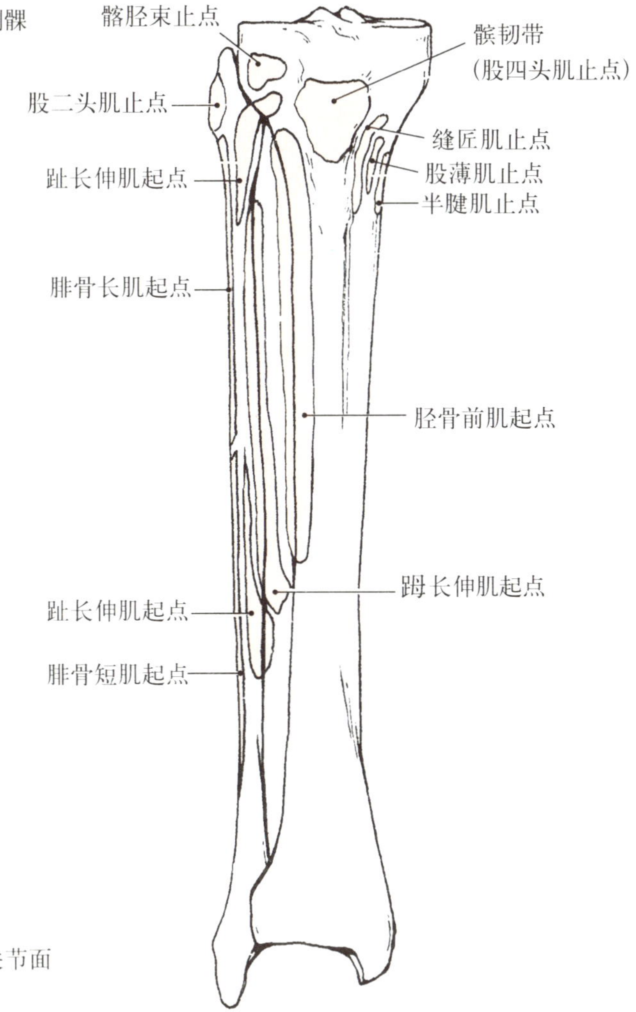

胫骨与腓骨肌肉附着点

腓骨 (fibula)

位于小腿外侧，分两端一体。上端称腓骨小头，头的内上有腓骨头关节面，与胫骨的腓关节面相关节（见34页图）。体呈三棱形。下端长而膨大，称外踝，它的内侧有外踝关节面，与距骨相关节。

小腿骨 腓骨 胫骨

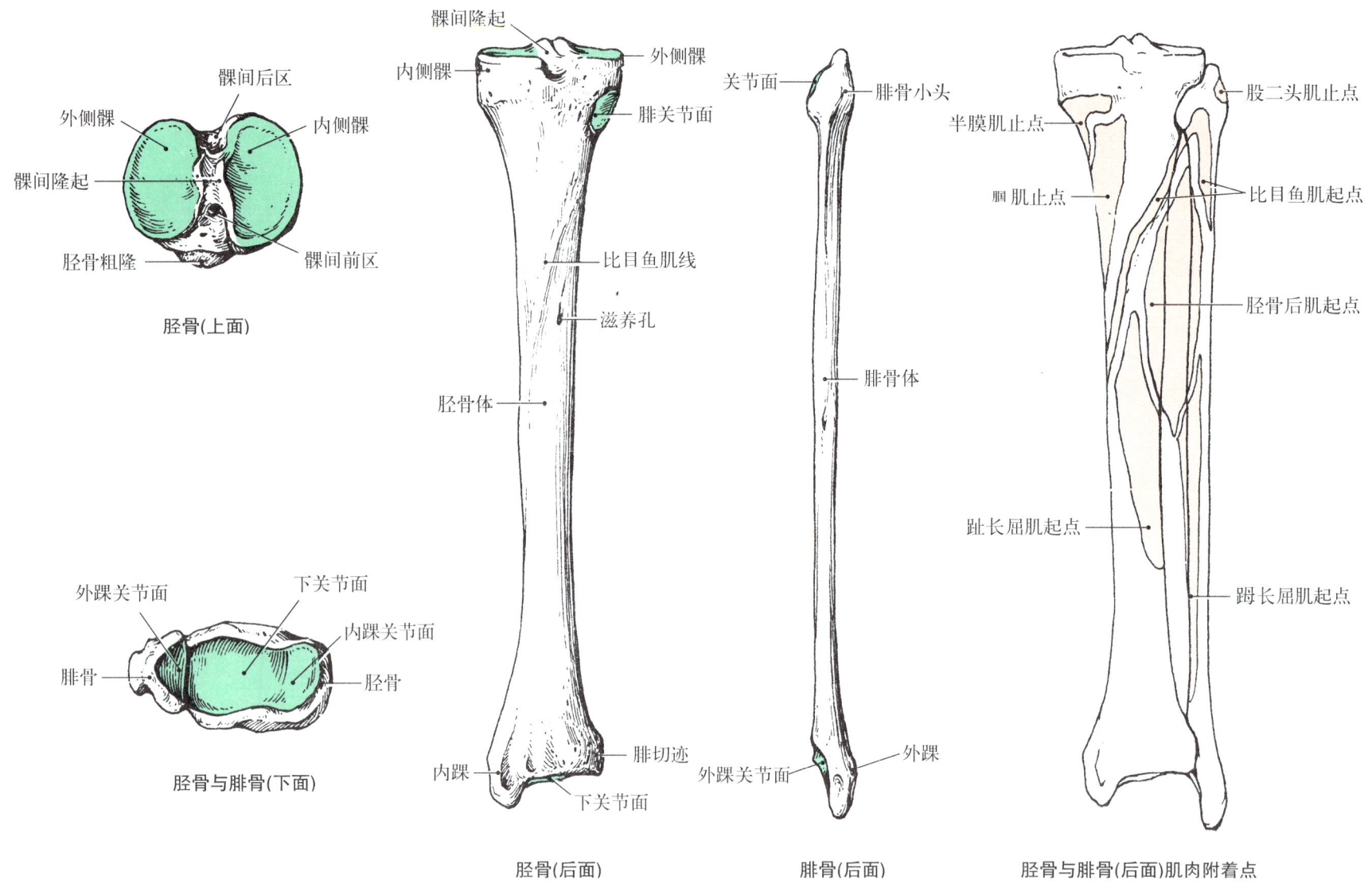

胫骨 (tibia)

位于小腿内侧，分两端一体。上端粗大，上面有浅平的关节面，与股骨下端相关节。上端的后外下方有腓关节面，与腓骨头相关节。体呈三棱柱形。下端内侧称内踝，它的外侧有内踝关节面和下面呈四方形的下关节面，均与距骨滑车关节面相关节。下端外侧有腓切迹与腓骨外踝关节面相关节。

腓骨　胫骨

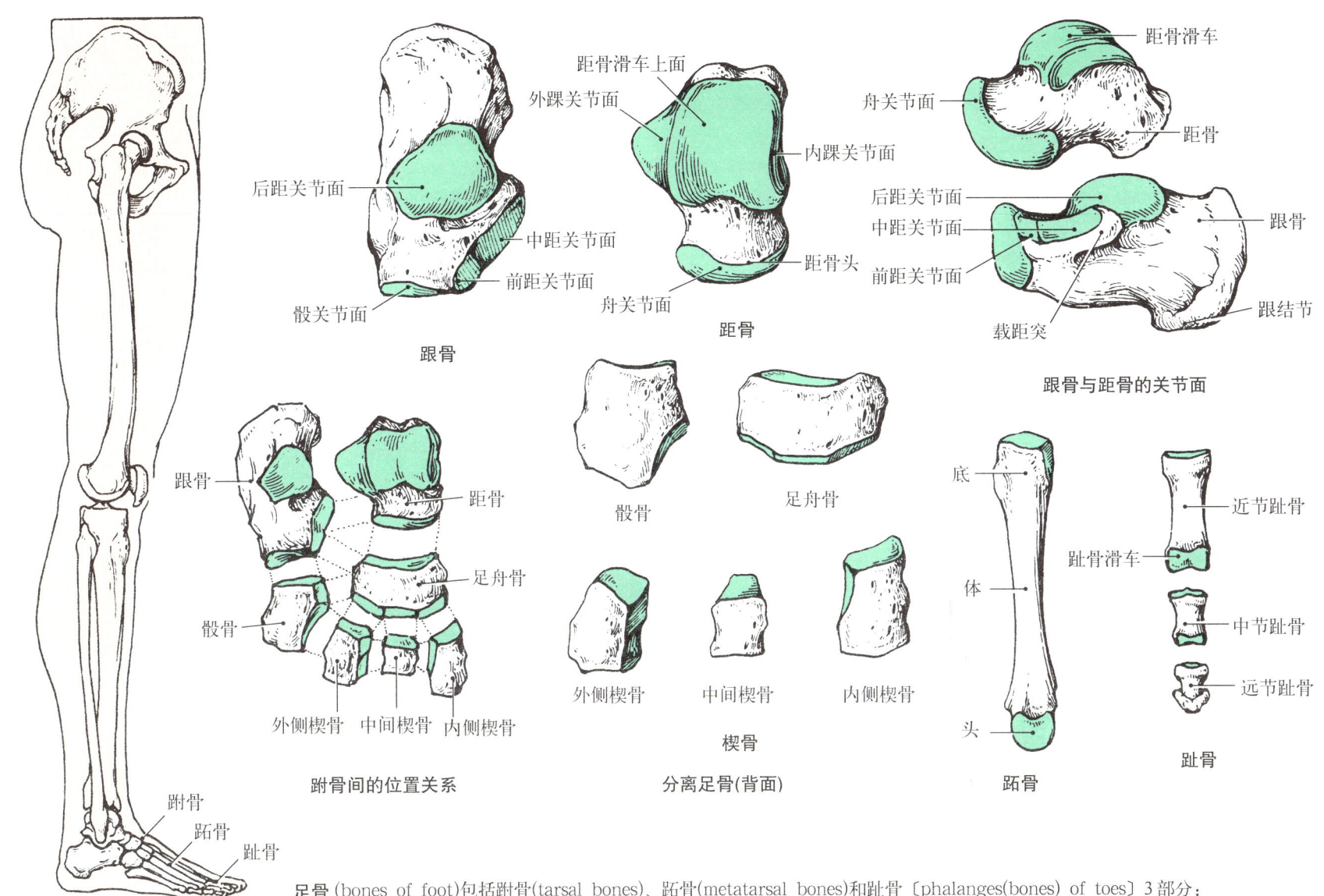

足骨 跗骨 跖骨 趾骨

足骨 (bones of foot) 包括跗骨 (tarsal bones)、跖骨 (metatarsal bones) 和趾骨〔phalanges(bones) of toes〕3 部分：

跗骨　共 7 块短骨，排成前、中、后 3 列。后列有前上方的距骨 (talus) 和后下方的跟骨 (calcaneus)；中列有偏内侧的足舟骨 (navicular bone of foot)；前列有内、中、外侧的楔骨 (cuneiform bone) 和跟骨前方外侧的骰骨 (cuboid bone)。

跖骨　共 5 块，位于足的中部。从内侧向外侧依次命名为第一～第五跖骨。

趾骨　共 14 块，位于足的前部。跚趾为 2 节，其余各趾为 3 节。由近侧至远侧依次为近节趾骨、中节趾骨和远节趾骨。其顺序命名同跖骨。

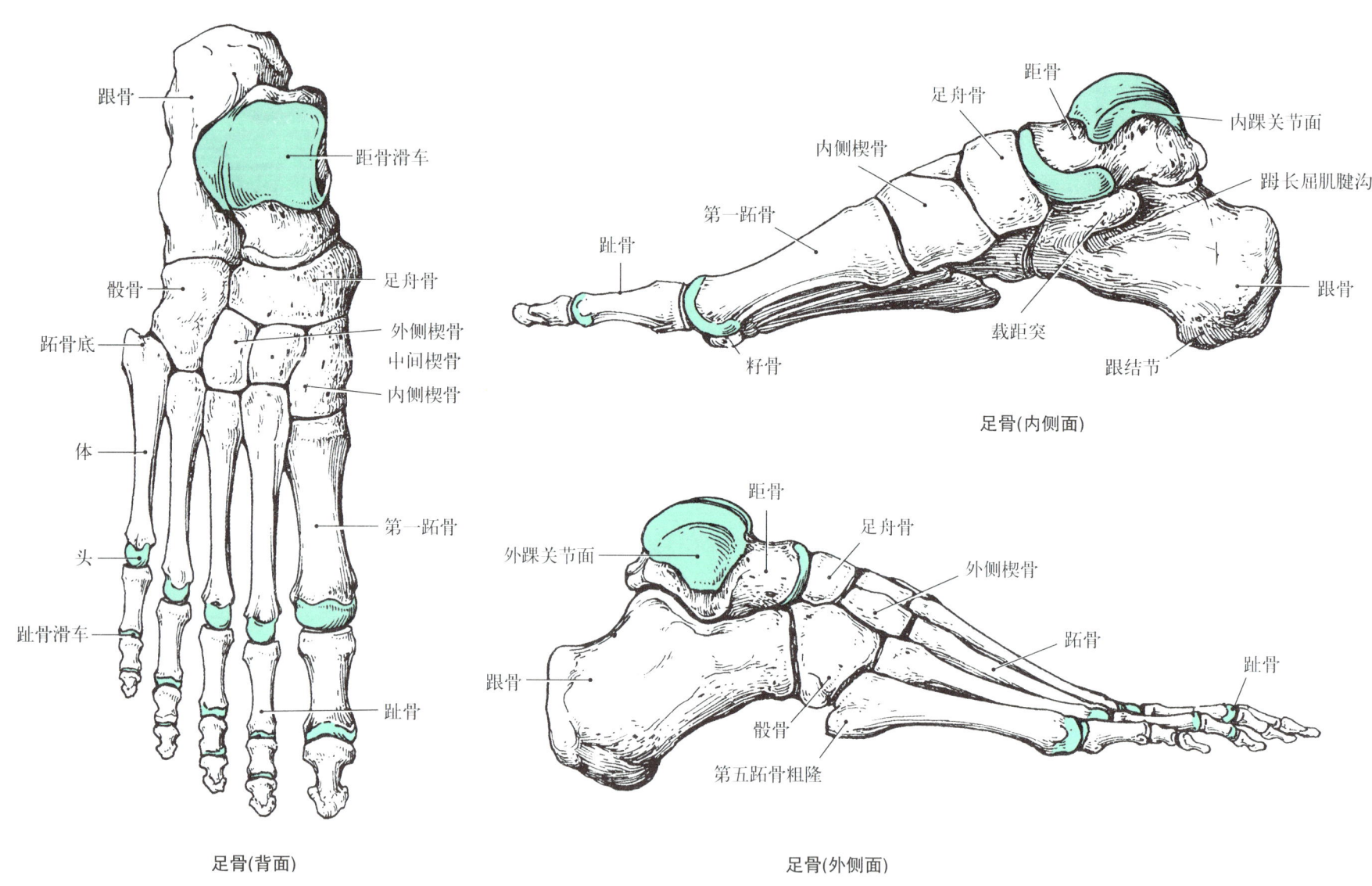

足骨背面

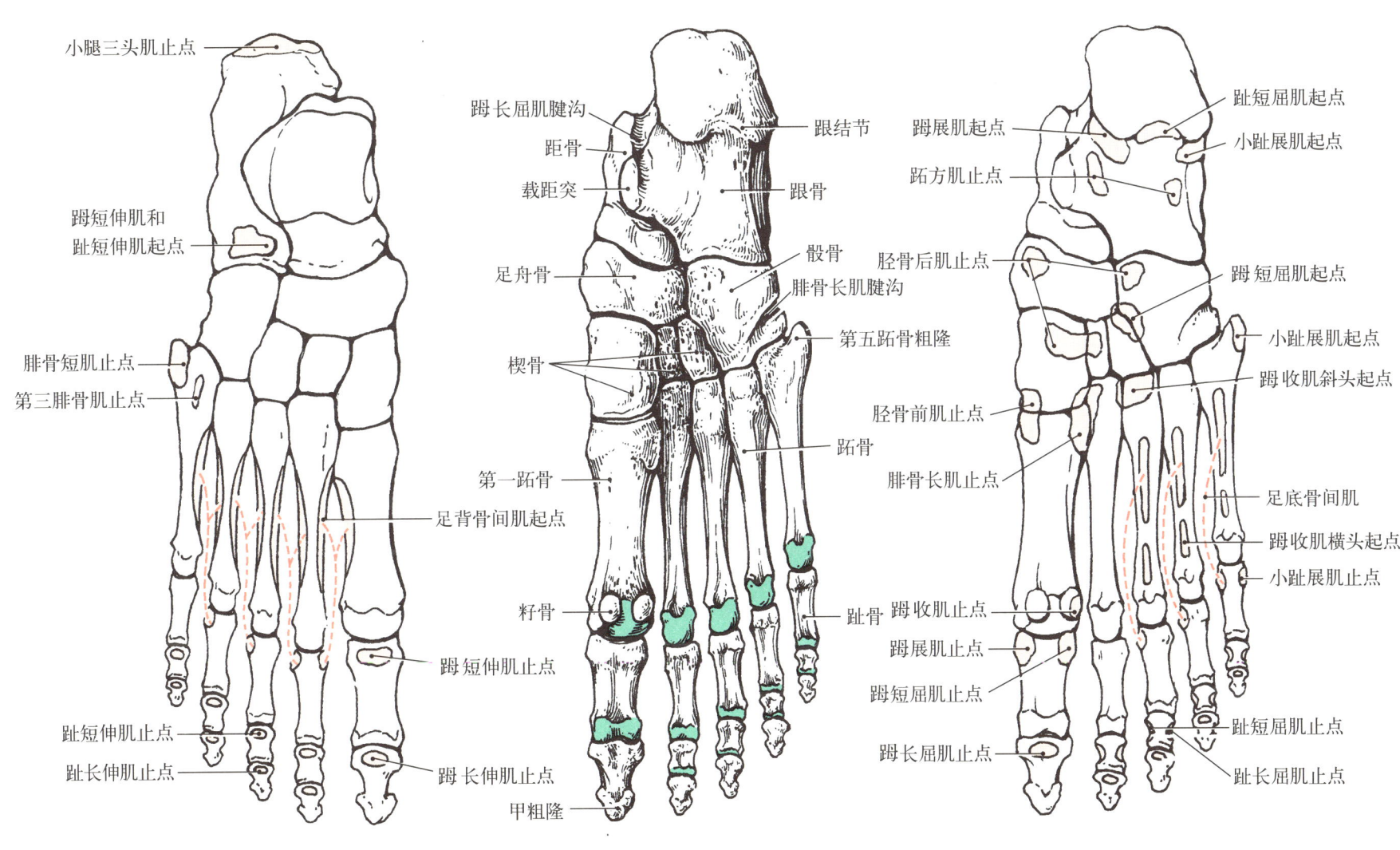

足骨(背面)肌肉附着点　　　足骨(底面)　　　足骨(底面)肌肉附着点

足骨底面

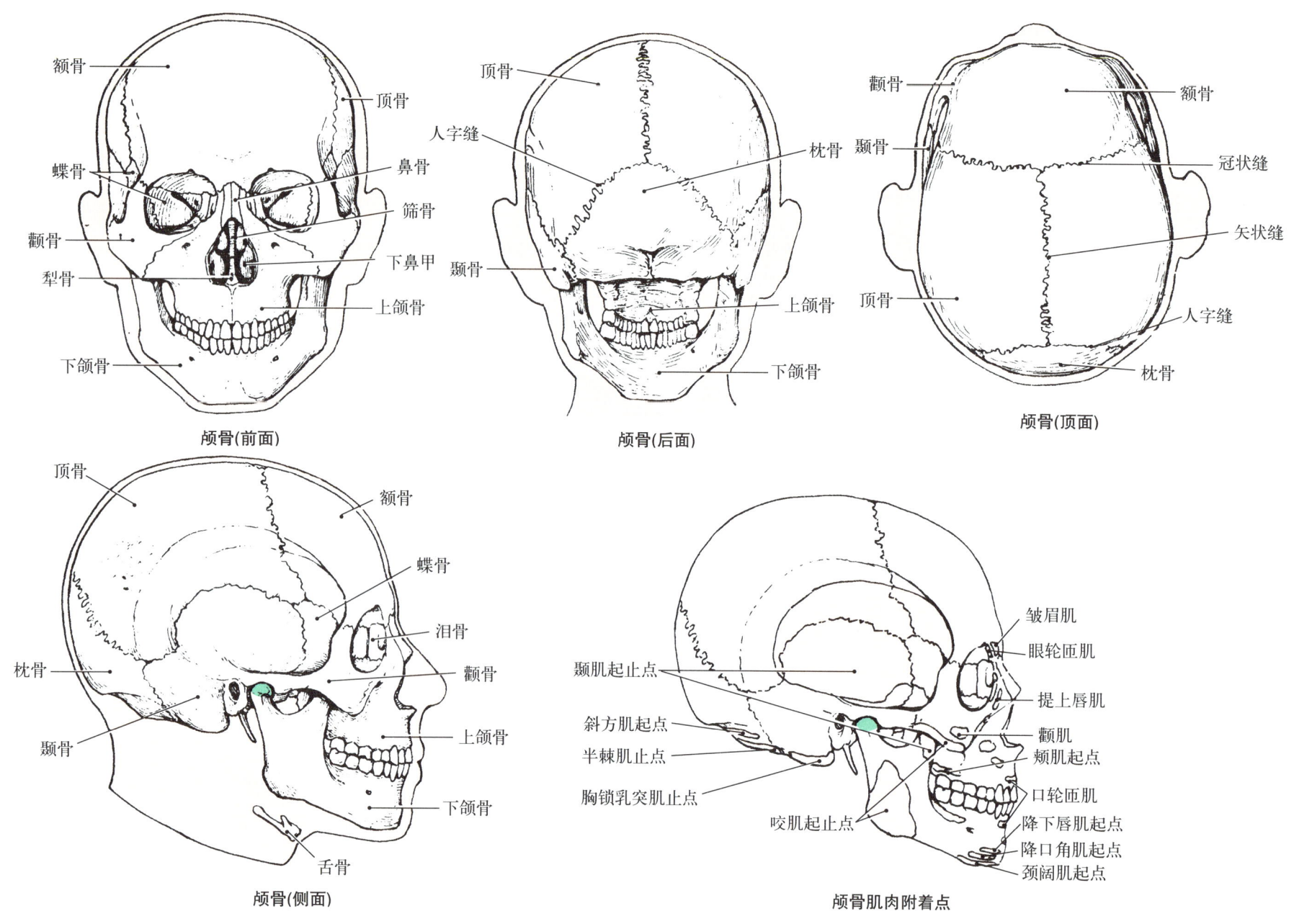

颅 骨 颅骨整体观

颅骨 bones of skull(cranium)　位于脊柱的上方,有保护脑和感官的作用,并参与形成消化道和呼吸道的起始部分。

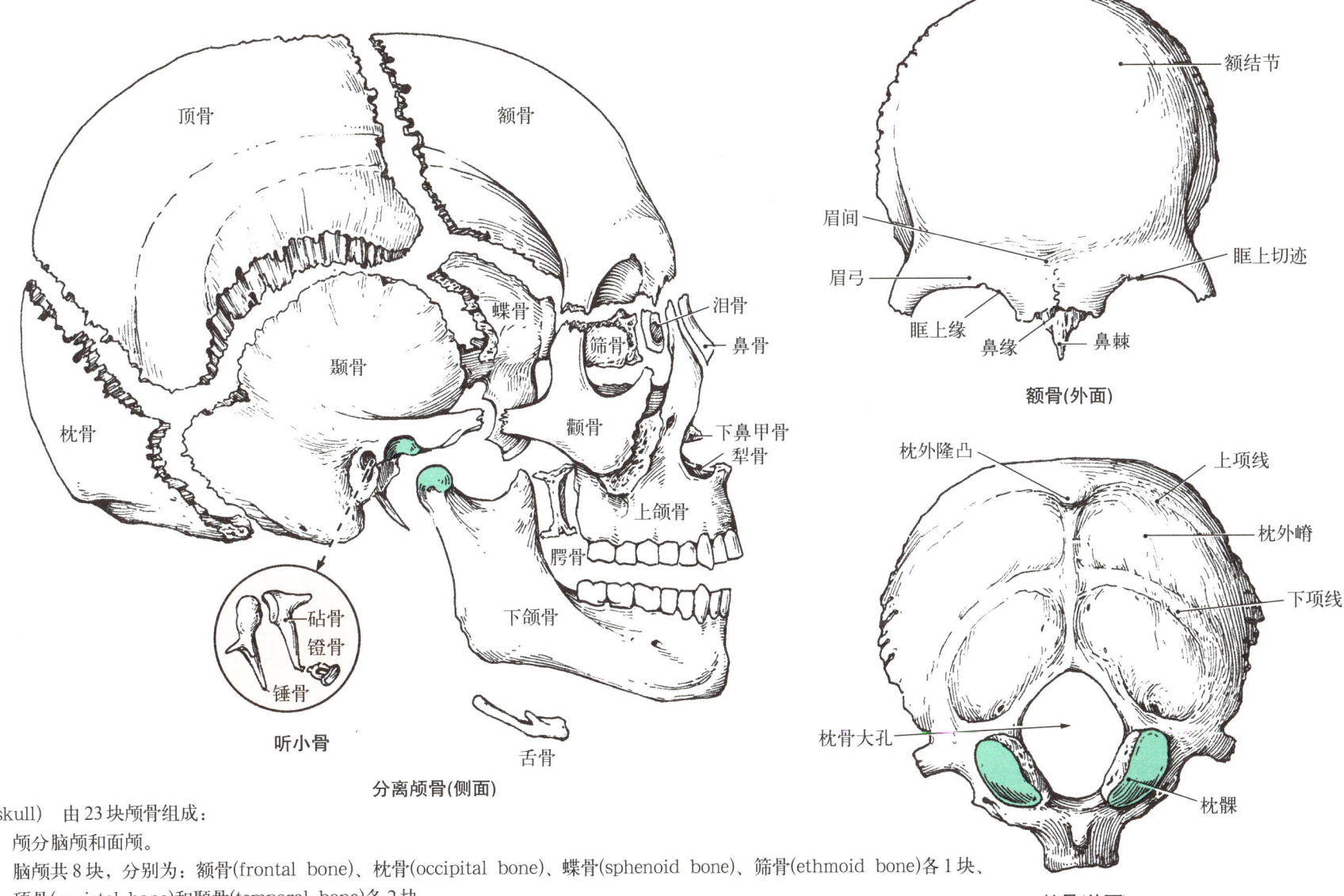

颅(skull) 由23块颅骨组成：
颅分脑颅和面颅。
脑颅共8块，分别为：额骨(frontal bone)、枕骨(occipital bone)、蝶骨(sphenoid bone)、筛骨(ethmoid bone)各1块、顶骨(parietal bone)和颞骨(temporal bone)各2块。
面颅共15块，分别为：犁骨(vomer)、下颌骨(mandibula)、舌骨(hyoid bone)各1块，上颌骨(maxilla)、鼻骨(nasal bone)、泪骨(lacrimal bone)、颧骨(zygomatic bone)、下鼻甲骨(inferior nasal concha)、腭骨(palatine bone)各2块。另外在中耳内有与听觉有关的3对听小骨(auditory ossicles)，分别为锤骨(malleus)、砧骨(incus)和镫骨(stapes)。

分离颅骨

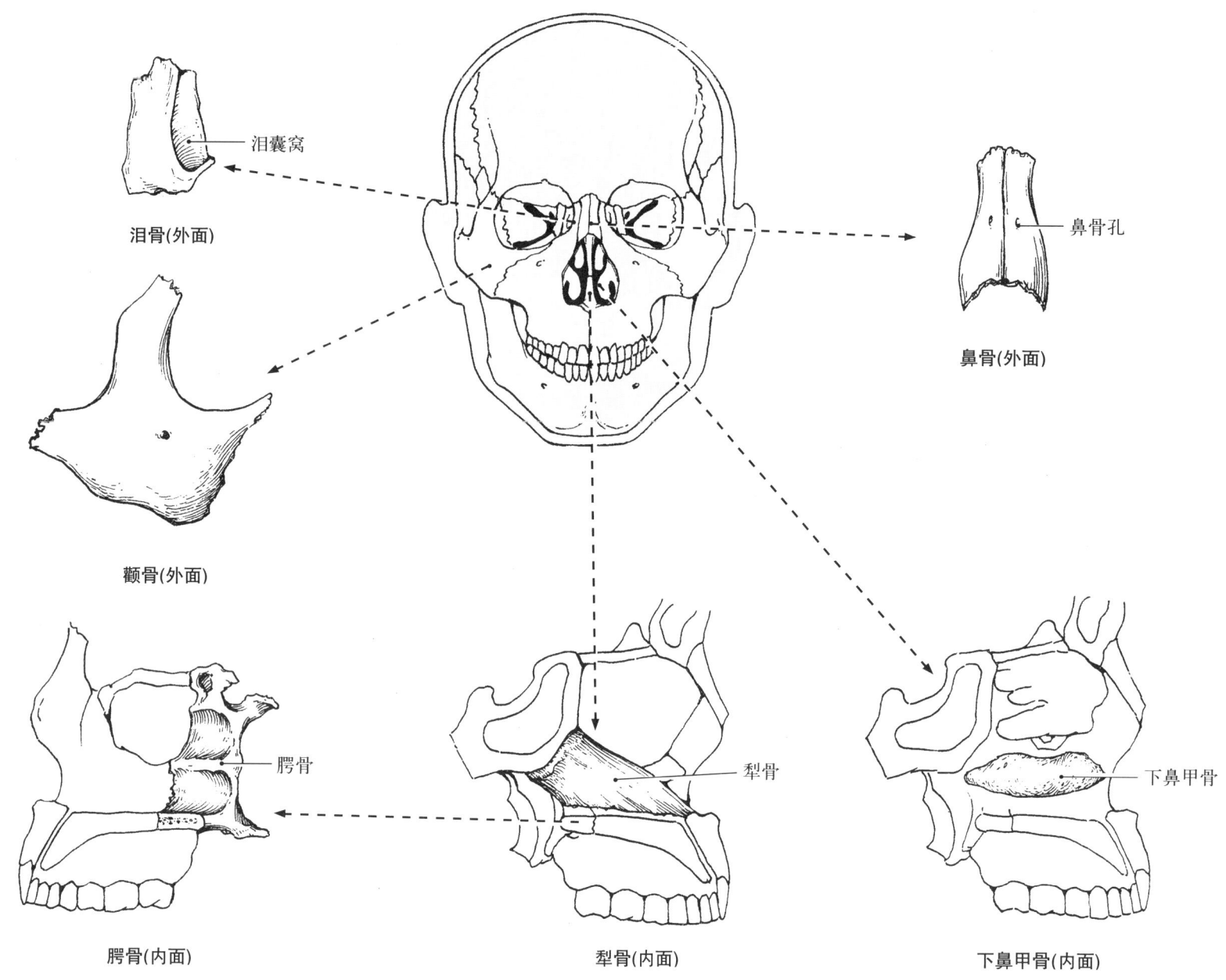

分离颅骨

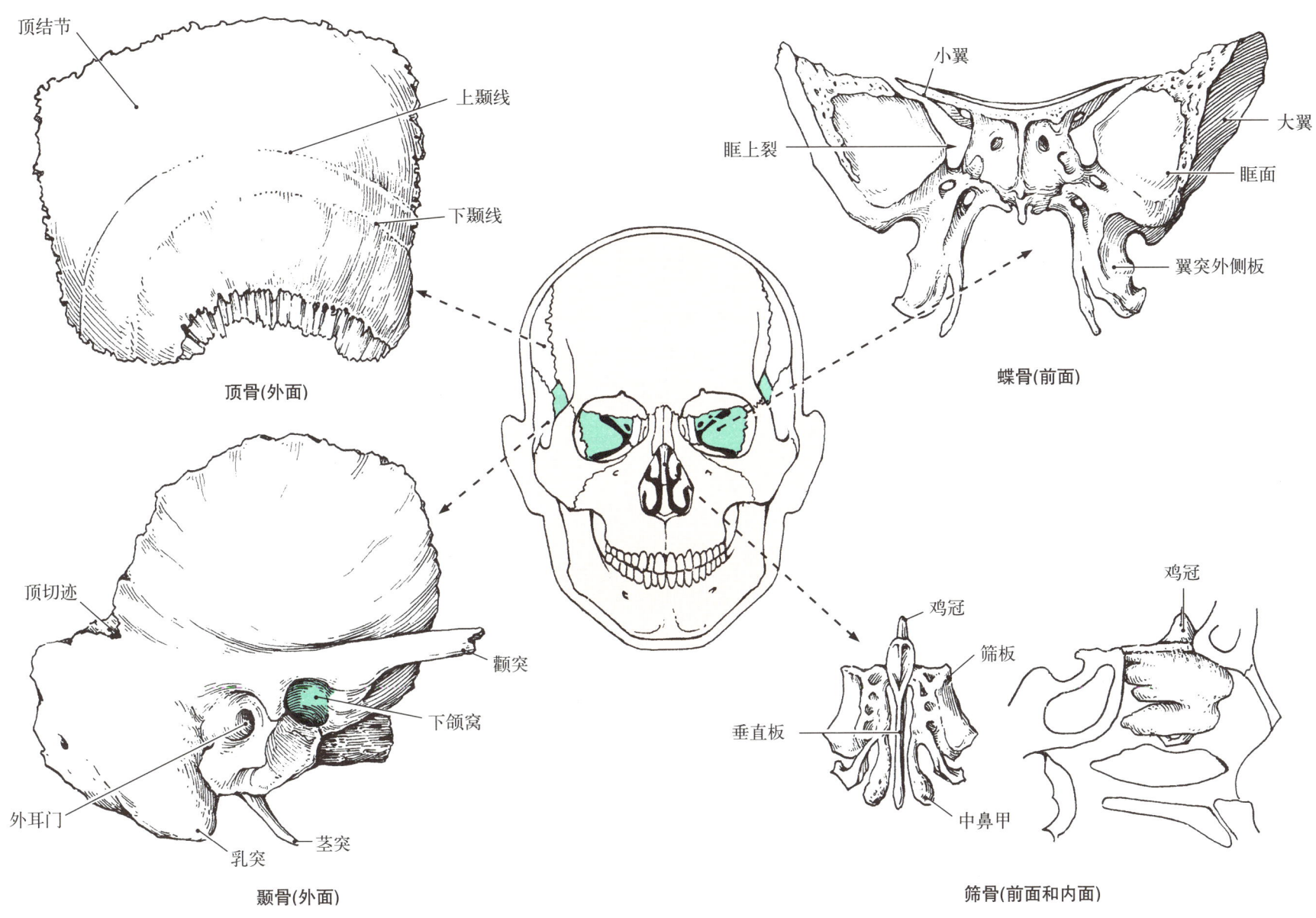

分离颅骨

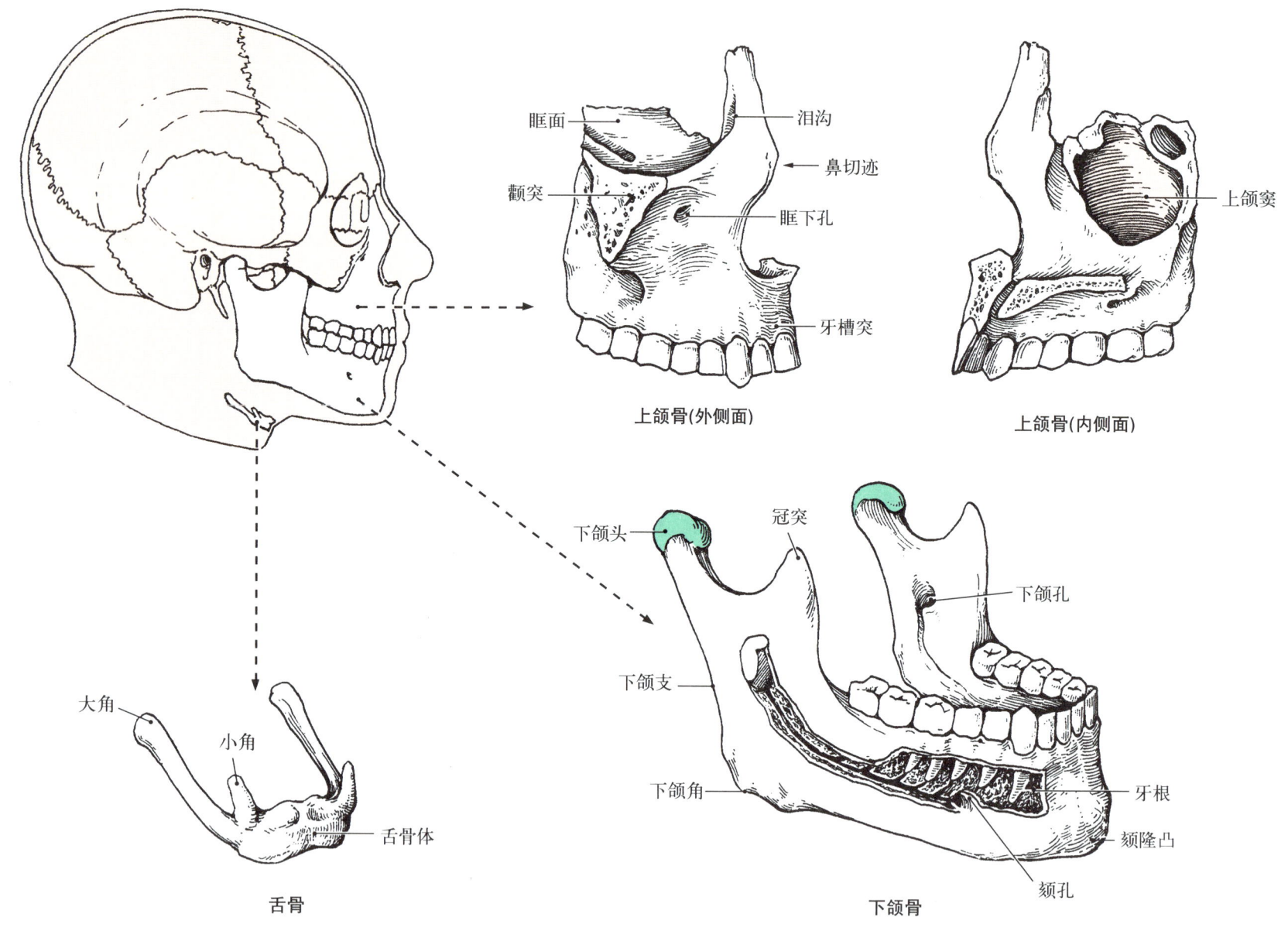

分离颅骨

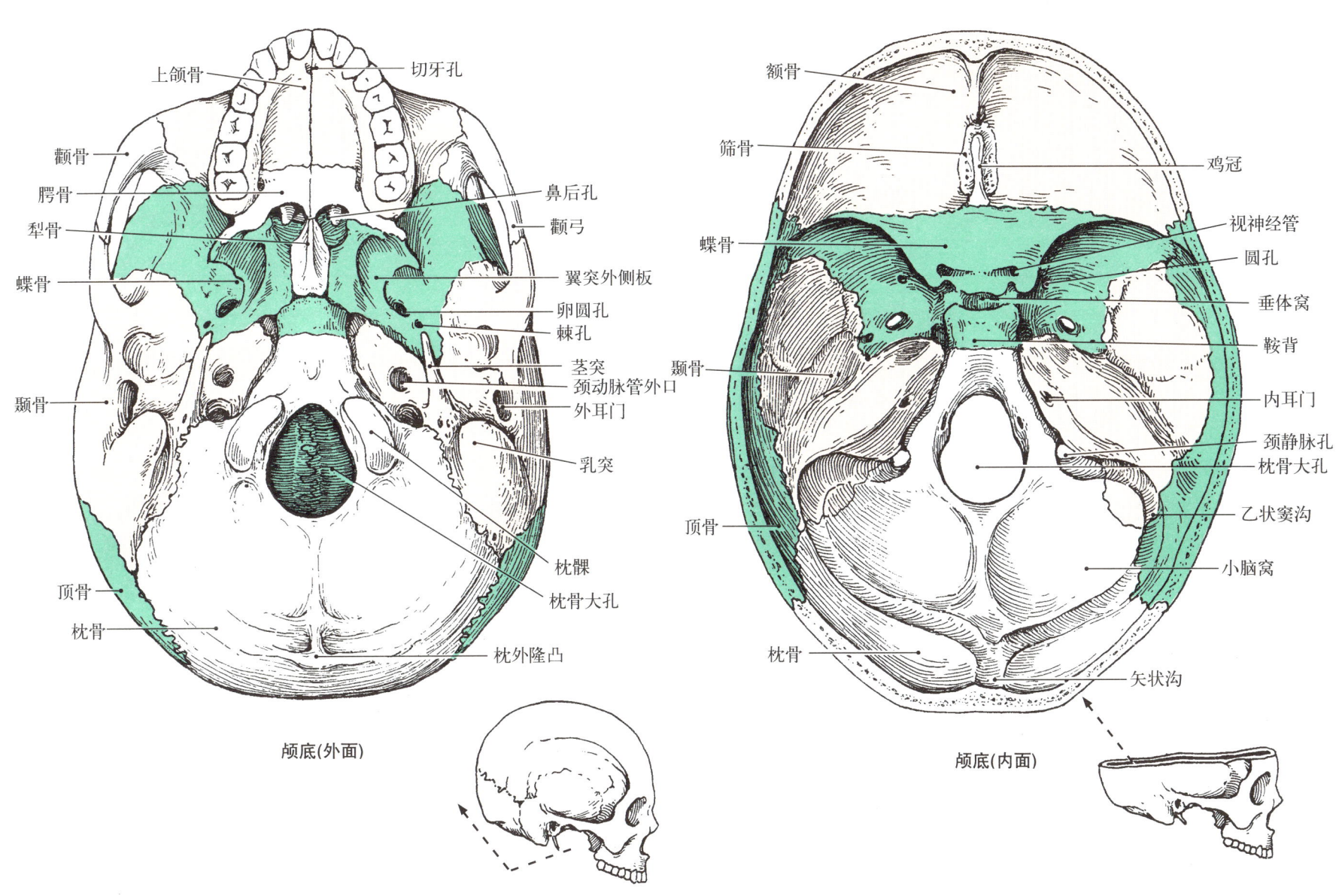

颅 底

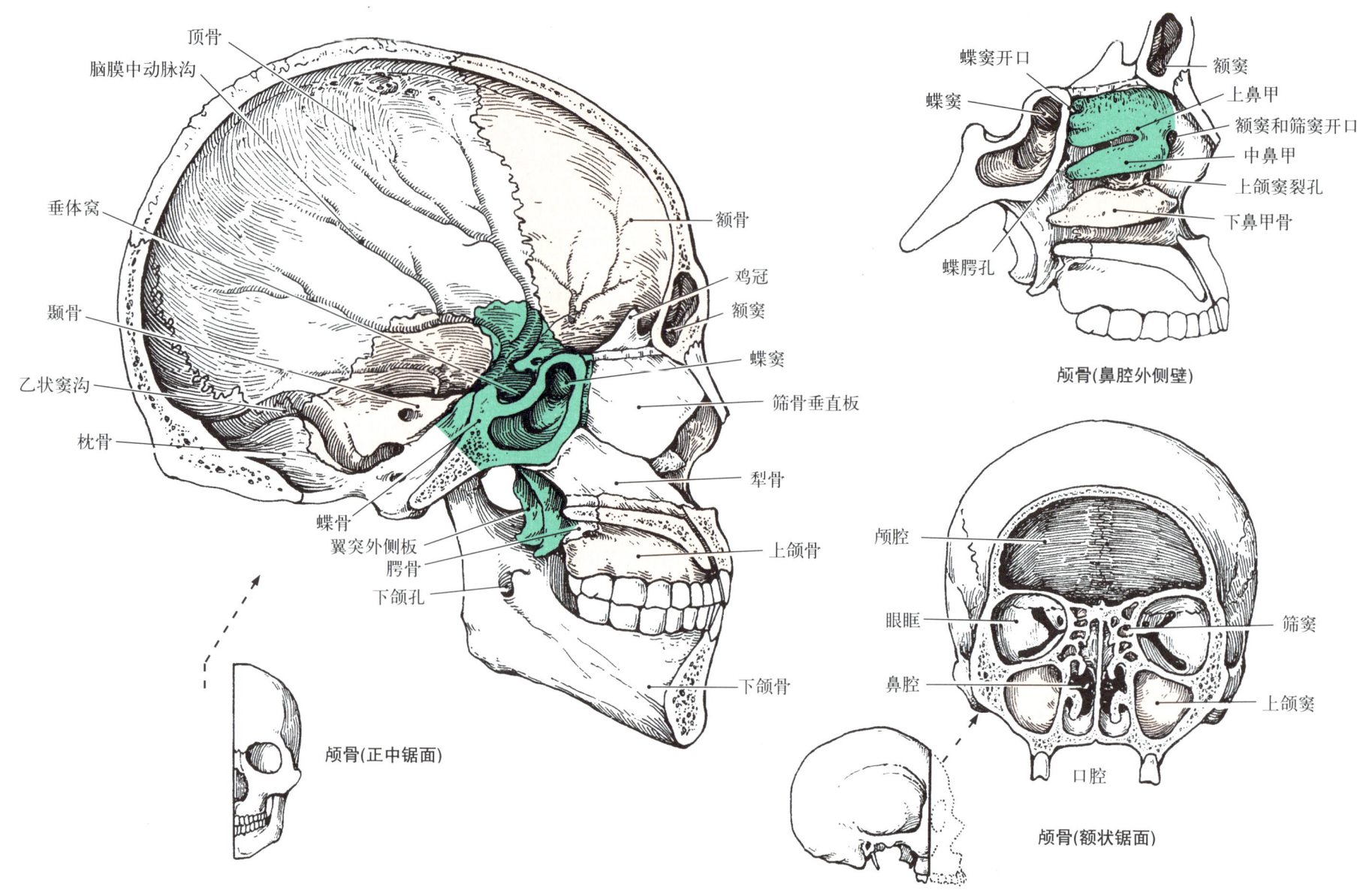

颅骨锯面

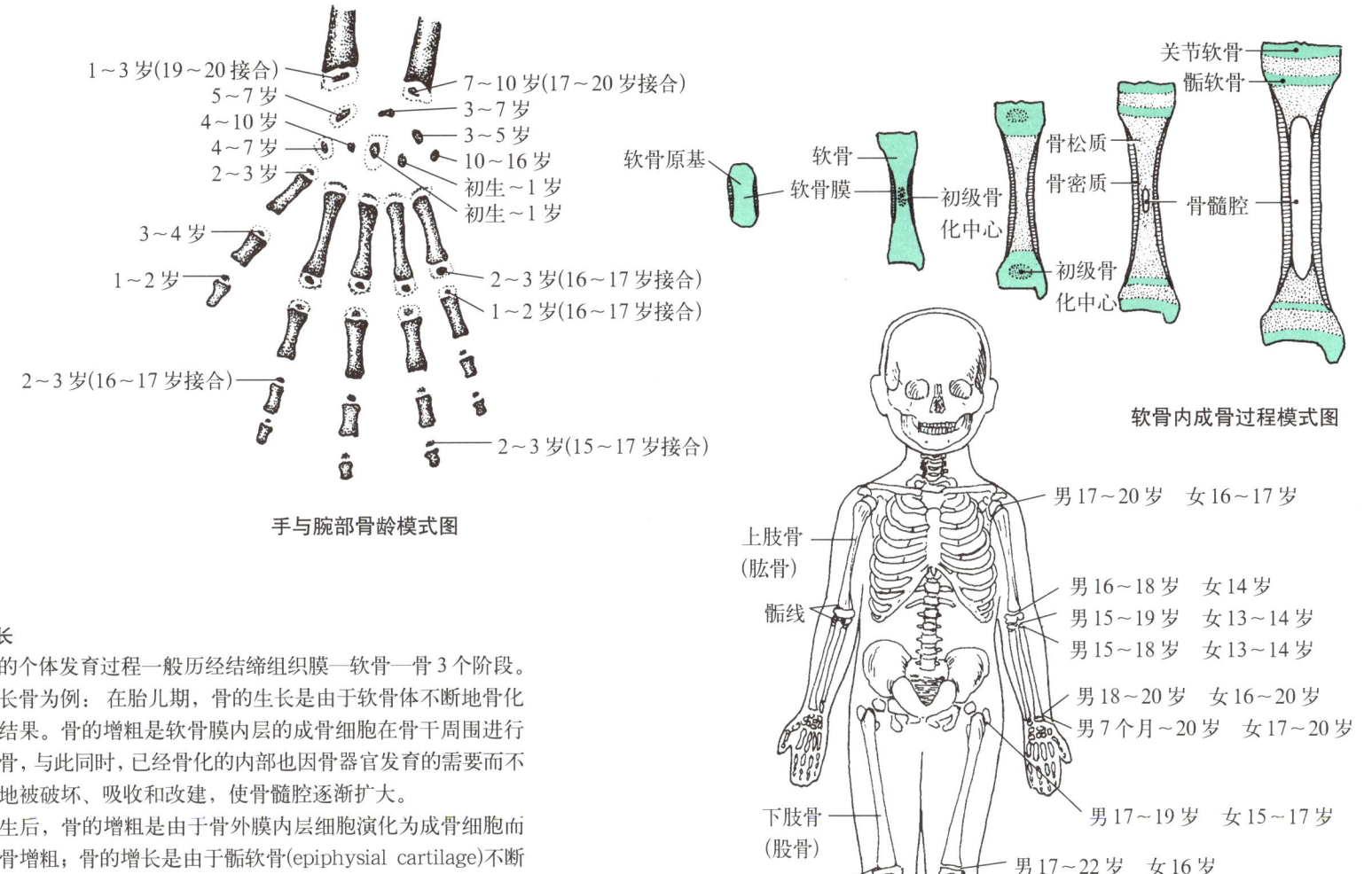

手与腕部骨龄模式图

软骨内成骨过程模式图

小儿四肢骨的骺软骨消失时期

骨的生长

骨的个体发育过程一般历经结缔组织膜—软骨—骨 3 个阶段。以长骨为例：在胎儿期，骨的生长是由于软骨体不断地骨化的结果。骨的增粗是软骨膜内层的成骨细胞在骨干周围进行造骨，与此同时，已经骨化的内部也因器官发育的需要而不断地被破坏、吸收和改建，使骨髓腔逐渐扩大。

出生后，骨的增粗是由于骨外膜内层细胞演化为成骨细胞而使骨增粗；骨的增长是由于骺软骨(epiphysial cartilage)不断增生，不断骨化，使骨增长。

骨龄 (bone age)

骨龄是指骺与小骨骨化中心出现的年龄和骺与骨干愈合(接合)的年龄。骨龄的测定用于了解儿童和少年的发育状态。

骨的生长　骨龄

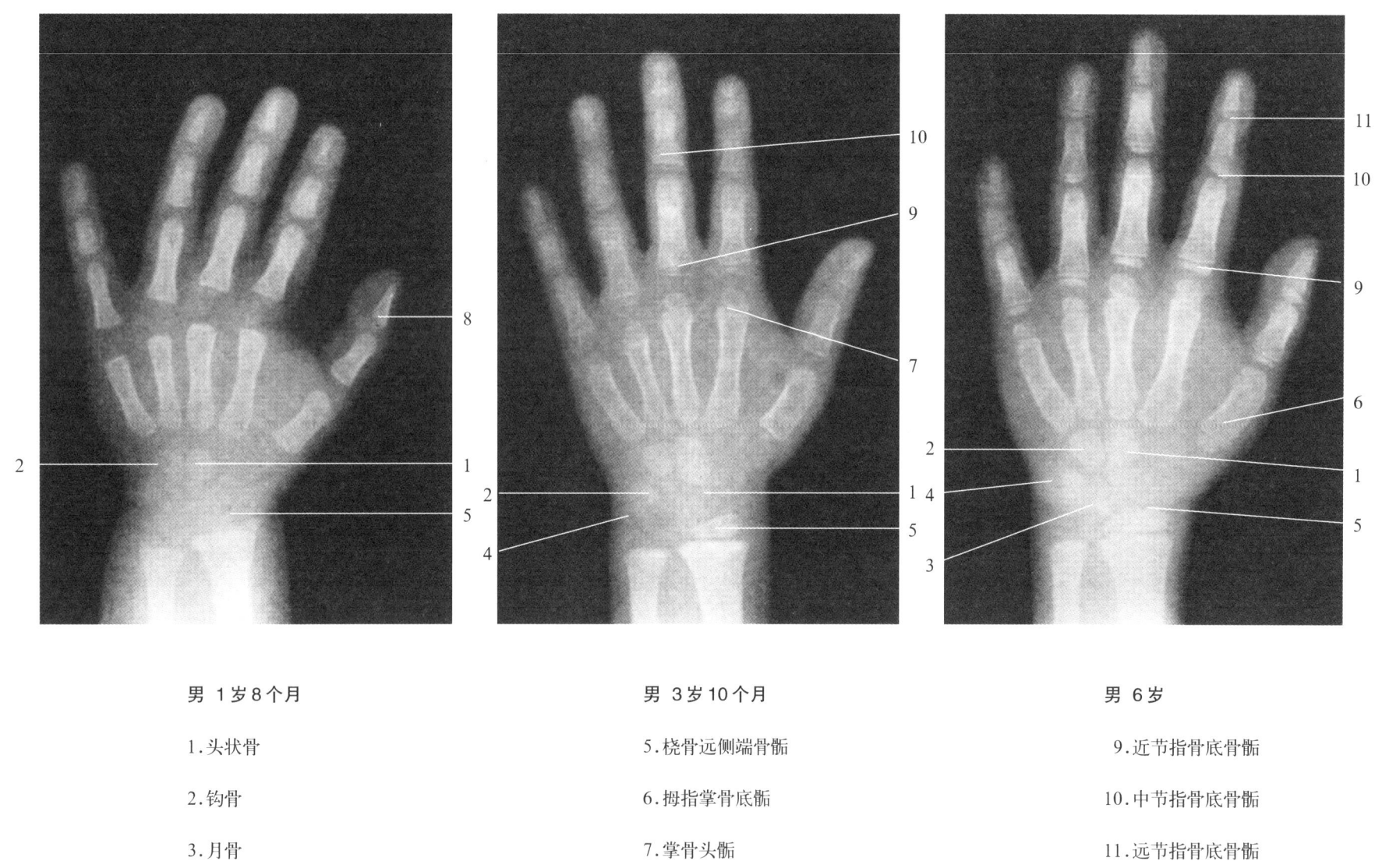

男 1岁8个月

1. 头状骨
2. 钩骨
3. 月骨
4. 三角骨

男 3岁10个月

5. 桡骨远侧端骨骺
6. 拇指掌骨底骺
7. 掌骨头骺
8. 拇指远节指骨底骺

男 6岁

9. 近节指骨底骨骺
10. 中节指骨底骨骺
11. 远节指骨底骨骺

X线照片　　手腕部骨发育X线照片

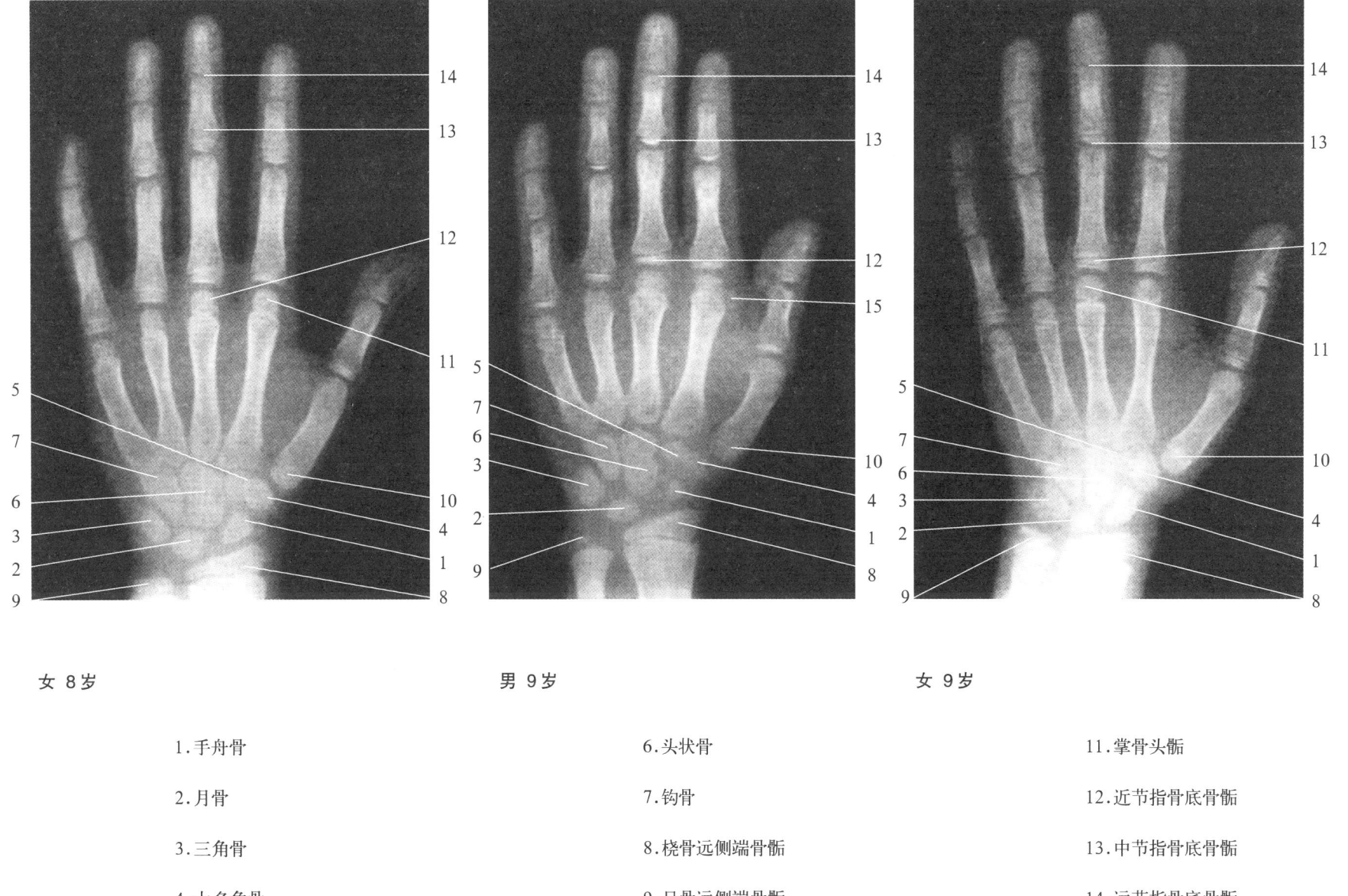

女 8岁　　　　　　　　　　　　　男 9岁　　　　　　　　　　　　　女 9岁

1. 手舟骨
2. 月骨
3. 三角骨
4. 大多角骨
5. 小多角骨
6. 头状骨
7. 钩骨
8. 桡骨远侧端骨骺
9. 尺骨远侧端骨骺
10. 拇指掌骨底骨骺
11. 掌骨头骺
12. 近节指骨底骨骺
13. 中节指骨底骨骺
14. 远节指骨底骨骺
15. 籽骨

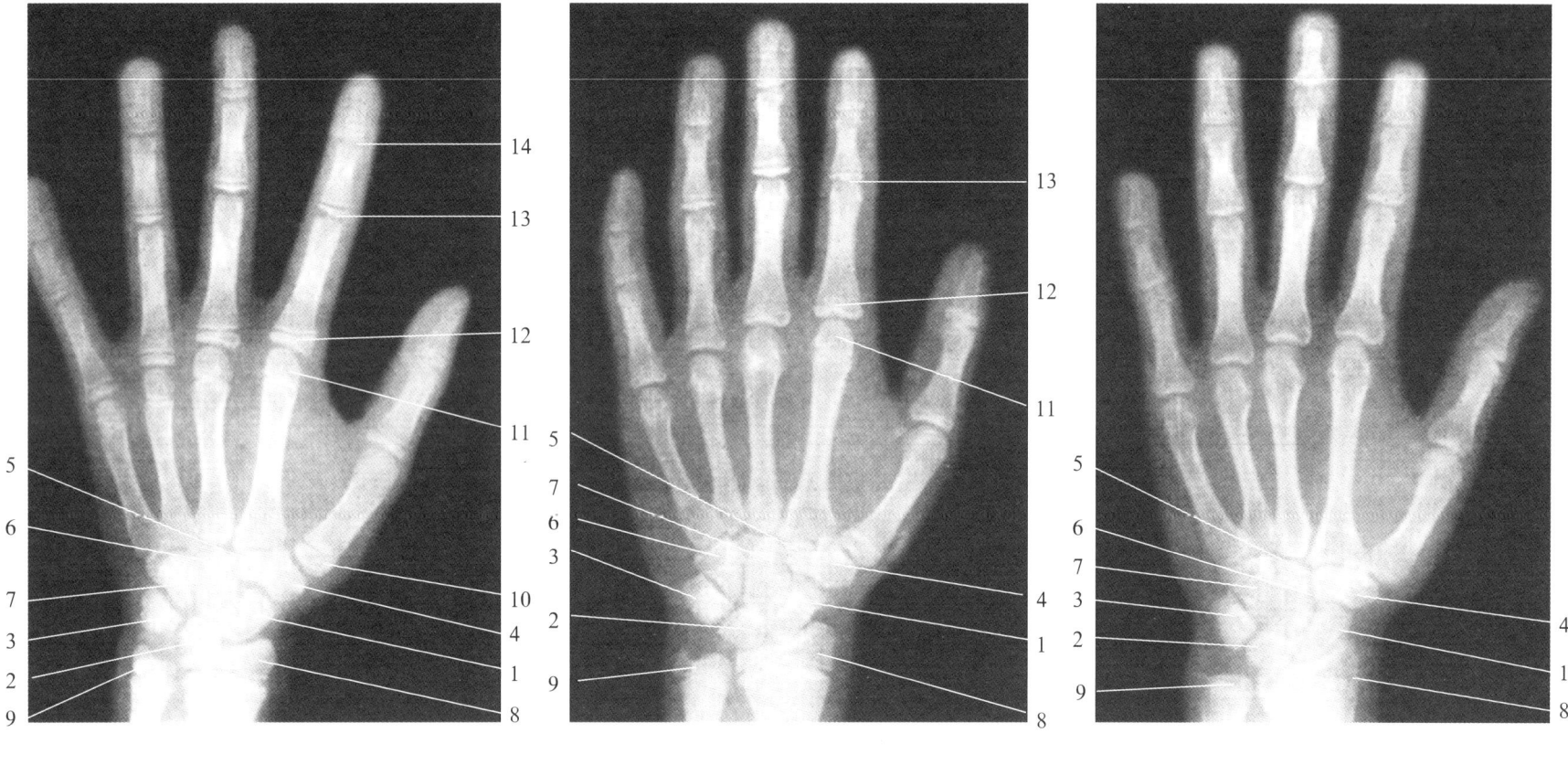

手腕部骨发育 X 线照片

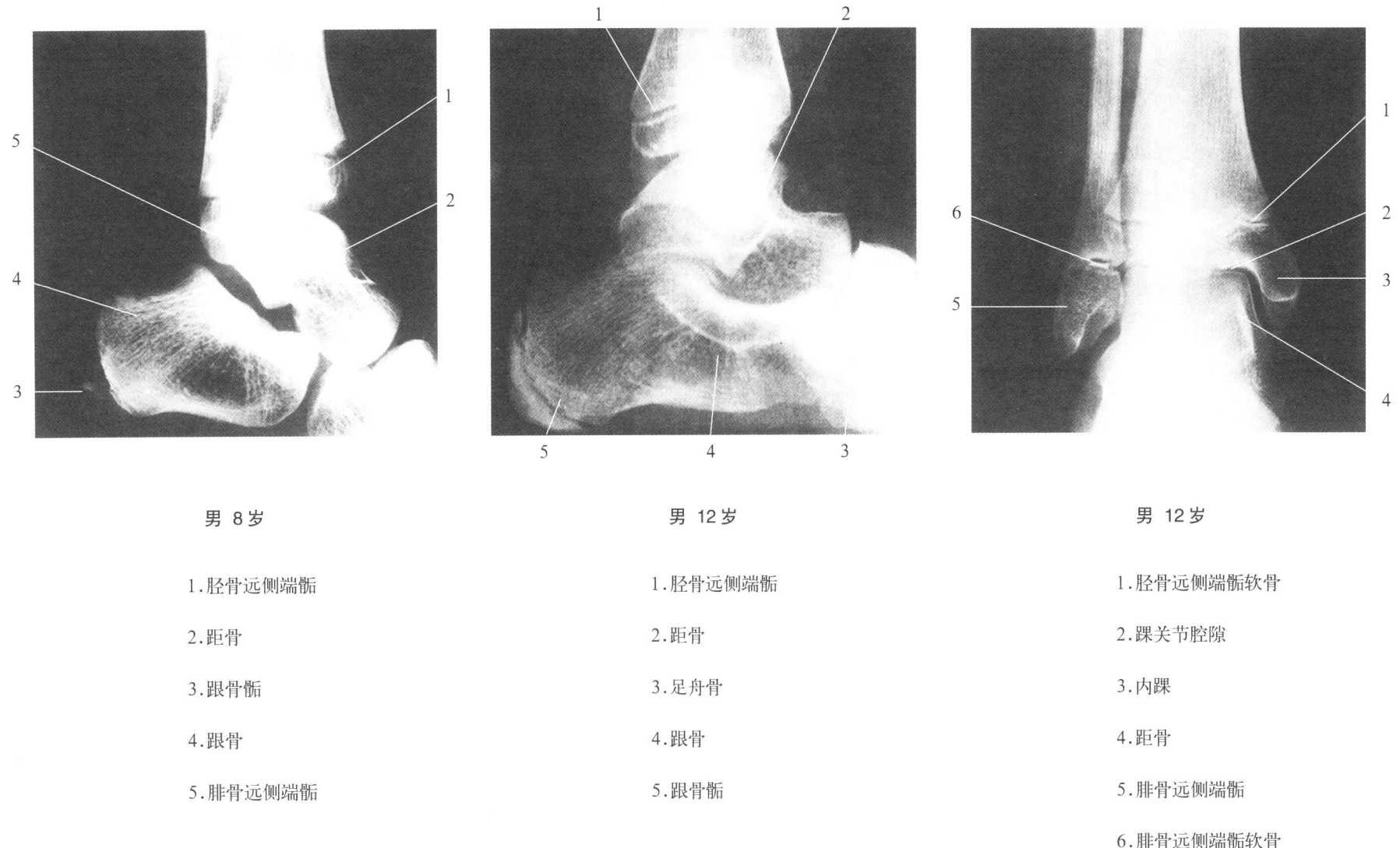

男 8 岁

1. 胫骨远侧端骺
2. 距骨
3. 跟骨骺
4. 跟骨
5. 腓骨远侧端骺

男 12 岁

1. 胫骨远侧端骺
2. 距骨
3. 足舟骨
4. 跟骨
5. 跟骨骺

男 12 岁

1. 胫骨远侧端骺软骨
2. 踝关节腔隙
3. 内踝
4. 距骨
5. 腓骨远侧端骺
6. 腓骨远侧端骺软骨

足踝部骨发育 X 线照片

第二章 骨连结

骨与骨之间借一定结构相连,称为骨连结。

骨连结分为两类:直接连结(无腔隙的骨连结)和间接连结(有腔隙的骨连结)。

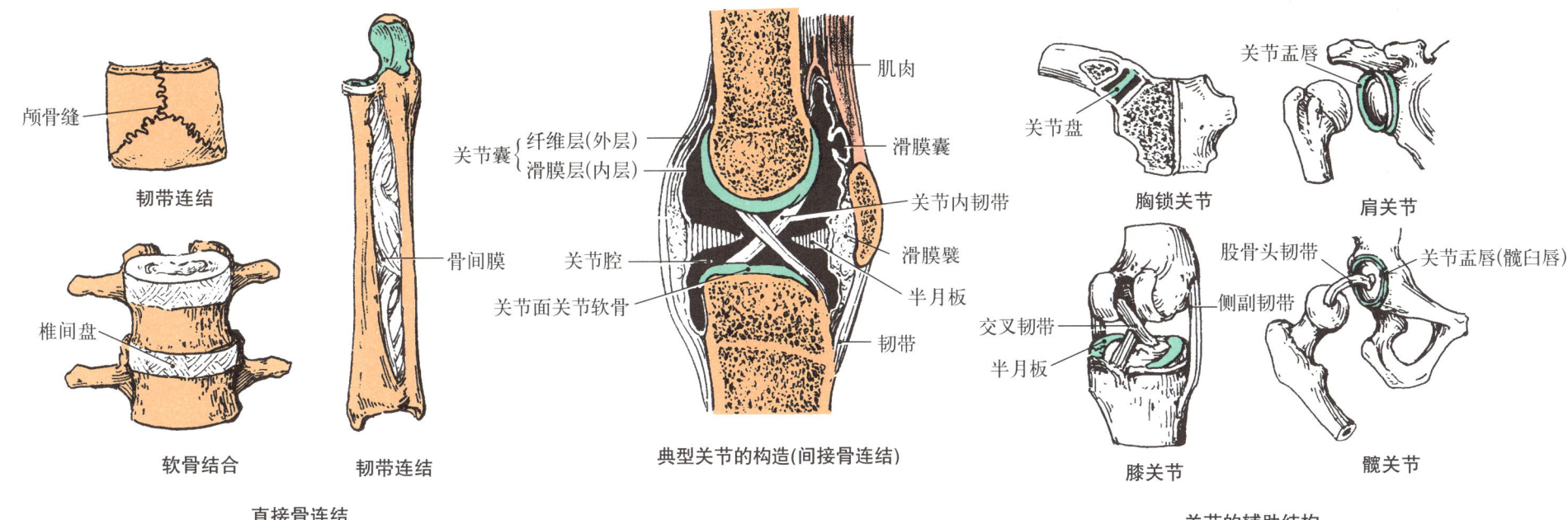

骨连结的分类

直接骨连结(不动关节 synarthrosis)：
1. 骨与骨之间借索状或膜状的结缔组织相连结，称韧带连结(syndesmosis)。
2. 骨与骨之间借软骨组织相连结，称软骨结合(synchondrosis or cartilaginous joint)。
3. 骨与骨之间借骨组织愈合成一体的连结称骨性结合(synostosis)，如髂骨、耻骨和坐骨愈合成髋骨(见29页)。

间接骨连结(动关节)(articulation)：骨与骨之间借膜性囊相连结，中有腔隙，以利于活动，它构成四肢等处的动关节(即关节 joint、articulation)。

关节的主要结构与关节的辅助结构

关节的主要结构：

关节面及关节软骨(articular surface and articular cartilage)
　　关节面是指组成关节的两骨的对应面，一般为一凸一凹，凸的称关节头，凹的称关节窝。关节面上覆盖着一层关节软骨，多数是透明软骨。

关节囊(articular capsule)
　　系附着在关节面周缘骨面上的膜性囊，分内、外两层。外层为纤维层(fibrous layer)，内层为滑膜层(synovial layer)，滑膜层能分泌滑液，以润滑关节面和滋养关节软骨。

关节腔(articular/joint cavity)
　　系关节囊和关节软骨之间所围成密闭的腔隙。腔内呈负压，起维持和加固关节的作用。

关节的辅助结构：

韧带(ligament)
　　多呈扁带状或条索状，它连结着对应的两骨，对关节起加固和制动作用。

关节内软骨　有两种形式，即关节盘(articular disc)和半月板(meniscus)使两骨关节面互相适应和改变关节的运动形式，增加关节的弹性和缓冲震动。

关节唇(articular labrum)
　　是附着于关节窝周缘的软骨环，可起到加深关节窝增大关节面的作用。

滑膜囊(synovial bursa)
　　是由关节囊的内层(滑膜层)向外突出形成，可减少运动时肌腱和骨面间摩擦的作用。

滑膜襞〔synovial fold(villi)〕
　　为关节囊的滑膜层朝向关节腔内突起的皱襞形成，其内若含有脂肪组织即成为脂肪垫(滑膜垫)。它能填充关节腔内的空隙，使相连关节面更适应和稳固，并能缓冲震动和磨损。

骨连结概况　骨连结的分类与构造

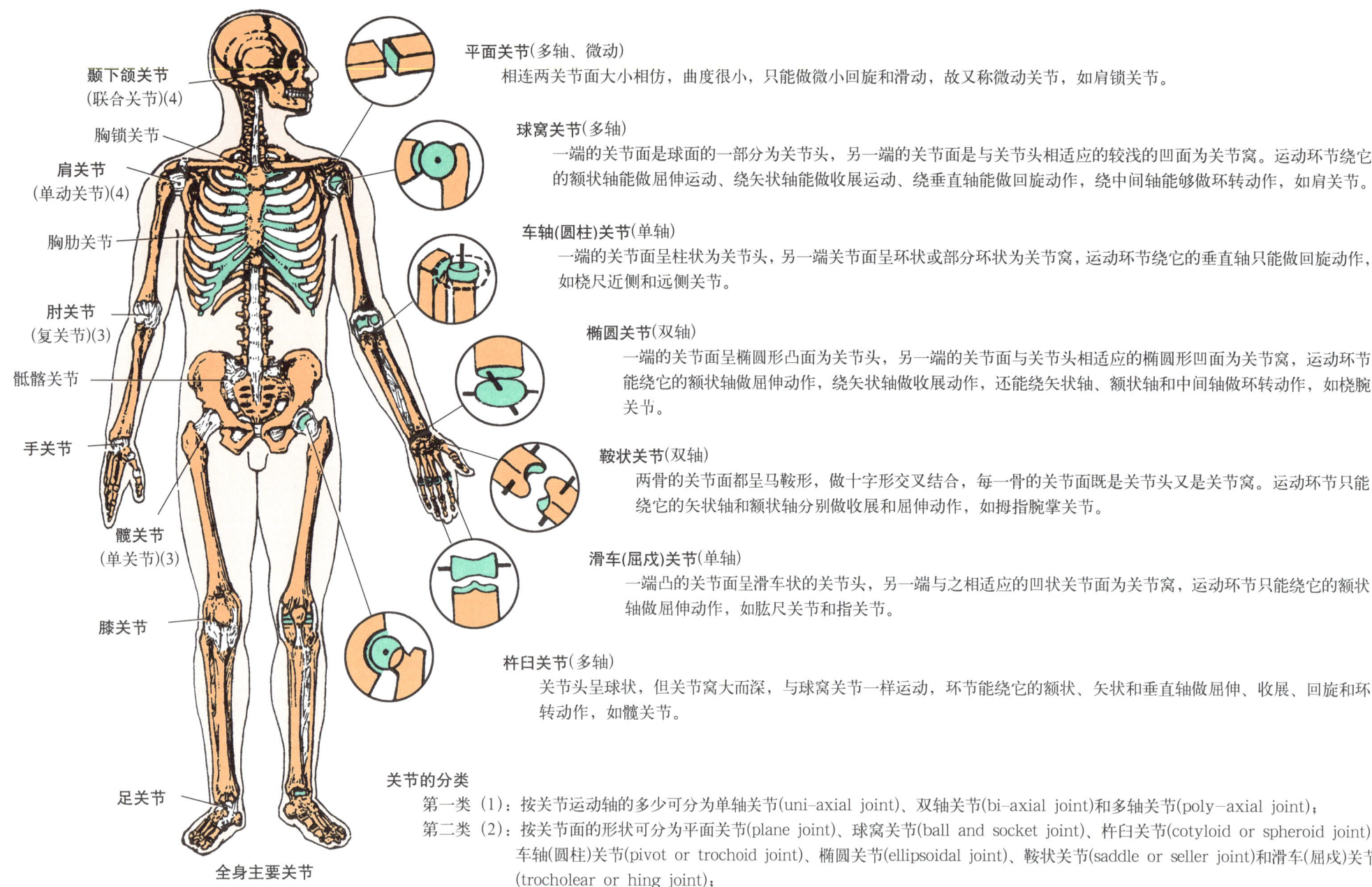

关节的分类

平面关节(多轴、微动)
相连两关节面大小相仿,曲度很小,只能做微小回旋和滑动,故又称微动关节,如肩锁关节。

球窝关节(多轴)
一端的关节面是球面的一部分为关节头,另一端的关节面是与关节头相适应的较浅的凹面为关节窝。运动环节绕它的额状轴能做屈伸运动、绕矢状轴能做收展运动、绕垂直轴能做回旋动作,绕中间轴能够做环转动作,如肩关节。

车轴(圆柱)关节(单轴)
一端的关节面呈柱状为关节头,另一端关节面呈环状或部分环状为关节窝,运动环节绕它的垂直轴只能做回旋动作,如桡尺近侧和远侧关节。

椭圆关节(双轴)
一端的关节面呈椭圆形凸面为关节头,另一端的关节面与关节头相适应的椭圆形凹面为关节窝,运动环节能绕它的额状轴做屈伸动作,绕矢状轴做收展动作,还能绕矢状轴、额状轴和中间轴做环转动作,如桡腕关节。

鞍状关节(双轴)
两骨的关节面都呈马鞍形,做十字形交叉结合,每一骨的关节面既是关节头又是关节窝。运动环节只能绕它的矢状轴和额状轴分别做收展和屈伸动作,如拇指腕掌关节。

滑车(屈戍)关节(单轴)
一端凸的关节面呈滑车状的关节头,另一端与之相适应的凹状关节面为关节窝,运动环节只能绕它的额状轴做屈伸动作,如肱尺关节和指关节。

杵臼关节(多轴)
关节头呈球状,但关节窝大而深,与球窝关节一样运动,环节能绕它的额状、矢状和垂直轴做屈伸、收展、回旋和环转动作,如髋关节。

关节的分类
第一类(1):按关节运动轴的多少可分为单轴关节(uni-axial joint)、双轴关节(bi-axial joint)和多轴关节(poly-axial joint);
第二类(2):按关节面的形状可分为平面关节(plane joint)、球窝关节(ball and socket joint)、杵臼关节(cotyloid or spheroid joint)、车轴(圆柱)关节(pivot or trochoid joint)、椭圆关节(ellipsoidal joint)、鞍状关节(saddle or seller joint)和滑车(屈戍)关节(trocholear or hing joint);
第三类(3):按构成关节的骨数可分为单关节(simple joint)和复关节(compound joint);
第四类(4):按关节的运动方式可分为单动关节(single moving joint)和联合关节(cooperating joint)。

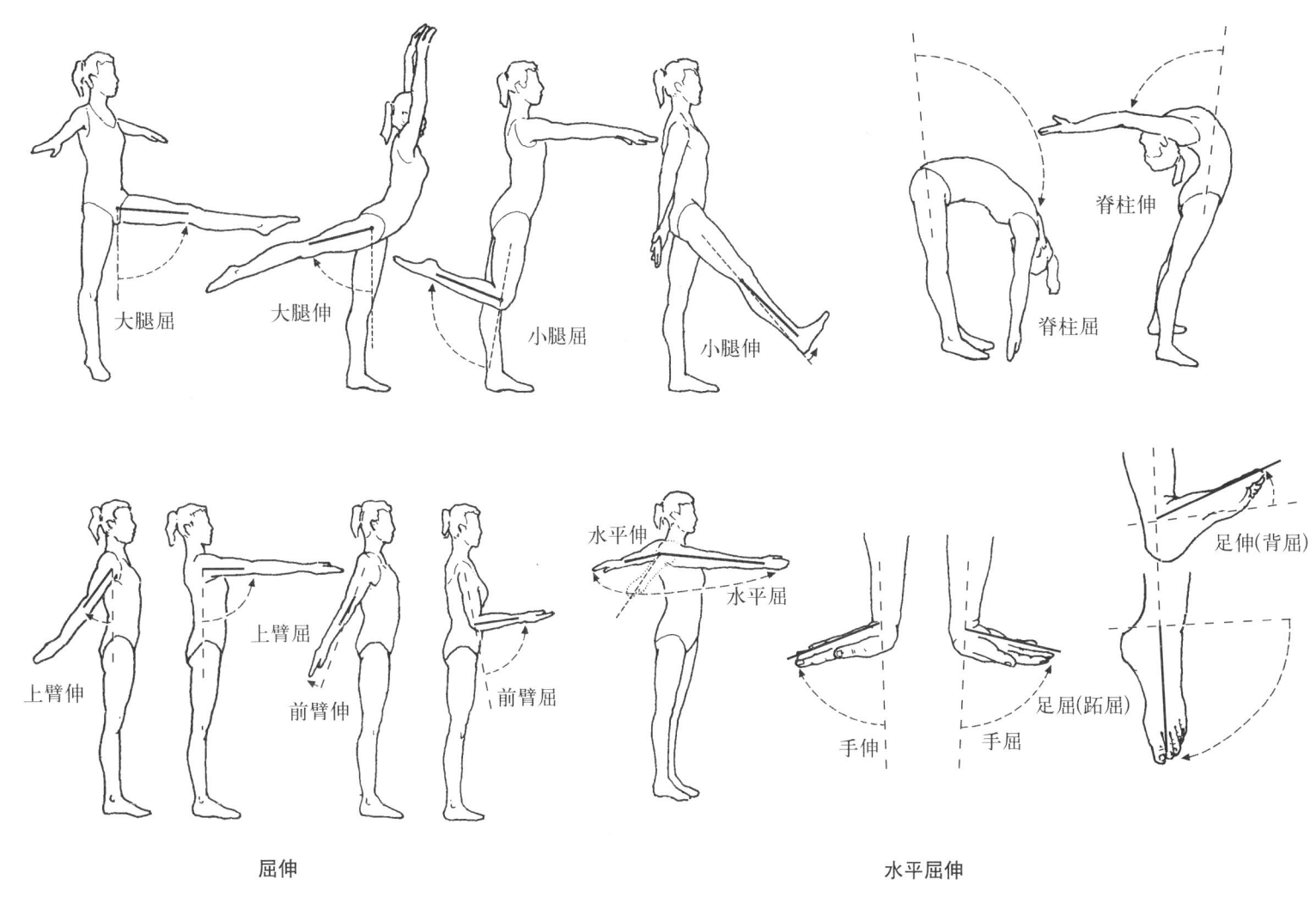

屈伸

水平屈伸

　　是环节绕关节的额(冠)状轴在矢状面内的运动。作为运动环节的骨杠杆向前为屈，向后为伸(膝关节和踝关节的运动方向则相反)。

　　上臂(大腿)在肩关节(髋关节)处外展90°后，向前运动为水平屈，向后运动为水平伸。水平屈伸是运动肢体绕垂直轴的运动。

关节的运动

关节的运动 (movement of joint) 每一关节运动和它的形态结构密切相关，都可假设是围绕一定的轴进行的，可分为〔屈伸(flexion, extension)、水平屈伸(horizontal flexion and extension)、内收外展(adduction, abduction)、回旋(rotation)和环转(circumduction)〕5种运动形式。

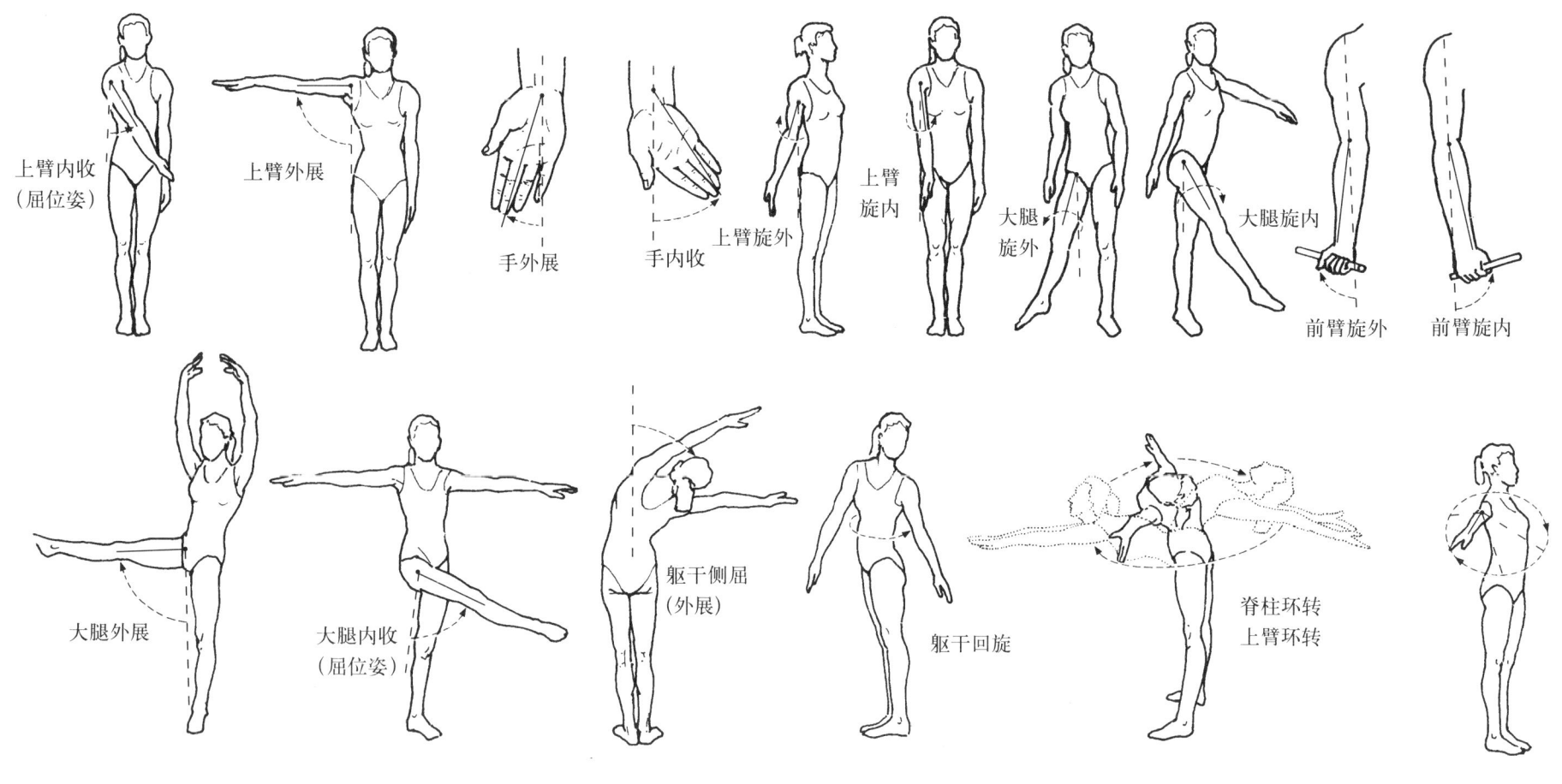

内收外展

是环节绕关节矢状轴在额(冠)状面内的运动,运动时环节(骨)向正中面靠近为内收,远离为外展。上臂绕肩关节、大腿绕髋关节的内收运动,可区分为屈位内收姿与伸位内收姿两种形态。

回旋(旋转)

环节绕关节垂直轴的运动。环节(骨)由前面转向内侧称旋内(旋前pronation),环节(骨)由前面转向外侧称旋外(旋后)(supination)。按人体标准解剖姿势,回旋是在水平面内的运动。

环转

凡具有两个或两个以上运动轴的关节,均可绕其中间轴做环转运动(circumduction)。运动时环节(骨)的近侧端在原位活动,远侧端则做圆周运动。

关节的运动

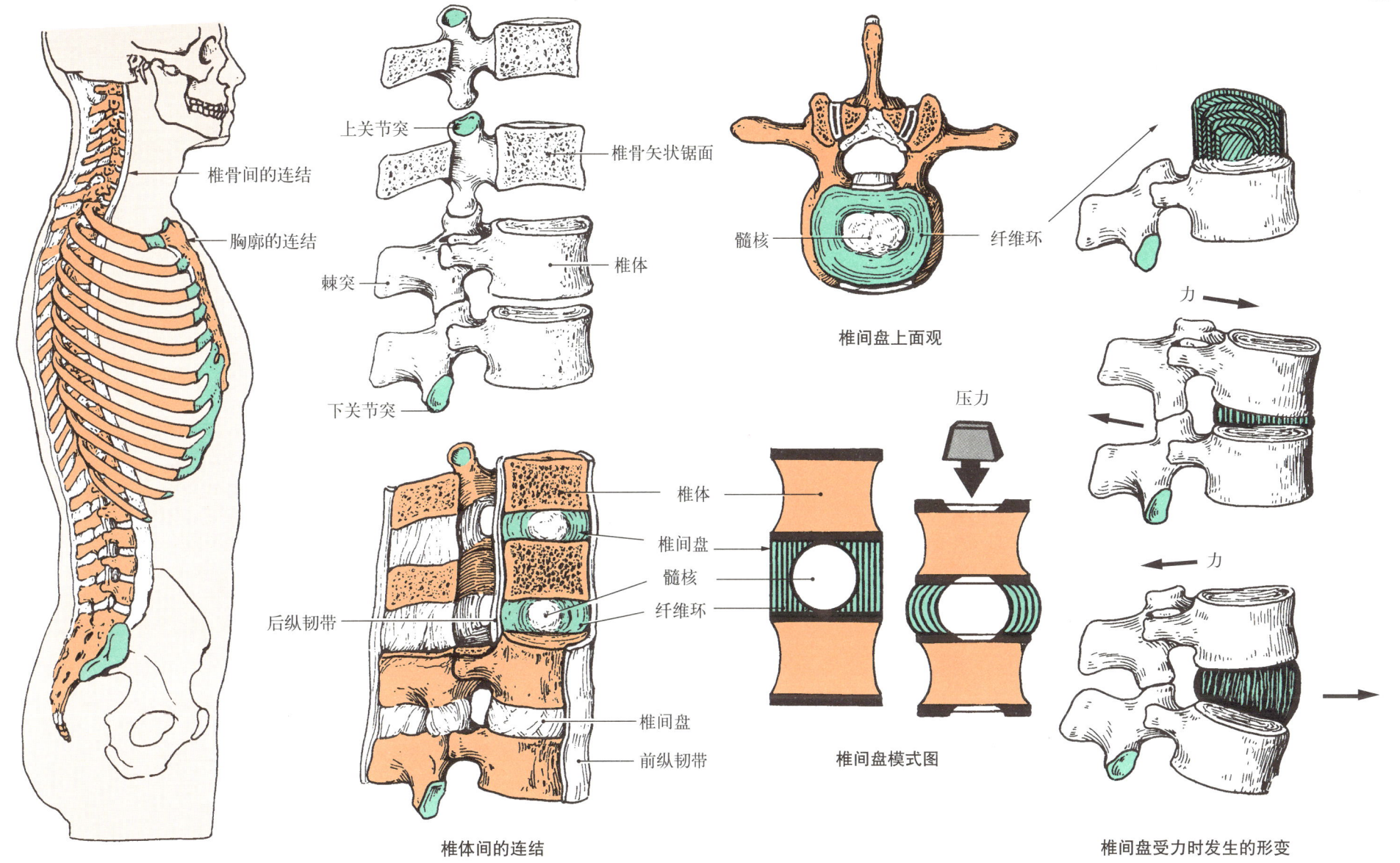

躯干骨的连结 椎骨间的连结

椎骨间的连结
　　各椎骨之间由椎间盘、韧带和关节相连结。

椎间盘 (intervertebral discs)
　　除第一及第二颈椎之间外，椎间盘连结相邻两椎体，成人共有23块。椎间盘周围部分为环形坚韧而富弹性的纤维软骨称纤维环，它的中央部分是白色柔软而富有弹性的胶体物质称髓核。椎间盘受力时可产生形变，压力消除后又可恢复原状。

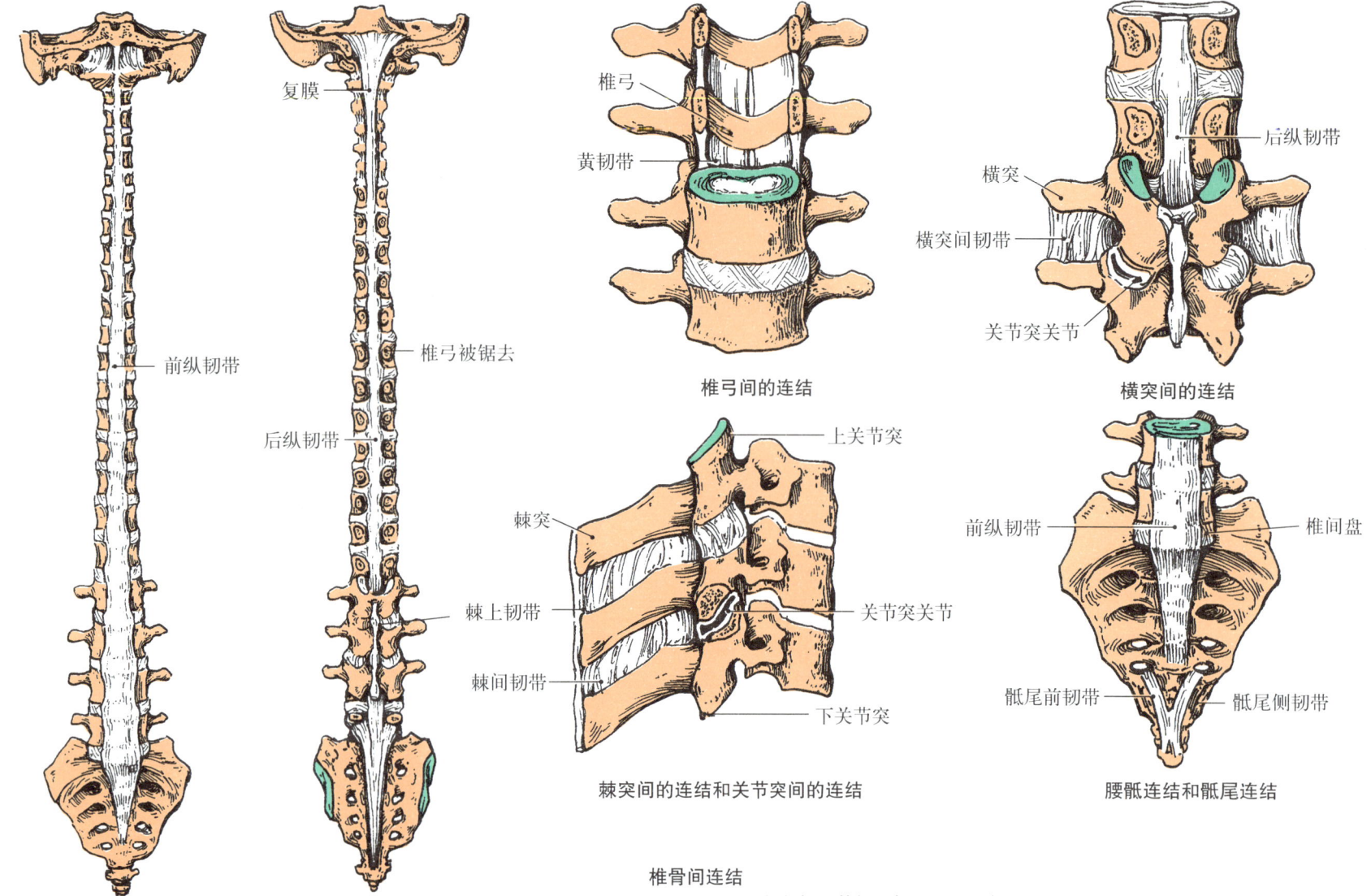

椎骨间的连结

前纵韧带 (anterior longitudinal lig.)
起自枕骨大孔前缘，纵行于脊柱前面，止于骶骨。它限制脊柱过度后伸和防止椎间盘向前脱出。

后纵韧带 (posterior longitudinal lig.)
位于椎体后面椎管的前壁。起自枢椎，止于骶管前壁。它限制脊柱过度前屈和防止椎间盘向后脱出。

椎骨间连结

椎弓间连结 相邻椎骨的椎弓间有黄韧带 (ligamenta flava.) 相连结。

横突间连结 椎骨的相邻横突间有横突间韧带 (intertransveral lig.) 相连结。

棘突间连结 椎骨的相邻棘突间有棘间韧带 (interspinous lig.) 和棘上韧带 (supraspinal lig.) 相连结。

关节突间的连结 两个相邻椎骨上下关节突的相应关节面构成关节突关节 (zygapophysial joint)，属平面关节，活动微小，但脊柱的所有关节突关节的整体活动幅度很大。关节突关节在功(机)能上相互组成联合关节。

腰骶连结 (sacrolumbar articulation) 由第五腰椎椎体与骶骨底间借椎间盘和韧带等的连结。

骶尾连结 (sacrococcygeal articulation) 由第五骶椎与第一尾椎间借软骨的连结。

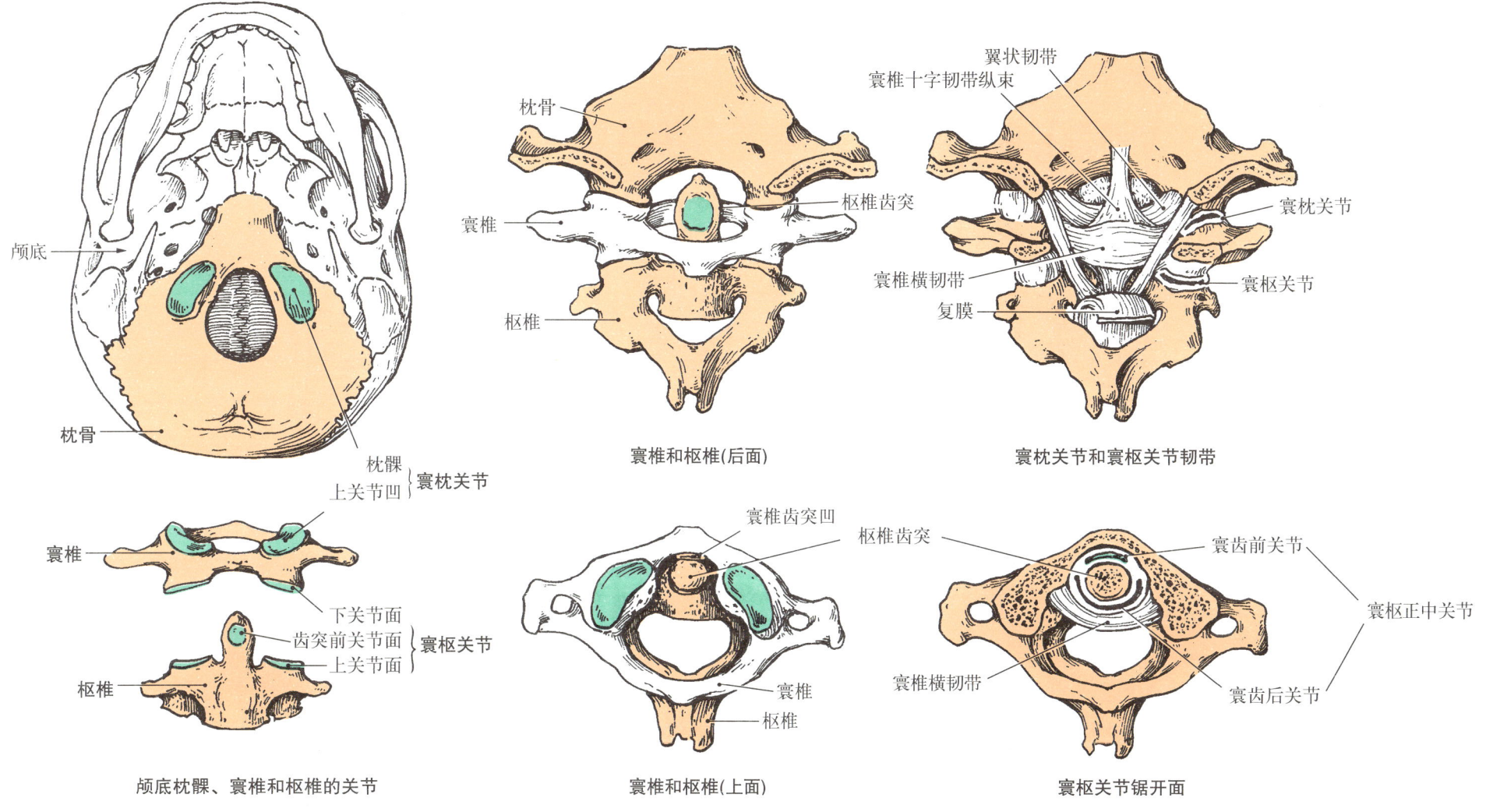

寰枕关节(atlantooccipital joint)
关节窝由寰椎的上关节凹，关节头由枕骨的枕髁构成，属椭圆关节，左右成联合关节。头部绕关节的额状轴做屈伸、绕关节的矢状轴做侧屈运动。

寰枢关节(atlantoaxial joint)
由3个单独关节组成联合关节。由寰椎的下关节面与枢椎齿突旁的上关节面构成的左右两个寰枢外侧关节(属平面关节)和关节头由枢椎齿突的前关节面、关节窝由寰椎前弓后的关节面(齿突凹)构成的寰枢正中关节(属圆柱关节)组成，能使头部绕关节的垂直轴做回旋运动。
寰枕关节和寰枢关节在运动时亦组成联合关节，并被一系列韧带(如寰椎十字韧带、翼状韧带)加固。

寰椎与枕骨和枢椎间的连结

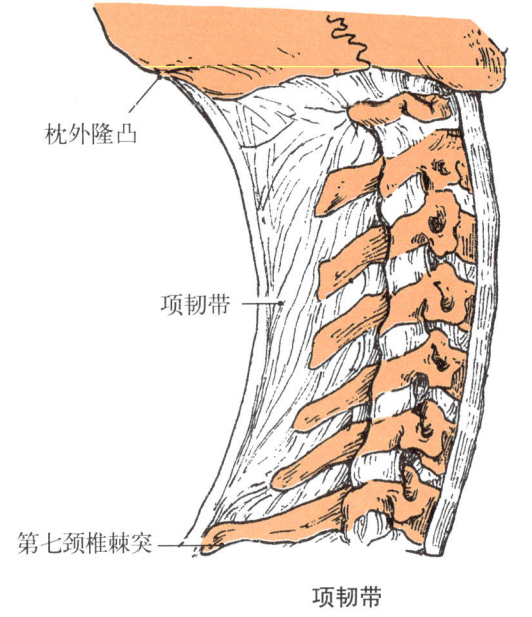

项韧带

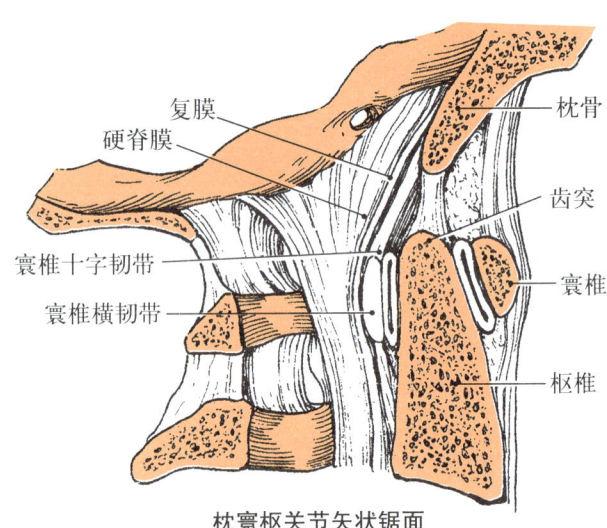

枕寰枢关节矢状锯面

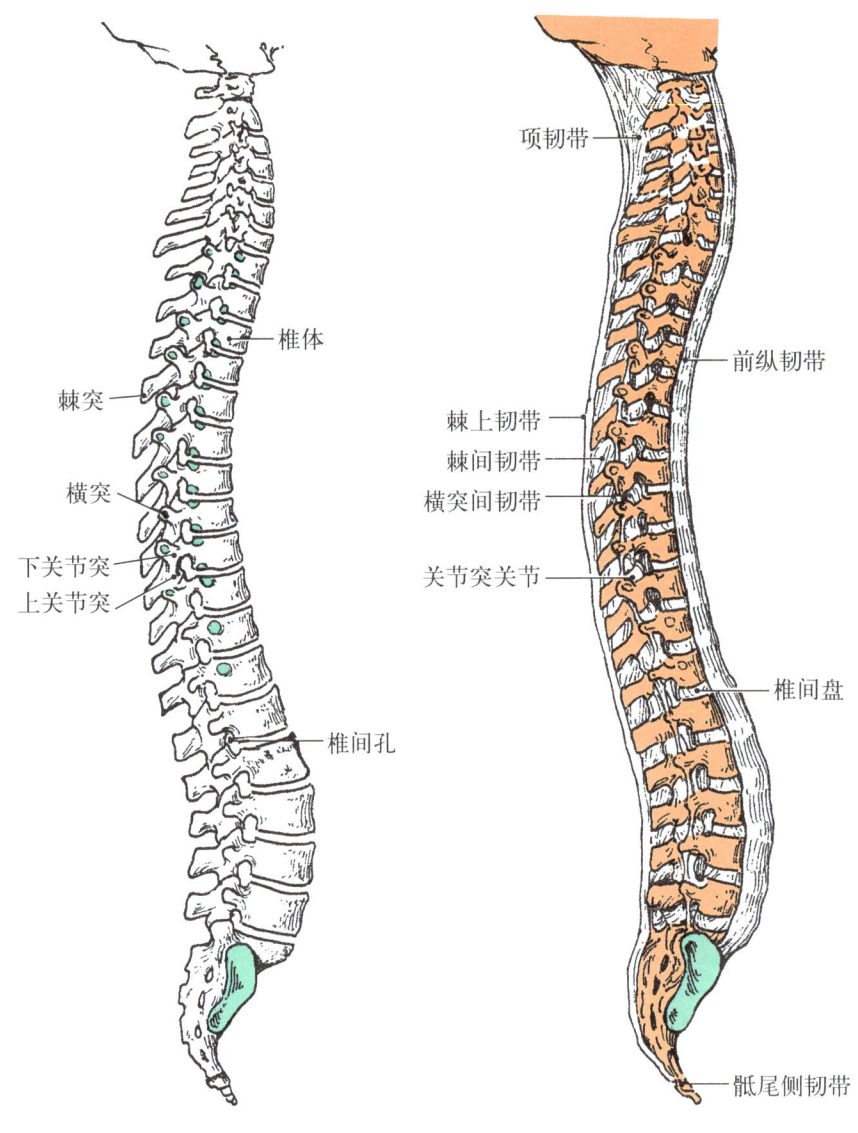

脊柱构成整体观

项韧带 (ligamentum nachae)

棘上韧带在颈部增宽,自第七颈椎棘突起经颈部各个棘突到枕骨的枕外隆凸,由弹性纤维膜形成的韧带。

脊柱的构成

脊柱由24块椎骨、1块骶骨、1块尾骨及起连结作用的椎间盘、关节和韧带装置构成。

脊柱的运动

脊柱绕额状轴做屈伸、绕矢状轴做侧屈和绕垂直轴做回旋运动。还可绕它们的中间轴做环转运动。

脊柱 脊柱的组成

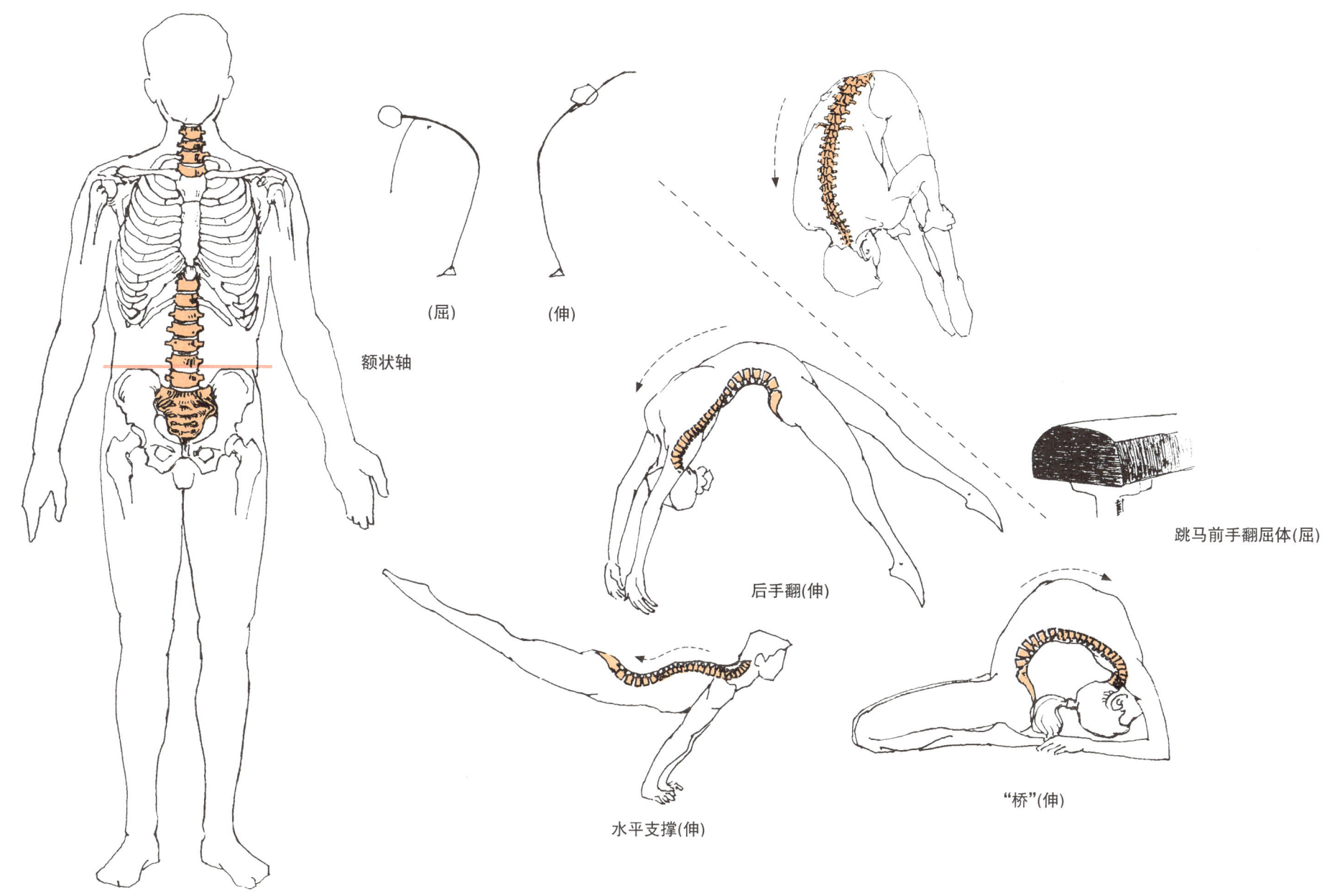

脊柱的运动　脊柱(躯干)绕额(冠)状轴的运动

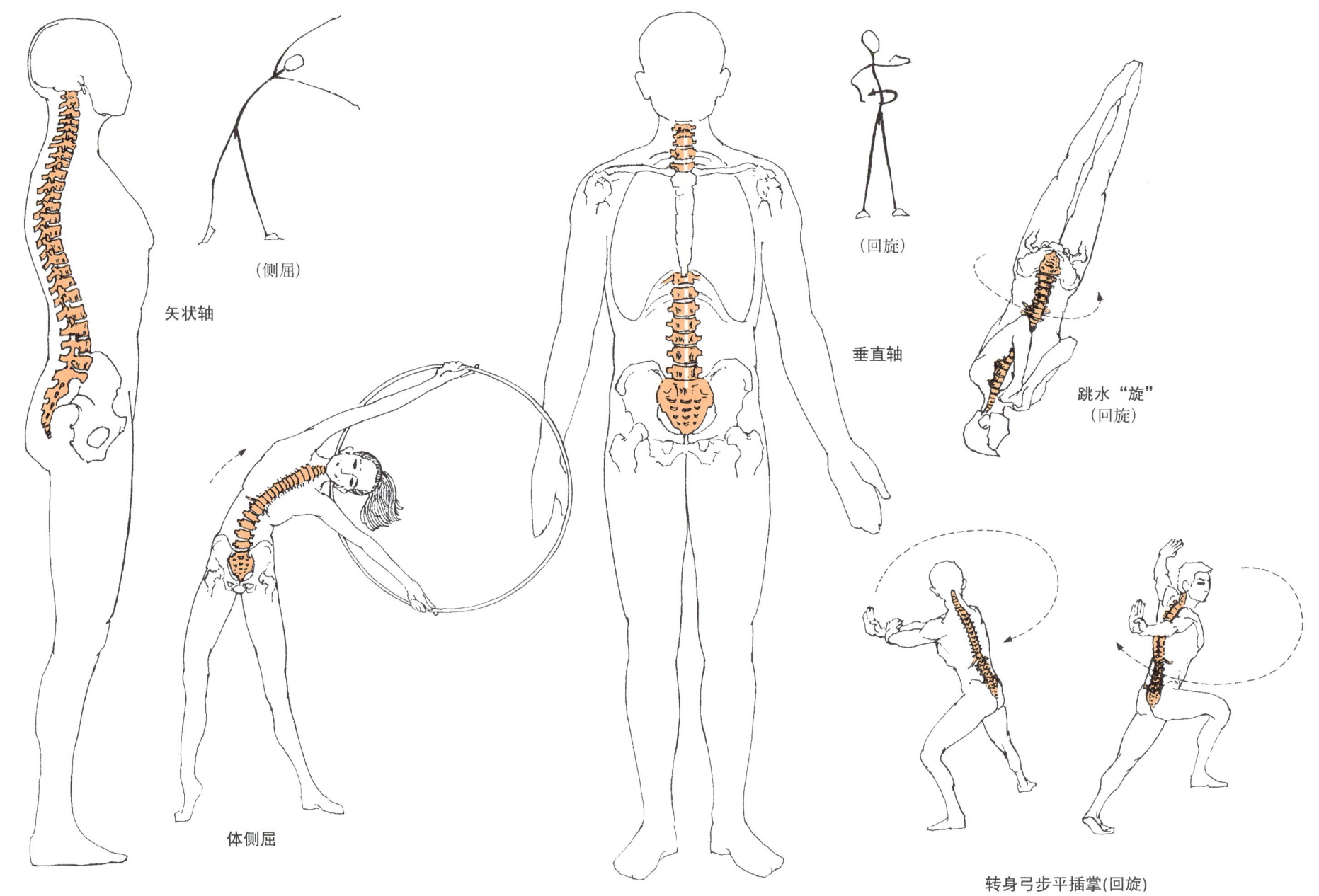

脊柱(躯干) 绕矢状轴、垂直轴的运动

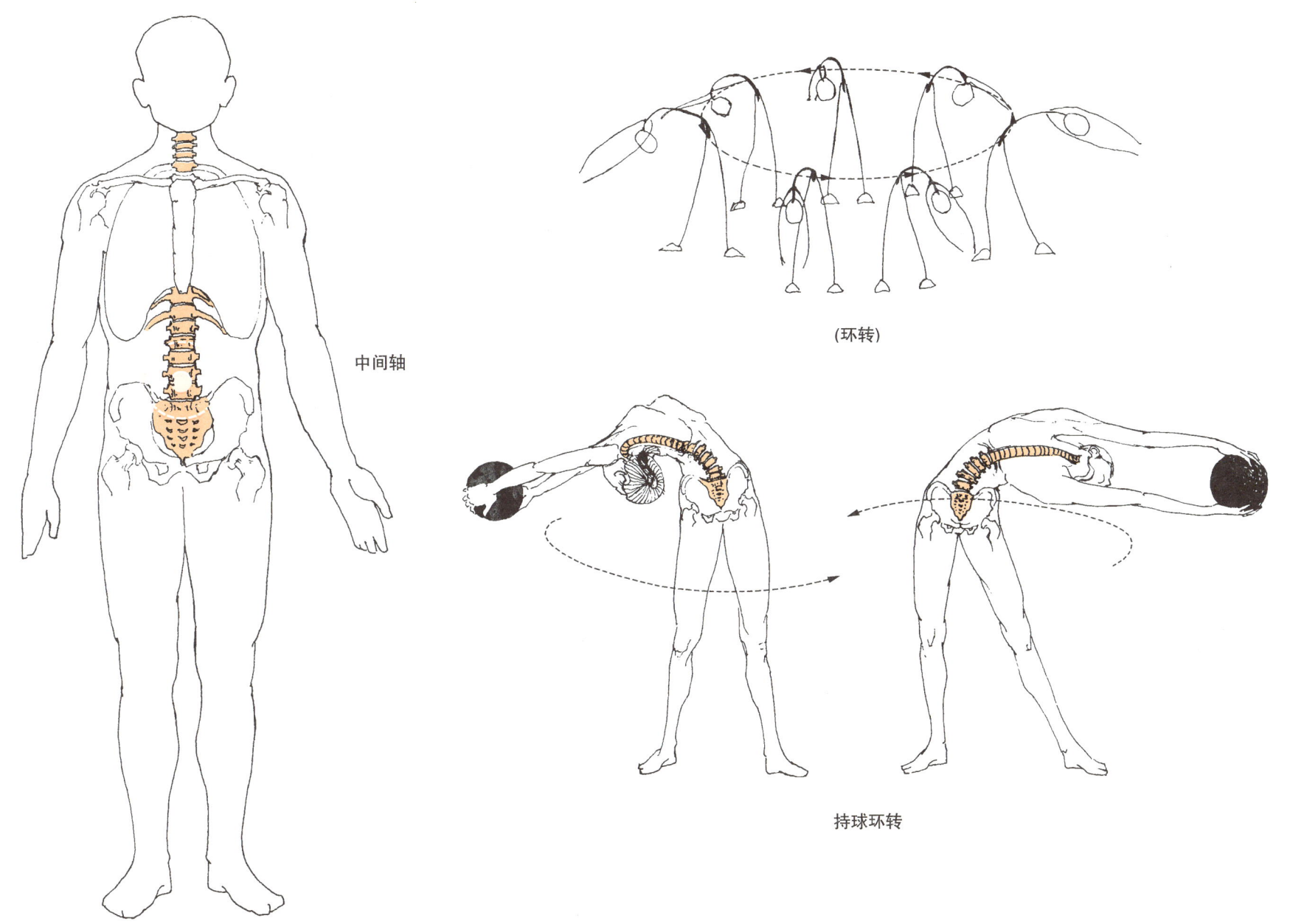

脊柱(躯干) 绕中间轴的运动

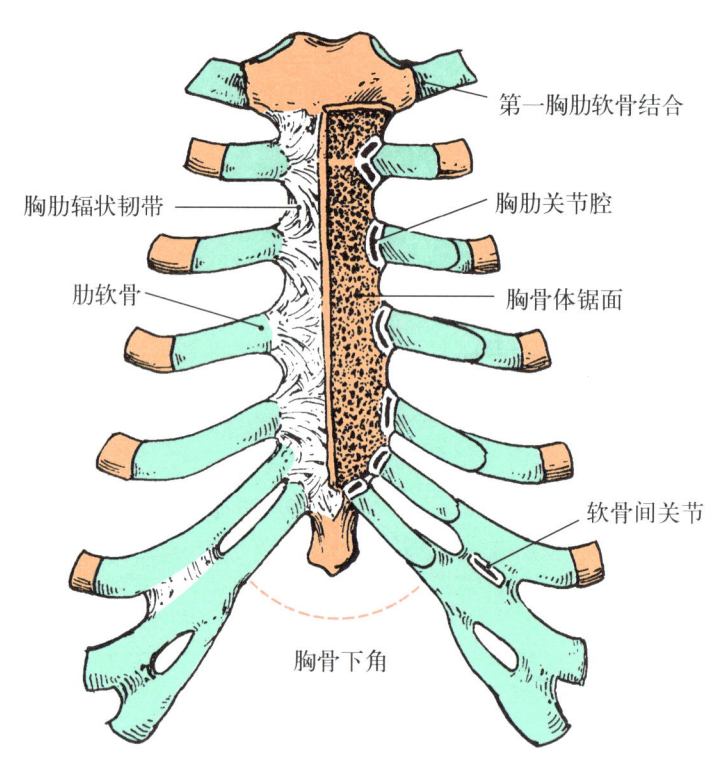

肋软骨与胸骨的连结

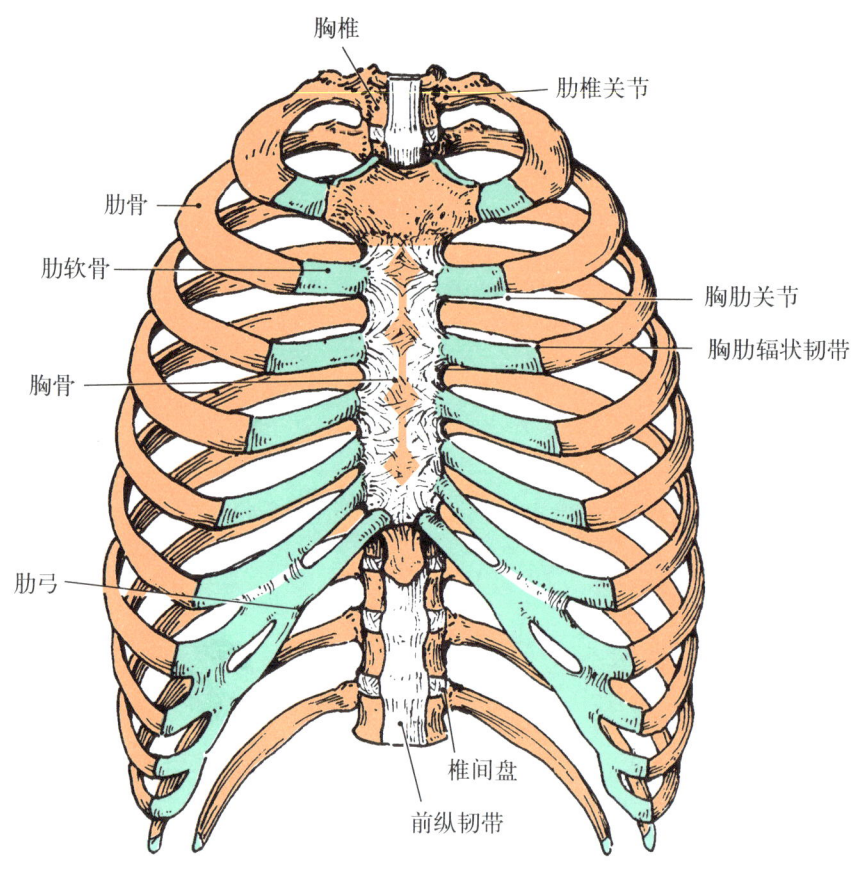

胸廓的整体观

胸肋关节(sternocostal joint)

肋的前端借助肋软骨与胸骨相连结。第一肋软骨与胸骨柄的肋切迹之间为软骨结合；第二~七肋软骨分别与胸骨相应的肋切迹构成胸肋关节；第八~十肋软骨分别与上位肋软骨构成软骨间关节，在两侧上下相连形成肋弓(costal arch)；第十一，十二肋骨游离位于腹壁肌层内。

胸廓(thorax)

后面由12块胸椎及相应的椎间盘，两侧由12对肋骨、肋软骨，前面有1块胸骨以及关节和韧带装置构成。胸廓有两个口，上口有食管、气管、血管和神经通过，下口被膈肌封闭。

胸廓 肋与胸骨的连结

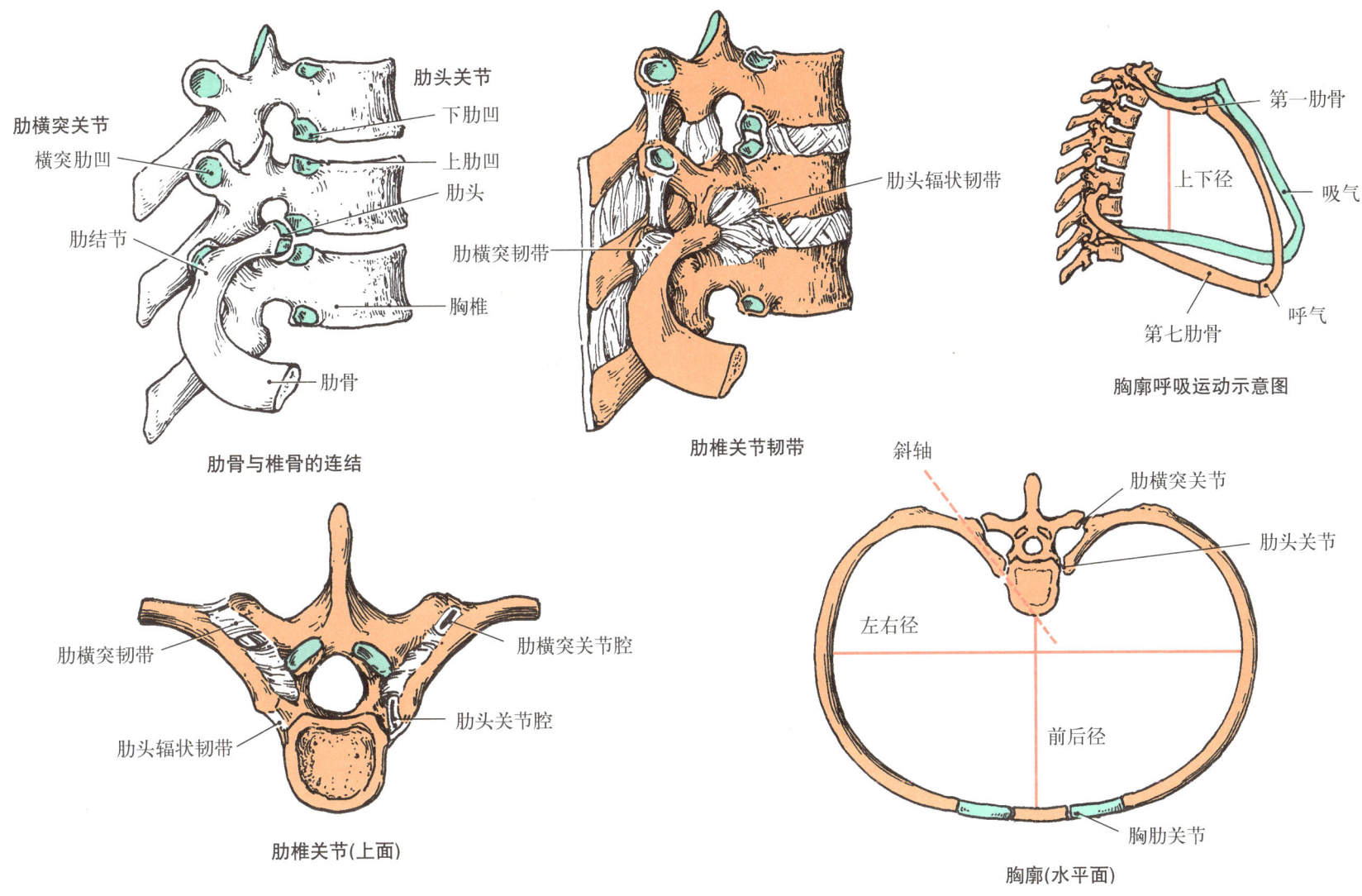

肋与椎骨的连结

肋椎关节(costovertebral joint)
　　由肋头关节和肋横突关节构成。
肋头关节(joint of costal head)
　　关节头由肋骨的肋头(costal head)，关节窝由相邻椎体旁的上下肋凹共同构成(第一、十一、十二肋的肋头例外)。属平面关节。
肋横突关节(costotransverse joint)
　　关节头由肋结节关节面，关节窝由胸椎横突肋凹构成。属圆柱关节。同肋头关节合称肋椎关节。
　　肋椎关节的运动轴由肋头至肋结节连线形成的斜轴，运动时提肋并上举胸骨和肋骨向外翻，从而扩大胸廓助吸气。功(机)能上它们是联合关节。

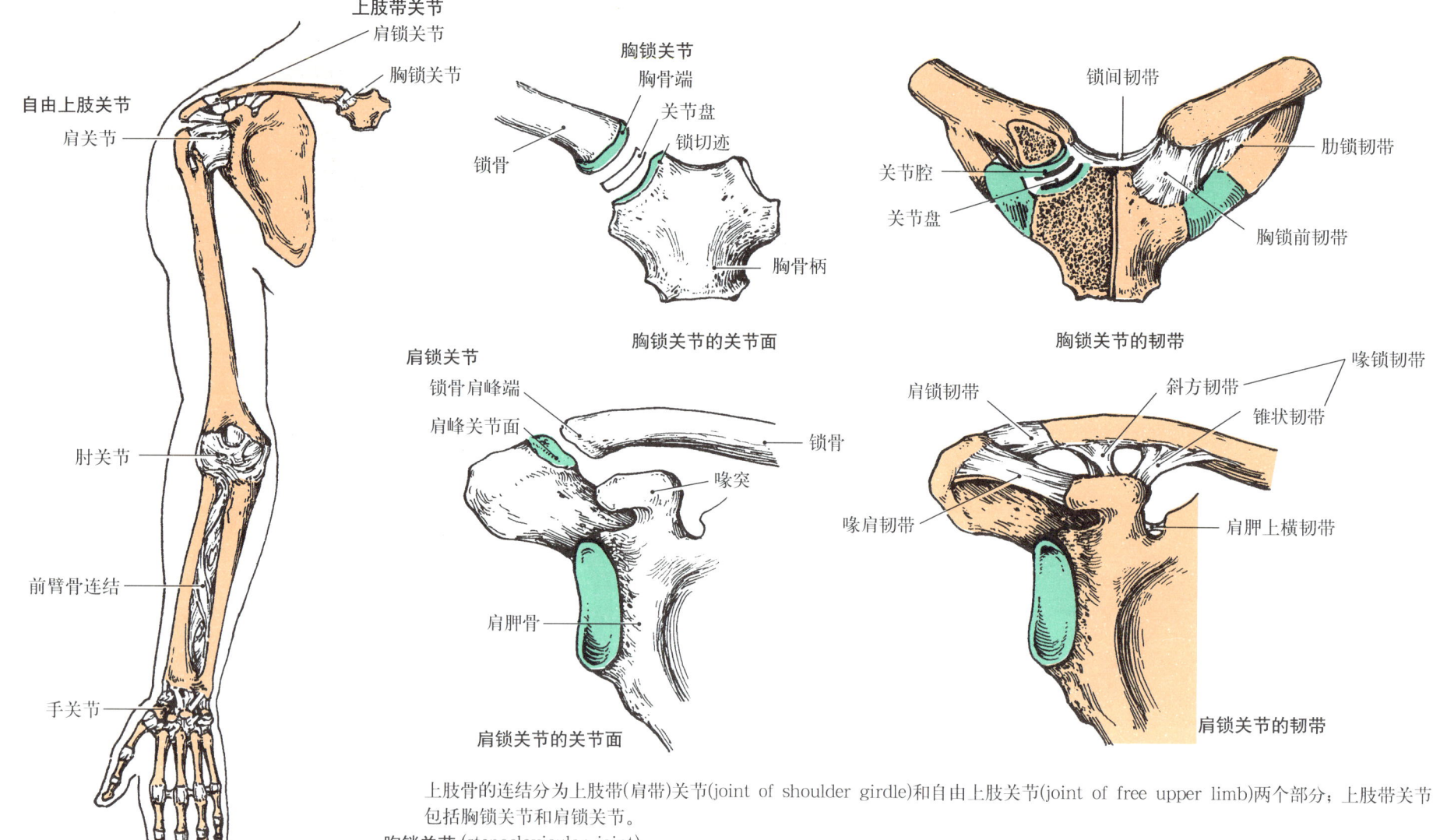

上肢骨的连结分为上肢带(肩带)关节(joint of shoulder girdle)和自由上肢关节(joint of free upper limb)两个部分；上肢带关节包括胸锁关节和肩锁关节。

胸锁关节 (stenoclavicular joint)

关节头由锁骨的胸骨端，关节窝由胸骨柄的锁切迹构成。关节腔内有关节盘装置，属球窝关节。锁骨绕该关节的垂直轴做前后运动、绕关节的矢状轴做上下运动和绕关节的额状轴(沿锁骨长轴)做前后回旋运动以及它们的中间轴做环转运动。加固关节的韧带：胸锁韧带(由锁骨内侧端到胸骨柄)、锁间韧带(连结两侧锁骨)和肋锁韧带(由第一肋骨及肋软骨到锁骨下面)。

肩锁关节 (acromioclavicular joint)

由锁骨的肩峰端和肩胛骨的肩峰关节面构成，属平面关节(微动关节)。加固关节的韧带：肩锁韧带(acromioclavicular lig.)(连结锁骨肩峰端与肩峰的关节面之间)和喙锁韧带(coracolavicular lig.)(连结锁骨下面的喙突粗隆与肩胛骨的喙突之间，它区分为内侧的锥状韧带和外侧的斜方韧带)。

上肢骨的连结　上肢带(肩带)关节　胸锁关节　肩锁关节

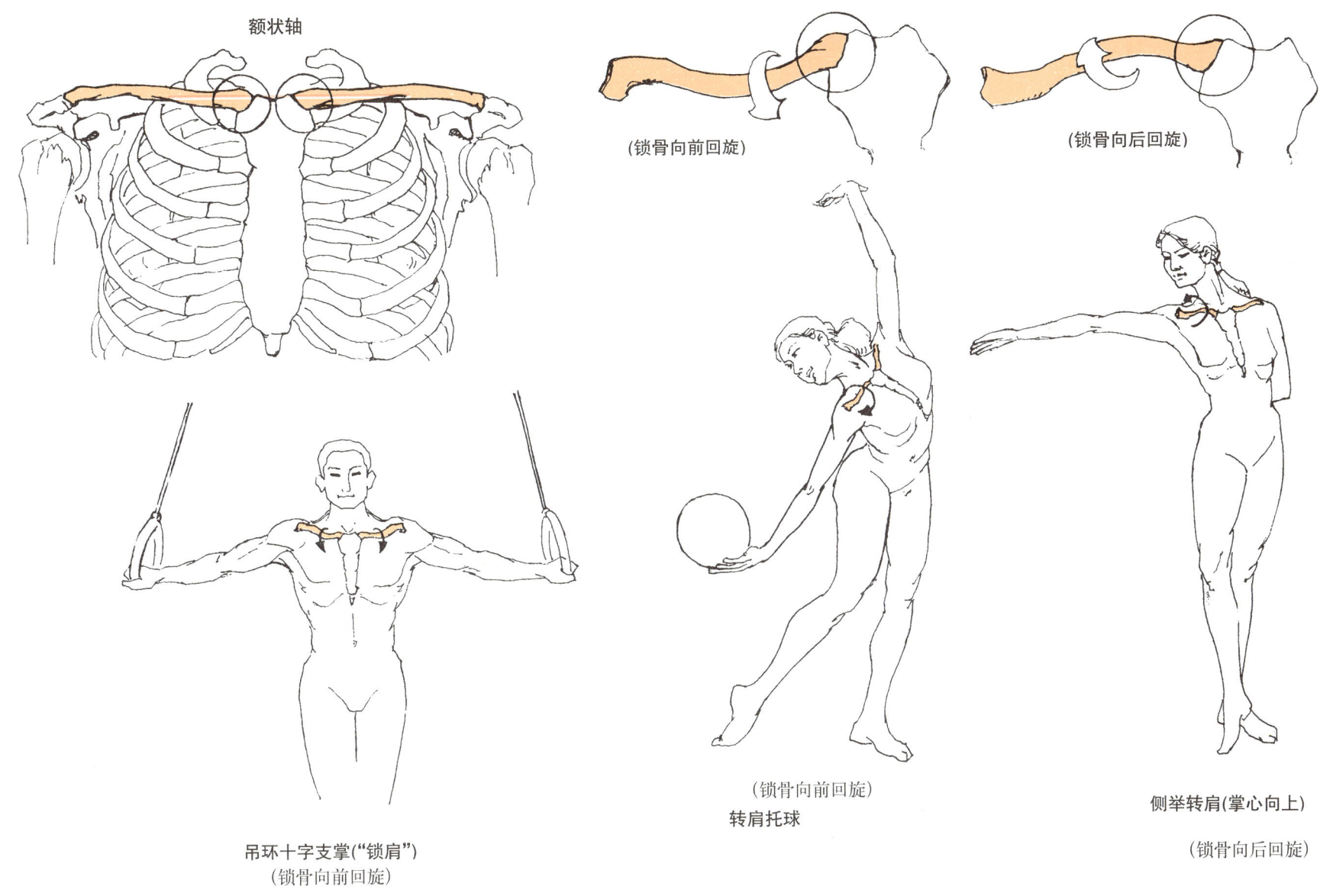

上肢带(肩带)关节的运动　锁骨绕胸锁关节额(冠)状轴的运动

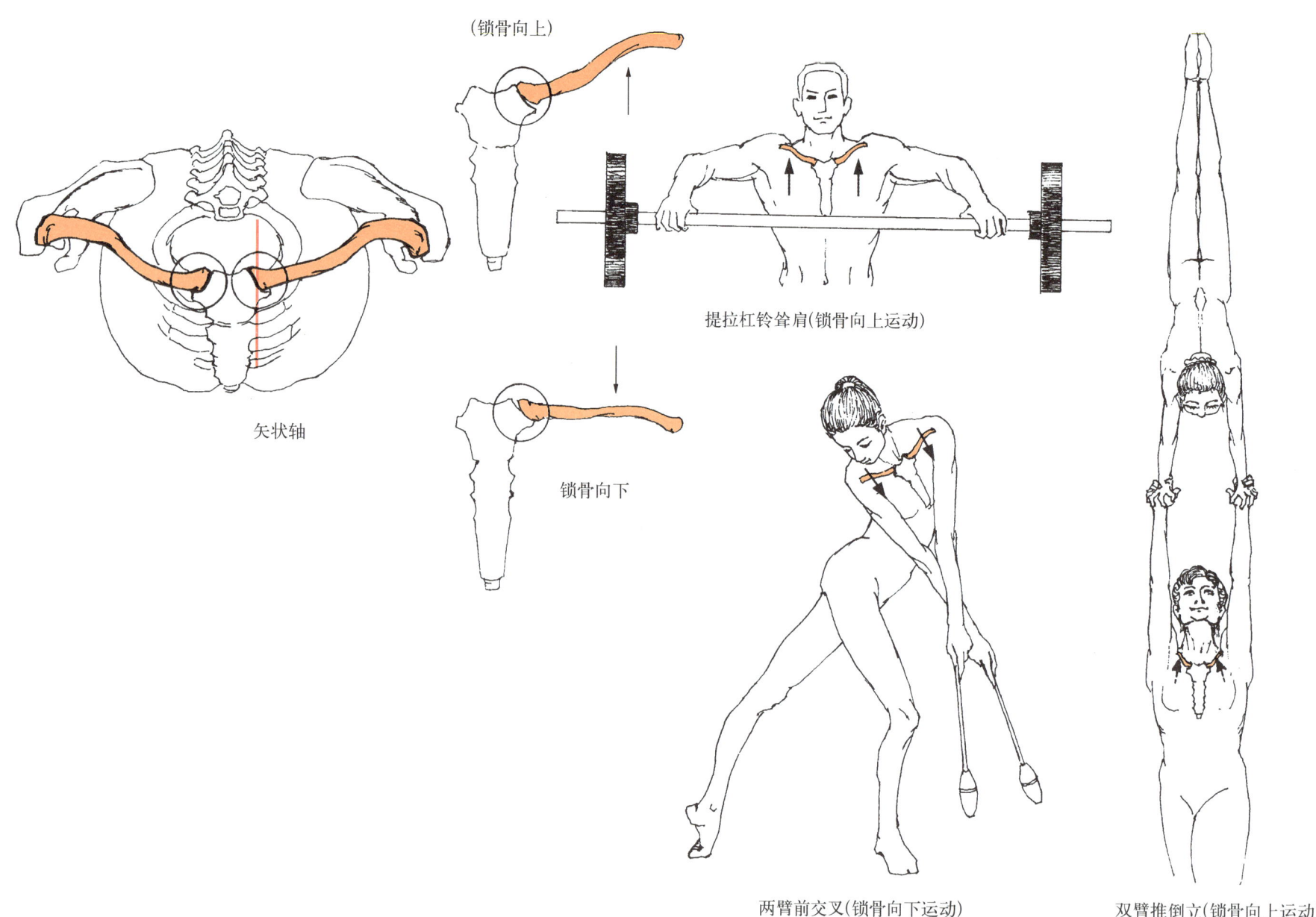

锁骨绕胸锁关节矢状轴的运动

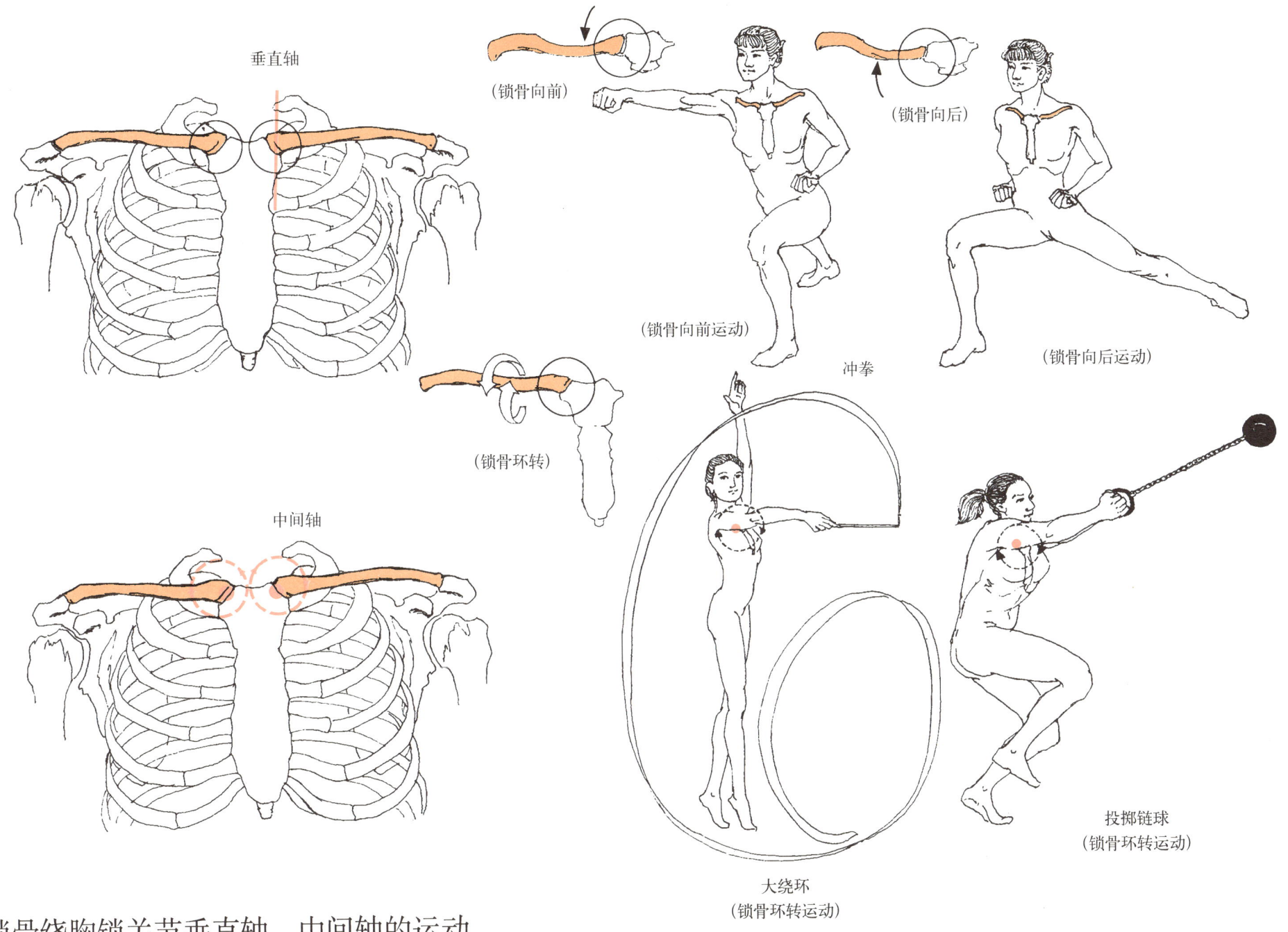

锁骨绕胸锁关节垂直轴、中间轴的运动

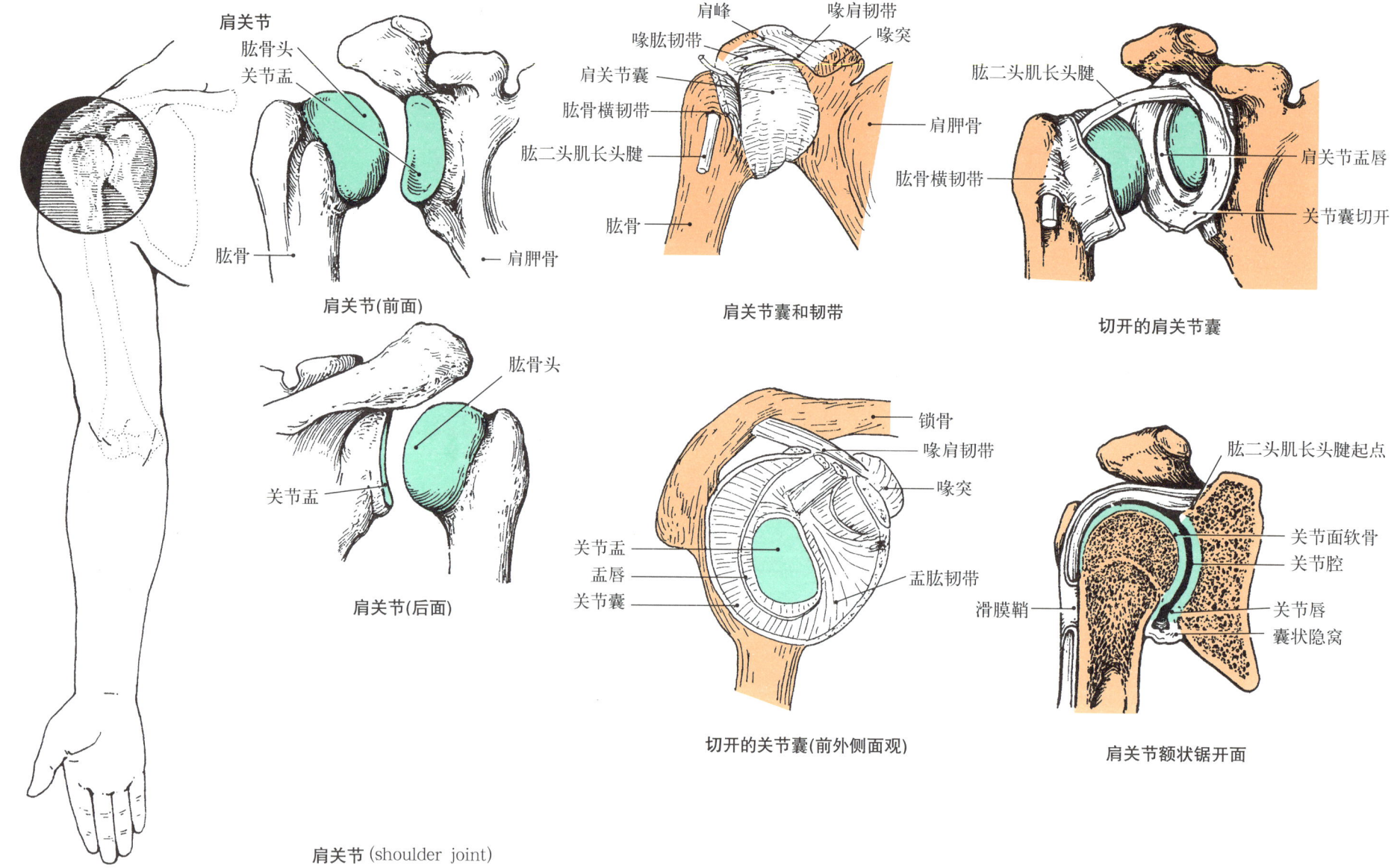

肩关节 (shoulder joint)

关节头由肱骨的肱骨头，关节窝由肩胛骨的关节盂构成，它的盂唇装置加大加深了关节窝，属球窝关节。肢体绕该关节的额（冠）状轴做屈伸、绕关节的矢状轴做内收外展、绕关节的垂直轴做旋内旋外运动和绕它们的中间轴做环转运动。加固关节的装置：盂肱韧带（位于关节囊前壁深层，由关节盂周缘前上部到肱骨小结节及其下部）、喙肱韧带（coracohumeral lig.）（由喙突到肱骨大结节，部分纤维织入关节囊上部）、肱骨横韧带（横架于结节间沟）、喙肩韧带（coracoacromial lig.）（横架于肩胛骨的肩峰和喙突之间）和肱二头肌长头腱（位于关节囊壁内，由盂上结节穿过结节间沟，移行成肱二头肌长头腱。

自由上肢关节　肩关节

肩关节的运动 上臂绕肩关节额(冠)状轴的运动

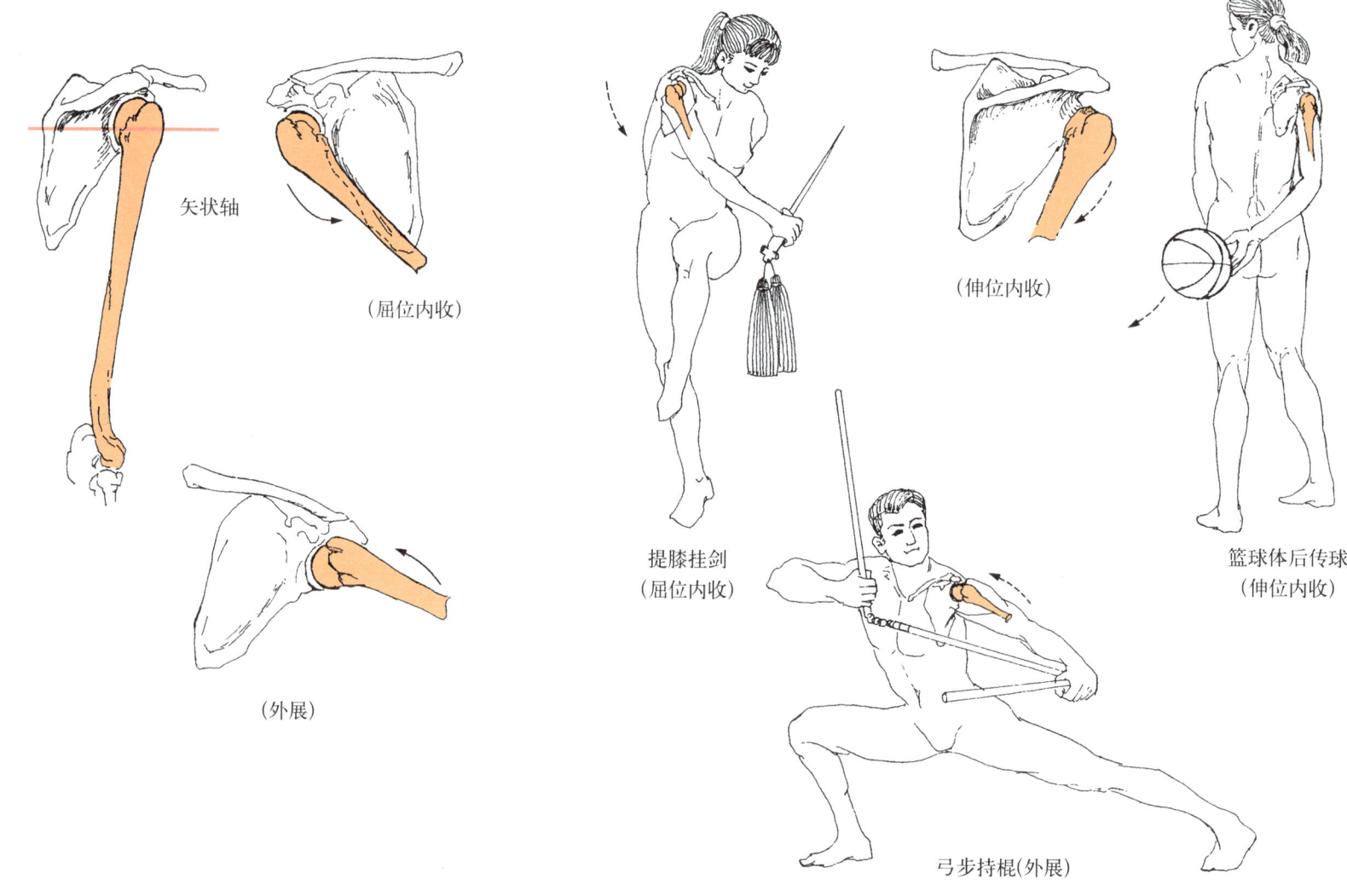

上臂绕肩关节矢状轴的运动

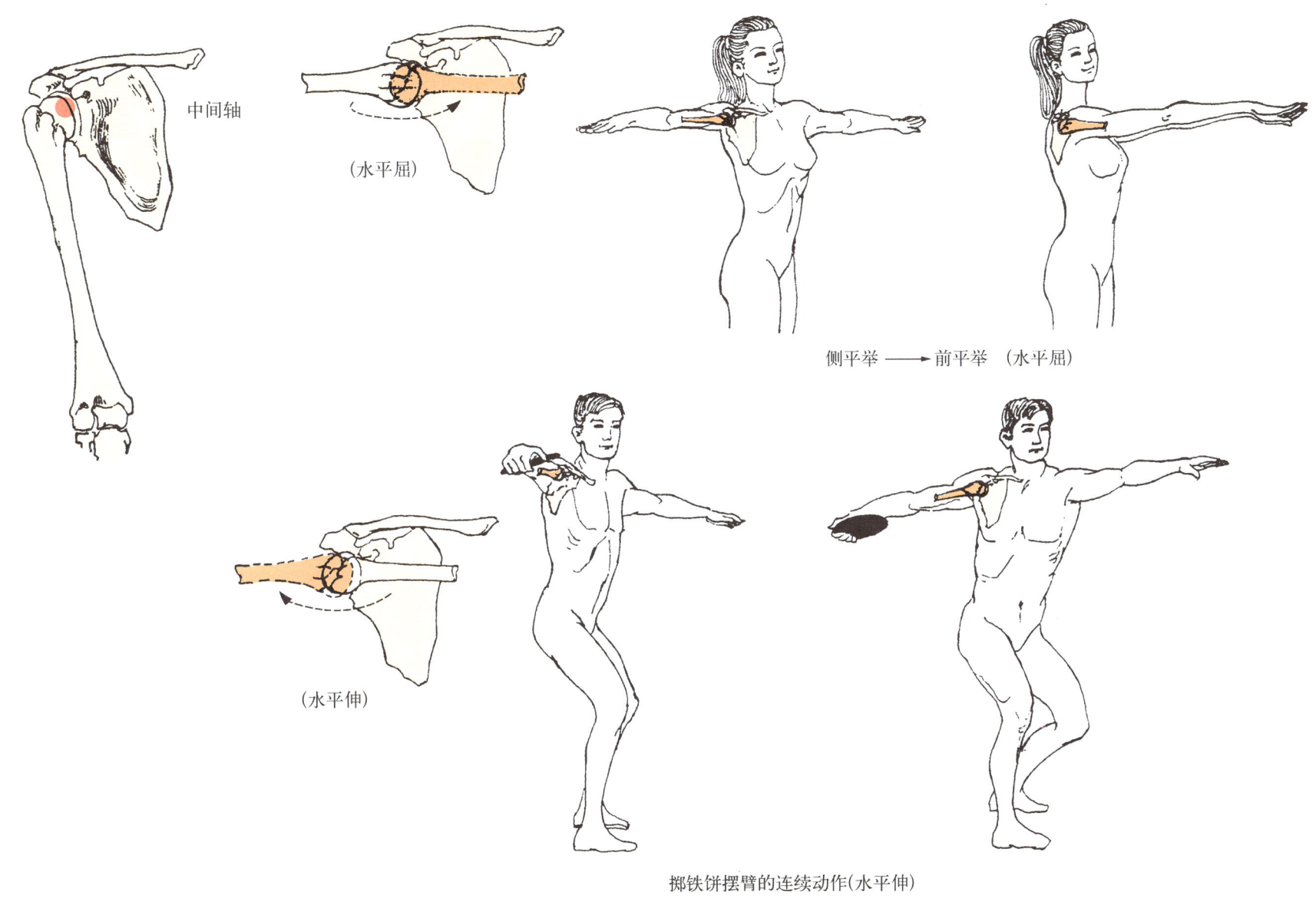

上臂绕肩关节矢状轴和额(冠)状轴之间的中间轴运动(水平屈、水平伸)

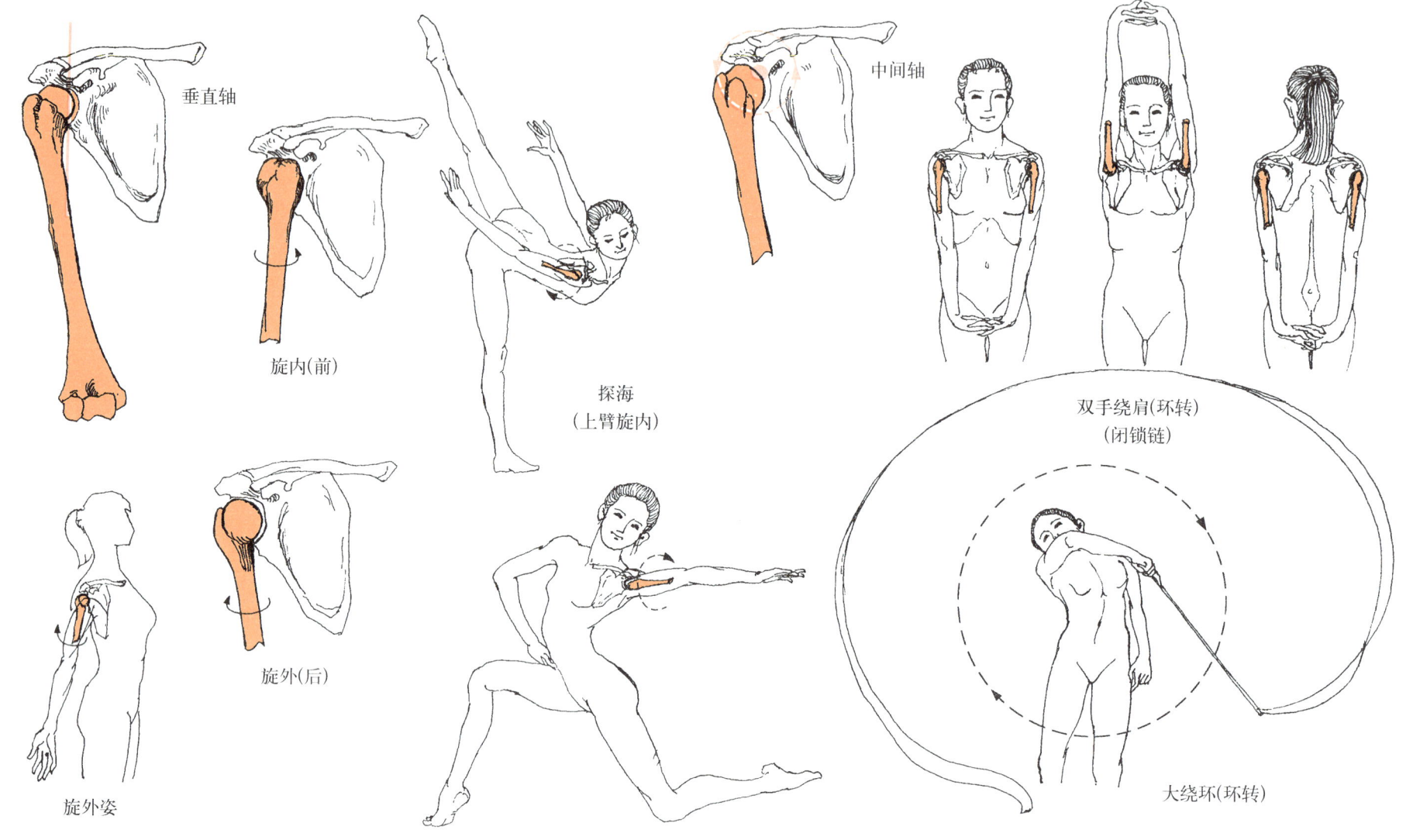

上臂绕肩关节垂直轴、中间轴的运动

注：人体的运动是复杂多变的。所谓中间轴是位于3个基本轴之间的诸多运动轴。肢体在关节处围绕这些中间轴可产生很多复合运动，如在肩关节处上臂围绕额状轴与矢状轴之间的中间轴可做屈—收、屈—展、伸—展、伸—收；围绕额状轴与垂直轴之间的中间轴可做屈—旋内、屈—旋外、伸—旋内、伸—旋外等复合运动。中间轴与基本轴之间的角度不一样，又可产生许多不同的运动。为学习方便，一般只讲3个基本轴，但在运动实践中远远不止这3个基本轴。从这延伸的中间轴数量是无限的，也说明人体运动的复杂多样，具有多变性。

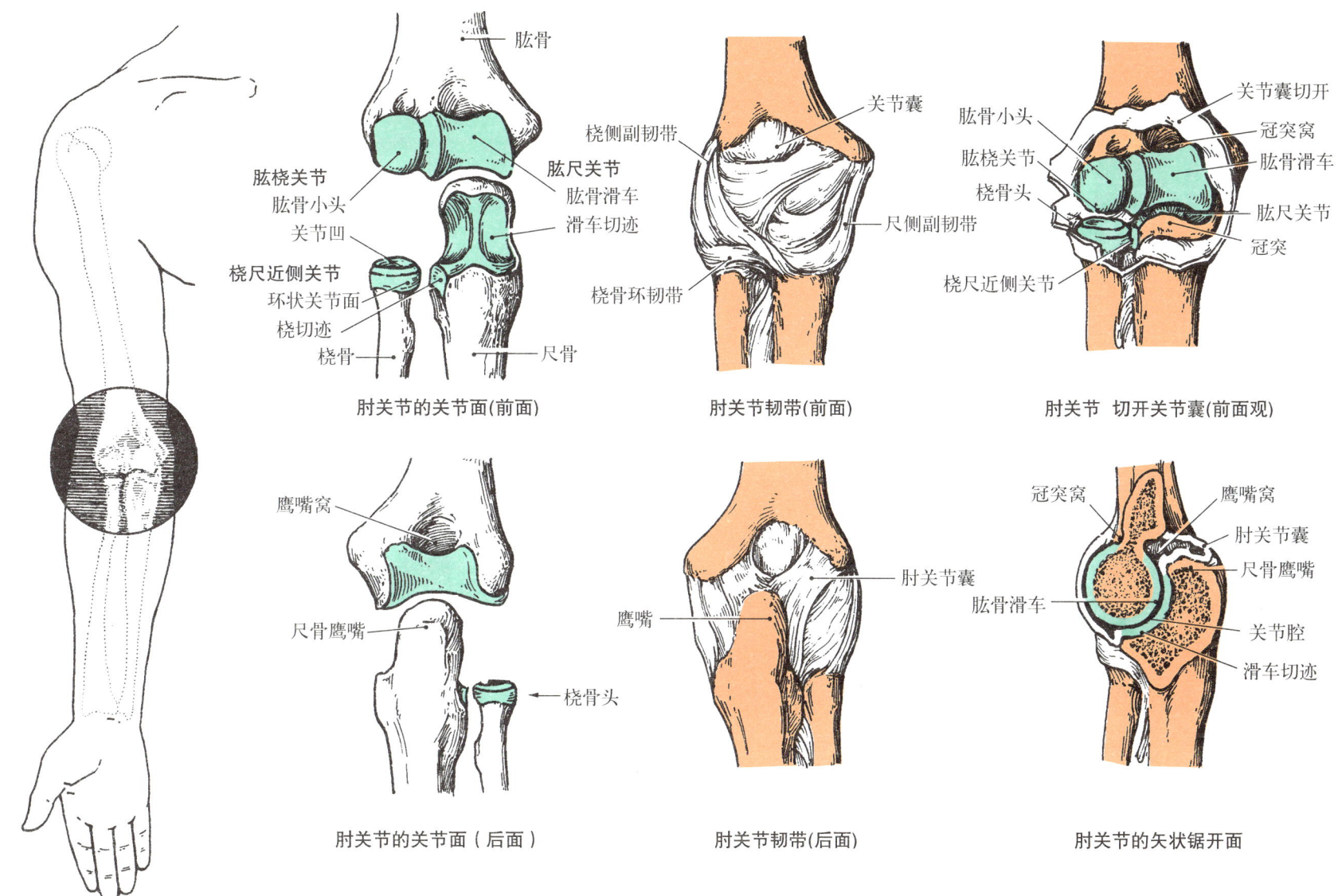

肘关节

肘关节 (elbow joint)

由肱骨下端和尺、桡骨上端形成3个关节(肱尺关节、肱桡关节、桡尺近侧关节)共同包在一个关节囊内构成，是一个复合关节。

肱尺关节 (humeroulnar joint)：关节头由肱骨滑车，关节窝由尺骨滑车切迹构成，属滑车关节，环节(肢体)绕关节的额状轴可做屈伸运动。

肱桡关节 (humeroradial joint)：关节头由肱骨小头，关节窝由桡骨头关节凹构成，属球窝关节，环节(肢体)绕关节的额状轴可做屈伸、绕关节的垂直轴可做旋内、旋外运动，因受尺骨的阻碍，不能绕关节的矢状轴运动。

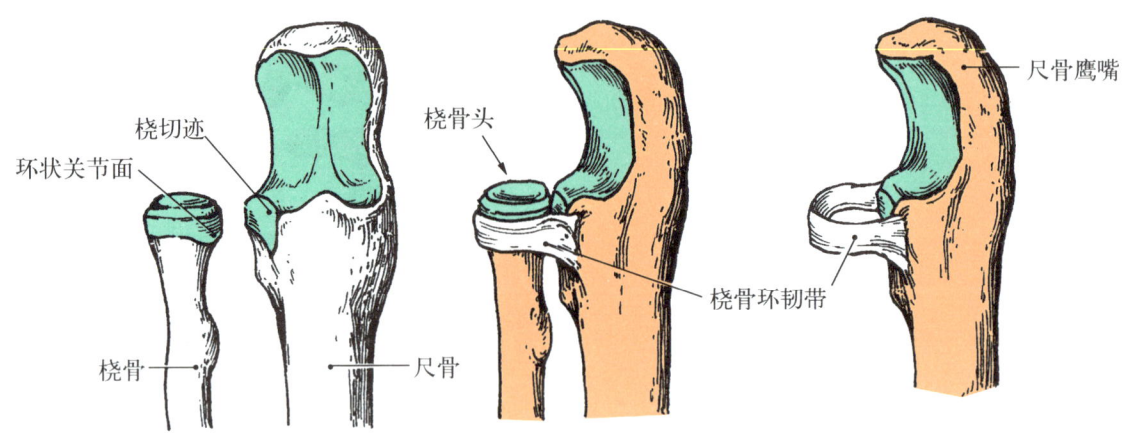

桡尺近侧关节

桡尺近侧关节(proximal radioulnar joint)

关节头由桡骨头的桡骨环状关节面，关节窝由尺骨的桡切迹构成，属圆柱关节，肢体绕垂直轴可做旋内、旋外运动，由于受尺骨的阻碍不能左右活动，所以肘关节只能绕额状轴与垂直轴运动。

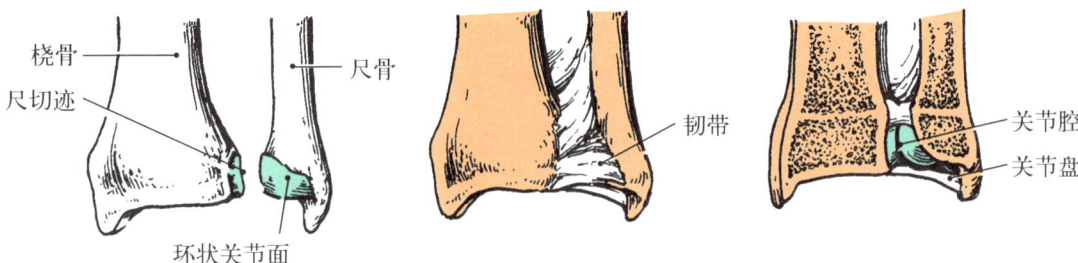

桡尺远侧关节

桡尺远侧关节(distal radioulnar joint)

关节头由尺骨头的环状关节面和桡骨的尺切迹构成。桡尺近侧关节和桡尺远侧关节的功(机)能相同，两者组成联合关节。

加固肘关节的韧带：桡侧副韧带(radial collateral lig.)(位于肘关节外侧，由肱骨外上髁，分两束包绕桡骨头，附于尺骨桡切迹前后缘)，尺侧副韧带(ulnal collateral lig.)(位于肘关节内侧，起于肱骨内上髁，止于尺骨滑车切迹内侧)和桡骨环状韧带(annular lig. of radius)(呈环形，包绕桡骨头，两端附于尺骨桡切迹的前后缘)。

桡尺关节

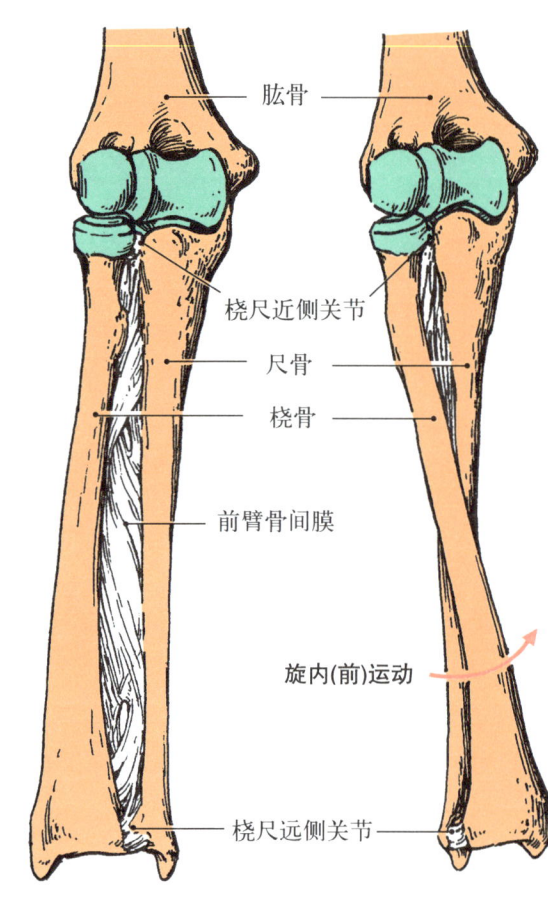

前臂骨间膜

前臂骨连结

前臂骨之间借桡尺近侧关节、前臂骨间膜和桡尺远侧关节相连结。

前臂骨间膜(interosseous membrane of forearm)

在桡尺两骨骨间缘之间借骨间膜相连成韧带联合。

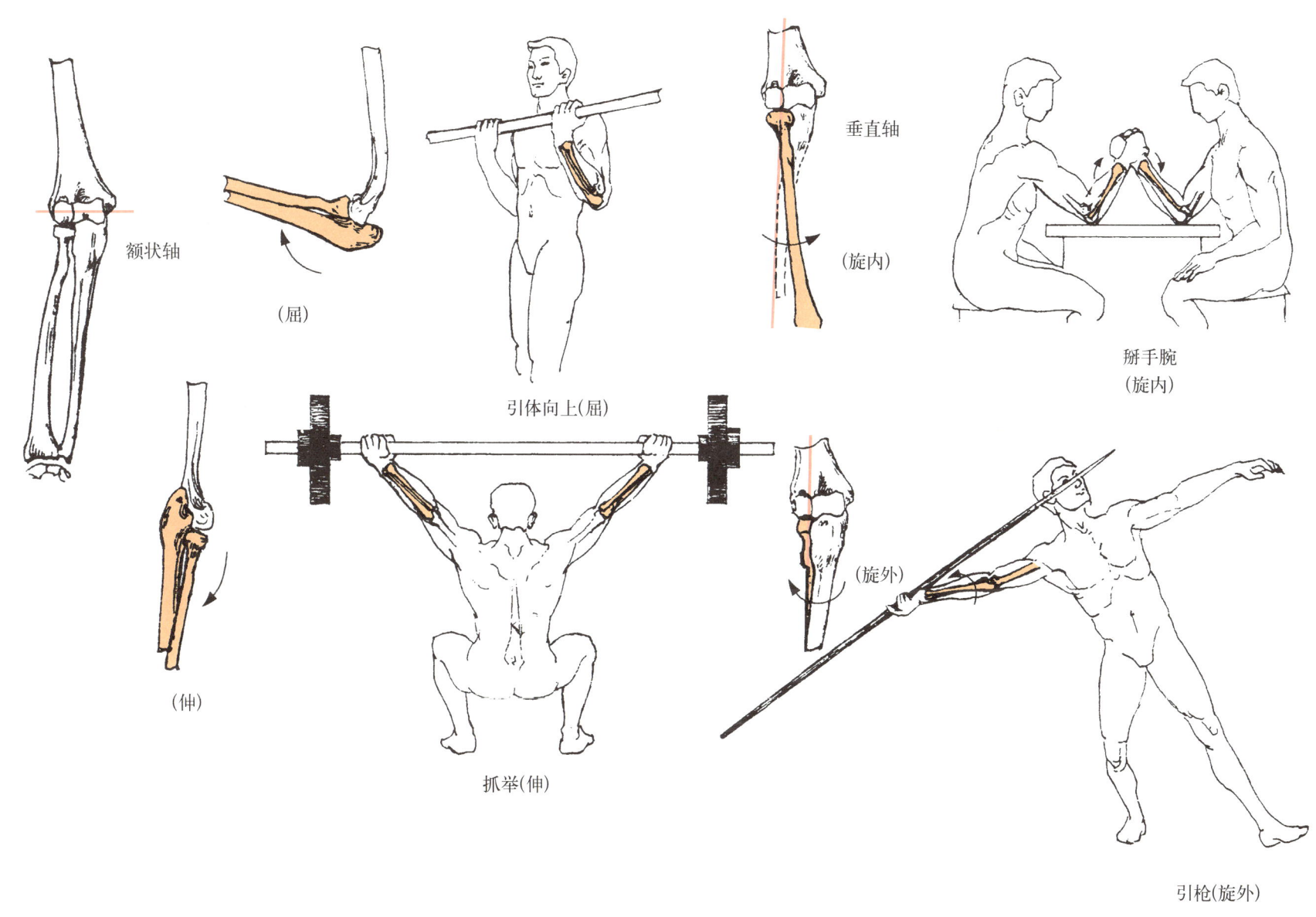

肘关节的运动　前臂绕肘关节额(冠)状轴、垂直轴的运动

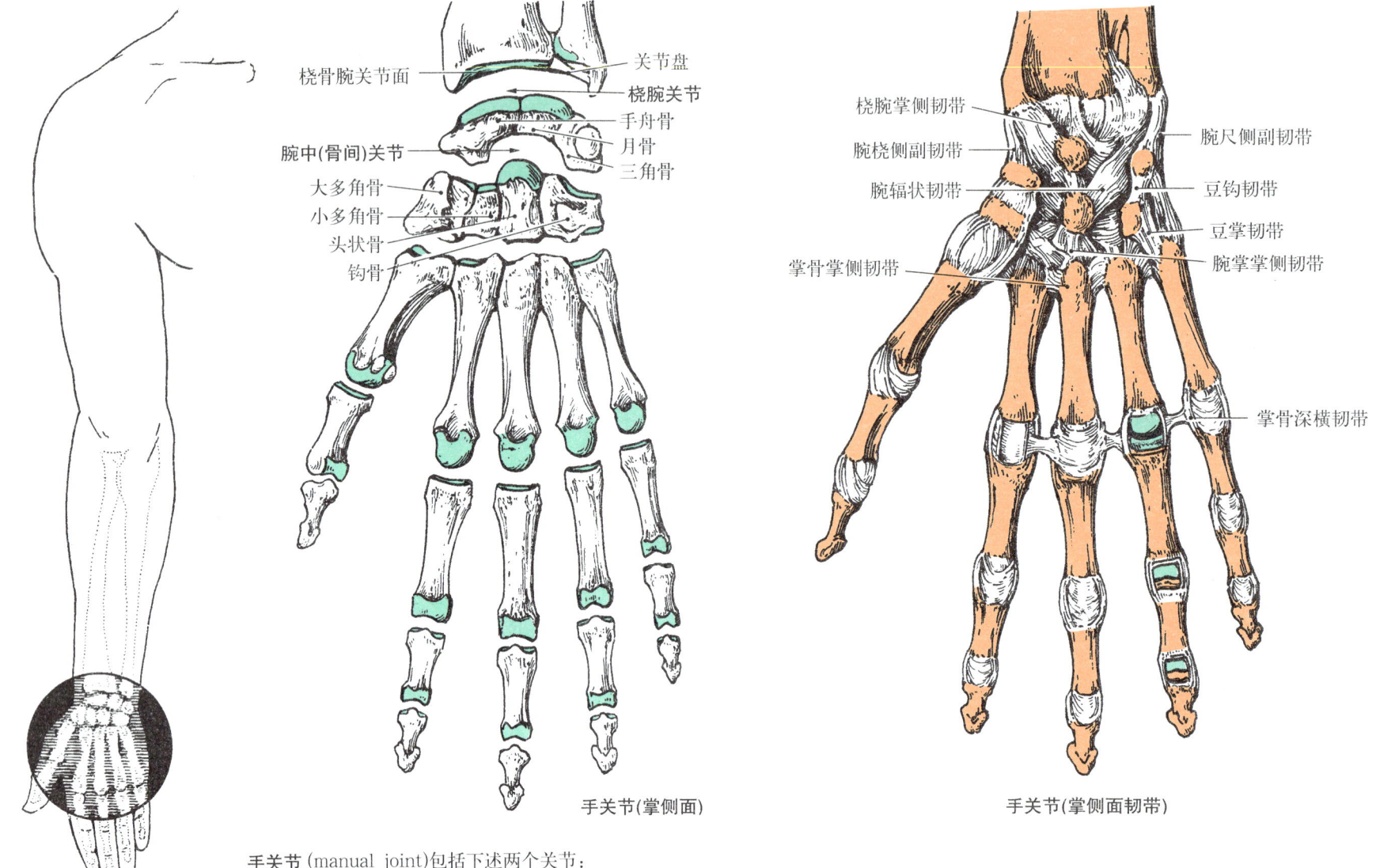

手关节(掌侧面)

手关节(掌侧面韧带)

手关节(manual joint)包括下述两个关节：

桡腕关节(radiocarpal joint)

　　桡腕关节又称腕关节 (carpal joint)。关节窝由桡骨的桡腕关节面及三角形纤维软骨形成的关节盘共同构成，关节头由手舟骨、月骨、三角骨的近侧面共同构成，属椭圆关节，环节(肢体)绕关节的额状轴做屈伸，绕关节的矢状轴做内收外展，绕上述关节的两个轴的中间轴做环转运动。加固关节的韧带：腕桡侧副韧带(位于关节囊外侧)、腕尺侧副韧带(位于关节囊内侧)、桡腕背侧韧带(位于关节囊背侧)和桡腕掌侧韧带(位于关节囊掌侧)。

腕中关节(mediocarpal joints)

　　由近侧列3块腕骨(手舟骨、月骨、三角骨)的远侧关节面和远侧列4块腕骨(大多角骨、小多角骨、头状骨、钩骨)的近侧关节面共同构成。关节面形状呈横置的"S"形，与桡腕关节在机能上组成联合关节，又合称手关节。腕中关节增大了桡腕关节的运动幅度。

手部关节　手关节

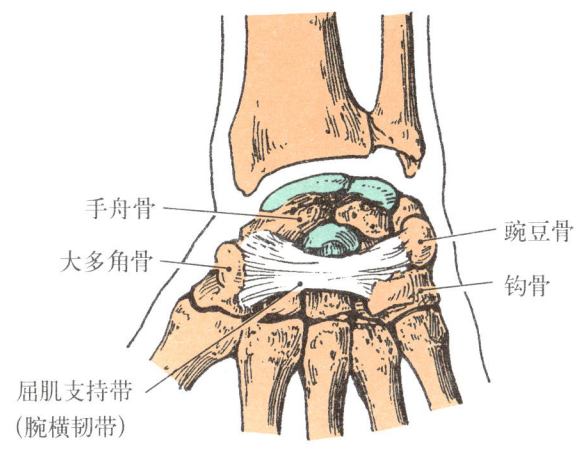

屈肌支持带(腕横韧带)

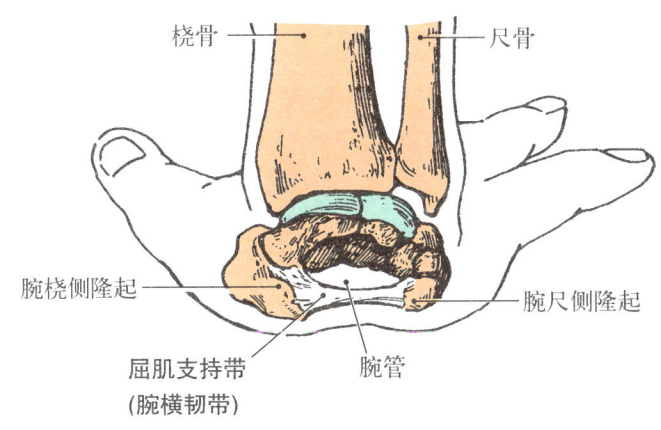

手支撑时腕骨形成"穹窿"

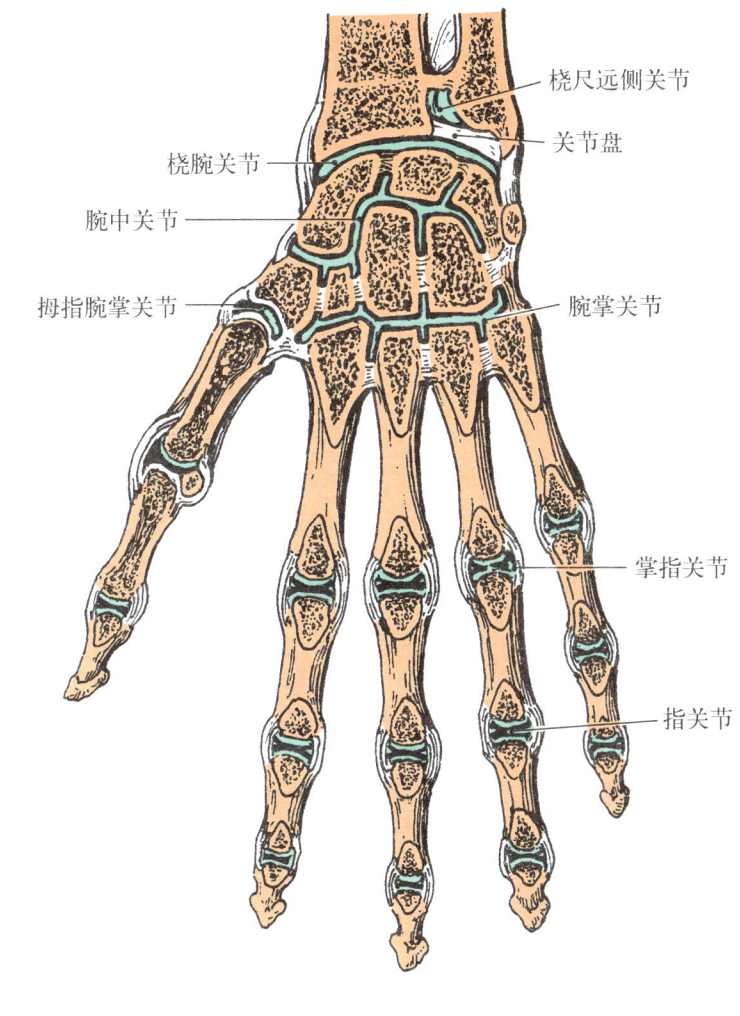

手关节(额状锯开面)

屈肌支持带 (flexor retinaculm)　〔**腕横韧带** (carpal transversal lig.)〕　**腕管** (carpal canal)

屈肌支持带又称腕横韧带在手的掌侧，架于钩骨及豌豆骨形成的腕尺侧隆起和大多角骨及手舟骨形成的腕桡侧隆起上，并与骨面形成腕管，腕管内有肌腱、神经、血管通过。屈肌支持带(腕横韧带)加固了手关节的掌侧，增强了腕部的弹性，并起缓冲力的作用。

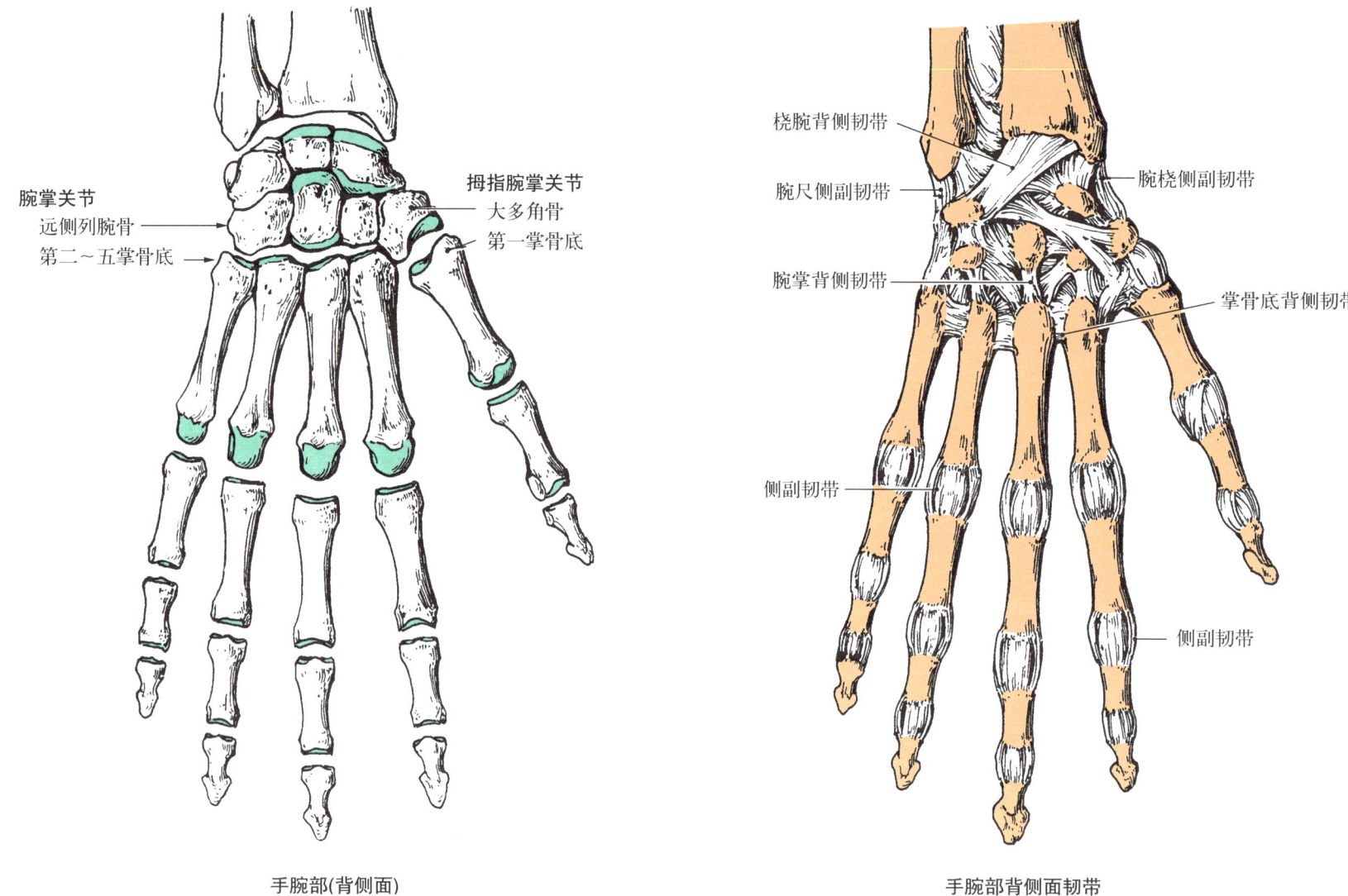

手腕部(背侧面)　　　　　　　　　　手腕部背侧面韧带

腕掌关节 (carpometacarpal joint)

由远侧列腕骨的远侧面和 5 个掌骨底构成。第二～五腕掌关节包在一个关节囊内，属平面关节。能做微小滑动动作。拇指腕掌关节，由大多角骨和第一掌骨底构成，属鞍状关节。由于第一掌骨的位置向内侧旋转近 90°，故拇指在腕掌关节处在矢状面内做内收、外展运动。在额状面内可做屈、伸运动，还可做对掌运动（即第一掌骨在腕掌关节处做外展、屈、内收和旋内的连续动作），且可绕中间轴做环转运动。

腕掌关节

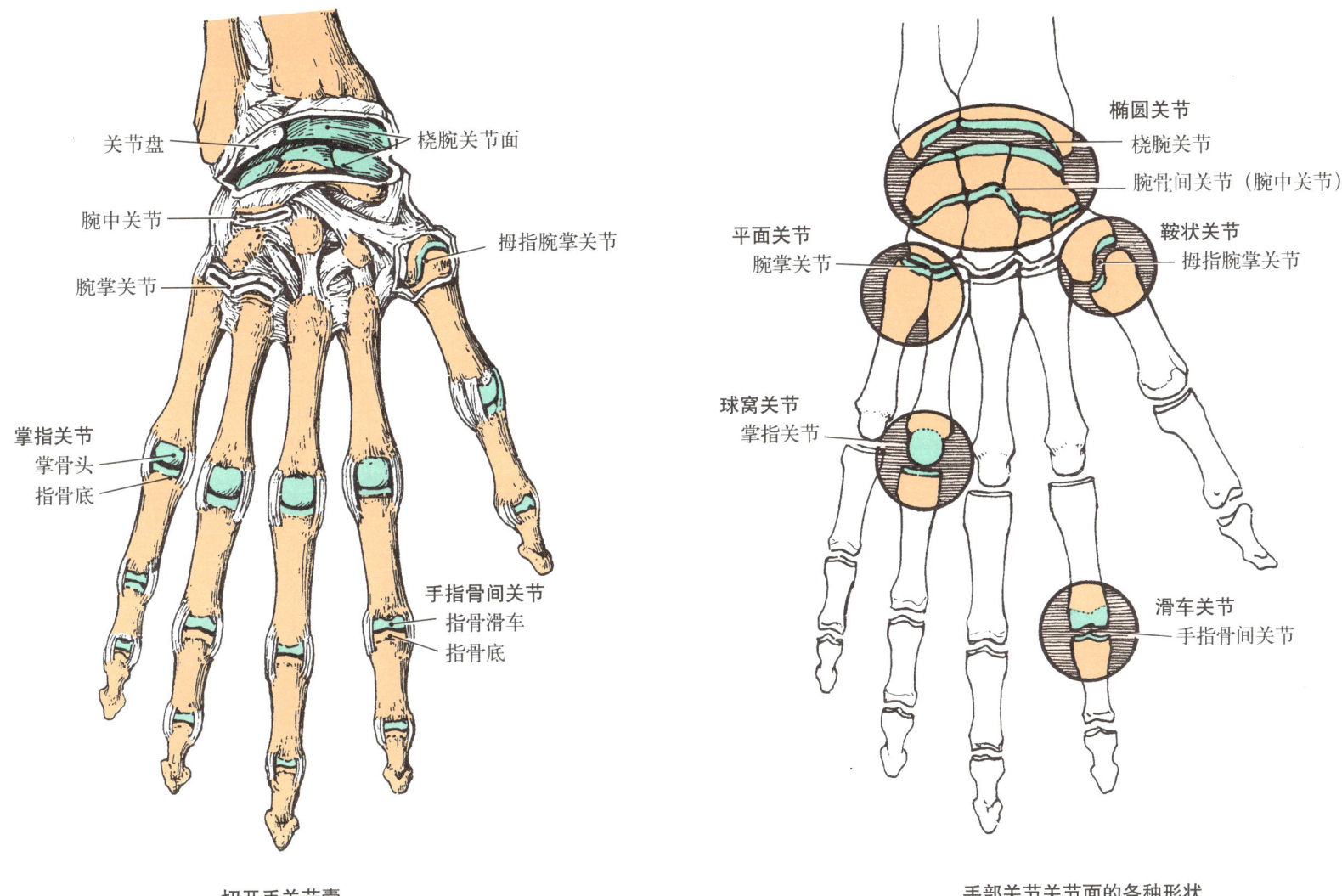

切开手关节囊 　　　　　　　　手部关节关节面的各种形状

掌指关节 (metacarpophalangeal joint)

共5个。由掌骨头(关节头)和近节指骨底(关节窝)构成。属球窝关节。机(功)能上因无回旋肌及受两侧副韧带制约，故不能做回旋运动，只能绕关节的额状轴做屈伸、矢状轴做内收外展以及环转运动。

手指骨间关节 (interphalangeal joint of hand or manual interphalangeal joint)

共9个。由指骨头的指骨滑车(关节头)和指骨底(关节窝)构成。属滑车关节，只能做屈伸运动。

掌指关节　手指骨间关节

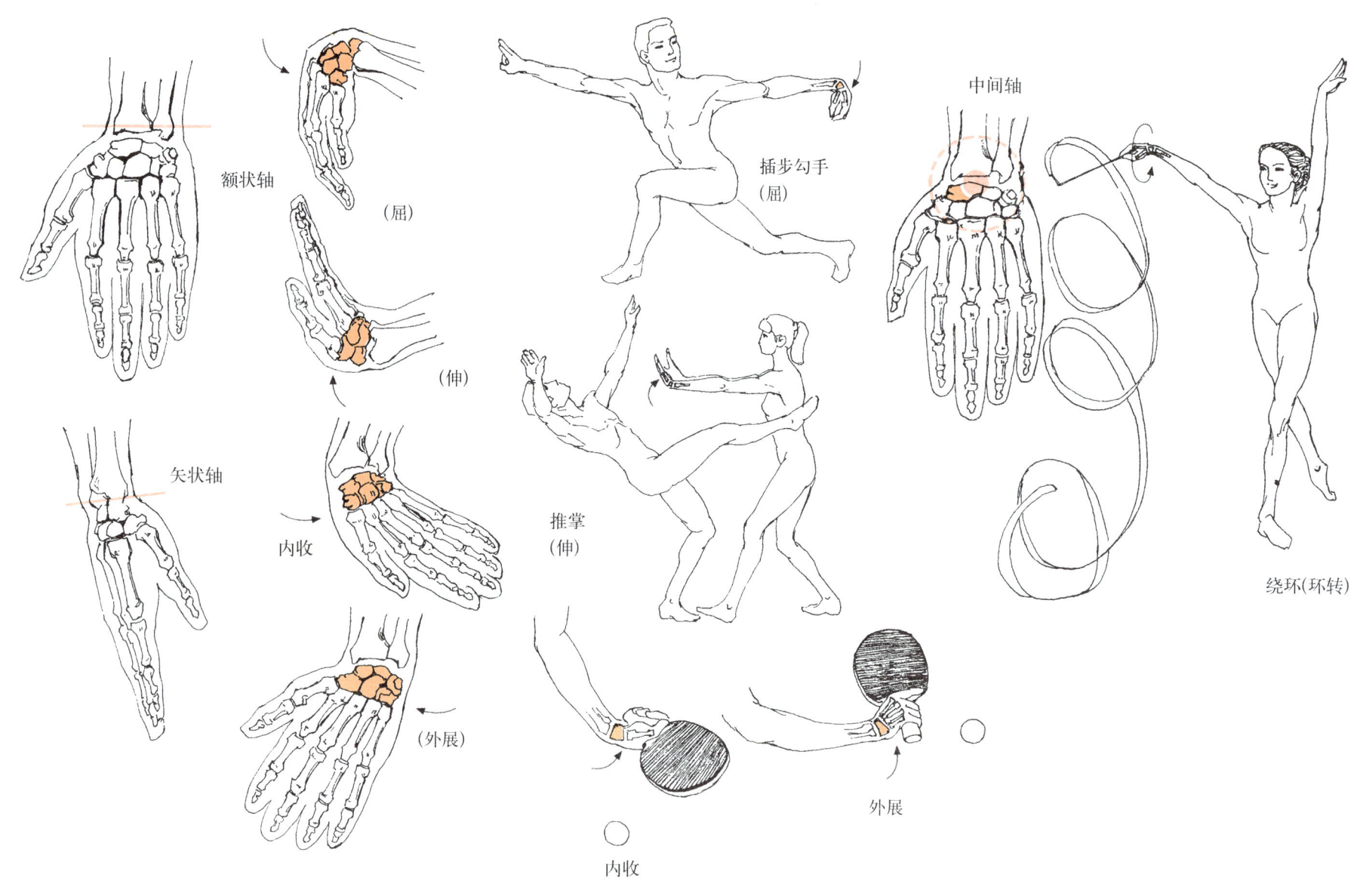

手关节的运动　手绕腕关节额(冠)状轴、矢状轴和中间轴的运动

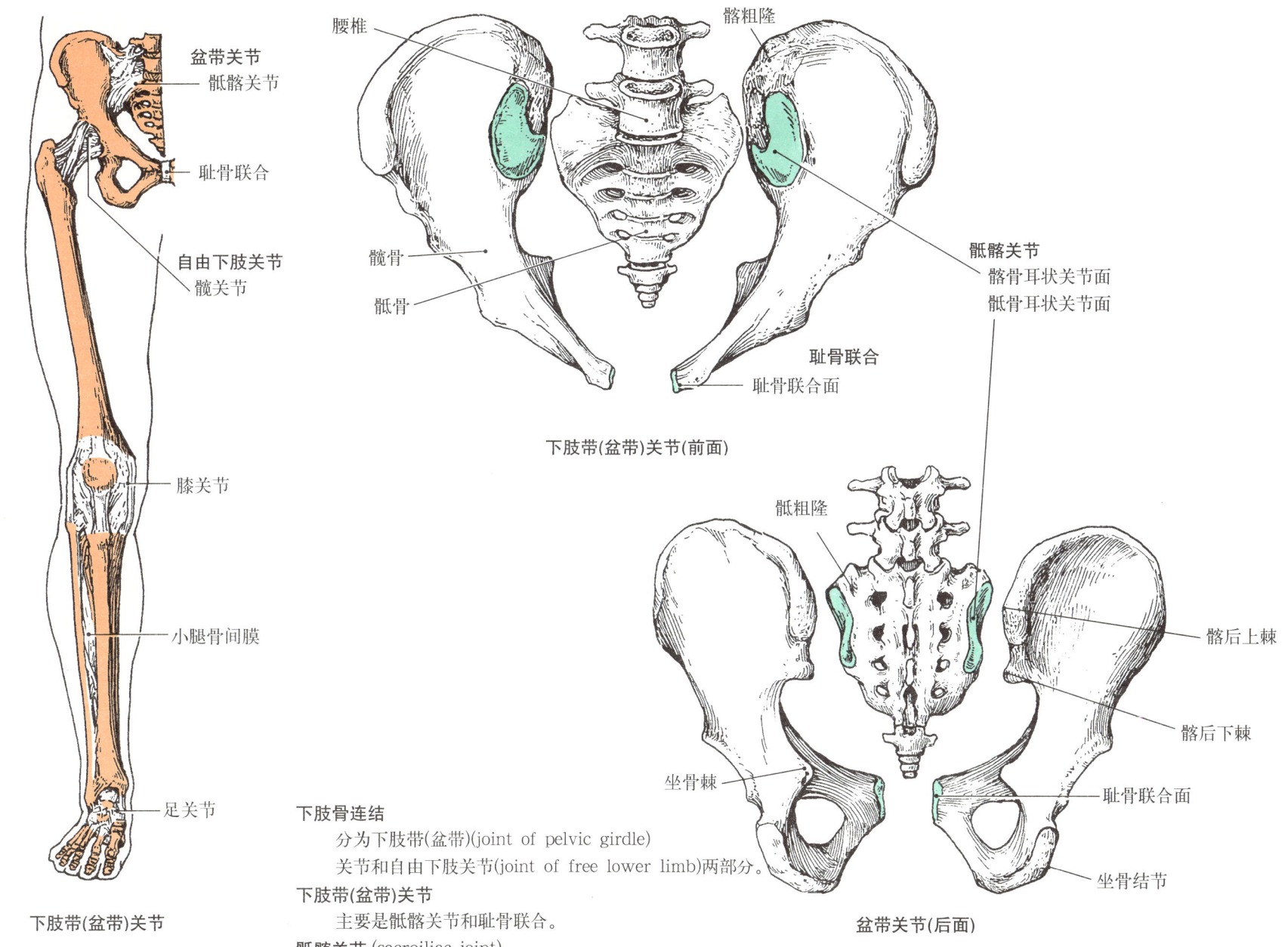

下肢骨的连结 下肢带(盆带)关节

下肢骨连结

分为下肢带(盆带)(joint of pelvic girdle)关节和自由下肢关节(joint of free lower limb)两部分。

下肢带(盆带)关节

主要是骶髂关节和耻骨联合。

骶髂关节 (sacroiliac joint)

由骶骨的耳状面和髂骨的耳状面构成。属平面关节。相连关节面对合紧密，关节囊紧张，有坚强的韧带加固，只能做幅度很小的上下及前后运动。

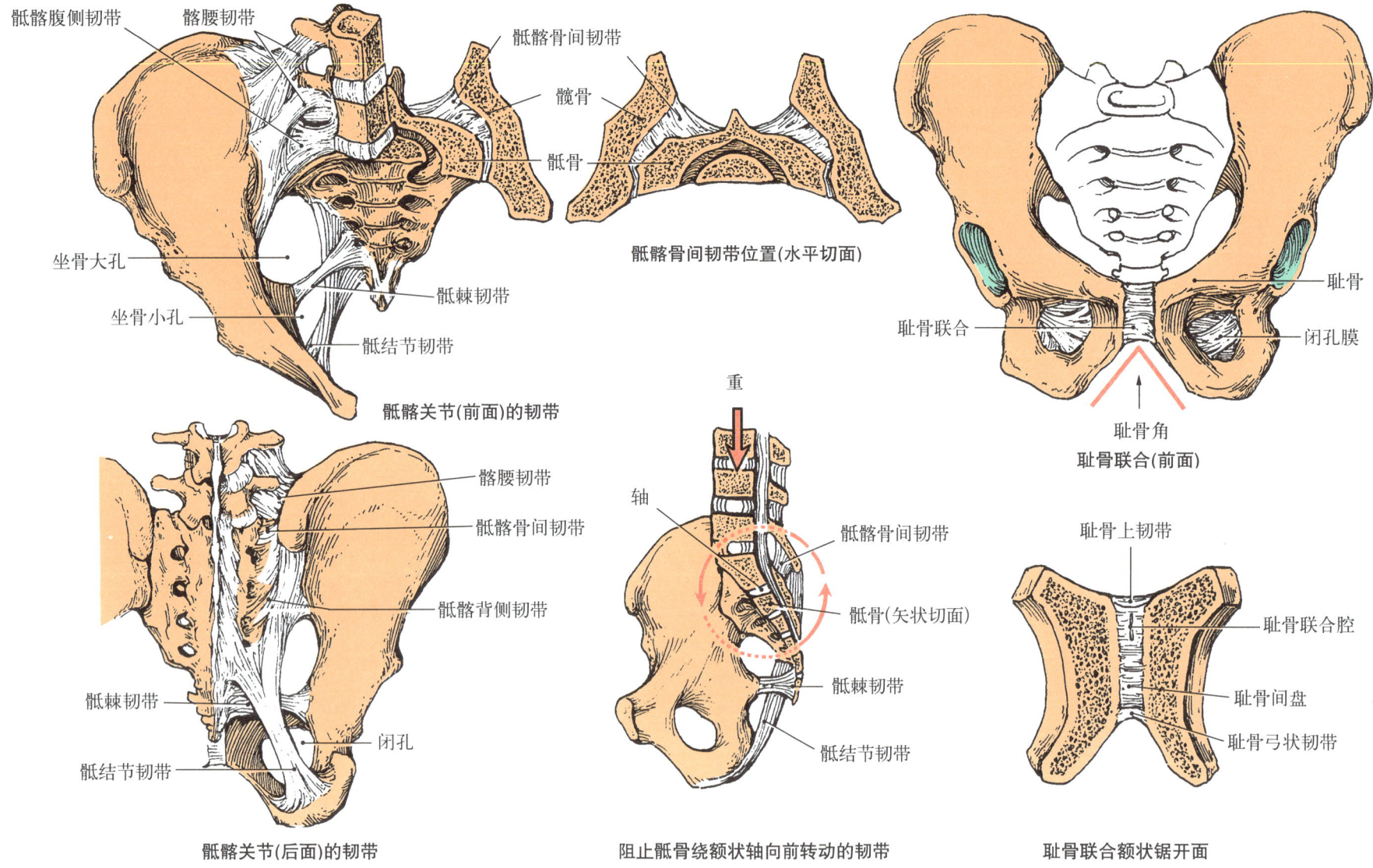

骶髂关节韧带 (lig. of sacroiliac joint)

加固关节的主要韧带：骶髂骨间韧带(sacroiliac interosseous lig.)(连结于相对的髂骨骶粗隆和骶骨髂粗隆之间)、骶髂腹侧韧带 (ventral sacroiliac lig.)(由骶骨前面侧缘到髂骨耳状面外侧的关节沟)和骶髂背侧韧带(由骶后上、下棘到髂骨背外侧)。髋骨与脊柱间起加固作用的韧带还有：髂腰韧带(iliolumbar lig.)(位于骨盆上部，由第五腰椎横突到髂翼后部内面)、骶结节韧带(sacrotuberous lig.)(位于骨盆后下部，由髂后上、下棘和骶尾骨后外侧到坐骨结节)、骶棘韧带(sacrospinous lig.)(位于骶结节韧带前方，由骶尾骨外侧到坐骨棘)。

耻骨联合 (pubic symphysis)

是由两侧耻骨的耻骨联合面借助纤维软骨板构成的耻骨间盘结合而成。其下面形成耻骨角。

下肢带(盆带)关节

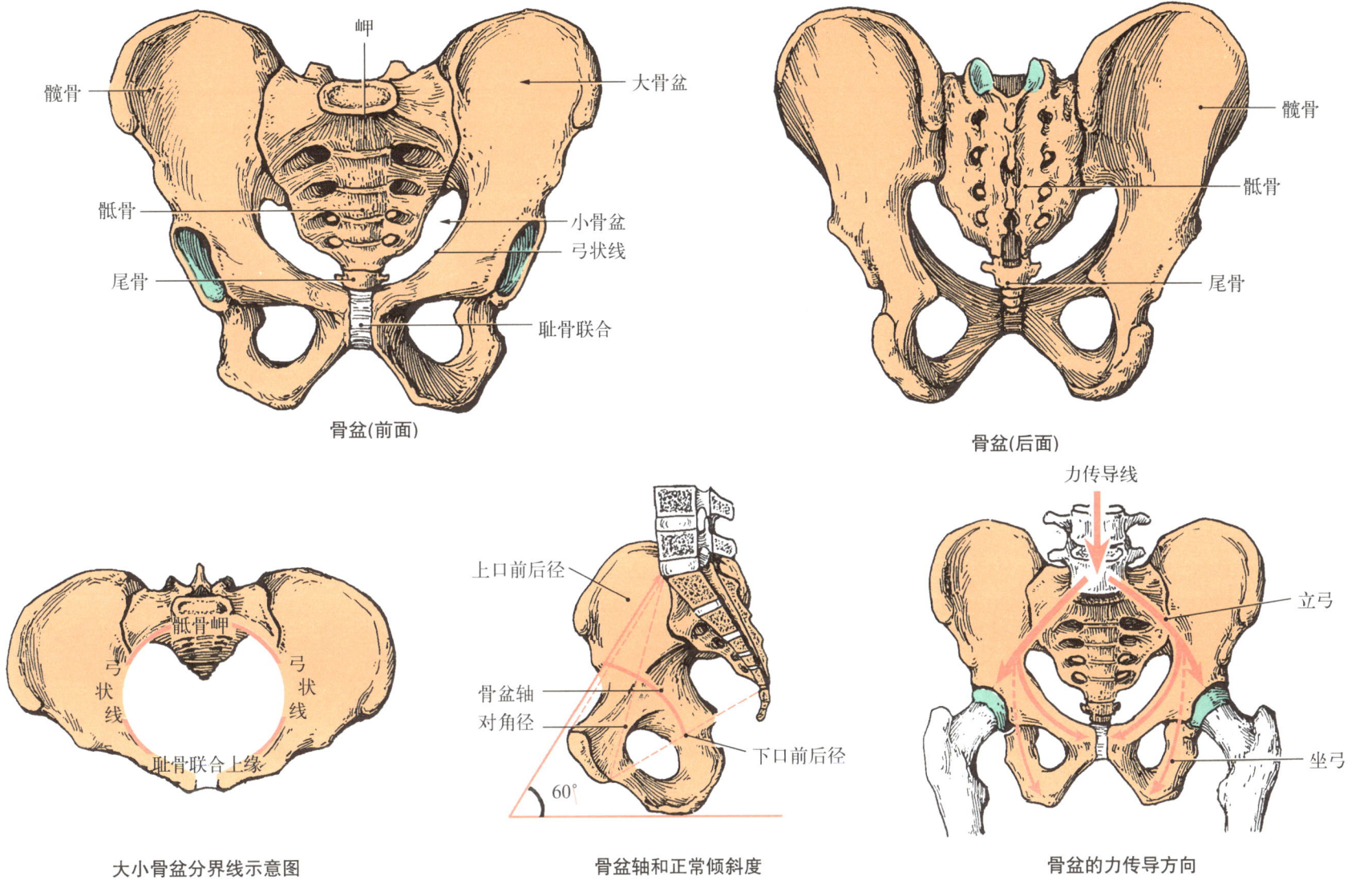

骨盆(前面)

骨盆(后面)

大小骨盆分界线示意图

骨盆轴和正常倾斜度

骨盆的力传导方向

骨盆 (pelvis)

　　骨盆由后上方的骶骨、后下方的尾骨、前下方的耻骨联合和两侧的髋骨以及关节、韧带装置构成。

　　大小骨盆的分界线：由骶骨的岬、弓状线、耻骨联合上缘为界，分为上部的大骨盆(greater pelvis)和下部的小骨盆(lesser pelvis)两部分。

　　骨盆斜度：人体直立时，骨盆向前倾斜，自骨盆的分界线平面与水平面形成50°～60°夹角。

　　骨盆的力的传递：落在腰骶连结的重力经骶骨、骶髂关节传至髋骨。站立时，重力经髋臼传至自由下肢骨，形成立弓。坐下时，则传向坐骨结节，形成坐弓。说明了骨盆类似半圆形的拱桥或穹窿结构，从而分解了重力的作用。

骨 盆

项目	骨盆全形	髂骨翼	耻骨角	小骨盆腔	坐骨结节间距离	小骨盆入口	骶骨侧面
		耻骨联合					
女子							
	低而宽阔	较外翻	钝角	圆柱形	结节间距离长	呈圆形	向前弯曲度小
		宽而短					
男子							
	高而狭窄	较垂直	锐角	漏斗形	结节间距离短	呈杏形	向前弯曲度大
		窄而长					

男女骨盆的差别

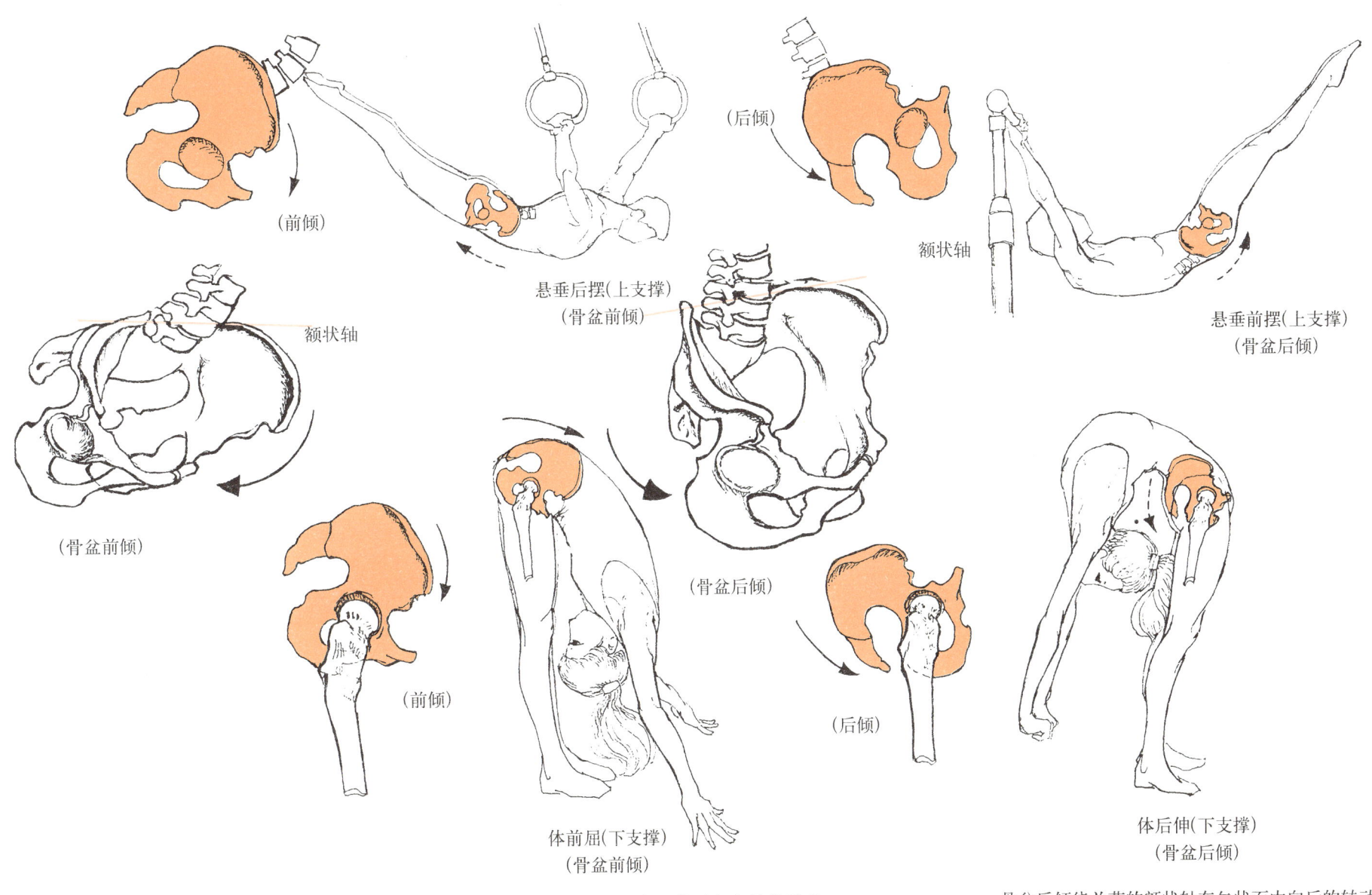

骨盆前倾是绕关节的额状轴在矢状面内向前的转动。骨盆前倾时，耻骨联合向前下转动，骶骨背面朝上转动。

骨盆后倾绕关节的额状轴在矢状面内向后的转动。骨盆后倾时，耻骨联合向前上转动，骶骨背面朝下转动。

骨盆的运动　骨盆绕额(冠)状轴的运动

骨盆的运动是在腰骶连结和髋关节之间进行的。骨盆与躯干经腰骶关节、椎间盘相连结，骨盆与下肢经髋关节相连结。

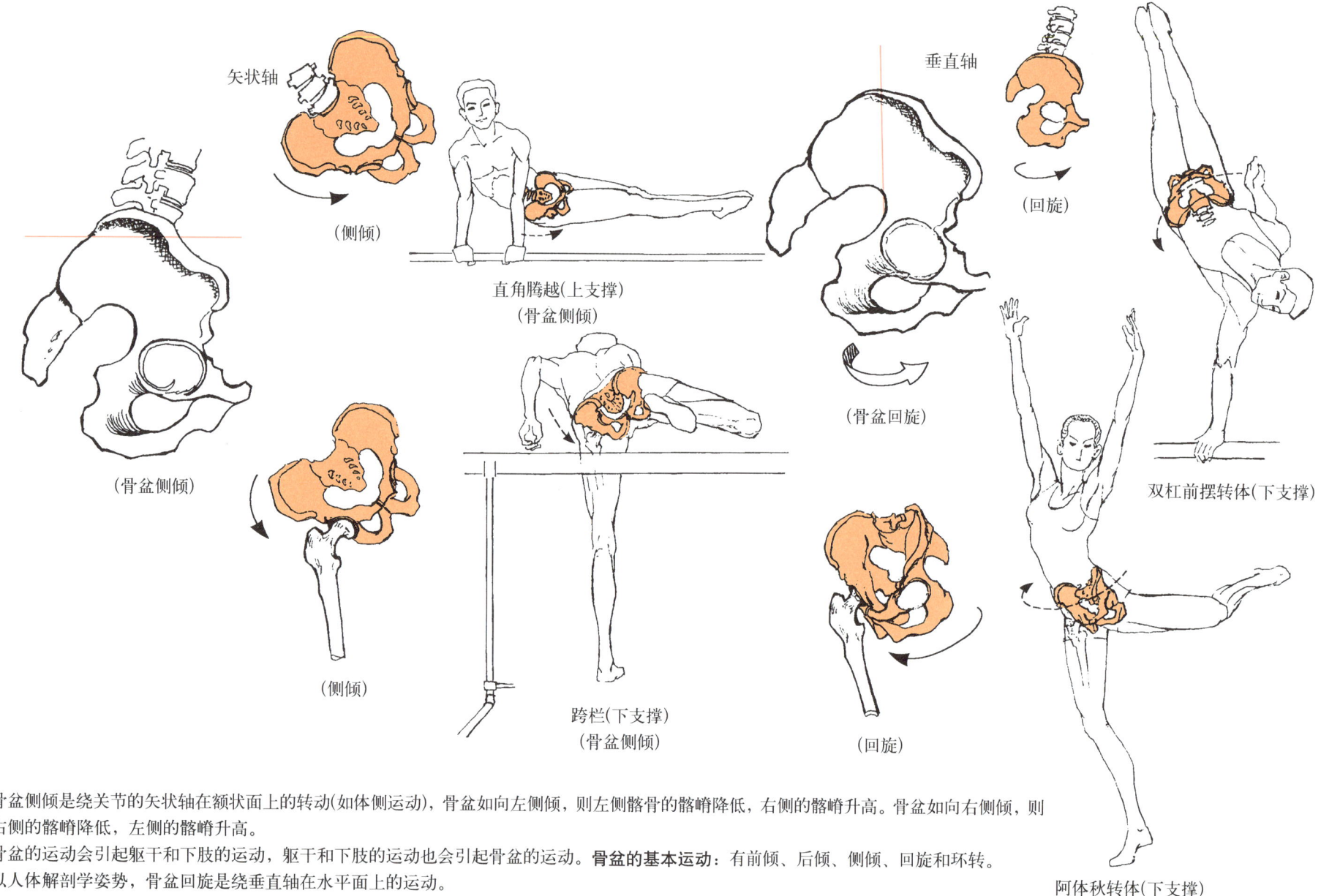

骨盆侧倾是绕关节的矢状轴在额状面上的转动(如体侧运动)，骨盆如向左侧倾，则左侧髂骨的髂嵴降低，右侧的髂嵴升高。骨盆如向右侧倾，则右侧的髂嵴降低，左侧的髂嵴升高。

骨盆的运动会引起躯干和下肢的运动，躯干和下肢的运动也会引起骨盆的运动。**骨盆的基本运动**：有前倾、后倾、侧倾、回旋和环转。

以人体解剖学姿势，骨盆回旋是绕垂直轴在水平面上的运动。

骨盆绕矢状轴、垂直轴的运动

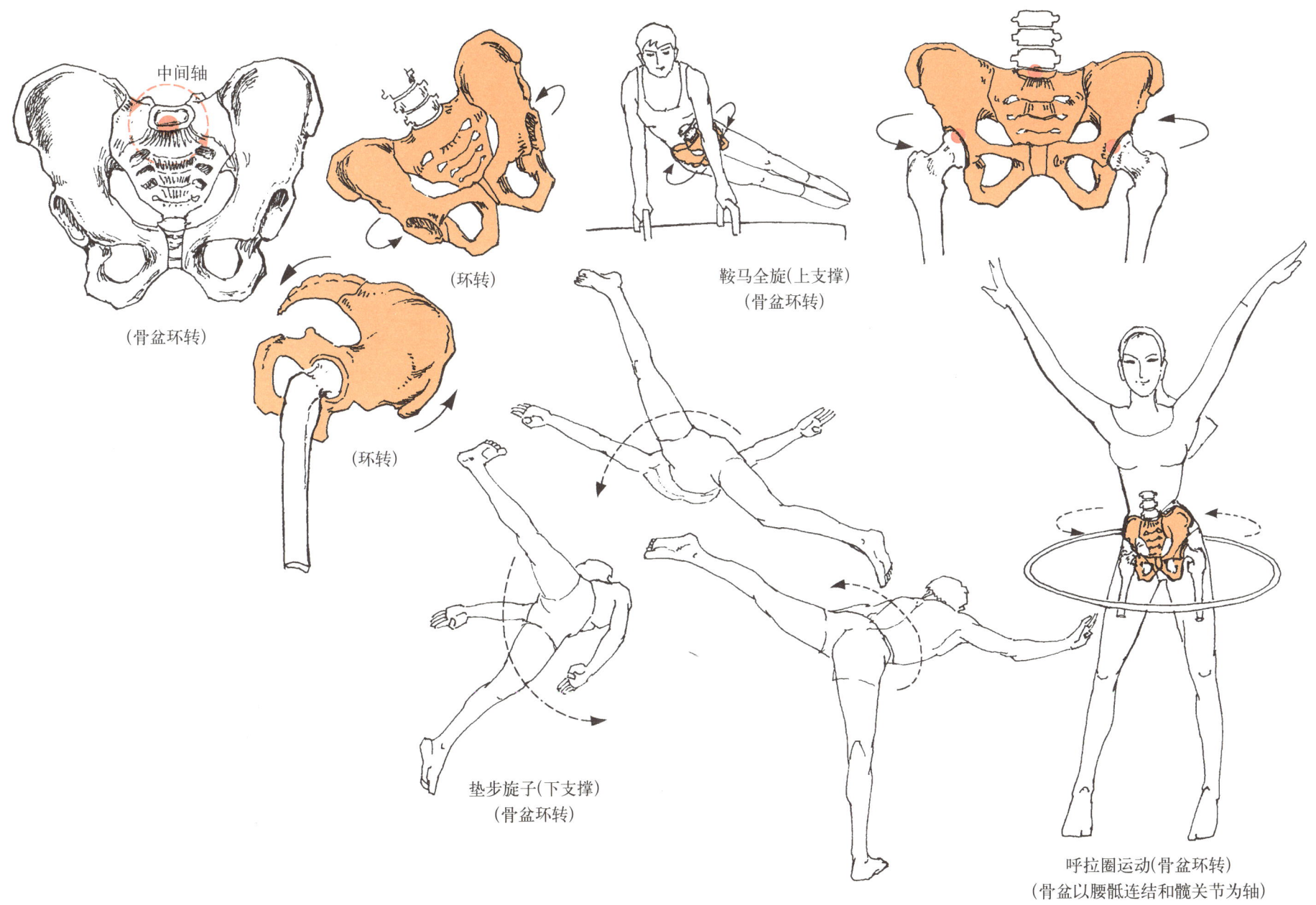

骨盆绕中间轴的运动

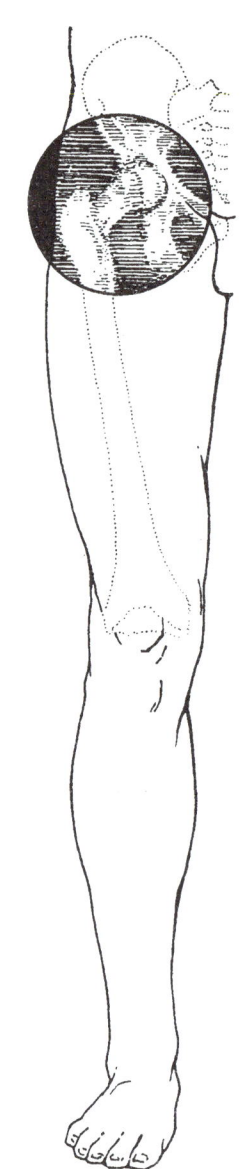

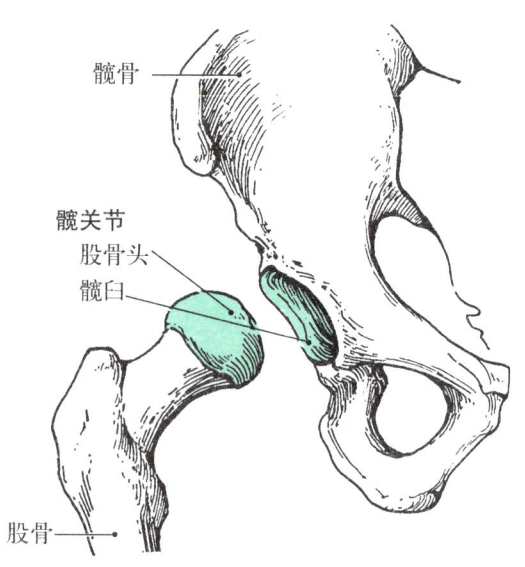

髂骨
髋关节
股骨头
髋臼
股骨

髋关节的关节面(前面)

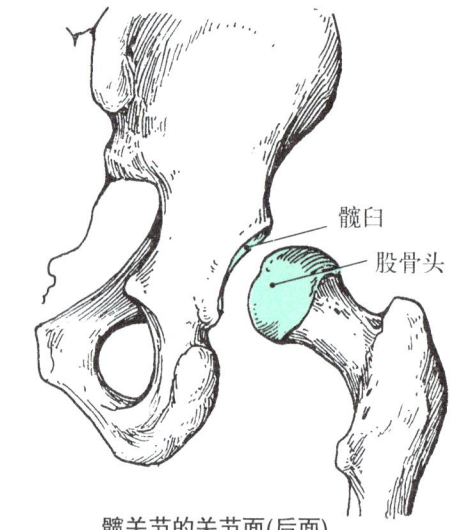

髋臼
股骨头

髋关节的关节面(后面)

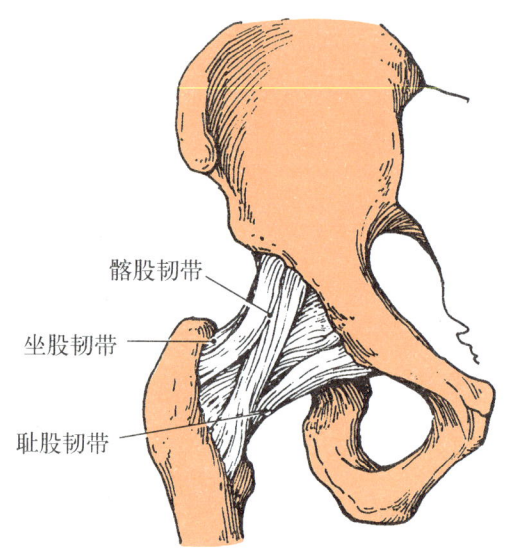

髂股韧带
坐股韧带
耻股韧带

髋关节前面的韧带

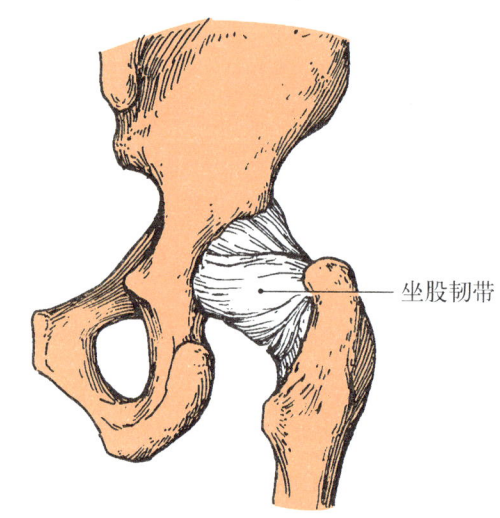

坐股韧带

髋关节后面的韧带

自由下肢关节　髋关节

髋关节 (hip joint)

由关节头(股骨的股骨头)和关节窝[髋骨的髋臼(acetabulum)]构成。髋臼唇(acetabulum labrum)装置加深了关节窝。属杵臼关节，环节(肢体)绕关节的额状轴做屈伸、绕矢状轴做内收外展、绕关节的垂直轴做旋内、旋外和绕它们的中间轴做环转运动。

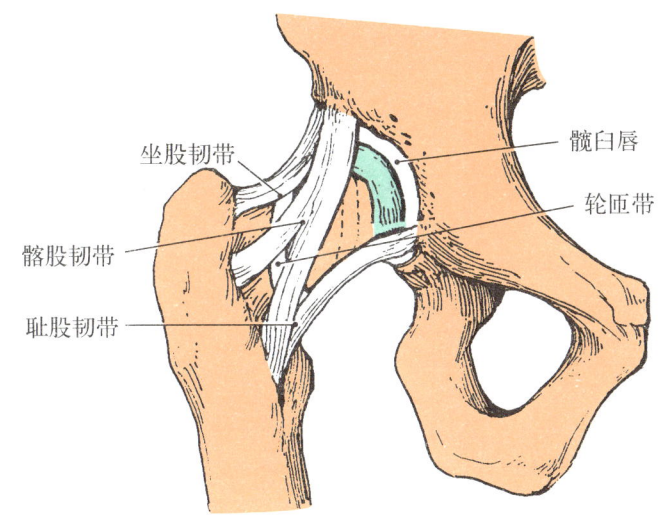

髋关节囊深层韧带(前面)

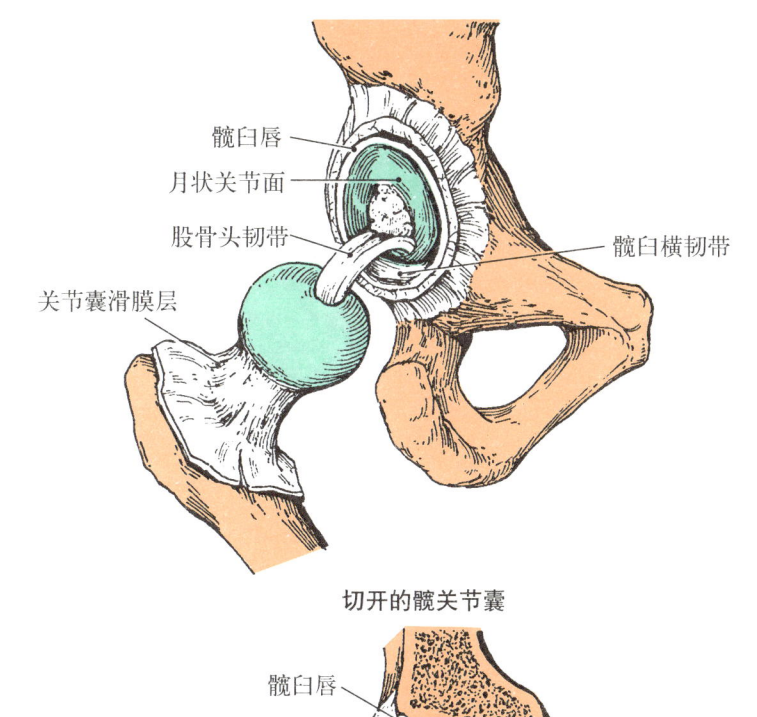

切开的髋关节囊

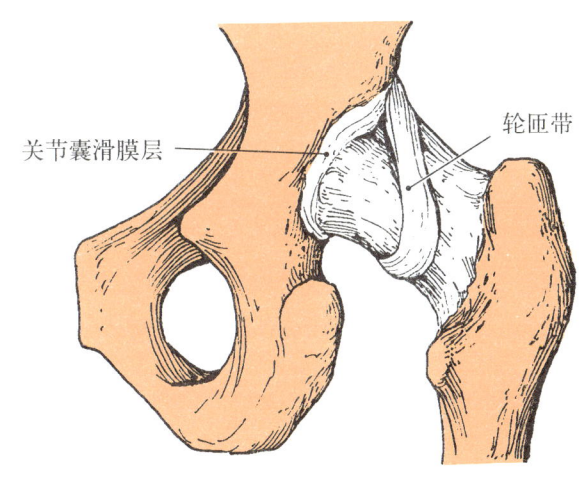

髋关节囊深层韧带(后面)

髋关节(额状锯开面)

加固关节的韧带：髂股韧带(iliofemoral lig.)(位于髋关节的前面，呈人字形，由髂前下棘到股骨转子间线)、耻股韧带(pubofemoral lig.)(位于髋关节前内侧，起于耻骨上支向外下与关节囊融合)。坐股韧带(ischiofemoral lig.)(位于髋关节后方，由坐骨体到大转子根部)。此外，尚有股骨头韧带和髋臼横韧带。

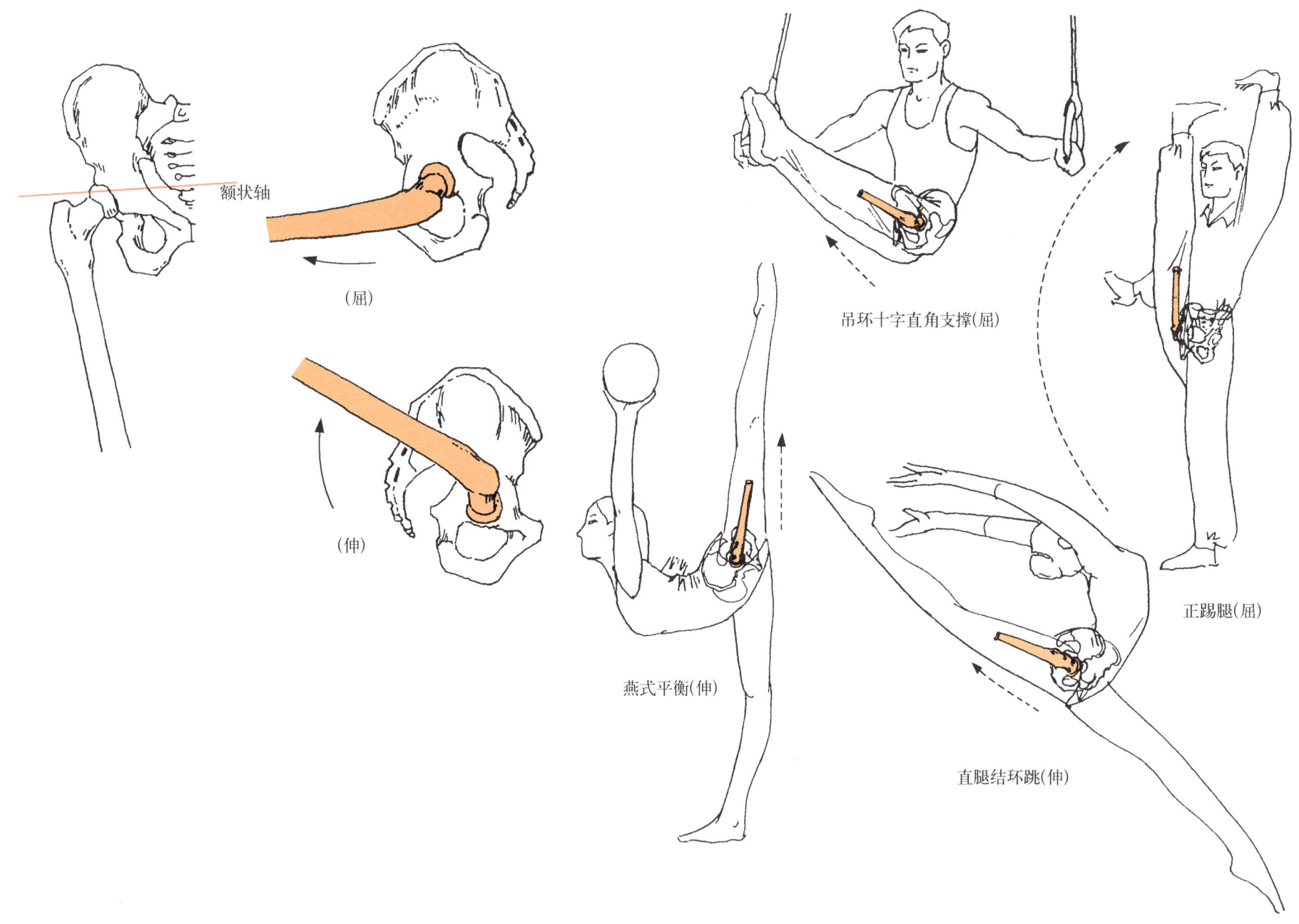

髋关节的运动　大腿绕髋关节额(冠)状轴的运动

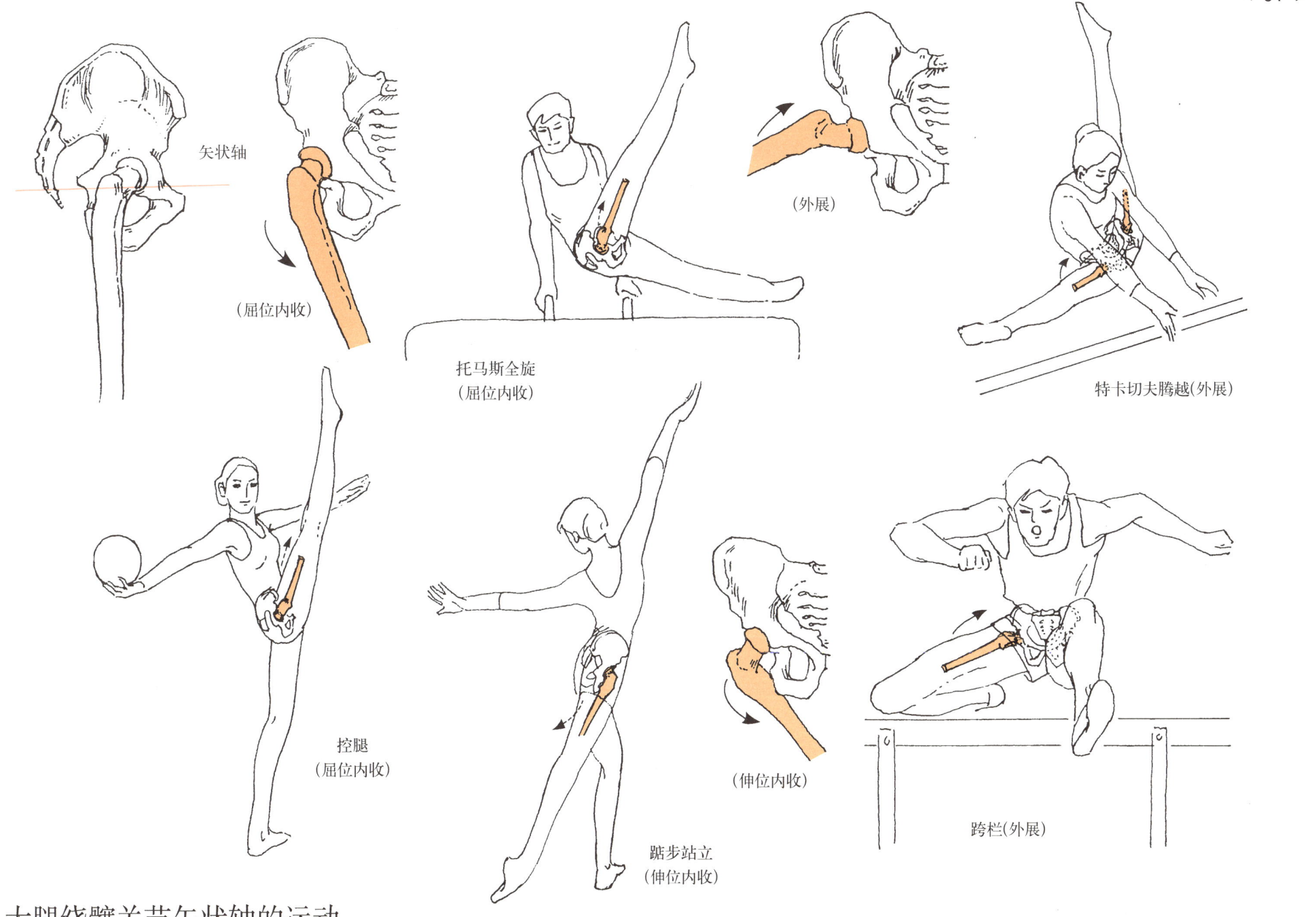

大腿绕髋关节矢状轴的运动

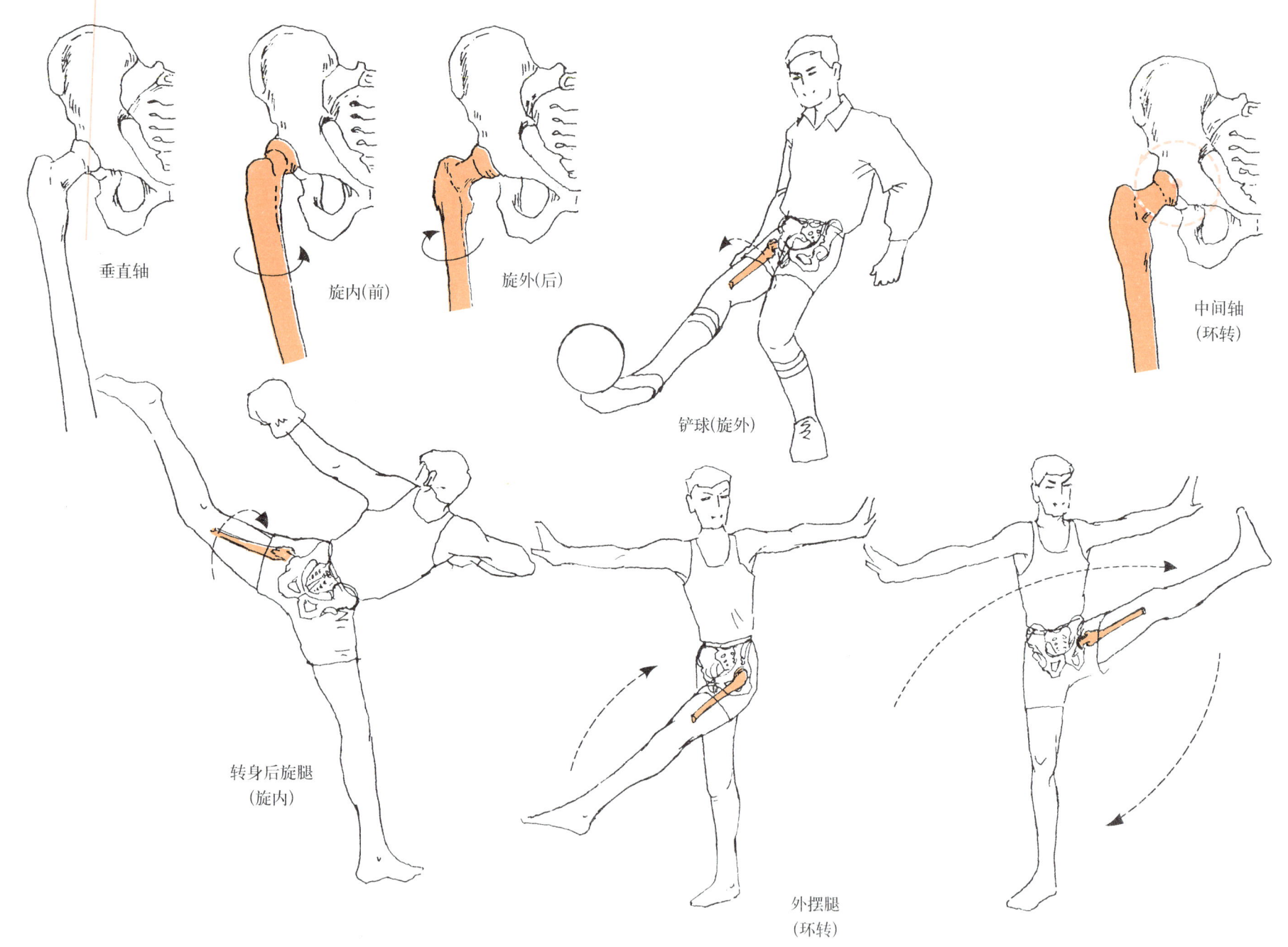

大腿绕髋关节垂直轴、中间轴运动

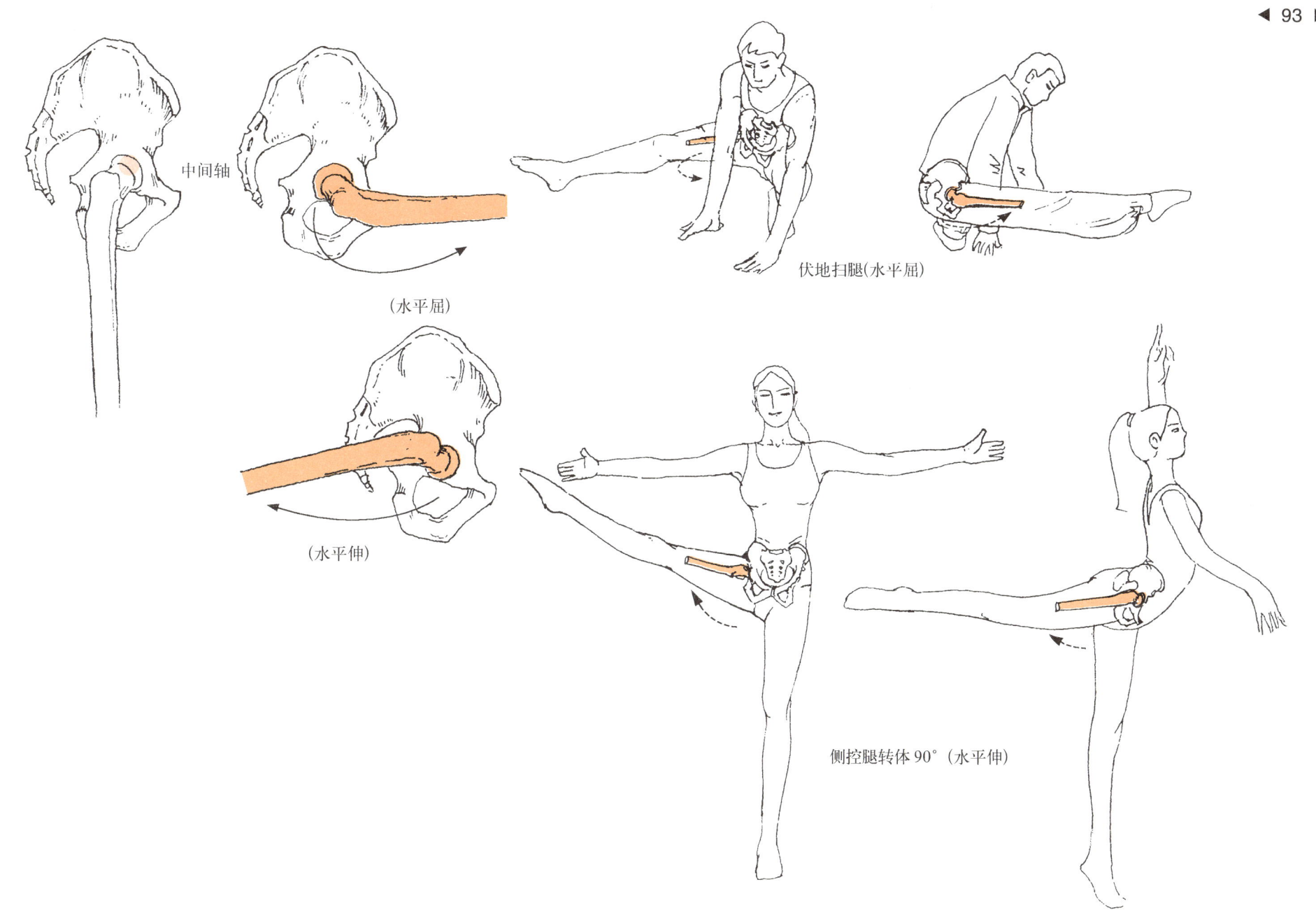

大腿绕髋关节矢状轴和额(冠)状轴之间的中间轴运动(水平屈 水平伸)

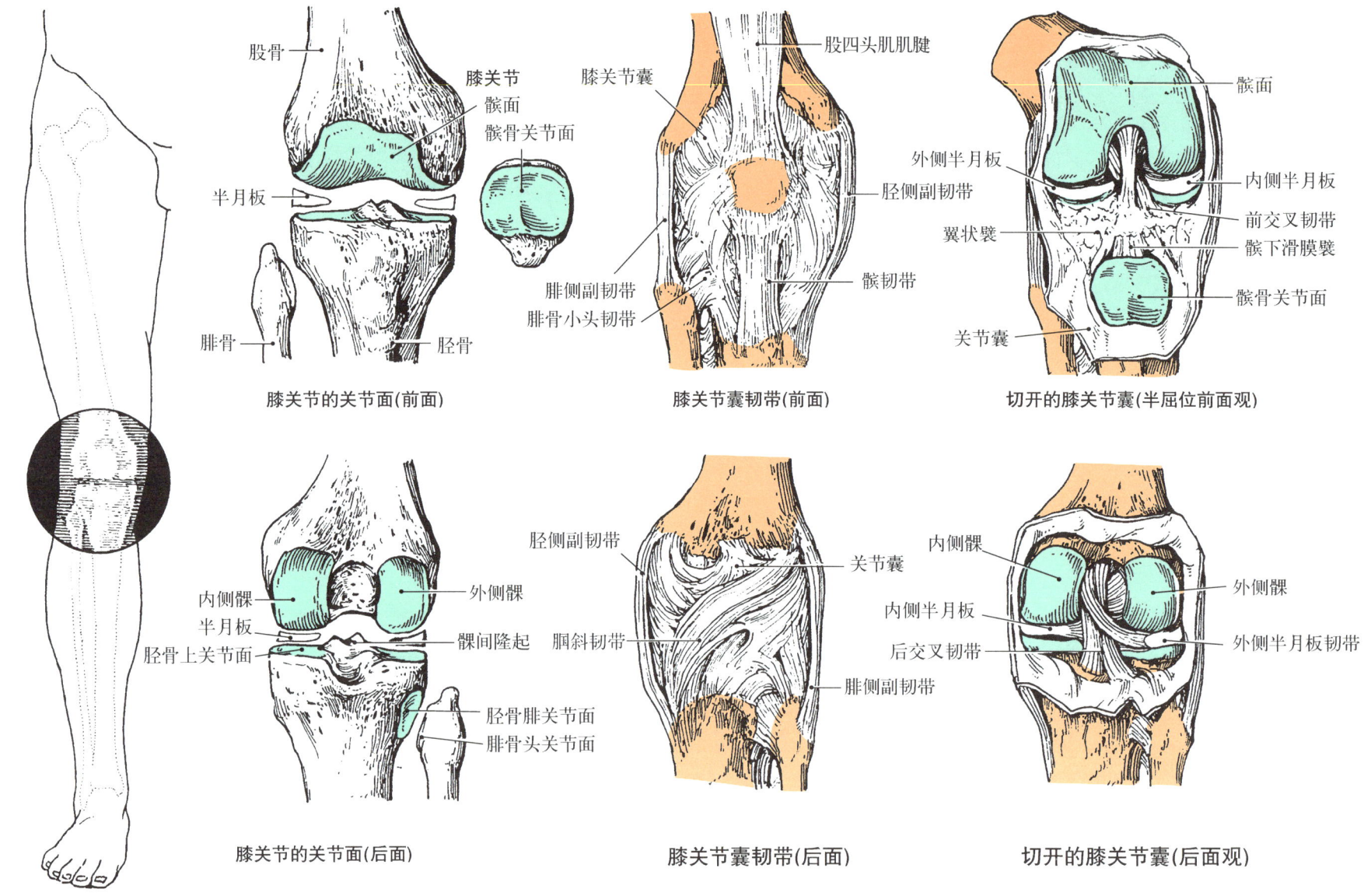

膝关节 (knee joint)

由股骨和胫骨的内外侧髁相应的上下关节面和髌骨后面的关节面共同包在一个关节囊内构成。股骨下端的关节面为关节头，胫骨上端的关节面为关节窝，均为椭圆形；股骨下端前方的髌面与髌骨后面的关节面为滑车形。因此，膝关节是个椭圆滑车关节。小腿绕关节的额状轴做屈伸运动，半屈膝时，小腿可绕关节的垂直轴做轻微的旋内(如脚外侧颠球)、旋外(如脚内侧颠球)运动。

膝关节

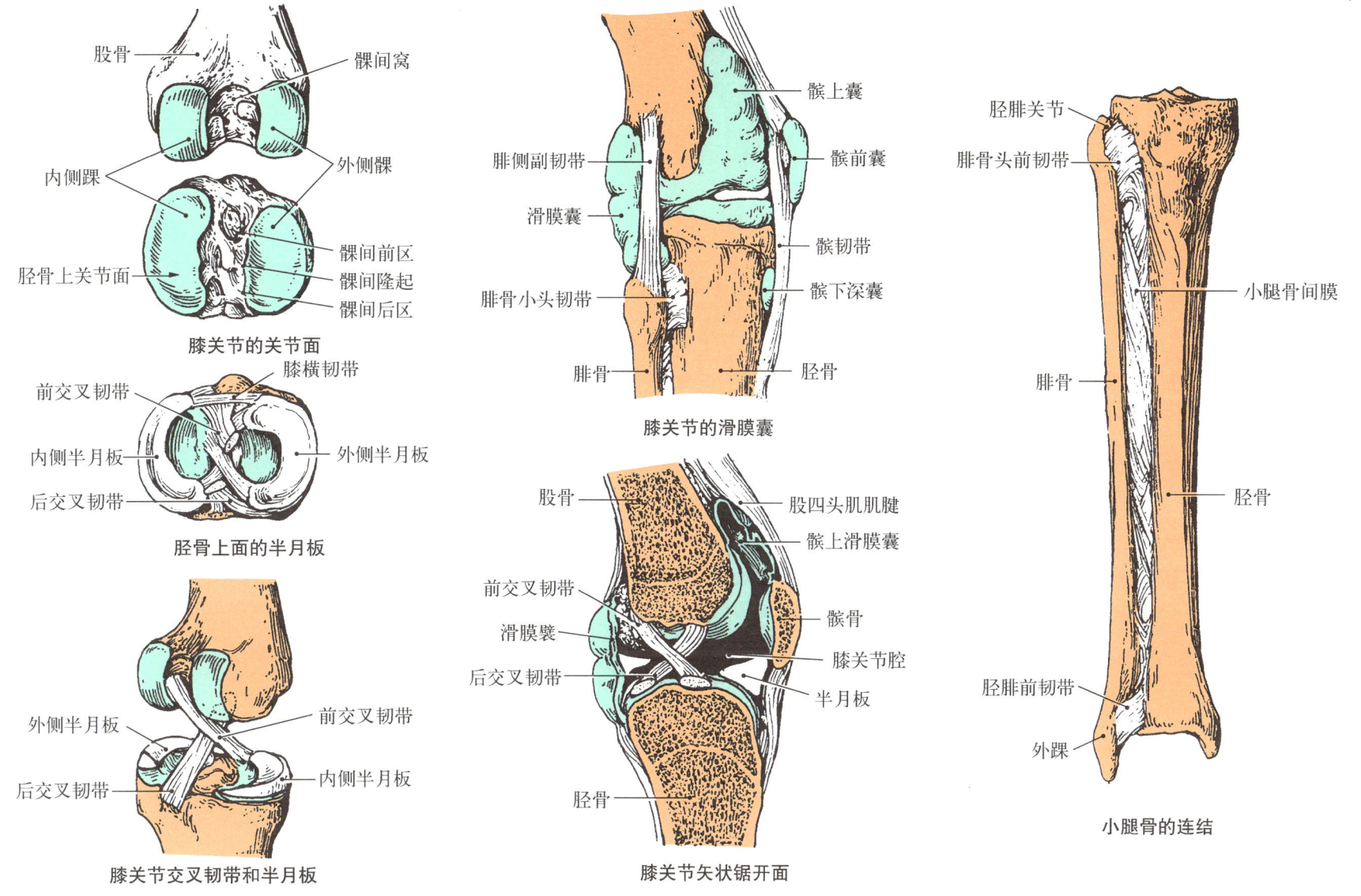

小腿骨的连结 上端由腓骨头关节面和胫骨外侧髁的腓关节面构成胫腓关节(tibiofibular joint)。属微动关节。骨体间有小腿骨间膜(interosseous membrane of leg)相连。下端由腓骨外踝与胫骨的腓切迹形成韧带联合。两骨间活动性极小。

加固关节的装置 1.半月板(meniscus)：在股骨和胫骨的上下关节面之间，分为内、外侧半月板，它加深了关节窝，润滑和保护关节面。2.前、后交叉韧带(anterior cruciate lig., posterior cruciate lig.)：在关节中央，由股骨外、内侧髁到胫骨髁间隆起的前、后区。3.胫侧副韧带(tibial collateral lig.)：位于关节囊内侧，由股骨内上髁到胫骨内侧髁内侧。4.腓侧副韧带(fibular collateral lig.)：位于关节囊外侧，由股骨外上髁到腓骨头。5.髌韧带(patellar lig.)：位于关节囊前面，由髌骨下缘到胫骨粗隆。6.腘斜韧带(oblique popliteal lig.)：位于关节囊后方，由股骨外上髁到胫骨内侧髁后面。7.髌下滑膜襞：位于关节腔内，俗称脂肪垫。8.滑膜囊：位于关节周围的肌腱附着处与骨面和肌腱与皮下组织之间。

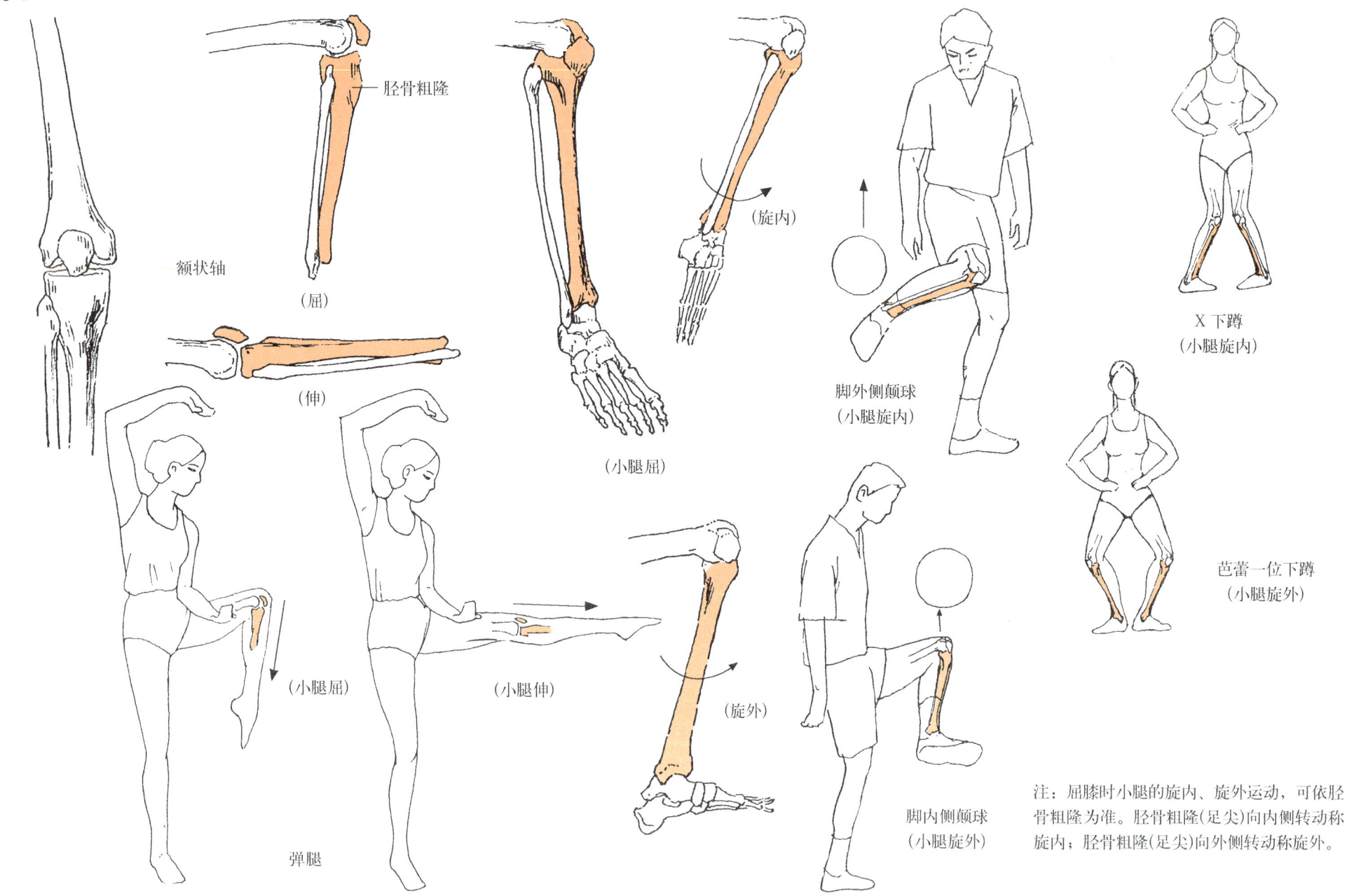

膝关节的运动　小腿绕膝关节额(冠)状轴的运动　屈膝时小腿在膝关节处绕垂直轴做旋内、旋外运动

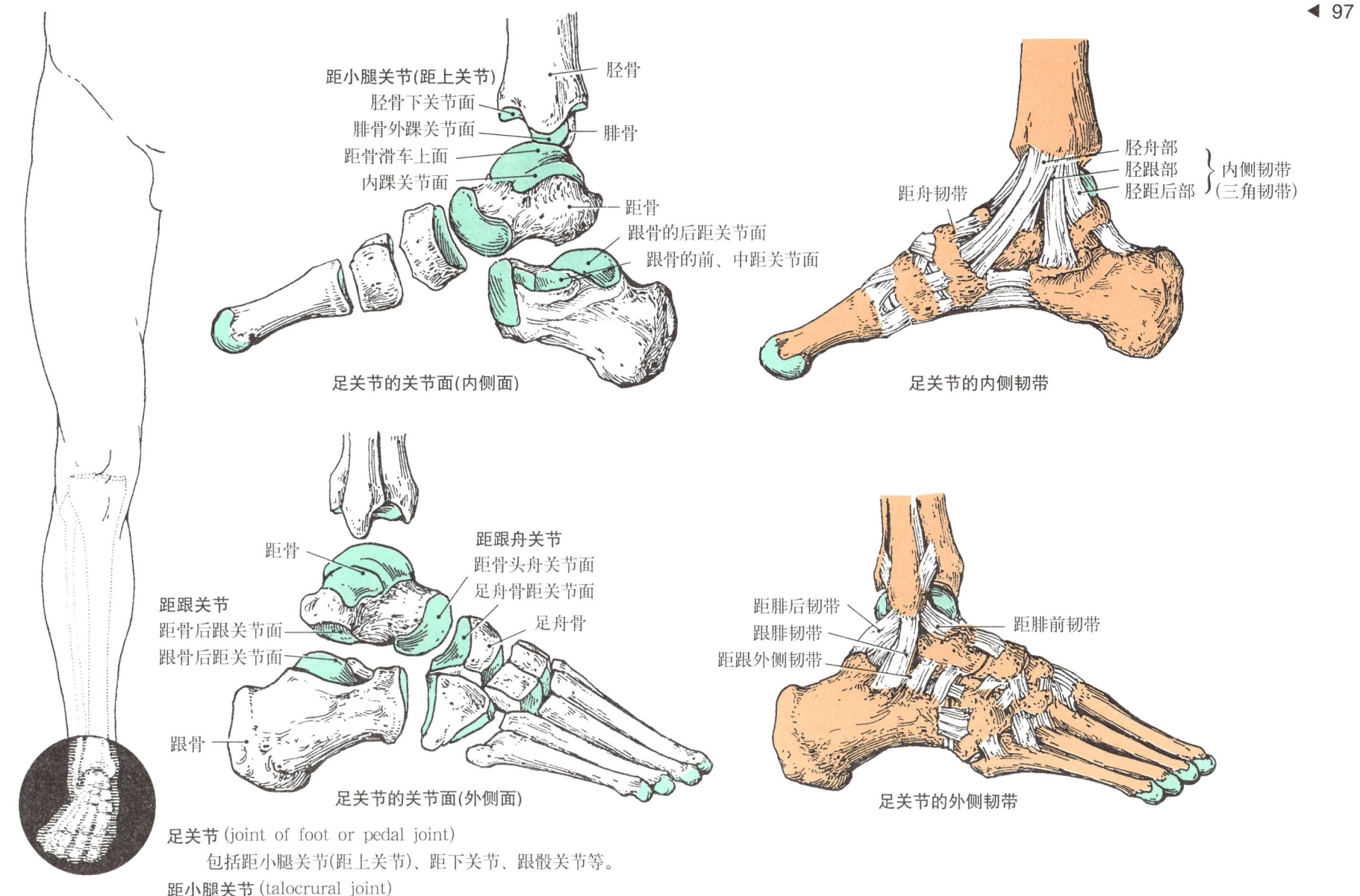

足关节的关节面(内侧面)

足关节的内侧韧带

足关节的关节面(外侧面)

足关节的外侧韧带

足关节 (joint of foot or pedal joint)

包括距小腿关节(距上关节)、距下关节、跟骰关节等。

距小腿关节 (talocrural joint)

俗称踝关节(ankle joint),又名距上关节(supratarlar joint)。由胫骨的下关节面、内踝关节面和腓骨外踝关节面共同形成叉状关节窝,关节头由距骨滑车构成,属滑车关节。足绕关节的额状轴做屈〔即绷直足面,又称跖屈(plantar flexion)〕、伸〔即勾足尖,又称背屈(dorsal flexion)〕运动。由于距骨滑车前宽后窄,跖屈时,较窄的滑车后部进入宽大的关节窝内,尚能做微小的侧方(收展)运动。加固关节的主要韧带有:距腓前韧带(anterior talofibular lig.)(位于关节囊背外侧,由腓骨外踝到距骨前面)、距腓后韧带〔(posterior talofibular lig.),(位于关节囊后面,由腓骨外踝到距骨后面)〕、跟腓韧带〔(calcaneofibular lig.),(位于关节囊外侧,由腓骨外踝尖到跟骨外侧)〕和三角韧带〔(deltoid lig.),(位于关节囊内侧,由胫骨内踝分别到距、跟、舟骨内侧)〕。

足部关节 足关节

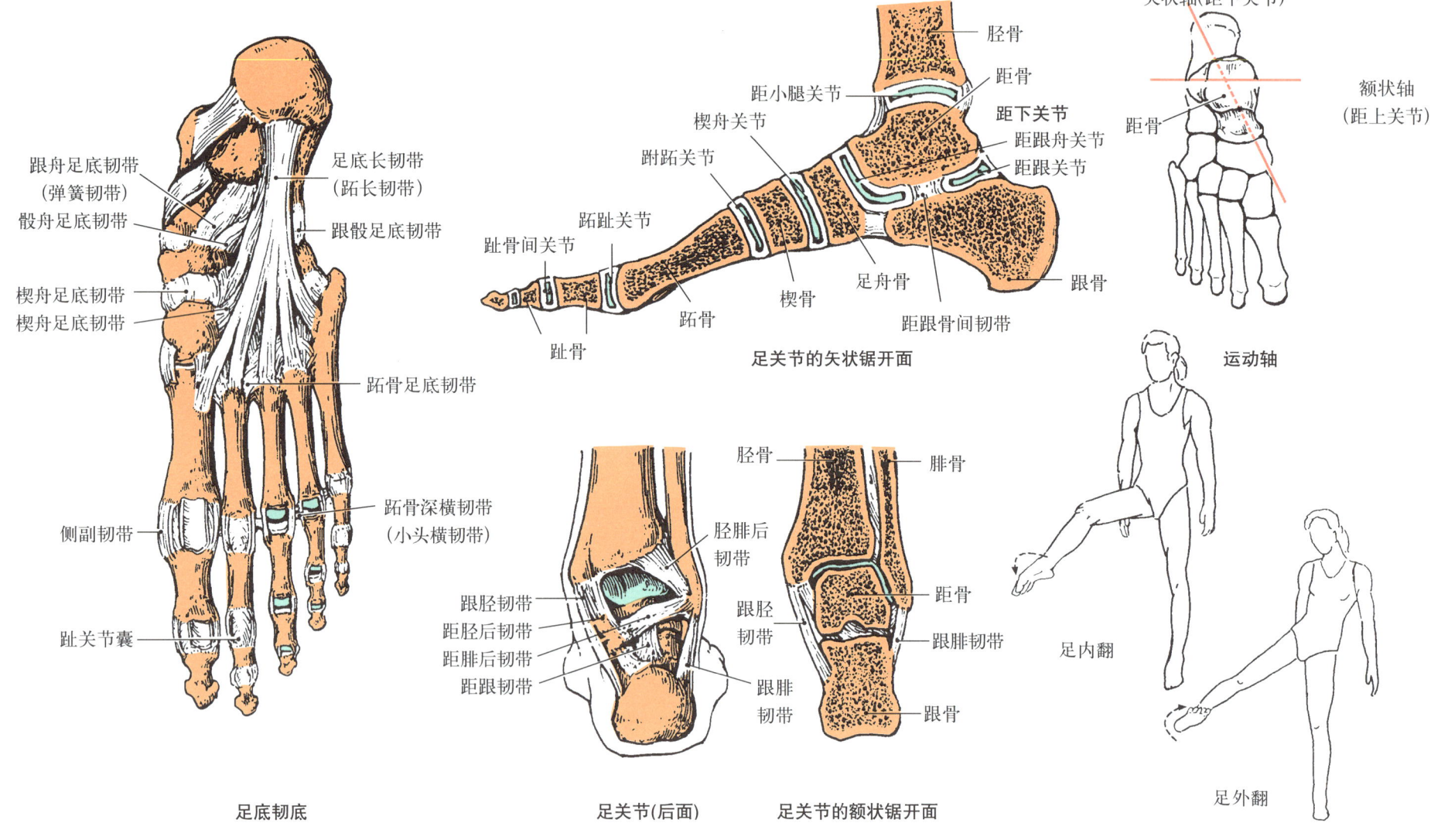

足关节

距下关节(subtalar joint)

由距跟关节(talocalcaneal joint)和距跟舟关节(talocalcaneonavicularis joint)组成，又称距跗关节(talometatarsal joint)。距跟关节由距骨的后跟关节面和跟骨的后距关节面构成（见97页图）。距跟舟关节的关节头由距骨头的舟关节面，关节窝由舟骨后面的距关节面及跟骨的前、中距关节面构成（见97页图）。上述两关节在功能上是联合关节，使足绕一个斜形的矢状轴做旋内和旋外运动。旋外时，提起足的内侧缘，使足底转向内侧称足内翻(inversion)，(常伴随足的跖屈)；旋内时，提起足的外侧缘使足底转向外侧称足外翻〔(eversion)常伴随足的背屈〕。加固关节的主要韧带有：距跟骨间韧带(位于足背外侧的跗骨窦内，见99页足关节矢状锯开面图)和跟舟足底韧带，又称弹簧韧带〔(spring lig.)位于足底内侧〕。距上、距下关节又合称足关节。

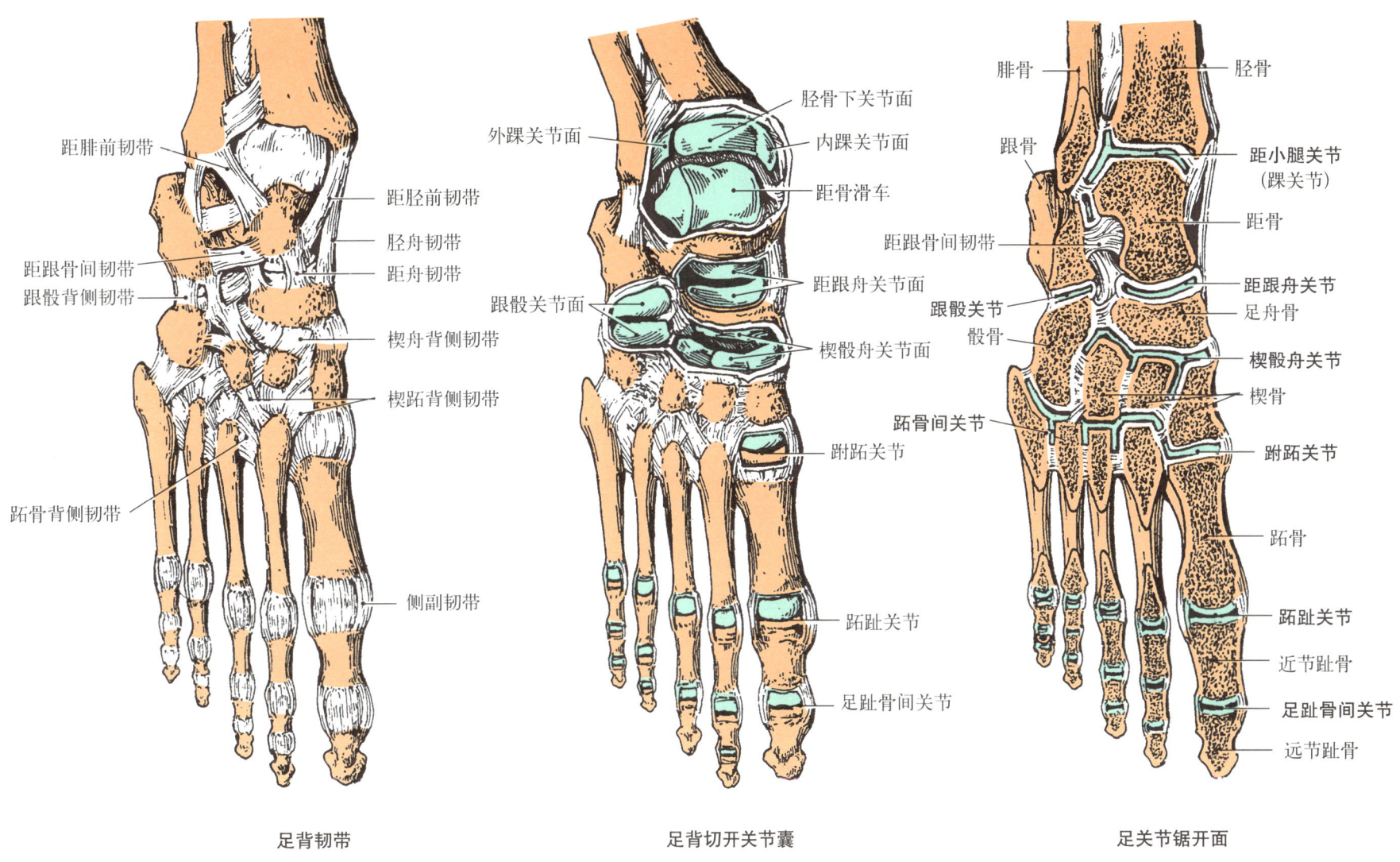

足背韧带　　足背切开关节囊　　足关节锯开面

足的其他关节还有跟骰关节(calcaneocuboid joint)、楔骰舟关节(cuneocuboideonavicular joint)、跗跖关节(tarsometatarsal joint)、距跟舟关节(talocalcaneonavicular joint)、跖骨间关节(intermetatarsal joints)、跖趾关节(metatarsophalangeal joint)和足趾骨间关节(interphalangeal joints of foot)等。

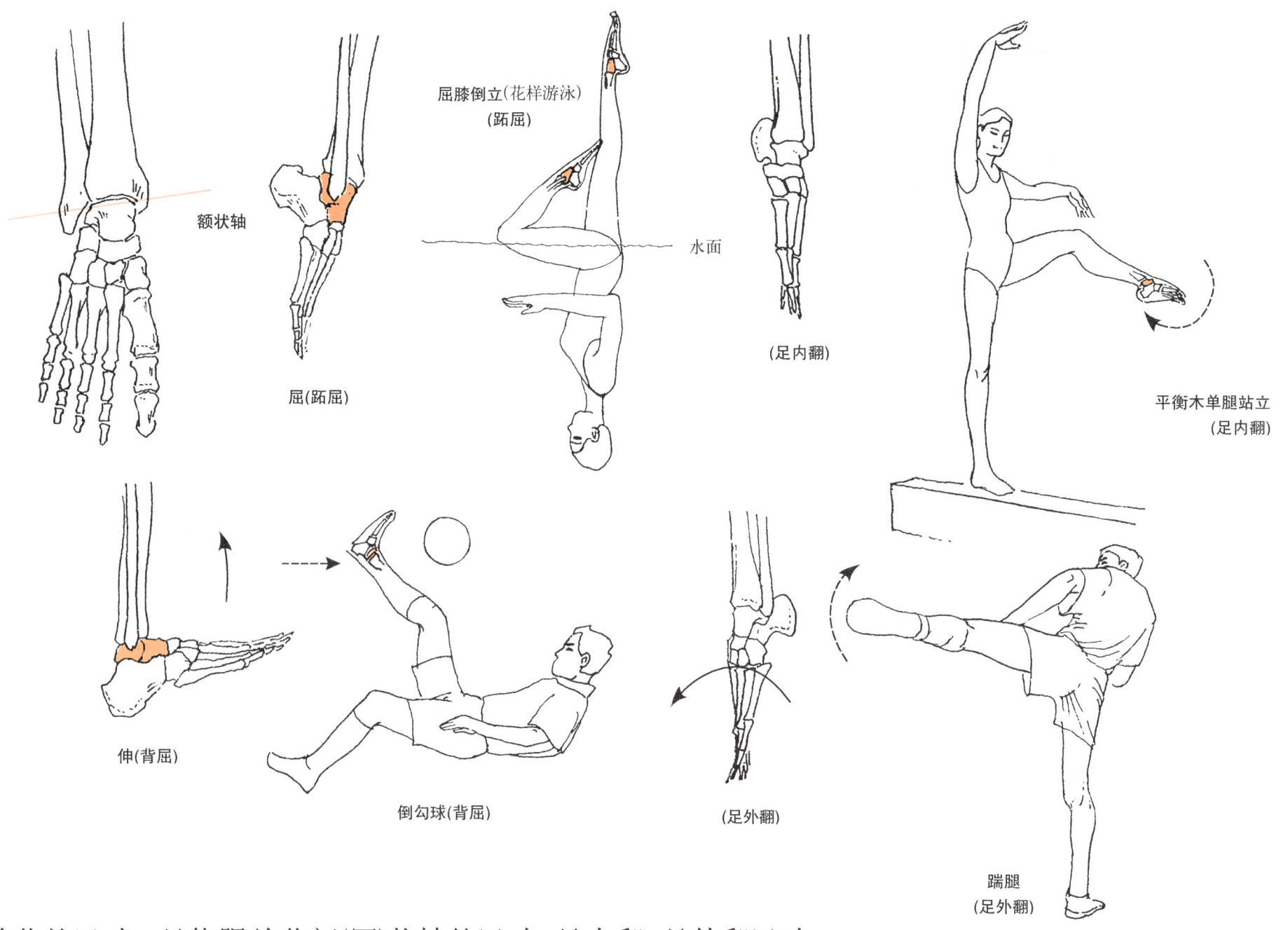

足关节的运动 足绕踝关节额(冠)状轴的运动 足内翻 足外翻运动

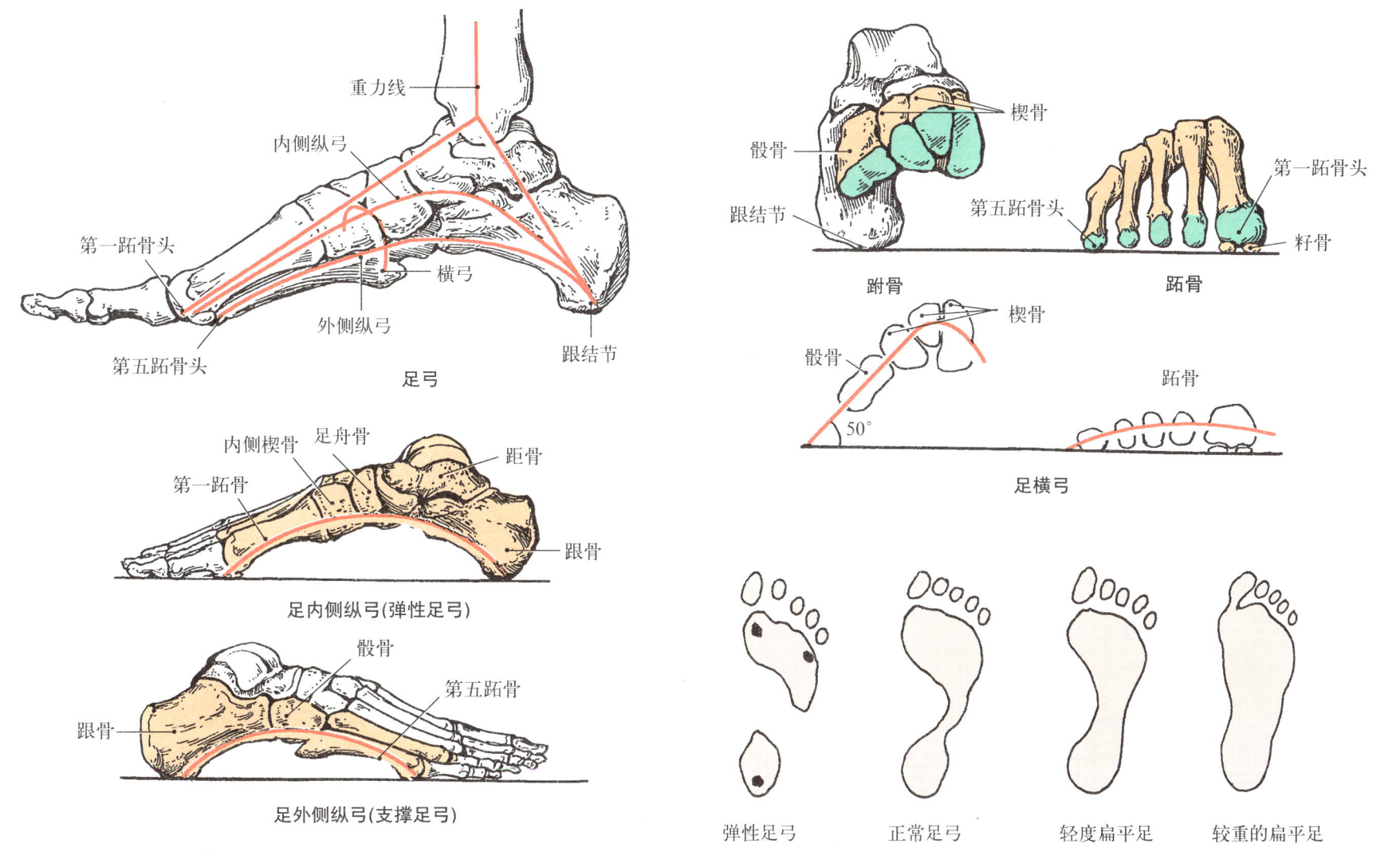

足弓 (arch of foot)

足弓是所有跗骨和跖骨被坚强的韧带、肌腱连结而成的拱形结构。人站立时，足仅以跟结节、第一与第五跖骨头三点着地，也是重力传至足部的3个着力点。足弓的内侧纵弓(medial longitudinal arch)，由跟骨、距骨、足舟骨、3块楔骨和第一、二、三跖骨构成，又称弹性足弓。外侧纵弓(lateral longitudinal arch)由跟骨、骰骨、第四、五跖骨构成，又称支撑足弓。横弓(transverse arch)由骰骨和3块楔骨构成。足底长韧带、跟骰足底韧带、骰舟足底韧带等(见98页)有维持足弓的作用。

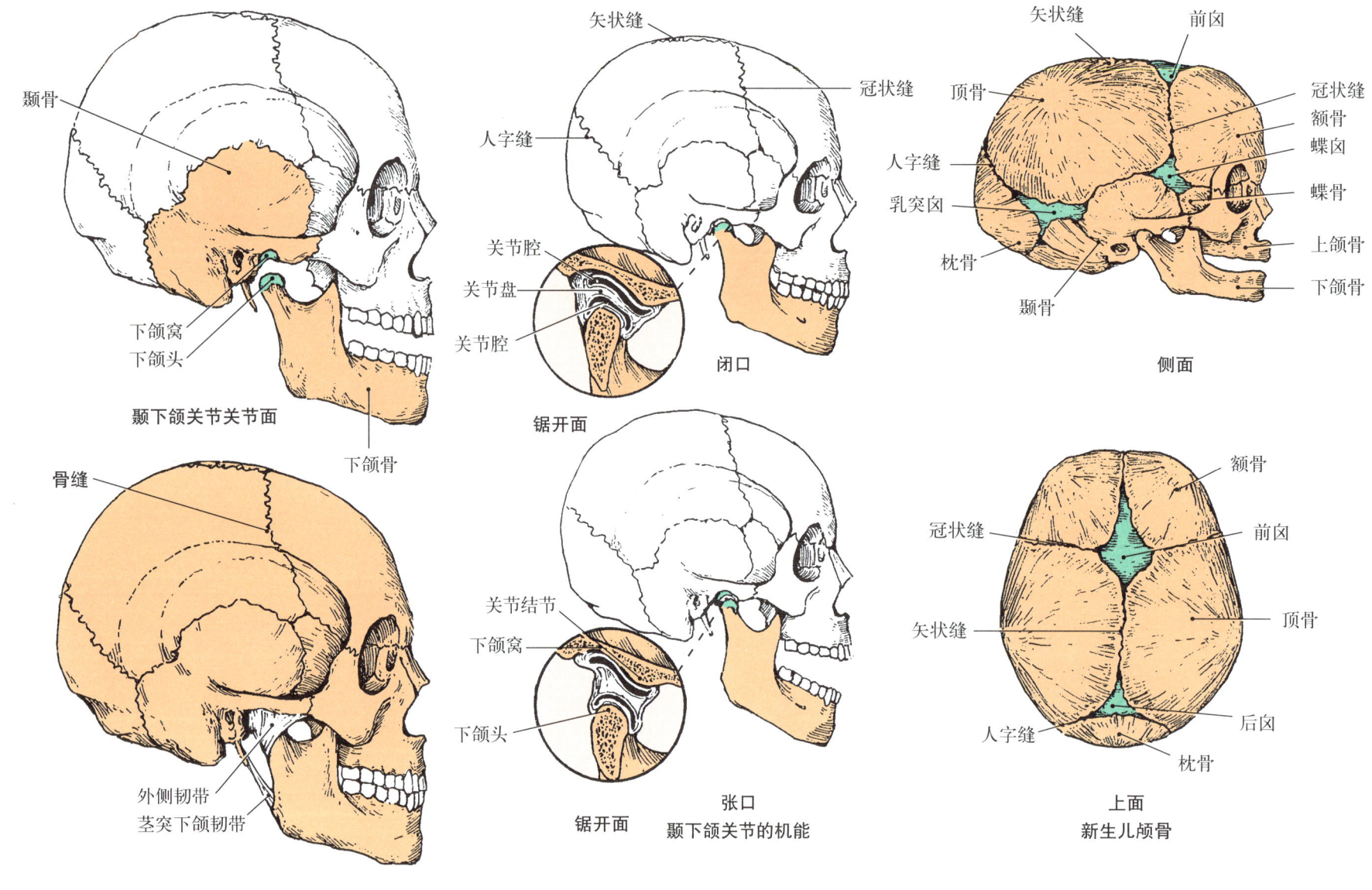

颅骨的连结

成人颅骨间借结缔组织紧密相连，称为缝。新生儿颅骨间间隙为结缔组织膜填充，称为囟（fontanel）。

颞下颌关节（temporomandibular joint）

关节头由下颌骨的下颌头，关节窝由颞骨的下颌窝构成。关节腔内有关节盘装置，属球窝关节。左右两则组成联合关节，可使下颌骨做上下、前后和左右运动。

颅骨的连结

第三章 骨骼肌

人体的肌肉主要存在于躯干和四肢，一般附着于骨，故称骨骼肌。骨骼肌在人体上大多呈对称分布，形态和大小各异，多达400~600块，在分析动作中常用约有75对。有一些肌肉用于控制面部表情、吞咽和发音等运动。

成人的骨骼肌，男性约为体重的40%，女性约为35%，经系统体育训练的人达50%左右，竞技健身训练有素者可达60%，甚至更高。四肢肌占全身骨骼肌总重量的80%，其中下肢肌约占50%，上肢肌约占30%。

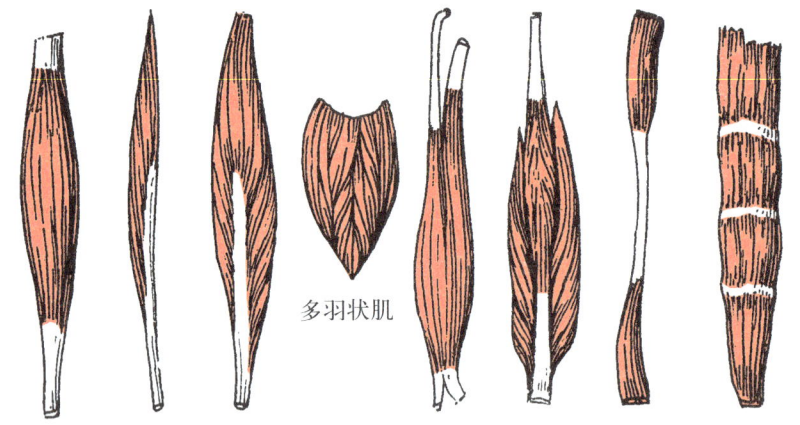

梭形肌　半羽状肌　羽状肌　多羽状肌　二头肌　四头肌　二腹肌　多腹肌

长肌

长肌根据肌束与肌肉长轴的排列关系分为梭形肌、半羽状肌、羽状肌和多羽状肌；
长肌按在起端处有两个以上的头分为二头肌、三头肌和四头肌；
长肌又可按两个或多个肌腹中间借肌腱相连，称二腹肌或多腹肌。

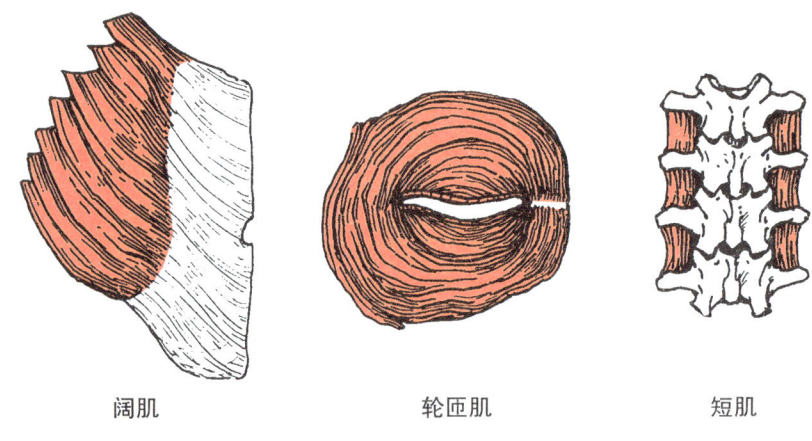

阔肌　轮匝肌　短肌

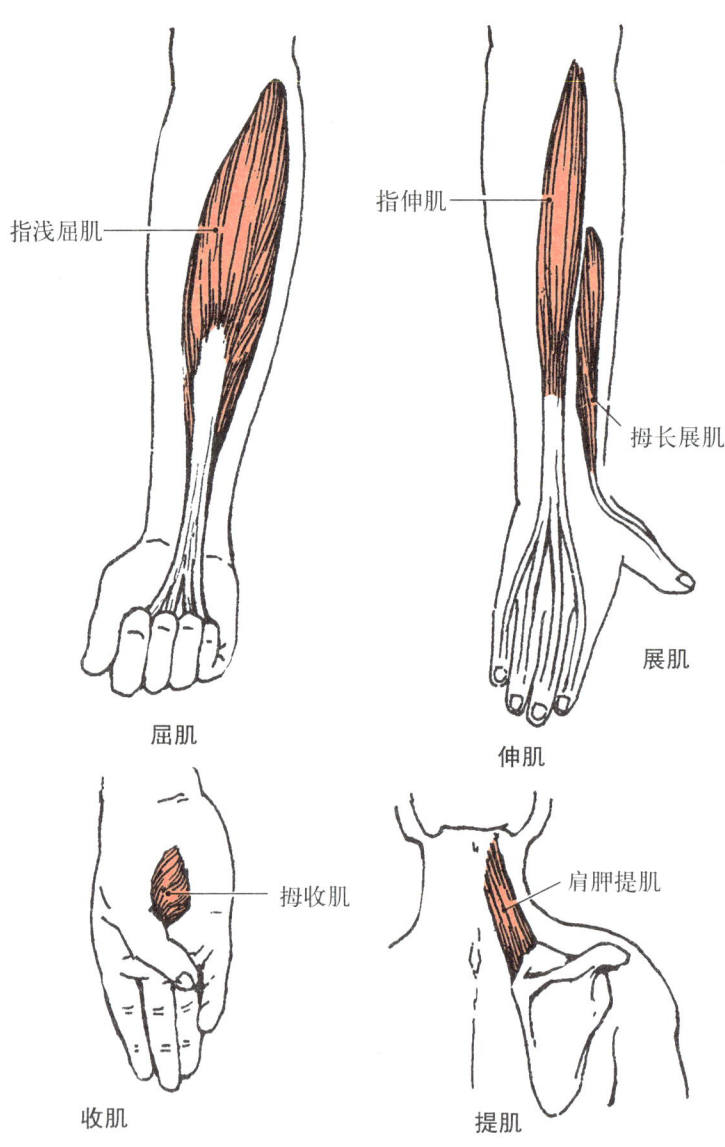

指浅屈肌　指伸肌　拇长展肌　屈肌　伸肌　拇收肌　肩胛提肌　收肌　提肌

骨骼肌按形状分类有：
　　长肌(long muscle)主要分布于四肢。
　　阔肌(plane or broad muscle)扁而薄，分布于胸腹壁和背部浅层。
　　轮匝肌(orbicular muscle)呈环形，多位于身体裂孔(如口、鼻、眼)周围。
　　短肌(short muscle)多分布于躯干深部的椎骨之间。

骨骼肌按机能的分类有：
　　屈肌(flexor)、伸肌(extensor)、收肌(adductor)、展肌(abductor)、旋内(旋前)肌(pronator)、旋外(旋后)肌(supinator)等。
　　此外还有提肌(levator)、降肌(depressor)、括约肌(sphincter)、开大肌(dilator)等。

骨骼肌概况　骨骼肌的形状

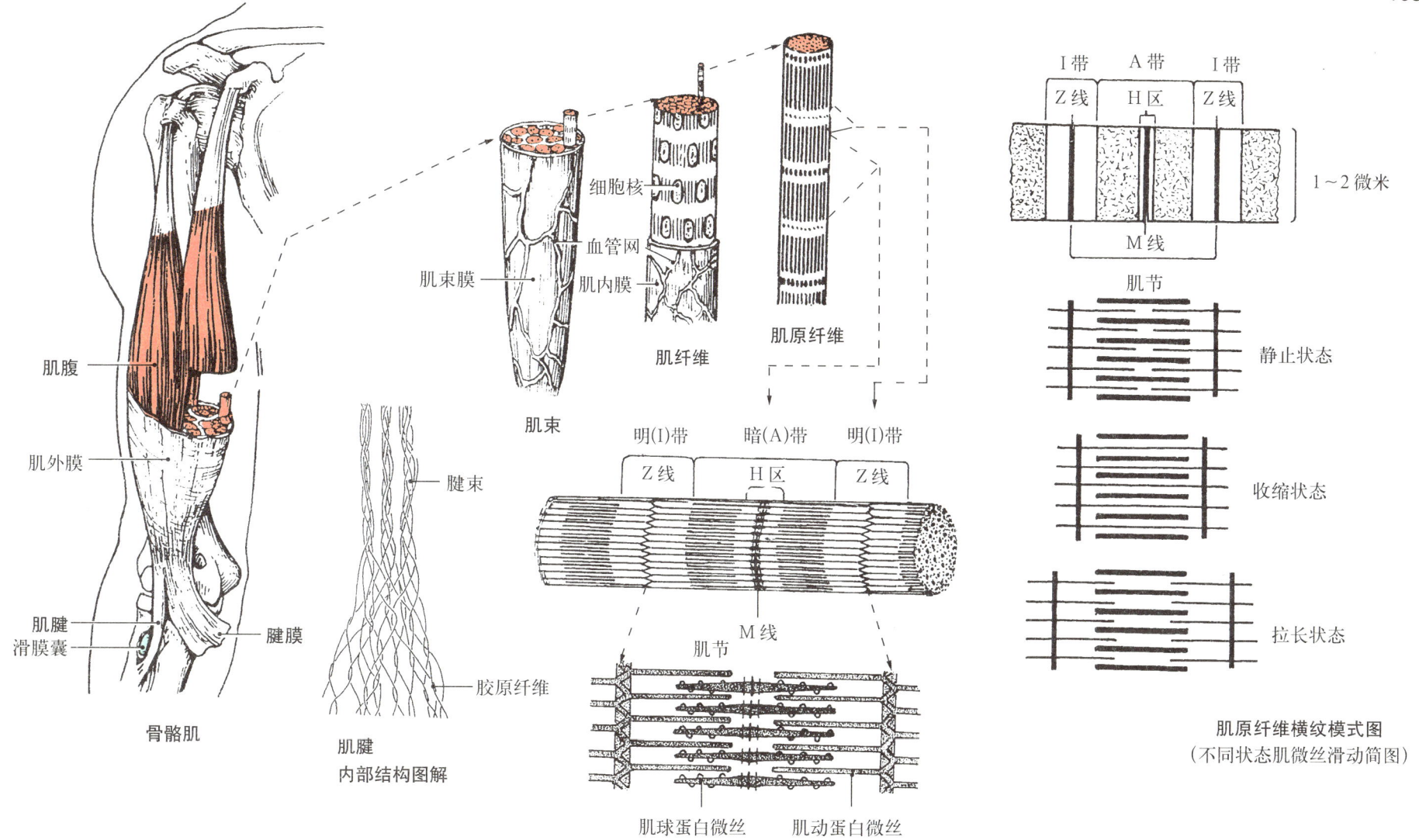

骨骼肌（skeletal muscle 一般称肌肉）的大体构造与微细构造

每块肌肉都是一个器官，除肌组织外，还有结缔组织和血管、神经等分布。骨骼肌由中间部分的肌腹 [venter(muscle belly)] 和端部的肌腱 [(tendon) 附着于骨面上] 两个部分构成。肌腱主要是由胶原纤维束构成。四肢上骨骼肌的肌腱多呈扁带状，躯干上多呈薄片状，称腱膜(aponeurosis)。肌腹由肌纤维(myofiber, muscle fiber 又称肌细胞)组成，若干肌纤维集合成为肌束(muscle bundle)，许多肌束合并成整块肌肉。肌纤维、肌束和整块肌肉的表面都有肌内膜（endomysium）、肌束膜和肌外膜(epimysium)包裹。骨骼肌纤维呈长圆柱形，一条肌纤维内含有大量与之平行排列的细丝状的肌原纤维(myofibril)，肌原纤维上有明暗相间的横纹，并分为若干个肌节(myomere)(肌节是骨骼肌纤维收缩的结构和功能单位)。每条肌原纤维由粗微丝(肌球蛋白微丝)和细微丝(肌动蛋白微丝)组成。

骨骼肌的构造

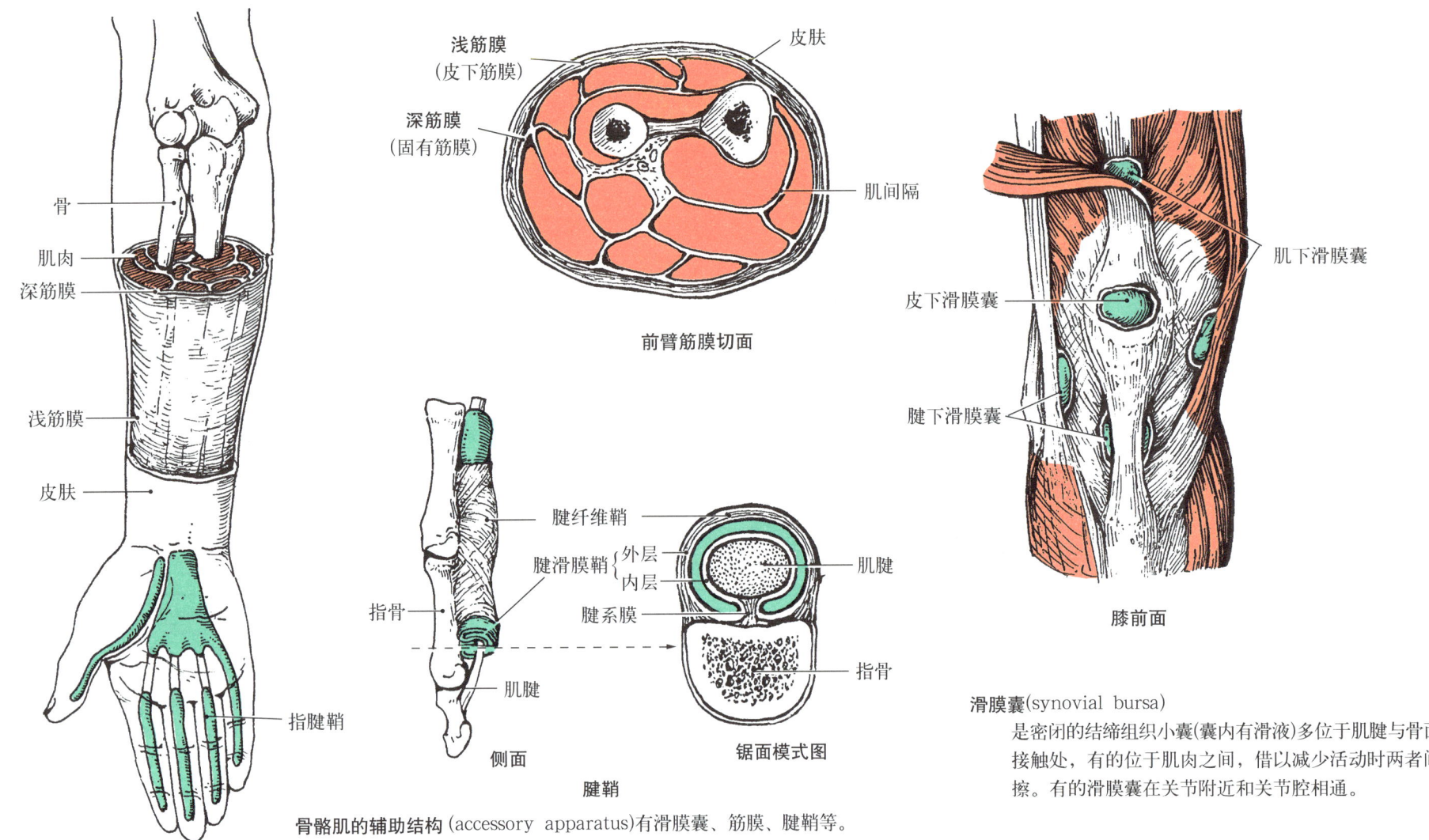

前臂前面 / 前臂筋膜切面 / 腱鞘（侧面、锯面模式图）/ 膝前面

骨骼肌的辅助结构(accessory apparatus)有滑膜囊、筋膜、腱鞘等。

筋膜(fascia)

筋膜区分为浅筋膜（皮下筋膜）与深筋膜（固有筋膜）两种。**浅筋膜**位于皮肤的深面，是含有脂肪成分的一层疏松结缔组织。对位于它深部的肌肉、血管、神经起保护作用，手掌、足底浅筋膜发达，对外力能起缓冲作用。**深筋膜**位于浅筋膜深层，由致密结缔组织构成，遍布全身。深筋膜包被肌肉的周围形成筋膜鞘，还插入肌群之间，并附着于骨，构成肌间隔（intermuscular septum），对肌肉起约束、保护和保证各块肌肉和肌群单独活动，免受相互摩擦的作用。某些部位深筋膜显著增厚形成韧带。

腱鞘(tendinous sheath)

是套在长肌腱表面的鞘管，存在于活动性较大的腕、踝、手指和足趾肌腱的周围。腱鞘区分为外层的腱纤维鞘和内层的腱滑膜鞘（包在肌腱的表面），形成双层圆筒形，两层之间含少量滑液。腱鞘对肌腱起约束和保护作用并能使肌腱在这个鞘内自由滑动，减少活动时与骨面的摩擦。

滑膜囊(synovial bursa)

是密闭的结缔组织小囊（囊内有滑液）多位于肌腱与骨面相接触处，有的位于肌肉之间，借以减少活动时两者间摩擦。有的滑膜囊在关节附近和关节腔相通。

骨骼肌的辅助结构

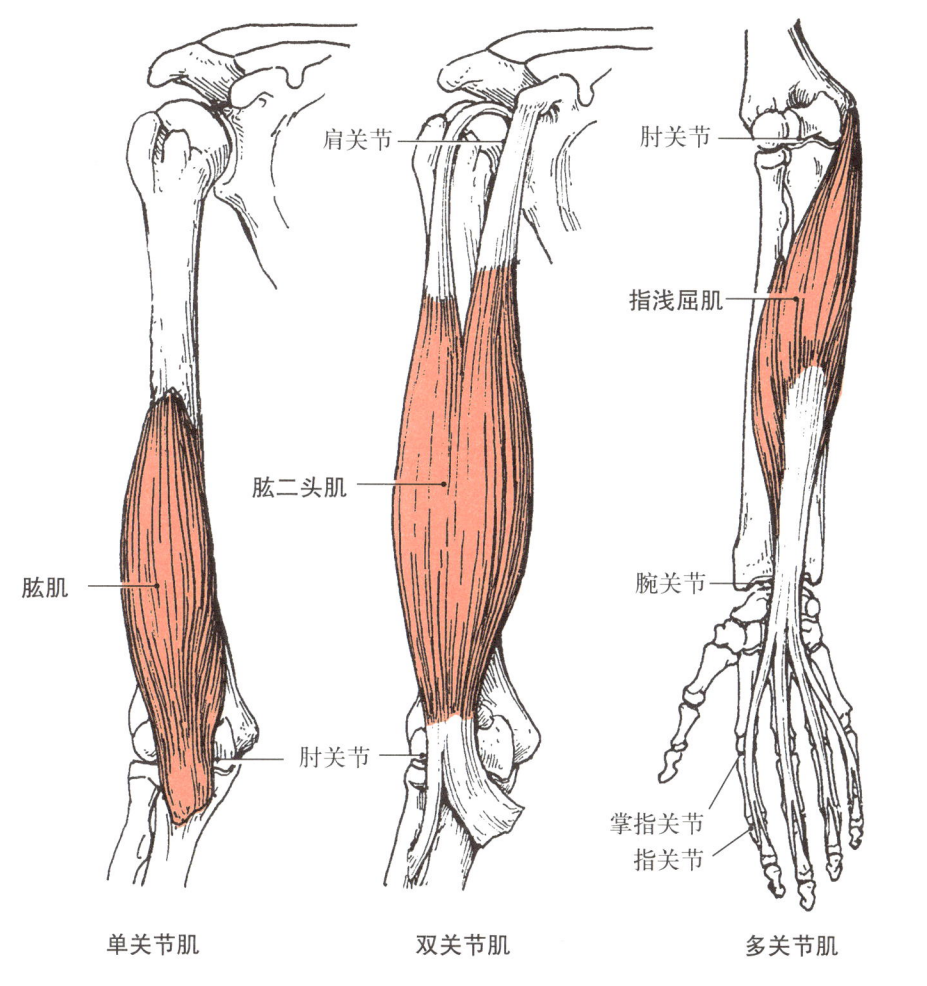
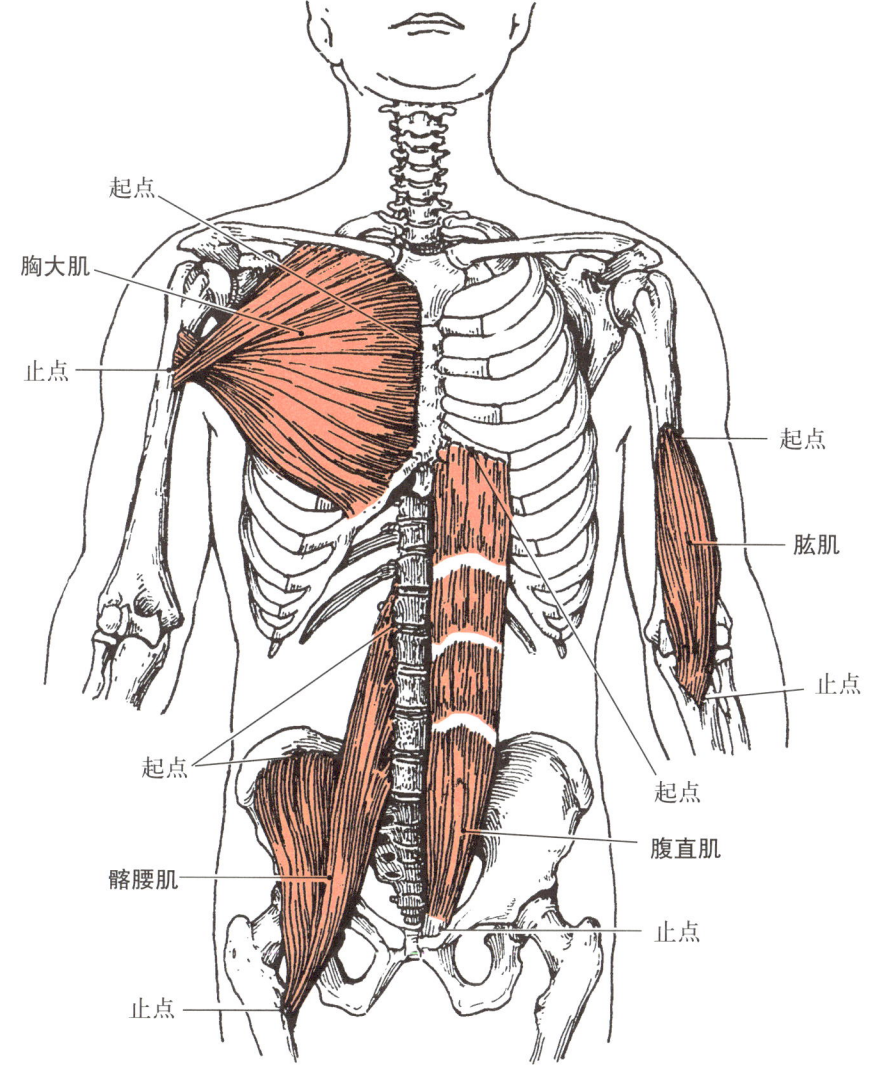

骨骼肌的附着情况

骨骼肌的两端通常分别附着在两块或两块以上的骨面上。跨越一个关节的肌肉称单关节肌(uni-articular muscle),跨越两个关节的肌肉称双关节肌(bi-articular or two joint muscle),跨越两个关节以上的肌肉称多关节肌(poly-articular muscle,multi-articular muscle)。肌肉收缩时,可牵引所附着的骨骼运动。

骨骼肌的起止点 (origin and insertion)

骨骼肌两端附着处,可分别称为起点和止点(肌肉收缩时在其两端之间做直线牵引而产生关节的运动)。起点和止点:某一肌肉,凡靠近身体正中面或肢体近侧端的附着点,称为起点。同一块肌肉,凡远离身体正中面或肢体近侧端的附着点称为止点。

骨骼肌的工作术语

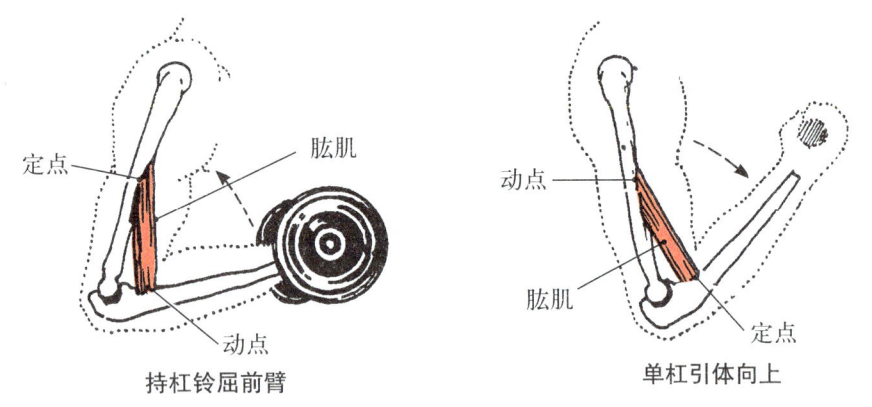

持杠铃屈前臂　　单杠引体向上

定点与动点

肌肉收缩引起骨杠杆运动，一般是一骨的位置相对固定，另一骨相对移动，某一块肌肉收缩时较固定的附着处称为定点。同一块肌肉收缩时在移动的附着处称为动点。肌肉的定点与动点不是恒定的，当工作条件改变时，两者互相交换。

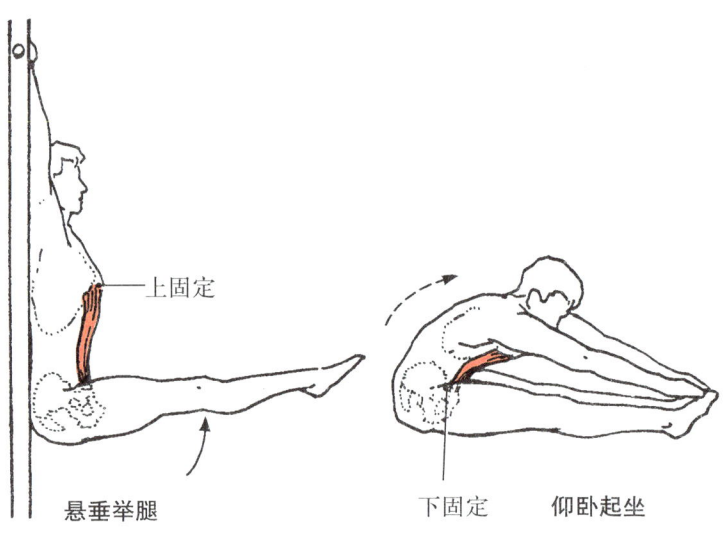

悬垂举腿　　仰卧起坐

上固定(上支撑)与下固定(下支撑)

用来分析附着在躯干上的某些肌肉的工作。例如，腹直肌上端的附着点在胸骨、肋骨上，下端的附着点在骨盆上。因此，在上固定时做悬垂举腿动作，在下固定时做仰卧起坐动作。

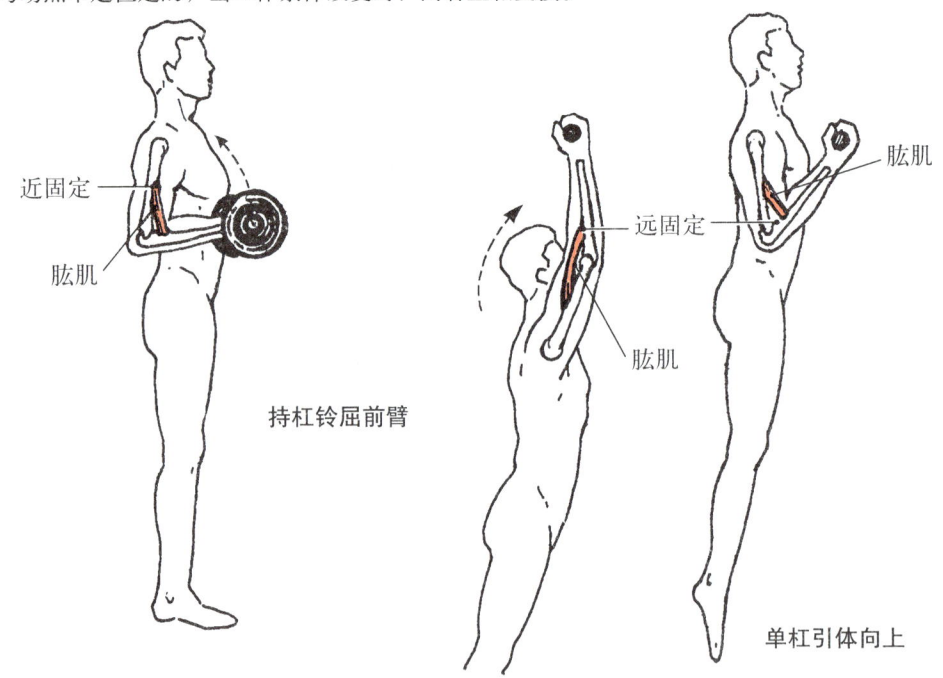

持杠铃屈前臂　　单杠引体向上

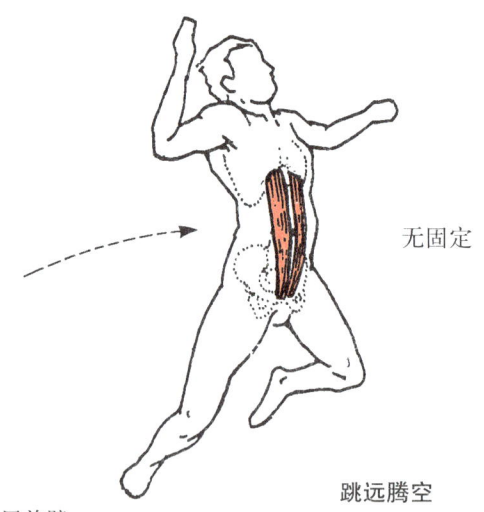

跳远腾空

无固定(无支撑)

肌肉工作时，它的两端附着点都不固定称为无固定。例如，挺身式跳远中腾空阶段，躯干与下肢的相向运动，由腹肌、腰大肌在无固定条件下完成。

近固定(近侧支撑) 肌肉收缩时以近侧端为定点称近固定。肱肌收缩可引起前臂向上臂运动，如持杠铃屈前臂。

远固定(远侧支撑) 肌肉收缩时以远侧端为定点称远固定。肱肌收缩可引起上臂向前臂运动，如单杠引体向上。

骨骼肌的工作术语

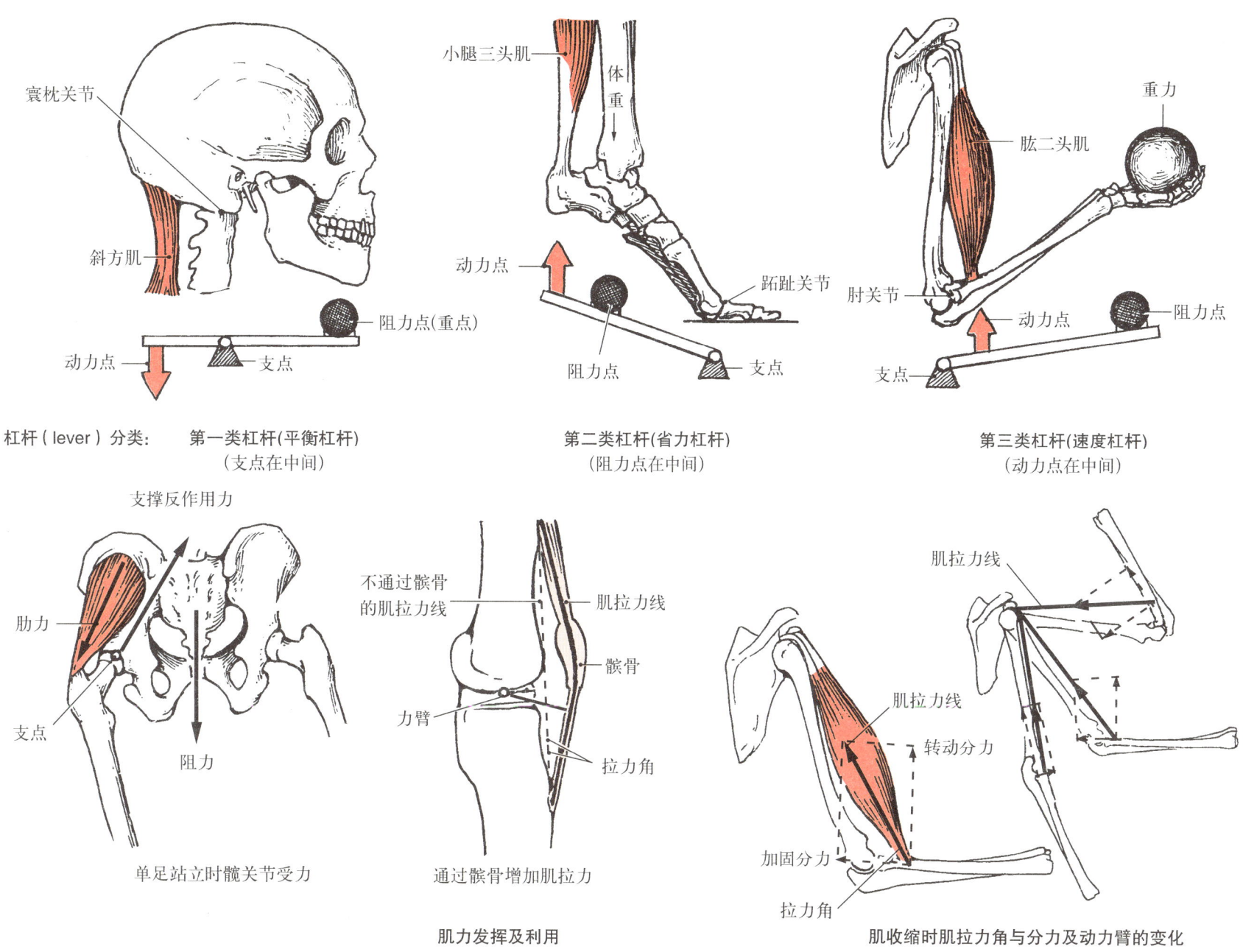

骨骼肌工作的杠杆原理

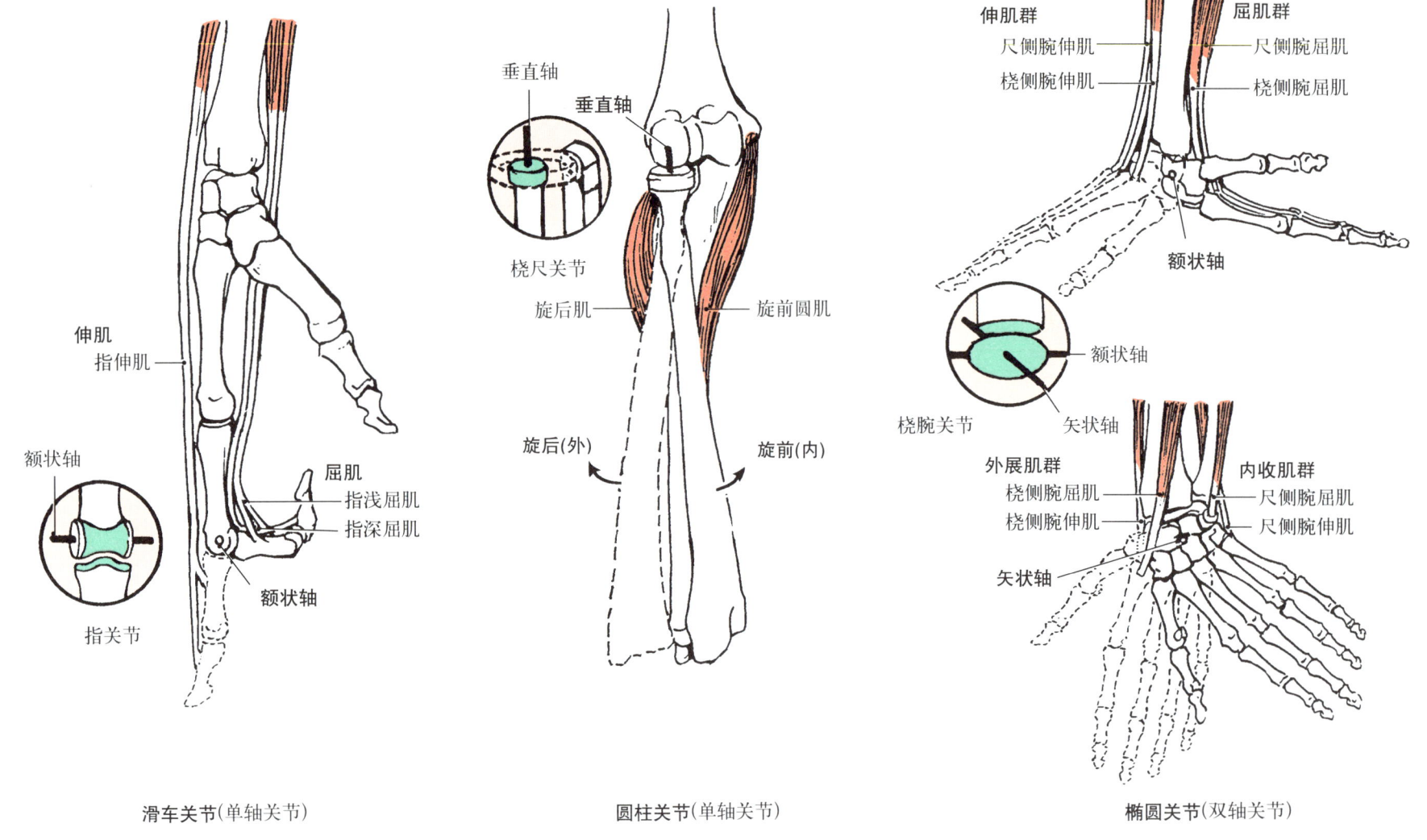

滑车关节（单轴关节）

如指关节，在关节额状轴的前面配布有屈肌，后面配布有伸肌。

圆柱关节（单轴关节）

如桡尺关节，配布有绕关节垂直轴作用的旋内肌和旋外肌。

椭圆关节（双轴关节）

如桡腕关节，在关节额状轴前面配布有屈肌群，后面有伸肌群；在关节矢状轴的两侧有内收肌群（尺侧）和外展肌群（桡侧）。

骨骼肌的配布规律

肌肉的配布规律 肌肉大多位于关节周围，关节面的形状决定了关节运动轴的数目，也决定了肌肉配布方式。一个运动轴就会有一对作用相反的肌群配布在关节的两侧。

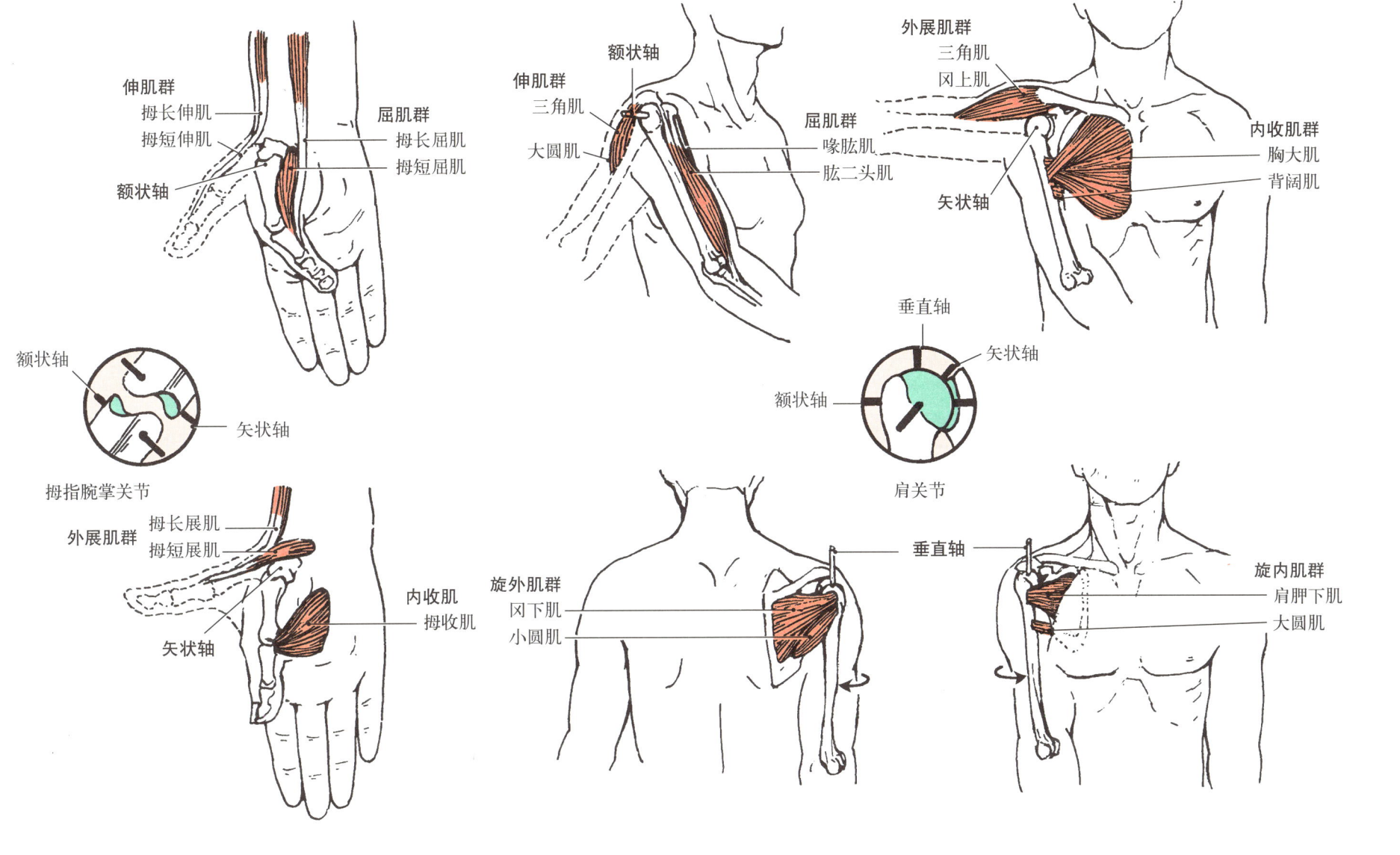

鞍状关节(双轴关节)

球窝关节(多轴关节)

如拇指腕掌关节，拇指绕关节的额状轴有屈伸运动的肌群；绕关节的矢状轴有内收和外展运动的肌群。

如肩关节，关节额状轴前后有屈肌群和伸肌群；关节矢状轴的两侧有内收肌群和外展肌群；关节垂直轴的两个旋转方向上有旋内和旋外肌群。

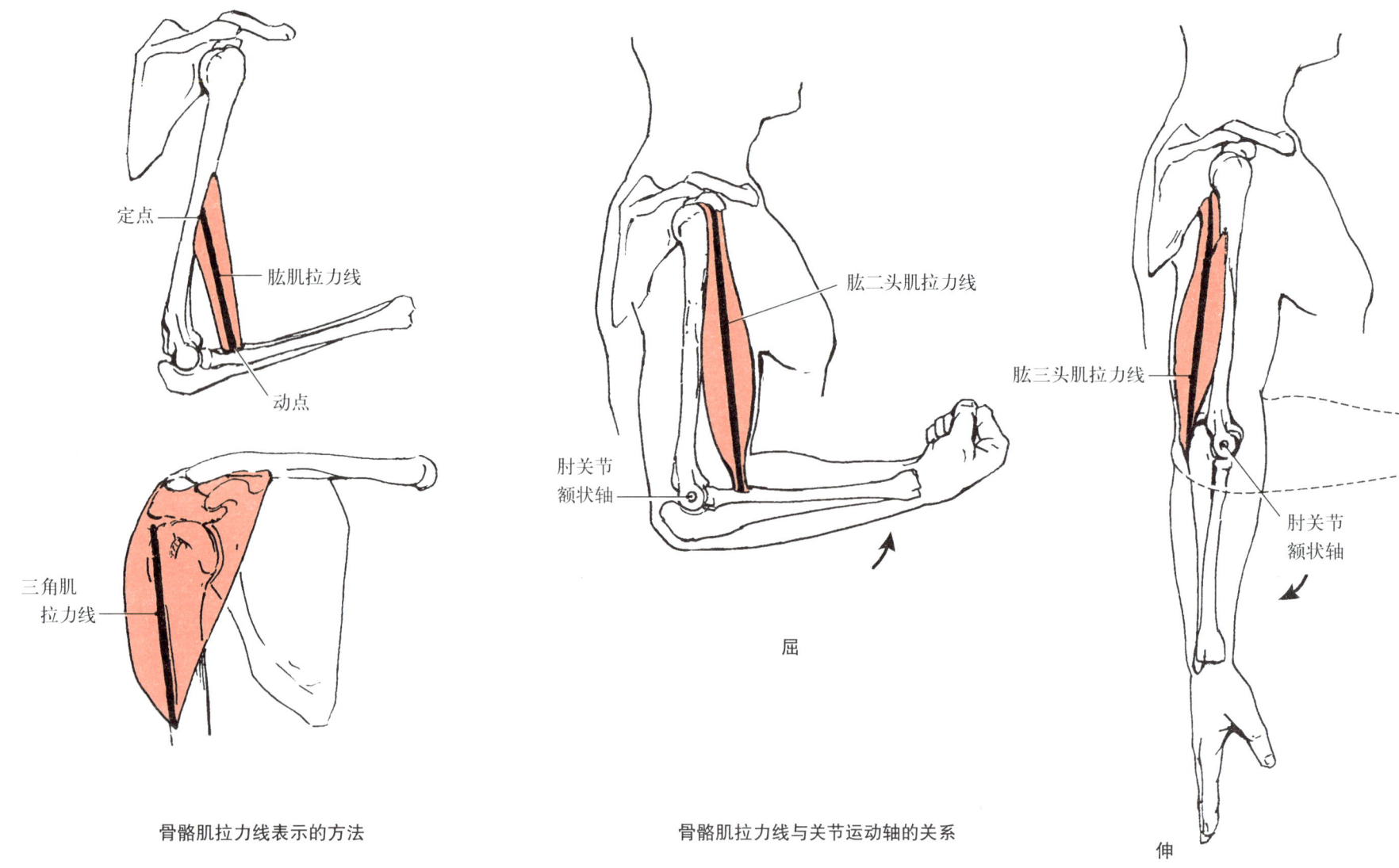

骨骼肌拉力线表示的方法

骨骼肌拉力线与关节运动轴的关系

屈

伸

骨骼肌拉力线与关节运动轴的关系

骨骼肌拉力线的确定方法为：一般从肌肉的动点中心到定点中心作一直线来表示(如肱肌)。

但有如像三角肌这一类肌肉，分布面积较广，肌束明显在肩关节处绕过骨突阻碍，它的拉力线则由动点到达肩峰转弯处中心的联线来确定。

骨骼肌拉力线是从一个关节额状轴的前方通过的，就使这个关节屈。

例如，近固定时肱二头肌使前臂在肘关节处屈。

骨骼肌拉力线从一个关节额状轴的后方通过的，就使这个关节伸。

例如，近固定时肱三头肌使前臂在肘关节处伸。

骨骼肌收缩后产生的拉力使关节向什么方向运动，是由这块肌肉的拉力线与关节运动轴的关系所决定的。

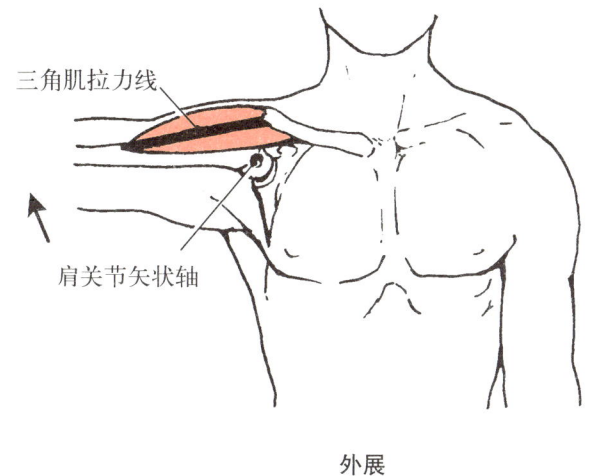

外展

骨骼肌拉力线从一个关节矢状轴外侧或上方通过的,就使这个关节外展。例如,近固定时三角肌等使上臂在肩关节处外展。

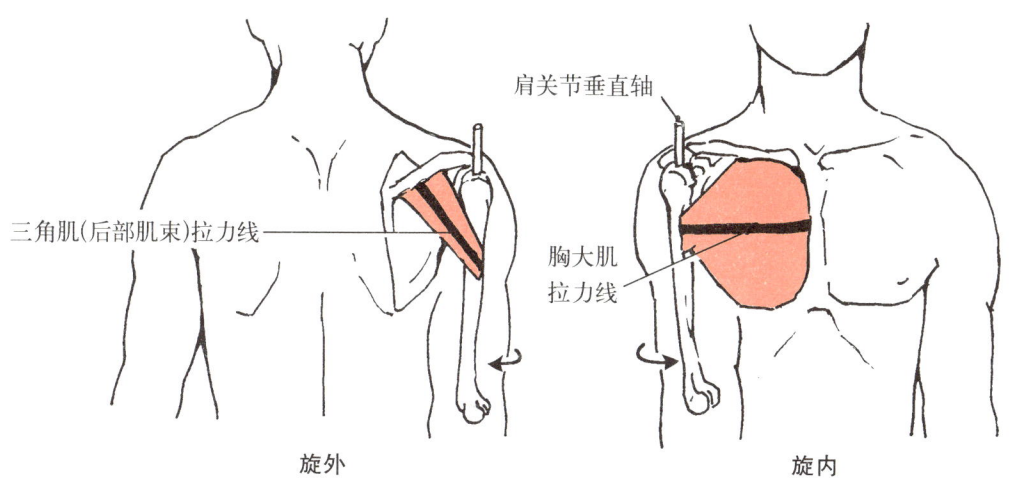

旋外　　　　　　　　　旋内

骨骼肌拉力线对一个关节右(左)侧上、下肢垂直轴的关系是顺(逆)时针方向的就使这个关节旋外。例如,近固定时右侧的三角肌(后部肌束)等使上臂在肩关节处旋外。
骨骼肌拉力线对一个关节右(左)侧上、下肢垂直轴的关系是逆(顺)时针方向的,就使这个关节旋内。例如,近固定时右侧的胸大肌等使上臂在肩关节处旋内。

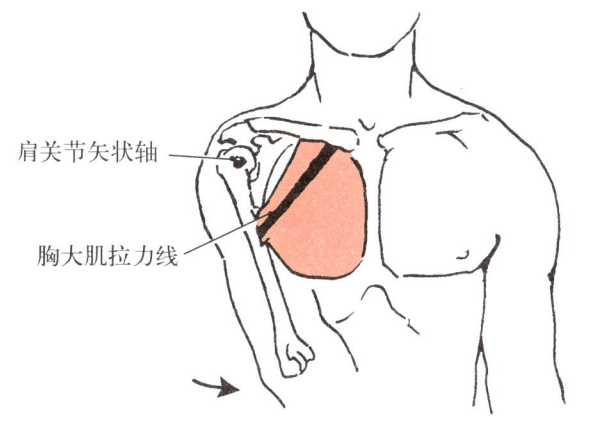

内收

骨骼肌拉力线从一个关节矢状轴内侧或下方通过的,就使这个关节内收。例如,近固定时胸大肌等使上臂在肩关节处内收。

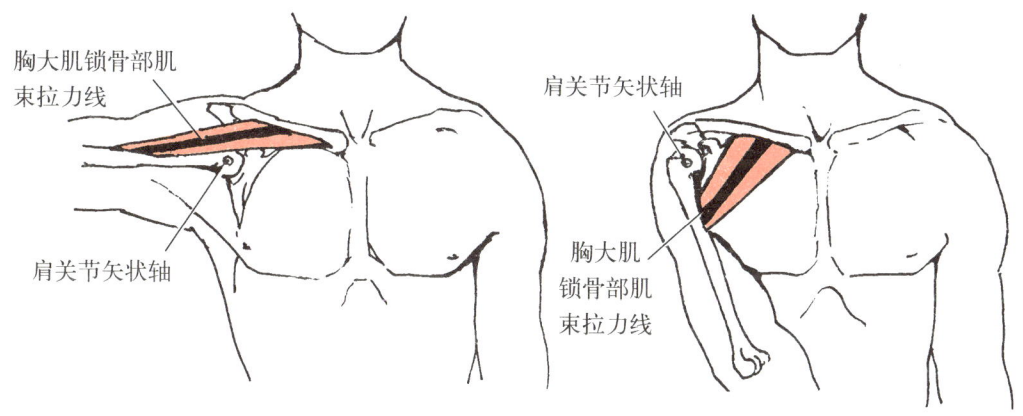

拉力线与关节轴关系的变化

配布在三轴关节周围的骨骼肌在动作过程中,骨骼肌拉力线从关节轴的一侧移动到另一侧,可使该关节的作用发生变化。
例如,胸大肌的锁骨部肌束,拉力线在肩关节矢状轴的下面,使上臂内收。若上臂外展超过侧平举位置时,骨骼肌拉力线则由肩关节矢状轴的下方移到上方,胸大肌的锁骨部肌束就有辅助上臂外展的作用。

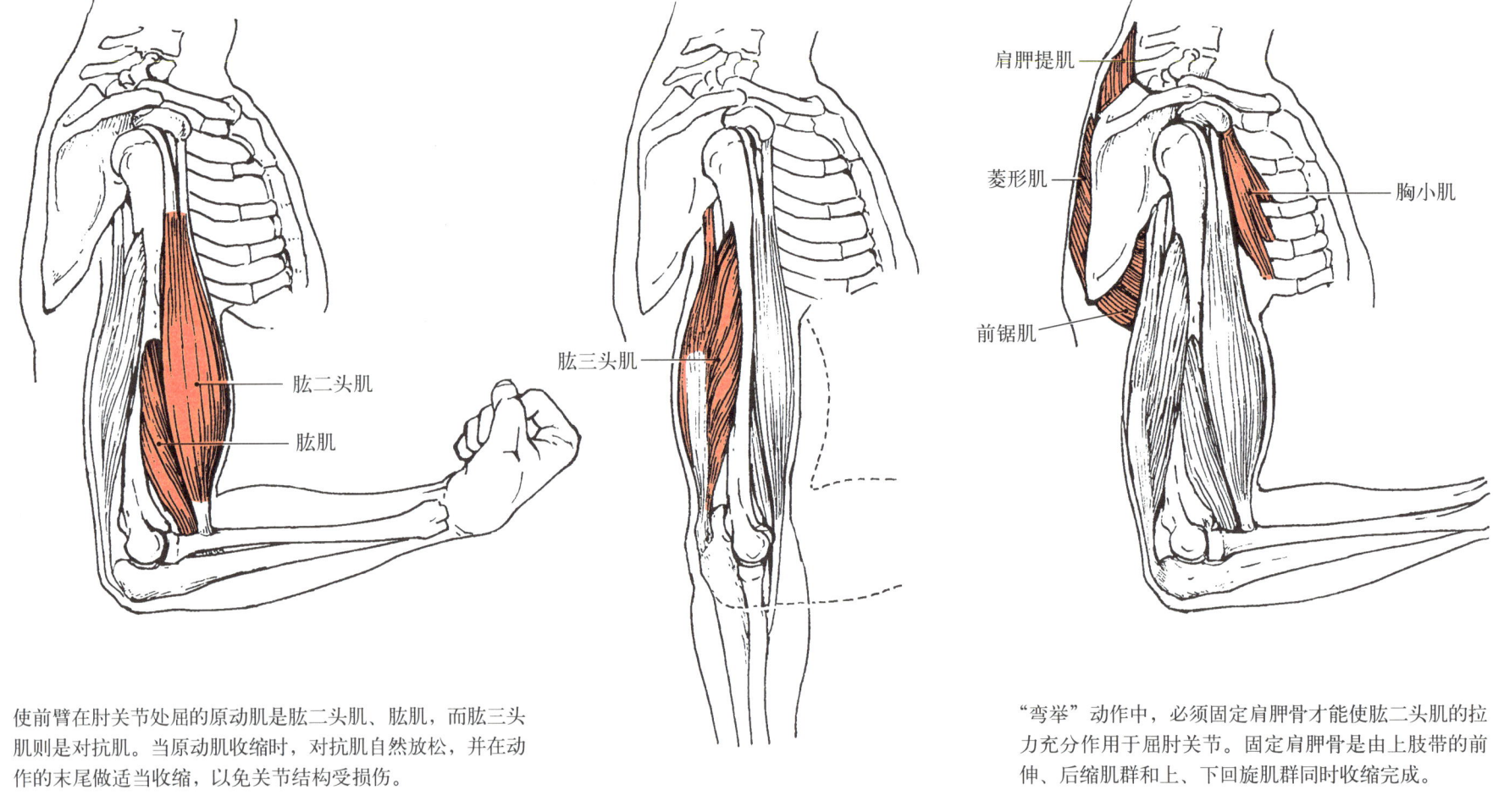

使前臂在肘关节处屈的原动肌是肱二头肌、肱肌,而肱三头肌则是对抗肌。当原动肌收缩时,对抗肌自然放松,并在动作的末尾做适当收缩,以免关节结构受损伤。

"弯举"动作中,必须固定肩胛骨才能使肱二头肌的拉力充分作用于屈肘关节。固定肩胛骨是由上肢带的前伸、后缩肌群和上、下回旋肌群同时收缩完成。

原动肌

原动肌(mover or agonist)主动收缩发力直接引起环节运动的肌群称原动肌。

对抗肌

对抗肌(antagonist)与原动肌作用相反的肌群称对抗肌。

固定肌

固定肌(fixator)起着固定原动肌定点所附着骨的肌群称固定肌。

骨骼肌的协作关系

任何一个动作,是由许多骨骼肌在神经系统的支配下共同参与相互协作完成的。按骨骼肌在动作中所起的作用不同,可分为原动肌、对抗肌和固定肌等。

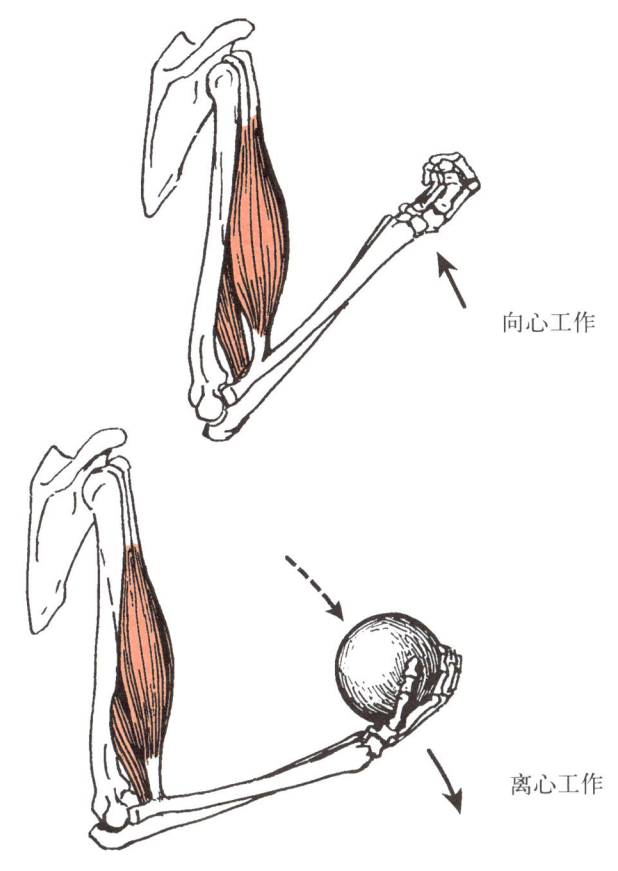

向心工作

离心工作

动力工作

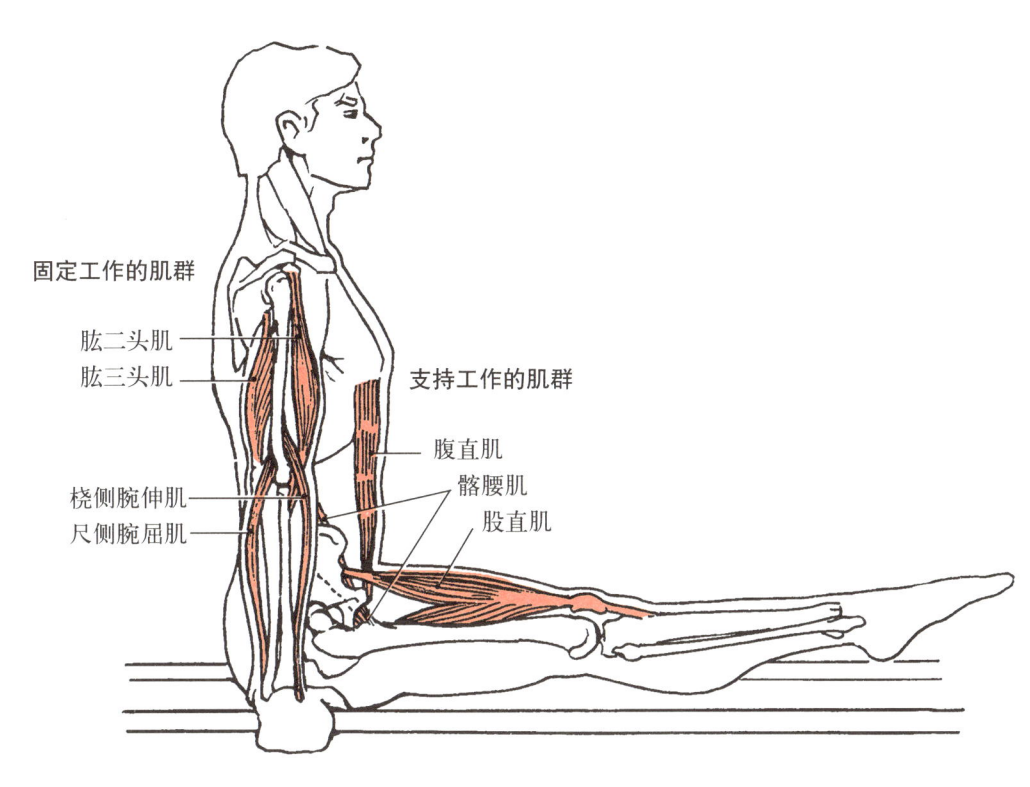

固定工作的肌群

肱二头肌
肱三头肌

支持工作的肌群

桡侧腕伸肌
尺侧腕屈肌

腹直肌
髂腰肌
股直肌

静力工作

　　动力工作为骨骼肌收缩时表现为长度缩短或伸长的工作。
它可分为向心工作和离心工作。

向心工作(又称克制工作)
　　骨骼肌收缩时,骨骼肌长度缩短克服阻力的工作称向心工作。

离心工作(又称退让工作)
　　骨骼肌收缩时,当肌力小于阻力,骨骼肌逐渐退让,处于被拉长状态,肌肉摸起来比较硬的收缩形式称离心工作。

　　静力工作为骨骼肌部分或全部收缩,但没有长度变化的工作。在某些静止用力动作和做平衡姿势中,可见到静力工作。
它又可分为固定工作和支持工作。

固定工作　互相拮抗的骨骼肌共同收缩完成支撑性紧张,骨骼肌的长度不变,其力量互相平衡或抵消,使运动环节保持在原位上不动称固定工作。

支持工作　骨骼肌保持部分紧张或全部紧张,克服重力或其他外力等阻力,使之保持某种静止姿势的骨骼肌工作称支持工作。

骨骼肌工作性质的分类　　骨骼肌工作性质分为两类:动力工作和静力工作。

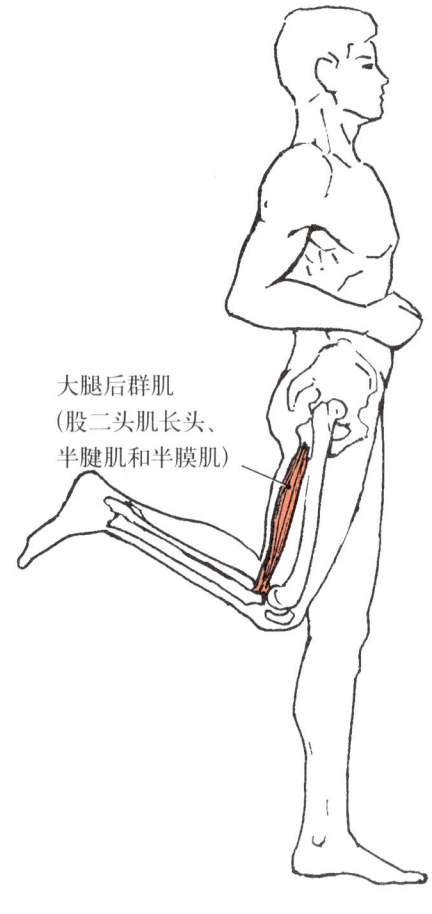

大腿后群肌
(股二头肌长头、
半腱肌和半膜肌)

人体直立姿势时，大腿在髋关节处处于后伸位时再做小腿在膝关节处屈的动作，就会感到困难和力量不足，这种现象称"力量性主动不足"。

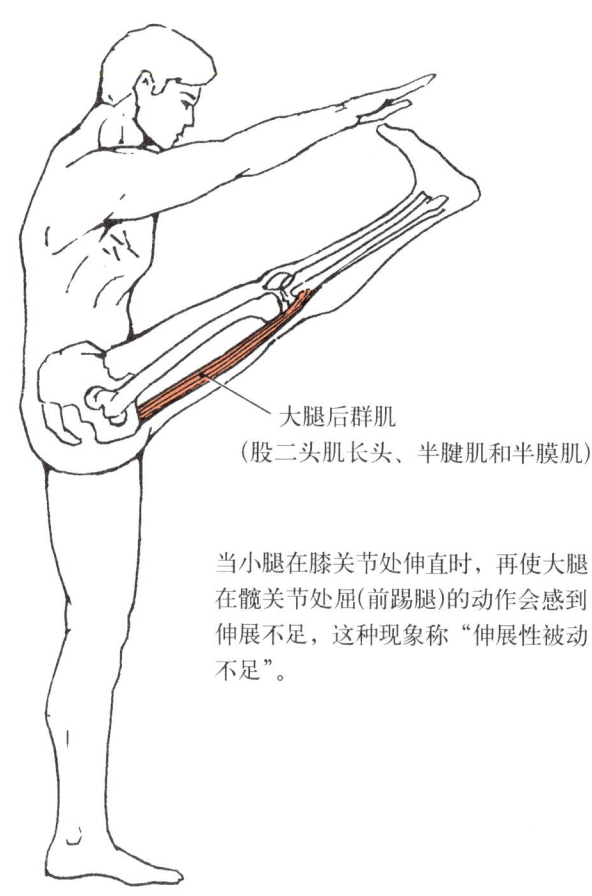

大腿后群肌
(股二头肌长头、半腱肌和半膜肌)

当小腿在膝关节处伸直时，再使大腿在髋关节处屈(前踢腿)的动作会感到伸展不足，这种现象称"伸展性被动不足"。

多关节肌"力量性主动不足"

当多关节肌收缩作用于一个关节后，对另一个(或其余)关节不能充分发挥作用，这种现象称多关节肌"力量性主动不足"(或称原动肌"力量性主动不足")。

多关节肌"伸展性被动不足"

当多关节肌已在其中一个关节被拉长伸展后，在另一个(或其余)关节就不能再充分地被拉长伸展，从而限制了关节运动的幅度，这种现象称多关节肌"伸展性被动不足"(或称对抗肌"伸展性被动不足")。

多关节肌的工作特点

多关节肌一般都比较长，它跨过两个或两个以上的关节，并能作用于多个关节，其特点表现为"力量性主动不足"和"伸展性被动不足"。

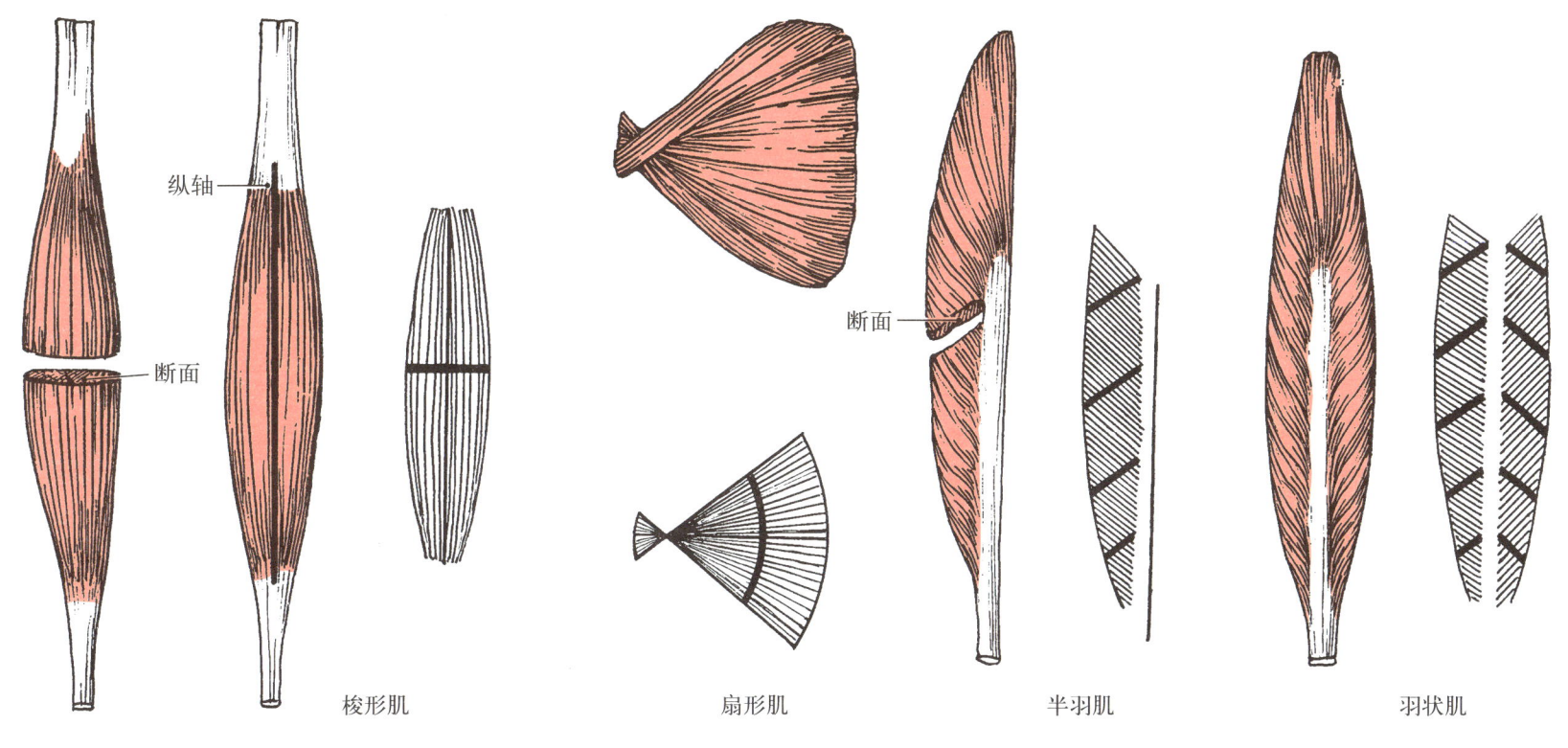

解剖横断面　　　　　　　　　　　　　　　　　　　　　　　　　　生理横断面

与整块肌肉纵轴相垂直的横断面叫解剖横断面（anatomical cross section）。横切整块肌肉所有肌纤维所得到的横断面称生理横断面（physiological cross section）。

骨骼肌绝对力量是肌肉全部肌纤维收缩的总和，骨骼肌的生理横断面越大，表示肌力也大。梭形肌的肌纤维排列与肌肉的纵轴几乎平行，因此它的解剖横断面与生理横断面几乎相等。而扇形肌和羽状肌大部分肌肉的肌纤维却与纵轴成一定角度排列，它的生理横断面大于解剖横断面。直径相等的梭形肌和羽状肌，二者解剖横断面相等，但生理横断面不相等，所以，扇形肌和羽状肌所表现的肌力大于梭形肌。

骨骼肌的横断面

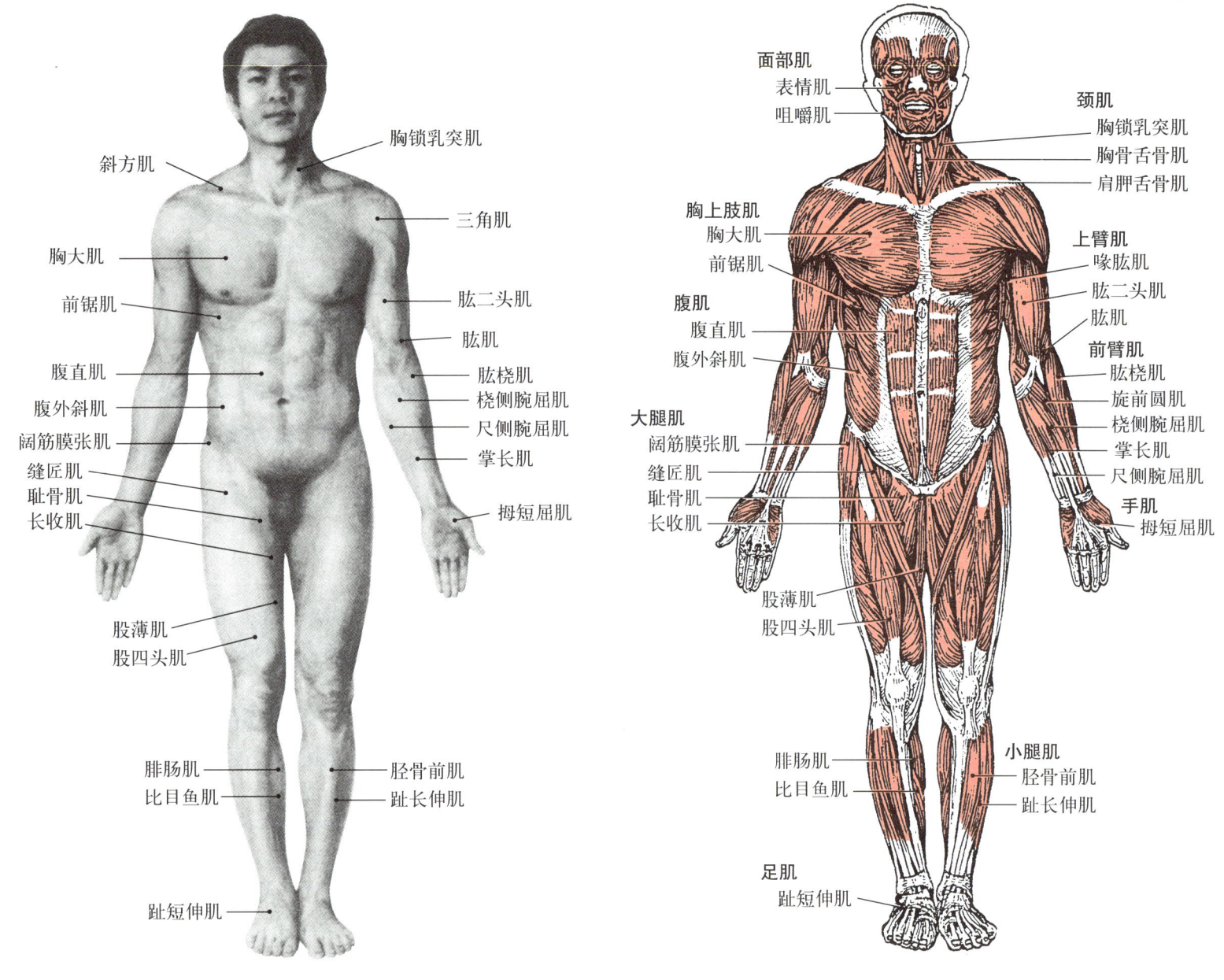

人体前面体表肌性标志　　　全身浅层肌肉(前面)

人体全身骨骼肌及其在体表的标志

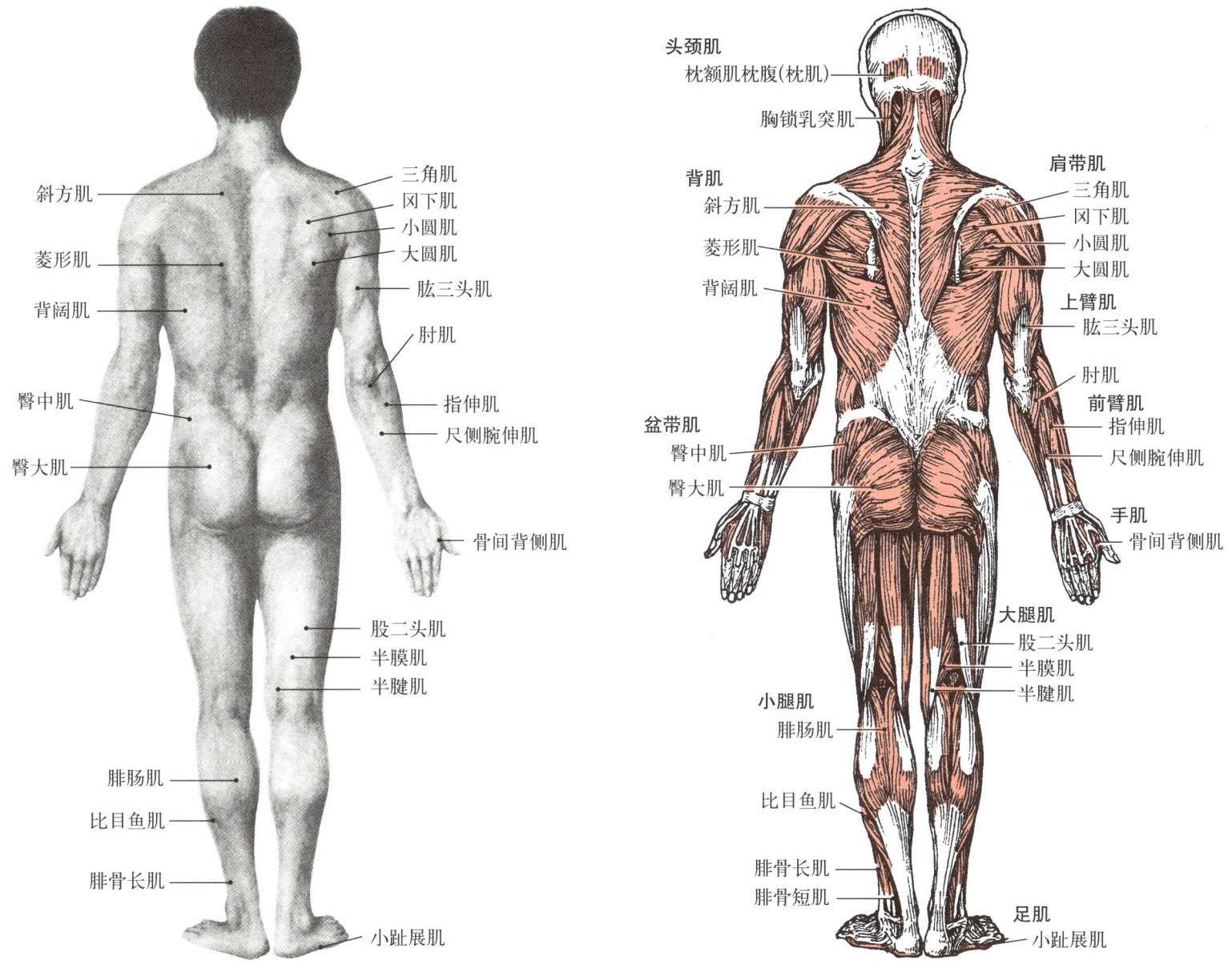

人体背面体表肌性标志　　　　　　全身浅层肌肉(背面)

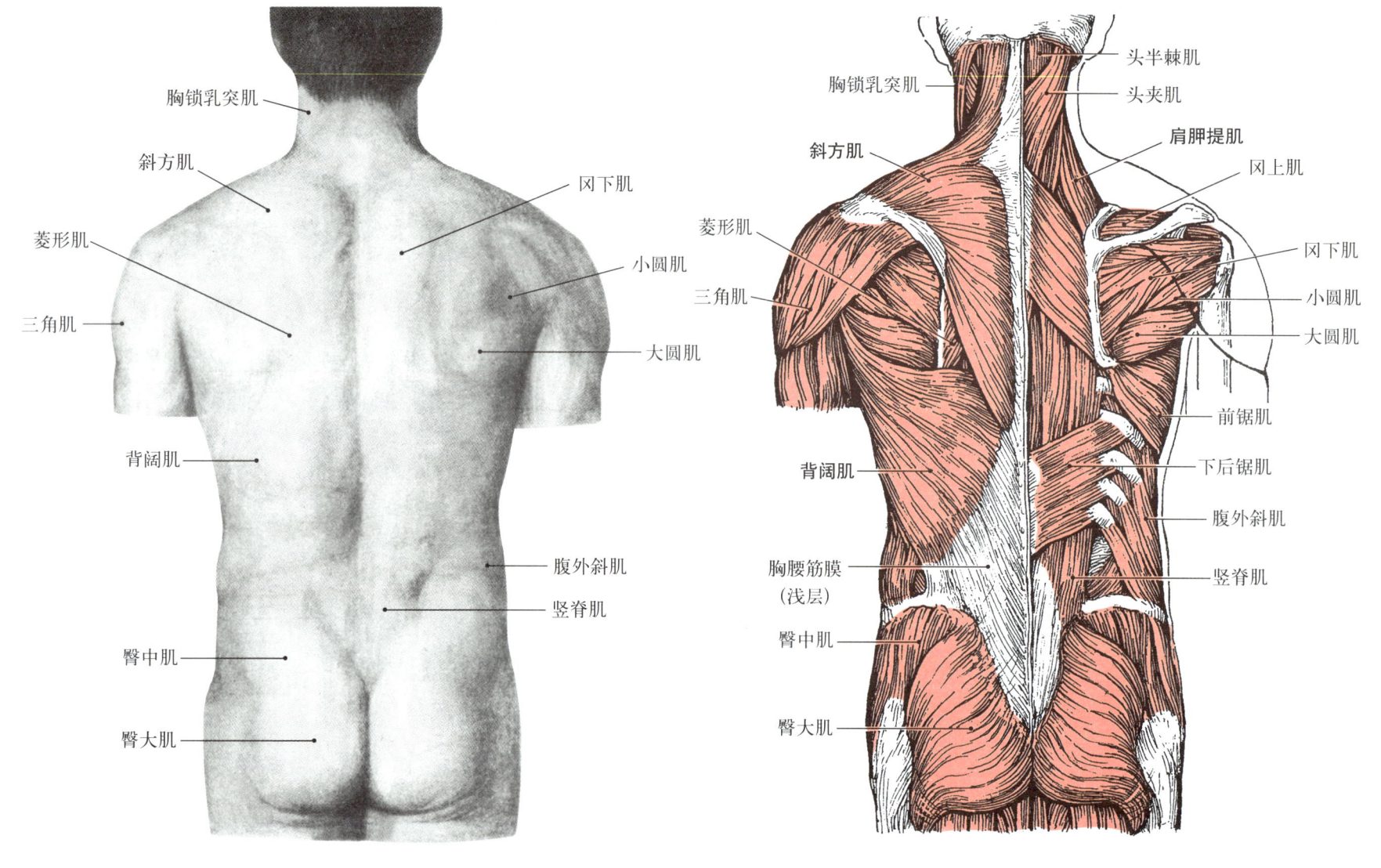

躯干肌背面体表投影

背浅层肌

躯干肌 (muscles of trunk)包括背肌、胸肌、腹肌、膈和会阴肌。

背肌 (muscles of back)分浅、中、深3层。
背浅层肌位于躯干背面浅层，包括斜方肌、背阔肌、肩胛提肌和菱形肌。

躯干肌 背肌

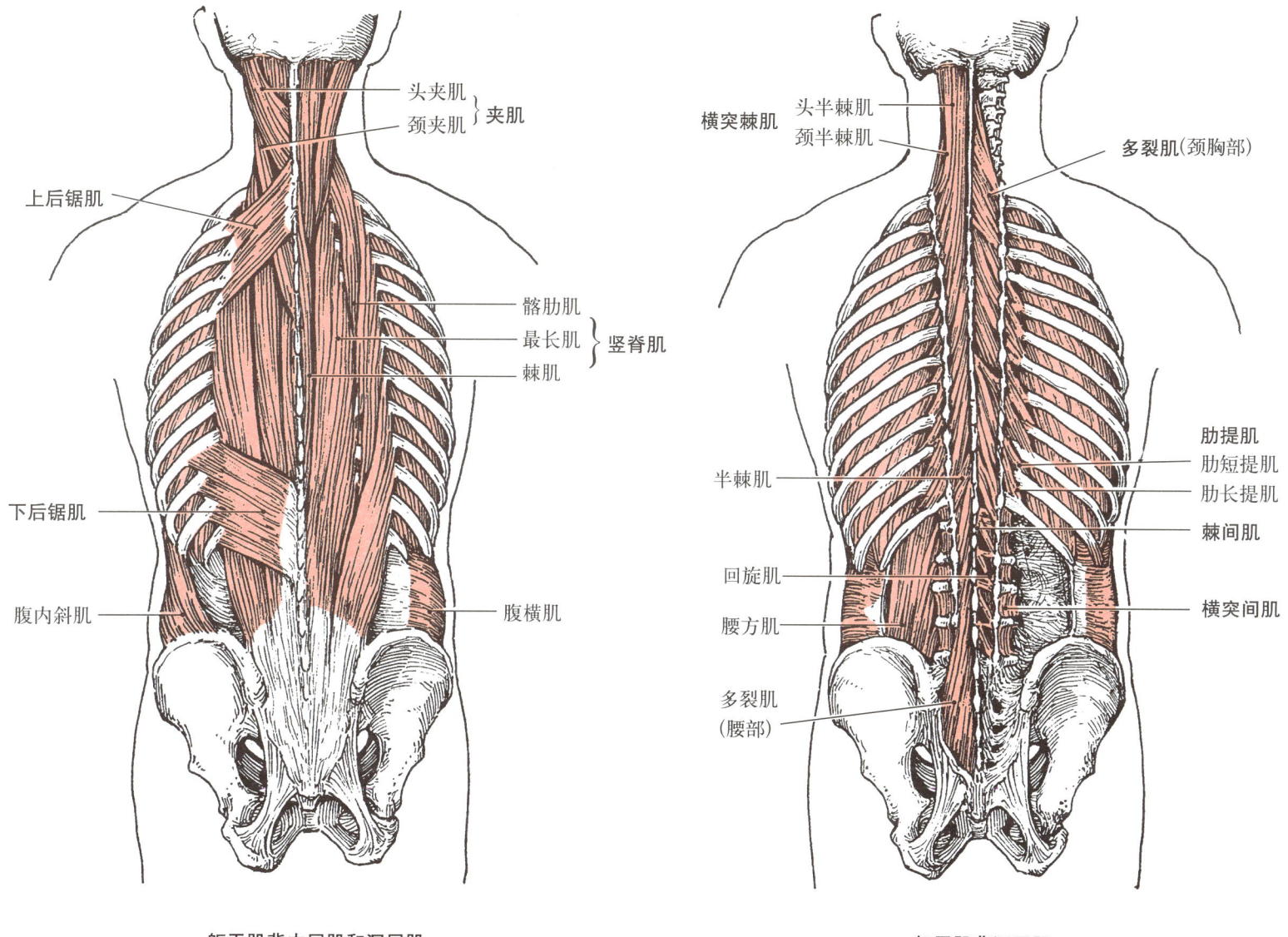

躯干肌背中层肌和深层肌　　　　　　　　　躯干肌背深层肌

背中层肌 包括肩胛提肌、菱形肌上后锯肌和下后锯肌(呼吸肌)。
背深层肌 在脊柱两侧，分背长肌和背短肌
背长肌 有夹肌(包括头夹肌和颈夹肌)、竖脊肌(自外向内包括髂肋肌、最长肌、棘肌)和横突棘肌(由浅而深包括半棘机、多裂肌和回旋肌)。
背短肌 是连接各椎骨相邻突起之间的短小肌肉，主要有棘间肌、横突间肌和肋提肌 (levator costarum) 等。

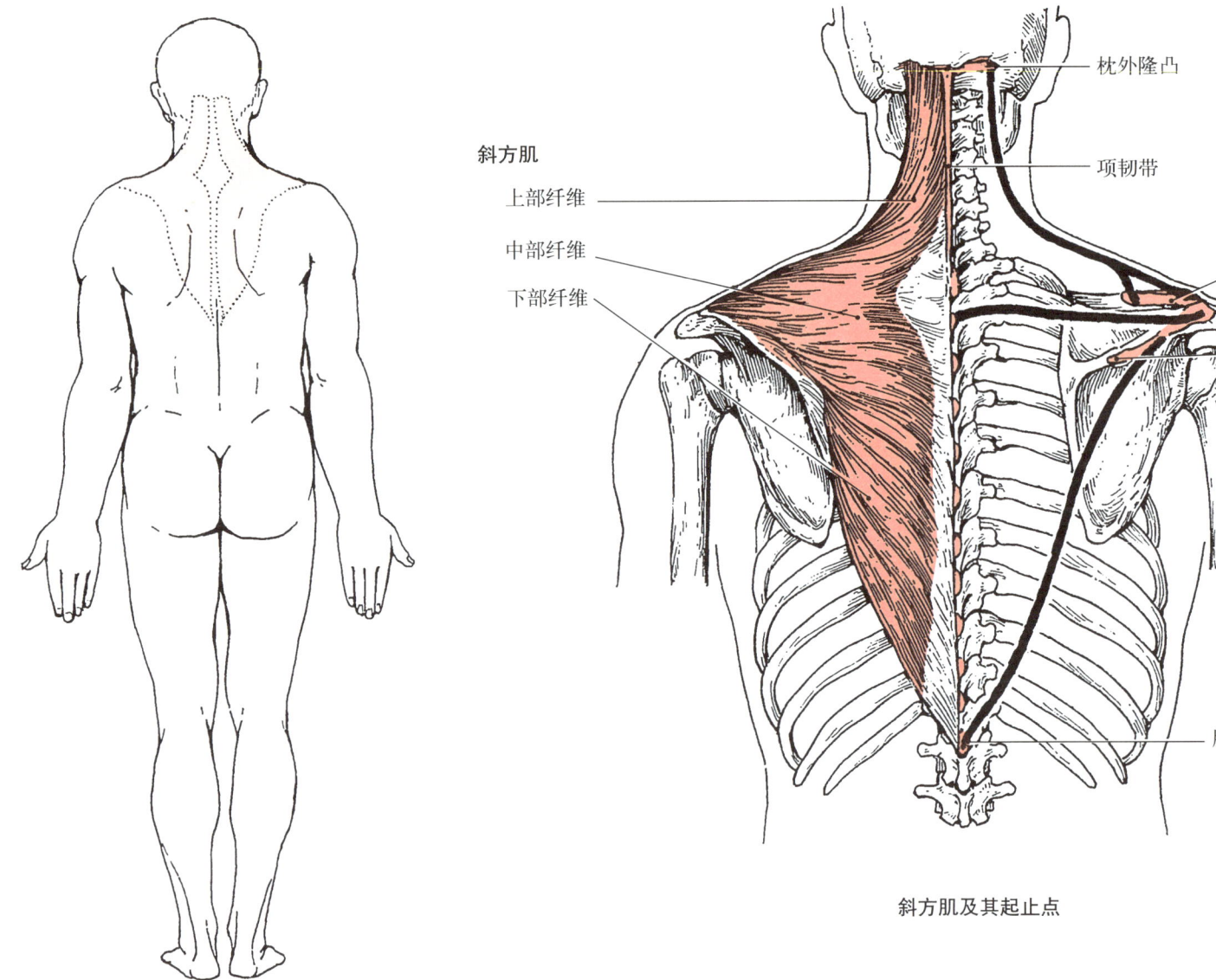

斜方肌及其起止点

背浅层肌　斜方肌　背阔肌

斜方肌（trapezius）
部位：在项部和背上部皮下，一侧成三角形，两侧相合成斜方形。
起点：上项线内1/3，枕外隆凸，项韧带，第七颈椎棘突，全部胸椎棘突及棘上韧带。
止点：上部纤维止于锁骨外侧端1/3。中部纤维止于肩峰和肩胛冈上缘外侧。下部纤维止于肩胛冈上缘。
支配神经：发自第十一对脑神经(副神经)。

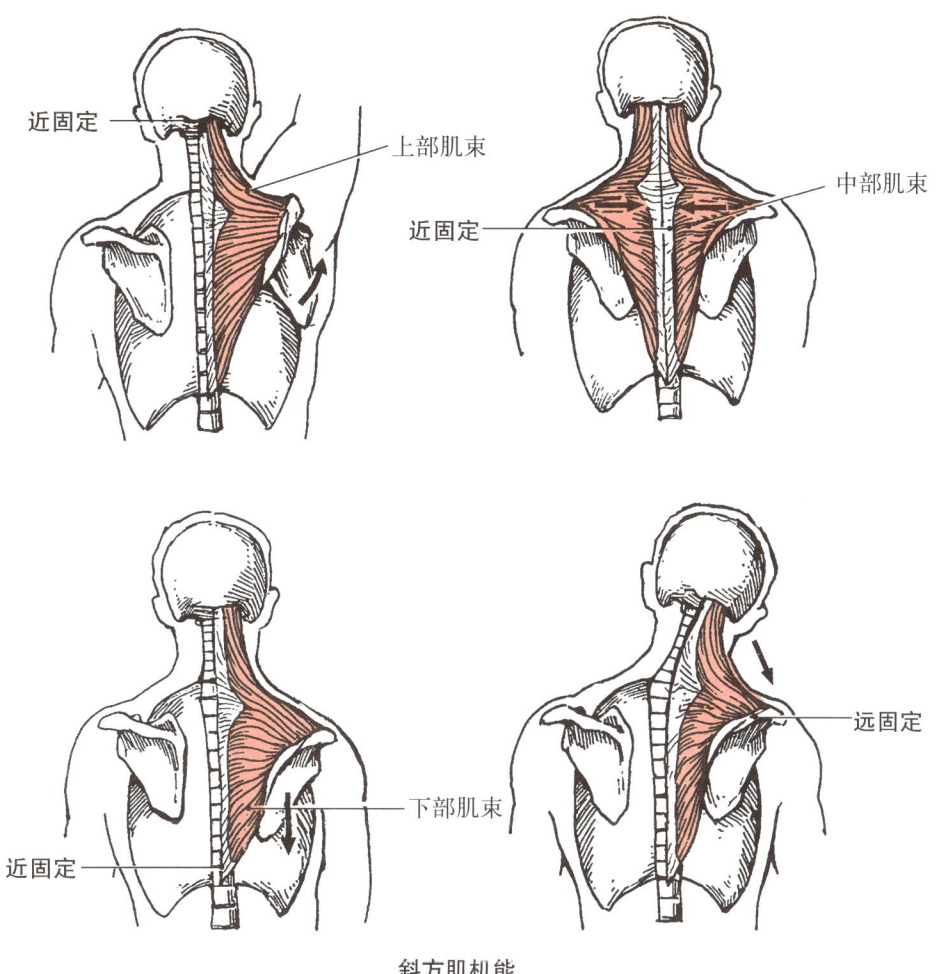

斜方肌机能

机能

近固定(脊柱固定)

上部肌束收缩，使肩胛骨上提、上回旋、后缩(靠近脊住)。

中部肌束收缩，使肩胛骨后缩。

下部肌束收缩，使肩胛骨下降、后缩、上回旋。

两则同时收缩，使肩胛骨后缩。

远固定(肩胛骨固定)

一侧上部肌束收缩，使头向同侧屈和向对侧旋转。

两侧同时收缩，使头后仰和脊柱伸直(少儿时发展该肌可预防驼背)。

此肌瘫痪时可发生塌肩。

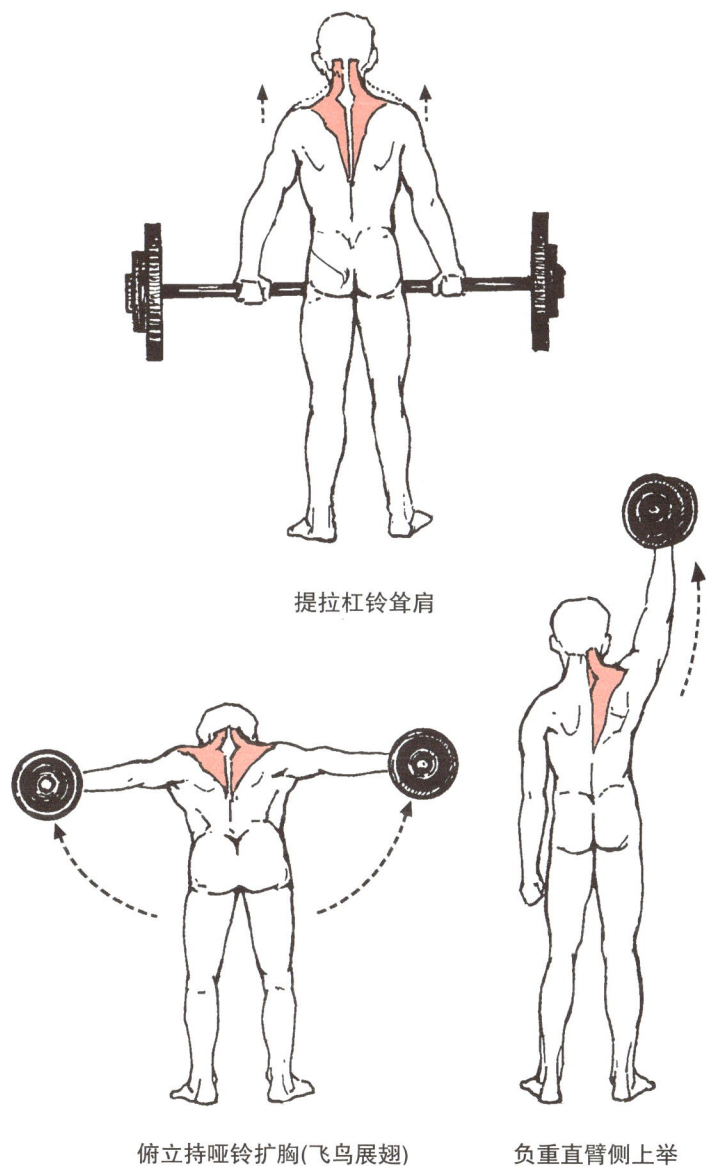

发展斜方肌肌力的辅助练习举例(一)

提拉杠铃耸肩、负重直臂侧上举和俯立持哑铃扩胸。

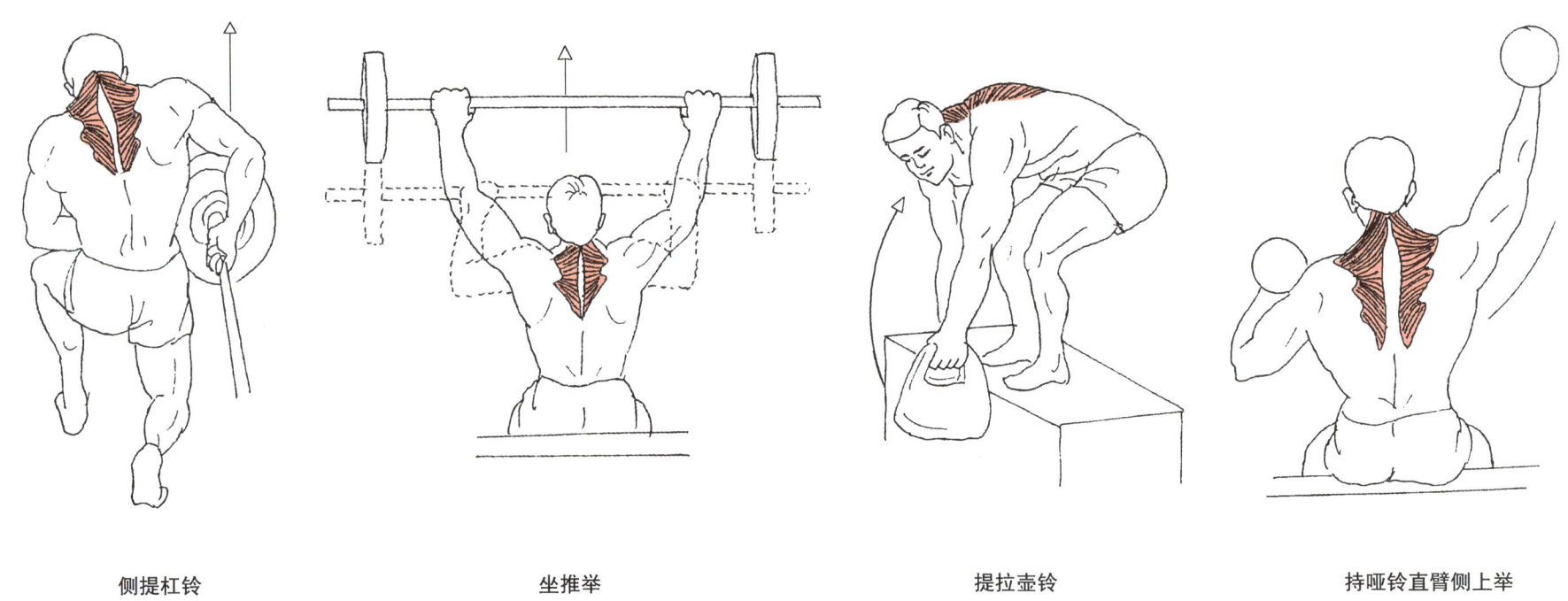

| 侧提杠铃 | 坐推举 | 提拉壶铃 | 持哑铃直臂侧上举 |

发展斜方肌肌力的辅助练习举例(二)
　　侧提杠铃、坐推举、提拉壶铃、持哑铃直臂侧上举。

斜方肌

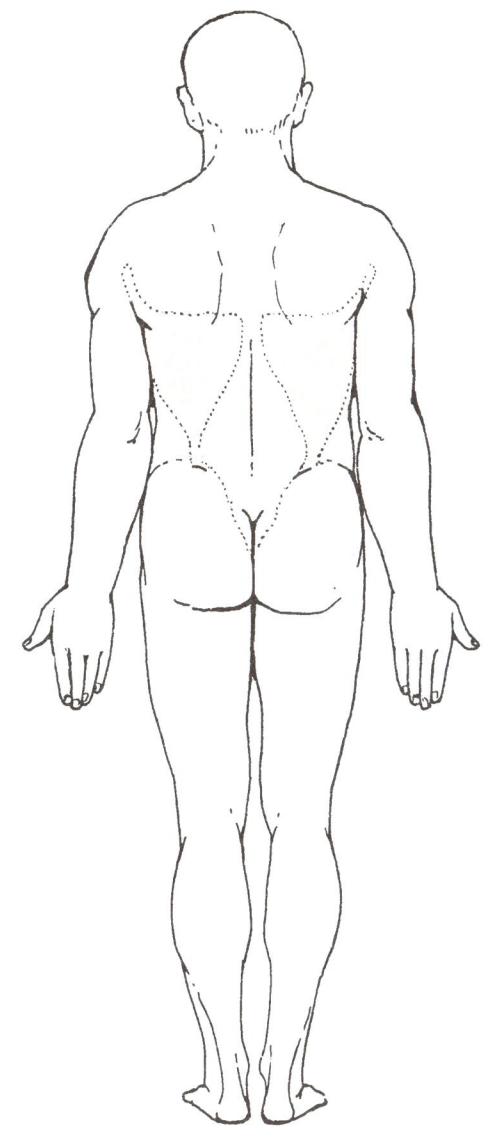
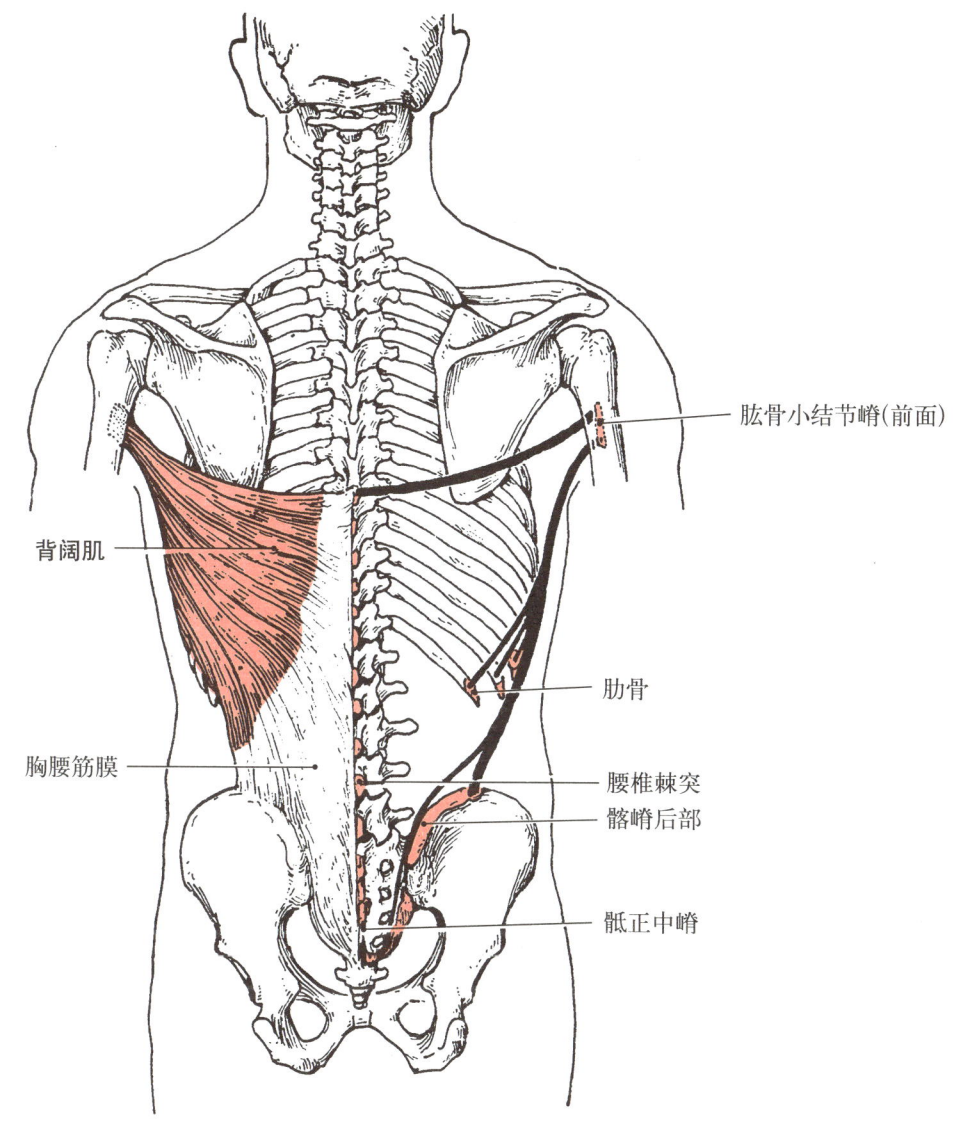

背阔肌及其起止点

背阔肌 (latissimus dorsi)
部位：在腰背部和胸部后外侧。
起点：借腱膜起于第七～十二胸椎及全部腰椎棘突，骶正中嵴，髂嵴后部和第十一～十二肋外面。
止点：肱骨小结节嵴。
支配神经：发自脊神经臂丛的胸背神经。

背阔肌

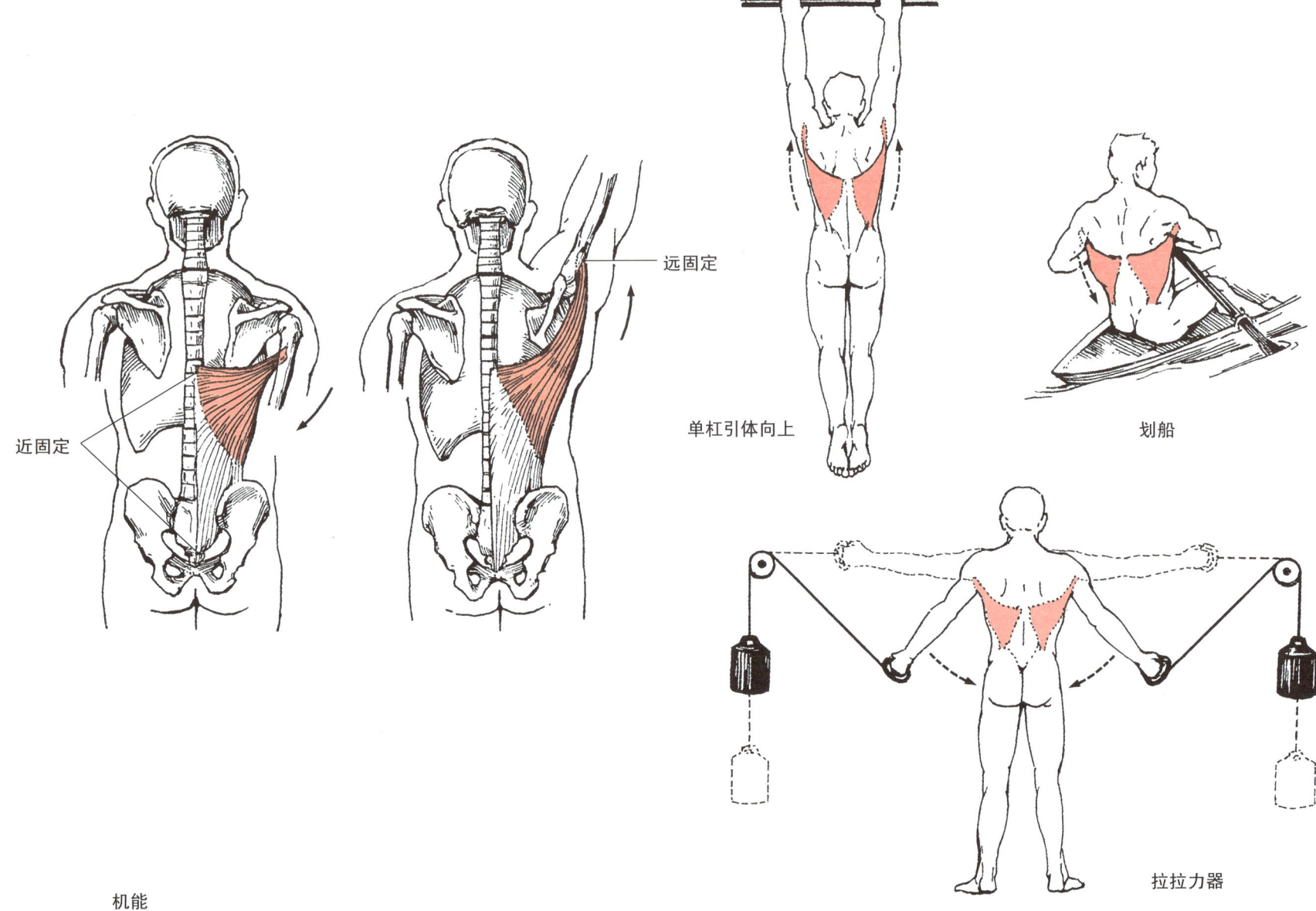

机能

    近固定
        使上臂在肩关节处伸、内收和旋内。

    远固定
        上肢上举后固定时，拉引躯干向上臂靠拢，提肋助吸气。

背阔肌

发展背阔肌肌力的辅助练习举例(一)
单杠引体向上、划船、向后或向体侧拉拉力器。

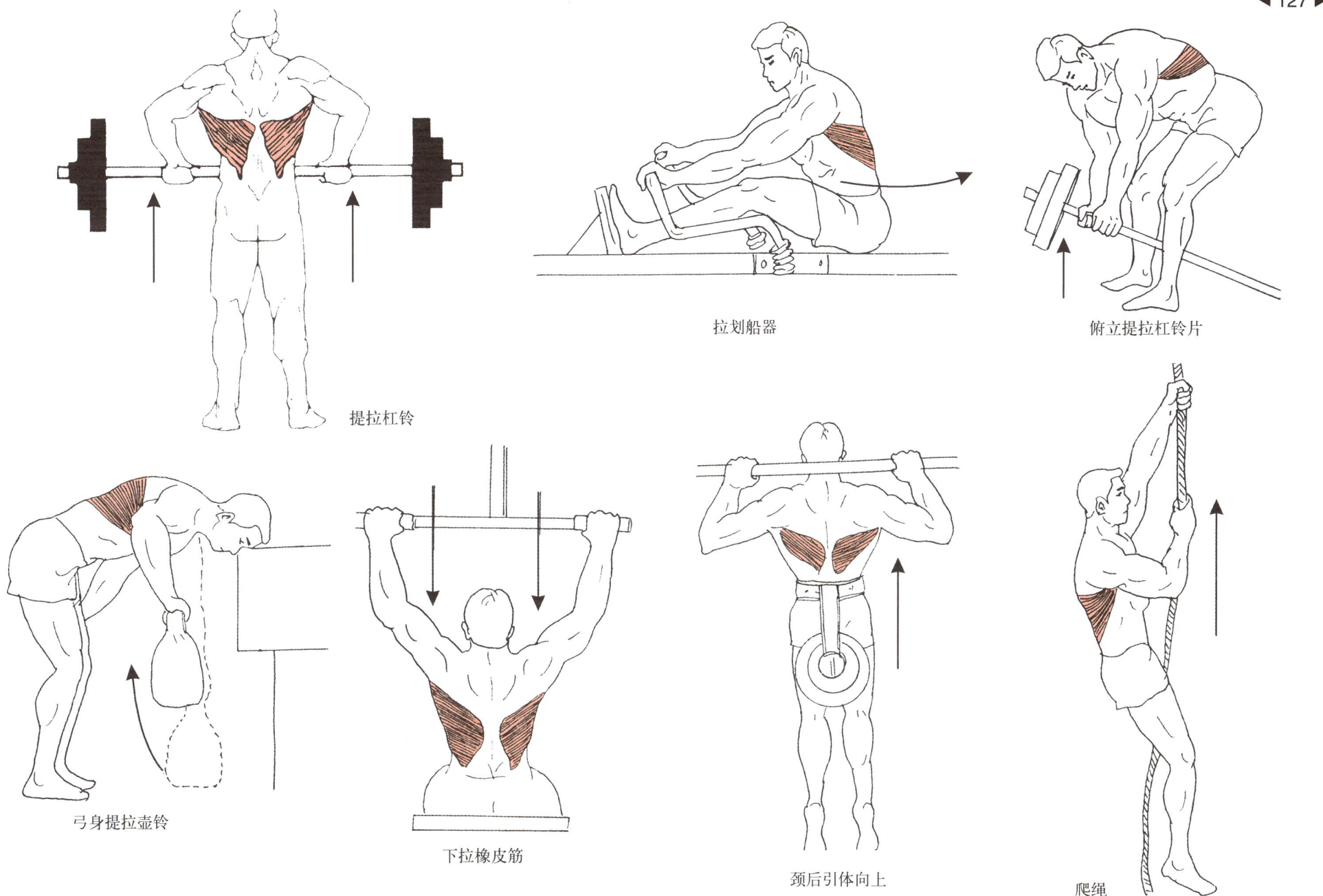

发展背阔肌肌力的辅助练习举例(二)
　　提拉杠铃、拉划船器、俯立提拉杠铃片、弓身提拉壶铃、下拉橡皮筋、颈后引体向上、爬绳。

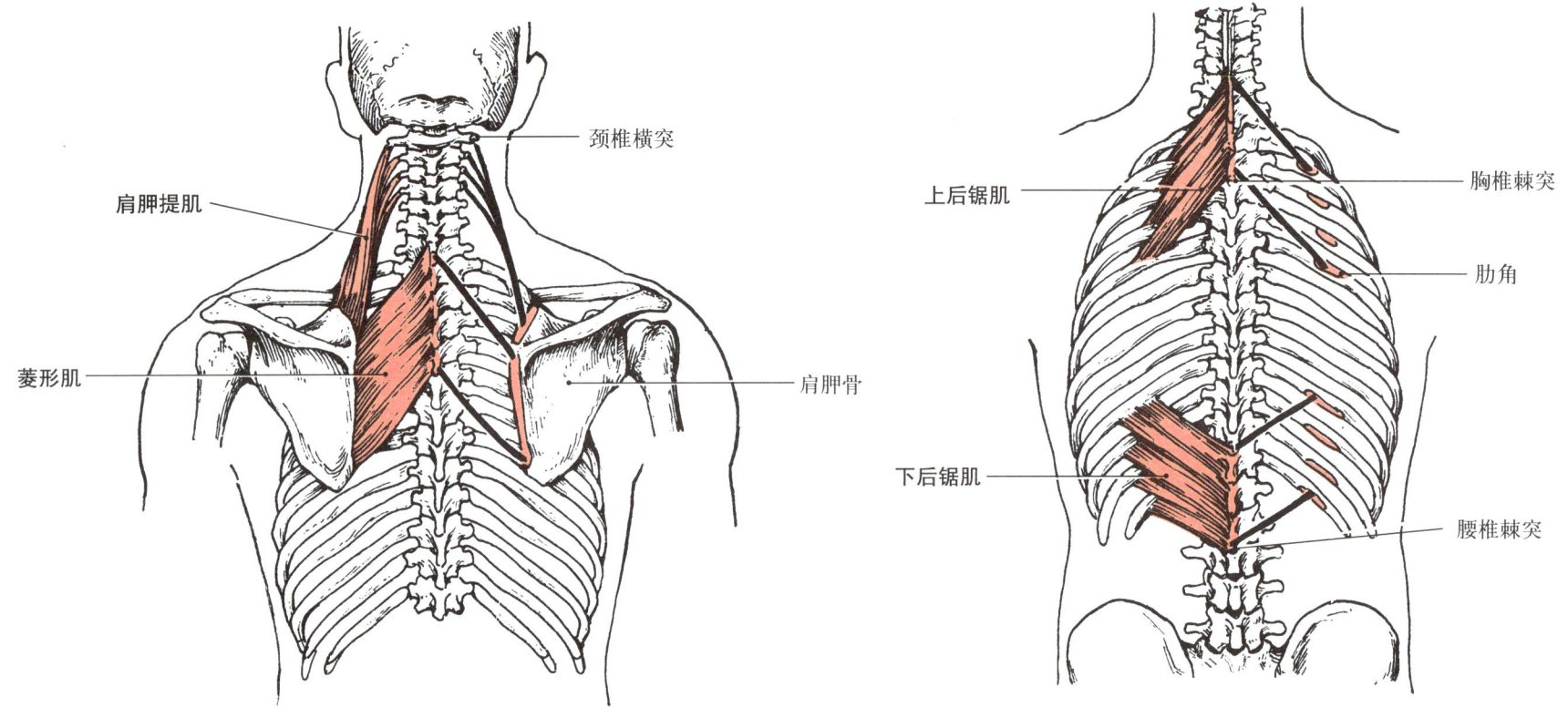

肩胛提肌及其起止点　　　　　　　　　　后锯肌及其起止点

肩胛提肌(levator scapulae)
部位：在胸锁乳突肌和斜方肌深面。
起点：第一～四颈椎横突。
止点：肩胛骨内侧角(上角)和内侧缘上部。
支配神经：发自脊神经颈丛的第三～四颈神经和臂丛的肩胛背神经。
机能：
近固定使肩胛骨上提和下回旋。
远固定一侧收缩，使头颈向同侧侧屈、后伸和同侧回旋。两侧收缩，使颈伸直。

菱形肌(rhomboideus)
部位：在斜方肌深面。
起点：第六、七颈椎和第一～四胸椎棘突。
止点：肩胛骨内侧缘下半部(肩胛冈以下)。
支配神经：发自脊神经臂丛的肩胛背神经丛的肩胛背神经和第二～五胸神经前支。
机能：
近固定使肩胛骨上提、后缩和下回旋。
远固定两侧收缩，使脊柱颈、胸段伸直。
此肌瘫痪时肩胛骨脊柱缘翘起呈翼状。

上后锯肌(serratus posterior superior)
部位：在菱形肌深面。
起点：项韧带下部，第六、七颈椎和第一～二胸椎棘突。
止点：第二～五肋肋角背外侧面。
支配神经：发自第一～四胸神经前支。
机能：助吸气。

下后锯肌(serratus posterior inferior)
部位：在背阔肌深面。
起点：在第十一～十二胸椎和第一～二腰椎棘突。
止点：在第九～十二肋骨角外侧。
支配神经：发自第九～十二胸神经前支。
机能：助呼气。

背浅层肌　肩胛提肌　菱形肌　　背中层肌　上、下后锯肌

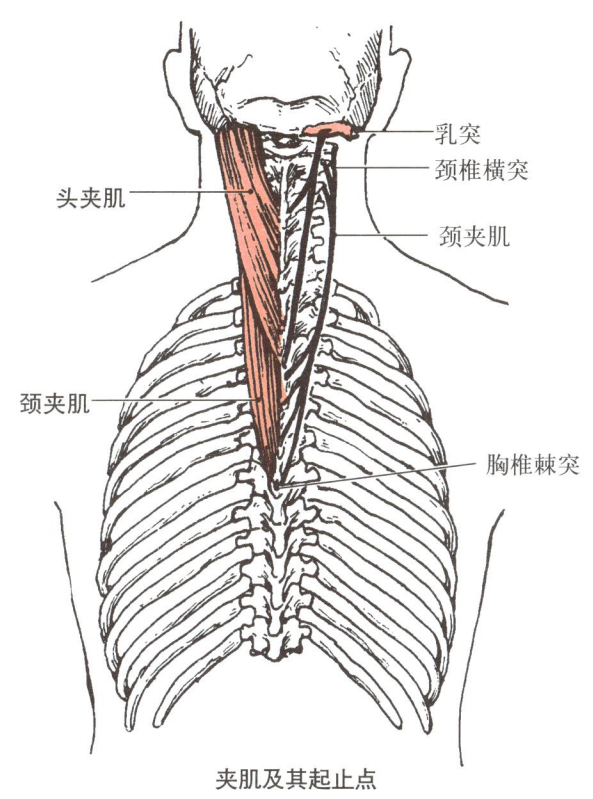

夹肌及其起止点

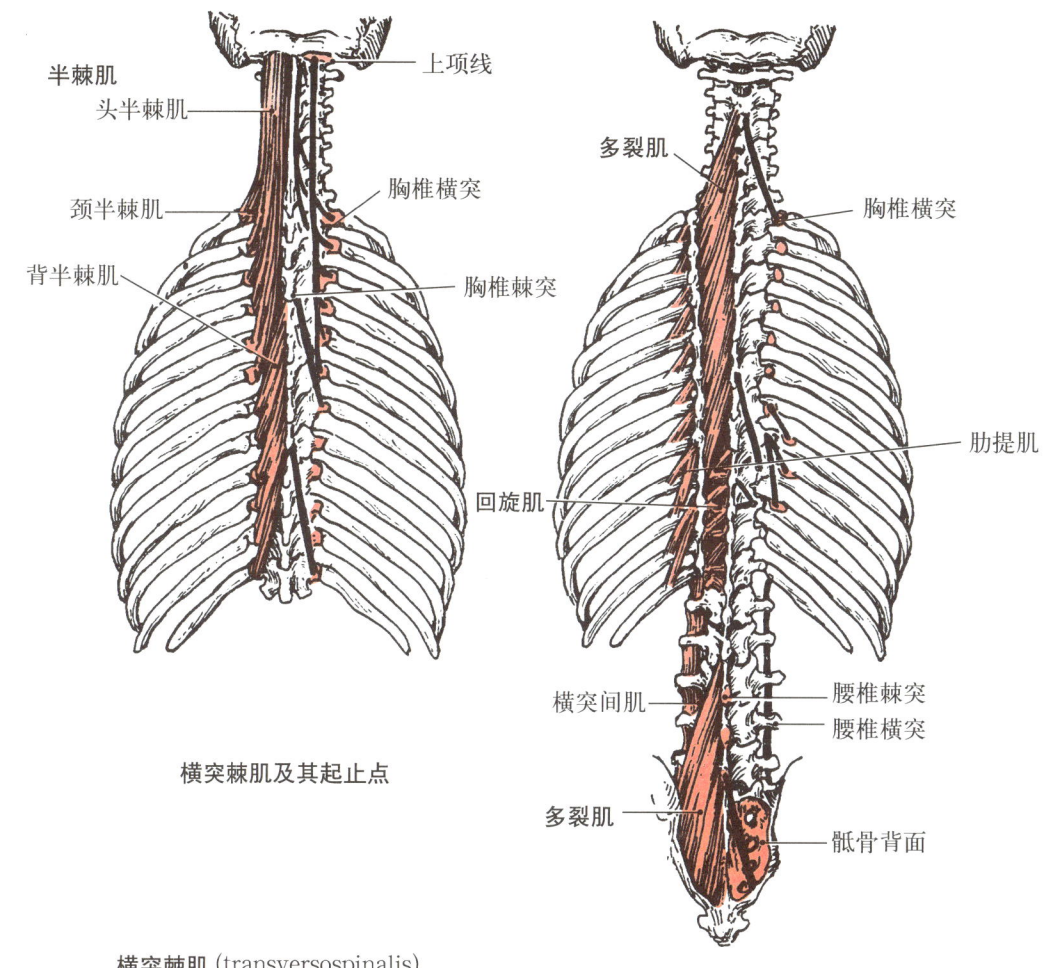

横突棘肌及其起止点

夹肌 (splenius)
　　部位：在斜方肌、菱形肌和上后锯肌的深面，分头夹肌和颈夹肌。
　　头夹肌 (splenius capitis)
　　　　起点：项韧带下部第七颈椎和第一~三胸椎棘突。
　　　　止点：上项线外侧与颞骨乳突。
　　　　支配神经：发自脊神经的中部和下部颈神经后支。
　　颈夹肌 (splenius cervicis)
　　　　起点：第三~六胸椎棘突。
　　　　止点：第一~三颈椎横突。
　　　　支配神经：发自脊神经的下部颈神经后支。
　　机能(夹肌)：下固定　一侧收缩，使头颈向同侧侧屈和回旋。两侧同时收缩，使头颈伸直。

横突棘肌 (transversospinalis)
　　部位：位于竖脊肌的深面，又分三层，依次为半棘肌、多裂肌和回旋肌。
　　半棘肌 (semispinal)位于棘肌的深面，按部位又分为头、颈、背半棘肌。
　　　　起点：第二颈椎~第十二胸椎横突。
　　　　止点：胸、颈椎棘突和枕部上、下项线。
　　　　支配神经：发自脊神经颈丛的颈神经和胸神经后支。
　　多裂肌(multifidus)位于半棘肌深面。
　　　　起点：骶骨背面，腰、胸椎横突和第四~七颈椎关节突。
　　　　止点：第二颈椎以下全部椎骨棘突。
　　　　支配神经：发自脊神经后支（下肌相同）。
　　回旋肌(rotator)位于多裂肌深面，起止于上位与下位椎骨的横突与棘突之间。
　　机能(横突棘肌)：一侧收缩，使脊柱转向对侧；两侧同时收缩，使脊柱后伸。

背深层肌　夹肌　横突棘肌　竖脊肌

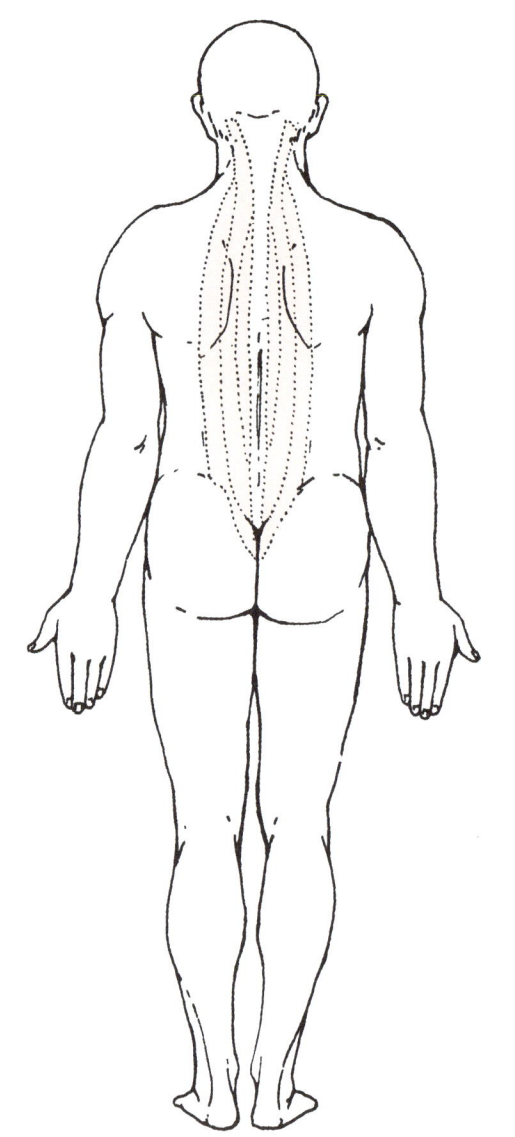
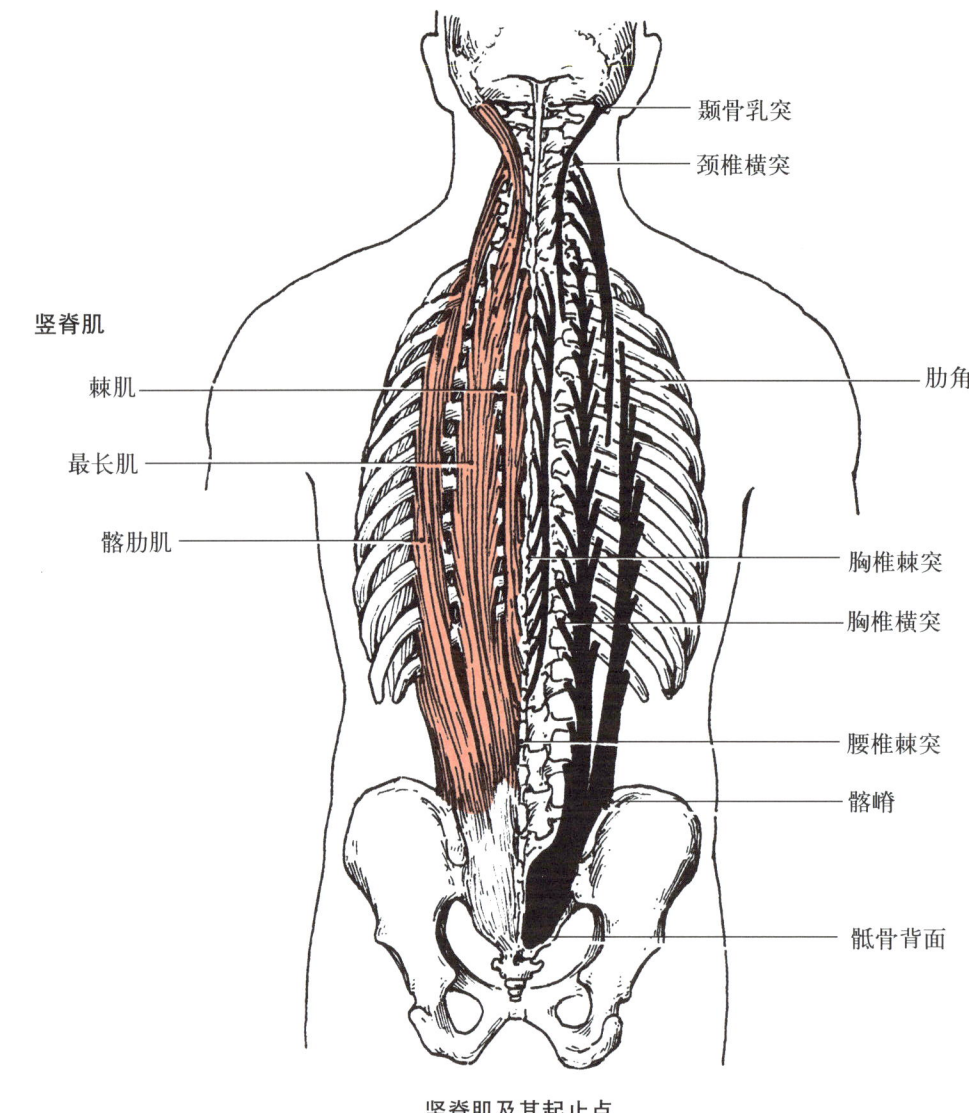

竖脊肌及其起止点

竖脊肌 (erector spinae)
部位：纵列于脊柱两侧，是躯干背部深层长肌。由棘肌(spinalis)、最长肌(longissimus)和髂肋肌(iliocostalis)3部分组成。
起点：骶骨背面、髂嵴后部、腰椎棘突和胸腰筋膜。
止点：棘肌止于颈、胸椎的棘突，最长肌止于颈、胸椎的横突和颞骨乳突，髂肋肌止于肋骨的肋角。
支配神经：发自脊神经后支。

竖脊肌

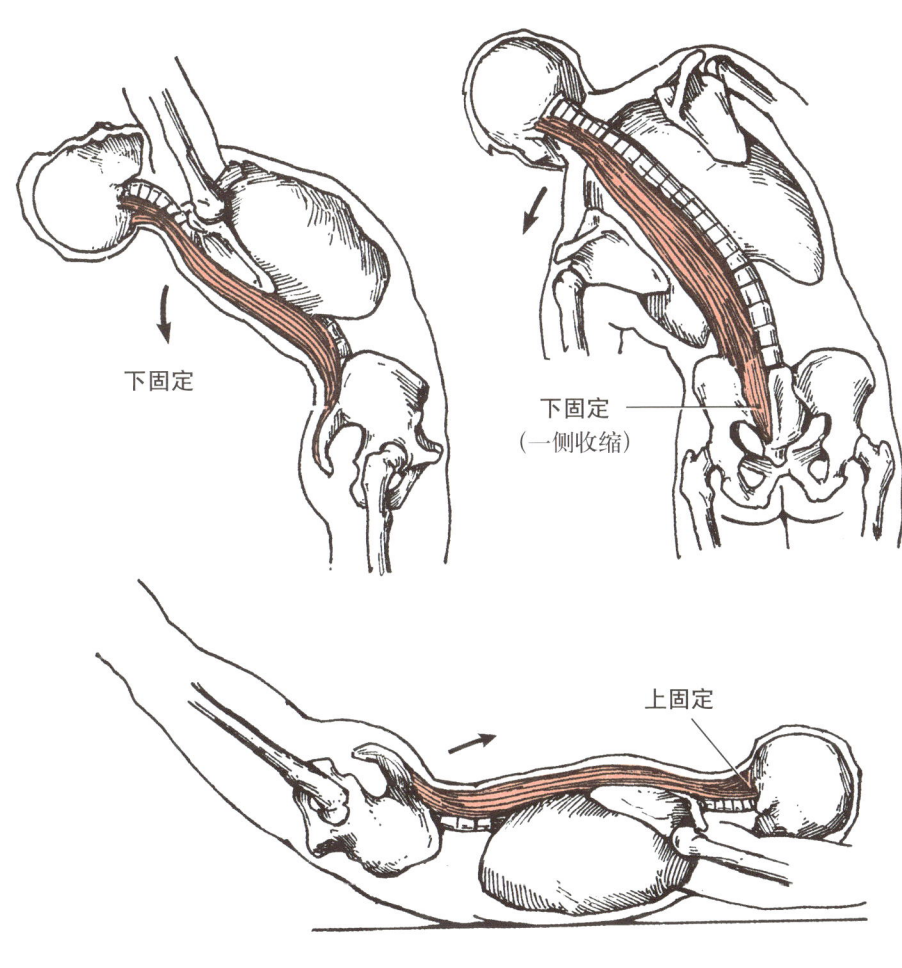
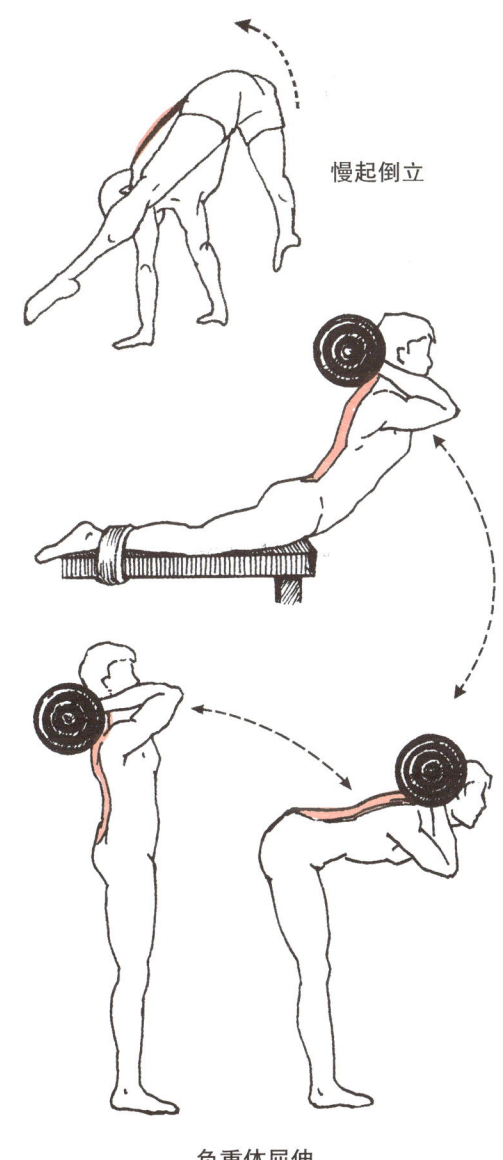

机能

下固定（骶部固定）

两侧收缩，使脊柱后伸并仰头。一侧收缩，使脊柱向同侧侧屈。

上固定

使骨盆前倾。

发展竖脊肌肌力的辅助练习举例（一）

慢起倒立和负重体屈伸。

侧弯起

肩背倒立

俯卧臂腿上振

下拉橡皮筋体前屈

发展竖脊肌肌力的辅助练习举例(二)
　　下拉橡皮筋体前屈、肩背倒立、侧弯起、俯卧臂腿上振。

竖脊肌

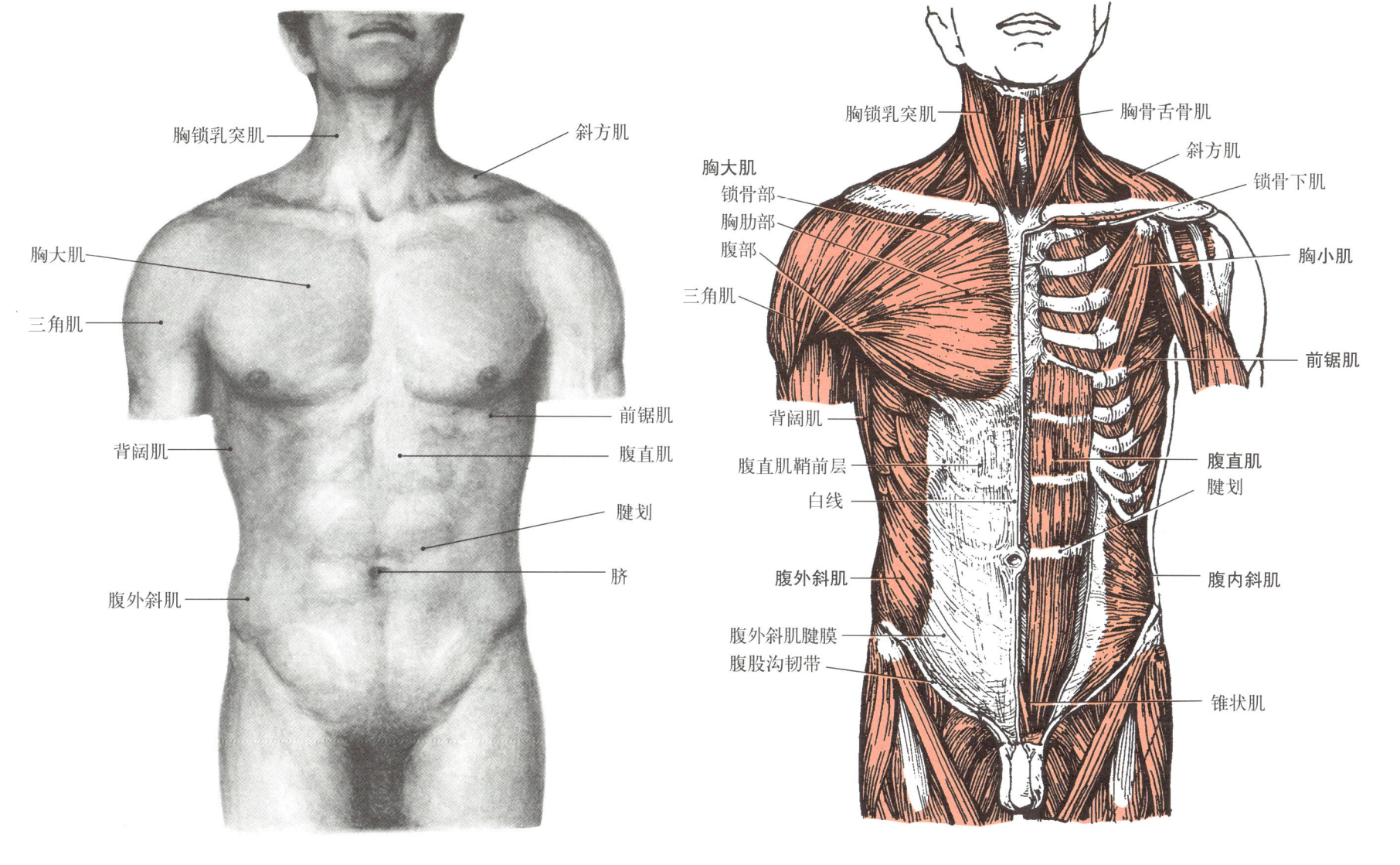

胸腹壁肌体表投影　　　　　　　　胸腹壁浅层肌

胸肌 (thoracic muscle) 分为胸上肢肌和胸固有肌。
　　胸上肢肌　位于胸壁的前面及侧面的浅层。包括胸大肌、胸小肌和前锯肌等。
　　胸固有肌　位于胸壁的深层，参与胸壁的构成。包括肋间外肌、肋间内肌、胸横肌和肋下肌。

胸腹肌　胸肌

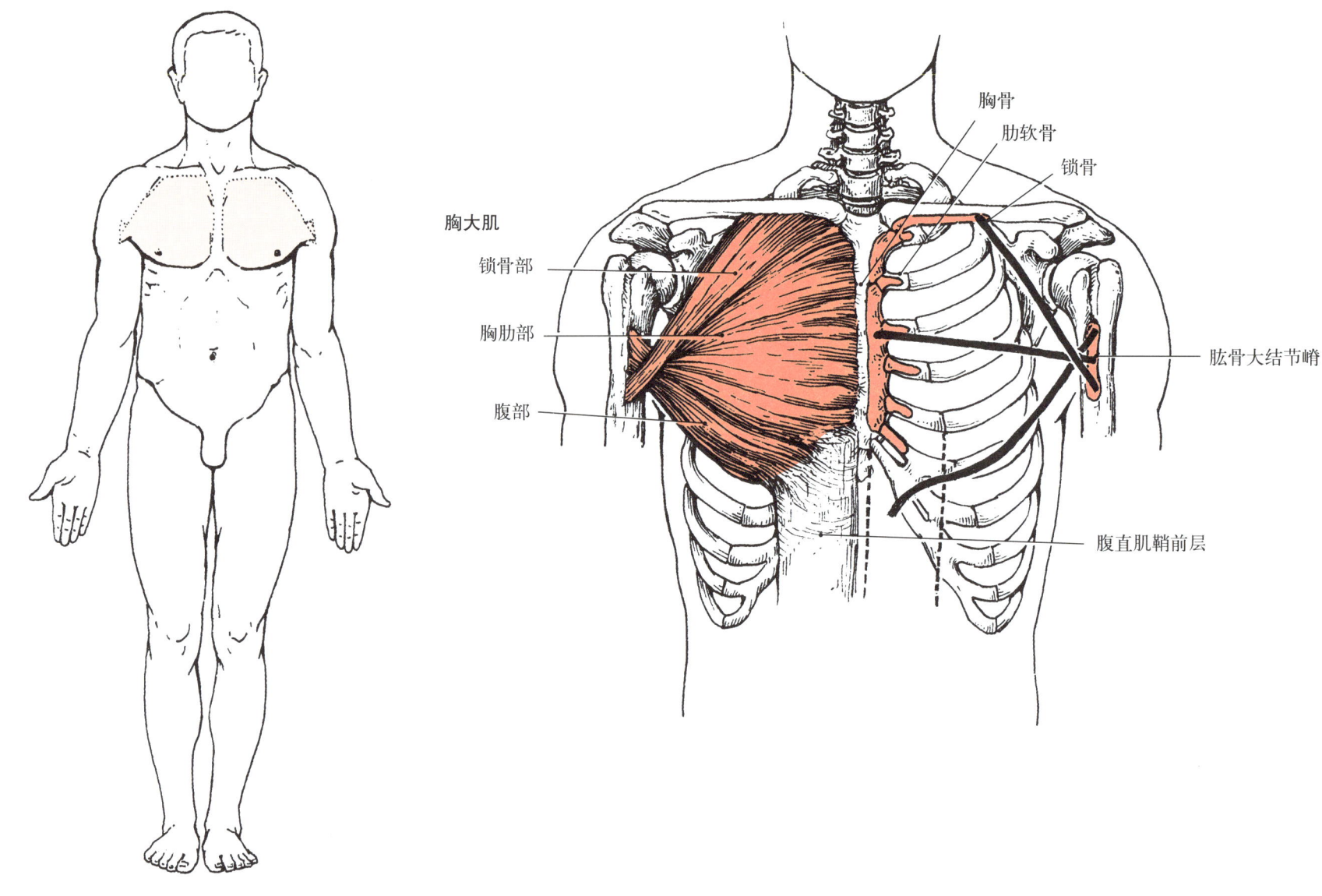

胸大肌 (pectoralis major)
    部位：在胸廓前上部浅层。肌束分为锁骨部、肋胸部和腹部3部分。
    起点：锁骨部起自锁骨内侧半，胸肋部起自胸骨前面和第一～六肋软骨，腹部起自腹直肌鞘前层。
    止点：肱骨大结节嵴(锁骨部和腹部肌束上下交叉)。
    支配神经：发自脊神经臂丛的胸外侧神经和胸内侧神经。

胸 大 肌

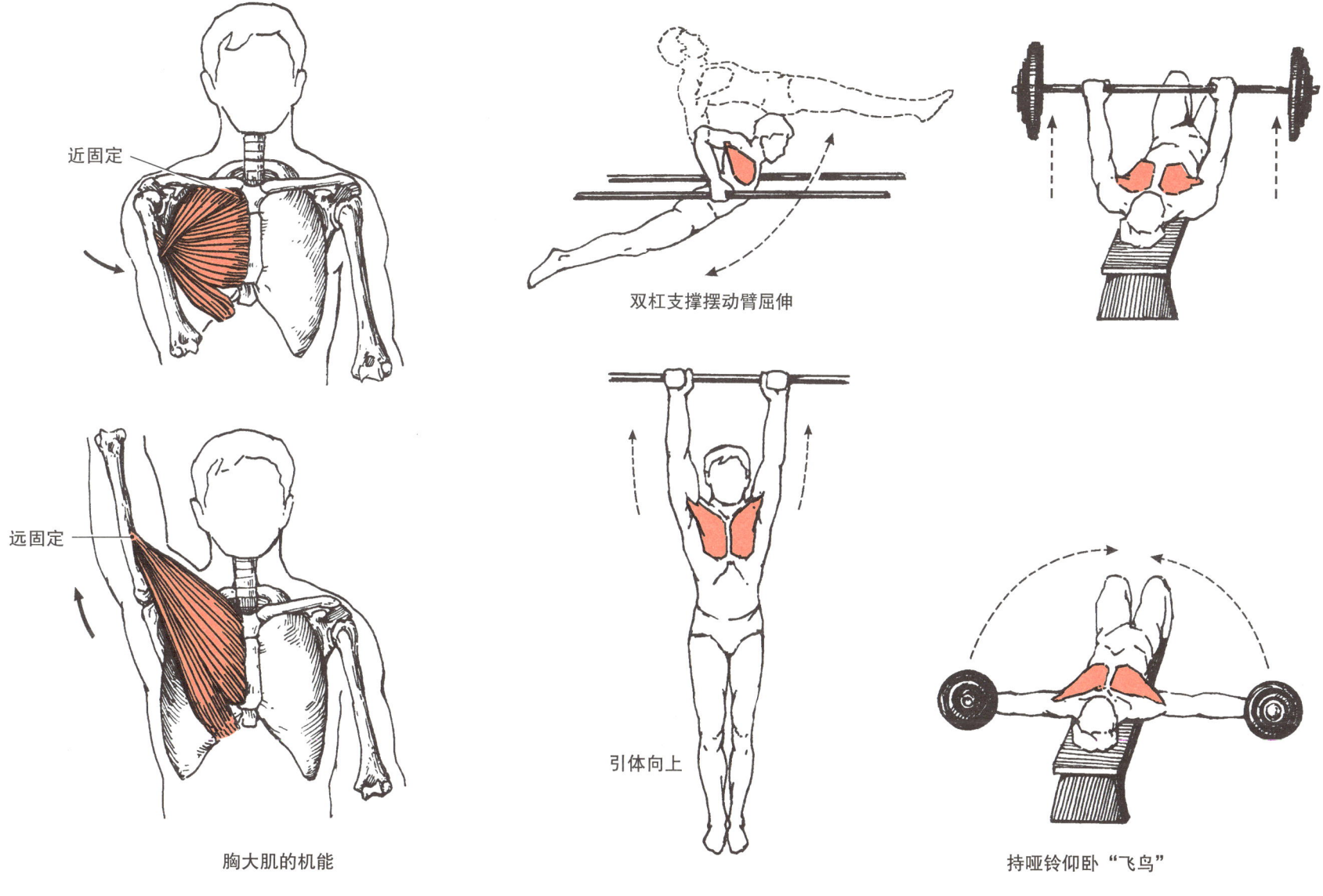

机能

近固定
　　使上臂在肩关节处屈、内收和旋内。

远固定
　　上肢上举后固定时，可拉引躯干向上臂靠拢，提肋助吸气。

发展胸大肌肌力的辅助练习举例(一)
双杠支撑摆动臂屈伸、卧推、引体向上、持哑铃仰卧"飞鸟"。

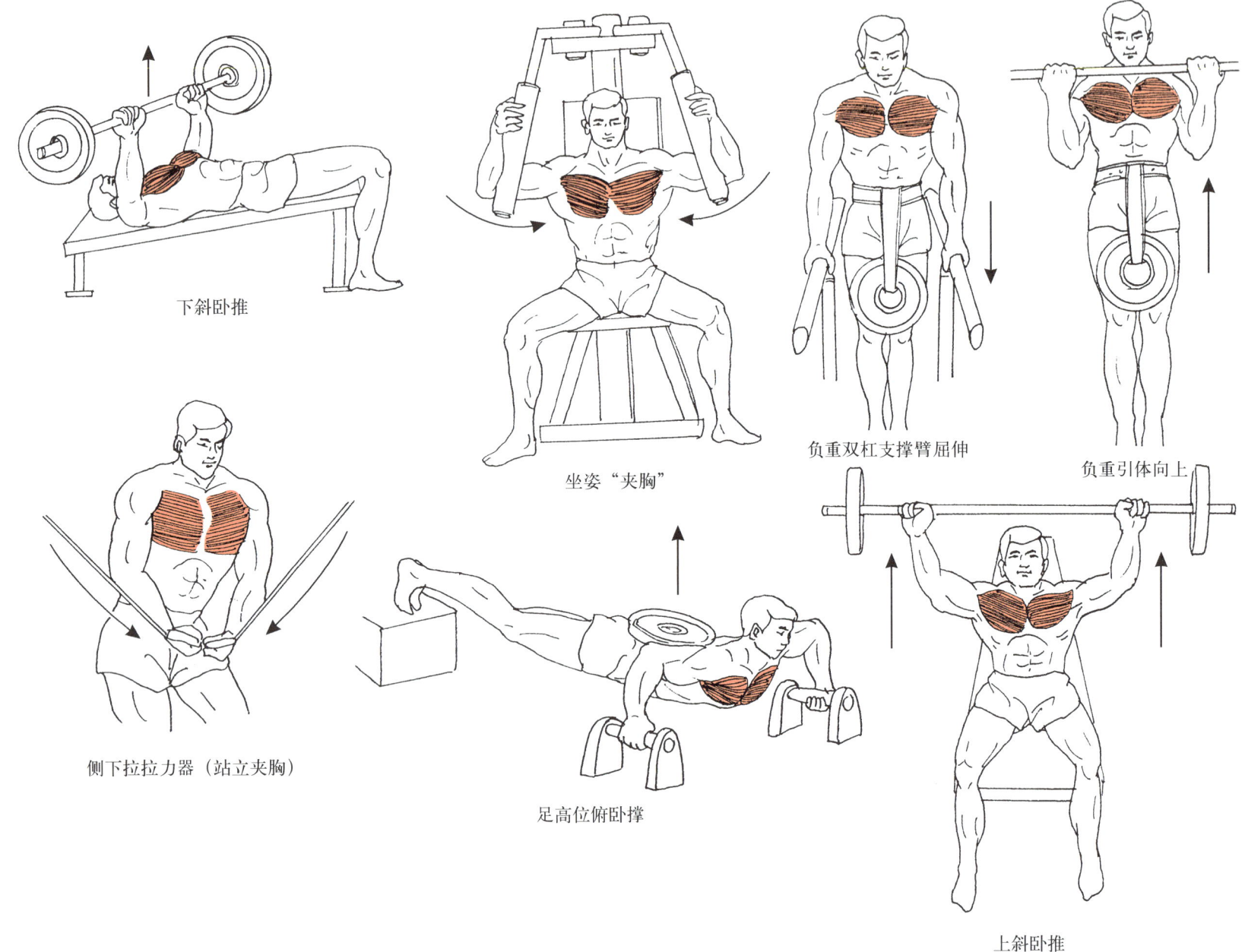

下斜卧推

坐姿"夹胸"

负重双杠支撑臂屈伸

负重引体向上

侧下拉拉力器（站立夹胸）

足高位俯卧撑

上斜卧推

发展胸大肌肌力的辅助练习举例(二)
下斜卧推、"夹胸"、负重双杠支撑臂屈伸、负重引体向上、侧下拉拉力器、足高位俯卧撑、上斜卧推。

胸大肌

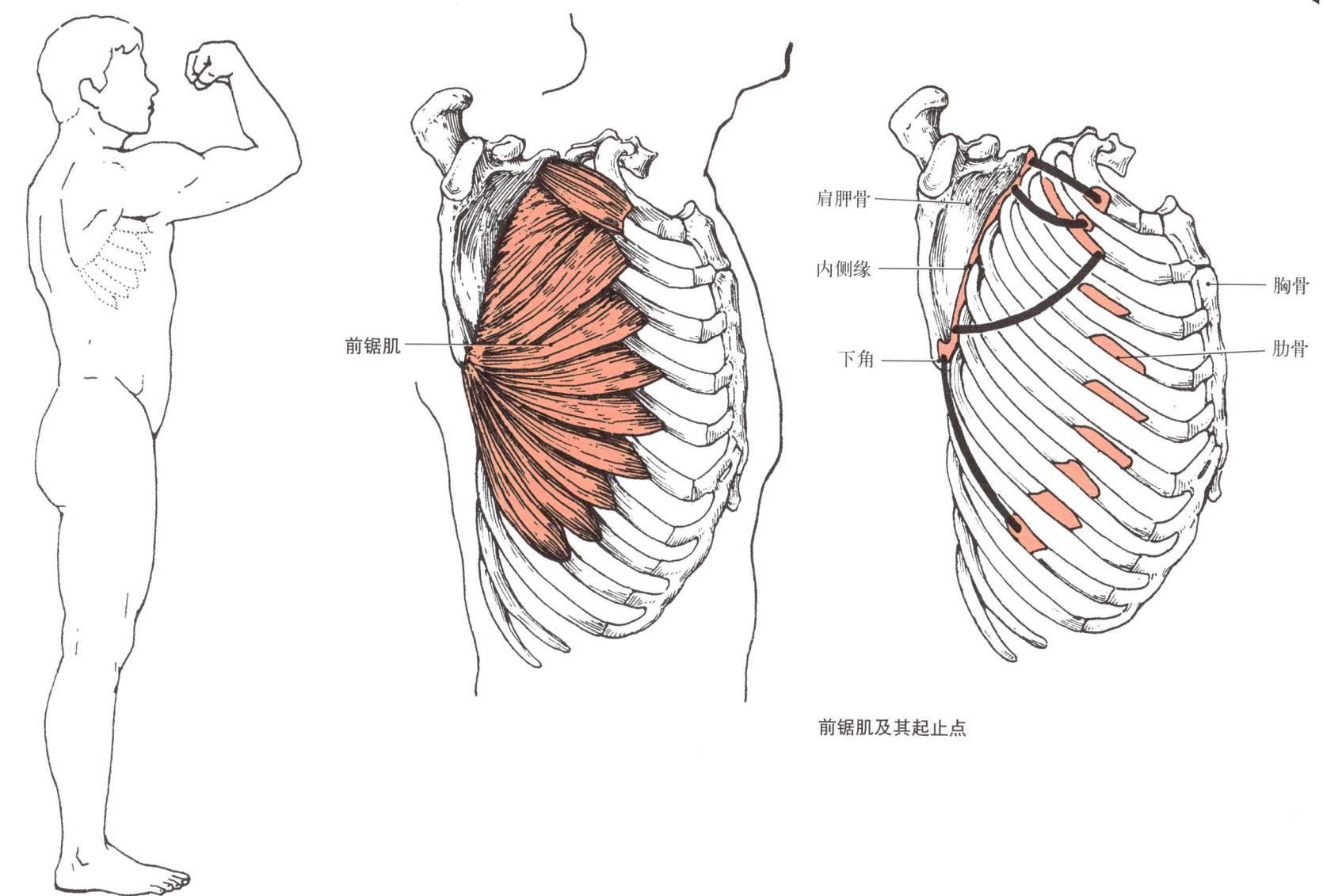

前锯肌及其起止点

前锯肌（serratus anterior）
  部位：在胸廓侧面。
  起点：第一~九肋骨的外侧面。
  止点：肩胛骨内侧缘和下角的前面。
  神经支配：发自脊神经臂丛的胸长神经。

前锯肌

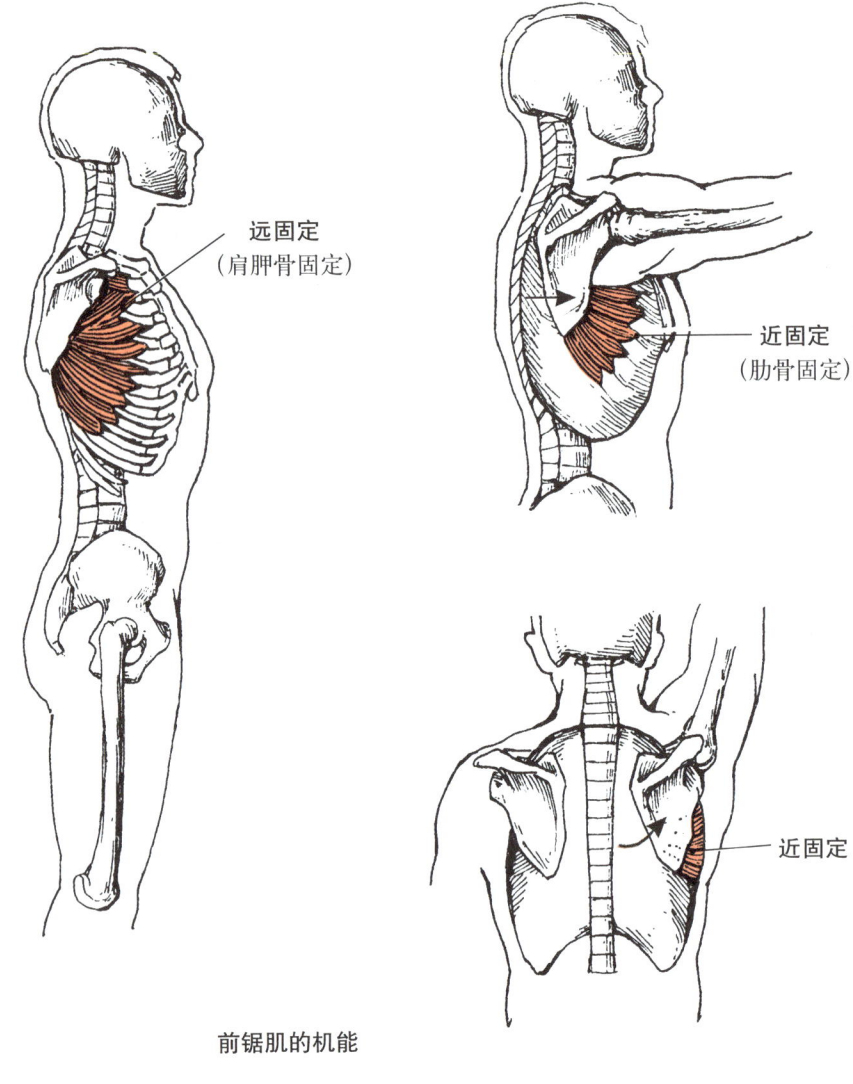

前锯肌的机能

实力推

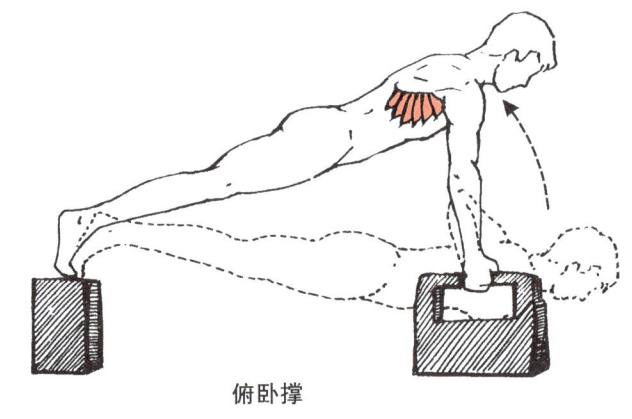

俯卧撑

机能

  近固定(肋骨固定)

  使肩胛骨前伸、上回旋，该肌与斜方肌共同作用，能使上臂上举到垂直部位。

  远固定(肩胛骨固定)

  下部肌纤维收缩可提肋，助深吸气。

发展前锯肌肌力的辅助练习举例(一)

实力推、俯卧撑。

前锯肌

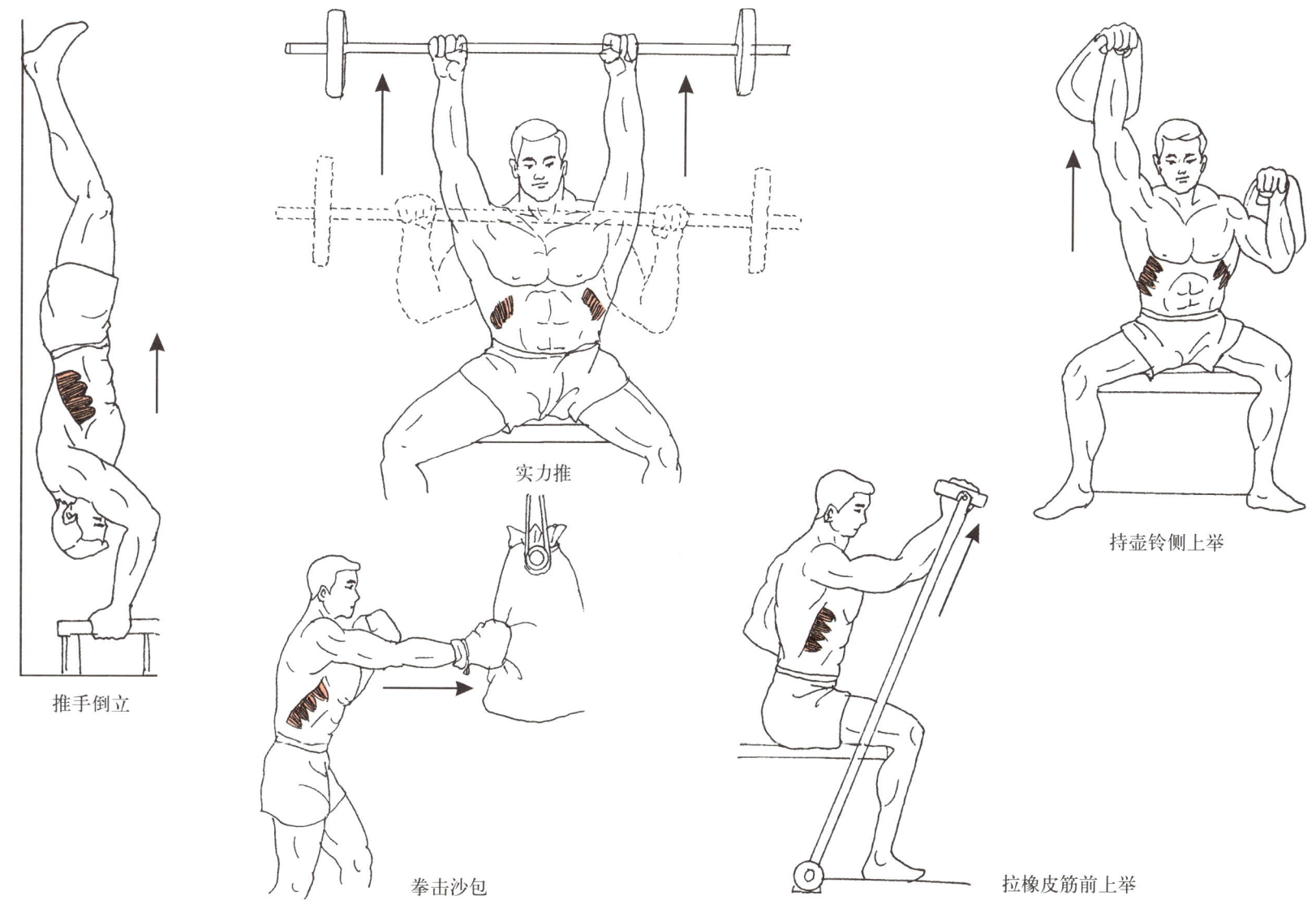

发展前锯肌肌力的辅助练习举例(二)
　　推手倒立、实力推、持壶铃侧上举、拳击沙包、拉橡皮筋前上举。

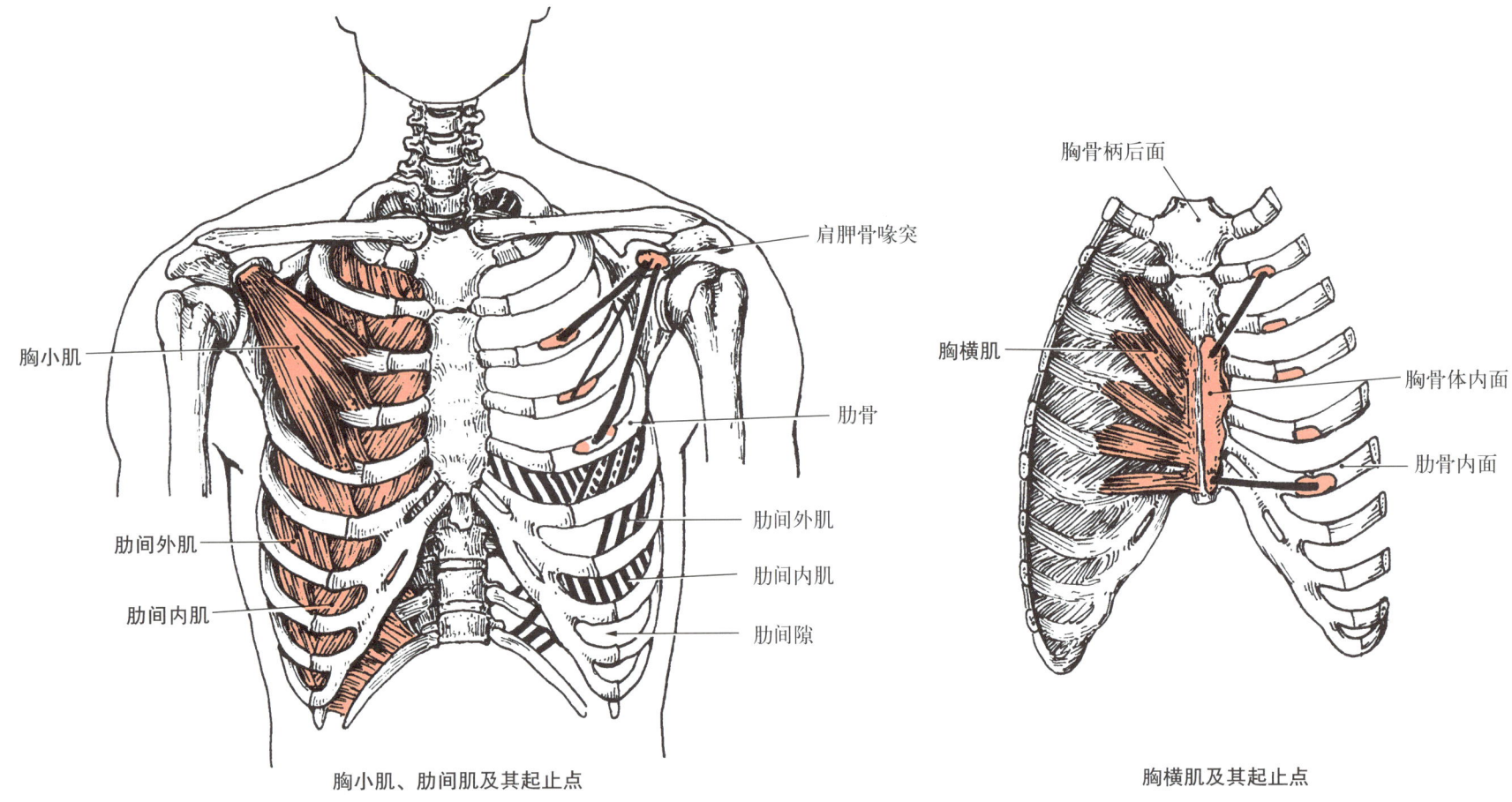

胸小肌、肋间肌及其起止点

胸横肌及其起止点

胸小肌（pectoralis minor）
 部位：在胸大肌深面。
 起点：第三～五肋骨前面。
 止点：肩胛骨喙突。
 支配神经：发自脊神经臂丛的胸内侧神经。
 机能：
  近固定拉引肩胛骨前伸、下降和下回旋。
  远固定提肋助吸气。

肋间外肌（intercostales externi）
 部位：在肋间隙的外面。
 起点：上位肋骨下缘。止点：下位肋骨上缘。
 支配神经：胸神经前支（肋间神经）。
 机能：提肋，使胸廓的额、矢状径扩大，助吸气。

肋间内肌（intercostales interni）
 部位：在肋间外肌深面。
 起点：下位肋骨上缘。止点：上位肋骨下缘。
 支配神经：胸神经前支（肋间神经）。
 机能：降肋，使胸廓的额、矢状径减少，助呼气。

胸横肌（transversus thoracis）
 部位：在胸前壁内面，肌纤维向上外方。
 起点：胸骨体后面下部。
 止点：第二～六肋骨内面。
 支配神经：胸神经前支（肋间神经）。
 机能：降肋，助呼气。

胸小肌　肋间内肌　肋间外肌　胸横肌

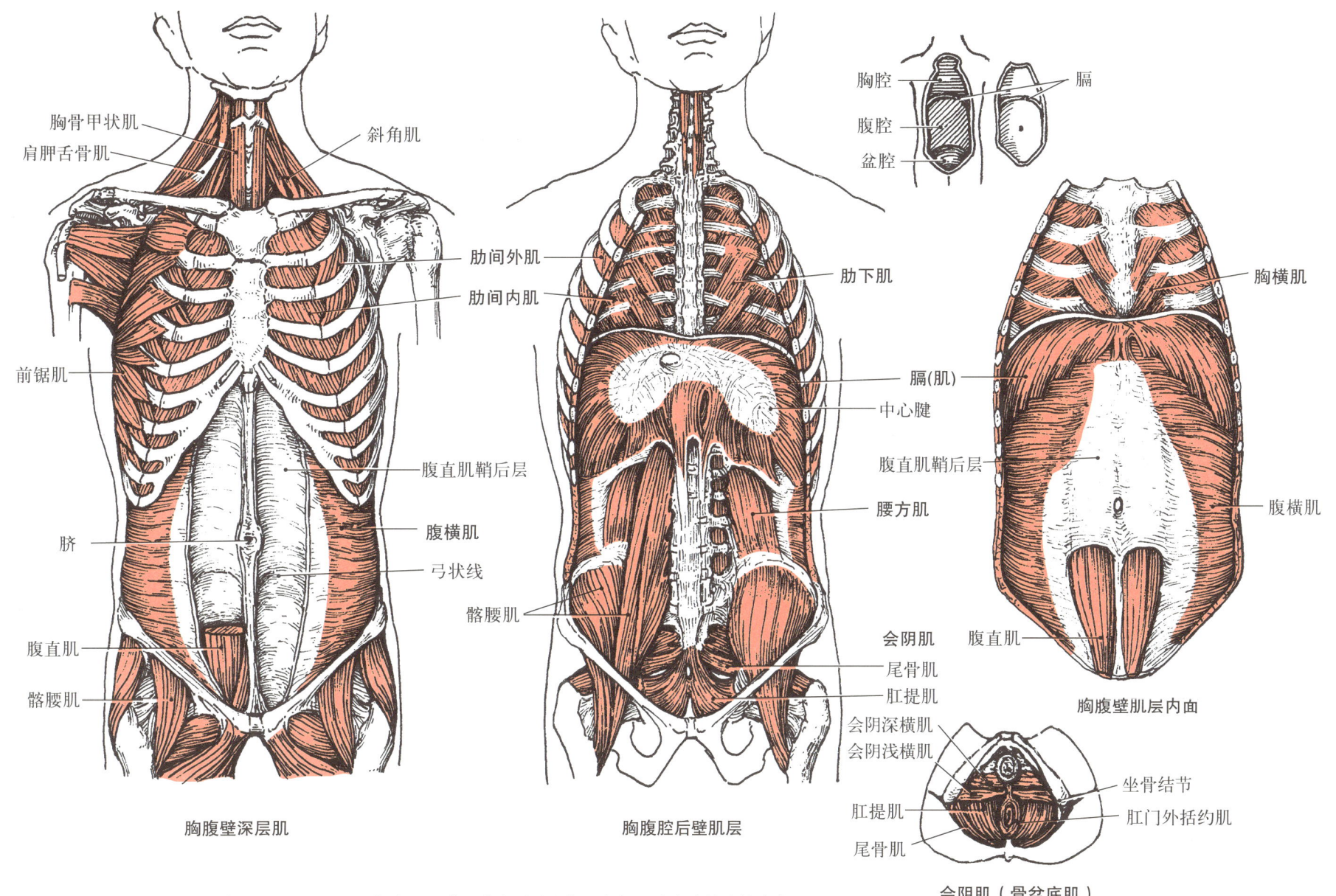

胸腹壁深层肌　　　　　胸腹腔后壁肌层　　　　　胸腹壁肌层内面

会阴肌（骨盆底肌）

腹肌及相关肌肉

腹肌(abdominal muscle) 位于胸廓下缘与骨盆之间，包括形成腹腔前壁的腹直肌、腹侧壁的腹外斜肌、腹内斜肌、腹横肌和形成腹腔后壁的腰方肌。

膈(肌)(diaphragm) 在胸腹腔之间，穹窿形扁薄阔肌。周围是肌纤维，中央为腱膜形成的中心腱。

会阴肌(perineal muscle) 是封闭小骨盆出口(下口)的肌肉，有承托盆腔、腹腔内脏和承受腹腔压力的作用。它包括位于后部的肛提肌、尾骨肌和前部的会阴浅横肌、会阴深横肌等。

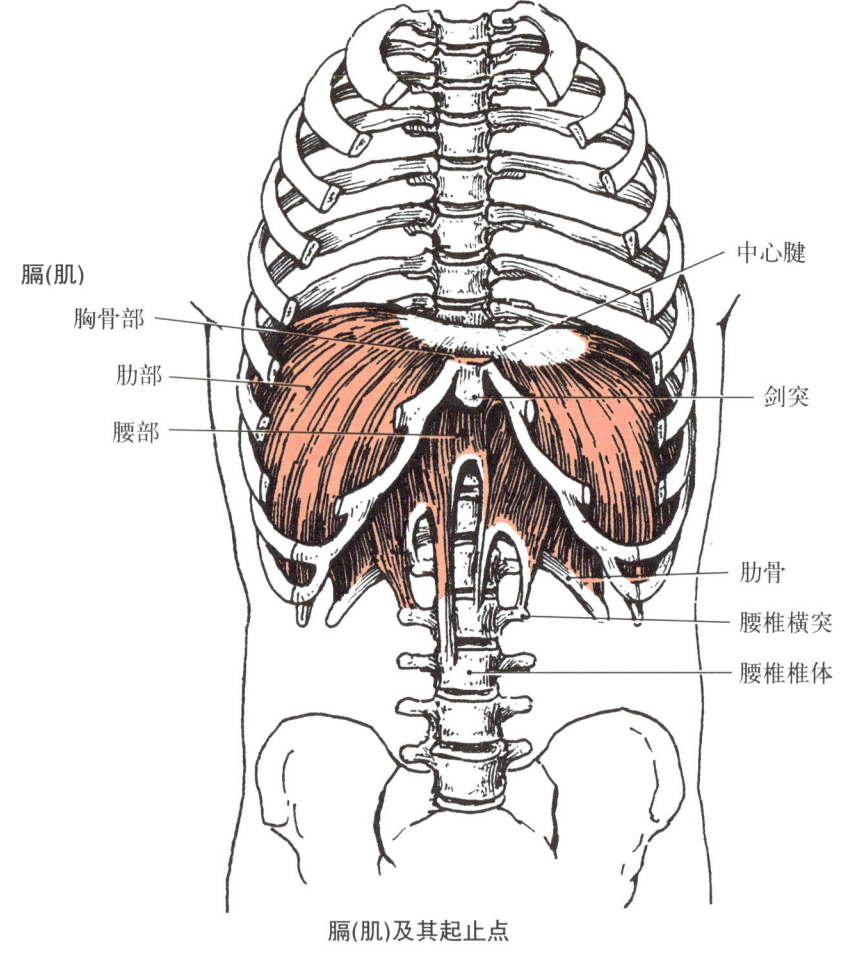

膈(肌)及其起止点

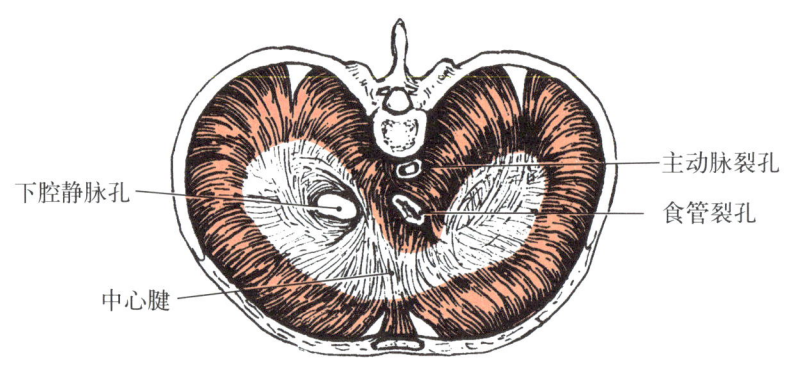

膈(肌)上面

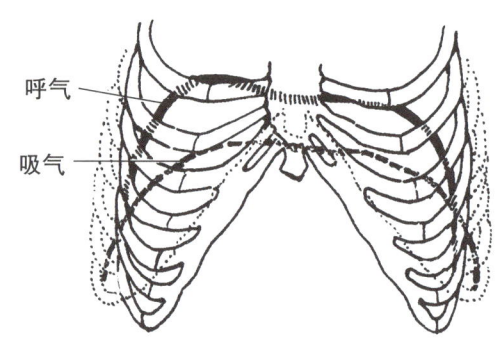

呼吸时膈(肌)位置的变化

膈(肌) (diaphragm)

部位：在胸腹腔之间，穹窿形扁薄阔肌。周围是肌纤维，中央为中心腱 (central tendon)。

起点：腰部起自一～三腰椎椎体，第二腰椎横突及第十二肋。肋部起自第七～十二肋内面。胸骨部起自剑突后面。

止点：中心腱。

支配神经：发自脊神经颈丛的膈神经。

机能：
膈(肌)是人体主要呼吸肌。收缩时，膈穹窿顶下降，增大胸廓垂直径，使胸腔容积增大，助吸气。放松时，膈穹窿顶上升，使胸廓垂直径减小，助呼气。

膈（肌）

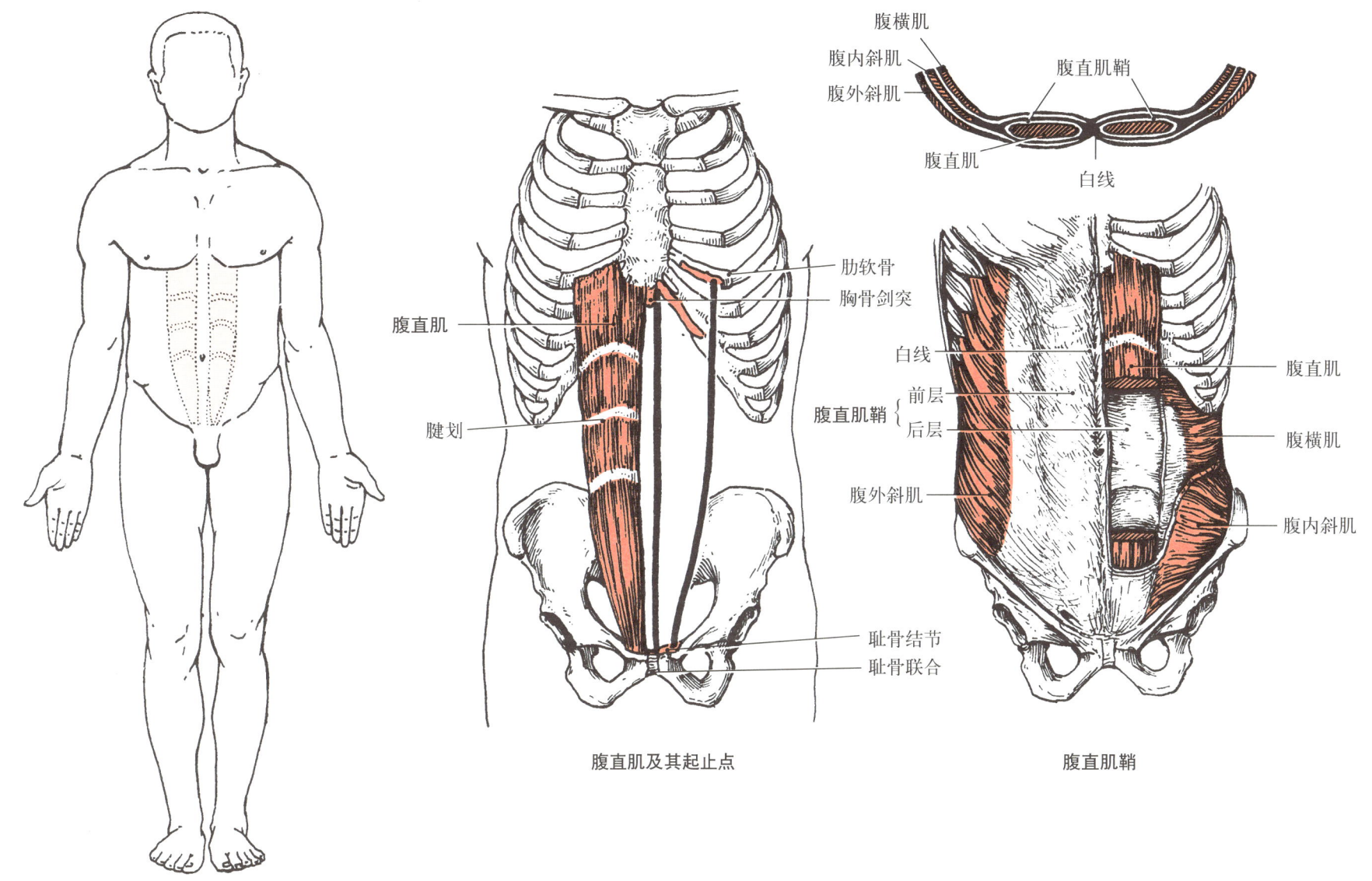

腹直肌及其起止点　　　　　腹直肌鞘

腹直肌

腹直肌（rectus abdominis）
部位：在腹前壁正中线两侧的腹直肌鞘中。
起点：耻骨联合和耻骨结节。
止点：第五～七肋软骨前面和胸骨剑突。
支配神经：发自脊神经的胸神经前支的肋间神经。

腹直肌鞘（sheath of recti abdominis, rectus sheath）
腹直肌鞘是由腹外斜肌、腹内斜肌和腹横肌的3层腱膜构成几个节段样的囊状结构，它包裹着腹直肌。

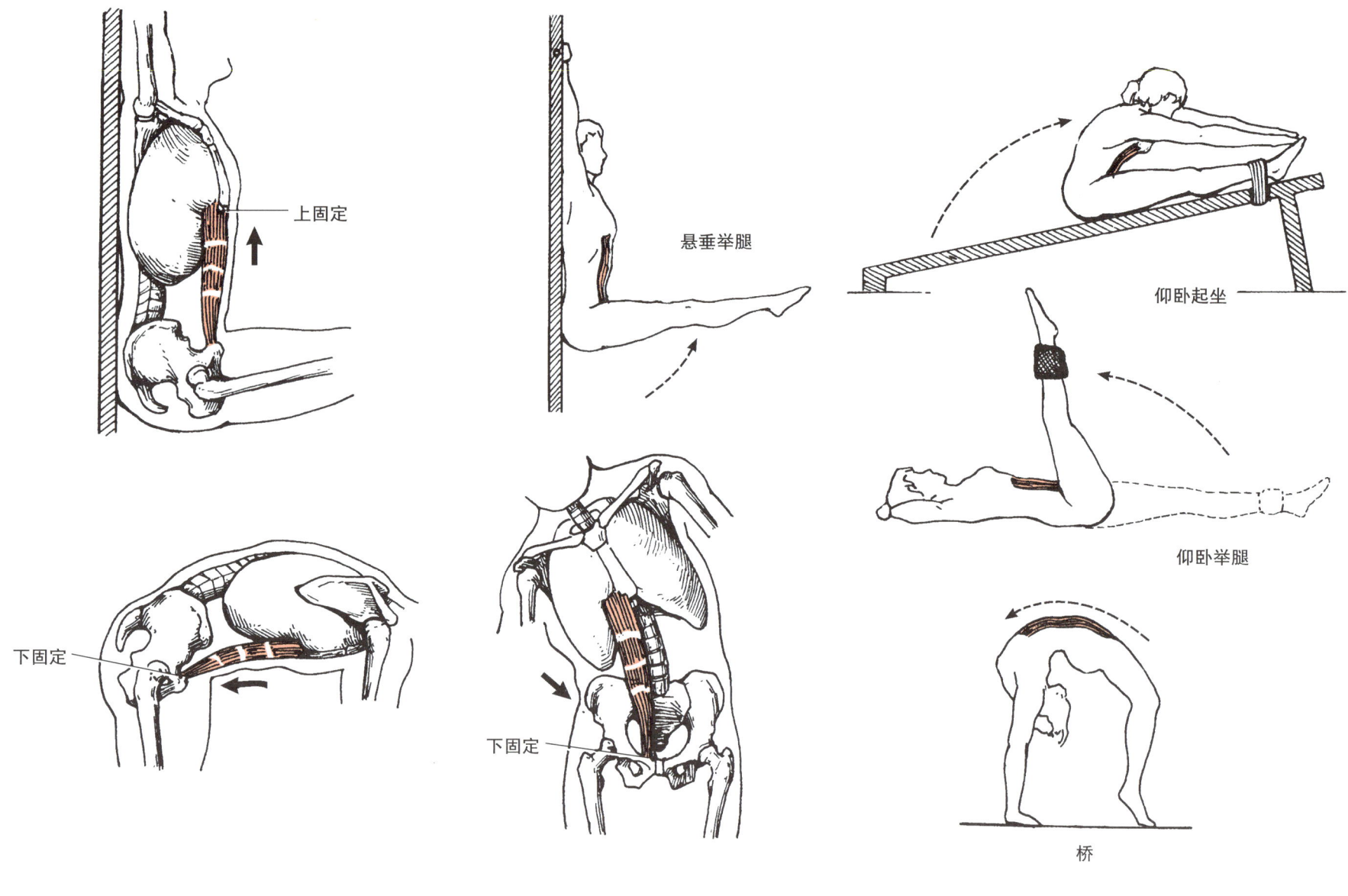

机能
　　上固定
　　　　两侧同时收缩，使骨盆后倾或保持水平位即收腹。
　　下固定
　　　　一侧收缩，协助脊柱侧屈。两侧同时收缩，使脊柱前屈。还可降肋助呼气。

发展腹直肌肌力的辅助练习举例(一)
　　仰卧起坐、仰卧举腿、悬垂举腿。
发展腹直肌伸展性辅助练习举例
　　体操"桥"。

腹直肌

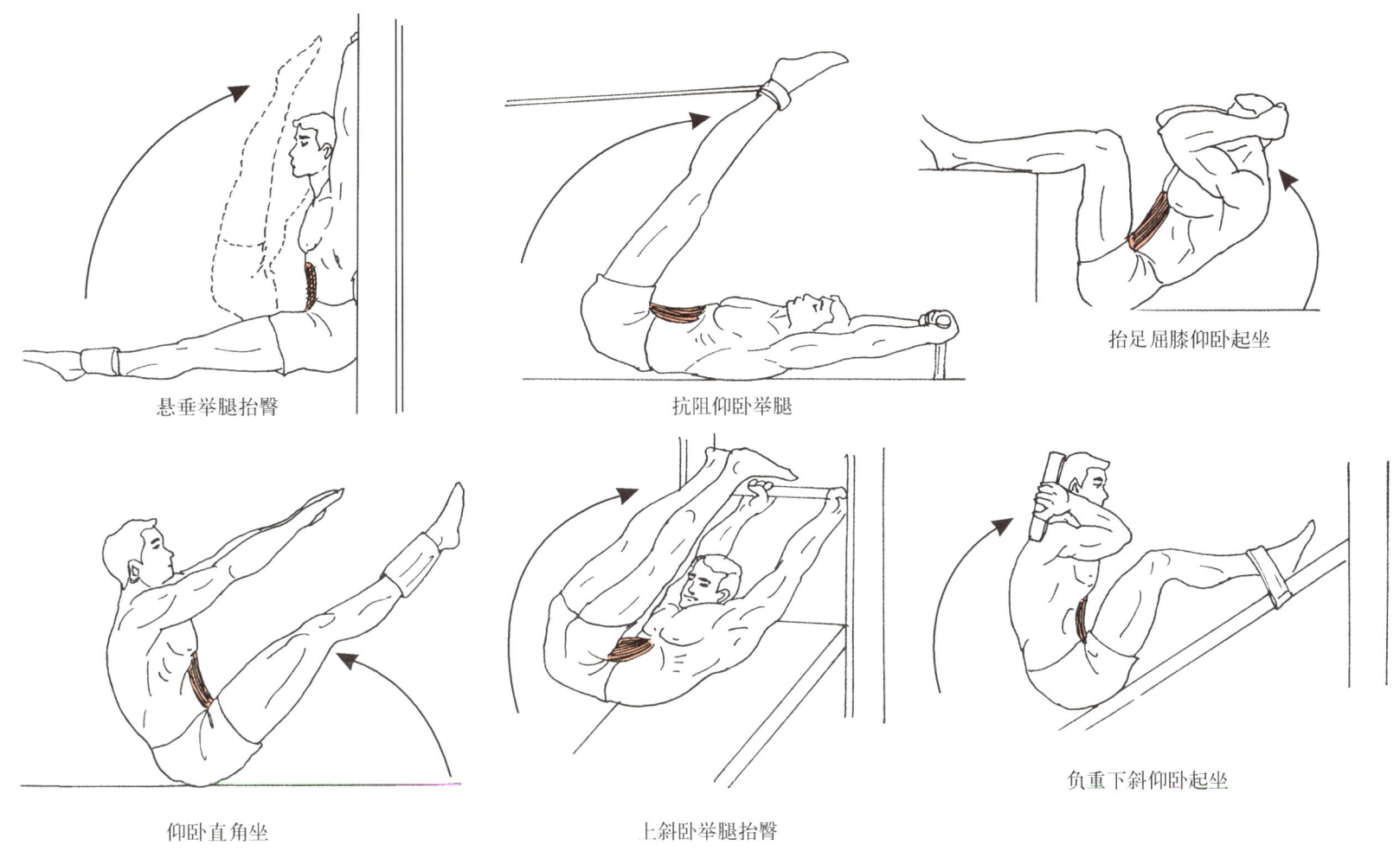

悬垂举腿抬臀　　　　　　　　抗阻仰卧举腿　　　　　　　　抬足屈膝仰卧起坐

仰卧直角坐　　　　　　　　上斜卧举腿抬臀　　　　　　　　负重下斜仰卧起坐

发展腹直肌肌力的辅助练习举例(二)
　　悬垂举腿抬臀、抗阻仰卧举腿、抬足屈膝仰卧起坐、仰卧直角坐、上斜卧举腿抬臀、负重下斜仰卧起坐。

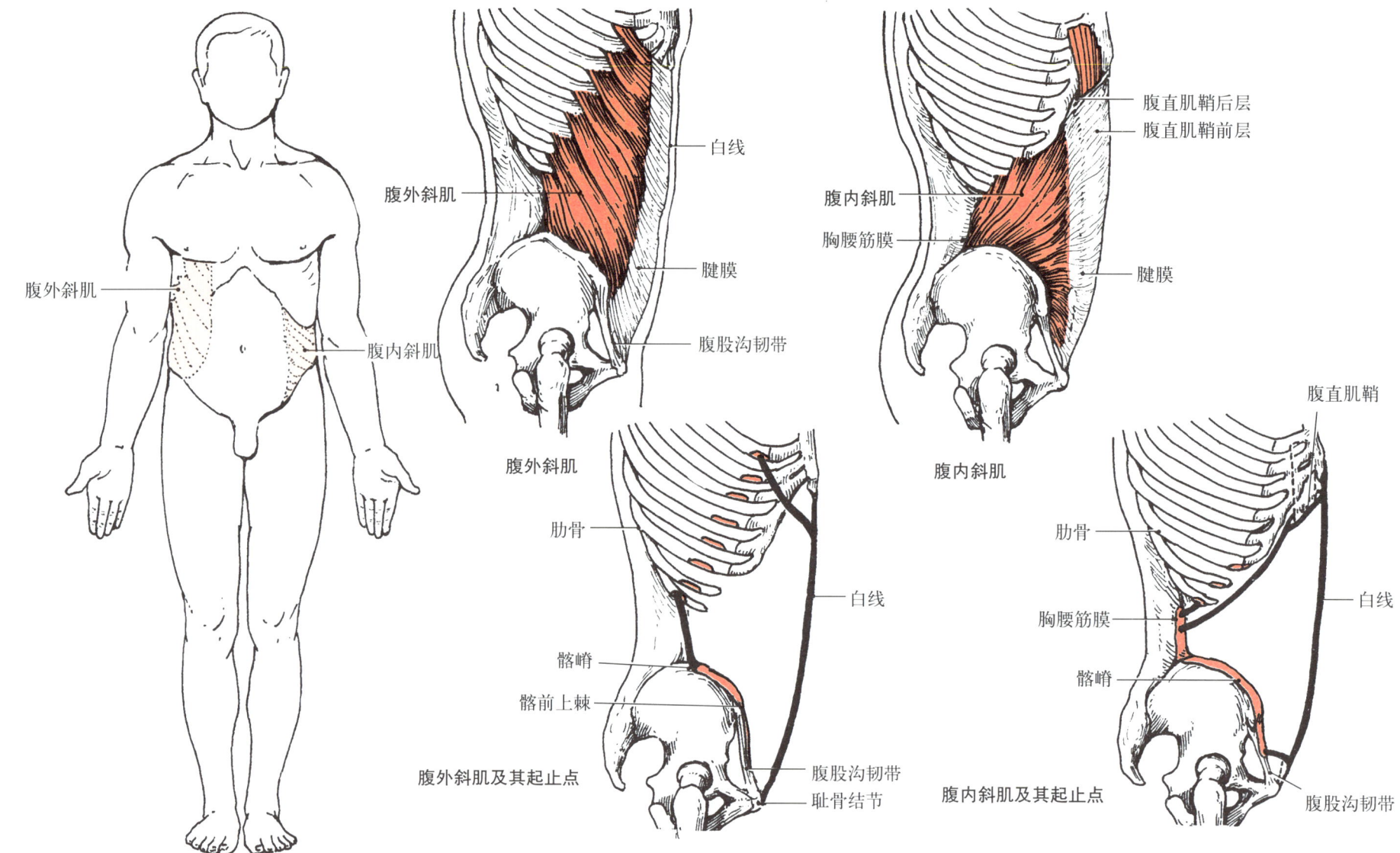

腹外斜肌 腹内斜肌

腹外斜肌（obliqueus externus abdominis）
部位：在腹部前外侧面浅层。肌纤维由外上方向前内下方斜行。
起点：第五~十二肋骨外面。
止点：后部止于髂嵴。前部移行为腱膜，参与形成白线。下缘止于髂前上棘和耻骨结节，形成腹股沟韧带。
神经支配：发自胸神经前支的肋间神经和第一腰神经前支。

腹内斜肌（obliqueus internus abdominis）
部位：在腹外斜肌深面。肌纤维由外下方向内上方斜行。
起点：胸腰筋膜，髂嵴和腹股沟韧带外侧。
止点：第十一~十二肋骨下缘，前部移行为腱膜，参与形成腹直肌鞘前、后层和白线。
神经支配：发自胸神经前支的肋间神经和第一腰神经前支。

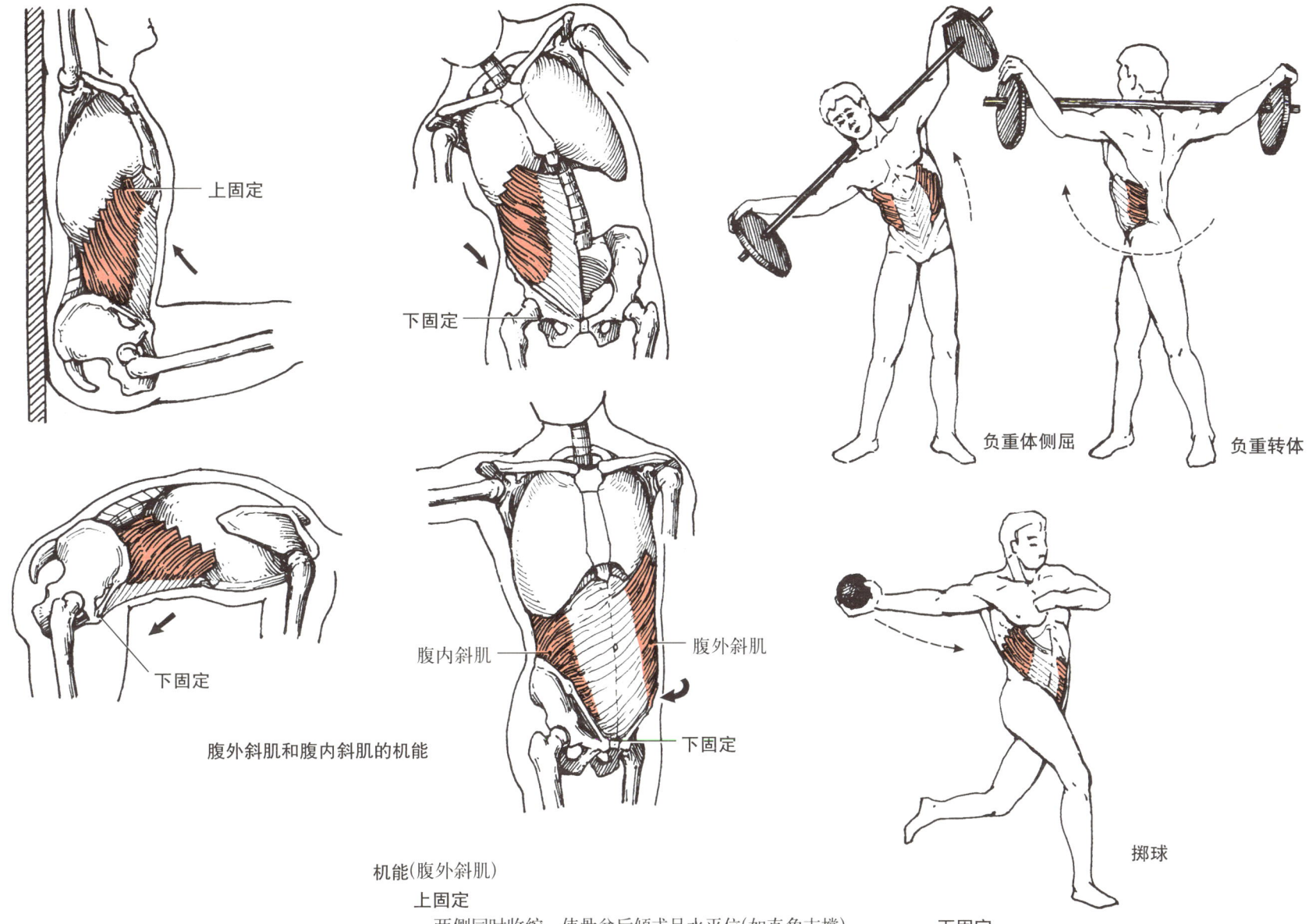

腹外斜肌和腹内斜肌的机能

机能(腹外斜肌)
上固定
　　两侧同时收缩，使骨盆后倾或呈水平位(如直角支撑)。
下固定
　　一侧收缩，使脊柱向同侧侧屈和向对侧回旋。两侧同时收缩可下拉胸廓，使脊柱前屈。

机能(腹内斜肌)
下固定
　　一侧收缩，使脊柱向同侧侧屈和向同侧回旋(与对侧腹外斜肌协同作用，完成使脊柱向同侧回旋的动作)。

发展腹内斜肌和腹外斜肌肌力的辅助练习举例(一)
　　负重体侧屈、负重转体、掷球。

腹内斜肌　腹外斜肌

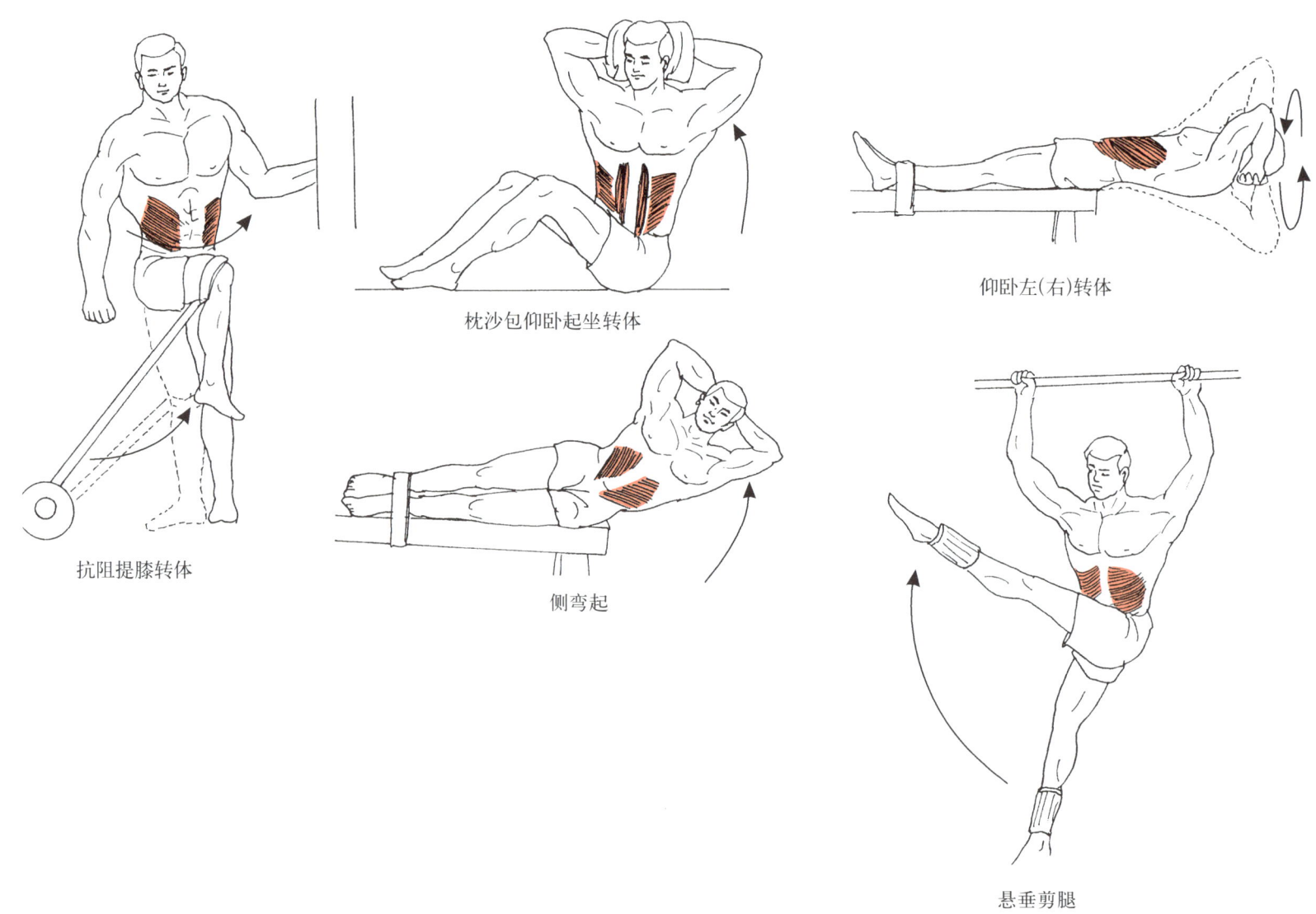

发展腹内斜肌和腹外斜肌肌力的辅助练习举例(二)
抗阻提膝转体、枕沙包仰卧起坐转体、仰卧左(右)转体、侧弯起、悬垂剪腿。

腹内斜肌 腹外斜肌

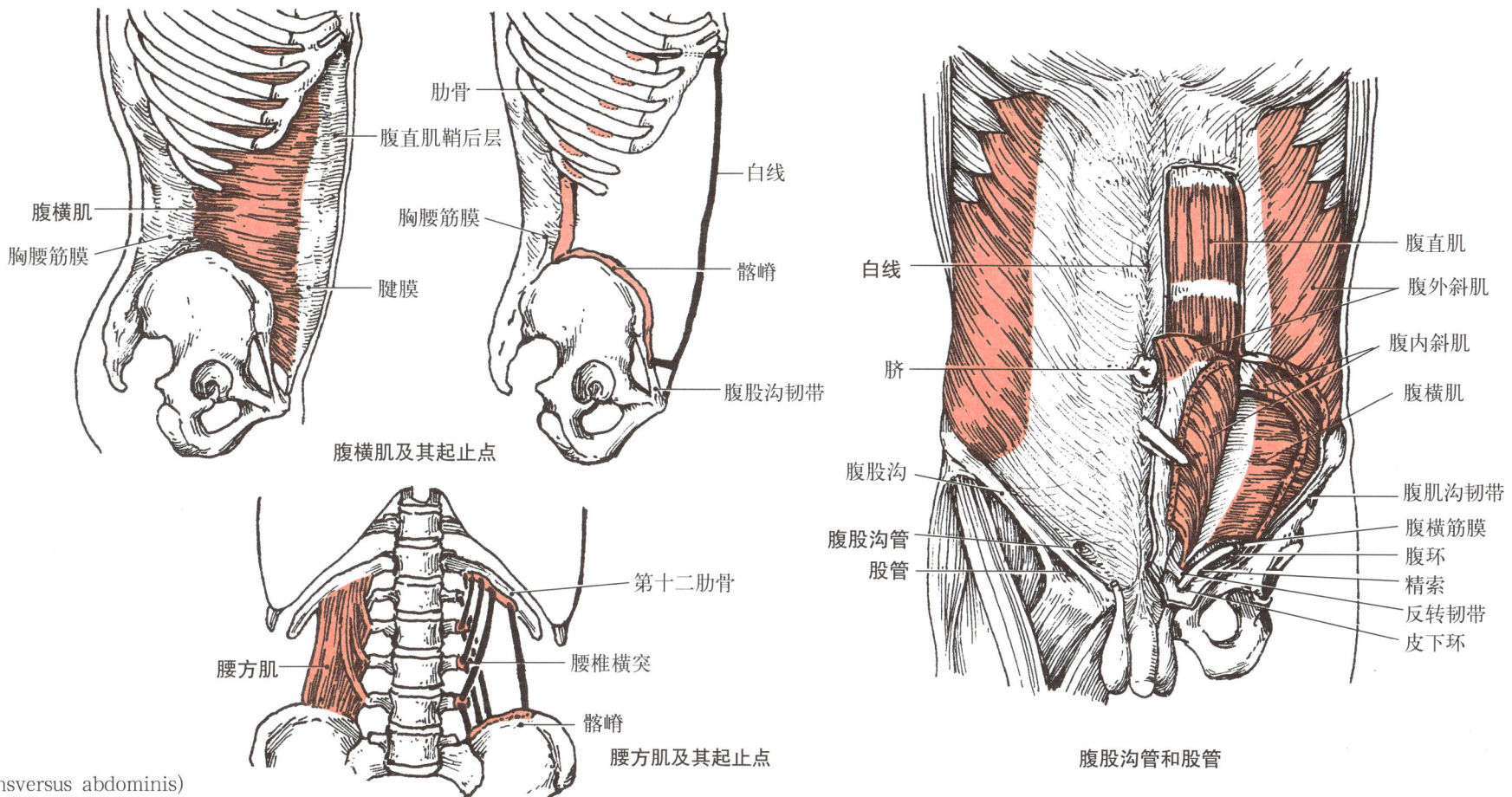

腹横肌及其起止点

腰方肌及其起止点

腹股沟管和股管

腹横肌 (transversus abdominis)
  部位：在腹内斜肌深面。肌纤维横行。
  起点：第七～十二肋骨内面，胸腰筋膜、髂嵴和腹股沟韧带外侧。
  止点：以腱膜参与形成腹直肌鞘后层，止于白线。
  神经支配：发自胸神经前支的肋间神经第一腰神经前支。
  机能：与其他腹肌协同收缩，可增加腹压，协助完成咳嗽、呕吐、排便等生理功能。

腰方肌 (quadratus lumborum)
  部位：在腹腔后壁，脊柱两侧。
  起点：髂嵴后部。止点：第十二肋骨和第一～四腰椎横突。
  支配神经：发自脊神经腰丛的第十三胸神经至第三腰神经前支。
  机能：增强腹后壁。两侧收缩时则降第十二肋；一侧收缩，参与脊柱向同侧屈。

腹横肌 腰方肌 腹股沟管

白线 (linea alba)
  位于胸骨剑突与耻骨联合之间，是左右腹直肌鞘之间的一条间隔。它由两侧的腹肌腱膜的纤维在腹前壁的正中交织而成。

腹股沟管 (inguinal canal)
  在腹前壁下部与股部交界处有一斜行的浅沟，称腹股沟，它的深面由腹外斜肌、腹内斜肌和腹横肌等结构之间形成一个约4.5厘米长的裂隙，称腹股沟管。管内男性有精索，女性有子宫圆韧带通过。

股管 (femoral canal)
  在腹股沟深面、耻骨上支和股静脉之间长约1.2厘米的管，管内有脂肪等填充。白线、腹股沟管和股管都是腹前壁上的薄弱部位，在身体虚弱时，过大的腹内压易使腹腔内的脏器可能在这些薄弱部位突出，形成疝。

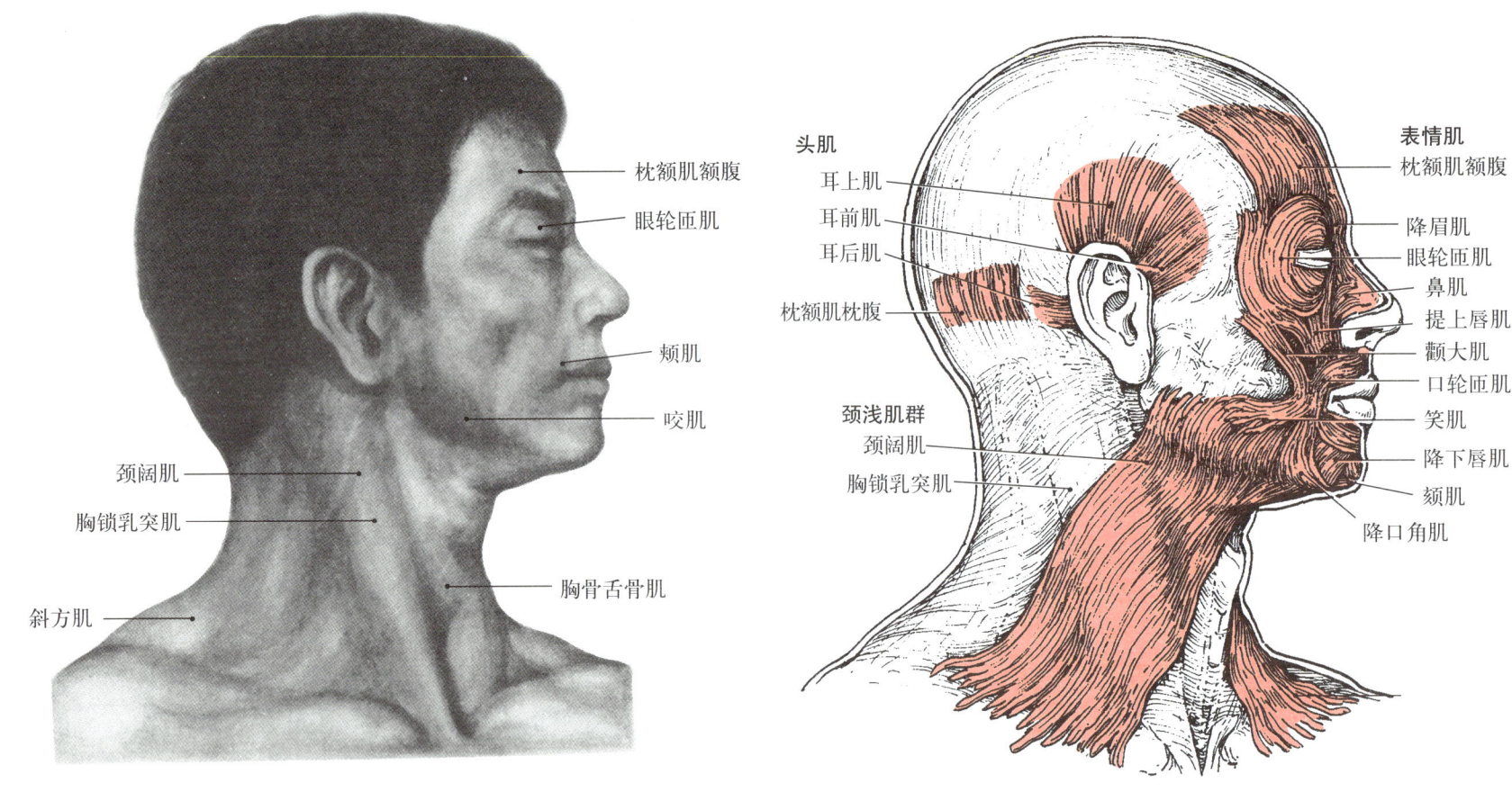

头颈肌体表投影

头颈浅层肌群

头颈肌　头肌

头肌　可分为表情肌和咀嚼肌。分布在颅部与面部。

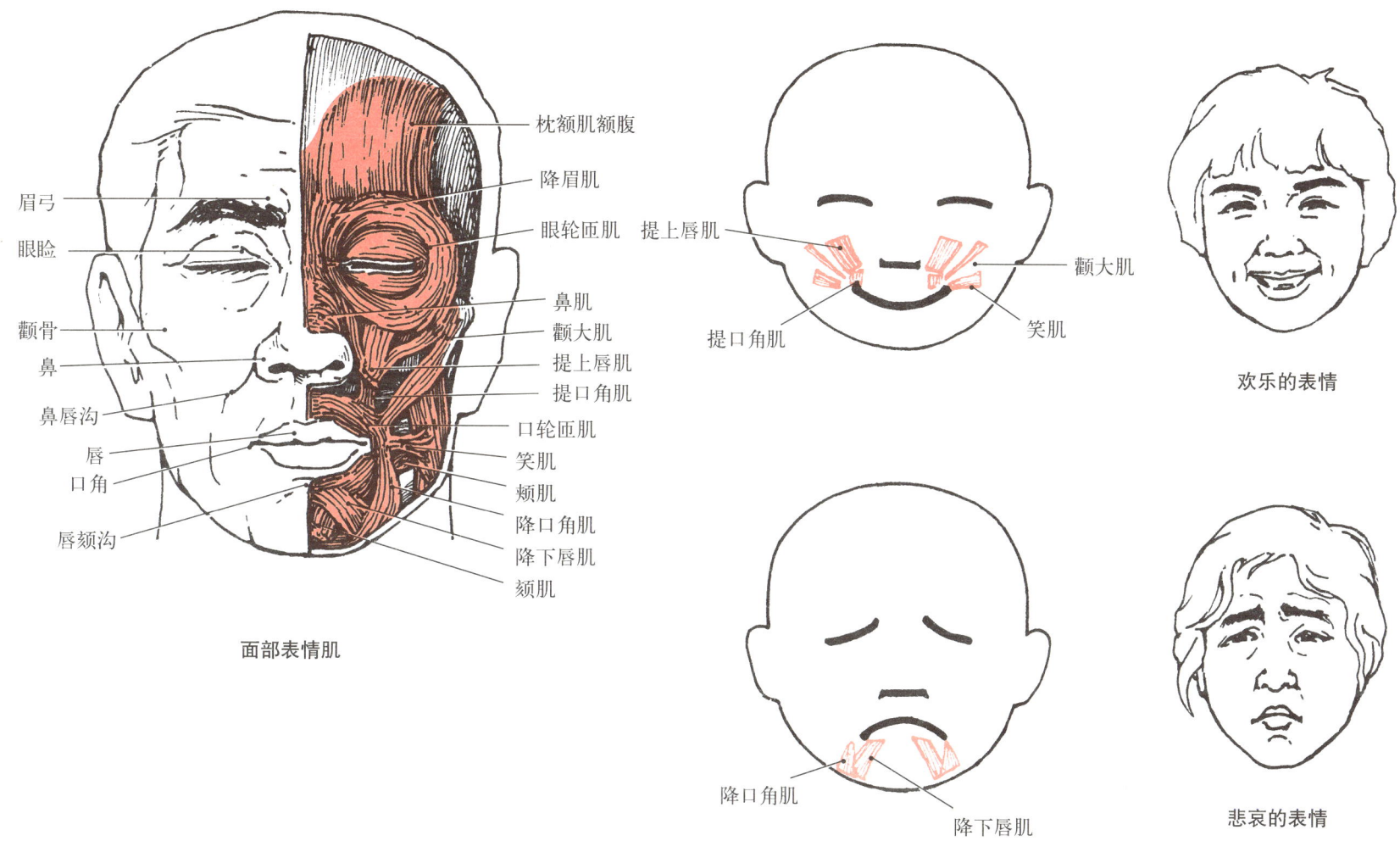

表情肌（muscles of expression）主要有：
  枕额肌 (occipito-frontalis) 在颅顶表面。
  眼轮匝肌 (orbicularis oculi) 在眼的周围皮下。
  口轮匝肌 orbicularis oris) 在口唇周围皮下。
  鼻肌 (nasalis) 在鼻背。

表情肌　分布在颅部、眼、口、鼻和耳廓周围等。表情肌起自颅骨，止于皮肤；收缩时，可改变眼裂、口裂的形状，皮肤出现皱褶，显出喜、怒、哀、乐等各种表情。

支配神经　发自第七对脑神经(面神经)的运动神经纤维。

头肌　表情肌

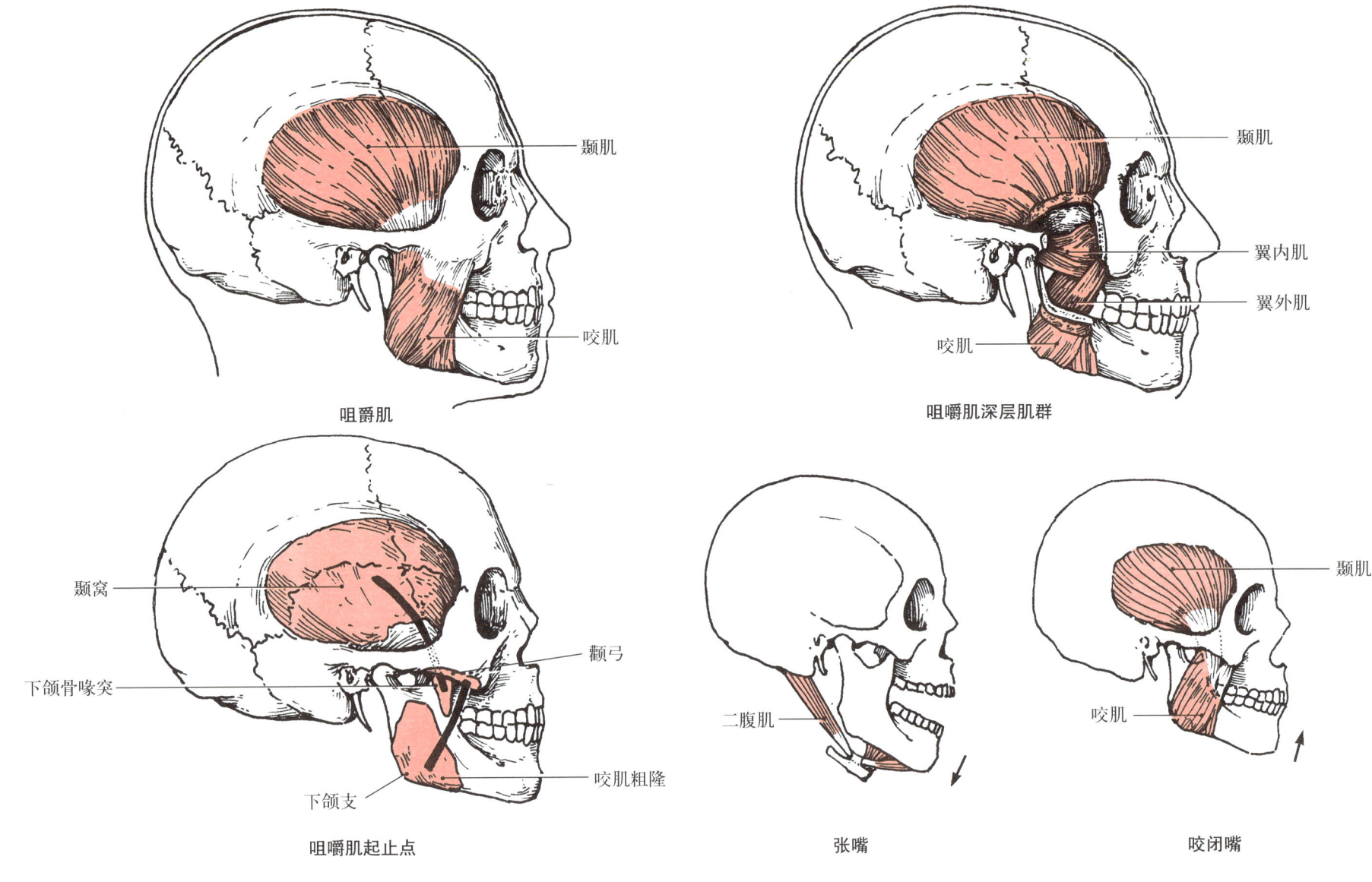

咀嚼肌 主要有颞肌、咬肌，此外尚有位于颞下窝内的翼内肌和翼外肌，它们都止于下颌骨。这群肌肉运动颞下颌关节，收缩时参与咀嚼运动。上述肌肉均受三叉神经支配。

颞肌 (temporalis)
　部位：颞窝部皮下，为扇形扁肌。起点：颞窝内。止点：下颌骨喙突。
咬肌 (masseter)
　部位：在下颌支外侧皮下。起点：颧弓前面。止点：下颌支外侧咬肌粗隆。

头肌　咀嚼肌

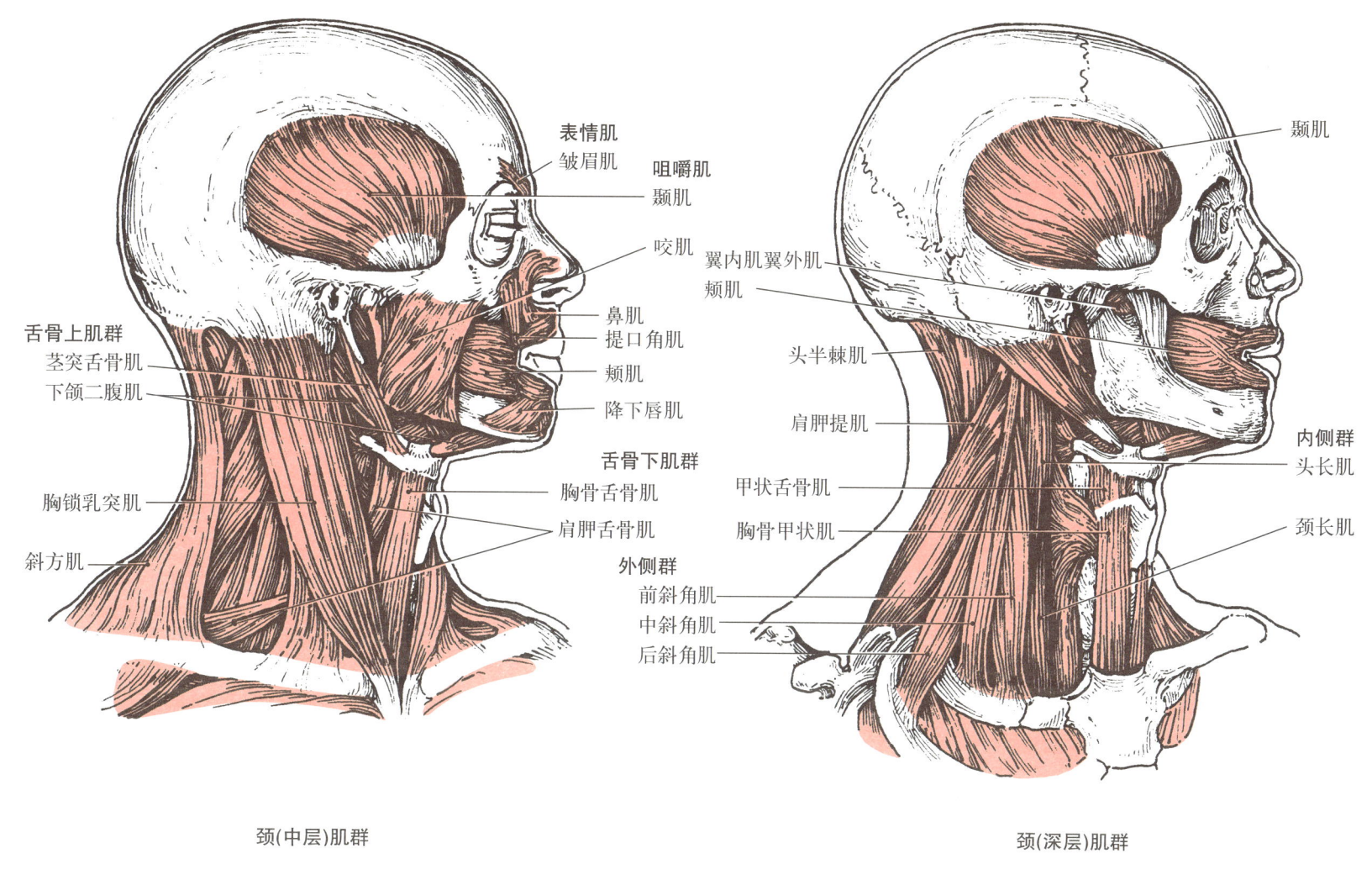

颈(中层)肌群　　　　　　　　　　　　　颈(深层)肌群

颈肌　分为浅、中、深3层。颈浅层肌群有颈阔肌和胸锁乳突肌。颈中层肌群的舌骨上肌群有下颌二腹肌(digastric)和茎突舌骨肌等；舌骨下肌群有胸骨舌骨肌、肩胛舌骨肌、胸骨甲状肌和甲状舌骨肌。颈深层肌群的内侧群有颈长肌和头长肌等；外侧群有前、中、后斜角肌。

颈　肌

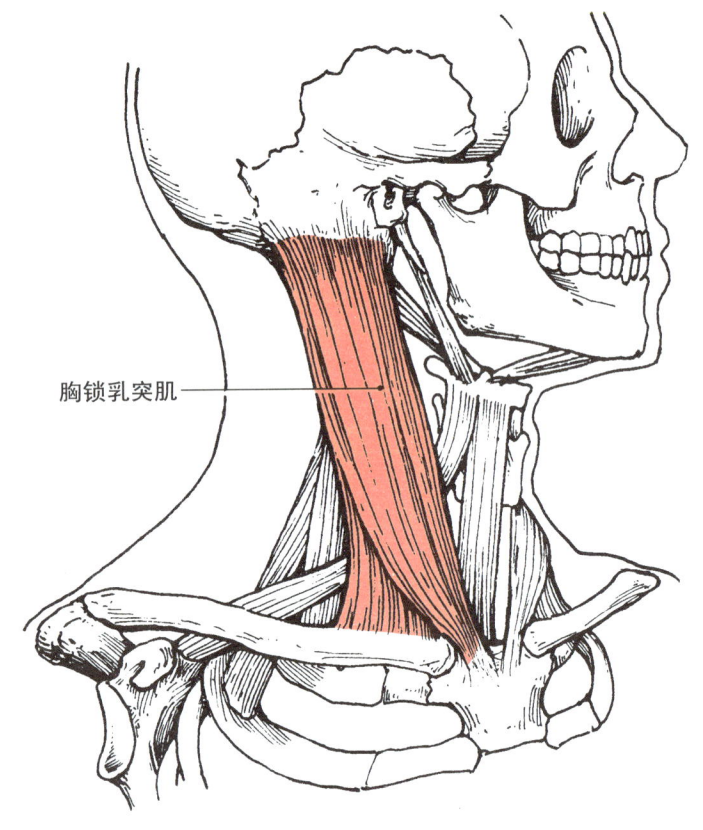

胸锁乳突肌

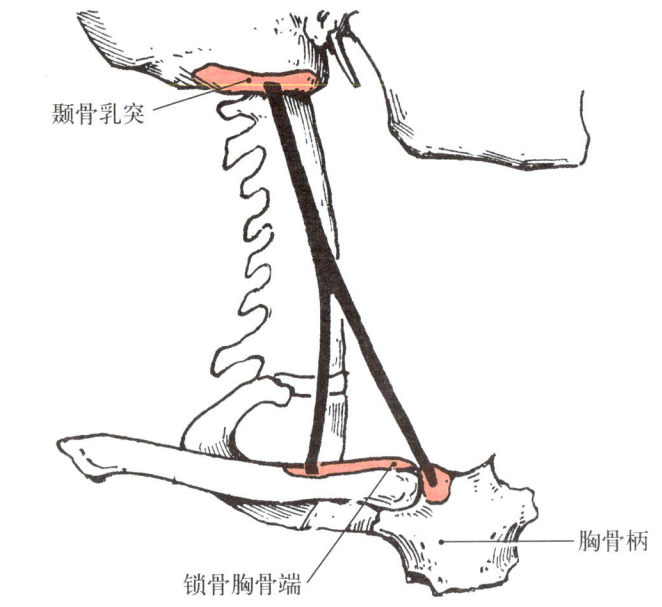

胸锁乳突肌的起止点

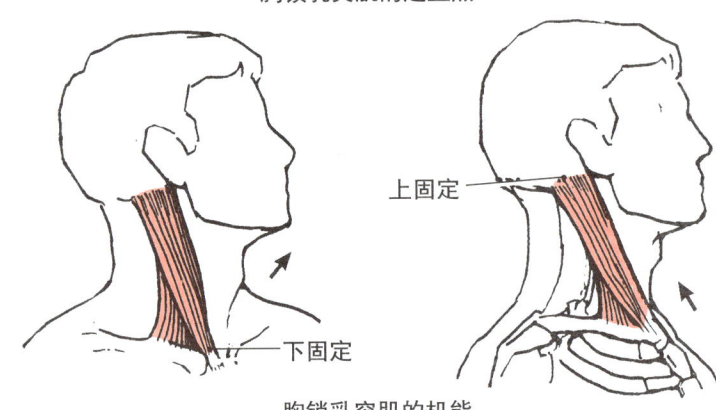

胸锁乳突肌的机能

颈阔肌 (platysma)
　　在颈前部和皮肤密切贴合的一块薄而阔的肌肉，
　　收缩时，牵引口角向下，并使颈部皮肤起皱褶(见150页图)。
　　支配神经：发自第七对脑神经(面神经)。

胸锁乳突肌 (sternocleidomastoideus)
　　部位：颈阔肌深面，颈部两侧。起点：胸骨柄和锁骨胸骨端。止点：颞骨乳突。
　　支配神经：发自第十一对脑神经(副神经)颈支。

机能
下固定(胸锁端固定)
　　一侧收缩，使头向同侧屈，并转向对侧(如射箭动作)。
　　两侧同时收缩，肌肉合力在寰枕关节额状轴的后面而使头伸；在寰枕关节额状轴的前面而使头前屈(如头顶球动作)。
上固定(颞骨乳突端固定)上提胸廓，助吸气。
发展肌肉力量练习举例：顶沙包头颈转动。

颈浅层肌　颈阔肌　胸锁乳突肌

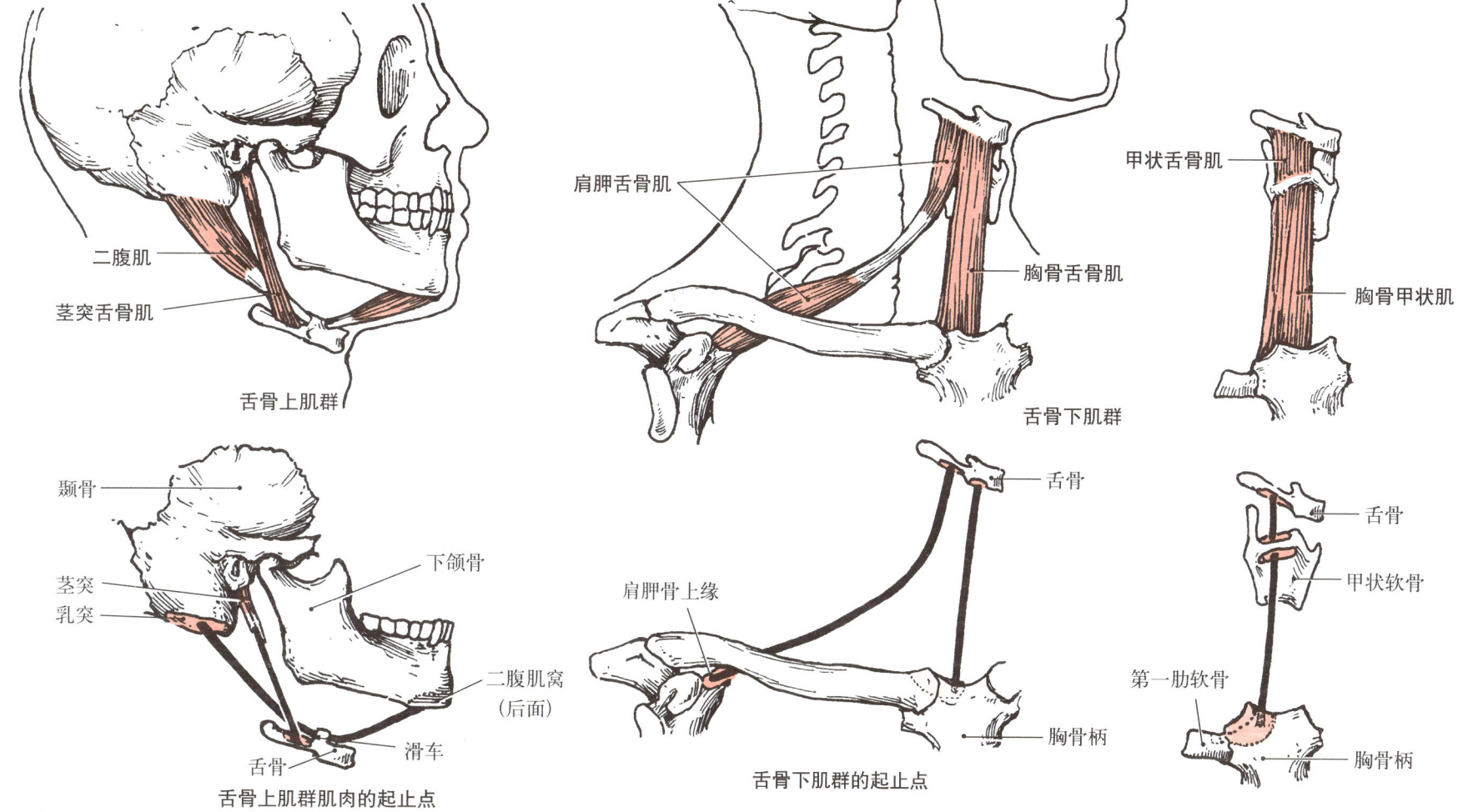

二腹肌（digastric）
 部位：在下颌骨的下方。
 起止点：前腹起自下颌骨后面二腹肌窝，后腹起自颞骨乳突后内方，两个肌腹借中间腱相连，以滑车系于舌骨。
 支配神经：前腹受三叉神经，后腹受面神经运动纤维支配。
茎突舌骨肌（stylohyoid）
 部位：在二腹肌后腹的上方。起点：颞骨茎突。止点：舌骨。
 支配神经：受面神经运动纤维支配。

肩胛舌骨肌（omohyoid）
 部位：在胸锁乳突肌深面。分上下两腹。
 起止点：下腹起自肩胛骨上缘，移行成中间腱斜向内上方转为上腹，止于舌骨下缘。
胸骨舌骨肌（sternohyoid）
 部位：在颈前正中线两侧。起点：在胸骨柄和锁骨胸骨端后面。止点：舌骨体下缘。
胸骨甲状肌（sternothyroid）
 部位：在胸骨舌骨肌深层。起点：胸骨柄后面和第一肋软骨。止点：甲状软骨。
甲状舌骨肌（thyrohyoid）
 部位：是胸骨甲状肌向上的延续部分。起点：甲状软骨。止点：舌骨体。
 上述肌肉的作用是使舌骨和下颌骨活动，配合吞咽与发音。上述肌肉受脊神经颈丛的第一~三颈神经支配。

颈中层肌 舌骨上肌群 舌骨下肌群

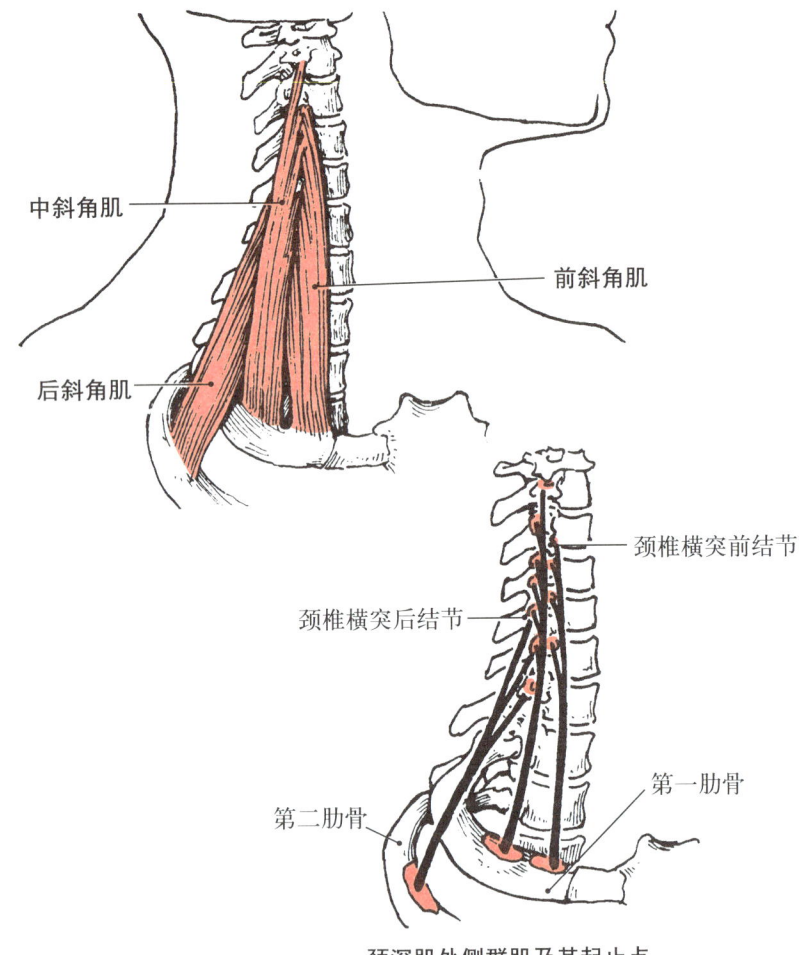

颈深肌外侧群肌及其起止点

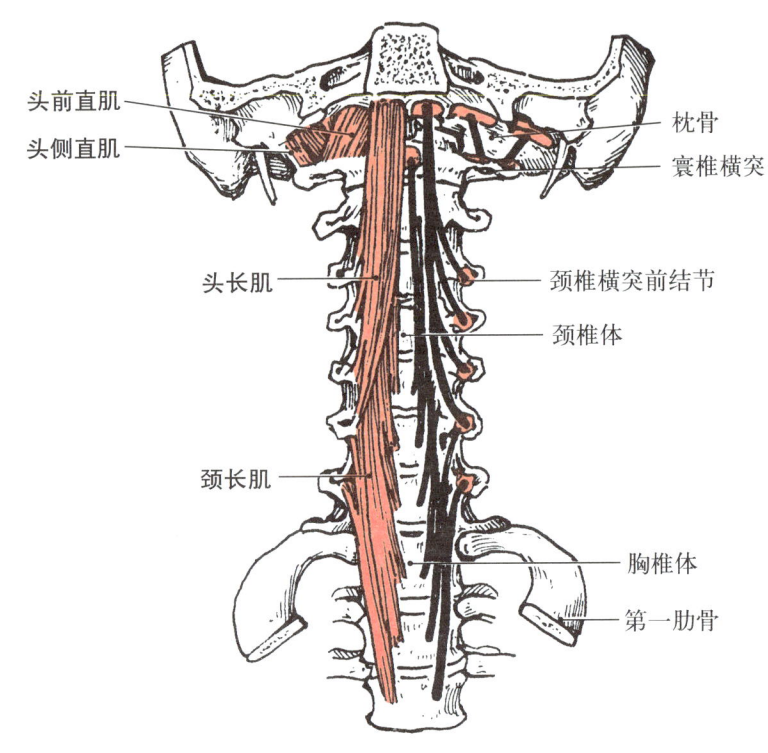

颈深肌内侧群肌及其起止点

前斜角肌 (scalenus anterior)
部位：在胸锁乳突肌深面。
起点：第三～六颈椎横突前结点。止点：第一肋骨上面斜角肌结节。

中斜角肌 (scalenus medius)
部位：在上肌后方。起点：第二～六颈椎横突后结节。止点：第一肋骨上面。

后斜角肌 (scalenus posterior)
部位：在上肌后方。起点：第五～七颈椎横突后结节。止点：第二肋骨外侧。
支配神经：主要受下位颈神经前支支配。
机能：上述肌肉作用使颈前屈、侧屈和上提肋助吸气。

颈长肌 (longus colli)
部位：在颈椎和胸椎上段。
起止点：起于上位胸椎体和下位颈椎体及横突。止于颈椎体直至寰椎前结节。

头长肌 (longus capitis)
部位：在颈长肌上方。起点：第三～六颈椎横突。止点：枕骨底部。

头前直肌 (rectus capitis anterior)
部位：寰枕关节前面。起点：寰椎横突。止点：枕骨底部。

头侧直肌 (rectus capitis lateralis)
部位：在头前直肌外侧。起点：寰椎横突。止点：枕骨外侧的下面。
支配神经：主要受上位颈神经分支支配。
机能：上述肌肉作用使颈前屈和侧屈。

颈深层肌　斜角肌　颈长肌　头长肌　头直肌

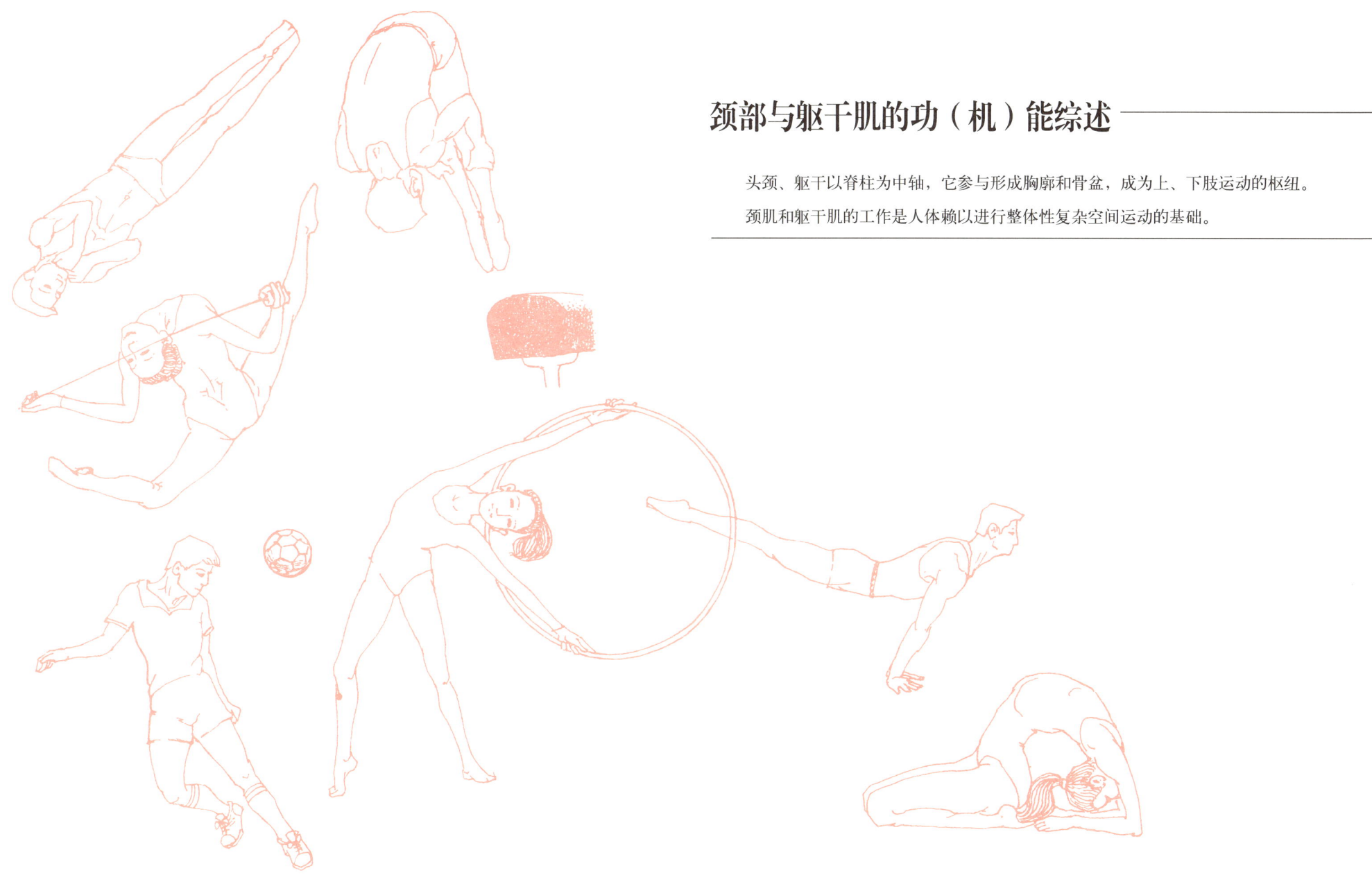

颈部与躯干肌的功（机）能综述

头颈、躯干以脊柱为中轴，它参与形成胸廓和骨盆，成为上、下肢运动的枢纽。

颈肌和躯干肌的工作是人体赖以进行整体性复杂空间运动的基础。

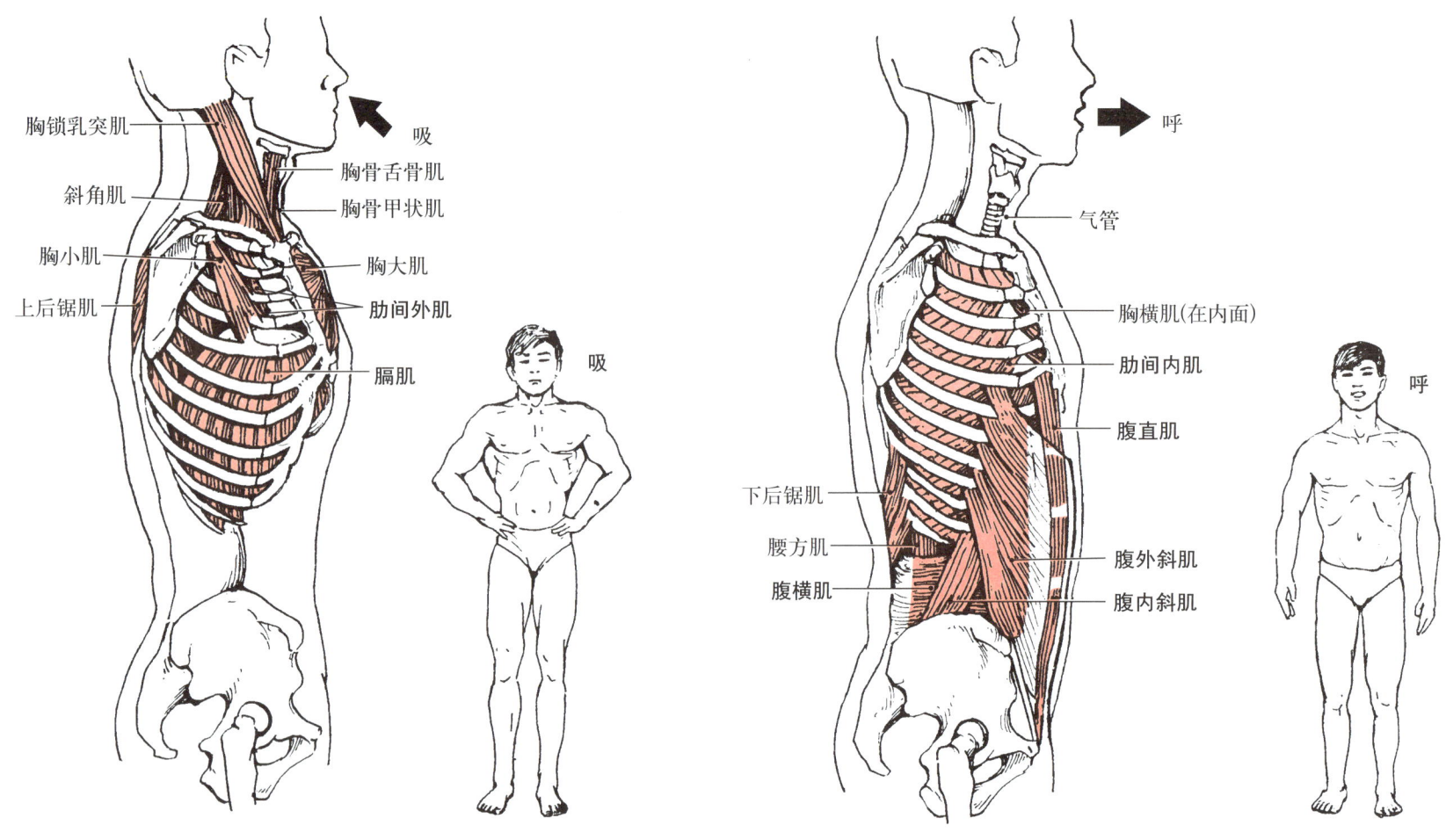

主要吸气肌 膈肌、肋间外肌、肋提肌(提肋,扩大胸腔容积,助吸气)。
辅助吸气肌 胸锁乳突肌、斜角肌、胸骨舌骨肌、胸骨甲状肌、胸大肌、胸小肌、上后锯肌等(上述肌肉协助上提肋骨或胸骨,继续扩大胸腔,辅助吸气的作用)。
深吸气时 剧烈运动后,为了有效地进行深吸气,弥补"氧债"起见,可以采取头颈后仰,双手叉腰(也可将双手攀附在肋木上或同伴的肩上)使辅助吸气肌在远固定的情况下作用于胸廓,有利于提肋助吸气。

主要呼气肌 肋间内肌(降肋)、腹直肌、腹外斜肌、腹内斜肌、胸横肌和腹横肌(上述腹壁肌拉肋向下)。
辅助呼气肌 肋下肌、腰方肌和下后锯肌(上述肌肉起降肋和使腹壁恢复原位)。
呼气时 膈松弛膈顶上升恢复原位,腹壁回收,胸骨、肋骨下降,胸腔容积减少。

呼吸运动的肌群

在呼吸中胸廓的运动是由于呼吸肌作用于肋和胸骨,吸气时使胸廓左右径、前后径和上下径增大以及呼气时缩小来实现的。

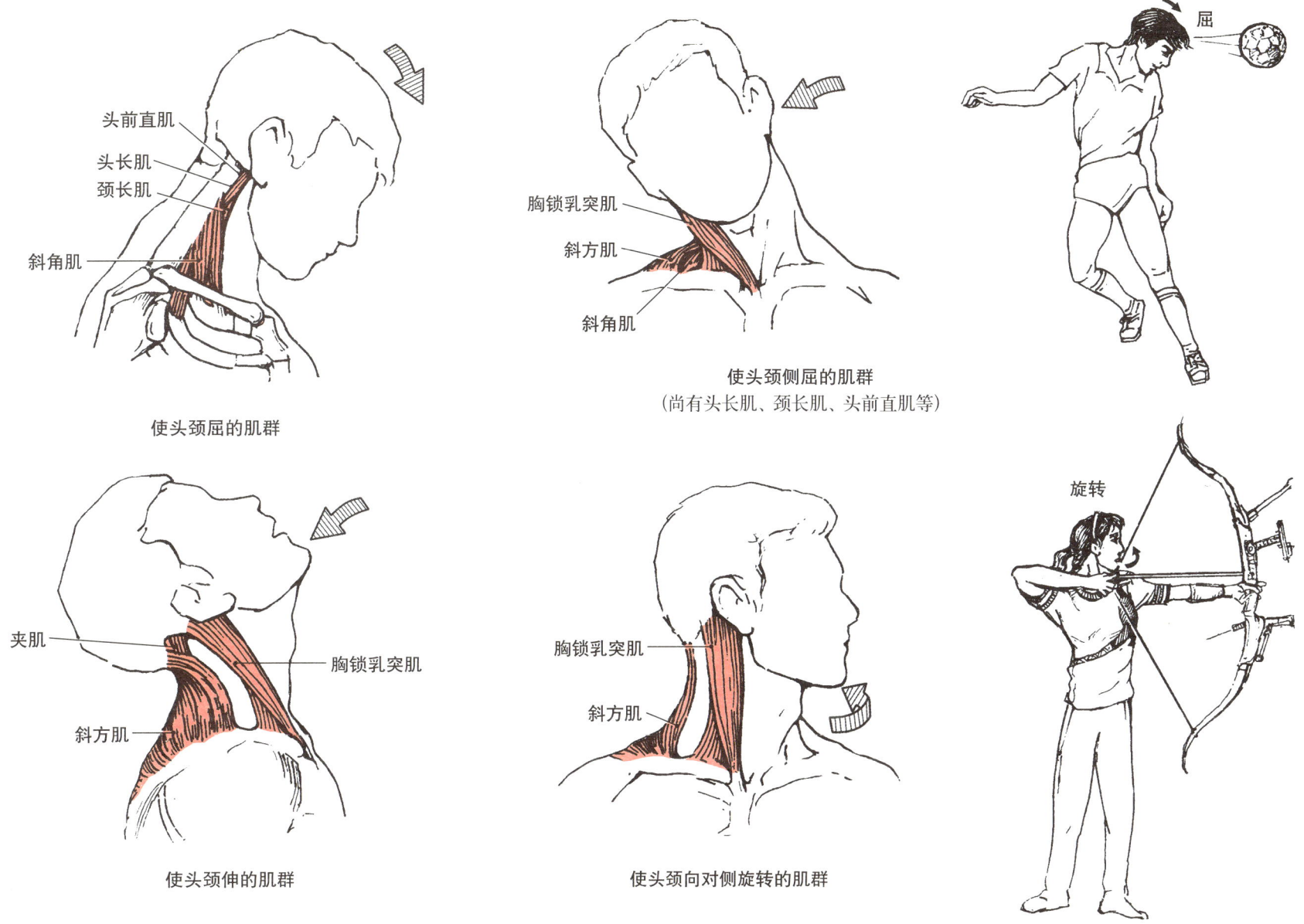

运动头颈的肌群

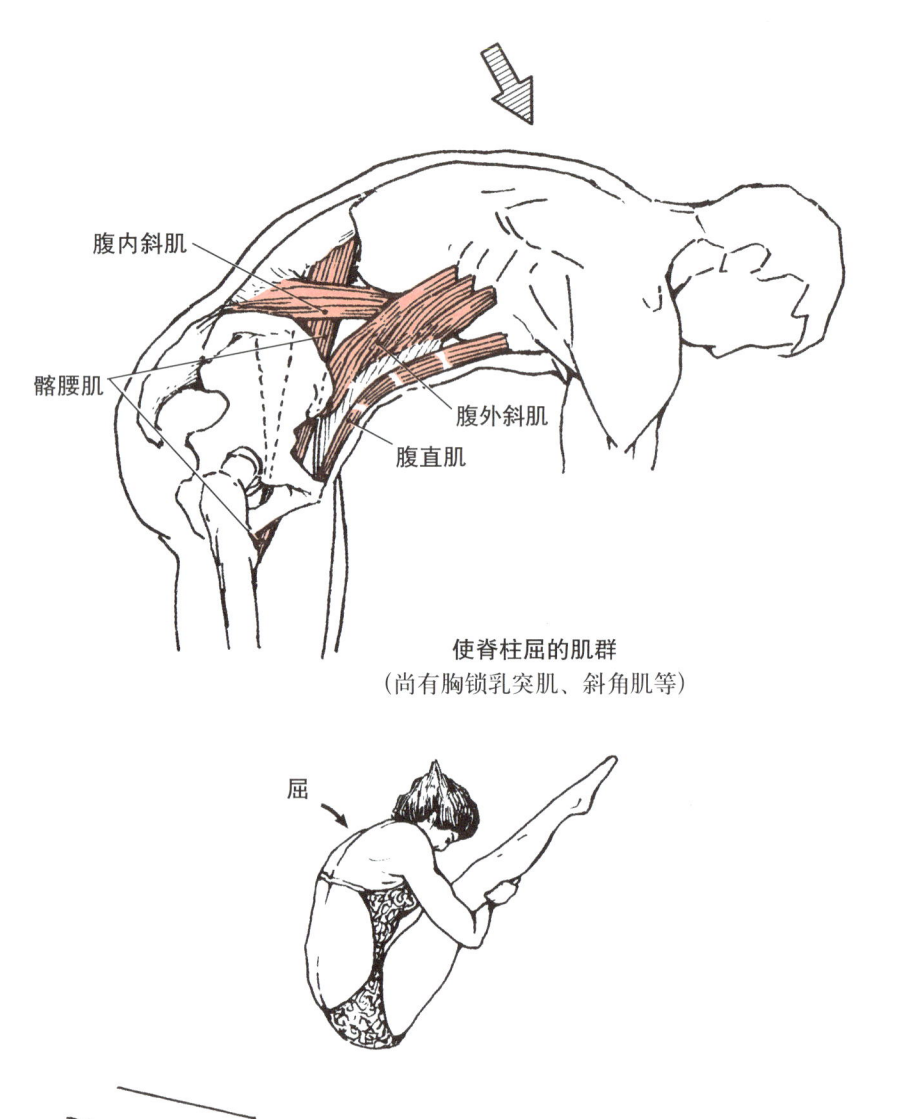
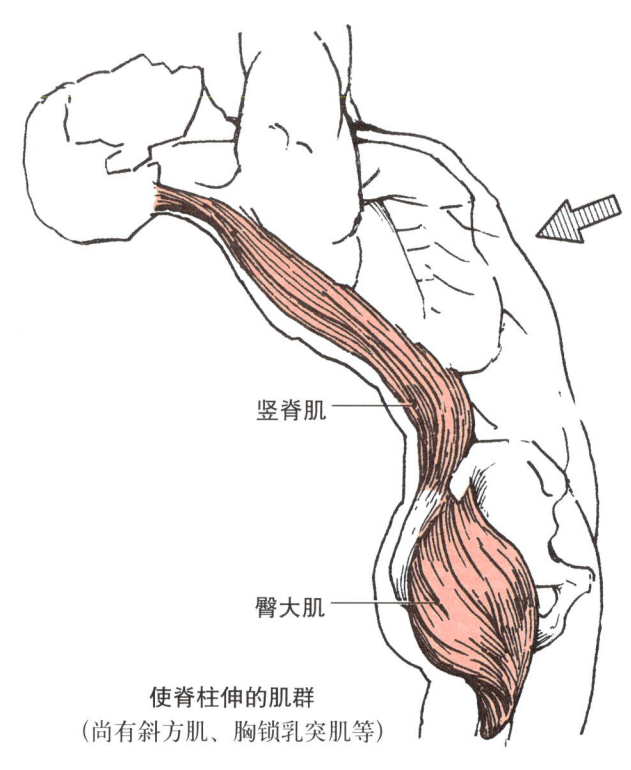

使脊柱屈的肌群
（尚有胸锁乳突肌、斜角肌等）

使脊柱伸的肌群
（尚有斜方肌、胸锁乳突肌等）

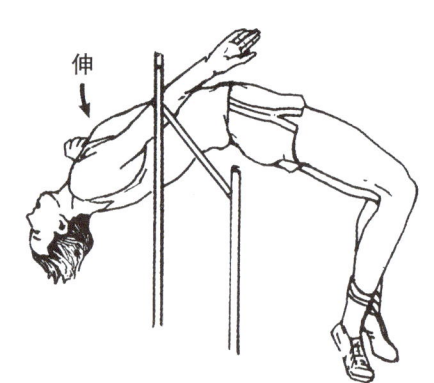

运动脊柱的肌群

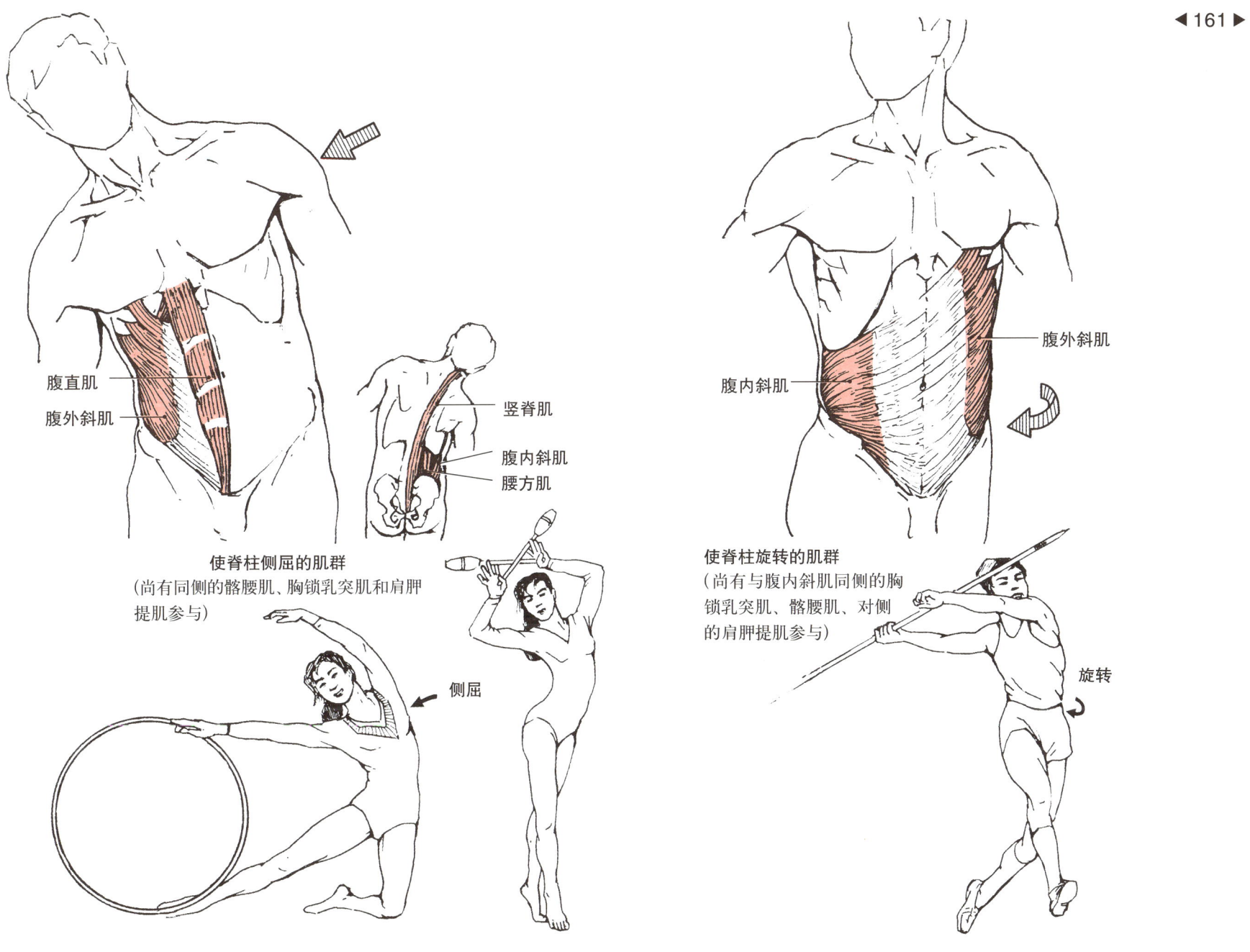

使脊柱侧屈的肌群
（尚有同侧的髂腰肌、胸锁乳突肌和肩胛提肌参与）

使脊柱旋转的肌群
（尚有与腹内斜肌同侧的胸锁乳突肌、髂腰肌、对侧的肩胛提肌参与）

上述肌肉在下固定收缩时，可使脊柱前屈、后伸、侧屈和旋转。此外，还可做环转运动。

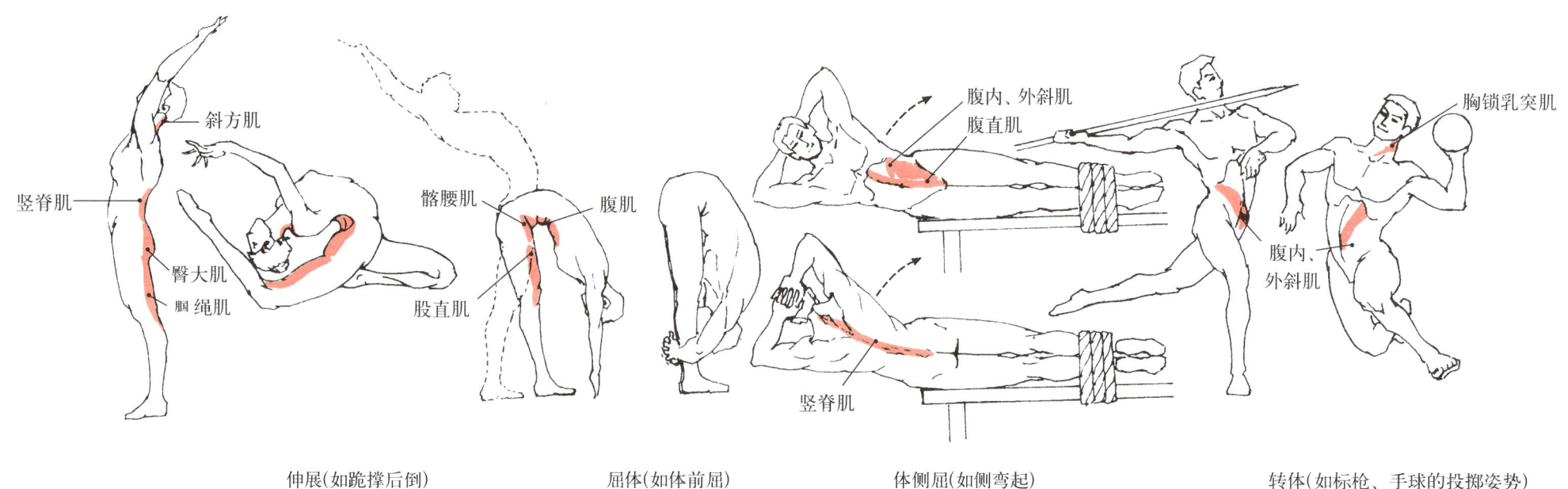

伸展(如跪撑后倒)　　　　屈体(如体前屈)　　　　体侧屈(如侧弯起)　　　　转体(如标枪、手球的投掷姿势)

　　伸展时，躯干呈背弓状，体操桥是最大幅度的伸展动作。伸展时，前纵韧带、髂股韧带起制动作用。

　　躯干伸展的主要肌肉是，斜方肌上部肌束的远固定收缩使头颈伸；竖脊肌下固定收缩使脊柱伸；臀大肌、腘绳肌远固定收缩使骨盆后倾。

　　躯干适度伸展"满弓待发"姿态，为腹侧屈肌(腹肌、髂腰肌等)的爆发式收缩创造有利条件，例如跳远动作。

　　屈体动作的肌肉工作是腹肌、腰大肌的下固定收缩使脊柱屈；髂肌、股直肌的远固定收缩使骨盆前倾。极度屈体时(如"团身")，腹肌、腰大肌必须紧张收缩。

　　躯干背侧的伸肌群起调控屈体的速度和幅度。

　　完成体侧屈的主要肌肉是，与运动方向同侧的腹侧屈肌群(腹内、外斜肌、腹直肌)和背侧脊柱伸肌(竖脊肌)的下固定收缩。相对侧的屈、伸肌肉起调控体侧屈运动的速度和幅度。

　　转体(回旋)动作是头、颈、脊柱、骨盆绕垂直轴回旋。参与完成转体动作的主要肌肉是与运动方向对侧的胸锁乳突肌的下固定收缩使头转动；同侧腹内斜肌和对侧腹外斜肌的下固定收缩使躯干(脊柱)回旋；同侧臀大肌的远固定收缩使骨盆向对侧转动。

躯干运动动作的解剖学分析

躯干运动动作有伸展、屈体、体侧屈和转体(回旋)。

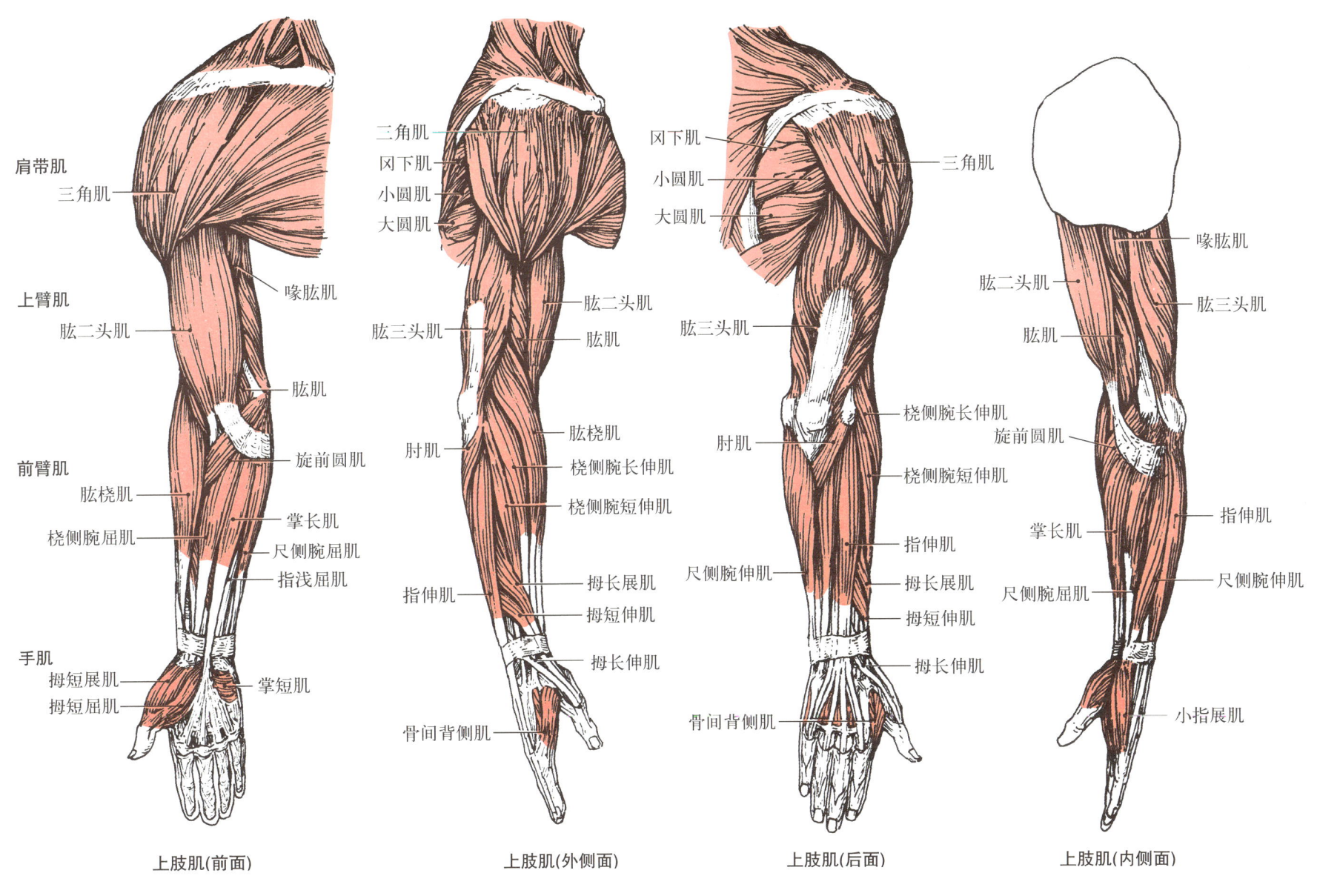

上肢肌（前面）　　上肢肌（外侧面）　　上肢肌（后面）　　上肢肌（内侧面）

上肢肌

上肢肌（muscles of upper limb）分为上肢带肌（肩带肌）、上臂肌、前臂肌和手肌。

上肢肌为人体运动器官中最灵活的部分，在体育运动的支撑、悬垂和推拉等动作中，上肢肌都起着重要的作用。

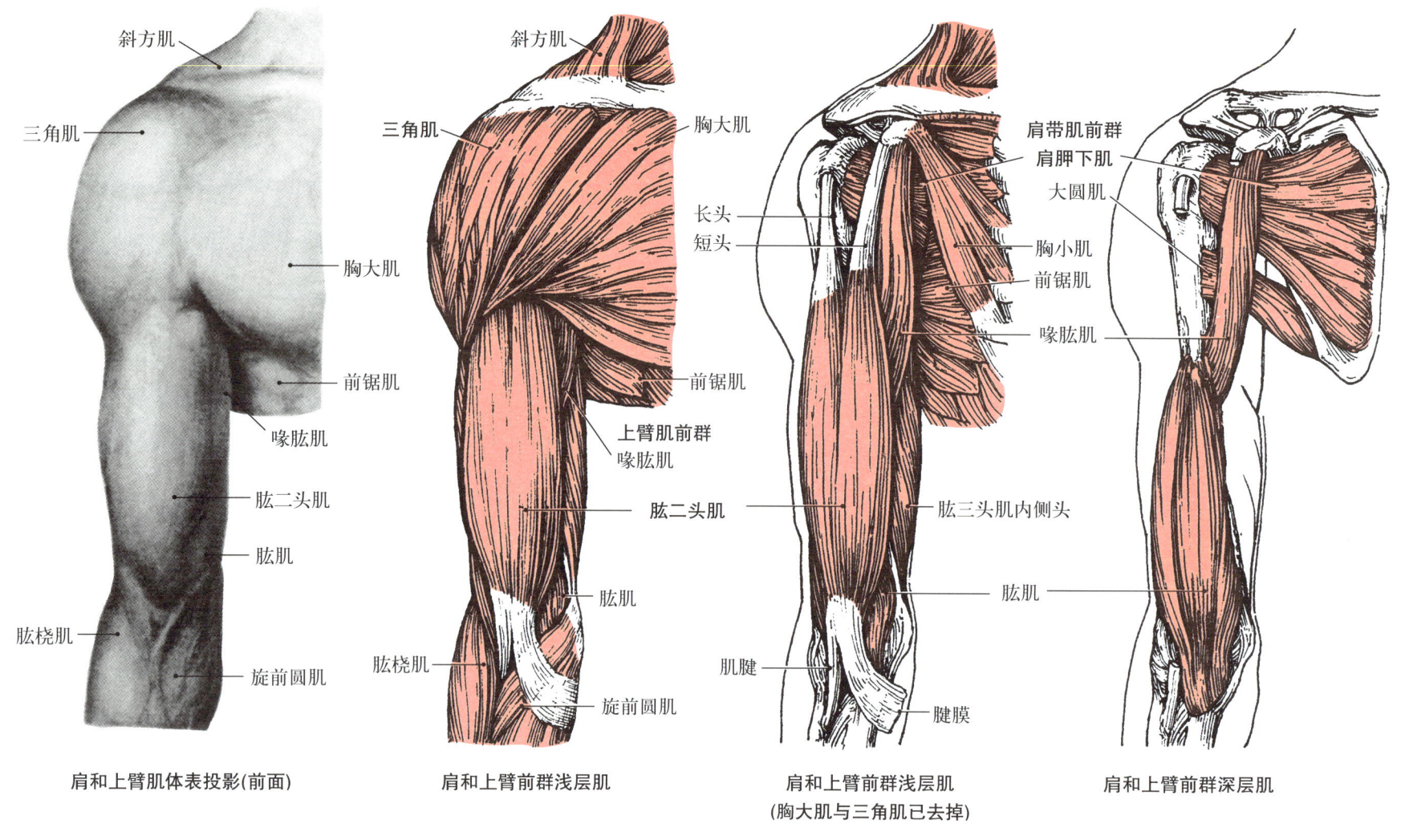

肩和上臂肌体表投影(前面)   肩和上臂前群浅层肌   肩和上臂前群浅层肌（胸大肌与三角肌已去掉）   肩和上臂前群深层肌

上肢带肌和上臂肌

上肢带肌 (muscles of shoulder girdle) 位于肩部皮下，起自锁骨和肩胛骨，止于肱骨。包括三角肌、肩胛骨前面的肩胛下肌、肩胛骨后面的冈上肌、冈下肌、大圆肌和小圆肌。

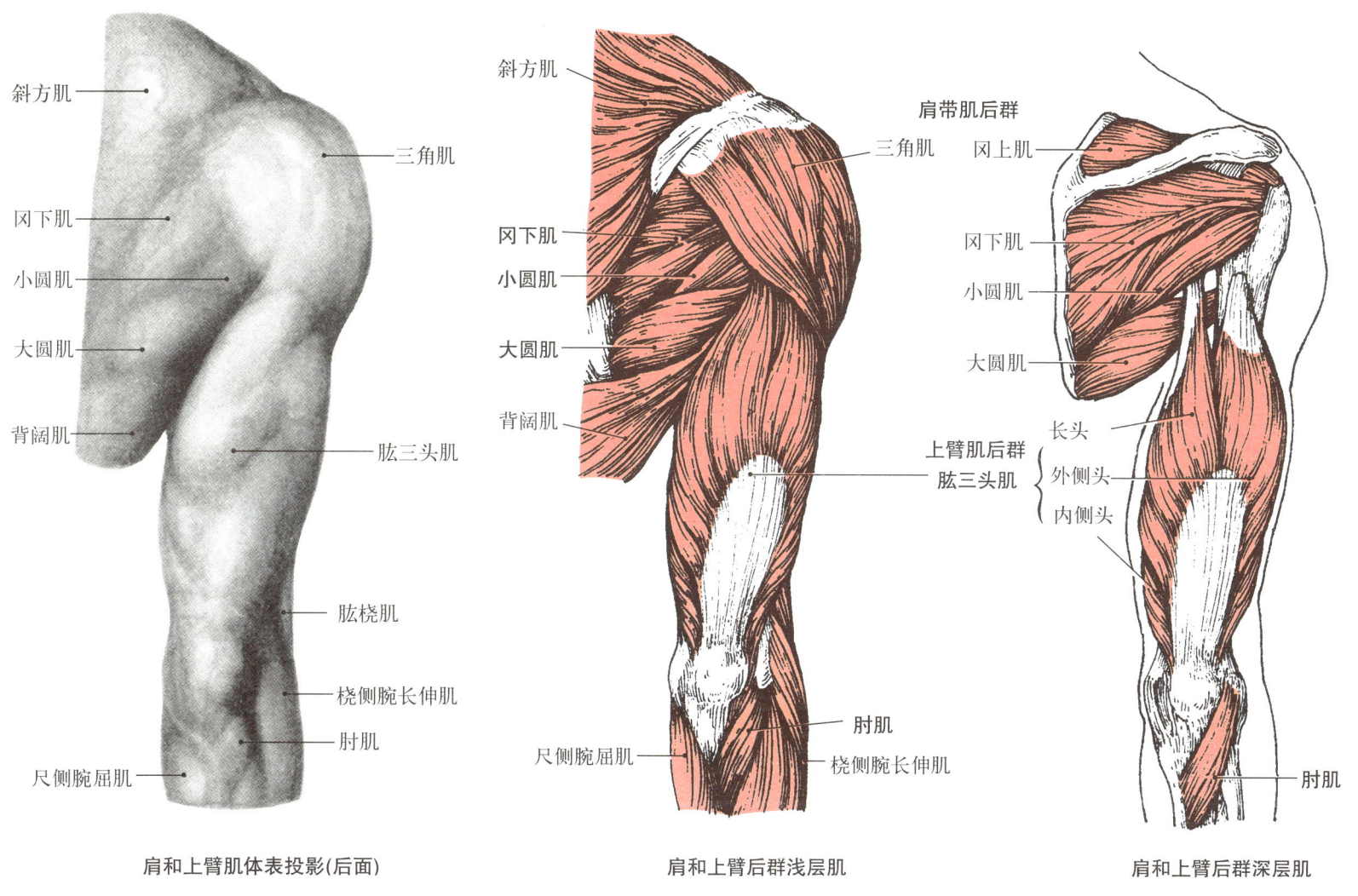

肩和上臂肌体表投影(后面)　　肩和上臂后群浅层肌　　肩和上臂后群深层肌

上臂肌(muscles of arm)包绕在肱骨周围的长肌，分为前群(屈肌群)浅层的肱二头肌、喙肱肌，深层的肱肌和后群(伸肌群)的肱三头肌、肘肌。

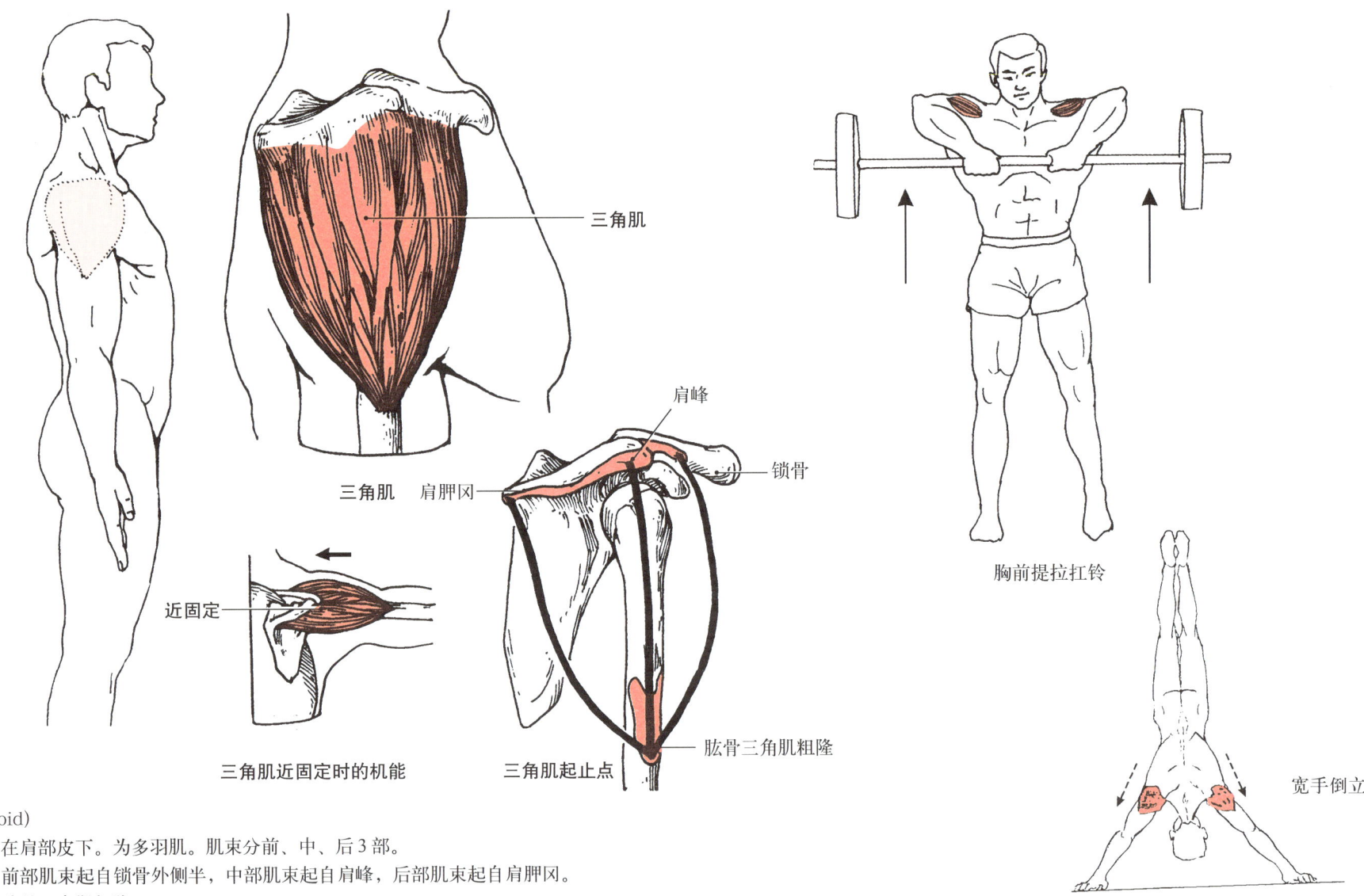

三角肌(deltoid)
　　部位：在肩部皮下。为多羽肌。肌束分前、中、后3部。
　　起点：前部肌束起自锁骨外侧半，中部肌束起自肩峰，后部肌束起自肩胛冈。
　　止点：肱骨三角肌粗隆。
　　支配神经：发自脊神经臂丛的腋神经。
　　机能：近固定前部纤维收缩使上臂在肩关节处屈和旋内。中部纤维收缩使上臂外展。
　　　　　后部纤维收缩使上臂在肩关节处伸和旋外。整体收缩，可使上臂外展。

发展三角肌肌力的辅助练习举例(一)
　　胸前提拉杠铃(有效锻炼前部肌纤维)；宽手倒立(有效锻炼后部肌纤维)。

上肢带肌　三角肌

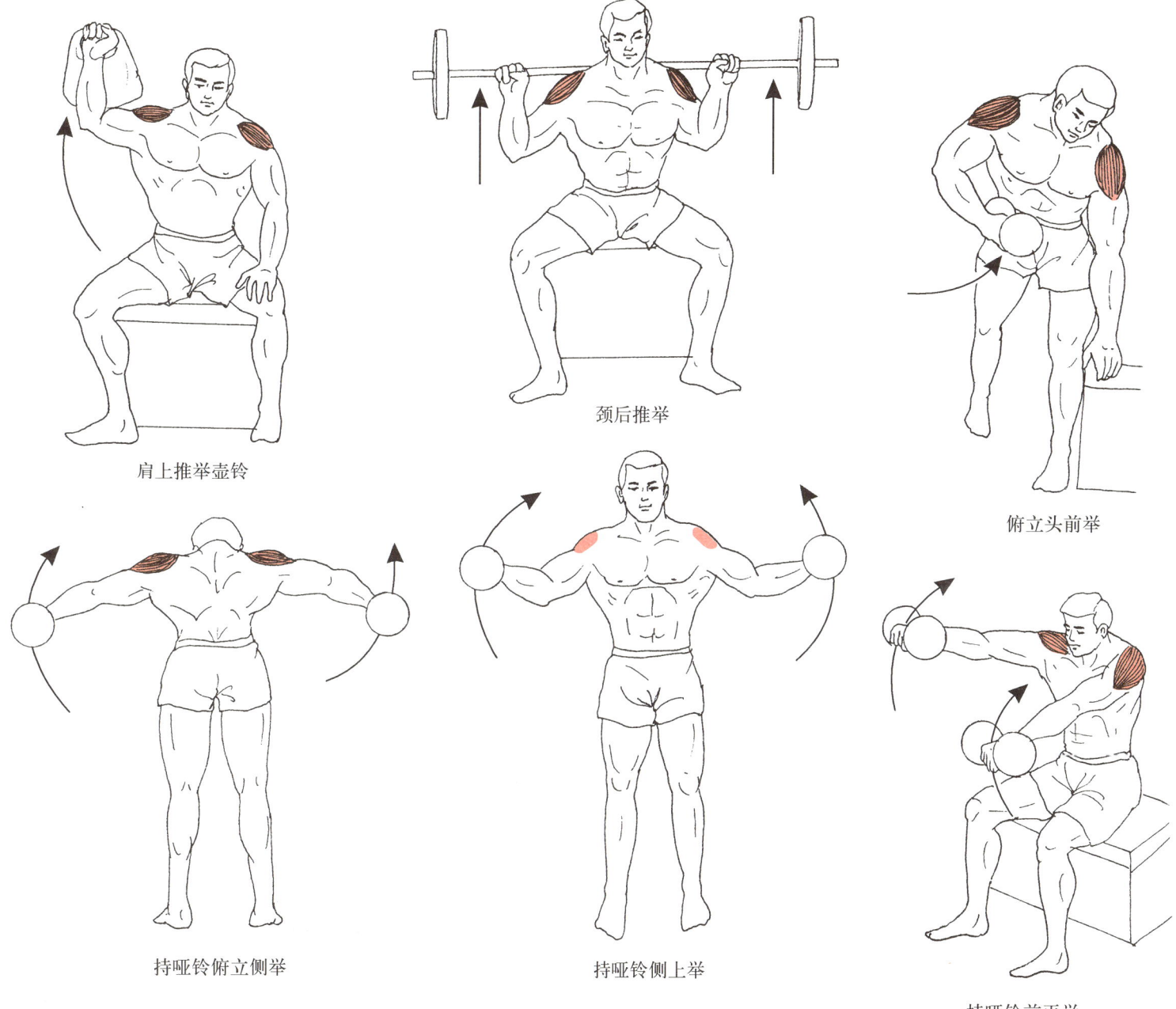

发展三角肌肌力的辅助练习举例(二)
肩上推举壶铃、颈后推举、俯立头前举、持哑铃侧上举、持哑铃俯立侧举、持哑铃前平举。

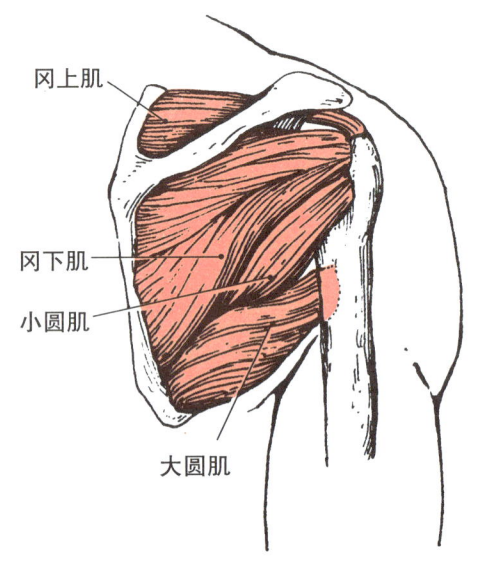

肩带肌(背面)

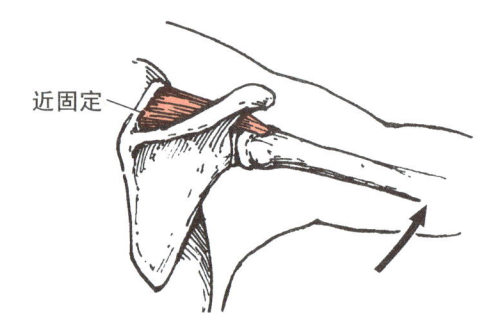

肩带肌起止点

冈上肌近固定时的机能(背面)

冈上肌 (supraspinatus)
- 部位：在肩胛骨冈上窝内。
- 起点：肩胛骨冈上窝。
- 止点：肱骨大结节的上部。
- 支配神经：发自脊神经臂丛的肩胛上神经。
- 机能：近固定使上臂外展。

冈下肌 (infraspinatus)
- 部位：在肩胛骨冈下窝内。
- 起点：肩胛骨冈下窝。
- 止点：肱骨大结节的中部。
- 支配神经：发自脊神经臂丛的肩胛上神经。
- 机能：近固定使上臂外旋、内收、伸。

小圆肌 (teres minor)
- 部位：在冈下肌下方。
- 起点：肩胛骨外侧缘背面。
- 止点：肱骨大结节的下部。
- 支配神经：发自脊神经臂丛的腋神经。
- 机能：近固定时使上骨外旋、内收和伸。

冈上肌 冈下肌 小圆肌

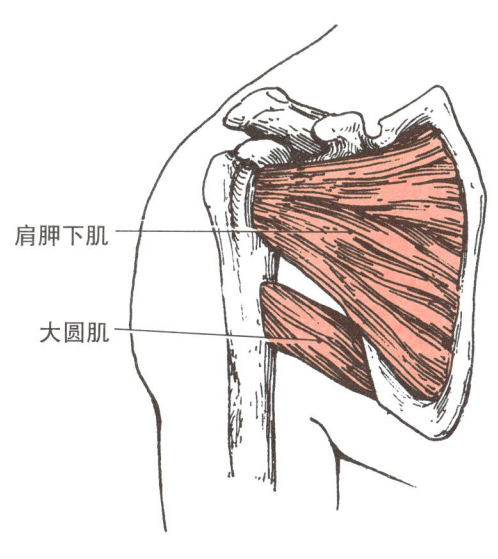

肩带肌(腹侧面)

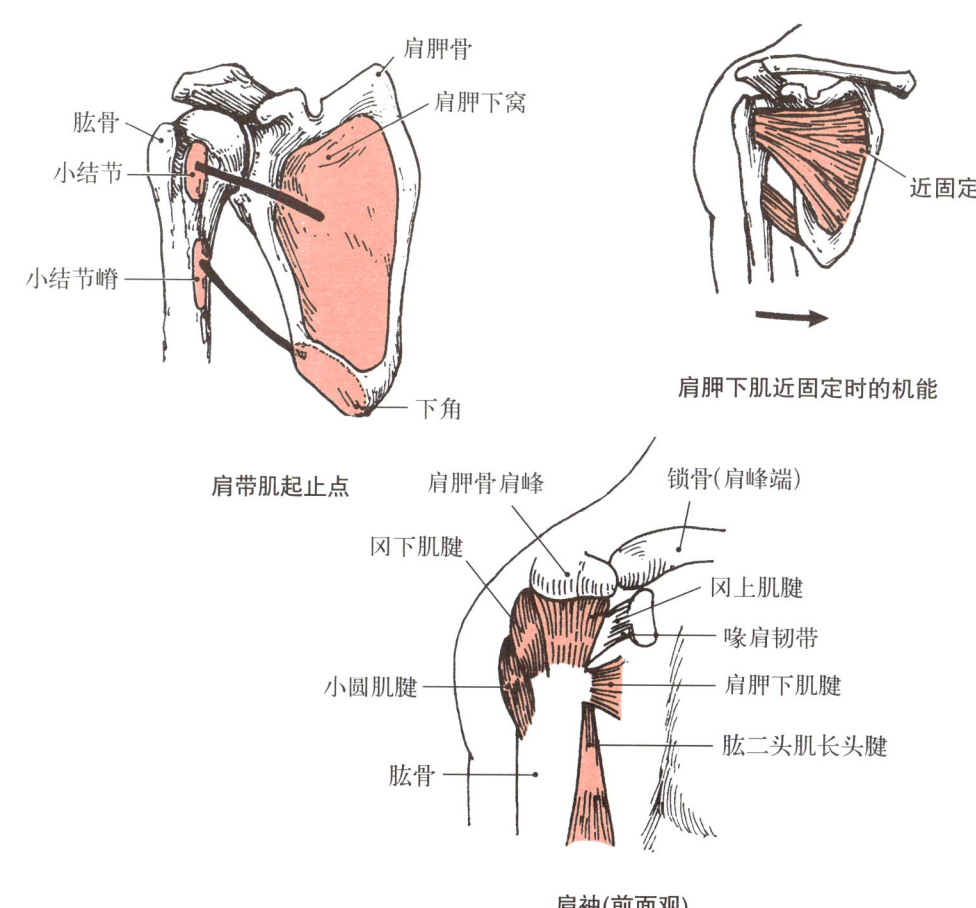

肩带肌起止点

肩胛下肌近固定时的机能

肩袖(前面观)

肩胛下肌(subscapulais)
　部位：在肩胛骨前面的肩胛下窝内，为多羽肌。
　起点：肩胛下窝。
　止点：肱骨小结节。
　支配神经：发自脊神经臂丛的肩胛下神经。
　机能：近固定使上臂内旋、内收和伸。

大圆肌(teres major)
　部位：在肩胛冈下方，小圆肌之下。
　起点：肩胛骨下角背面。
　止点：肱骨小结节。
　支配神经：发自脊神经臂丛的肩胛下神经。
　机能：近固定使上臂内旋、内收和伸。

肩袖(sleeve shoulder)
　肩袖又称旋转袖(rotatory cuff)或称肌腱袖(musculo-tedinous cuff)，指由冈上肌、冈下肌、小圆肌、肩胛下肌4块肌肉的肌腱所组成彼此相连的腱板，分别止于肱骨大结节、小结节和外科颈并与关节囊紧密相连的一种结构。它的作用在于加固肱骨头与关节盂的连结，对加强肩关节起一定作用。此外，它还有使肩关节回旋和外展作用。

肩胛下肌　大圆肌　肩袖

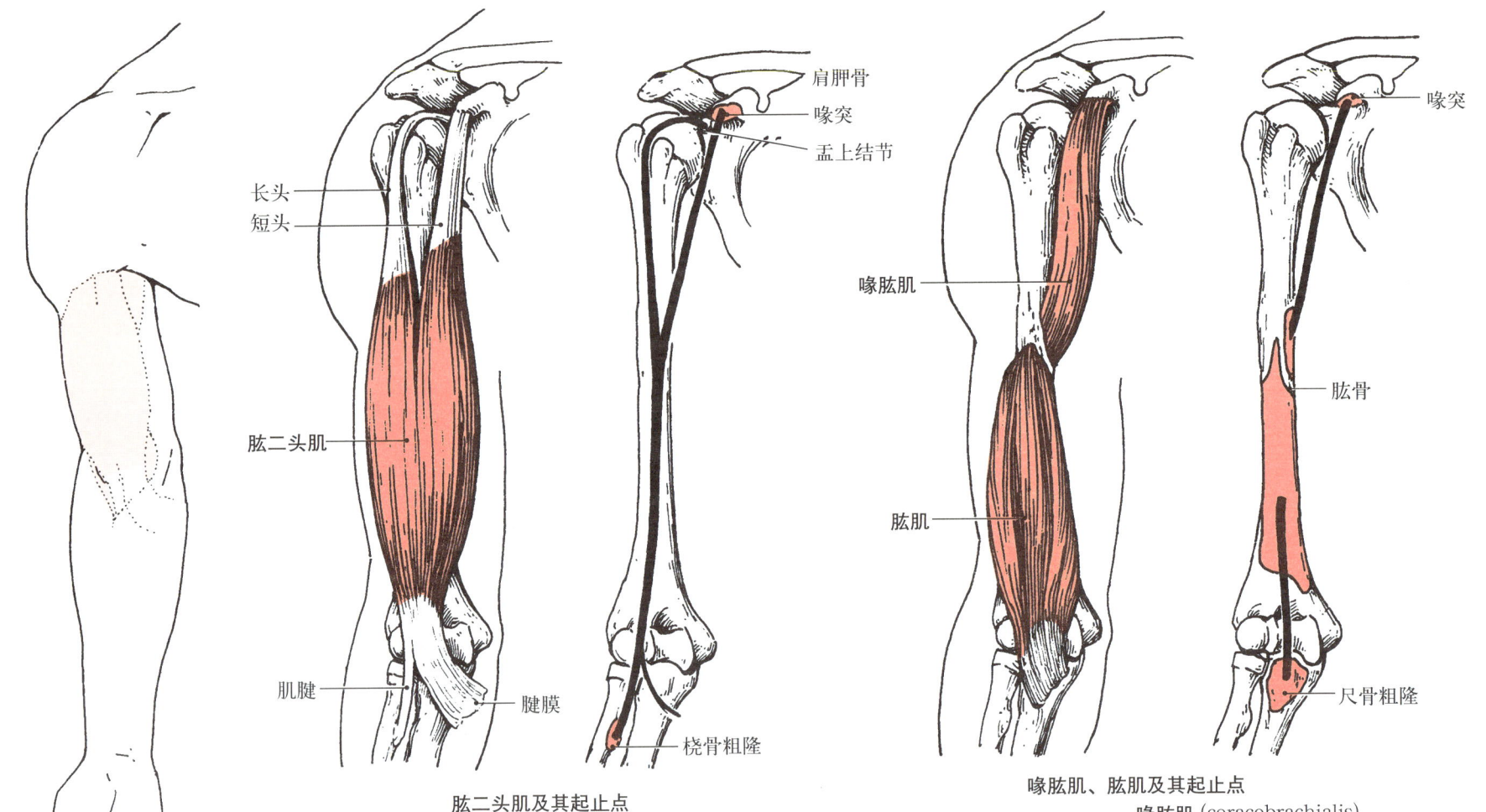

肱二头肌及其起止点

喙肱肌、肱肌及其起止点

肱二头肌 (biceps brachii)
部位：在上臂前面。有长、短两头。
起点：长头以长腱起自肩胛骨盂上结节，短头起自肩胛骨喙突。
止点：肌腱止于桡骨粗隆，腱膜止于前臂筋膜。
支配神经：发自脊神经臂丛的肌皮神经。
机能：见171页

喙肱肌 (coracobrachialis)
部位：在肱二头肌短头深面。
起点：肩胛骨喙突。
止点：肱骨中部内侧。
支配神经：发自脊神经臂丛的肌皮神经。
机能：见171页

肱肌 (brachialis)
部位：在肱二头肌深层。为羽状肌。
起点：肱骨前面的下半部。
止点：尺骨粗隆。
支配神经：发自脊神经臂丛的肌皮神经。
机能：见171页

上臂肌　肱二头肌　喙肱肌　肱肌

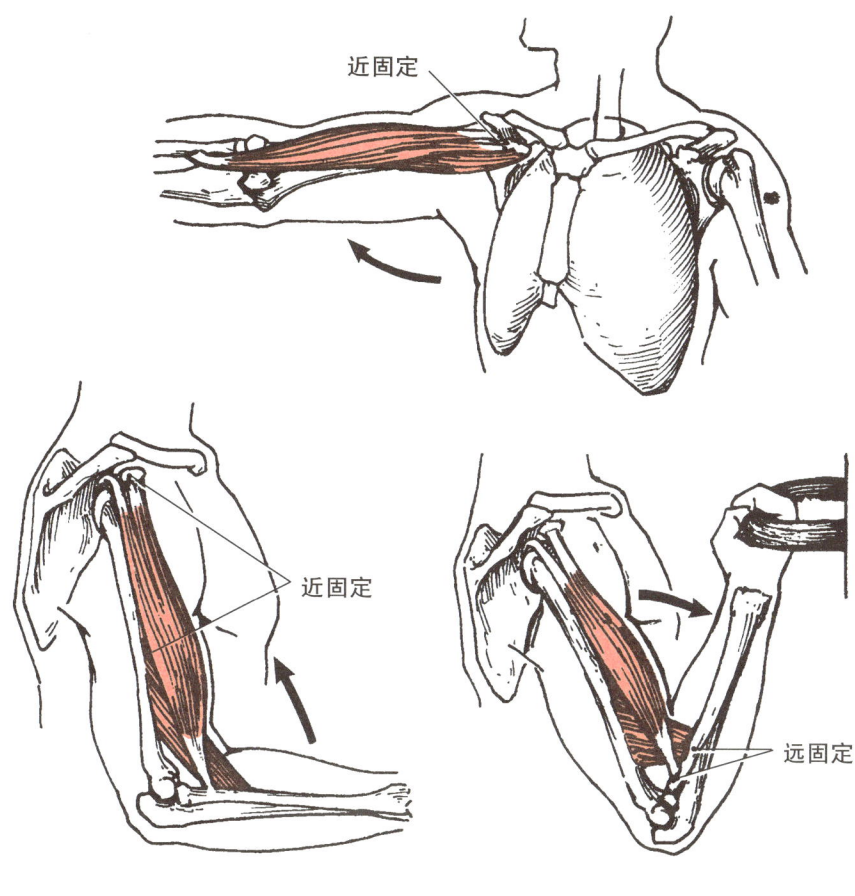

肱二头肌的机能

机能：(肱二头肌)

    近固定 使上臂在肩关节处屈(长头)。使前臂在肘关节处屈和旋外(前臂旋外位时，能充分发挥该肌力量)。

    远固定 使上臂向前臂靠拢。

机能：(喙肱肌)

    近固定 使上臂在肩关节处屈和内收。

机能：(肱肌)

    近固定 使前臂在肘关节处屈(屈前臂的主要肌肉)。

    远固定 使上臂向前臂靠拢。

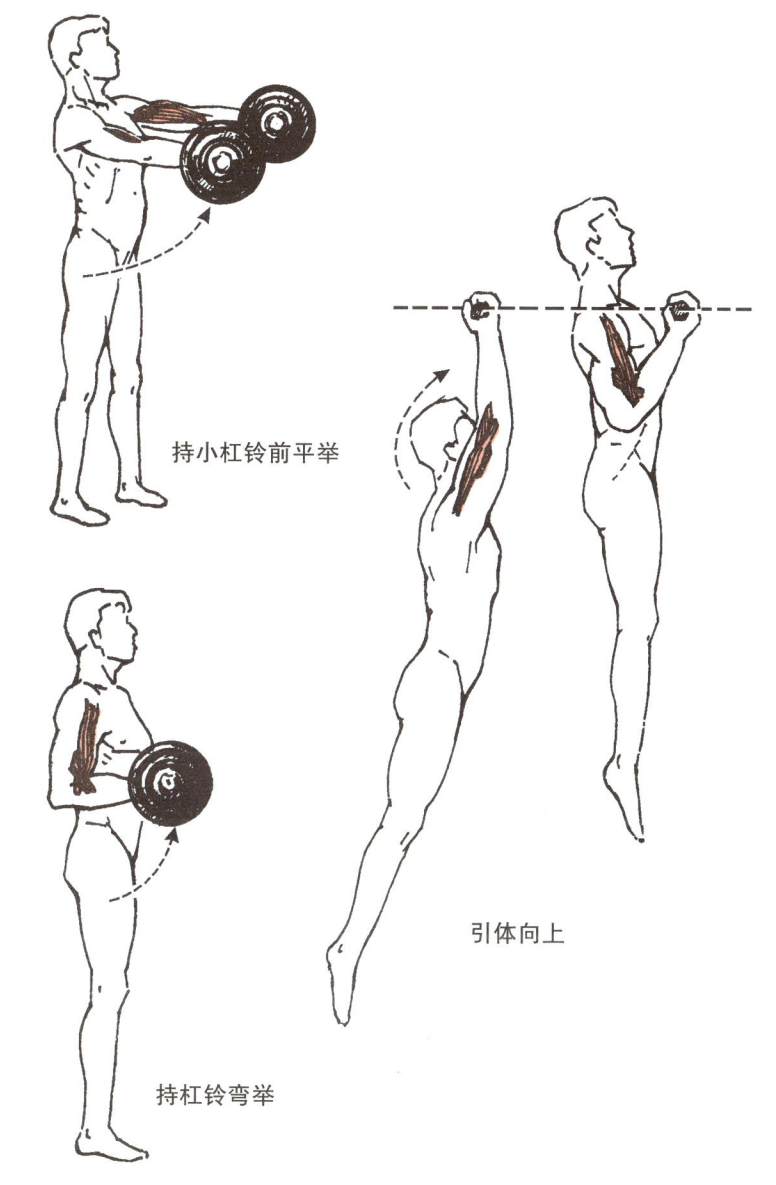

发展肱二头肌、喙肱肌和肱肌肌力的辅助练习举例(一)
持小杠铃前平举、持杠铃弯举、引体向上。

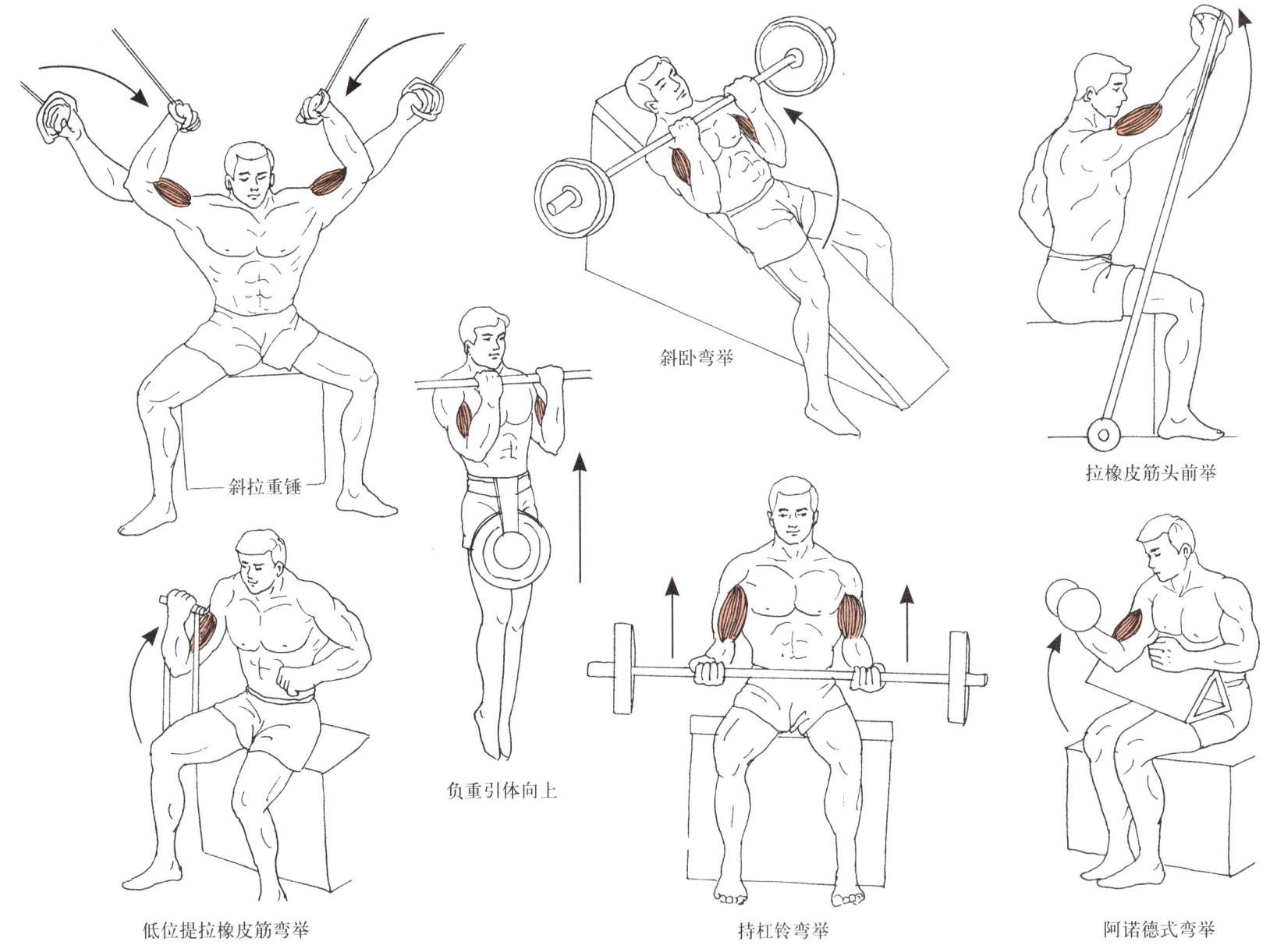

肱二头肌 喙肱肌 肱肌

发展肱二头肌、喙肱肌和肱肌肌力的辅助练习举例(二)
斜拉重锤、负重引体向上、斜卧弯举、拉橡皮筋头前举、提拉橡皮筋、持杠铃弯举、阿诺德式弯举。

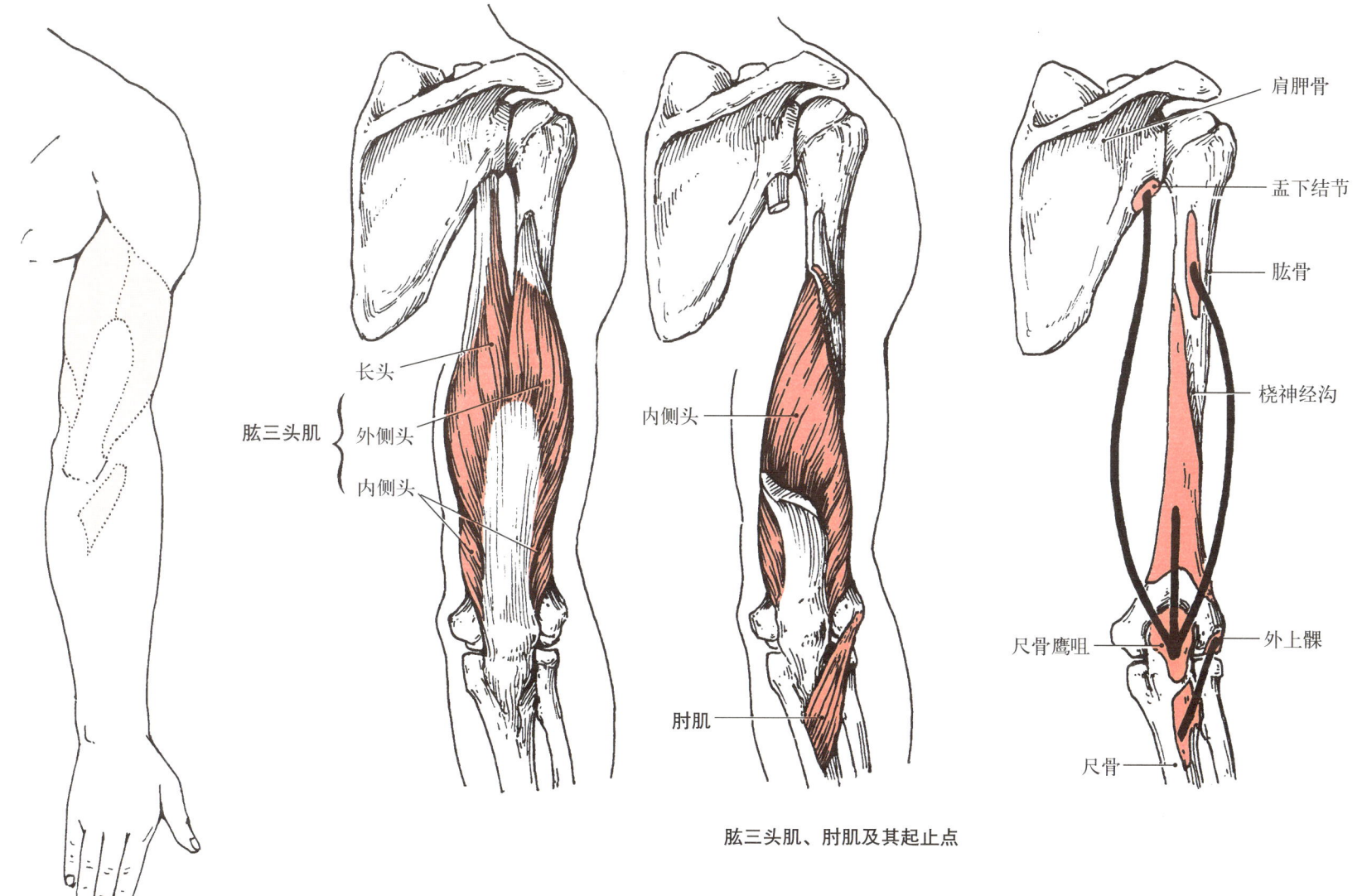

肱三头肌、肘肌及其起止点

肱三头肌 (triceps brachii)
部位：在上臂后面。有3个头：长头、外侧头、内侧头。
起点：长头起自肩胛骨盂下结节，外侧头起自肱骨体后面桡神经沟外上方，内侧头起自桡神经沟内下方。
止点：尺骨鹰咀。
支配神经：发自脊神经臂丛的桡神经。
机能：见174页

肘肌 (anconeus)
部位：肘关节后面。
起点：肱骨外上髁。
止点：尺骨背面上部。
支配神经：发自脊神经臂丛的桡神经。
机能：伸前臂。

肱三头肌　肘肌

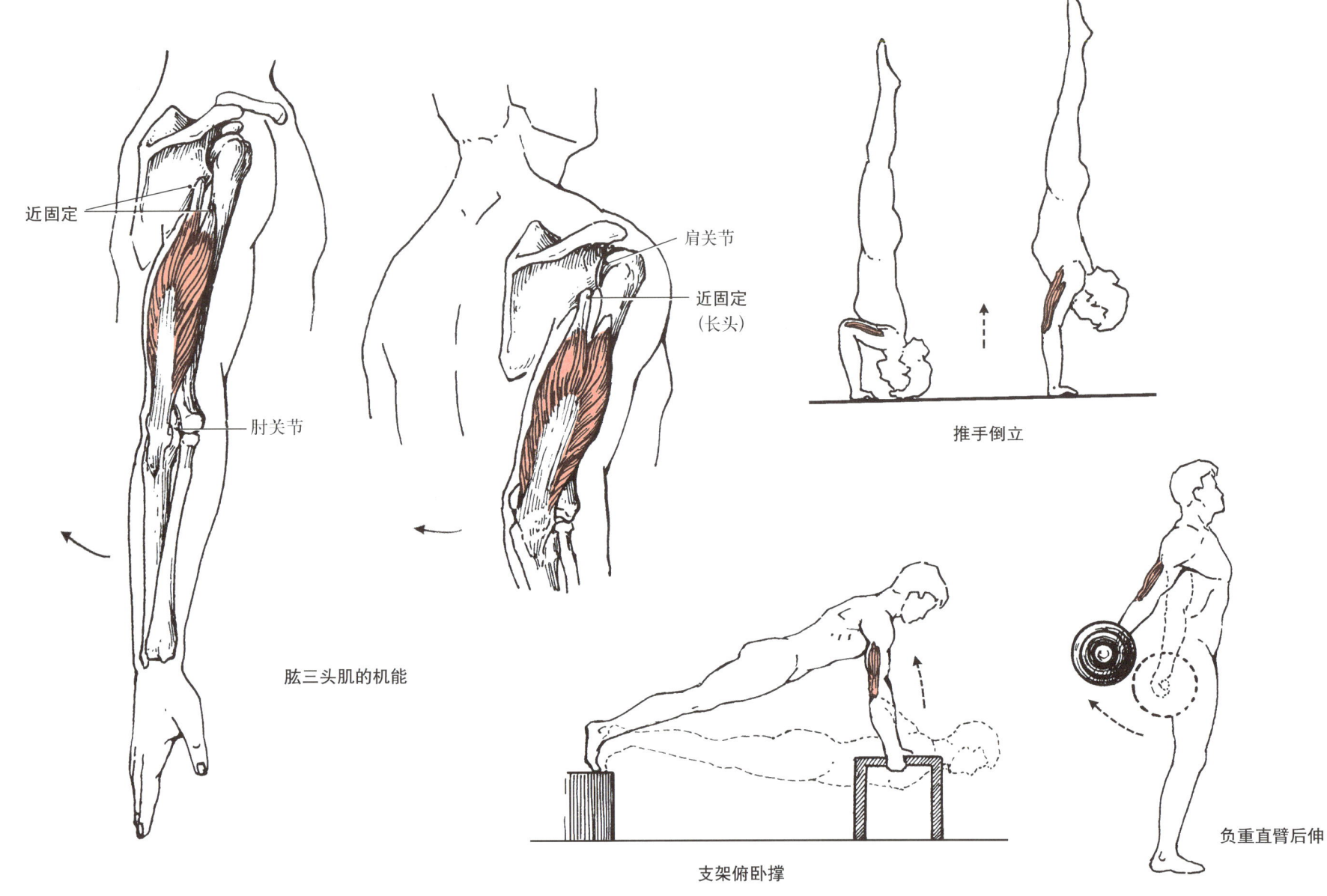

机能（肱三头肌）
  近固定 使前臂在肘关节处伸，上臂在肩关节处伸（长头）。
  远固定 使上臂在肘关节处伸（如推手倒立）。

发展肱三头肌和肘肌肌力的辅助练习举例（一）
推手倒立、支架俯卧撑和负重直臂后伸。

肱三头肌　肘肌

发展肱三头肌和肘肌肌力的辅助练习举例(二)
向前拉橡皮筋、颈后臂屈伸、双杠支撑臂屈伸、颈后弯举、持哑铃俯立臂屈伸、卧推、仰卧撑。

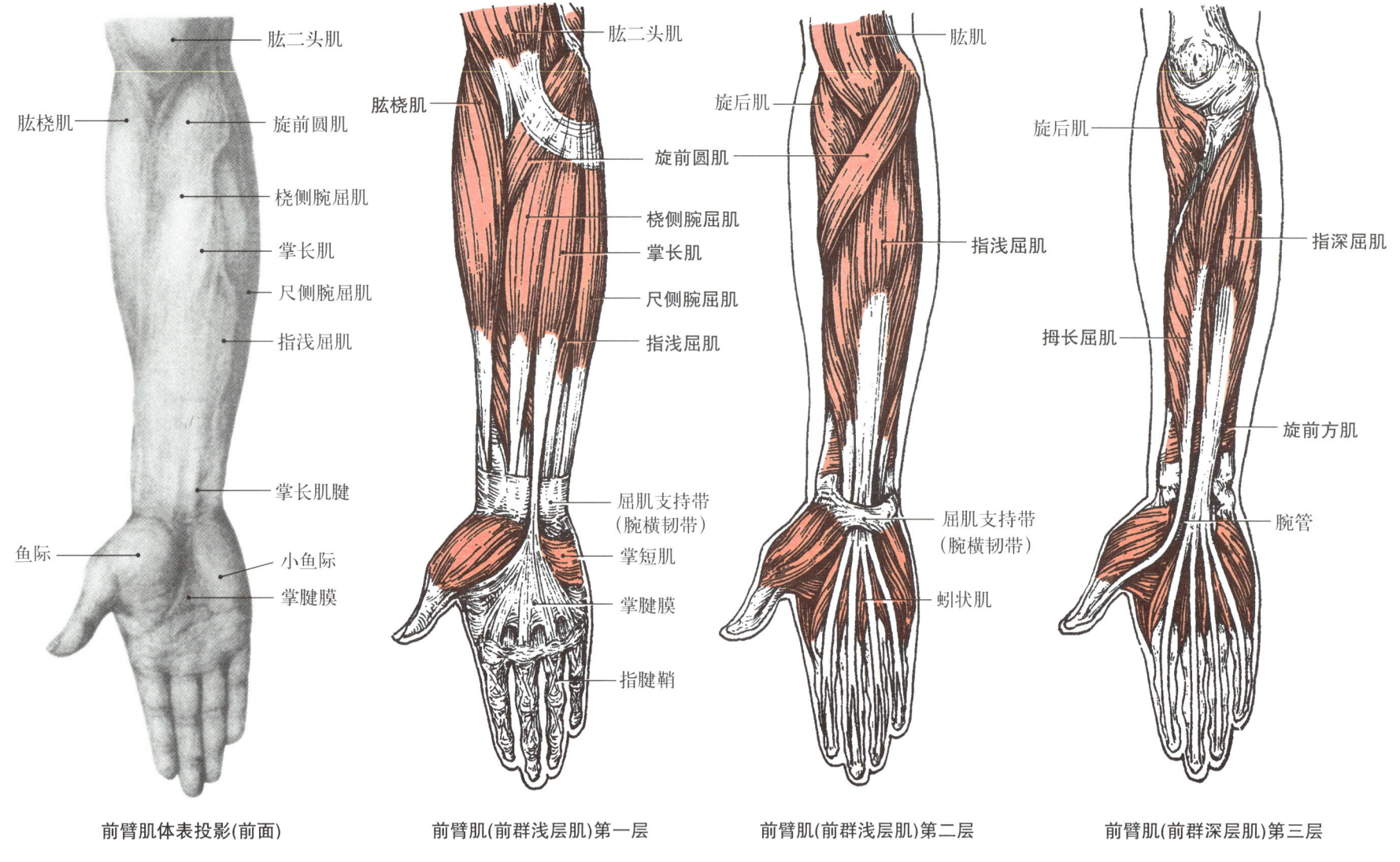

前臂肌体表投影(前面)   前臂肌(前群浅层肌)第一层   前臂肌(前群浅层肌)第二层   前臂肌(前群深层肌)第三层

前臂肌

前臂肌（muscles of forearm） 位于桡、尺骨的周围，多为具有长腱的长肌，分前后两群，每群又分深浅两层。肌肉名称以位置和机能命名。

前群浅层(由桡侧向尺侧)有肱桡肌、旋前圆肌、桡侧腕屈肌、掌长肌、尺侧腕屈肌和指浅屈肌。前群深层有拇长屈肌、指深屈肌和旋前方肌。

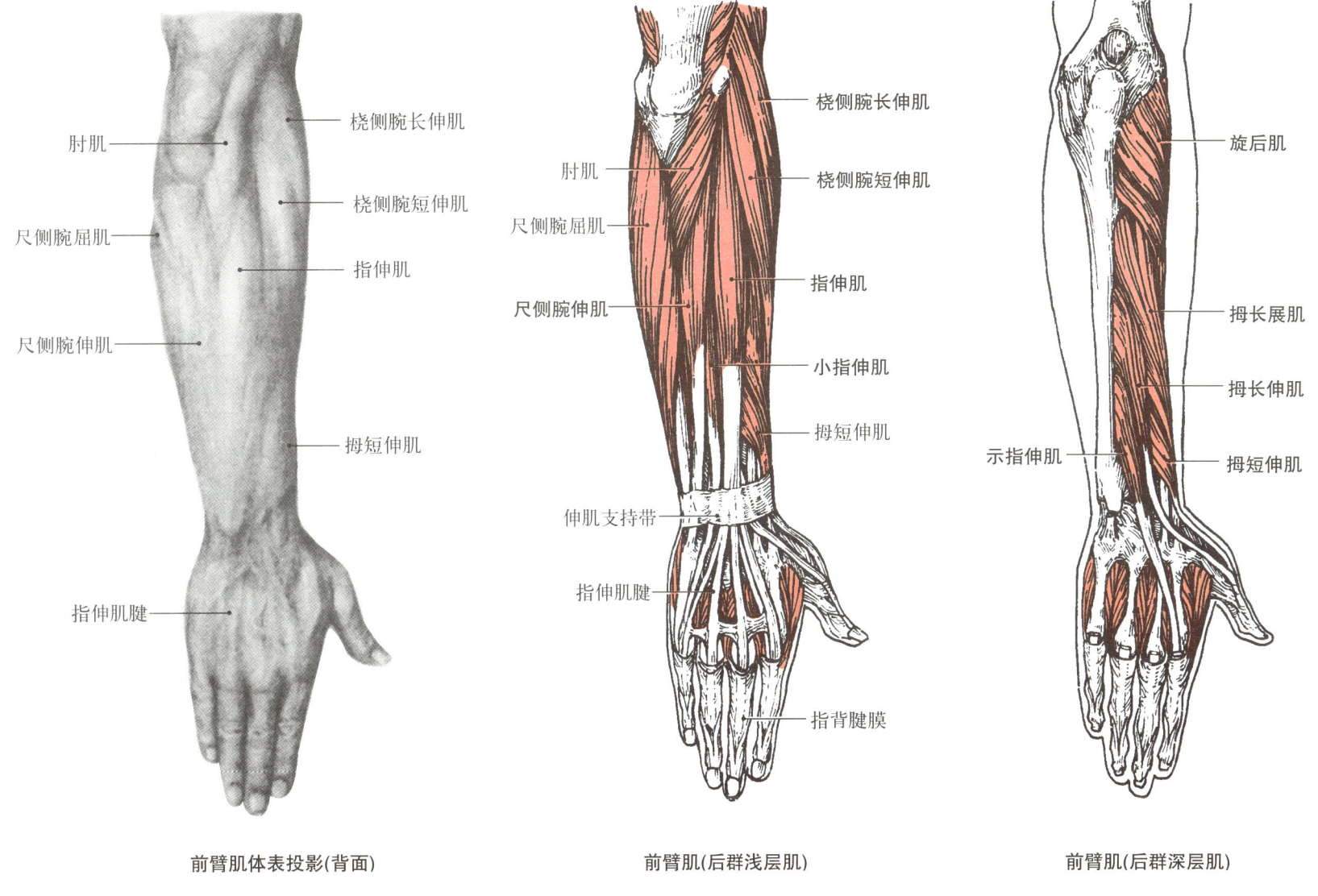

前臂肌体表投影(背面)　　前臂肌(后群浅层肌)　　前臂肌(后群深层肌)

后群浅层(由桡侧向尺侧)有桡侧腕长伸肌、桡侧腕短伸肌、指伸肌、小指伸肌和尺侧腕伸肌。后群深层有旋后肌、拇长展肌、拇短伸肌、拇长伸肌和示指伸肌。

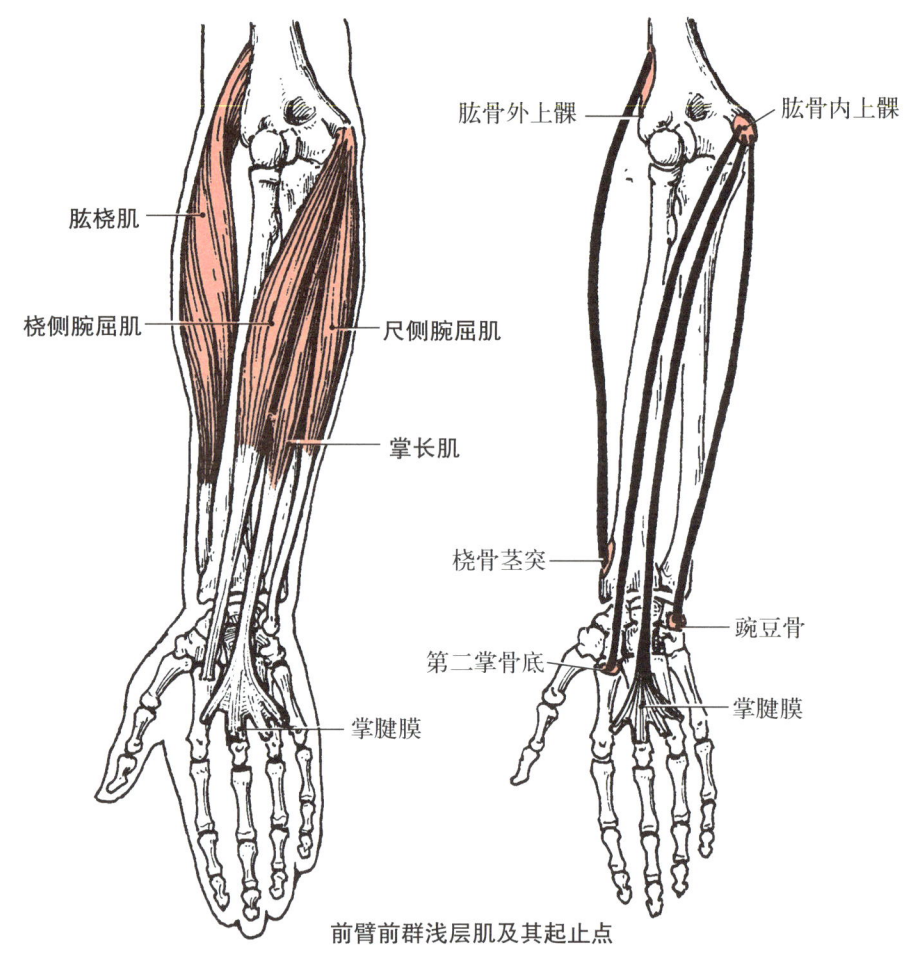

前臂前群浅层肌及其起止点

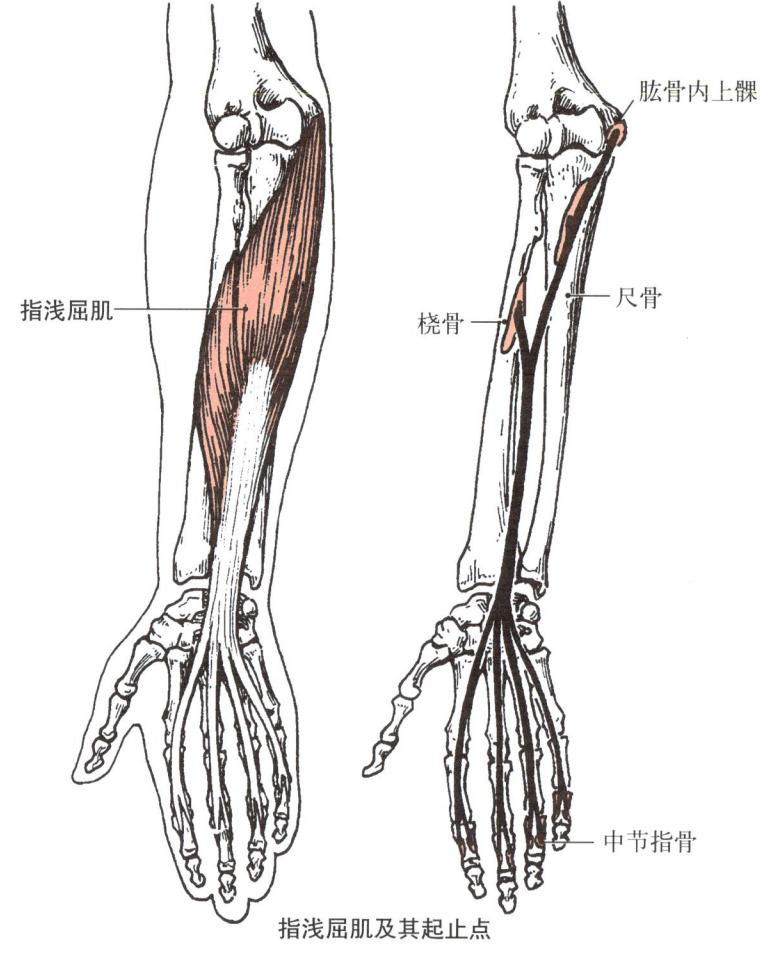

指浅屈肌及其起止点

肱桡肌 (brachioradialis)
起点：肱骨外上髁上方。
止点：桡骨茎突。
支配神经：发自脊神经臂丛的桡神经。
机能：近固定 使前臂在肘关节处屈，使前臂旋前(内)或旋后(外)；还能使极度旋内或旋外的前臂，调节到正中位置(即手的"虎口"向前)。

桡侧腕屈肌 (flexor carpi radialis)
起点：肱骨内上髁及前臂筋膜。
止点：第二掌骨底。
支配神经：发自脊神经臂丛的正中神经。
机能：近固定 屈肘、屈腕和外展腕。

掌长肌 (palmaris longus)
起点：肱骨内上髁及前臂筋膜。
止点：移行于手掌皮下的掌腱膜。
支配神经：发自脊神经臂丛的正中神经。
机能：近固定 屈腕，并拉紧掌腱膜，借以防止较长时间抓握器械时使手掌侧的血管和神经受到压迫。

尺侧腕屈肌 (flexor carpi ulnaris)
起点：肱骨内上髁、前臂筋膜和尺骨鹰咀。
止点：豌豆骨。
支配神经：发自脊神经臂丛的尺神经。
机能：近固定 屈腕和内收腕。

指浅屈肌 (flexor digitorum superficialis)
(位于掌长肌深面)
起点：肱骨内上髁及尺骨、桡骨前面上部。
止点：肌腹移行成四条肌腱，分别止于第二～五指中节指骨底两侧。
支配神经：发自脊神经臂丛的正中神经。
机能：近固定 屈肘、屈腕和屈第二～五指的掌指关节和近节指间关节。

前臂前群肌

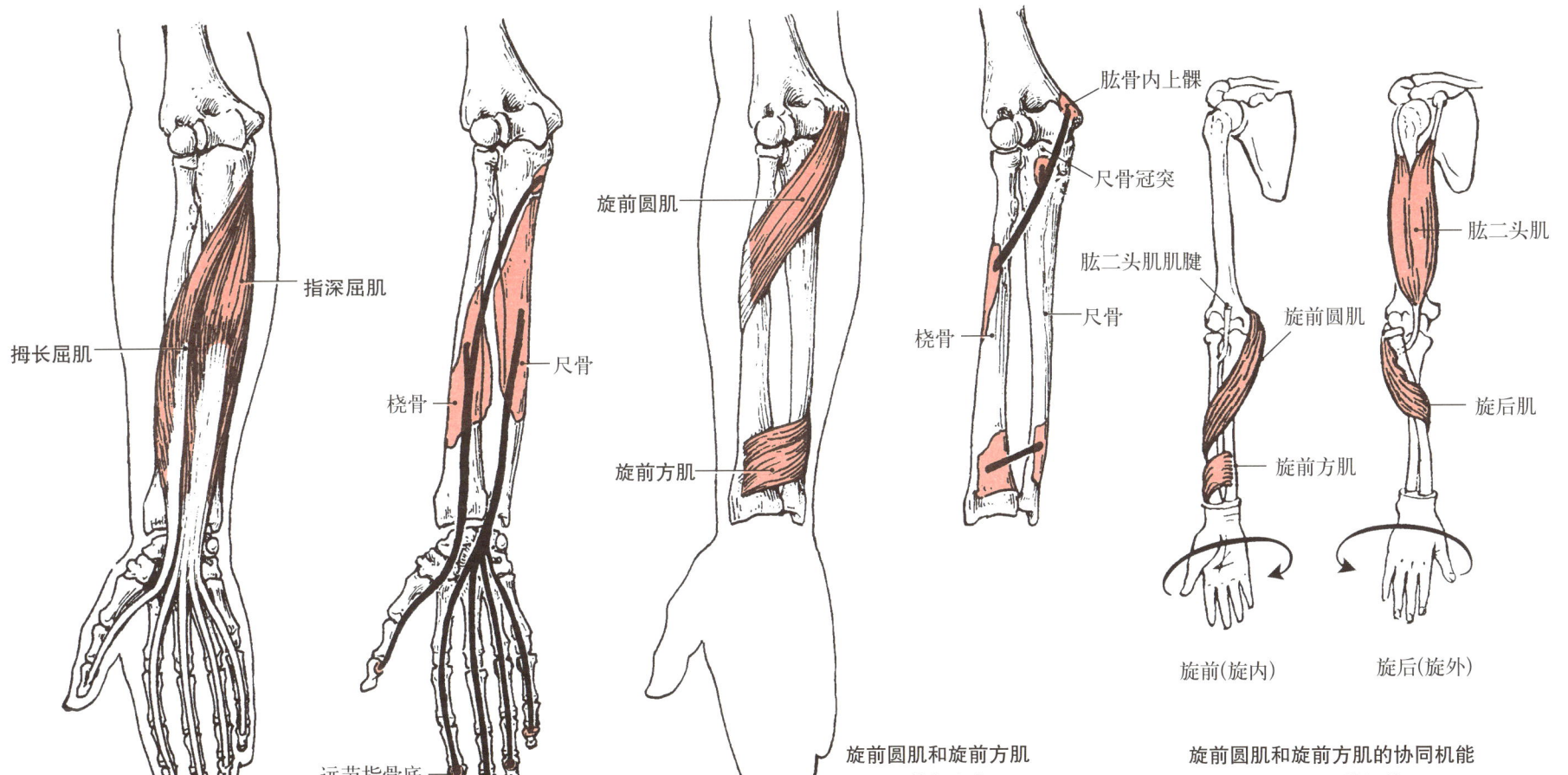

前臂前群深层肌及其起止点

拇长屈肌 (flexor pollicis longus)
  起点：桡骨前面和前臂骨间膜。
  止点：拇指远节指骨底。
  支配神经：发自脊神经臂丛的正中神经。
  机能：近固定　屈拇指的掌指关节和指间关节。

指深屈肌 (flexor digitorum profundus)
  起点：尺骨前面和前臂骨间膜。
  止点：第二～五指远节指骨底。
  支配神经：发自脊神经臂丛的正中神经和尺神经。
  机能：近固定　屈腕、屈掌指关节和第二～五指的近侧及远侧的指间关节。

旋前圆肌和旋前方肌及其起止点

旋前圆肌和旋前方肌的协同机能及旋后肌的机能

旋前圆肌 (pronator teres)
  起点：肱骨内上髁和尺骨冠突。
  止点：桡骨外侧面中部。
  支配神经：发自脊神经臂丛的正中神经。
  机能：近固定　使前臂屈和旋前(内)。

旋前方肌 (pronator quadratus)
  起点：尺骨前面下1/4处。
  止点：桡骨前面下1/4处。
  支配神经：发自脊神经臂丛的正中神经。
  机能：近固定　使前臂旋前(内)。

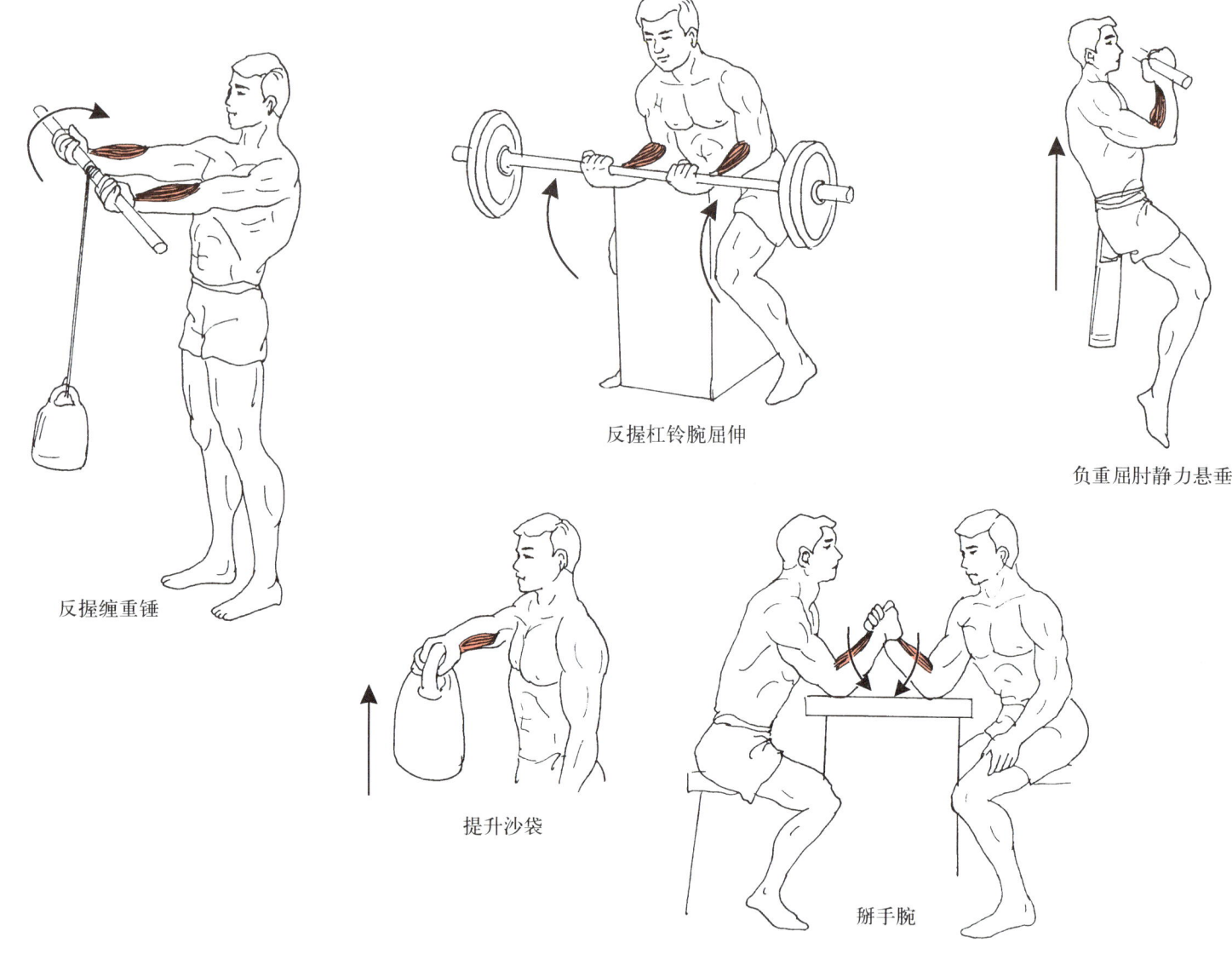

前臂前群肌

发展前臂前群肌力的辅助练习举例 反握缠重锤、反握杠铃腕屈伸、负重屈肘静力悬垂、提升沙袋及掰手腕。

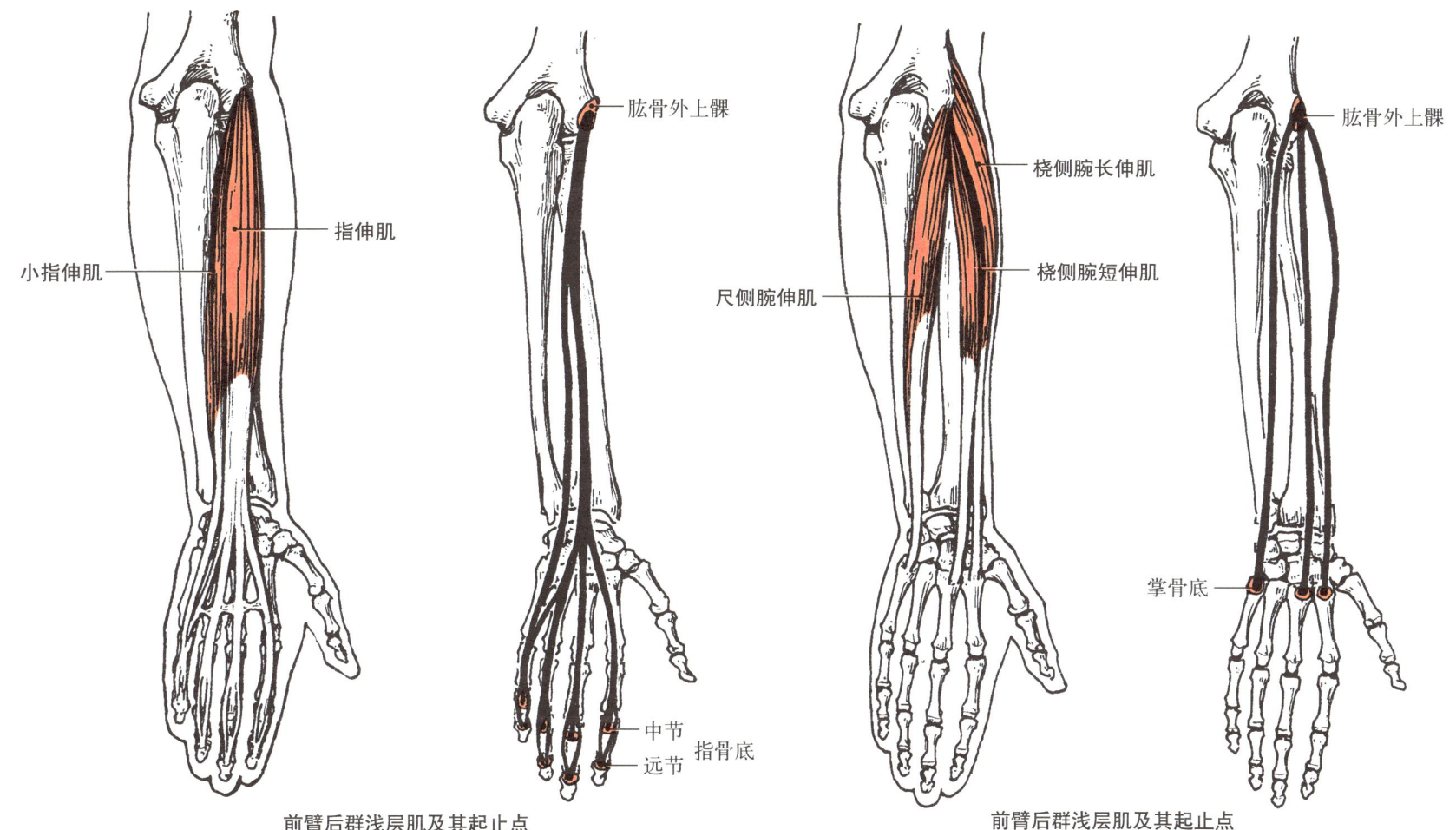

前臂后群浅层肌及其起止点　　　　　　　　　　　前臂后群浅层肌及其起止点

指伸肌 (extensor digitorum)
起点：肱骨外上髁。
止点：肌腹移行成4条肌腱，止于第二~五指中节和远节指骨底。
支配神经：发自脊神经臂丛的桡神经。
机能：近固定　伸指并协助伸腕。

小指伸肌 (extensor digiti minimi)
起点：附于指伸肌内侧。
止点：小指中节和远节指骨底背面。
支配神经：发自脊神经臂丛的桡神经。
机能：近固定　伸小指。

尺侧腕伸肌 (extensor carpi ulnaris)
起点：肱骨外上髁，尺骨背面上半。
止点：第五掌骨底。
支配神经：发自脊神经臂丛的桡神经。
机能：近固定　伸腕，并和尺侧腕屈肌一起，使手内收。

桡侧腕长伸肌 (extensor carpi radialis longus)
起点：肱骨外上髁。
止点：第二掌骨底。
支配神经：发自脊神经臂丛的桡神经。
机能：近固定　伸腕，并和桡侧腕屈肌一起，使手外展。

桡侧腕短伸肌 (extensor carpi radialis brevis)
起点：肱骨外上髁。
止点：第三掌骨底。
支配神经：发自脊神经臂丛的桡神经。
机能：同桡侧腕长伸肌。

前臂后群肌

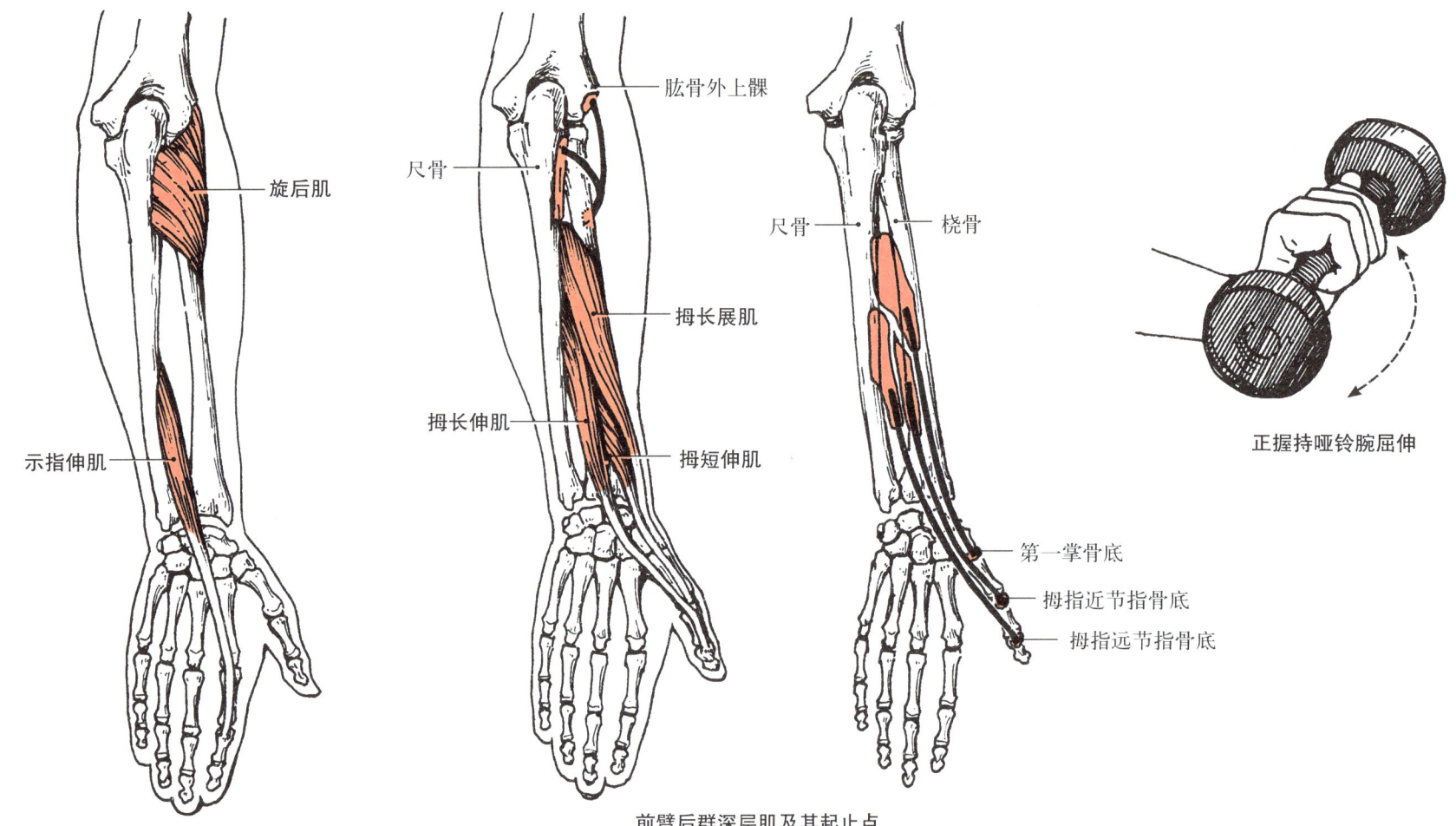

前臂后群深层肌及其起止点

正握持哑铃腕屈伸

旋后肌 (supinator)
起点：肱骨外上髁和尺骨背面上部。
止点：桡骨上1/3的前面。
支配神经：发自脊神经臂丛的桡神经。
机能：近固定 前臂旋后(外)(见179页图)。

示指伸肌 (extensor indicis)
起点：桡、尺骨和前臂骨间膜的背面。
止点：示指的指背腱膜。
支配神经：发自脊神经臂丛的桡神经。
机能：伸食指。

拇长展肌 (abductor pollicis longus)
起点：桡、尺骨和前臂骨间膜的背面。
止点：第一掌骨底。
支配神经：发自脊神经臂丛的桡神经。
机能：近固定 外展拇指。

拇长伸肌 (extensor pollicis longus)
起点：尺骨后面中1/3和前臂骨间膜的背面。
止点：拇指远节指骨底。
支配神经：发自脊神经臂丛的桡神经。
机能：伸拇指。

拇短伸肌 (extensor pollicis brevis)
起点：桡骨和前臂骨间膜的背面。
止点：拇指近节指骨底。
支配神经：发自脊神经臂丛的桡神经。
机能：伸拇指。

发展前臂后群肌力的辅助练习举例（一）
负重直臂侧上举、正握持哑铃腕屈伸练习。

前臂后群肌

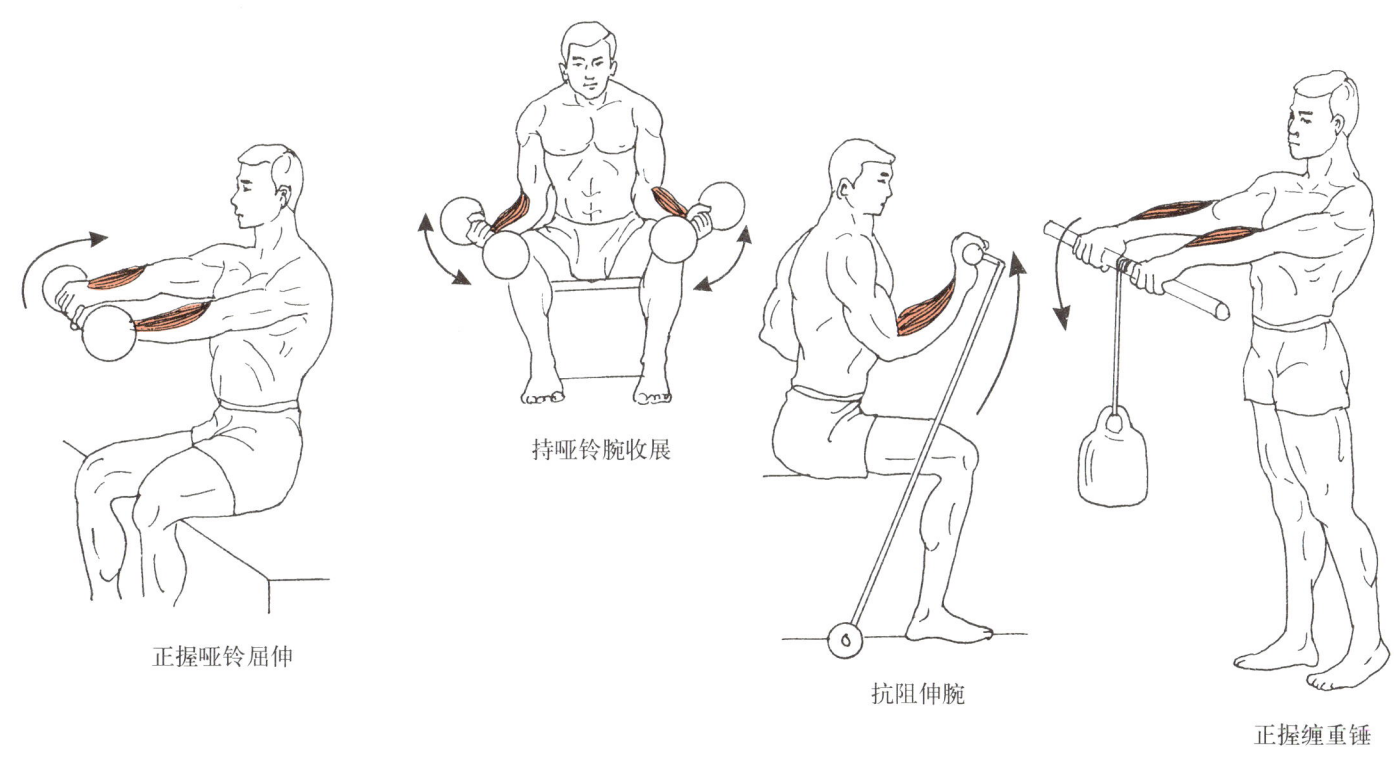

发展前臂后群肌力的辅助练习举例(二) 正握哑铃屈伸、持哑铃腕收展、抗阻伸腕及正握缠重锤。

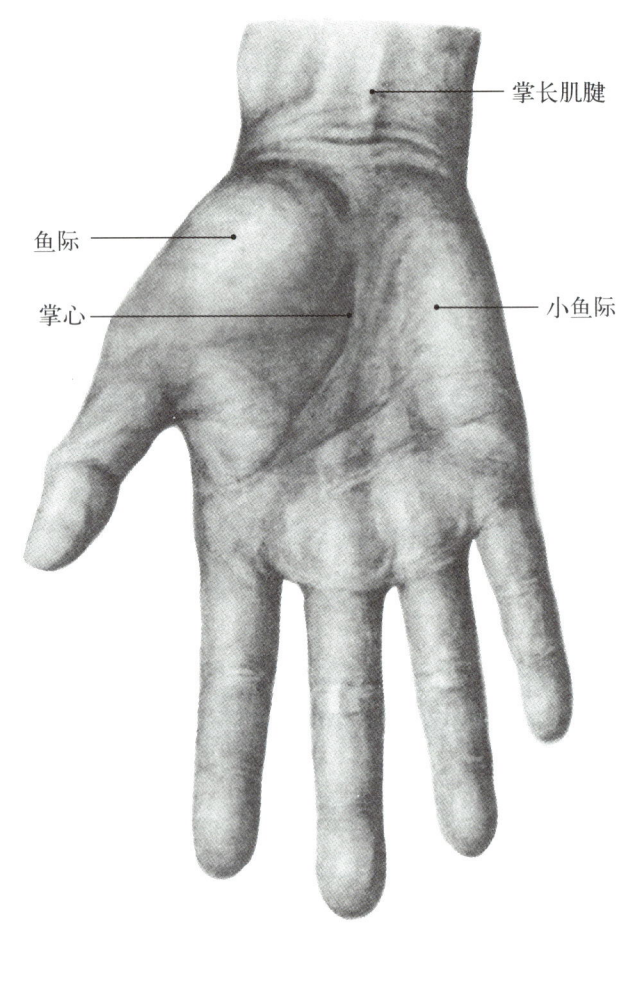

手掌体表

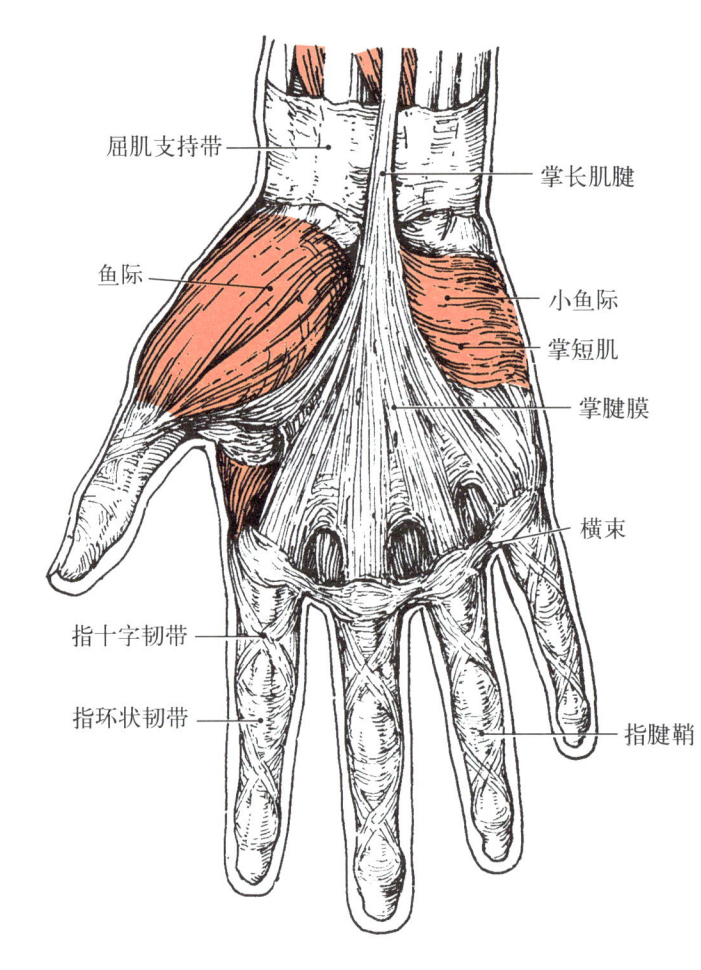

手掌皮下层

手 肌

手肌 (muscles of hand) 手指的运动灵巧多样,除有从前臂来的长腱以外,在掌侧还有很多短小的手肌,分为外侧、中间、内侧3群。

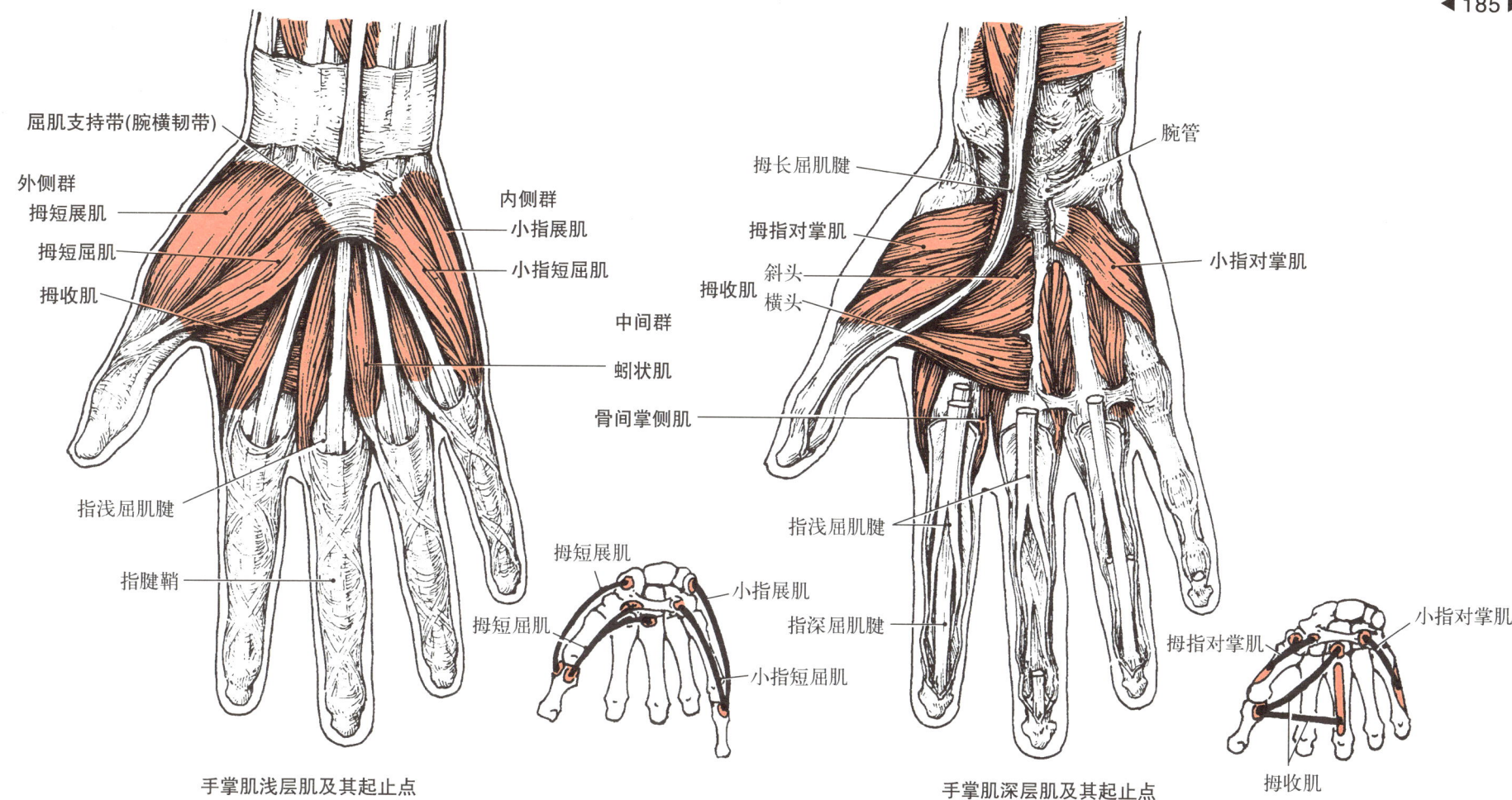

手掌肌浅层肌及其起止点　　　　　　　　　　　　手掌肌深层肌及其起止点

拇短展肌 (abductor pollicis brevis)
　部位：手掌鱼际外侧皮下。
　起点：手舟骨结节和屈肌支持带(腕横韧带)。
　止点：拇指近节指骨底外侧缘。
　支配神经：发自脊神经臂丛的正中神经。

拇短屈肌 (flexor pollicis brevis)
　部位：手掌鱼际内侧。
　起点：屈肌支持带(腕横韧带)，小多角骨和第二、三掌骨底。
　止点：拇指近节指骨底掌面。
　支配神经：发自脊神经臂丛的正中神经和尺神经。

小指展肌 (abductor digiti minimi)
　部位：手掌小鱼际内侧皮下。
　起点：豌豆骨和豆钩韧带。
　止点：小指近节指骨底内侧。
　支配神经：发自脊神经臂丛的尺神经。

小指短屈肌 (flexor digiti minimi brevis)
　部位：小指展肌外侧。
　起点：钩骨钩和屈肌支持带(腕横韧带)。
　止点：小指近节指骨底内侧。
　支配神经：发自脊神经臂丛的尺神经。

拇指对掌肌 (opponens pollicis)
　部位：拇短展肌深面。
　起点：大多角骨结节和屈肌支持带(腕横韧带)。
　止点：第一掌骨外侧的全长。
　支配神经：发自脊神经臂丛的正中神经。

小指对掌肌 (opponens digiti minimi)
　部位：小指展肌深面。
　起点：钩骨钩和屈肌支持带(腕横韧带)。
　止点：第五掌骨内侧全长。
　支配神经：发自脊神经臂丛的尺神经。

拇收肌 (adductor pollicis)有两个头。
　起点：斜头起自头状骨和屈肌支持带(腕横韧带)。横头起自头状骨和第三掌骨掌面。
　止点：拇指近节指骨底内侧。
　支配神经：发自脊神经臂丛的尺神经。

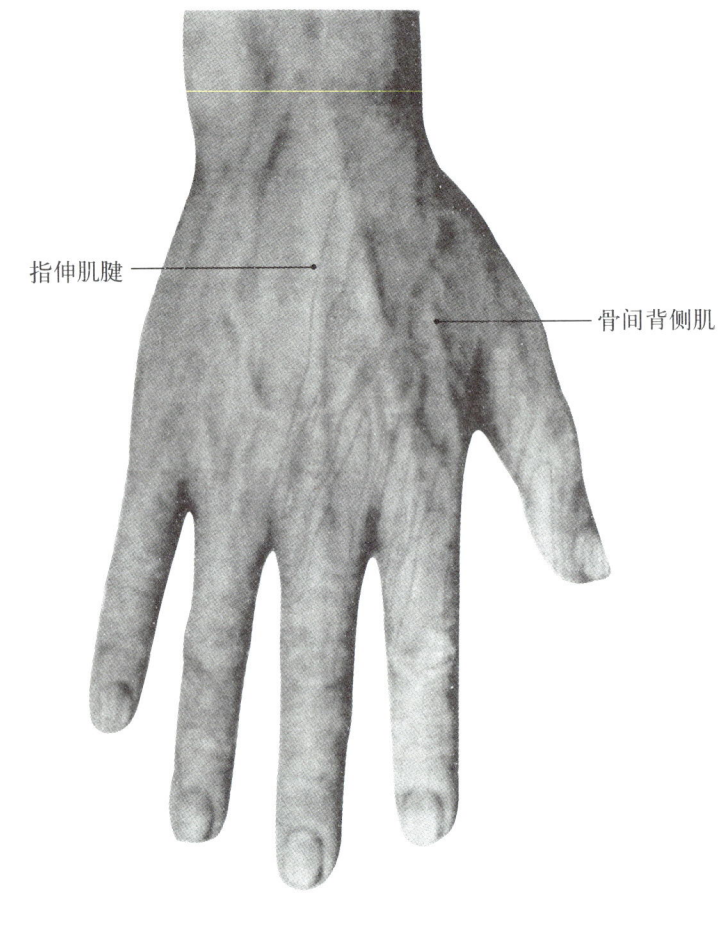
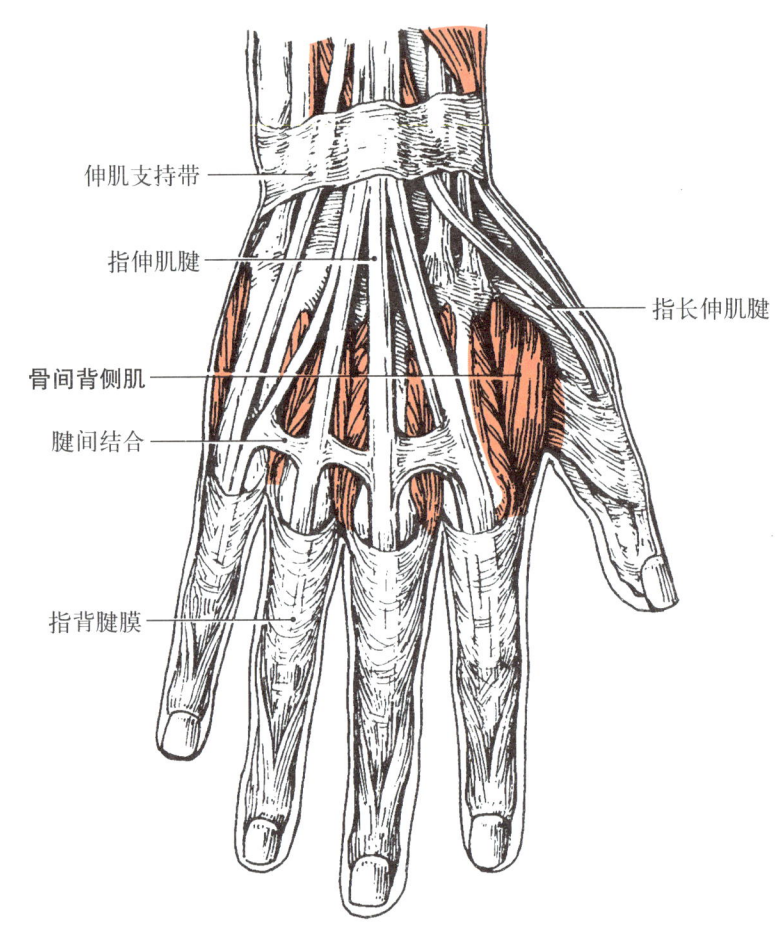

手背体表　　　　　　　　　　　　　手背浅层

蚓状肌 (lumbricales，见 185 页图)
  部位：位于手掌中部，掌腱膜深面，各指深屈肌腱之间。
  起点：各指深屈肌腱桡侧。
  止点：第二～五指背腱膜。
  神经支配：第一、二蚓状肌由发自脊神经臂丛的正中神经支配，第三蚓状肌由发自脊神经臂丛的正中神经和尺神经共同支配；第四蚓状肌由发自脊神经臂丛的尺神经支配。
  机能：屈第二～五指的掌指间关节。伸第二～五指的指间关节。

手　肌

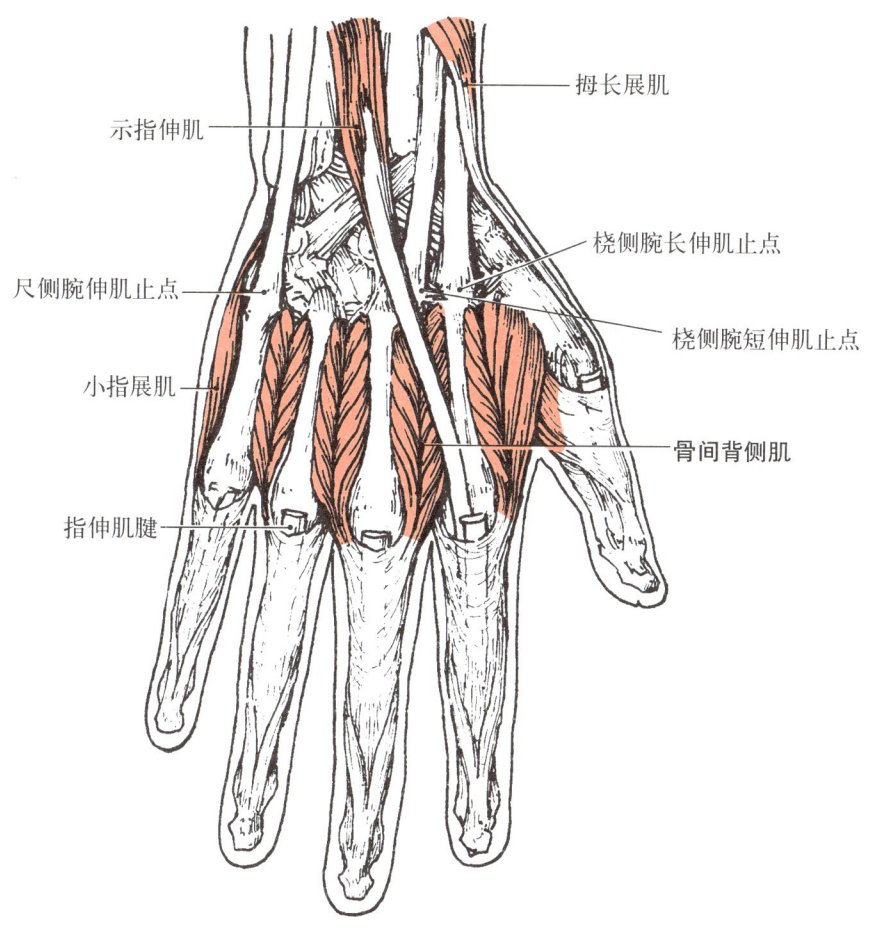

手背深层肌

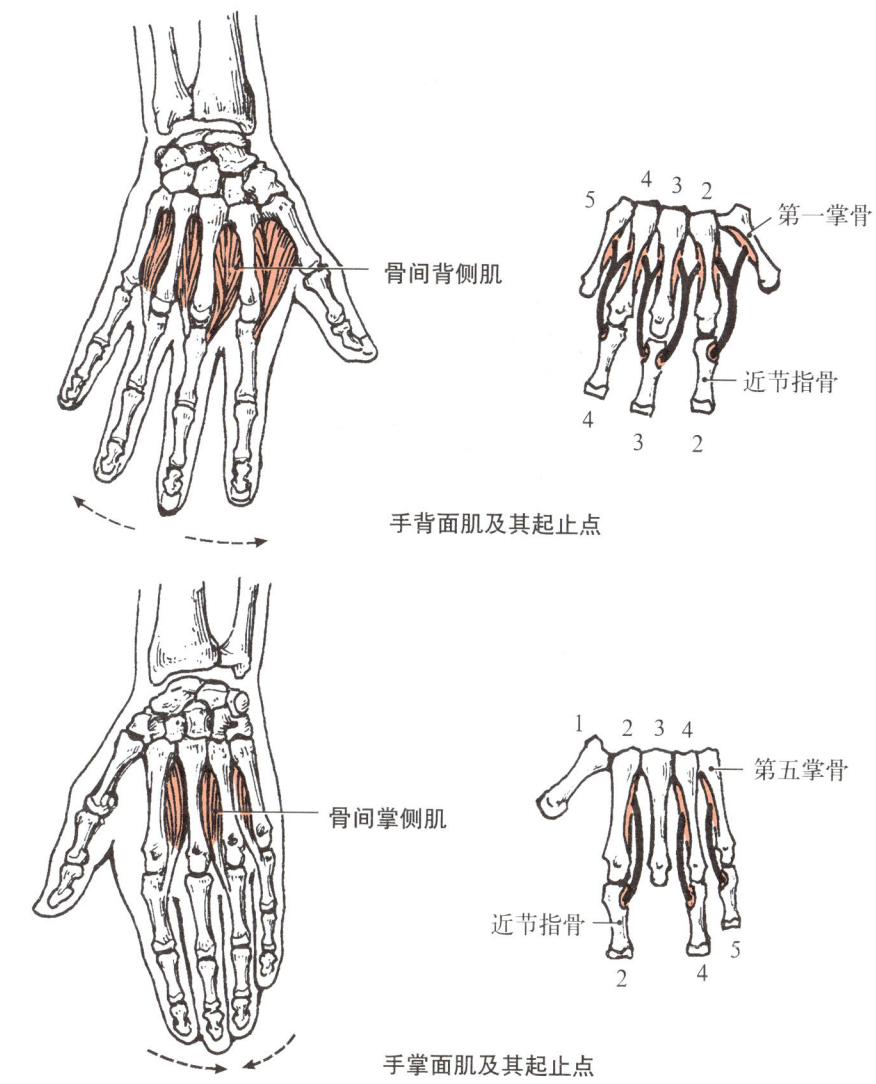

手背面肌及其起止点

手掌面肌及其起止点

骨间掌侧肌（palmar interossei）
  部位：在指深屈肌腱和蚓状肌深面的掌骨间隙内。
  起点：第二掌骨的内侧面，第四、五掌骨的外侧面。
  止点：第二、四、五近节指骨底。
  支配神经：发自脊神经臂丛的尺神经。
  机能：使手指向中指靠拢。

骨间背侧肌（dorsal interossei）
  部位：在指伸肌腱的深面，位于4个掌骨间隙内。
  起点：各掌骨间隙内以两个头起自掌骨的相对侧。
  止点：第二～四近节指骨底。
  支配神经：发自脊神经臂丛的尺神经。
  机能：使手指向中指分开。

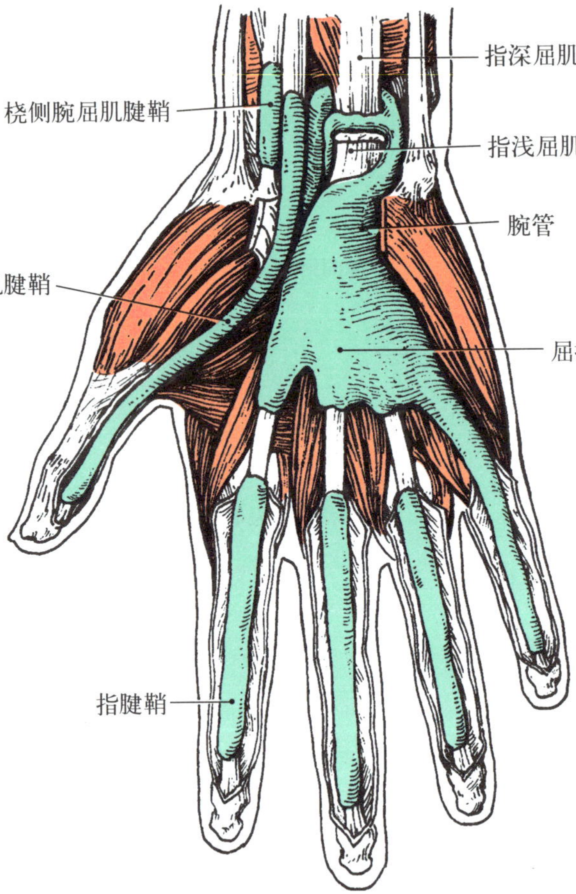

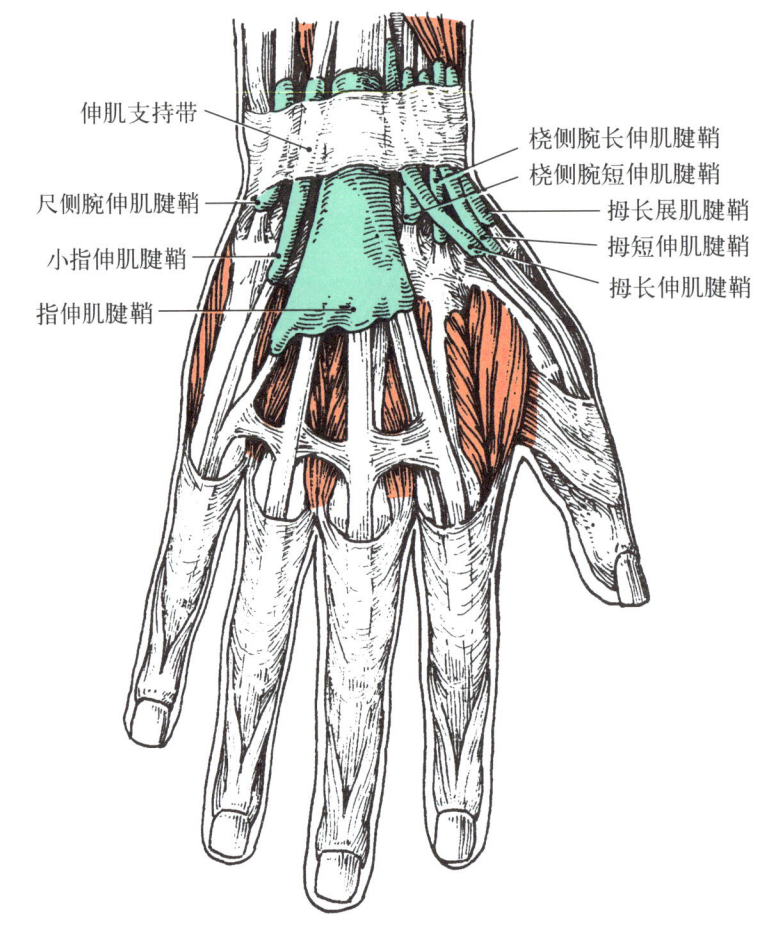

手掌面腱滑膜鞘　　　　　　　　　　　　手背面腱滑膜鞘

手滑膜鞘 (tendinous synovial sheath of hand)

在手掌侧的腕管内有两个滑膜鞘：指深屈肌和指浅屈肌共同通过一个滑膜鞘，称屈指肌总腱鞘(common synovial sheath of flexor digital muscle)，拇长屈肌独自通过一个滑膜鞘，称拇长屈肌腱鞘(tendinous sheath of flexor pollicis longus)。在其外侧有桡侧腕屈肌腱鞘(tendinous sheath of flexor carpi radialis)。在手指掌侧还有4个指腱鞘。在手背侧伸肌支持带的深面有伸肌滑膜鞘，内有伸肌腱通过。有尺侧腕伸肌腱鞘(tendinous sheath of extensor carpi ulnaris)、小指伸肌腱鞘(tendinous sheath of extensor digiti minimi)、指伸肌腱鞘(tendinous sheath of extensor digitorum)、拇长伸肌腱鞘(tendinous sheath of extensor pollicis longus)、桡侧腕伸肌腱鞘(tnedinous sheath of extensor carpi radialis)(含桡侧腕长、腕短伸肌腱鞘)和拇长展肌腱鞘与拇短伸肌腱鞘(tendinous sheath of abductor pollicis longus and extensor pollicis brevis)。滑膜鞘内含有少量滑液，减少了肌腱之间、肌腱与骨面之间的摩擦，起滑润和保护作用。

上肢肌滑膜鞘和滑膜囊　手滑膜鞘

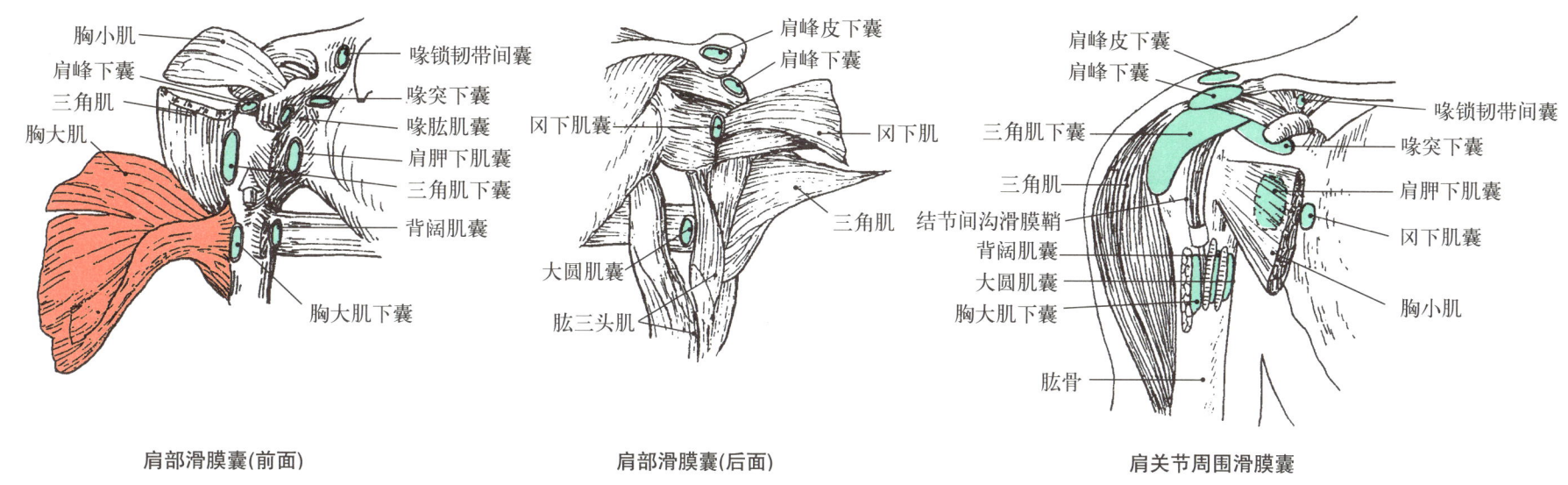

肩部滑膜囊(前面)　　　肩部滑膜囊(后面)　　　肩关节周围滑膜囊

肩峰下囊 (subacromial bursa)
由三角肌下囊膨出的许多突起，其中突入肩峰下面的最为明显，形成肩峰下囊。

喙锁韧带间囊 (bursa of intercoraco-clavicularlig.)
位于斜方韧带与锥状韧带之间。

喙突下囊 (subcoracoideal bursa)
位于喙突根部下方与肩关节囊之间。

喙肱肌囊 (bursa of coracobrachialis)
位于喙突尖下方，在肩胛下肌和喙肱肌腱之间。

肩胛下肌囊 (subtendinous bursa of subscapular)
由肩关节囊滑膜层于喙突根部附近突入肩胛下肌腱与关节囊之间而形成的囊。

三角肌下囊 (subdeltoid bursa)
位于三角肌筋膜与肱骨大结节之间。

背阔肌囊 (subtendinous bursa of latissimus dorsi)
位于背阔肌腱与大圆肌腱之间。

胸大肌下囊 (bursa of pectoralis major)
位于胸大肌腱与肱骨之间。

冈下肌囊 (subtendinous bursa of infraspinatus)
位于冈下肌腱与肩关节囊之间。

大圆肌囊 (subtendinous bursa of teres major)
位于大圆肌与肱骨内侧之间。

肩峰皮下囊 (subcutaneous bursa of acromion)
位于肩峰与皮肤之间。

斜方肌腱下囊 (subtendinous bursa of trapizius)
位于斜方肌上部肌束和肩胛冈内侧端之间。

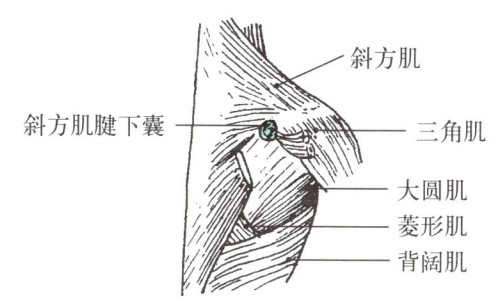

背部浅层肌滑膜囊

肩部滑膜囊

滑膜囊 (synovial bursa)的存在，可减少相接触面间的摩擦，以促进运动的灵活性。滑膜囊炎症严重时，会影响局部肢体的运动功能，如肩周炎等。

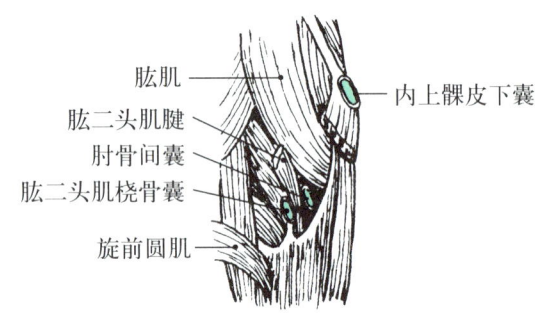
肘部滑膜囊(前面)

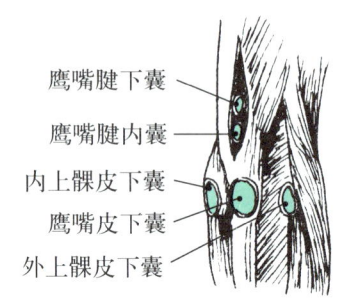
肘部滑膜囊(后面)

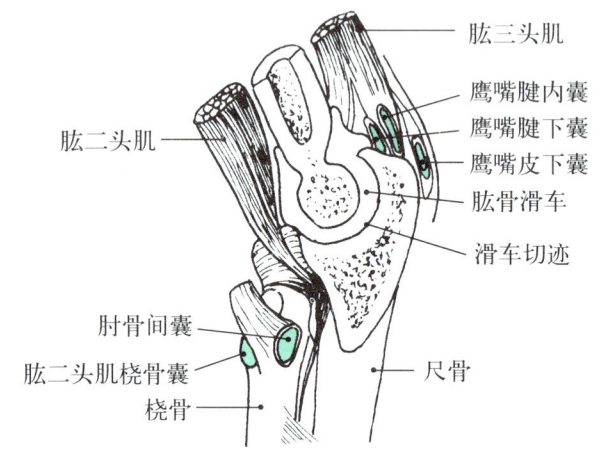
肘关节矢状切面的滑膜囊

肘骨间囊 (cubital interosseous bursa)
　　位于肱二头肌腱与尺骨之间。

肱二头肌桡骨囊 (bicipitoradial bursa)
　　位于肱二头肌腱与桡骨粗隆前面之间。

内上髁皮下囊 (subcutaneous bursa of medial epicondyle)
　　位于肱骨内上髁与皮肤之间。

鹰嘴腱下囊 (subtendinous bursa of olecranon)
　　位于肱三头肌腱抵止处与尺骨鹰嘴之间。

鹰嘴腱内囊 (intratendinous bursa of olecranon)
　　位于尺骨鹰嘴附近，肱三头肌腱近抵止处的腱内。

外上髁皮下囊 (subcutaneous bursa of external epicondyle)
　　位于肱骨外上髁与皮肤之间。

鹰嘴皮下囊 (subcutaneous bursa of olecranon)
　　位于尺骨鹰嘴嵴与皮肤之间。

肘部滑膜囊

上肢肌的功(机)能综述

上肢肌 是人体运动器官中最灵活的部分。

上肢肌在体育运动的支撑、悬垂和投掷器械等动作中起着重要的作用。

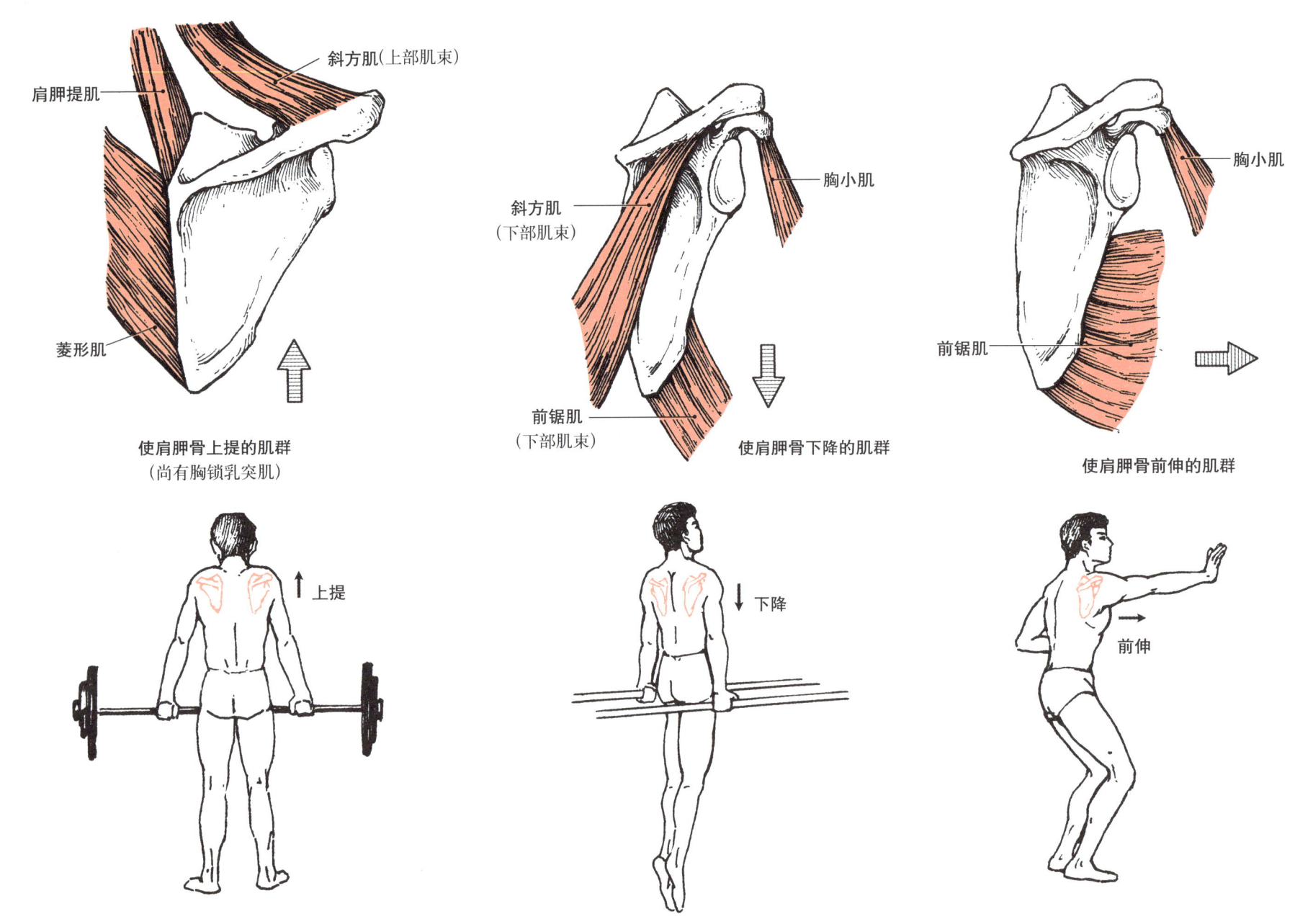

运动上肢带关节的肌群 上述肌肉在近固定收缩时可使肩胛骨做上提与下降、前伸与后缩、上回旋与下回旋的运动。此外，还可使锁骨外侧端与肩胛骨一起进行环转运动。

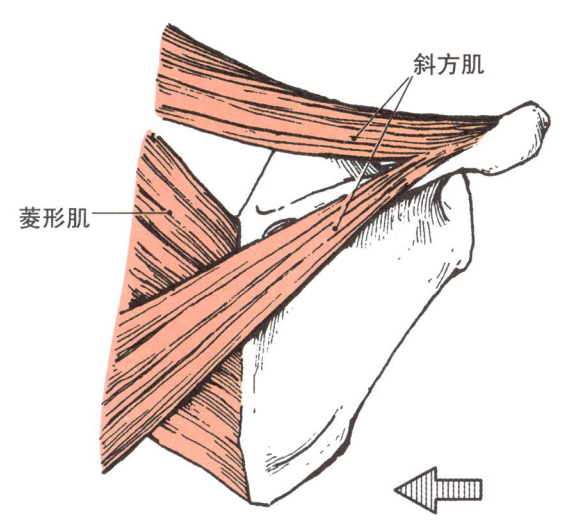
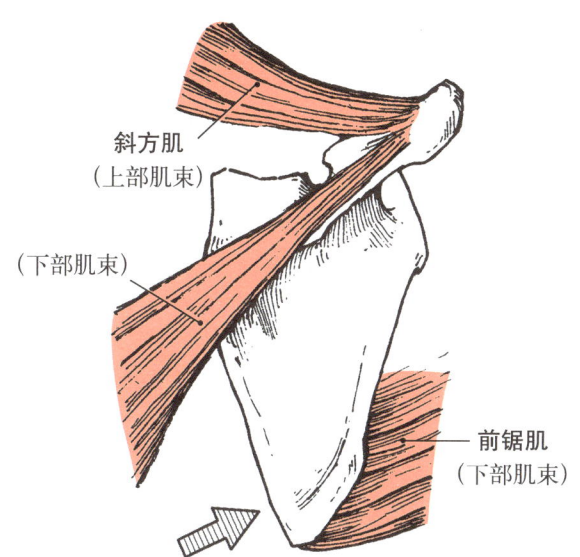
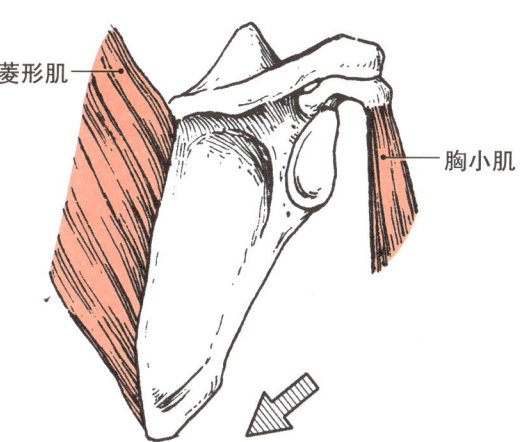

使肩胛骨后缩的肌群   使肩胛骨上回旋的肌群   使肩胛骨下回旋的肌群

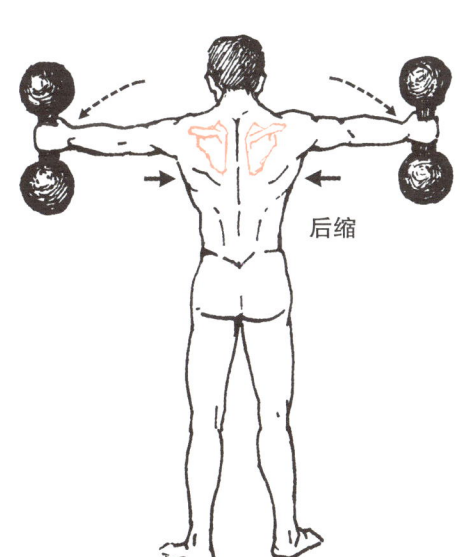
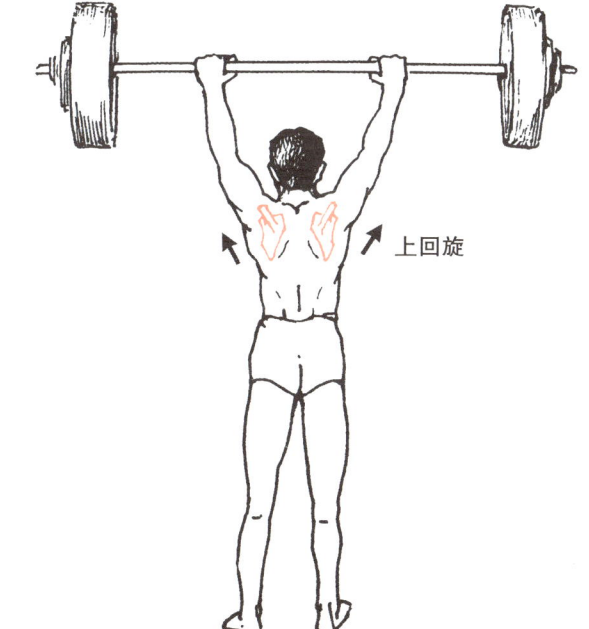
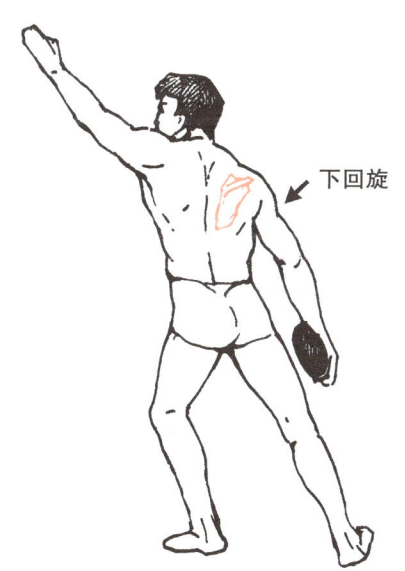

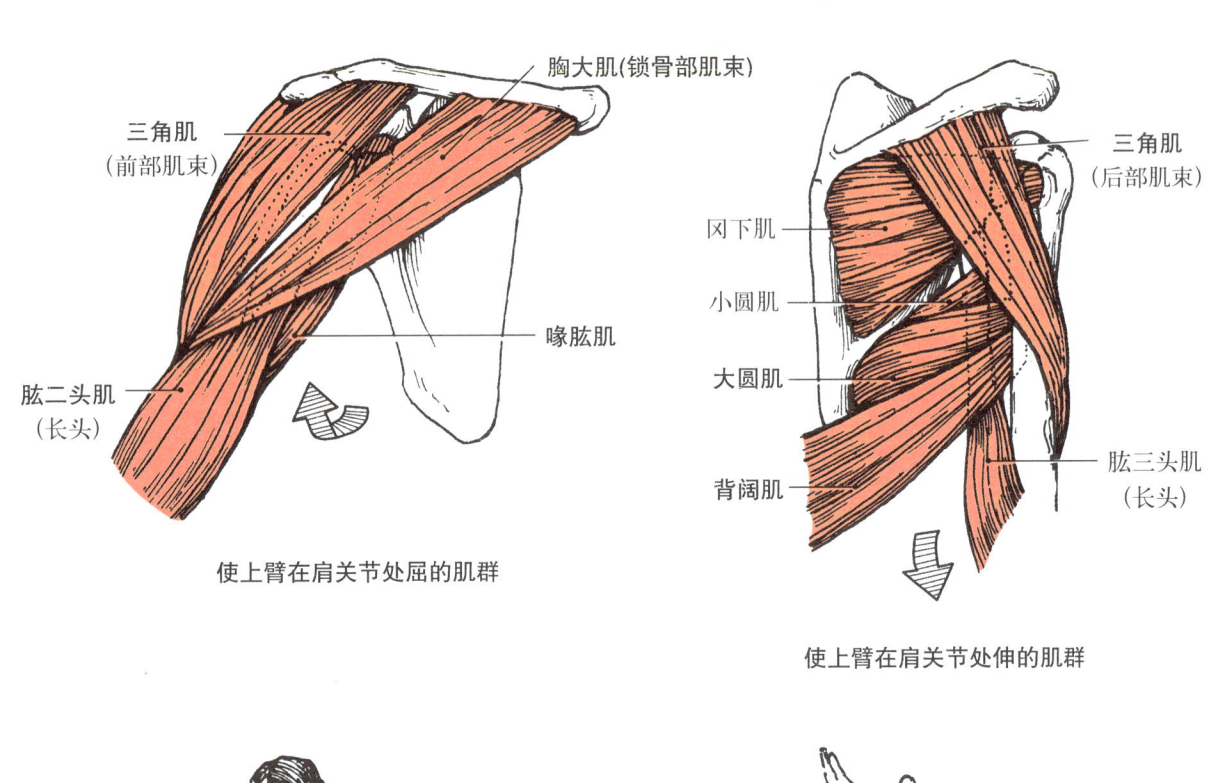
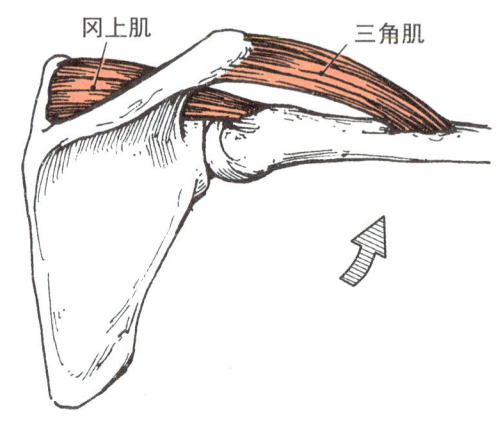

使上臂在肩关节处屈的肌群

使上臂在肩关节处伸的肌群

使上臂在肩关节处外展的肌群

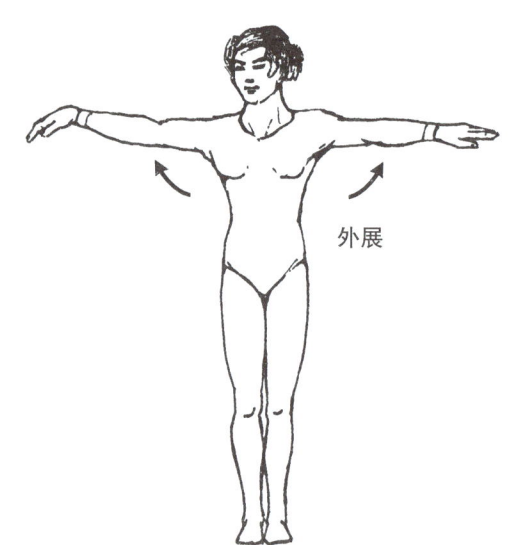

运动肩关节的肌群

上述肌肉在近固定收缩时，可使上臂在肩关节处做屈与伸、外展与内收、旋内与旋外、水平屈与水平伸的运动。此外，还可做环转运动。

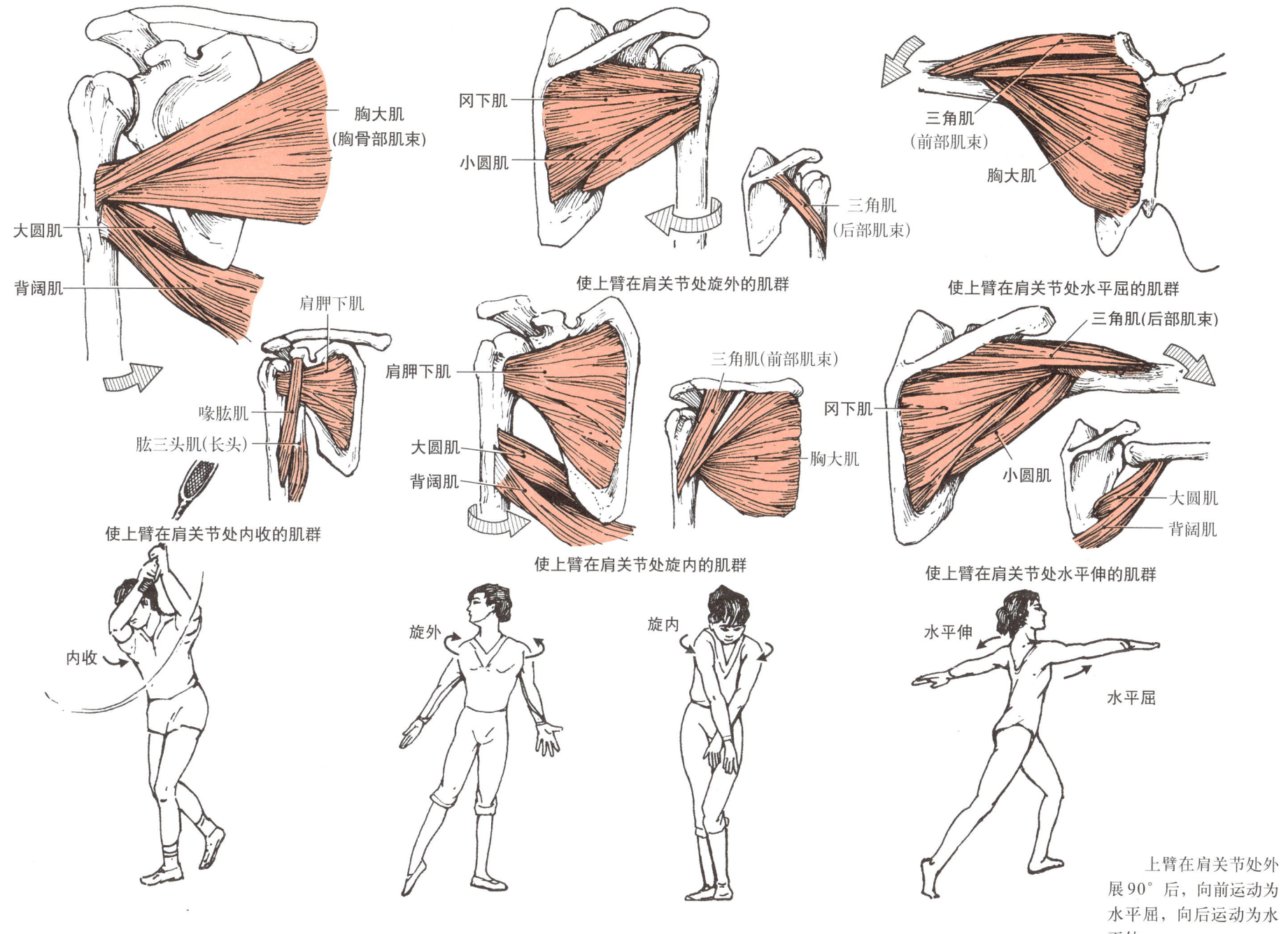

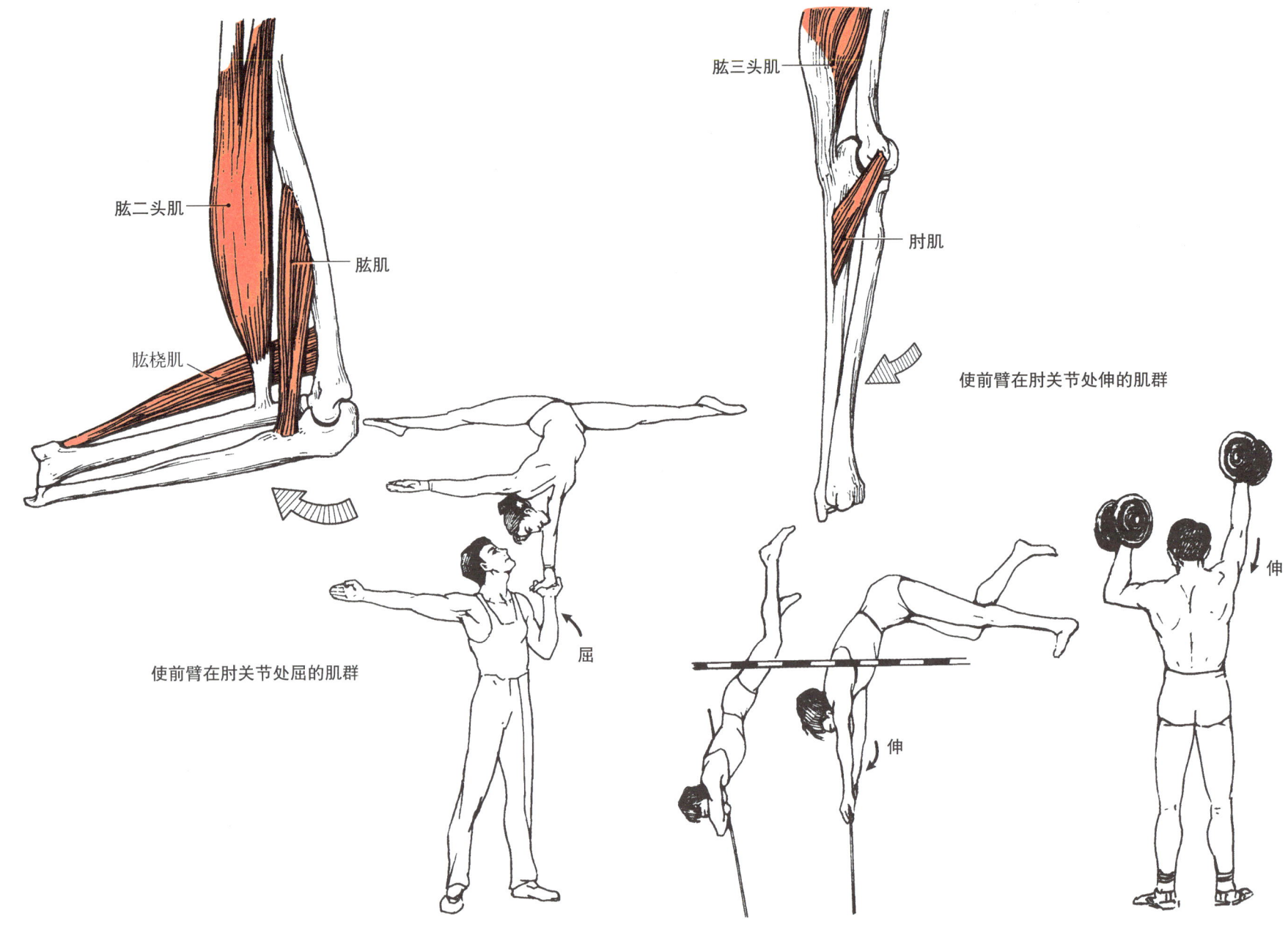

运动肘关节的肌群

上述肌肉在近固定收缩时可使前臂在肘关节处做屈与伸的运动；运动桡尺关节的肌群，可使前臂做旋前(内)与旋后(外)运动。

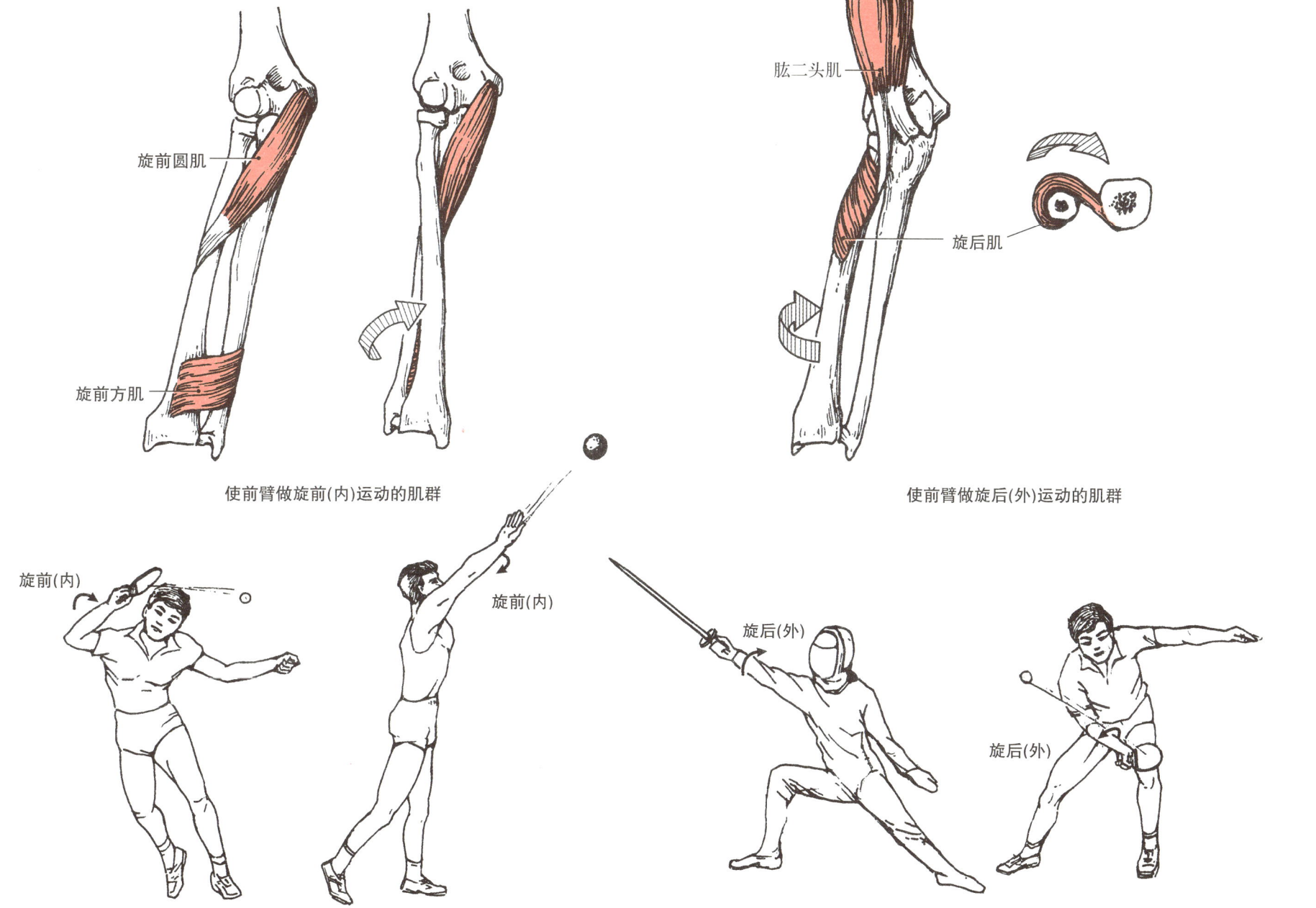

使前臂做旋前(内)运动的肌群　　　　　　　使前臂做旋后(外)运动的肌群

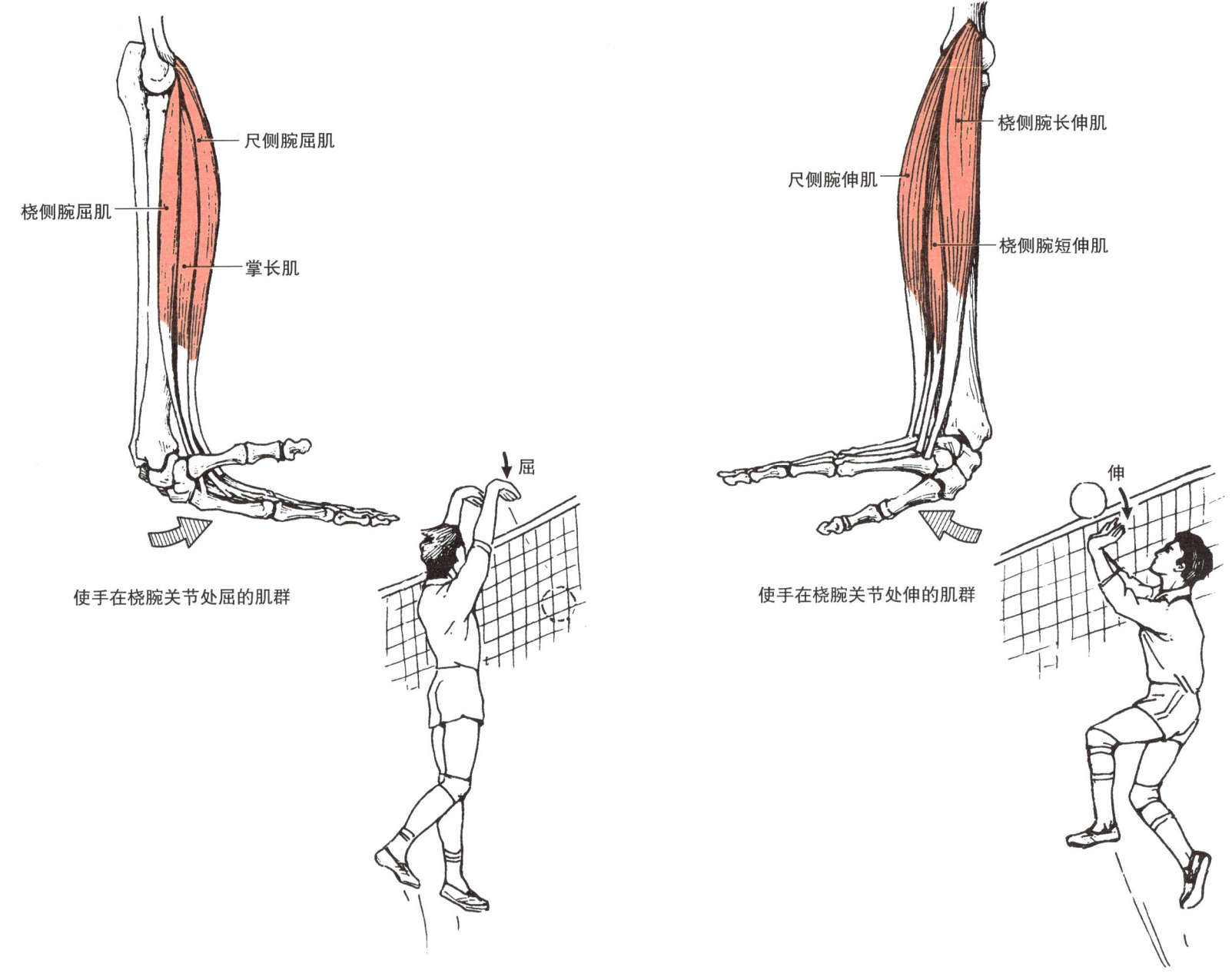

运动手（腕）关节的肌群
上述肌肉在近固定收缩时可使手在桡腕关节处做屈与伸、内收与外展，还可做环转运动。

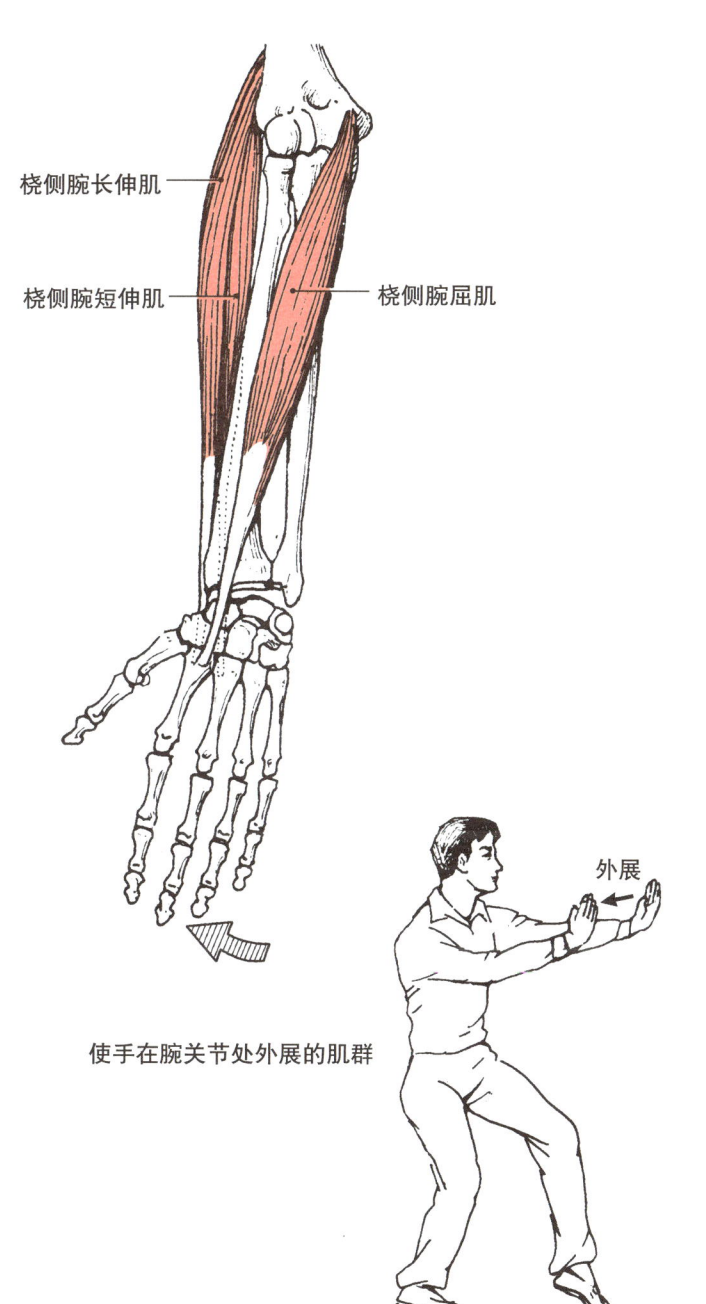
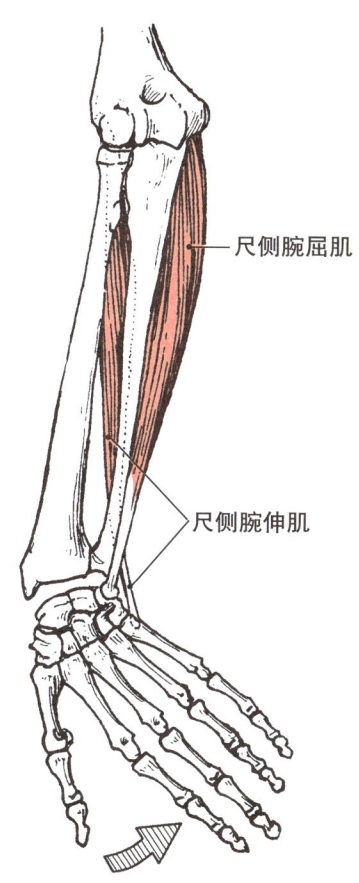

桡侧腕长伸肌
桡侧腕短伸肌
桡侧腕屈肌
尺侧腕屈肌
尺侧腕伸肌

外展

使手在腕关节处外展的肌群

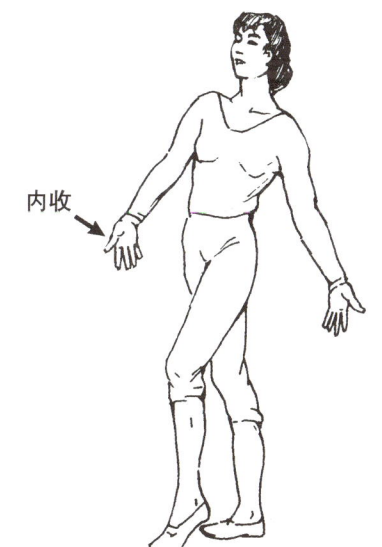

内收

使手在腕关节处内收的肌群

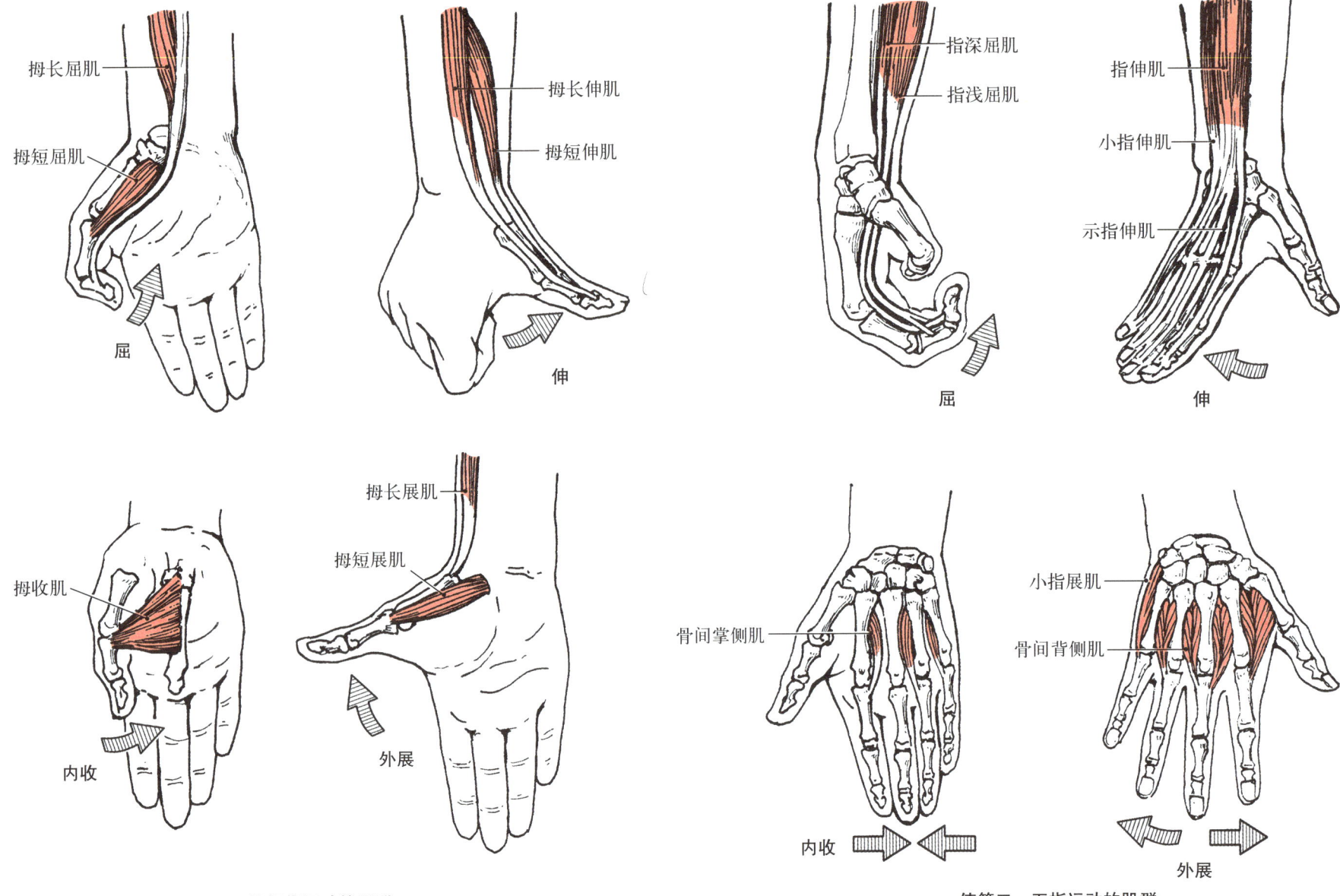

使拇指运动的肌群　　　　　　　使第二～五指运动的肌群

运动手指关节的肌群

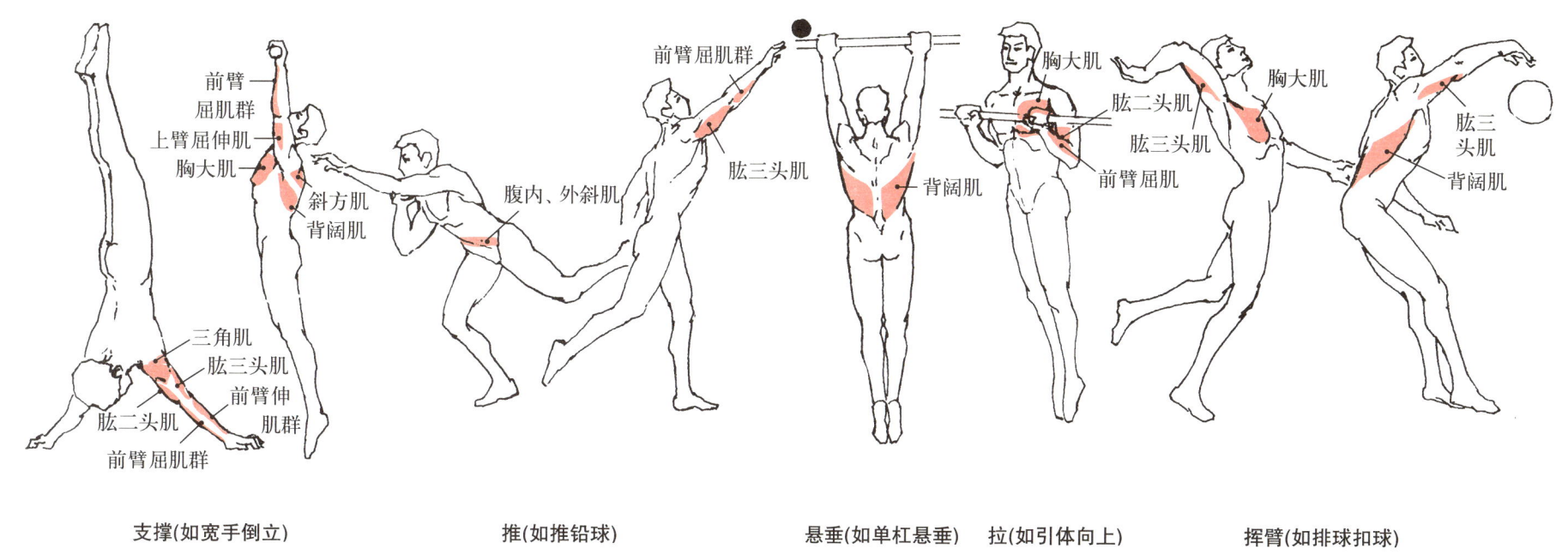

支撑(如宽手倒立)　　推(如推铅球)　　悬垂(如单杠悬垂)　　拉(如引体向上)　　挥臂(如排球扣球)

  宽手倒立时，人体重心在支点上方，支撑面积小。使肩胛骨上回旋的肌肉(斜方肌、前锯肌)收缩和与之相对抗的下回旋肌肉(胸小肌、菱形肌)收缩，共同固定肩胛骨；肩关节周围肌肉(三角肌、胸大肌、背阔肌)收缩，以固定肩关节；上臂、前臂的屈、伸肌肉收缩，以固定肘关节，从而稳定倒立动作。上述肌肉均为远固定收缩。

  以右手推铅球为例，前锯肌、胸小肌收缩使肩胛骨前伸；胸大肌、三角肌前束收缩使上臂屈；肱三头肌收缩使前臂伸；旋前圆肌、旋前方肌收缩使前臂旋前。上述肌肉均为近固定收缩。右手推铅球时，躯干向左侧回旋，是左侧的腹内斜肌、右侧的腹外斜肌协同下，在下固定条件下收缩完成。

  悬垂时，人体重心在支点下方。手部屈肌群收缩紧握杠；前臂、上臂屈、伸肌肉，肩关节周围肌肉，使肩胛骨下回旋和下降的肌肉(胸小肌、斜方肌下部肌束、前锯肌下部肌束)均为远固定收缩，以抗衡人体重力的作用。

  引体向上动作依次为：胸小肌、菱形肌收缩使肩胛骨下回旋；斜方肌收缩使肩胛骨后缩；胸大肌、背阔肌收缩使上臂伸和内收；肱肌、肱二头肌收缩使前臂屈；前臂、手部屈肌群收缩紧握杠。上述肌肉均为远固定收缩。

  扣球动作依次为：斜方肌、前锯肌收缩使肩胛骨上回旋，并带动手臂上举，在此基础上，依靠胸大肌、背阔肌的急剧收缩，使上臂屈、内收而迅速挥臂，与此同时，肱三头肌收缩使前臂伸，在手接近球时，前臂屈肌群收缩完成扣球动作。上述肌肉均为近固定收缩。

上肢运动动作的解剖学分析

上肢动作有静力性的支撑和悬垂；动力性的推、拉和挥臂。

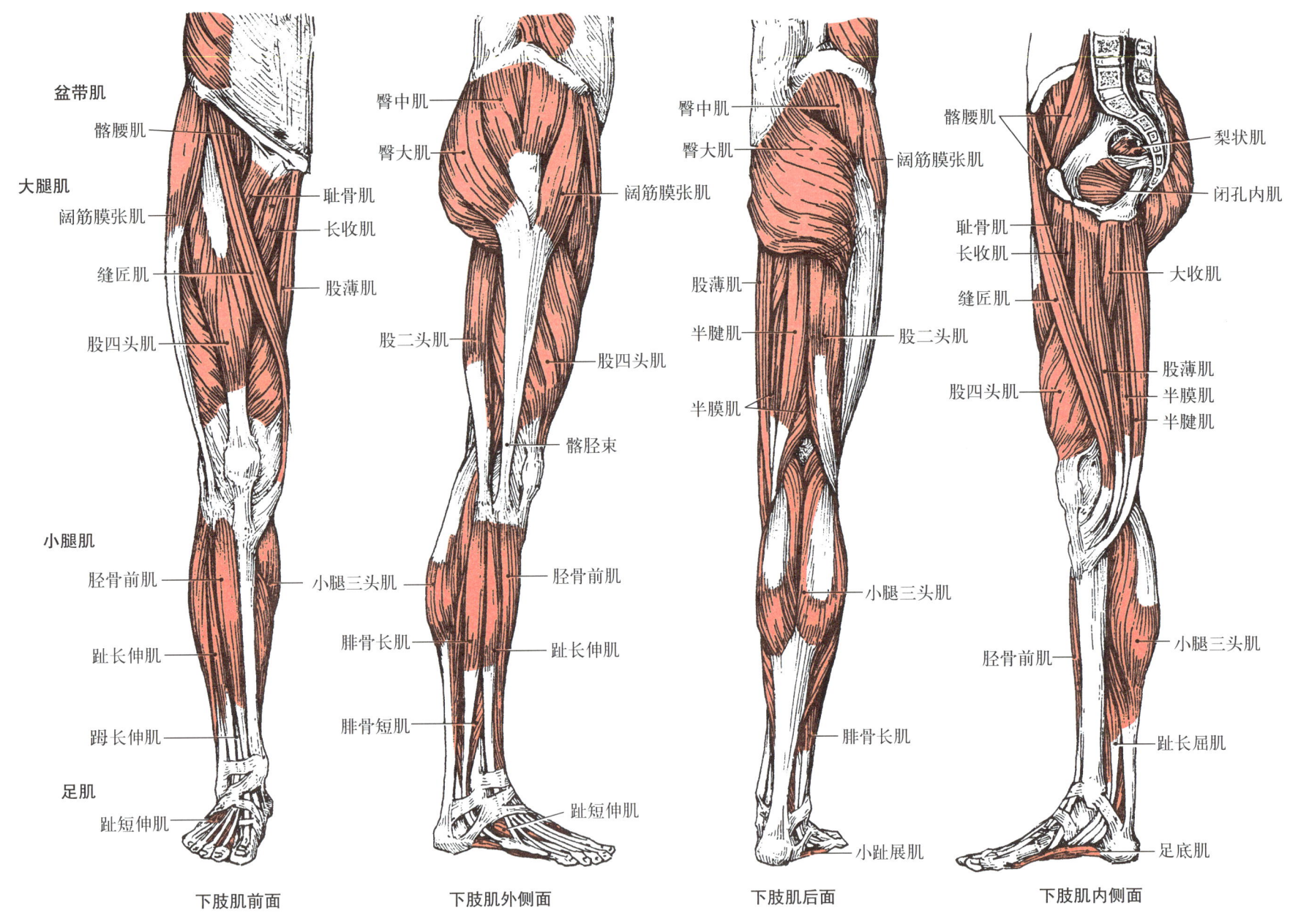

下肢肌

下肢肌 (muscles of lower limb) 分为盆带肌、大腿肌、小腿肌和足肌。下肢肌比上肢肌强大粗壮，这与维持人体直立姿势、支持体重和走、跑、跳有关。

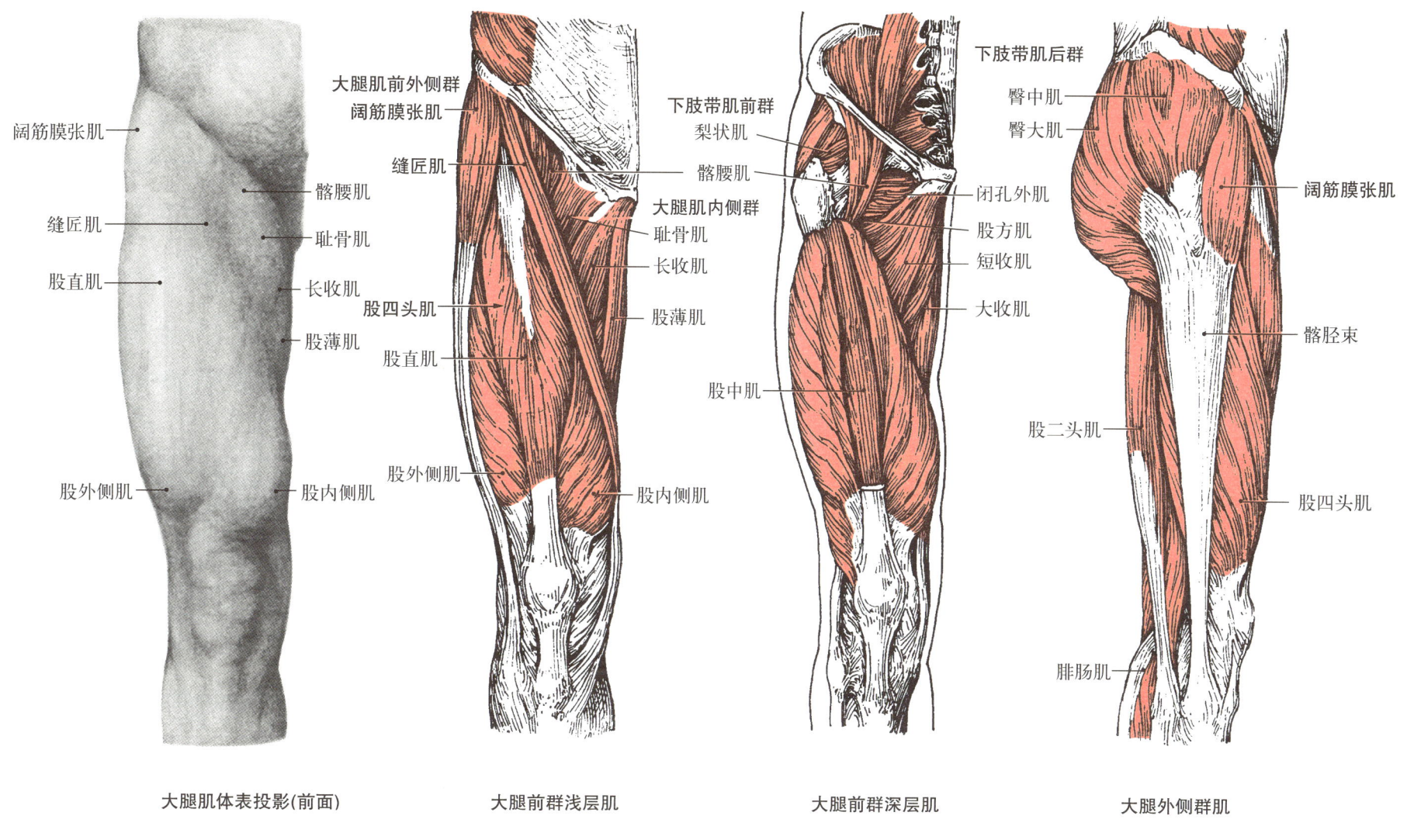

大腿肌体表投影(前面)　　大腿前群浅层肌　　大腿前群深层肌　　大腿外侧群肌

下肢带肌(盆带肌)和大腿肌(前面和外侧面)

下肢带肌(盆带肌)(muscles of pelvic girdle) 分起自骨盆内面的前群肌和骨盆外面的后群肌。下肢带肌前群(内侧群肌)有髂腰肌和梨状肌。下肢带肌后群(外侧群肌)有臀大肌、臀中肌、臀小肌、闭孔内肌、股方肌和闭孔外肌。

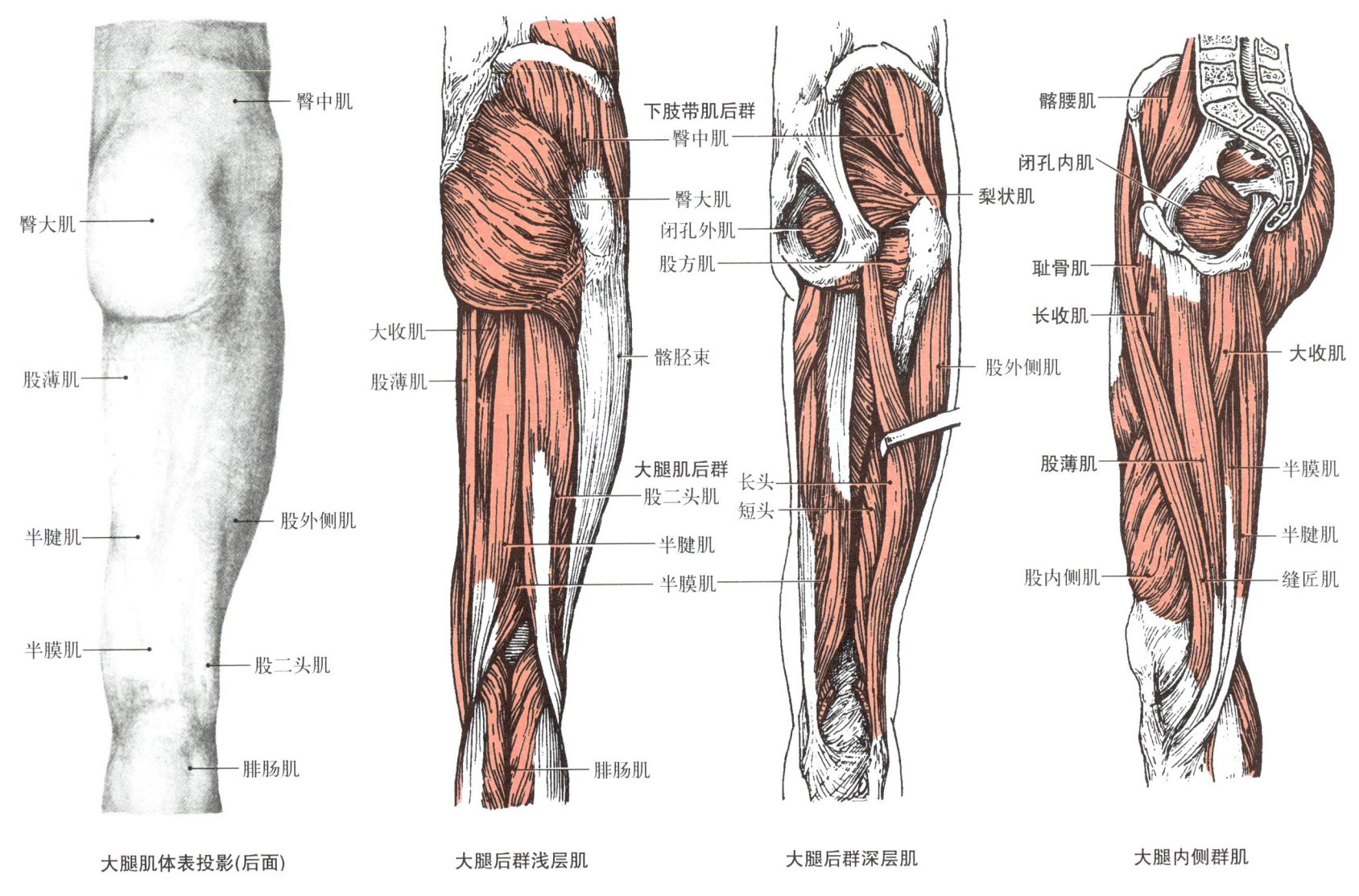

下肢带肌(盆带肌)和大腿肌(后面和内侧面)

大腿肌 (muscles of thigh)　位于股骨前面、后面和内侧，分为前外侧群肌、后群肌和内侧群肌。前外侧群肌有股四头肌(股直肌、股中肌、股内侧肌和股外侧肌)、缝匠肌和阔筋膜张肌。后群肌有肌二头肌、半腱肌和半膜肌。内侧群浅层肌有耻骨肌、长收肌和股薄肌；内侧群深层肌有短收肌和大收肌。

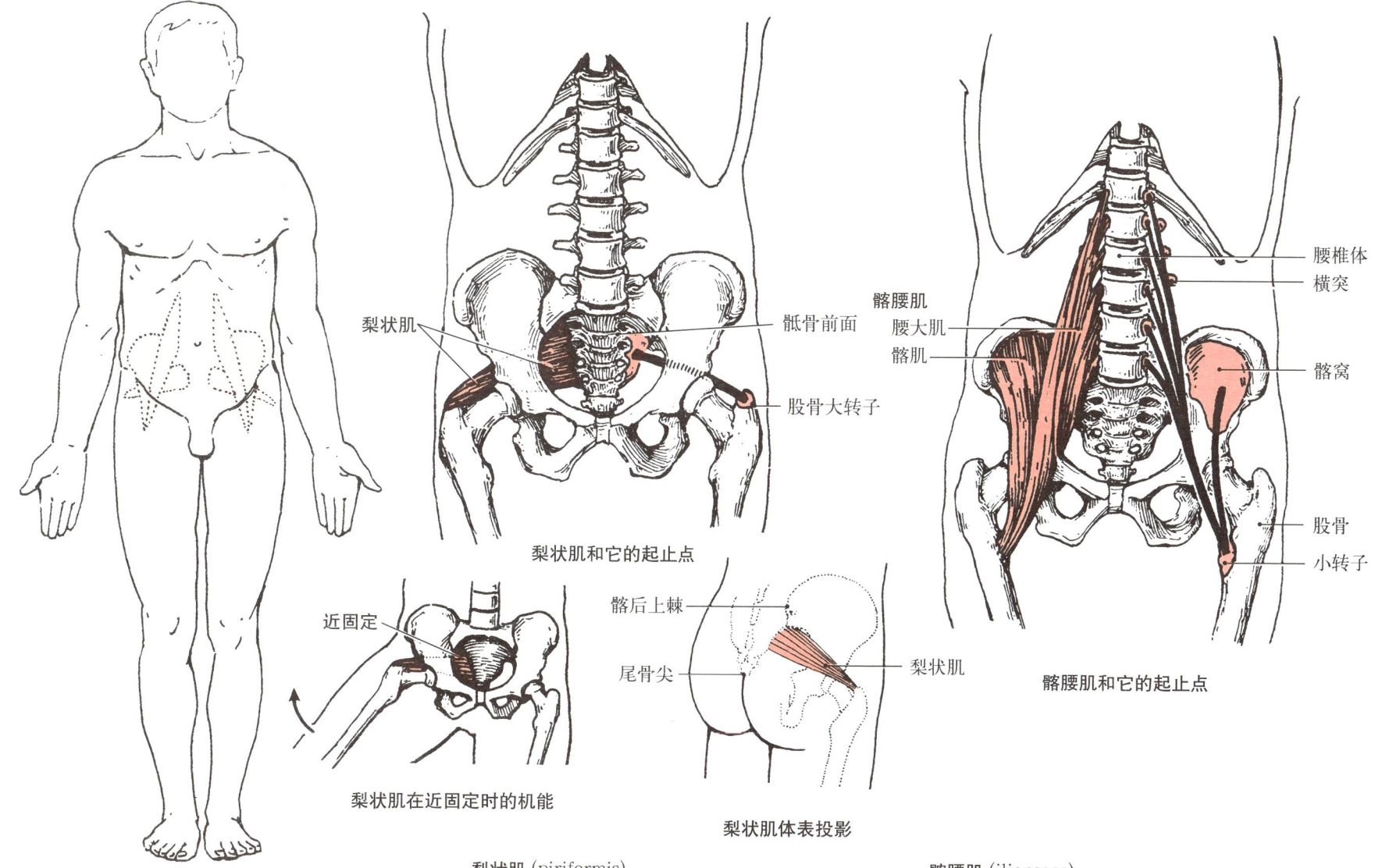

梨状肌和它的起止点

梨状肌在近固定时的机能

梨状肌体表投影

髂腰肌和它的起止点

梨状肌 (piriformis)
- 部位：在小骨盆后壁。
- 起点：骶骨前面骶前孔外侧。
- 止点：股骨大转子。
- 支配神经：发自脊神经骶丛的第一、二骶神经。
- 机能：近固定 使大腿旋外和外展。
  远固定 两侧同时收缩使骨盆后倾。

髂腰肌 (iliopsoas)
- 部位：在腰椎两侧和骨盆内面，由腰大肌 (psoas major)、髂肌 (iliacus) 组成。
- 起点：腰大肌 起于第十二胸椎和第一～五腰椎体侧面和横突；髂肌起于髂窝。
- 止点：股骨小转子。
- 支配神经：发自脊神经腰丛的肌支。

下肢带肌 前群肌 梨状肌 髂腰肌

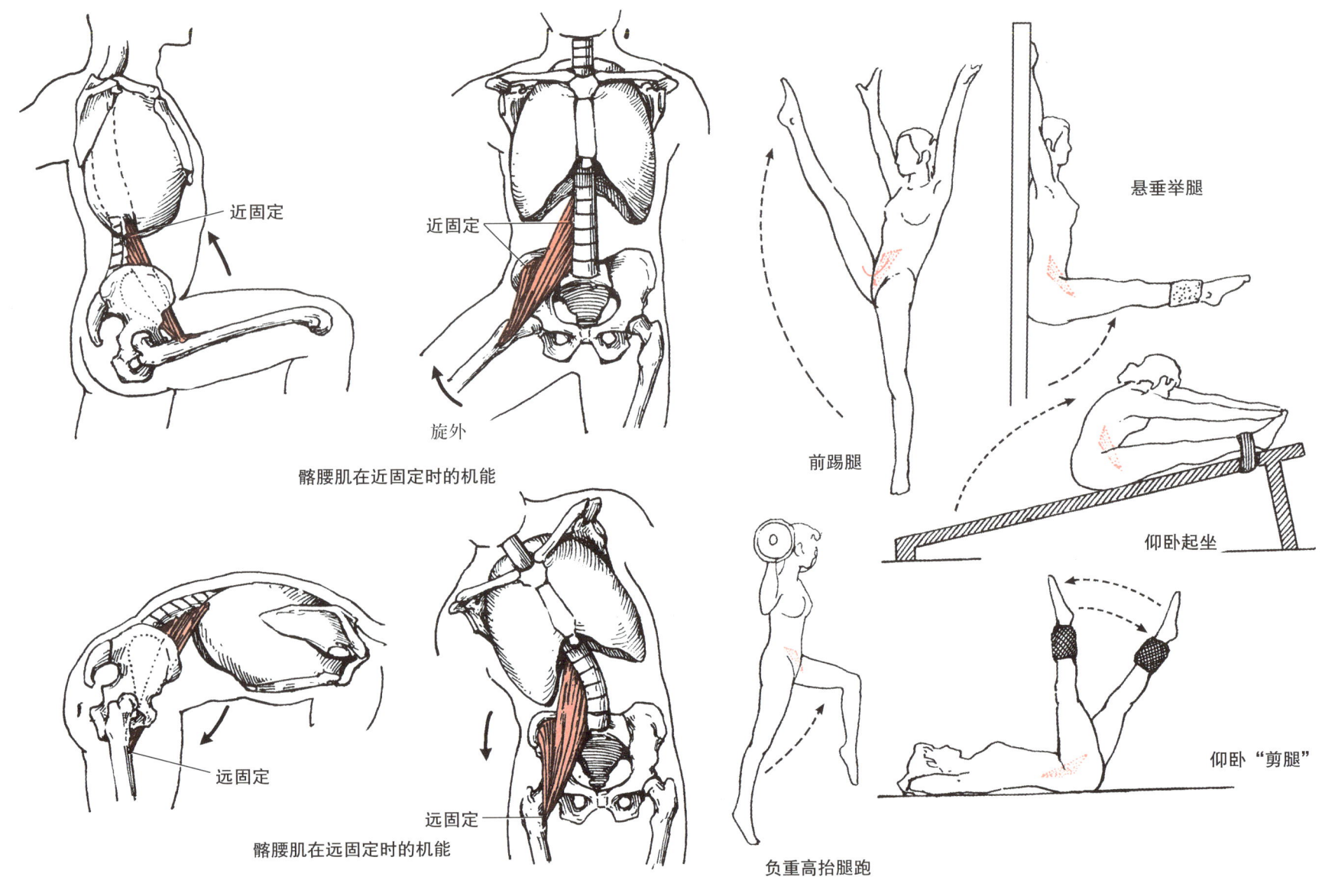

髂腰肌在近固定时的机能

髂腰肌在远固定时的机能

悬垂举腿

前踢腿

仰卧起坐

负重高抬腿跑

仰卧"剪腿"

梨状肌 髂腰肌

机能

近固定　使大腿在髋关节处屈和旋外。

远固定　一侧收缩，使躯干侧屈，两侧同时收缩，使躯干前屈和骨盆前倾。

发展肌力的辅助练习举例

前踢腿、悬垂举腿、负重高抬腿跑、仰卧起坐和仰卧"剪腿"。

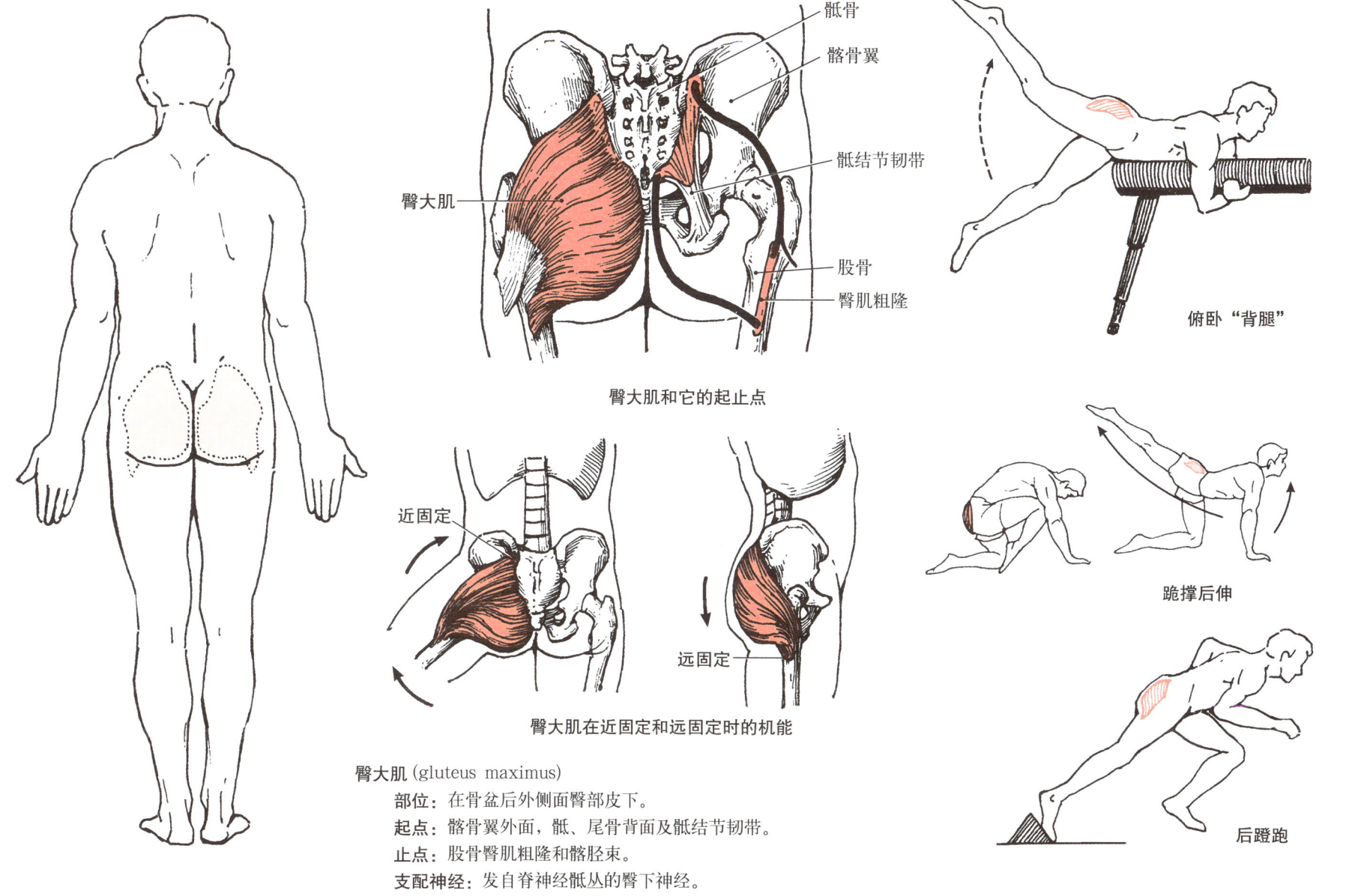

臀大肌和它的起止点

臀大肌在近固定和远固定时的机能

臀大肌 (gluteus maximus)

- 部位：在骨盆后外侧面臀部皮下。
- 起点：髂骨翼外面，骶、尾骨背面及骶结节韧带。
- 止点：股骨臀肌粗隆和髂胫束。
- 支配神经：发自脊神经骶丛的臀下神经。
- 机能：近固定　使大腿在髋关节处伸和旋外；肌肉的上半部收缩可使大腿外展、下半部收缩可使大腿内收。
- 　　　远固定　一侧收缩，使骨盆转向对侧。两侧同时收缩使骨盆后倾。并使躯干后伸，维持身体站立的平衡。

俯卧"背腿"

跪撑后伸

后蹬跑

发展臀大肌肌力的辅助练习举例(一)
俯卧"背腿"、跪撑后伸和后蹬跑练习。

下肢带肌　后群肌　臀大肌

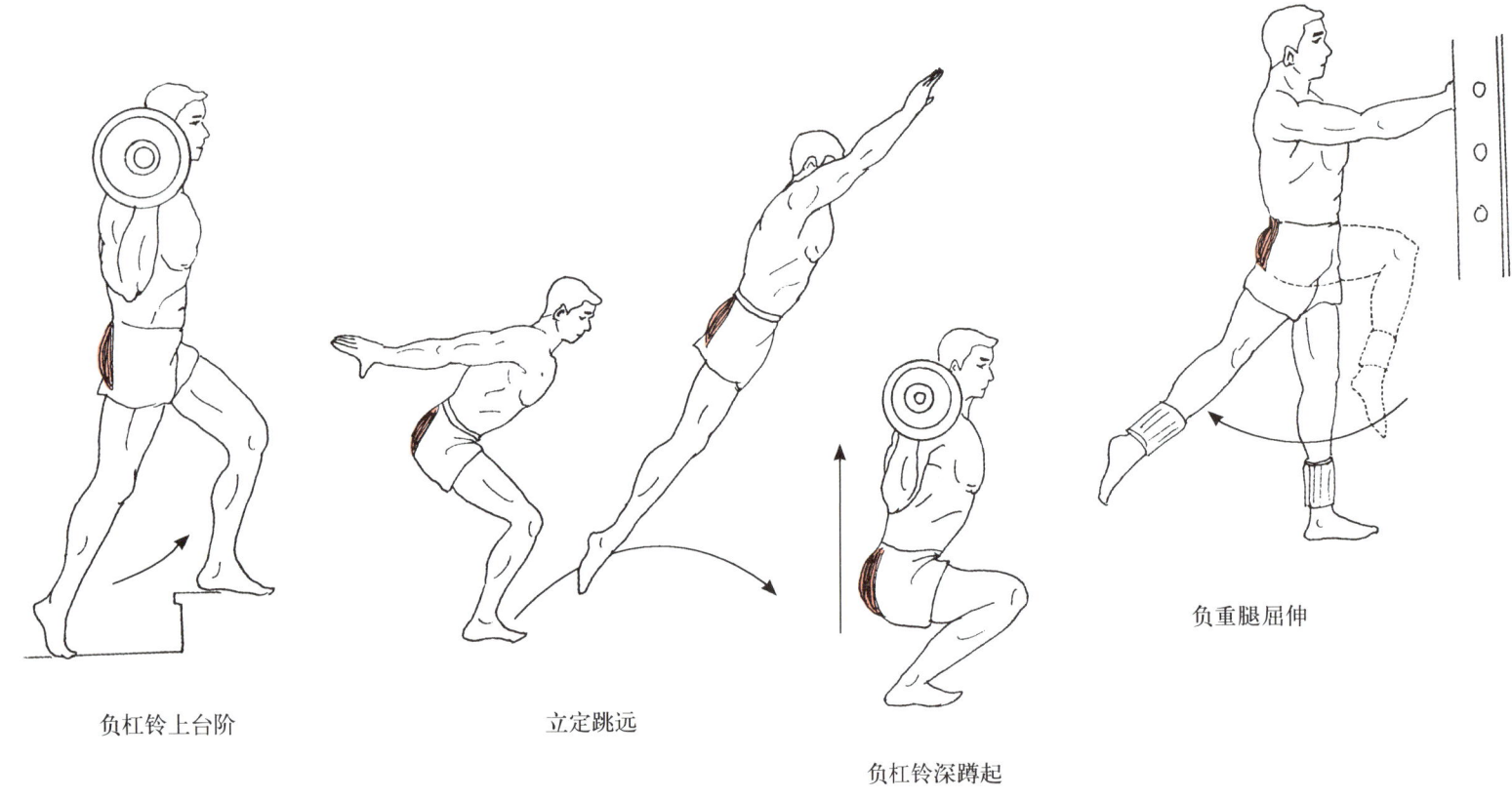

臀大肌　**发展臀大肌肌力的辅助练习举例(二)**　负杠铃上台阶、立定跳远、负杠铃深蹲起和负重腿屈伸。

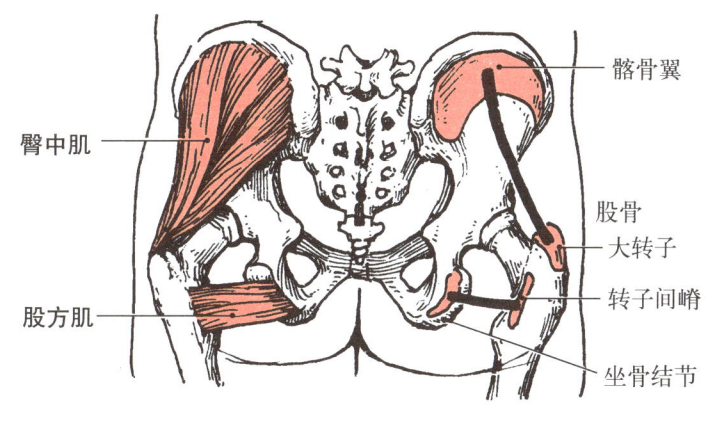

臀中肌、股方肌及其起止点

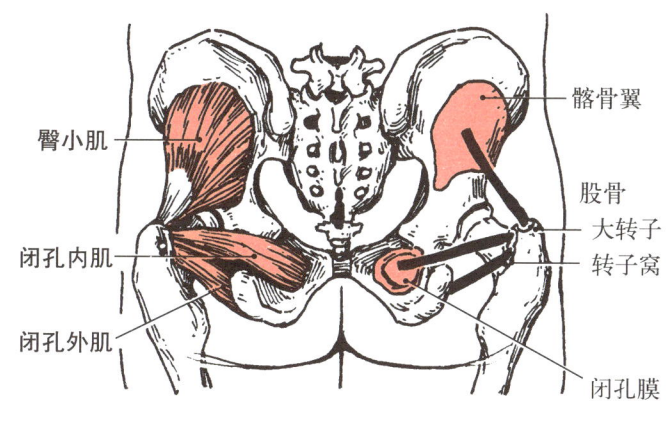

臀小肌、闭孔内肌、闭孔外肌及其起止点

臀中肌 (gluteus medius)
  部位：在臀大肌深面。
  起点：髂骨翼外面。
  止点：股骨大转子。
  支配神经：发自脊神经骶丛的臀上神经。

股方肌 (quadratus femoris)
  部位：在臀大肌深面。
  起点：坐骨结节外面。
  止点：股骨转子间嵴。
  支配神经：发自脊神经骶丛的分支。

臀小肌 (gluteus minimus)
  部位：在臀中肌深面。
  起点：臀前线以下，髋臼以上骨面。
  止点：股骨大转子。
  支配神经：发自脊神经骶丛的臀上神经。

闭孔外肌 (obturator externus)
  部位：在股方肌前面。
  起点：闭孔筋膜外面及其周围骨面。
  止点：股骨转子窝。
  支配神经：发自脊神经腰丛的闭孔神经。

闭孔内肌 (obturator internus)
  部位：在小骨盆内侧壁。
  起点：闭孔筋膜内面及其周围骨面。
  止点：股骨转子窝。
  支配神经：发自脊神经骶丛的分支。

臀中肌 臀小肌 股方肌 闭孔肌

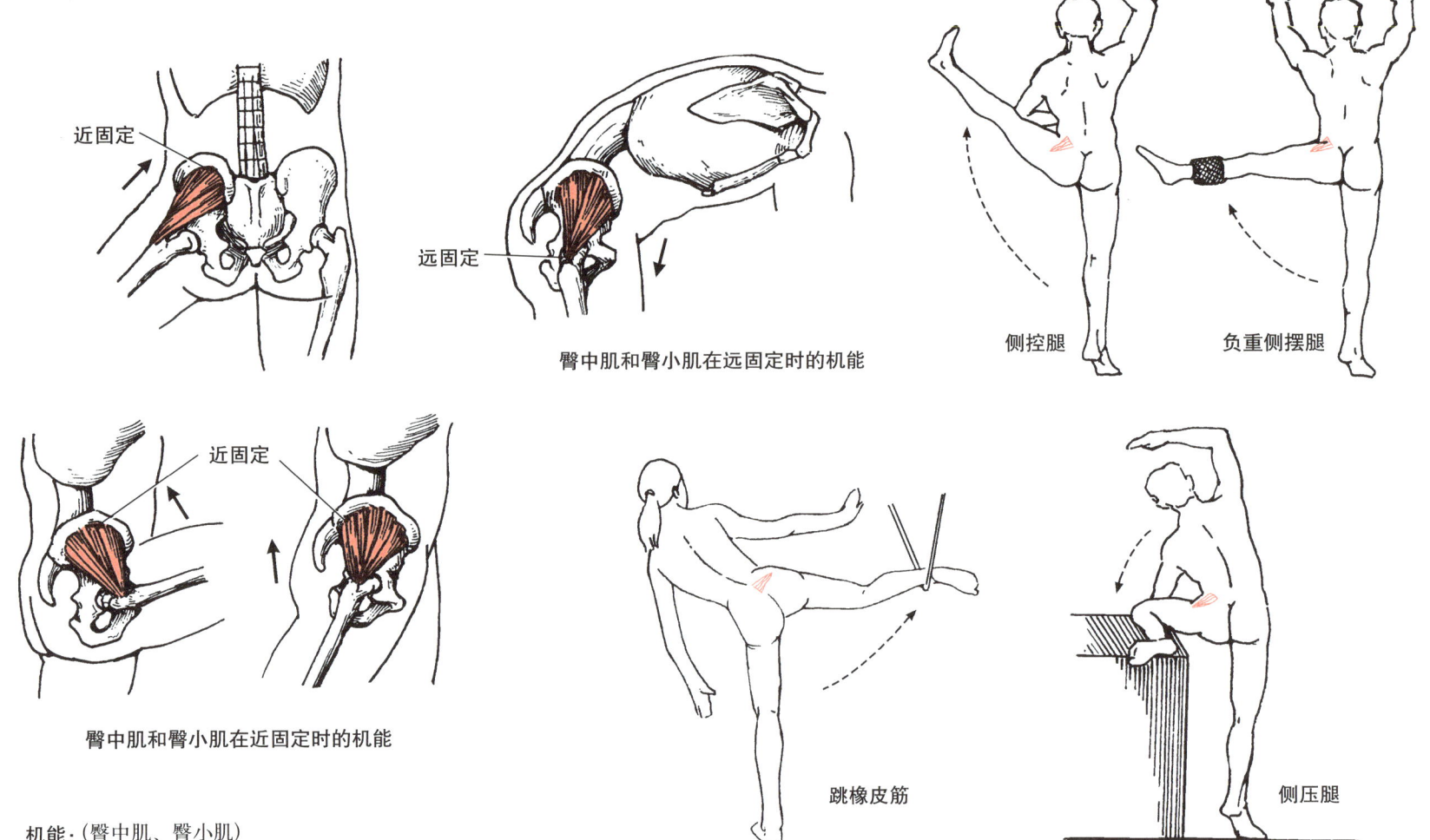

臀中肌和臀小肌在远固定时的机能

臀中肌和臀小肌在近固定时的机能

侧控腿　负重侧摆腿

跳橡皮筋　侧压腿

机能：（臀中肌、臀小肌）
近固定　使大腿在髋关节处外展。两肌的前部能使大腿屈和旋内。两肌的后部使大腿伸和旋外。
远固定　两肌一侧收缩使骨盆向同侧倾。两肌的两侧前部肌纤维收缩，使骨盆前倾、后部肌纤维收缩使骨盆后倾。
机能：（股方肌、闭孔肌）近固定时，使大腿在髋关节处旋外。

发展臀中肌、臀小肌、股方肌、闭孔肌肌力的辅助练习举例
　　跳橡皮筋、侧控腿和负重侧摆腿。
发展臀中肌、臀小肌、股方肌、闭孔肌伸展性的辅助练习举例
　　侧压腿和侧耗腿等。

臀中肌　臀小肌　股方肌　闭孔肌

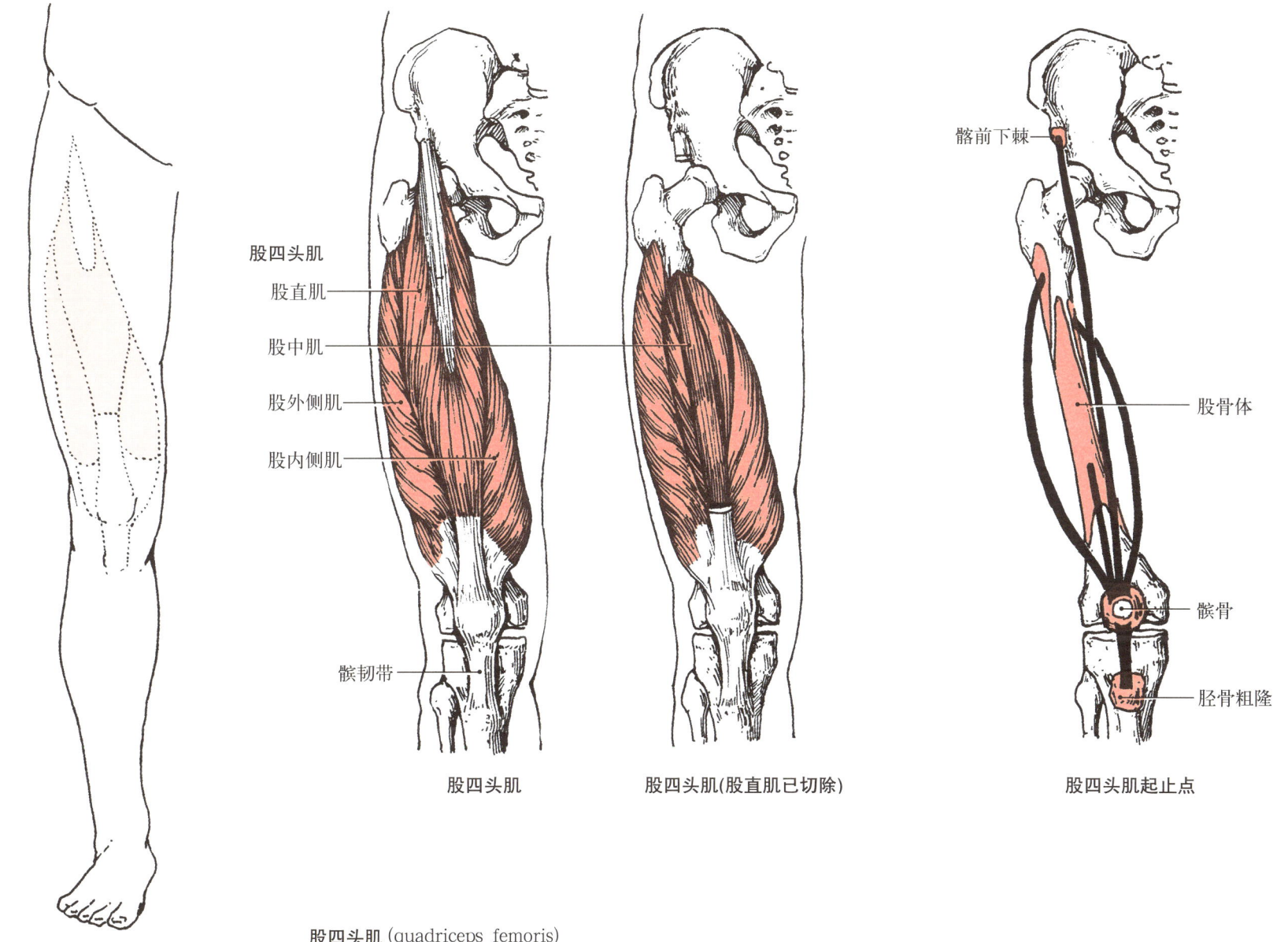

股四头肌 (quadriceps femoris)

部位：大腿前面，有4个头。

起点：股直肌起自髂前下棘；股中肌起自股骨体前面；股外侧肌起自股骨粗线外侧唇；股内侧肌起自股骨粗线内侧唇。

止点：4个头合成一条肌腱包绕髌骨，往下延成髌韧带止于胫骨粗隆。

支配神经：发自脊神经腰丛的股神经分支。

大腿肌 大腿前外侧群肌 股四头肌

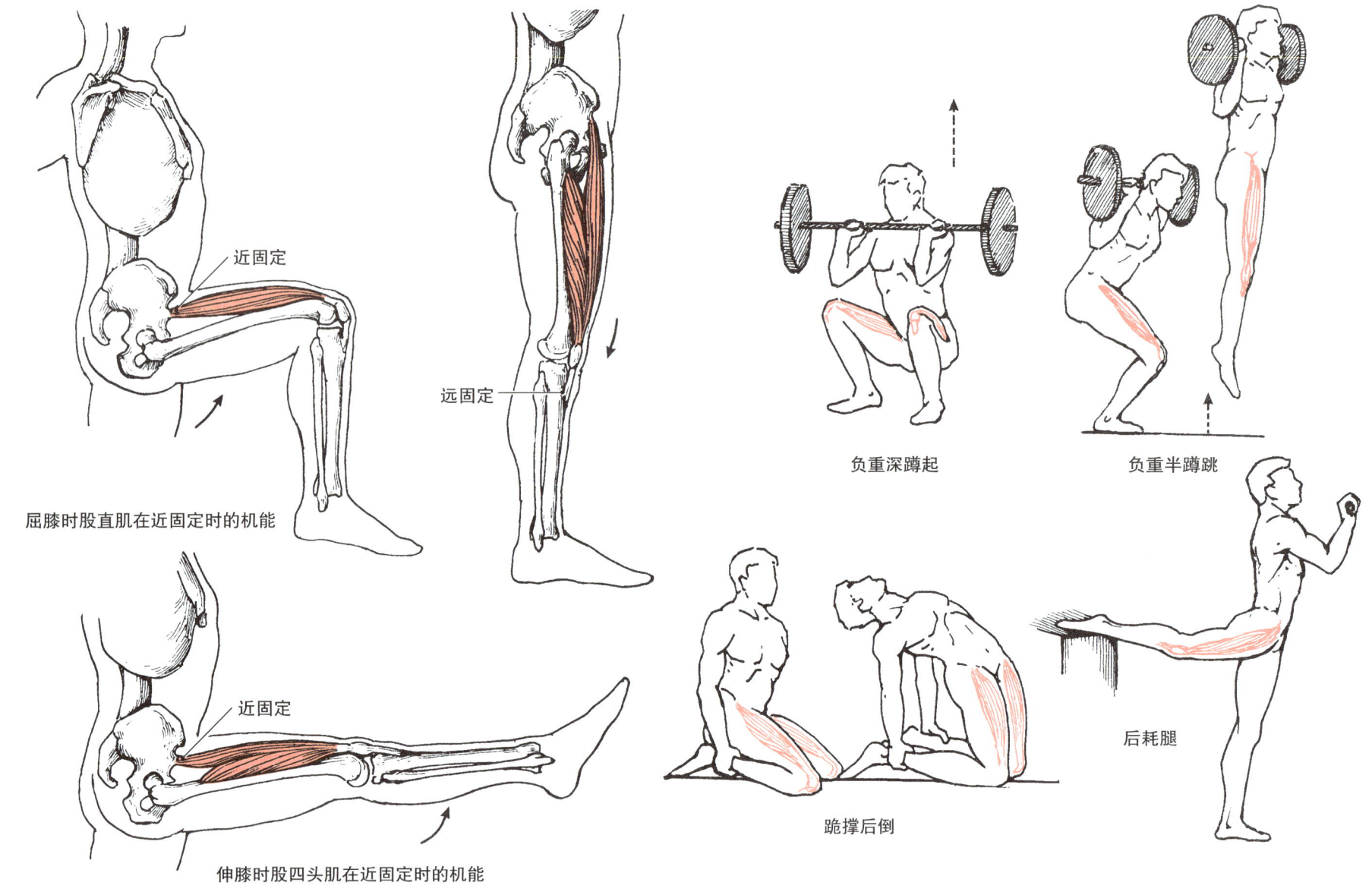

屈膝时股直肌在近固定时的机能

伸膝时股四头肌在近固定时的机能

负重深蹲起

负重半蹲跳

跪撑后倒

后耗腿

股四头肌

机能

近固定　股直肌收缩，使大腿在髋关节处屈。股四头肌整体收缩使小腿在膝关节处伸。

远固定　股四头肌收缩使大腿在膝关节处伸，牵拉股骨向前，以参与维持人体直立姿势。

发展股四头肌肌力的辅助练习举例（一）
　　负重深蹲起、负重半蹲跳和高抬腿练习。

发展股四头肌伸展性练习举例
　　跪撑后倒、后耗腿和后压腿等。

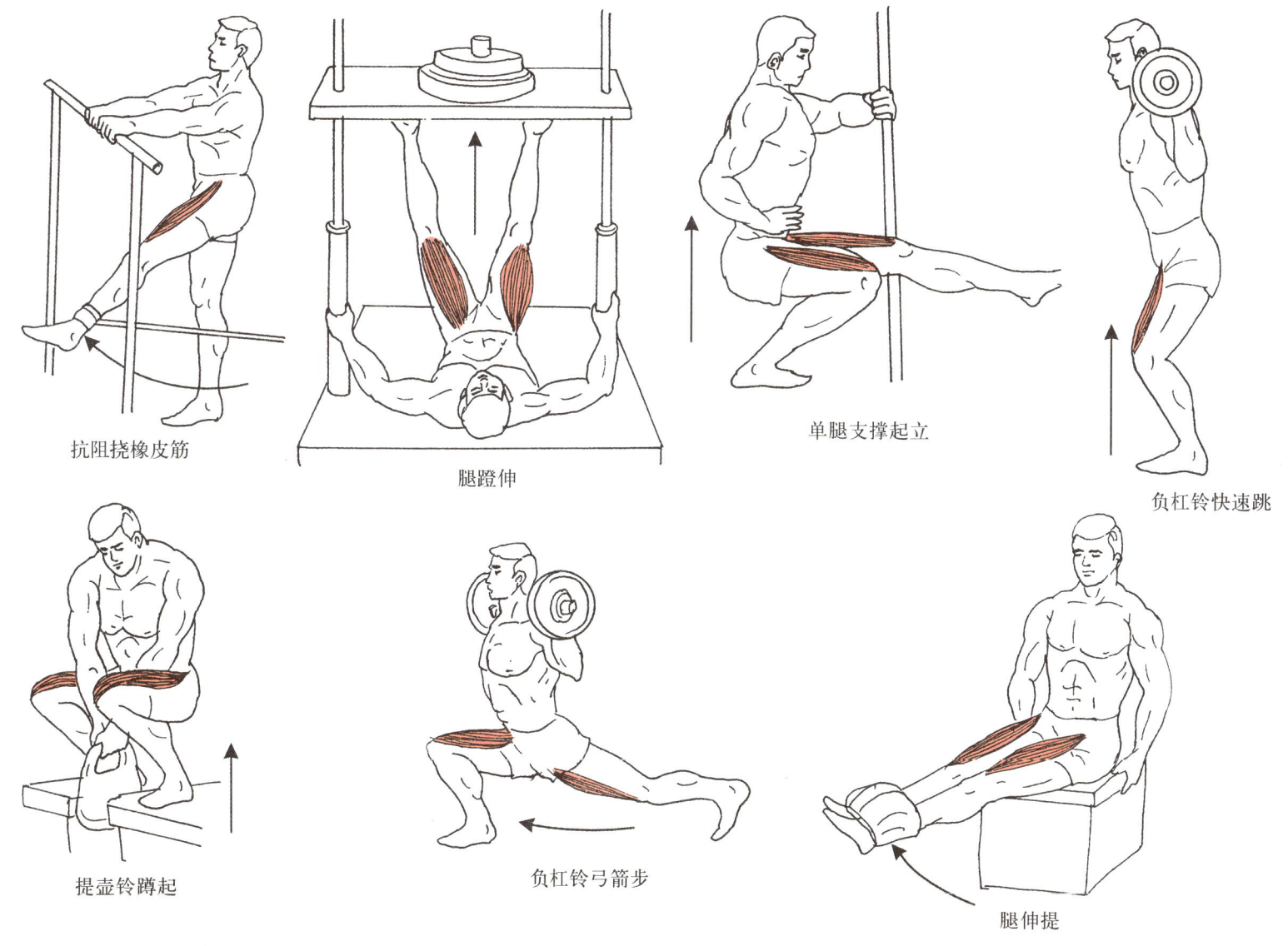

发展股四头肌肌力的辅助练习举例(二) 抗阻挠橡皮筋、腿蹬伸、单腿支撑起立、负重杠铃跳、提壶铃蹲起、负杠铃弓箭步和腿伸提。

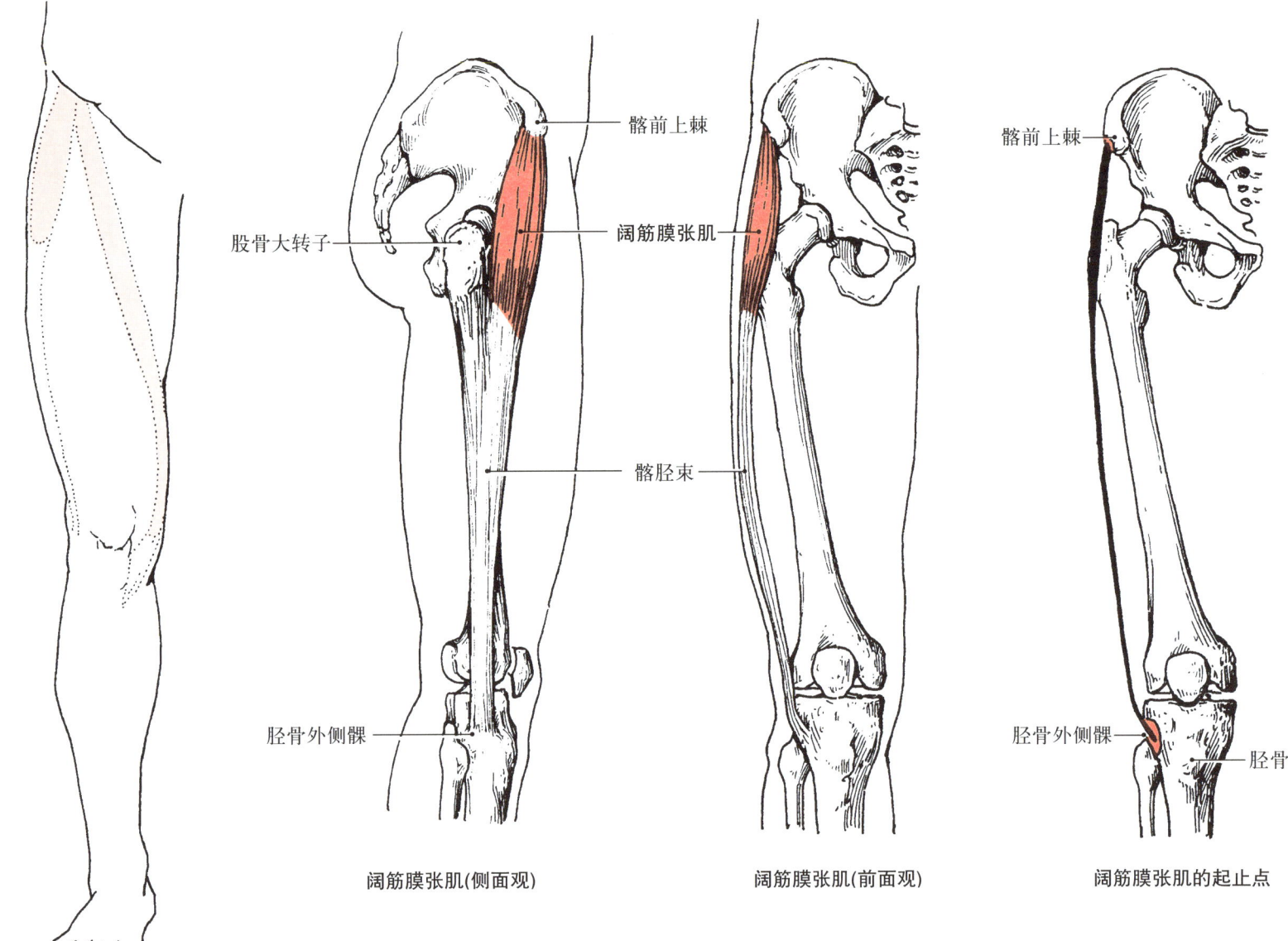

阔筋膜张肌(侧面观)　　阔筋膜张肌(前面观)　　阔筋膜张肌的起止点

阔筋膜张肌　缝匠肌

阔筋膜张肌 (tensor fascia latae)
部位：大腿前外侧，包在大腿阔筋膜鞘内。
起点：髂前上棘。
止点：移行于髂胫束(iliotibial tract)，止于胫骨外侧髁。
支配神经：发自脊神经骶丛的臀上神经。
机能：近固定　使髂胫束紧张。使大腿屈和旋内。

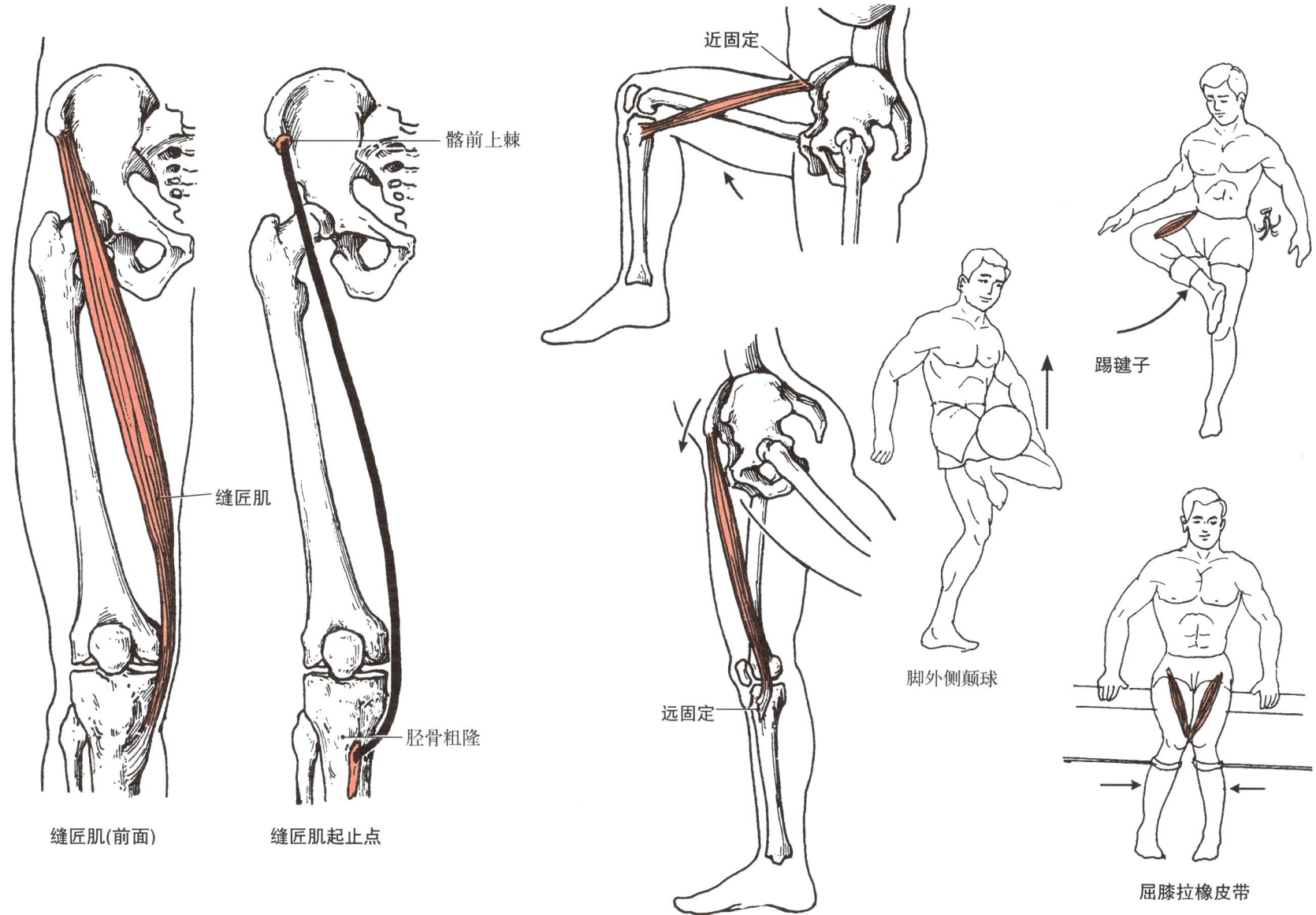

缝匠肌 (sartorius)

部位：股四头肌的前内侧。是全身中最长的肌肉之一。

起点：髂前上棘。

止点：胫骨粗隆内侧面。

支配神经：发自脊神经腰丛的股神经分支。

机能

近固定　使大腿屈和旋外（如足内侧踢毽子）；使小腿屈和旋内（如脚外侧颠球）。

远固定　两侧收缩，使骨盆前倾。

发展缝匠肌肌力辅助练习举例

踢毽子、脚外侧颠球和屈膝拉橡皮带练习。

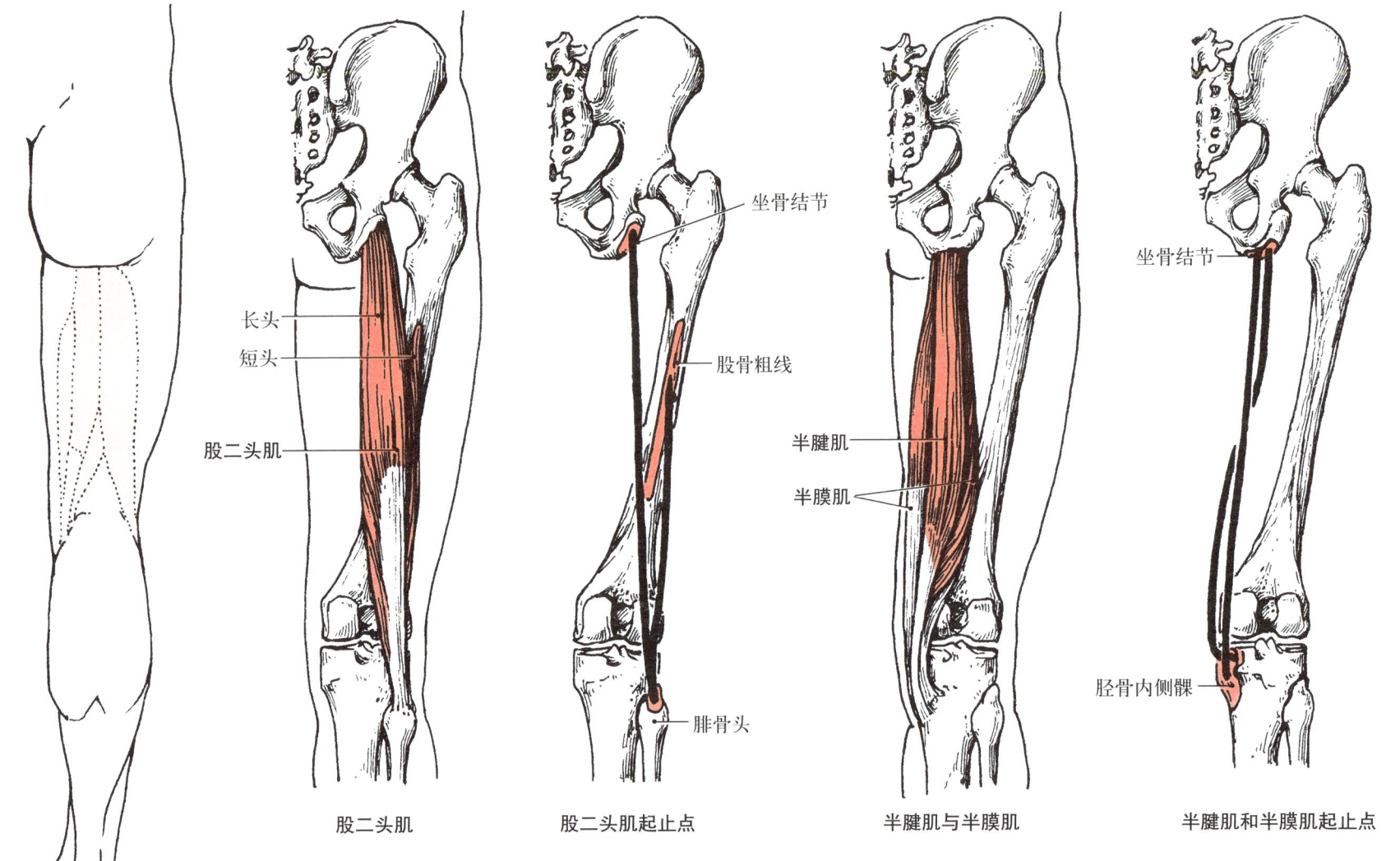

股二头肌　　　　股二头肌起止点　　　半腱肌与半膜肌　　　半腱肌和半膜肌起止点

股二头肌（biceps femoris）
部位：在大腿后面外侧，有长、短两个头。
起点：长头起自坐骨结节，短头起自股骨粗线外侧唇的下半部。
止点：腓骨头。

半腱肌（semitendinosus）
部位：在大腿后面内侧（肌腱占肌长的下半）。
起点：坐骨结节。
止点：胫骨上端内侧。

半膜肌（semimembranosus）
部位：在半腱肌深面（肌膜占肌长的上半）。
起点：坐骨结节。
止点：胫骨内侧髁后面。
支配神经：上述肌肉均受发自脊神经骶丛的坐骨神经分支支配。

大腿后群肌　股二头肌　半腱肌　半膜肌（合称腘绳肌）

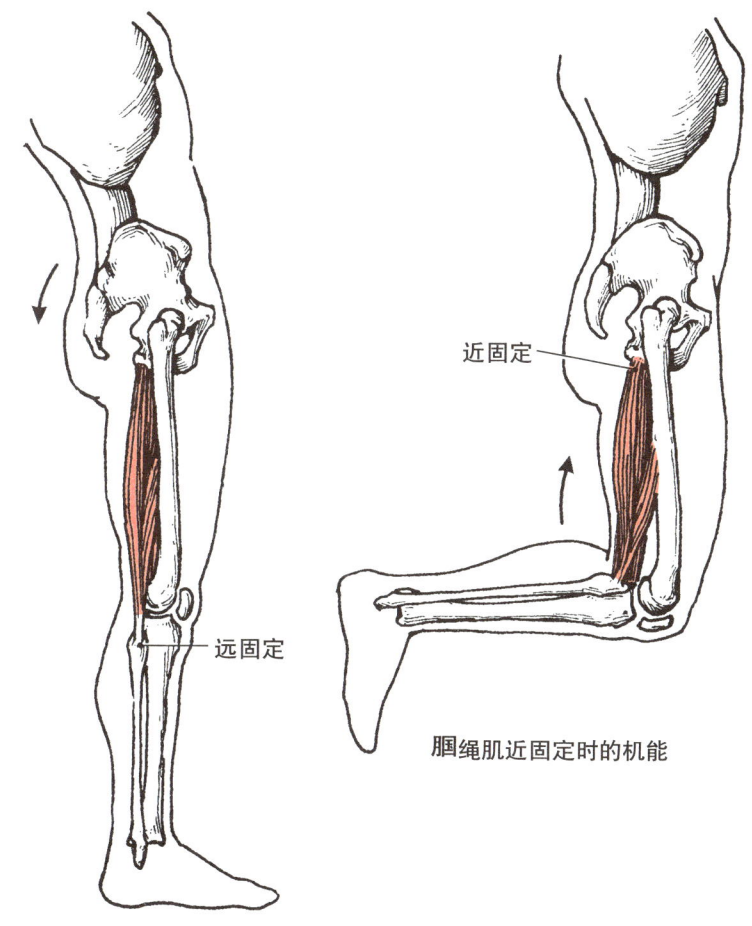

腘绳肌(三弦肌)远固定时的机能

腘绳肌近固定时的机能

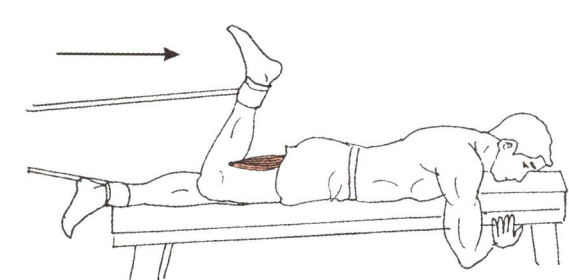

俯卧小腿拉橡皮筋

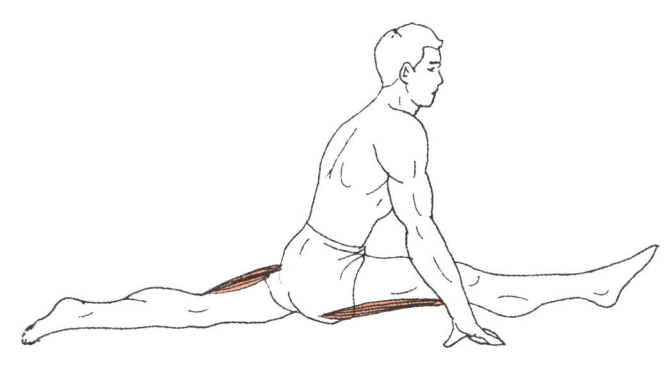

纵劈腿

机能：(股二头肌)
　近固定　使小腿在膝关节处屈和旋外，当小腿伸直时，可使大腿后伸(长头)。
　远固定　两侧收缩，使骨盆后倾。
机能：(半腱肌和半膜肌)
　近固定　使小腿在膝关节处屈和旋内。小腿伸直时可使大腿后伸。
　远固定　两侧收缩，使骨盆后倾。

股二头肌、半腱肌和半膜肌三块肌合在一起又名腘绳肌(hamstring muscle)或三弦肌
发展腘绳肌肌力的辅助练习举例(一)
　俯卧小腿拉橡皮带练习。
发展腘绳肌伸展练习举例
　正压腿(见图218页)和纵劈腿。

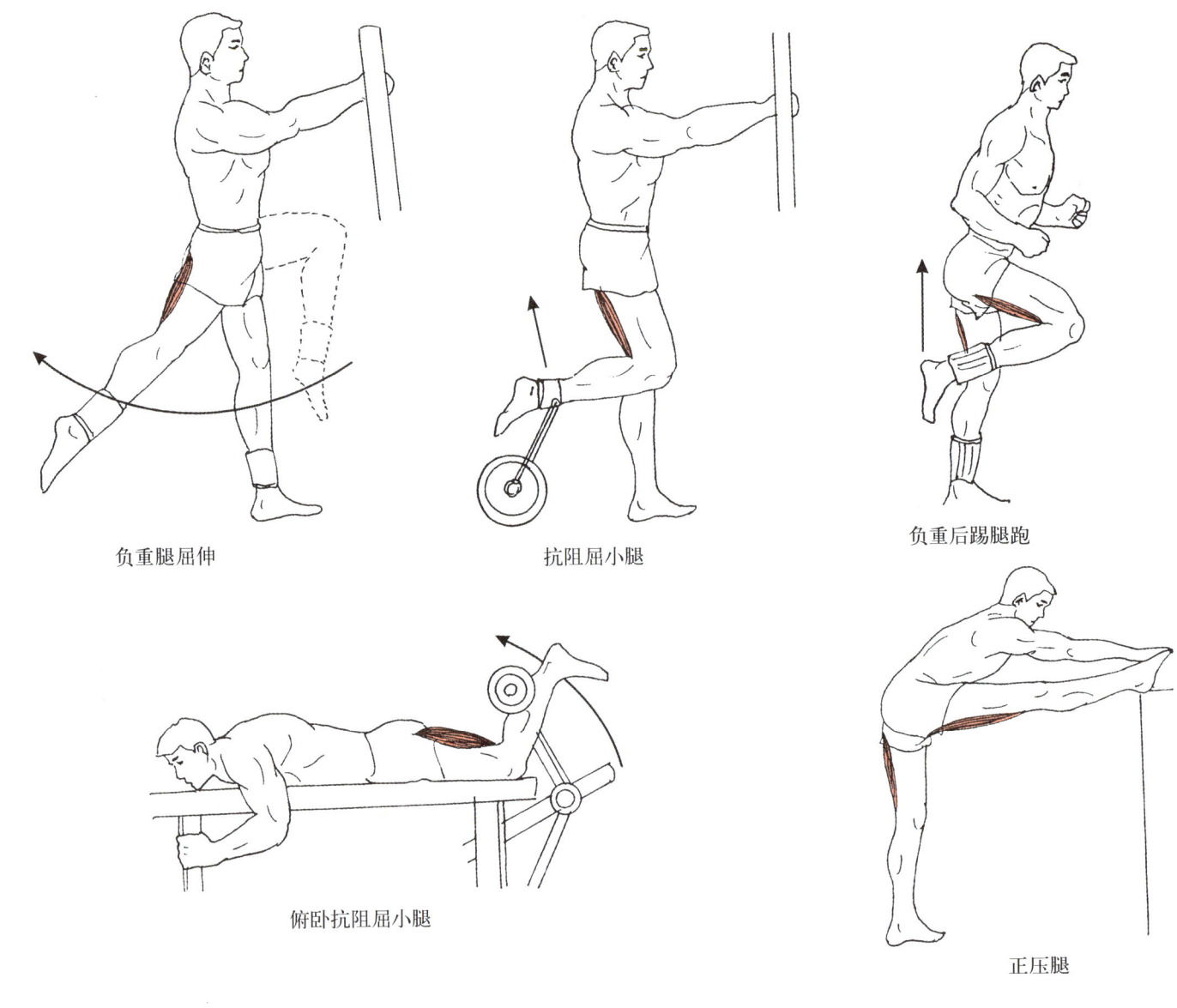

负重腿屈伸　　　　抗阻屈小腿　　　　负重后踢腿跑

俯卧抗阻屈小腿　　　　正压腿

腘绳肌　　发展腘绳肌肌力的辅助练习举例(二)　负重腿屈伸、抗阻屈小腿、负重后踢腿跑、俯卧抗阻屈小腿和正压腿(此练习为伸展性练习)。

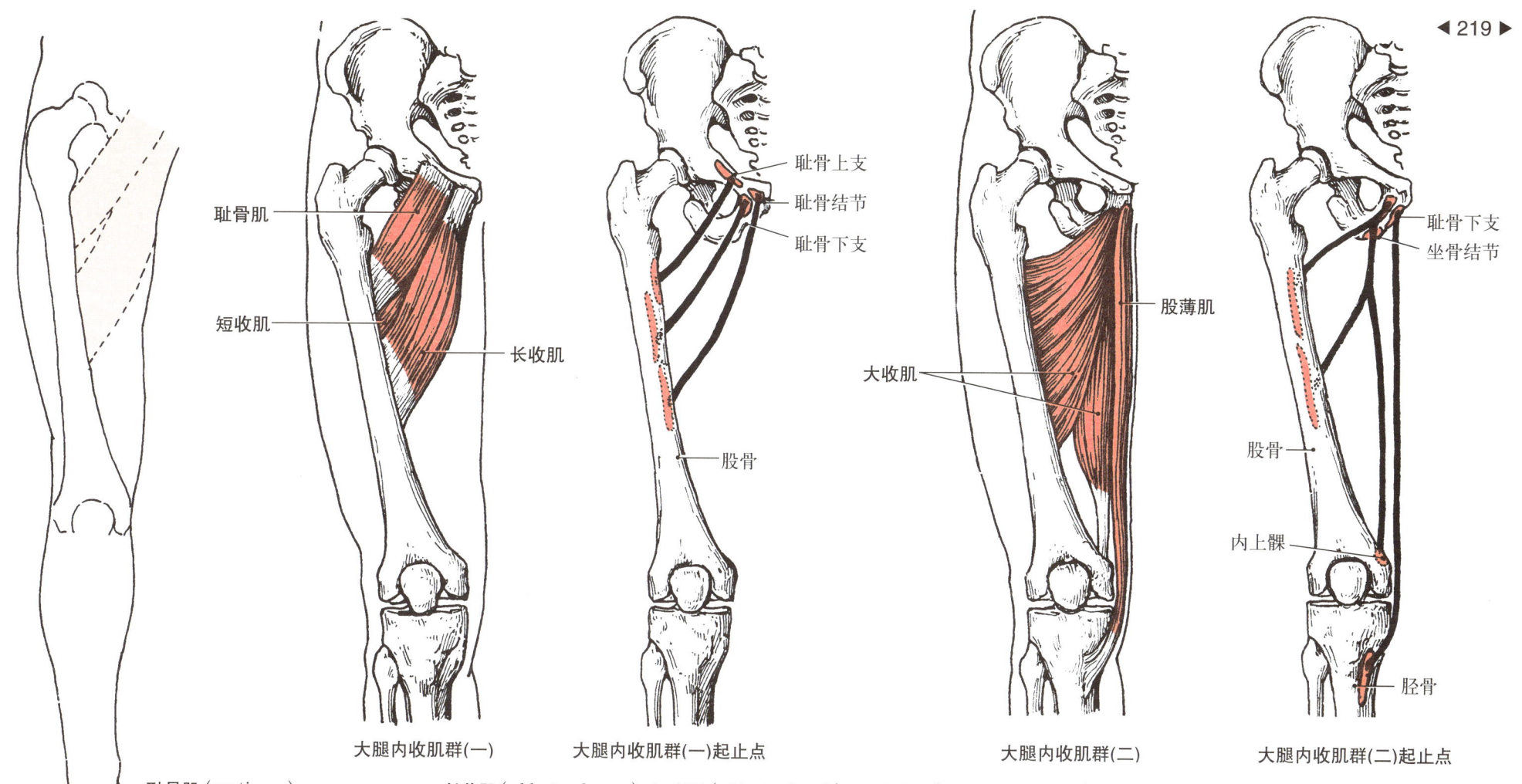

大腿内收肌群(一)　　大腿内收肌群(一)起止点　　大腿内收肌群(二)　　大腿内收肌群(二)起止点

耻骨肌 (pectineus)
部位：在大腿内侧上部浅层。
起点：耻骨上支。
止点：股骨粗线内侧唇上部。
机能：近固定　使大腿在髋关节处屈、内收和旋外。
　　　远固定　两侧同时收缩使骨盆前倾。

长收肌 (adductor longus)　短收肌 (adductor brevis)
部位：在耻骨肌内侧。
起点：耻骨结节附近。
止点：股骨粗线内侧唇中部。
机能：近固定　使大腿在髋关节处内收、旋外和大腿屈。
　　　远固定　一侧收缩使骨盆向同侧倾，两侧同时收缩，使骨盆前倾。

大收肌 (adductor magnus)
部位：在大腿内侧深层。
起点：坐骨结节、坐骨支和耻骨下支。
止点：股骨粗线内侧唇上 2/3 及股骨内上髁。
机能：近固定　使大腿在髋关节处内收、后伸和旋外。
　　　远固定　一侧收缩使骨盆向侧倾，两侧同时收缩，使骨盆后倾。

股薄肌 (gracilis)
部位：在大腿最内侧。
起点：耻骨下支。
止点：胫骨上端内侧。
机能：近固定　使大腿内收、大腿屈；小腿屈和小腿旋内。
　　　远固定　两侧同时收缩，使骨盆前倾。

上述肌肉支配神经：发自脊神经腰丛的闭孔神经。

大腿内收肌群　耻骨肌　长收肌　短收肌　大收肌　股薄肌

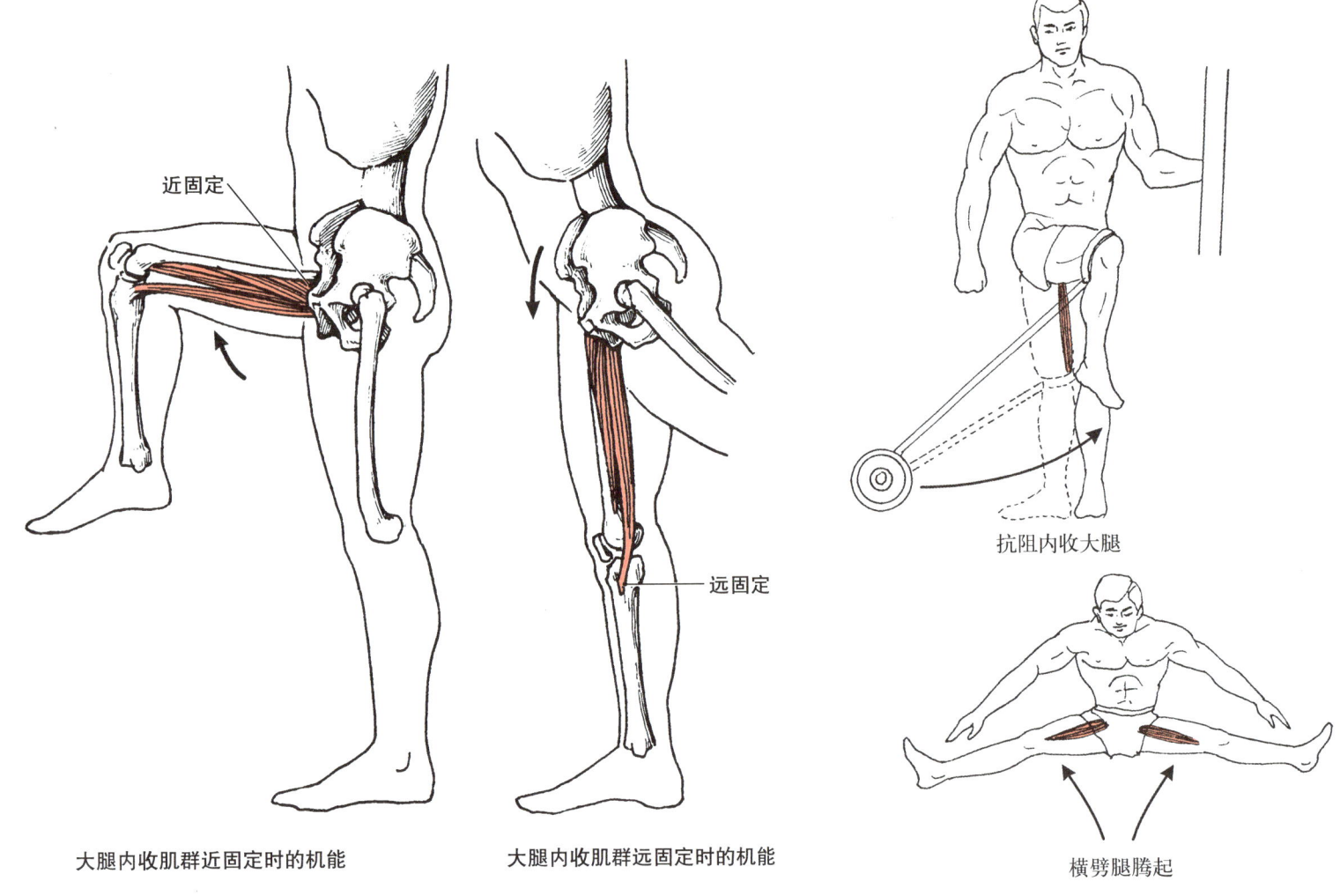

大腿内收肌群近固定时的机能　　大腿内收肌群远固定时的机能　　抗阻内收大腿

横劈腿腾起

大腿内收肌群的主要机能
　近固定　使大腿在髋关节处屈、内收和旋外。
　远固定　一侧收缩使骨盆向同侧屈，两侧同时收缩，使骨盆前倾。

发展大腿内收肌群力量的辅助练习举例
　抗阻内收大腿、横劈腿腾起（伸展性练习）。

大腿内收肌群

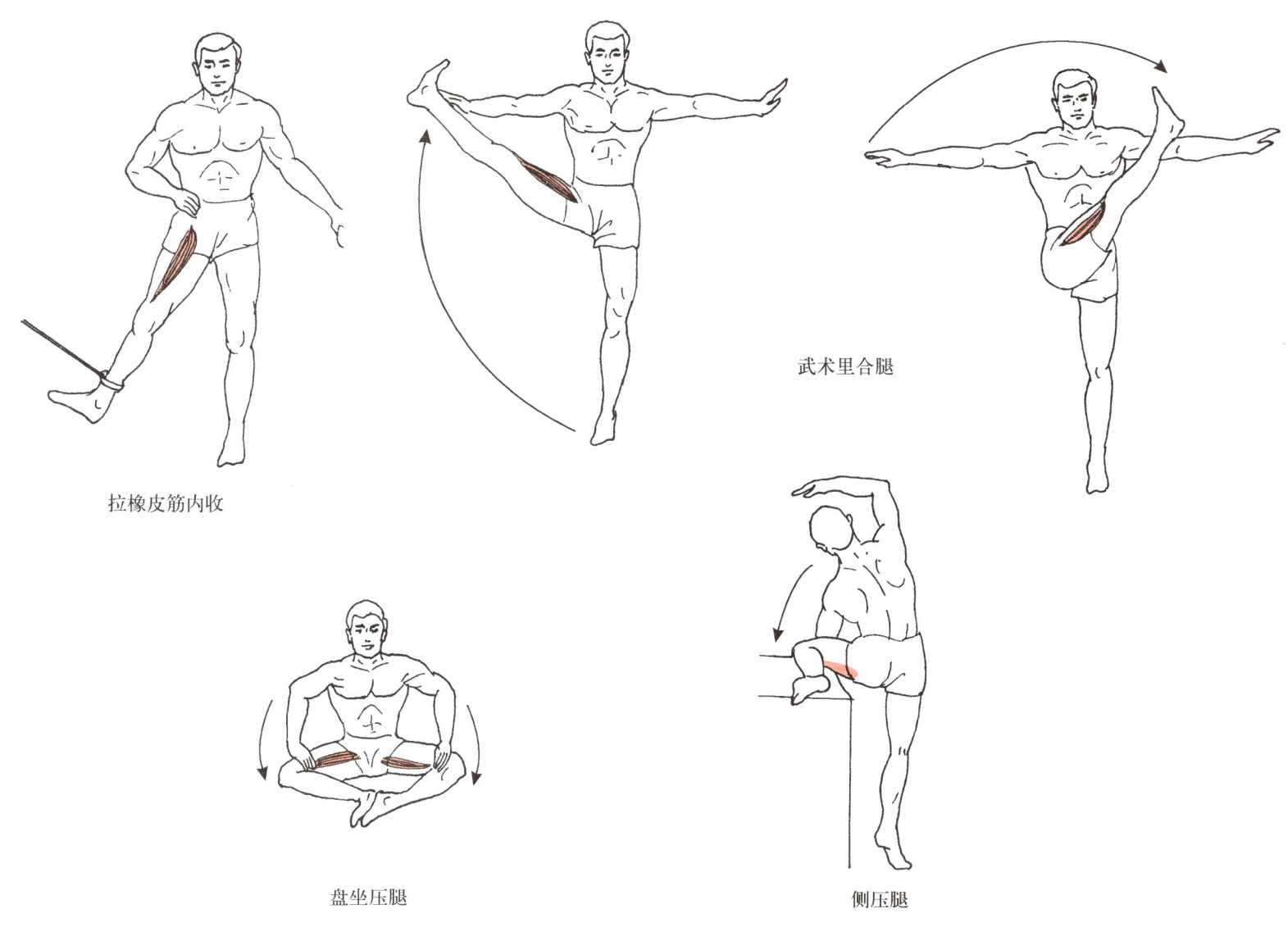

拉橡皮筋内收、武术里合腿（为力量性练习）；盘坐压腿和侧压腿（为伸展性练习）。

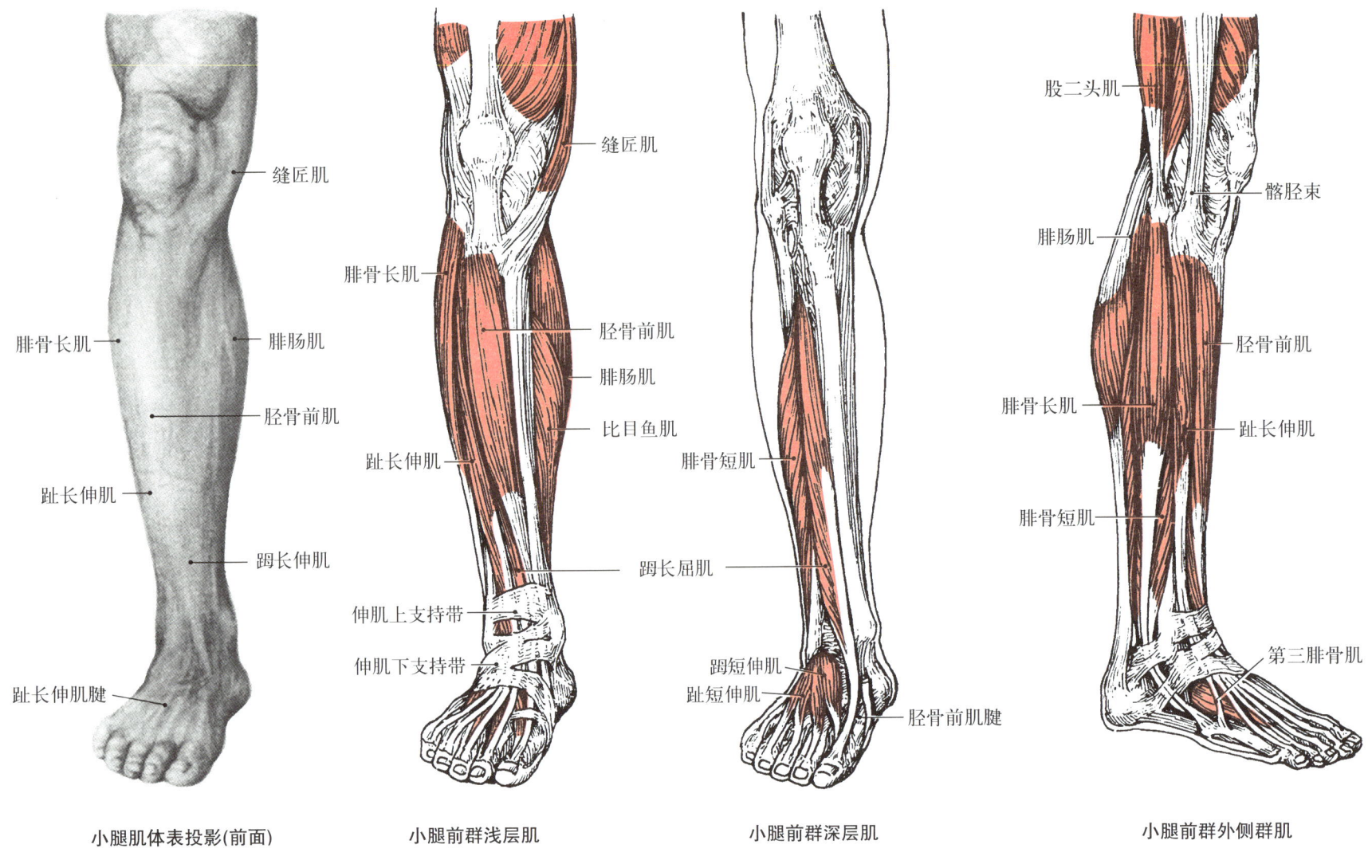

小腿肌体表投影(前面) 　　小腿前群浅层肌 　　小腿前群深层肌 　　小腿前群外侧群肌

小腿肌

小腿肌 (muscle of leg) 　分前群肌、外侧群肌和后群肌。前群肌为足的伸肌，浅层有胫骨前肌、深层有踇长伸肌和趾长伸肌。外侧群肌为足的外翻肌，有腓骨长肌和腓骨短肌。

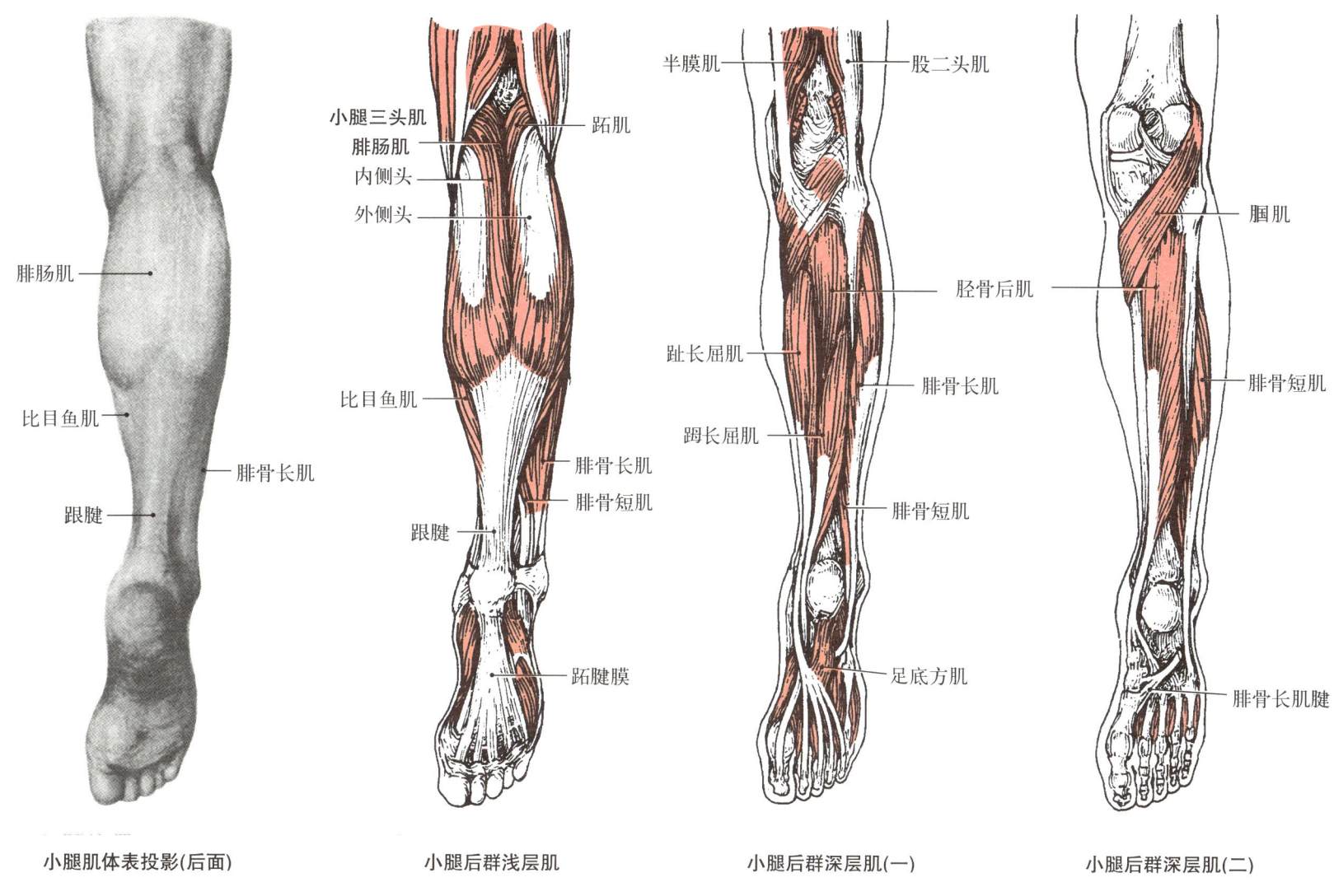

后群肌为足的屈肌，分浅深两层，浅层有小腿三头肌（由腓肠肌和比目鱼肌组成）、跖肌；深层有腘肌、趾长屈肌、胫骨后肌和蹈长屈肌。

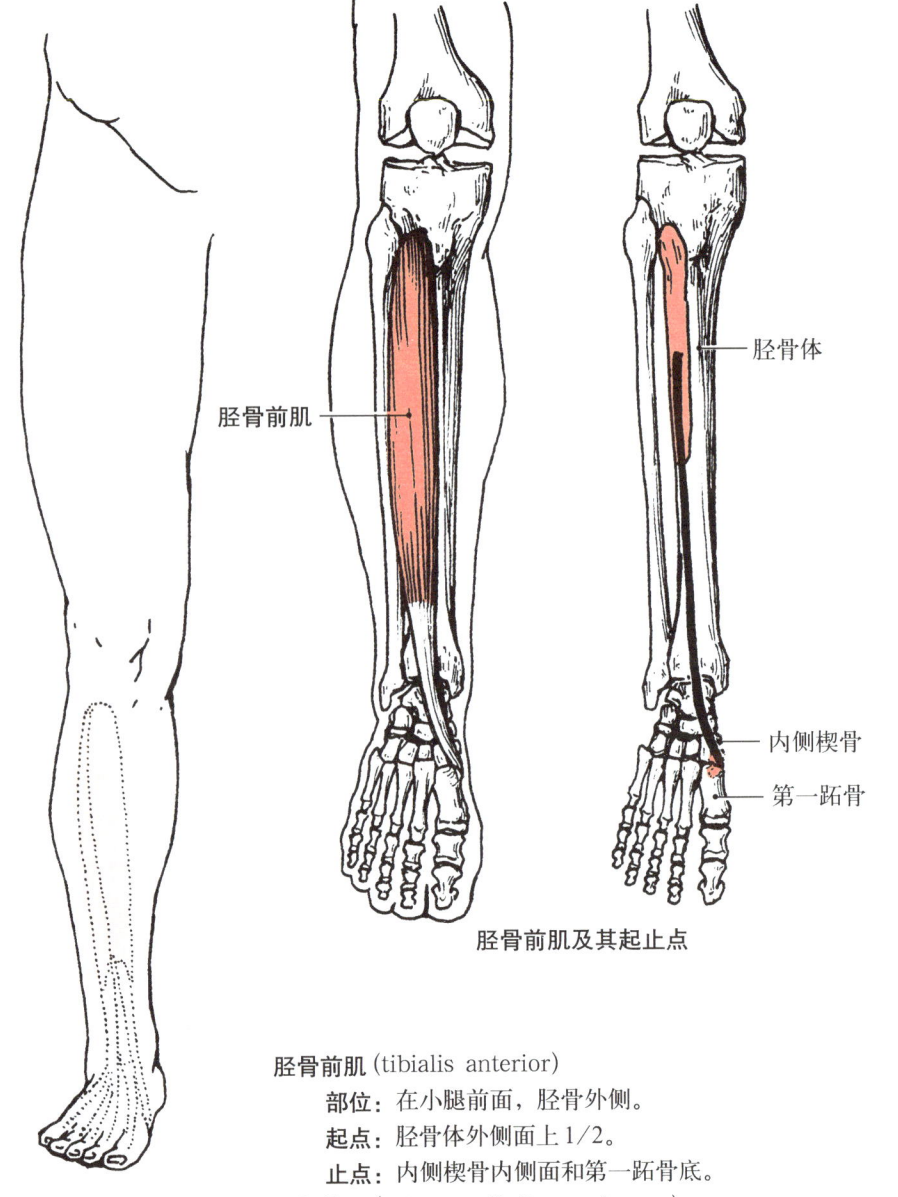

胫骨前肌及其起止点

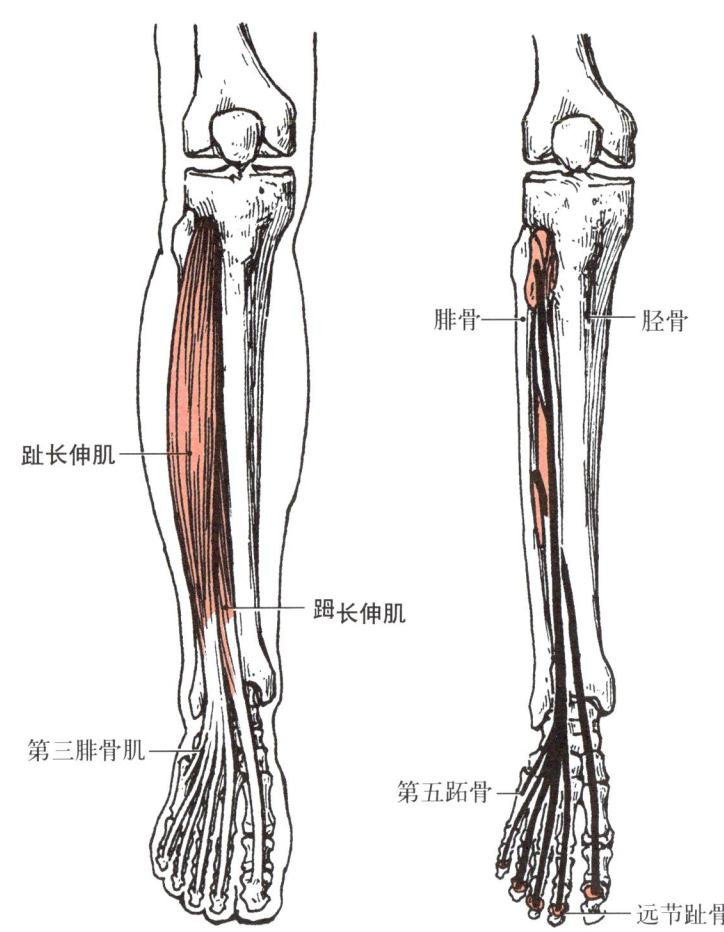

趾长伸肌、踇长伸肌及其起止点

胫骨前肌（tibialis anterior）
  部位：在小腿前面，胫骨外侧。
  起点：胫骨体外侧面上 1/2。
  止点：内侧楔骨内侧面和第一跖骨底。

趾长伸肌（extensor digitorum longus）
  部位：在胫骨前肌外侧。
  起点：腓、胫骨上端。
  止点：分为 5 条肌腱，4 条止于第二～五趾中节和远节趾骨底；最外侧一条肌腱止于第五跖骨底，称第三腓骨肌。

踇长伸肌（extensor hallucis longus）
  部位：在胫骨前肌和趾长伸肌之间。
  起点：腓骨前面和小腿骨间膜。
  止点：踇趾远节趾骨底。
  机能：近固定　使足在踝关节处伸（背屈）和伸踇趾。
  支配神经：上述 3 块肌肉均由脊神经骶丛的腓深神经支配。

小腿前群肌

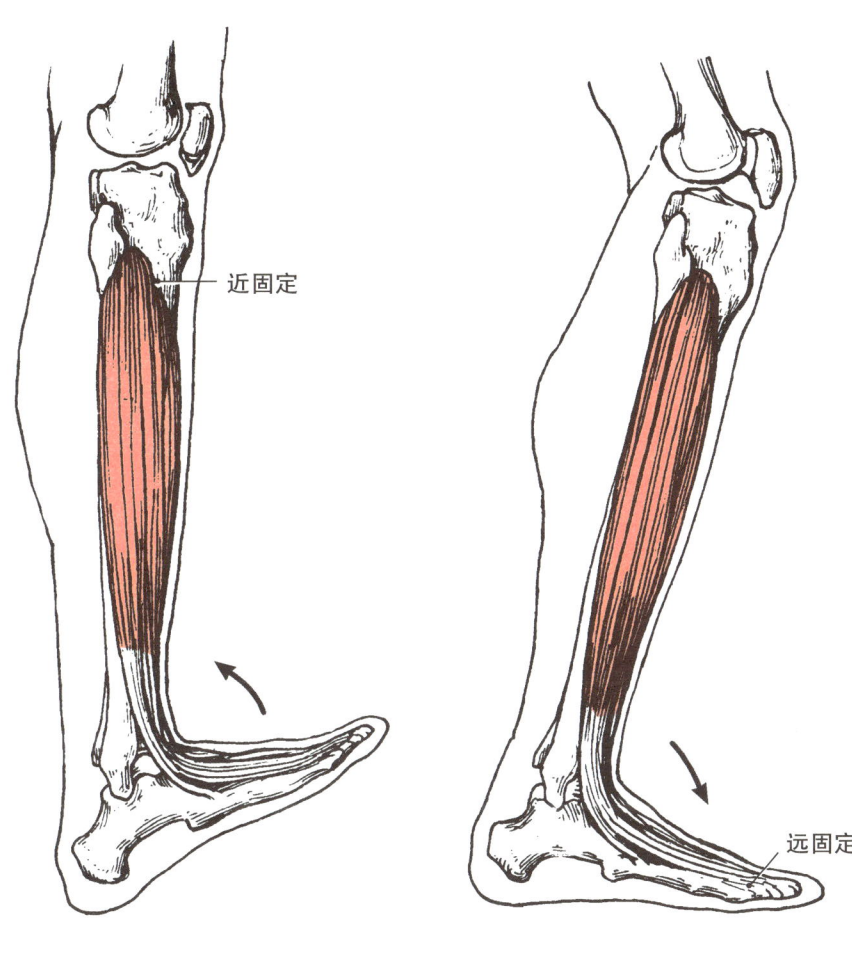

小腿前群肌近固定时的机能　　小腿前群肌远固定时的机能

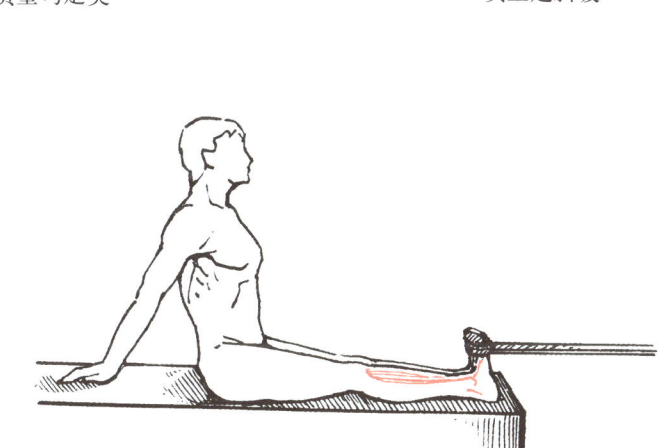

负重勾足尖　　负重走斜坡

勾足尖拉橡皮带

机能（胫骨前肌）
　　近固定　　使足在踝关节处伸（背屈）。使足内收和旋外（使足内翻）。
　　远固定　　拉小腿在踝关节处向前，以及维持足弓的作用。

机能（趾长伸肌）
　　近固定　　使足在踝关节处伸（背屈）和伸第二～五趾。第三腓骨肌主要是维持外侧足弓，使足外翻。

发展小腿前群肌力量的辅助练习举例
　　足伸（背屈）各种负重勾足尖、负重走斜坡和勾足尖拉橡皮带等练习。

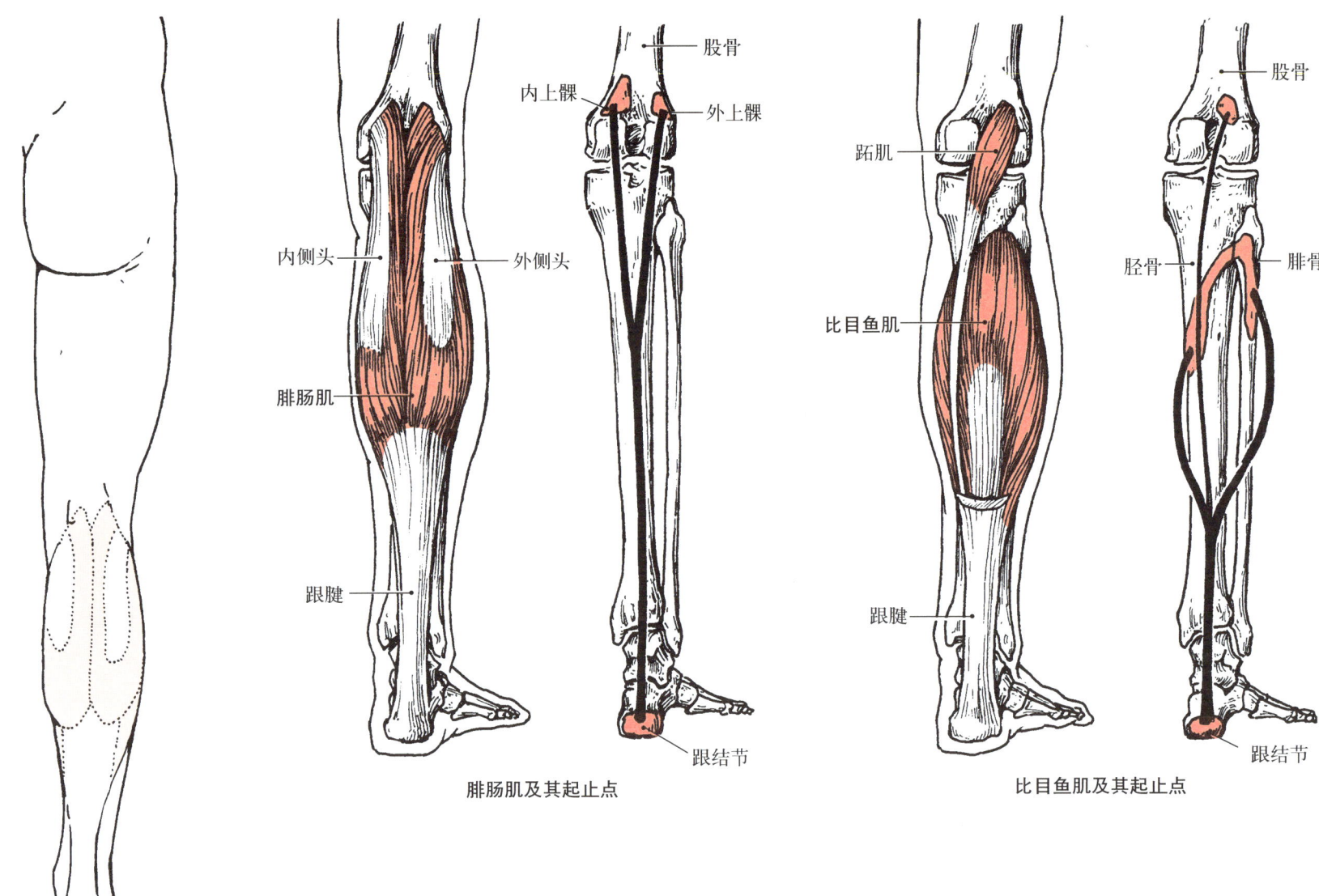

腓肠肌及其起止点

比目鱼肌及其起止点

小腿后群肌（浅层） 小腿三头肌

小腿三头肌 (triceps surae)
  部位：在小腿后面。由浅层的腓肠肌和深层的比目鱼肌组成。
腓肠肌 (gastrocnemius)
  起点：内侧头起自股骨内上髁后面，外侧头起自股骨外上髁后面。
  止点：跟结节。
  支配神经：发自脊神经骶丛的胫神经。

比目鱼肌 (soleus)
  起点：胫骨和腓骨后面上部。
  止点：同腓肠肌合成跟腱(calcanean tendon)，止于跟结节。
  支配神经：同腓肠肌。

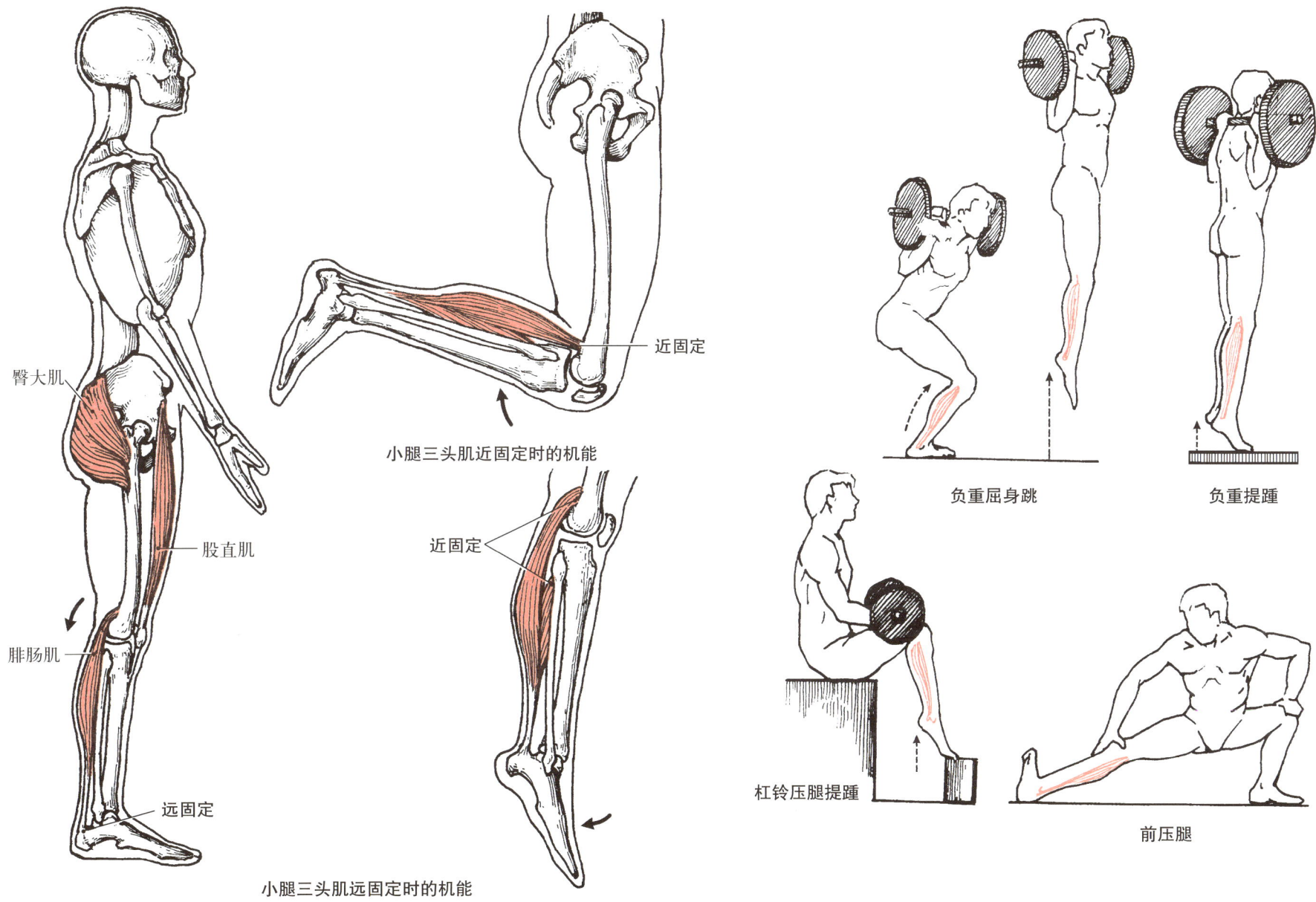

小腿三头肌近固定时的机能

小腿三头肌远固定时的机能

负重屈身跳

负重提踵

杠铃压腿提踵

前压腿

机能

近固定　小腿三头肌整体收缩，使足在踝关节处屈（跖屈）；腓肠肌收缩使小腿在膝关节屈。

远固定　小腿三头肌整体收缩拉股骨下端和胫骨、腓骨上端向后方，使膝关节伸直。协同维持人体直立。

发展小腿三头肌肌力的辅助练习举例（一）
　　负重屈身跳、负重提踵、杠铃压腿提踵。

发展小腿三头肌伸展性练习举例
　　勾足尖前压腿、前耗腿和前控腿。

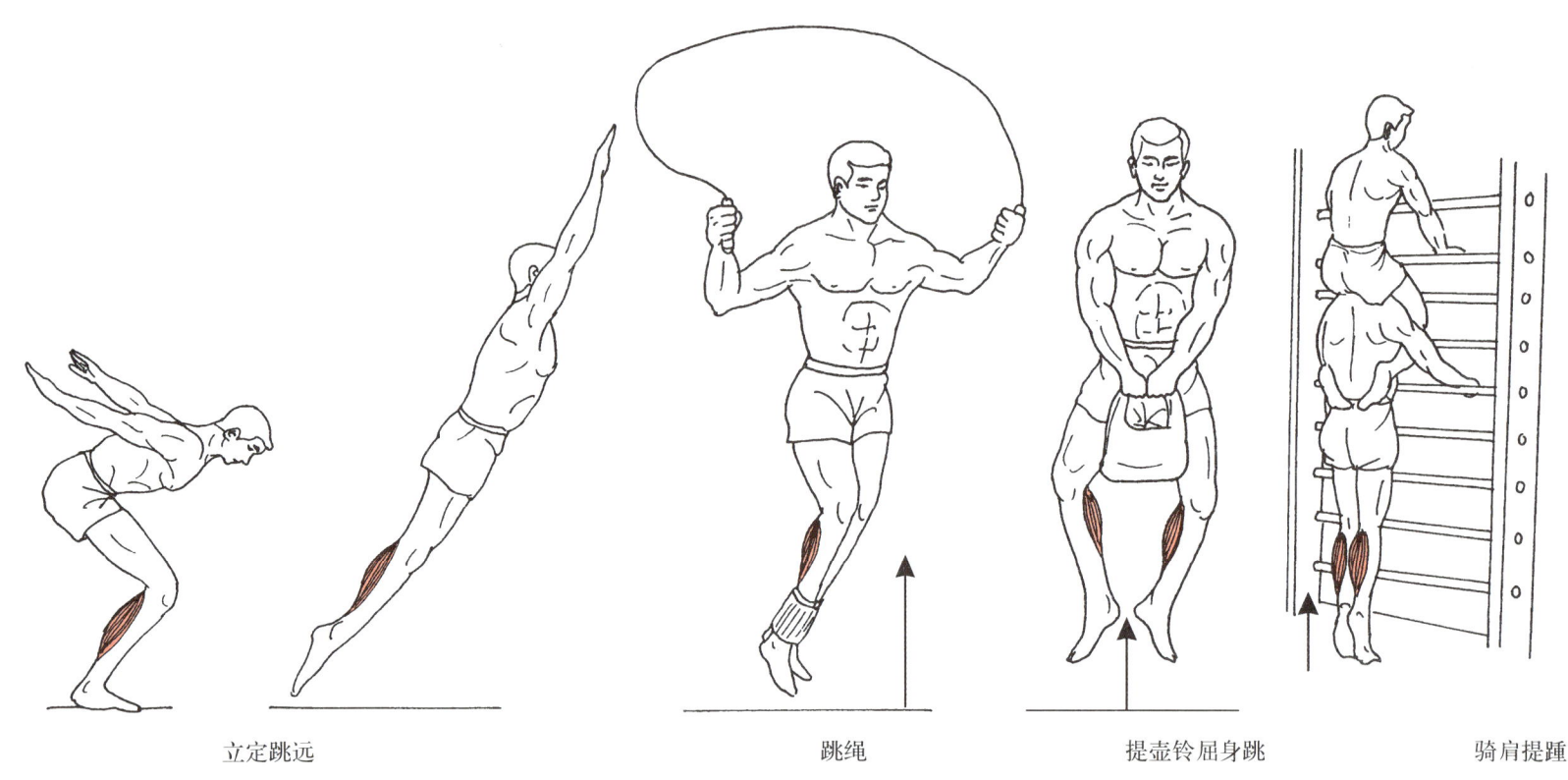

立定跳远　　跳绳　　提壶铃屈身跳　　骑肩提踵

小腿三头肌

发展小腿三头肌肌力的辅助练习举例(二)　　立定跳远、跳绳、提壶铃屈身跳和骑肩提踵。

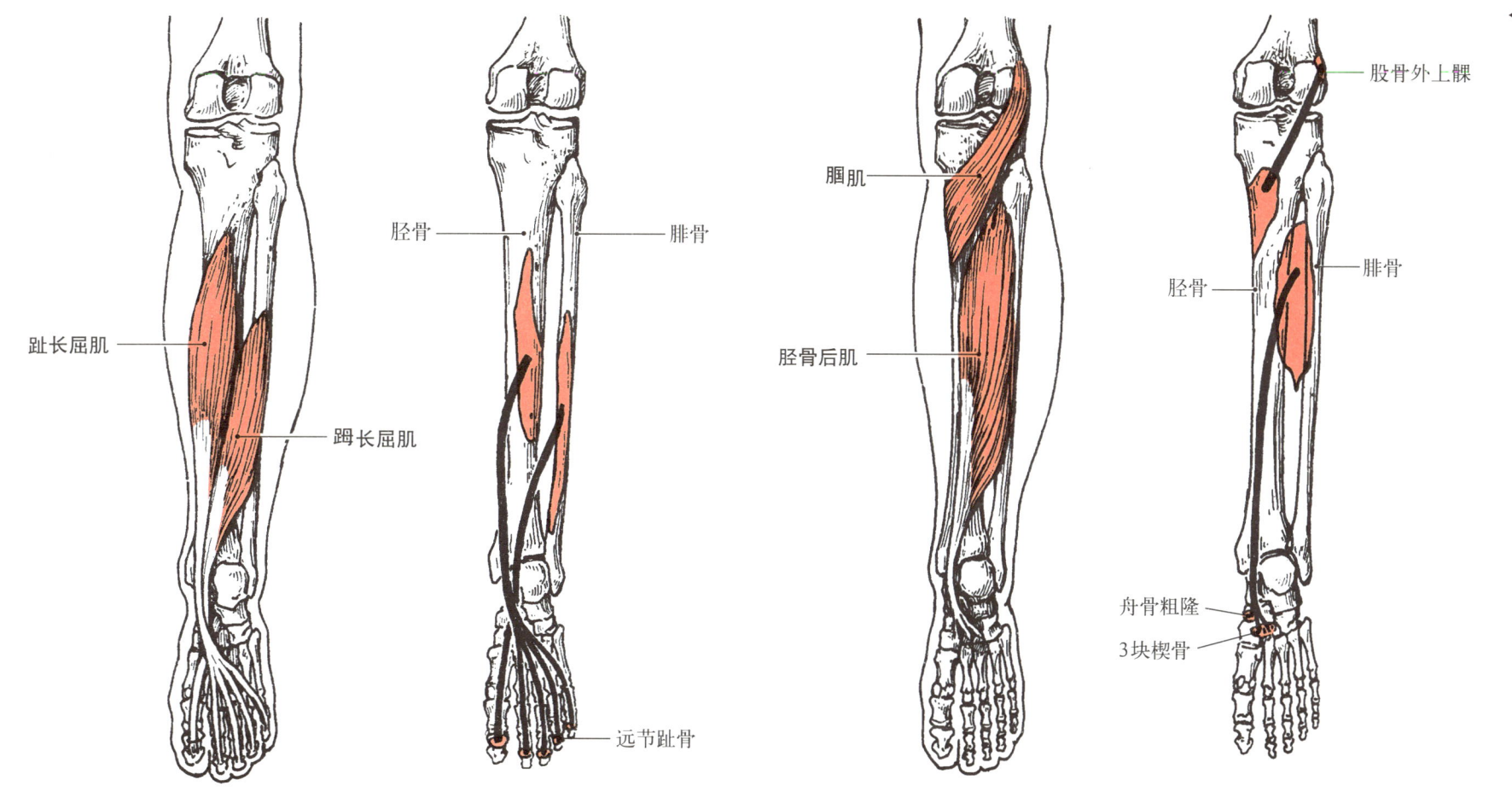

小腿后群深层肌及其起止点

趾长屈肌（flexor digitorum longus）
　部位：在小腿三头肌的深层。为羽状肌。
　起点：胫骨后面中部。
　止点：肌腱经内踝转至足底分成4条肌腱，止于第二～五趾远节趾骨。
　机能：近固定　使足在踝关节处屈，使二～五趾屈和足内翻。远固定　保持足尖跷立姿势。

蹈长屈肌（flexor hallucis longus）
　部位：在小腿腓侧深层。为羽状肌。
　起点：腓骨体后面下部。
　止点：长腱经内踝转至足底，止于蹈趾远节趾骨底。
　机能：近固定　使足在踝关节处屈，并使蹈趾屈和足内翻。远固定　保持足尖站立姿势。

胫骨后肌（tibialis posterior）
　部位：在小腿三头肌深层。趾长、蹈长屈肌之间。
　起点：胫骨、腓骨和小腿骨间膜后面。
　止点：长腱经内踝转至足底内侧，止于舟骨粗隆和3块楔骨。
　机能：近固定　使足在踝关节处屈，并使足内翻。
　　　　远固定　保持足尖站立。
　支配神经：上述3块肌肉均由脊神经骶丛的胫神经支配。

小腿后群肌（深层）　趾长屈肌　蹈长屈肌　胫骨后肌

腓骨长肌、腓骨短肌及其起止点

肌袢

腓骨长肌 (peroneous longus)
  部位：在小腿外侧。
  起点：腓骨外侧面上方。
  止点：肌腱经外踝转至足底，止于内侧楔骨和第一
       跖骨底。
  支配神经：发自脊神经骶丛的腓浅神经。
  机能：近固定　使足在踝关节处屈和足外翻，并与
       胫骨前肌的肌腱共同在足底形成肌袢，维持
       内、外侧足弓及横足弓。

腓骨短肌 (peroneous brevis)
  部位：在腓骨长肌深层。
  起点：腓骨外侧面下方。
  止点：第五跖骨底。
  支配神经：发自脊神经骶丛的腓浅神经。
  机能：使足在踝关节处屈和足外翻及维持外侧足弓。

跳绳　负重足尖走　下蹲俯立　前控腿　勾足尖前压腿

发展小腿外侧群肌力的辅助练习举例（一）
  前控腿、负重足尖走和跳绳。
发展小腿外侧群肌伸展性练习举例
  勾足尖前压腿和下蹲俯立。

小腿外侧群肌　腓骨长肌　腓骨短肌

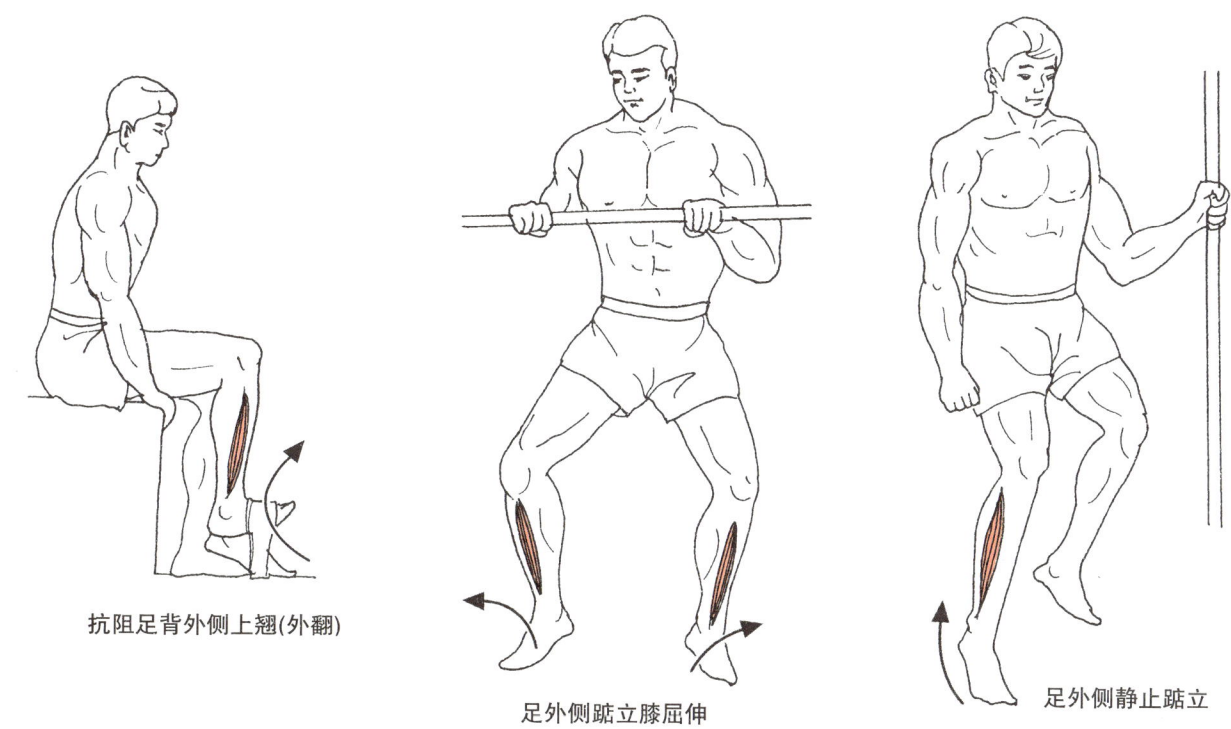

抗阻足背外侧上翘(外翻)　　足外侧踱立膝屈伸　　足外侧静止踱立

发展小腿外侧群肌肌力的辅助练习举例(二)　　抗阻足背外侧上翘、足外侧踱立膝屈伸、足外侧静止踱立。

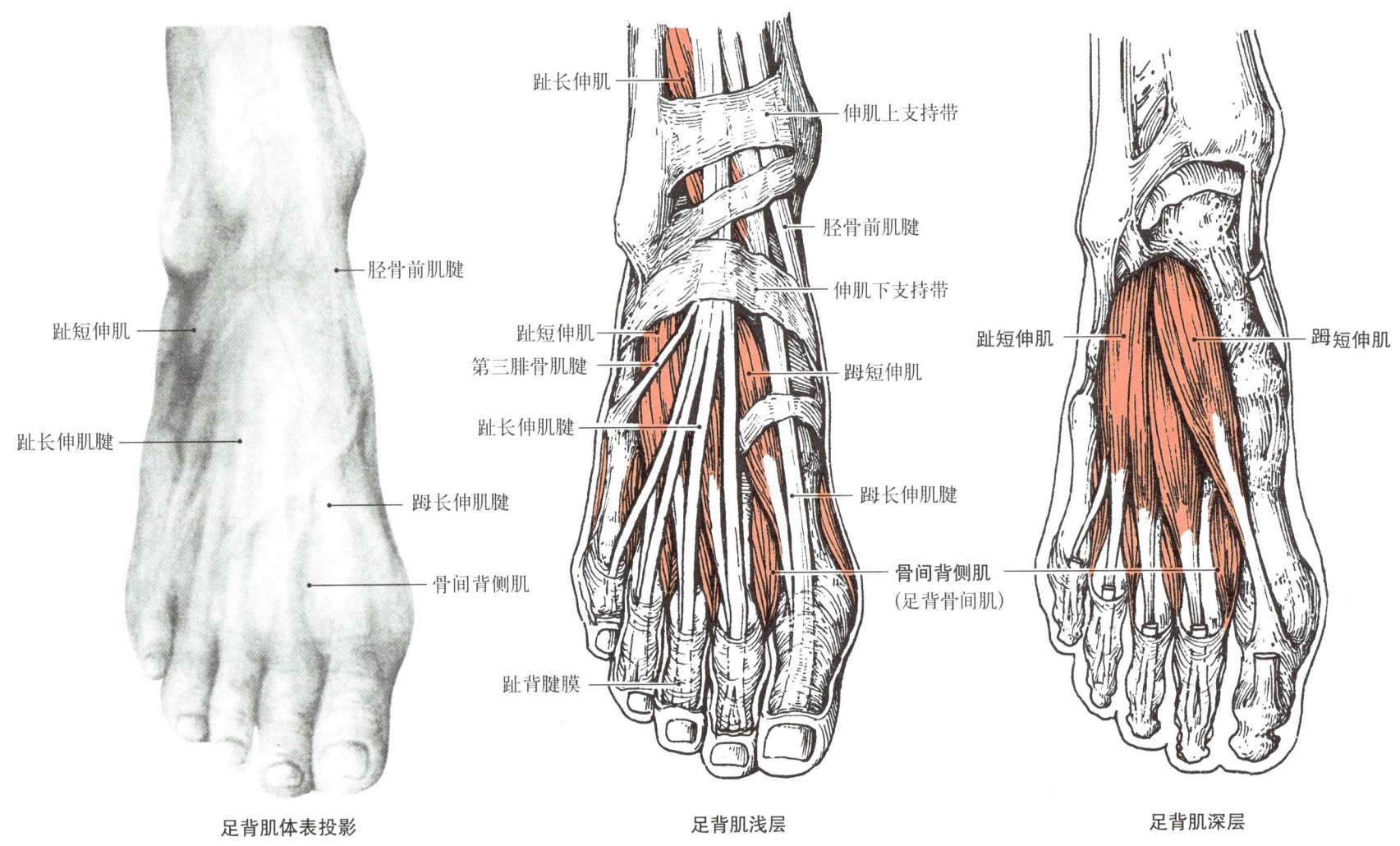

足背肌体表投影　　足背肌浅层　　足背肌深层

足肌　足背肌

足肌（muscles of foot）足的主要功能是支持体重和行走，足肌的主要功能是协同维持足弓。分为足背肌和足底肌。足背肌有趾短伸肌和𧿹短伸肌。

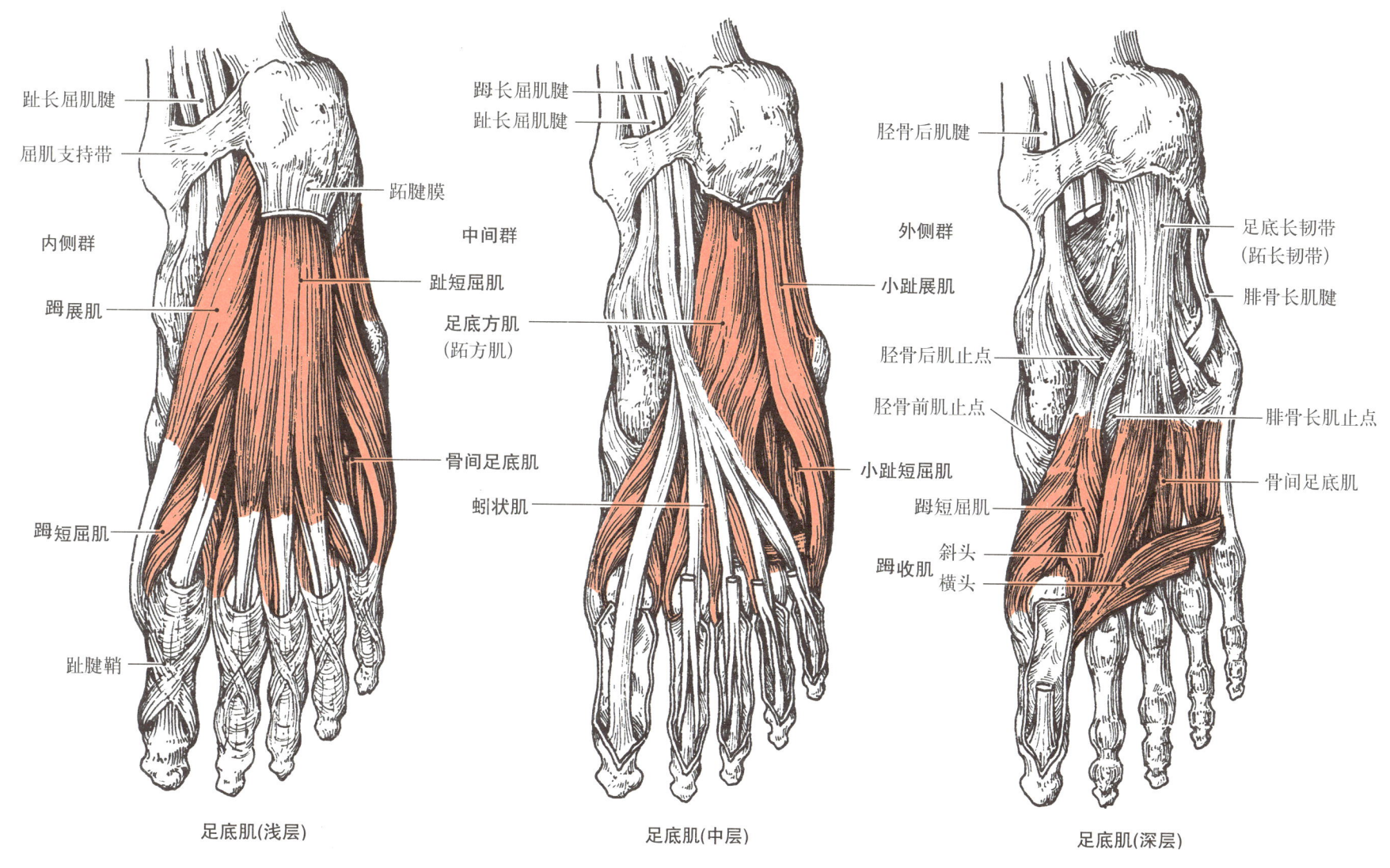

足底肌(浅层)　　　足底肌(中层)　　　足底肌(深层)

足底肌又称跖肌(plantaris)，分为内侧群肌、外侧群肌和中间群肌。内侧群肌有踇展肌、踇短屈肌、踇收肌。外侧群肌有小趾展肌、小趾短屈肌。中间群肌有趾短屈肌、跖方肌、蚓状肌、骨间背侧肌和骨间足底肌等。足底的肌肉按机能命名。锻炼足底肌对提高弹跳力颇有实效。

足 底 肌

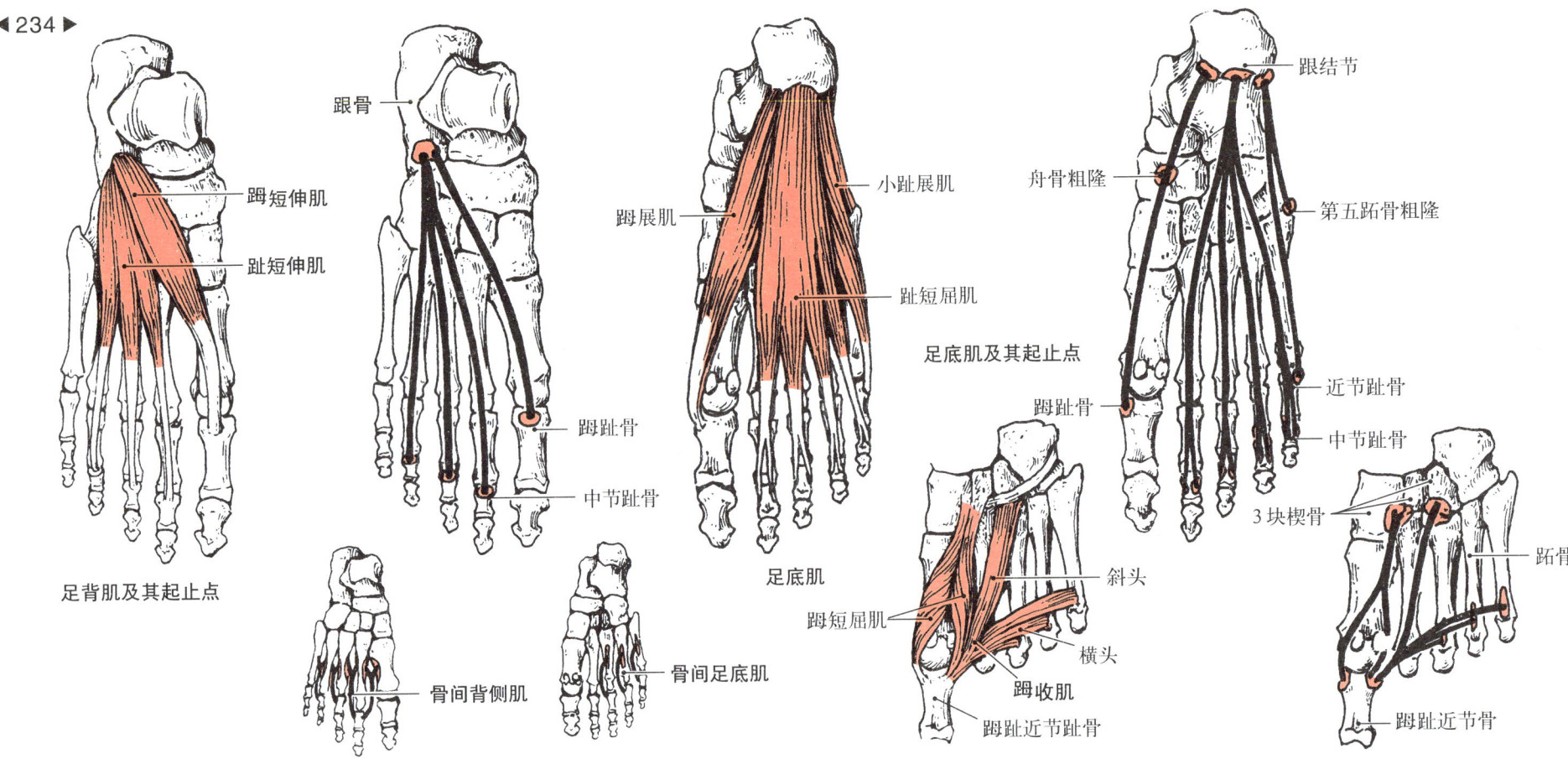

足底肌

跨短伸肌 (extensor hallucis brevis)
部位：在足背皮下，跨长伸肌腱深面。
起点：跟骨前端上面。
止点：跨趾近节趾骨底。

趾短伸肌 (extensor digitorum brevis)
部位：在跨短伸肌外侧。
起点：跟骨前端外侧面。
止点：第二~四趾近节趾骨底。

骨间背侧肌 (dorsal interossei)
部位：跖骨间隙内。
起点：相邻二跖骨的内侧。
止点：第二~四近节趾骨底的外侧

骨间足底肌 (plantar interossei)
部位：第二~五跖骨间隙内。
起点：第三~五跖骨近侧端内侧面。
止点：第三~五近节趾骨底。

跨展肌 (abductor hallucis)
部位：足底内侧。为羽状肌。
起点：跟骨结节内侧及舟骨粗隆。
止点：跨趾近节趾骨底部和内侧。

趾短屈肌 (flexor digitorum brevis)
部位：在足底中部。
起点：跟骨结节。
止点：分4个肌腱。止于第三~五趾中节趾骨底。

跨短屈肌 (flexor hallucis brevis)
部位：足底内侧前端。
起点：内侧楔骨底、胫骨后肌腱及跨长韧带。
止点：跨趾近节趾骨底。

跨收肌 (abductor hallucis)
部位：足底中部。分斜头和横头。
起点：斜头起自跨长韧带、腓骨长肌腱、外侧楔骨和第二~三跖骨基底部；横头起自第三~五跖趾关节囊。
止点：跨趾近节趾骨底。

小趾展肌 (abductor digiti minimi)
部位：足底外侧。
起点：跟骨结节外侧。
止点：内侧腱止于小趾近节趾骨底；外侧腱止于第五跖骨粗隆。

支配神经：上述肌肉的支配神经均发自脊神经骶丛。趾短伸肌受腓深神经支配；其他足底肌受足底外侧神经或足底内侧神经支配。

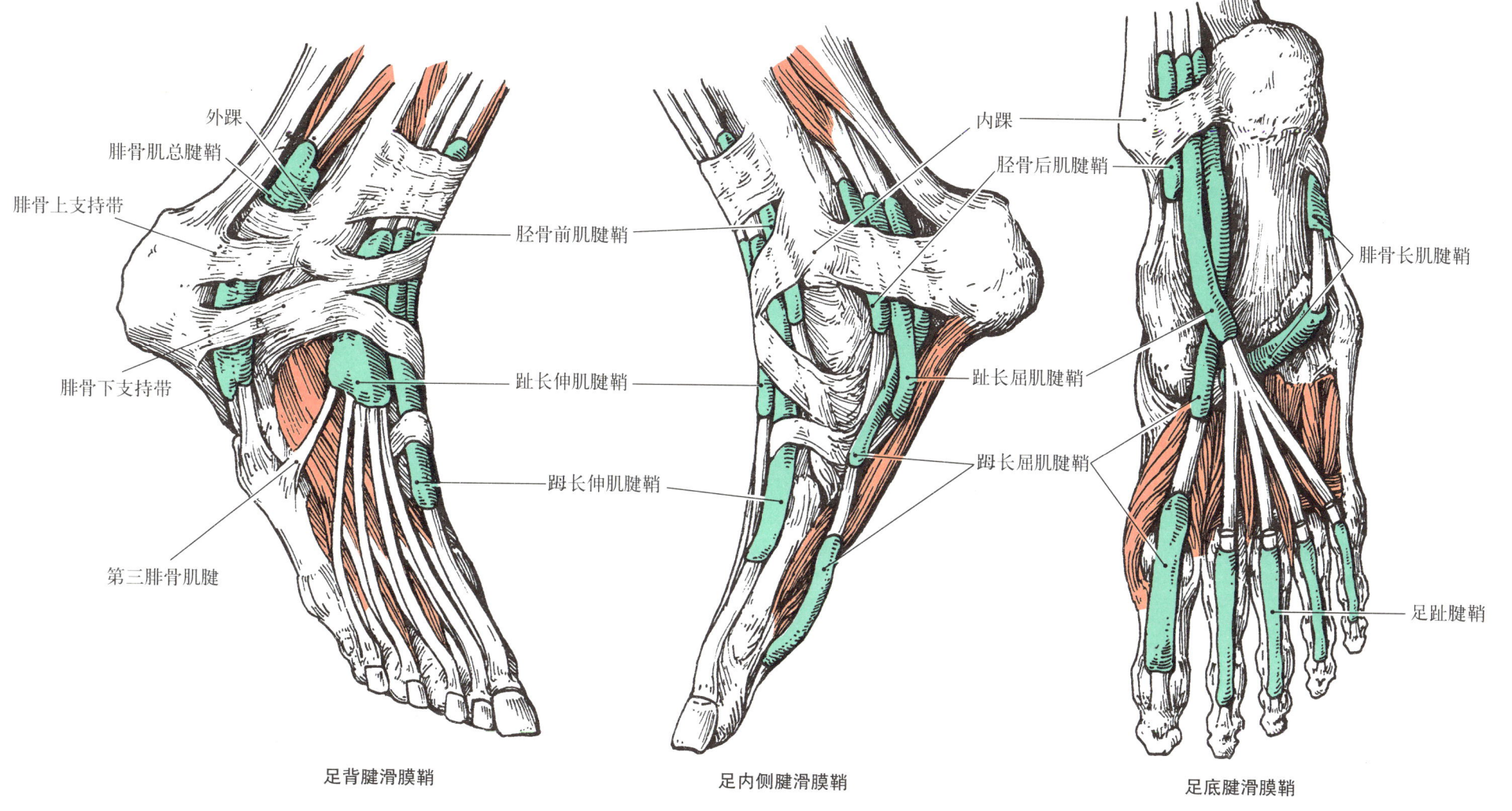

足背腱滑膜鞘　　　　　足内侧腱滑膜鞘　　　　　足底腱滑膜鞘

足滑膜鞘　在足背、足底和踝关节的两侧，均有滑膜鞘。从小腿下行到足背和足底肌肉的肌腱从滑膜鞘内通过。足背的滑膜鞘内侧有胫骨前肌腱鞘(tendinous sheath of tibialis anterior)、中间有踇长伸肌腱鞘(tendinous sheath of extensor hallucis longus)、外侧有趾长伸肌腱鞘(tendinous sheath of extensor digitorum longus)、内有第三腓骨肌腱通过。内踝处有趾长屈肌腱鞘(tendinous sheath of flexor digitorum longus)、胫骨后肌腱鞘(tendinous sheath of tibialis posterior)、踇长屈肌腱鞘(tendinous sheath of flexor hallucis longus)，外踝处有腓骨肌总腱鞘(common sheath of peroneal muscle)。足底有5个趾腱鞘(digital synovial sheath)。腱鞘是套在长肌腱表面的鞘管，它使腱固定于一定的位置并减少腱与骨面的摩擦。鞘内有滑液，保护肌腱不易受损伤。

下肢肌滑膜鞘和滑膜囊　足滑膜鞘

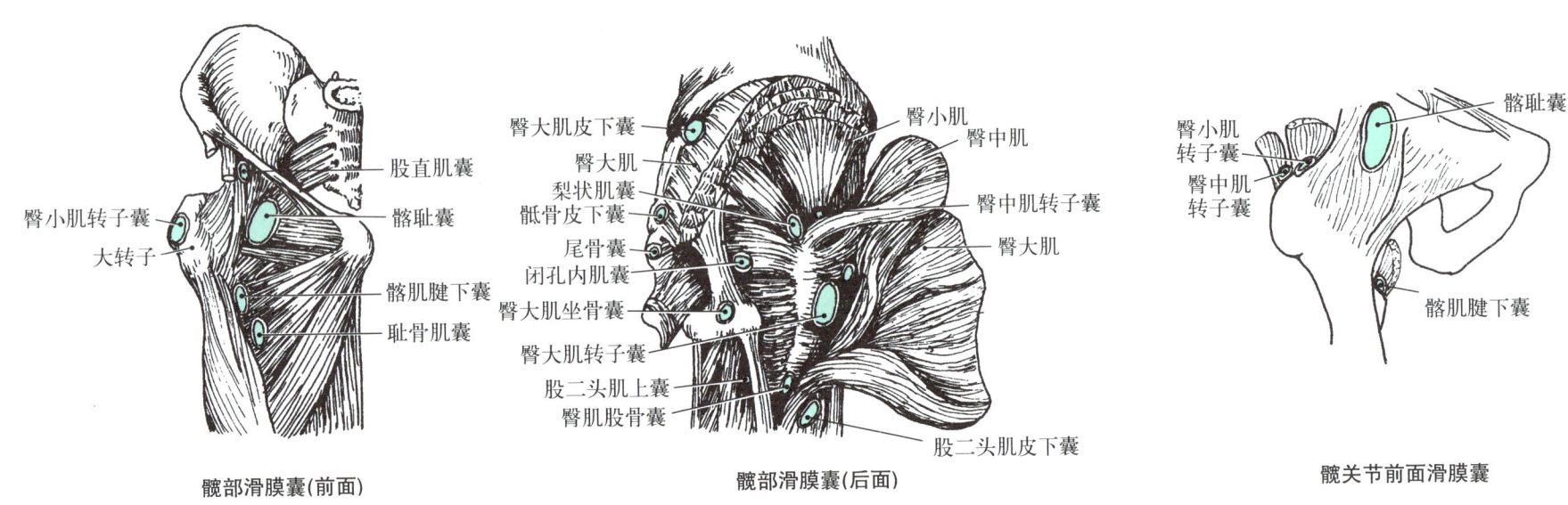

髋部滑膜囊(前面)   髋部滑膜囊(后面)   髋关节前面滑膜囊

臀小肌转子囊 (trochanteric bursa of gluteus minimus)位于臀小肌腱抵止处与大转子之间(不恒定)。

股直肌囊 (bursa of rectus femoris)位于股直肌的起始腱与髋臼上缘之间。

髂耻囊 (iliopubic bursa)位于腰大肌与髂耻隆起和髋关节囊之间。

髂肌腱下囊 (subtendinous bursa of iliacus)位于髂腰肌腱抵止处与小转子之间。

耻骨肌囊 (bursa of pectineus)位于耻骨肌肌腱的深面。

梨状肌囊 (bursa of piriformis)位于梨状肌与髋关节囊之间。

骶骨皮下囊 (subcutaneous bursa of sacrum)位于骶骨、尾骨背面胸腰筋膜与皮肤之间。

尾骨囊 (bursa coccygica)位于臀部后下部肛尾隔(肛尾韧带)附近。

闭孔内肌囊 (sciatic bursa of obturator internus)位于闭孔内肌腱绕过坐骨小切迹处。

臀大肌坐骨囊 (sciatic bursa of gluteus maximus)位于臀大肌深面与坐骨结节之间。骑(赛车)手久坐硬物上,易受刺激而发炎。

臀大肌转子囊 (trochanteric bursa of gluteus maximus)位于臀大肌腱膜与大转子之间。

股二头肌上囊 (superior bursa of biceps femoris)位于股二头肌起始腱与坐骨结节之间。

臀肌股骨囊 (gluteus femoral bursa)为臀大肌深面的数个小滑膜囊。位于股骨臀肌粗隆附近与臀大肌腱之间。

臀中肌转子囊 (trochanteric bursa of gluteus medius)包括前后两个滑膜囊,前方一个在臀中肌止端肌腱与股骨大转子之间。后方一个在臀中肌止端肌腱与梨状肌腱之间。

髋部滑膜囊

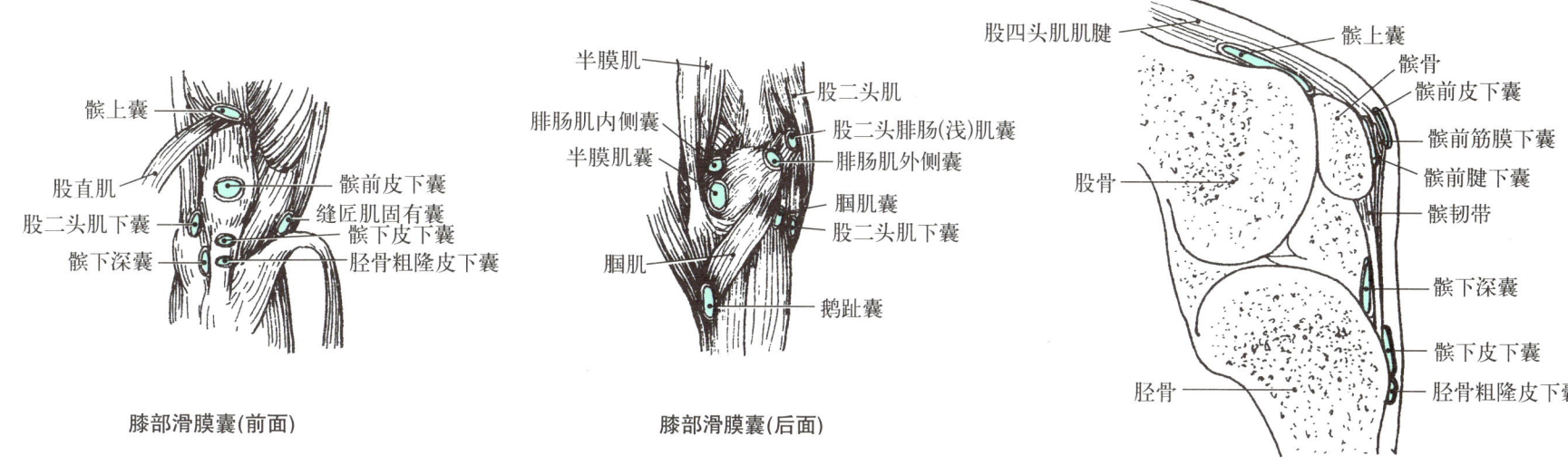

膝部滑膜囊(前面)　　膝部滑膜囊(后面)　　膝关节矢状切面的滑膜囊

髌上囊(suprapatellar bursa)为膝部最大的滑膜囊。位于髌骨底的上方与股四头肌腱的内面，与关节腔广泛相通，形成关节囊的一部分。

髌前皮下囊(subcutaneous prepatellar bursa)
位于髌前面皮下，与关节腔不相通。当此囊因跪地经常受磨擦时，因刺激过度而肿大。

髌下皮下囊(subcutaneous infrapatellar bursa)
位于胫骨粗隆下部与皮肤之间(不恒定)，与关节腔不通。

髌前筋膜下囊(subfascial prepatellar bursa)
位于阔筋膜与股四头肌腱之间。

髌前腱下囊(subtendinous prepastellar bursa)
位于股四头肌腱深部与髌骨骨膜之间。

股二头肌下囊(inferior subtendinous bursa of biceps femoris)
位于股二头肌与腓侧副韧带之间。

髌下深囊(deep infrapatellar bursa)
位于髌韧带深面与胫骨之间。

缝匠肌固有囊(subtendinous bursa of sartotius)
位于缝匠肌止端腱与半腱肌和股薄肌止端腱之间。

胫骨粗隆皮下囊(subcutaneous bursa of tibial tuberosity)
位于胫骨粗隆处的髌韧带与皮肌之间。

腓肠肌内侧囊(subtendinous bursa of the medial head of gastrocnemius)
位于腓肠肌内侧头起始腱深面，与关节腔、半膜肌囊相通。

腓肠肌外侧囊(subtendinous bursa of the lateral head of gastrocnemius)
位于腓肠肌外侧头起始腱深面，有时与关节腔相通。

半膜肌囊(bursa of semcmernbranosus)
位于腓肠肌内侧头的浅部，有时与关节腔相通。

腘下隐窝(腘肌囊)〔subpoplitea recess(popliteal bursa)〕
位于腘肌起始处与关节囊之间。与关节腔相通。

鹅趾囊(anserine bursa)
位于缝匠肌、股薄肌和半腱肌的3条肌腱与胫侧副韧带之间。

膝部滑膜囊

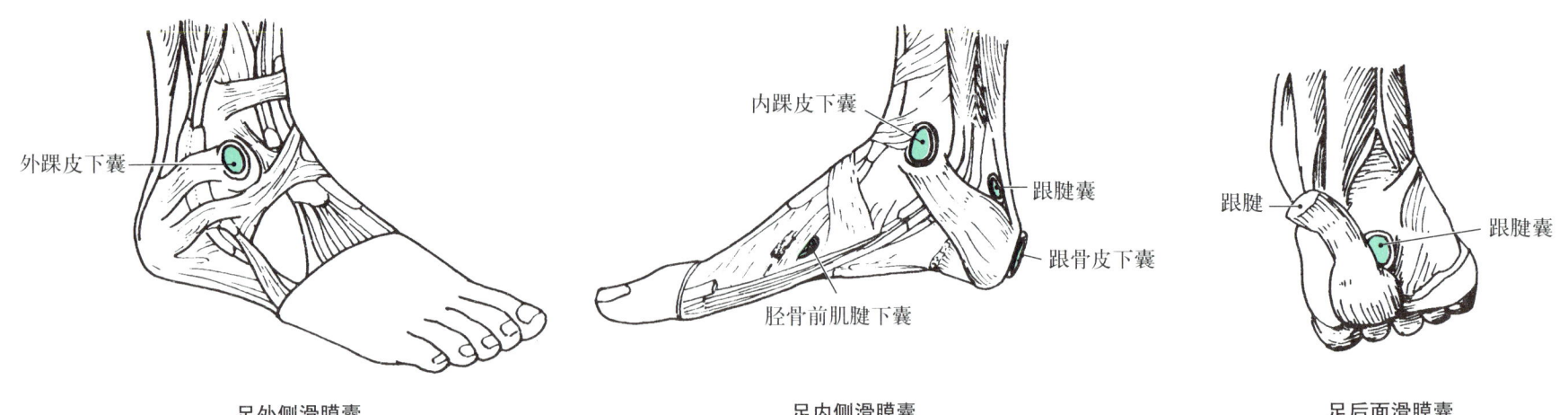

足外侧滑膜囊　　　足内侧滑膜囊　　　足后面滑膜囊

外踝皮下囊 (subcutaneous bursa of lateral malleolus)
　　位于外踝与皮肤之间。
内踝皮下囊 (subcutaneous bursa of medial malleolus)
　　位于内踝与皮肤之间。
跟骨皮下囊 (subcutaneous bursa of calcanus)
　　位于跟骨后面皮下。
胫骨前肌腱下囊 (subtendinous bursa of tibialis anterior)
　　位于胫骨前肌与第一楔骨之间。
跟腱囊 (bursa of calcanean tendon)
　　位于跟腱抵止处深面(跟骨后面与跟腱之间)。
蚓状肌囊 (bursa of lumbrical m.)
　　位于足蚓状肌各肌腱与跖趾关节之间。

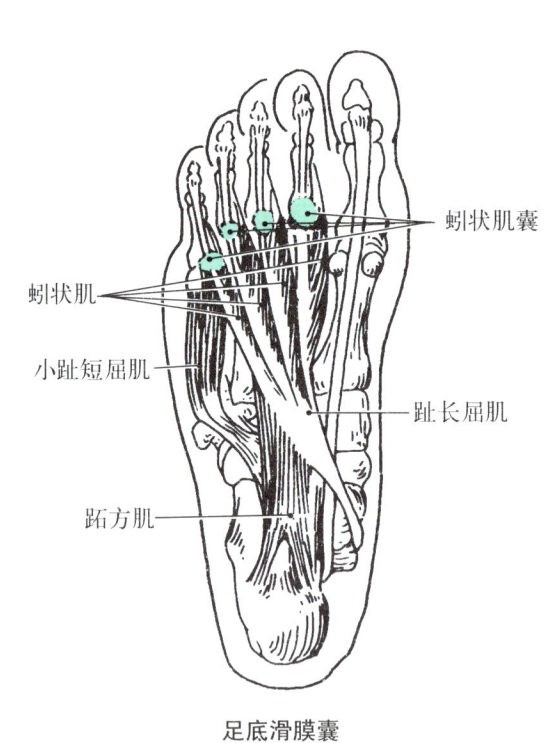

足底滑膜囊

足部滑膜囊

下肢肌的功(机)能综述

下肢肌 对支撑和移动身体起着积极的作用。

人体站立时，下肢肌是在远固定条件下进行工作的，但在走跑跳过程中当提起下肢时，下肢肌则是在近固定条件下进行各种各样运动的。

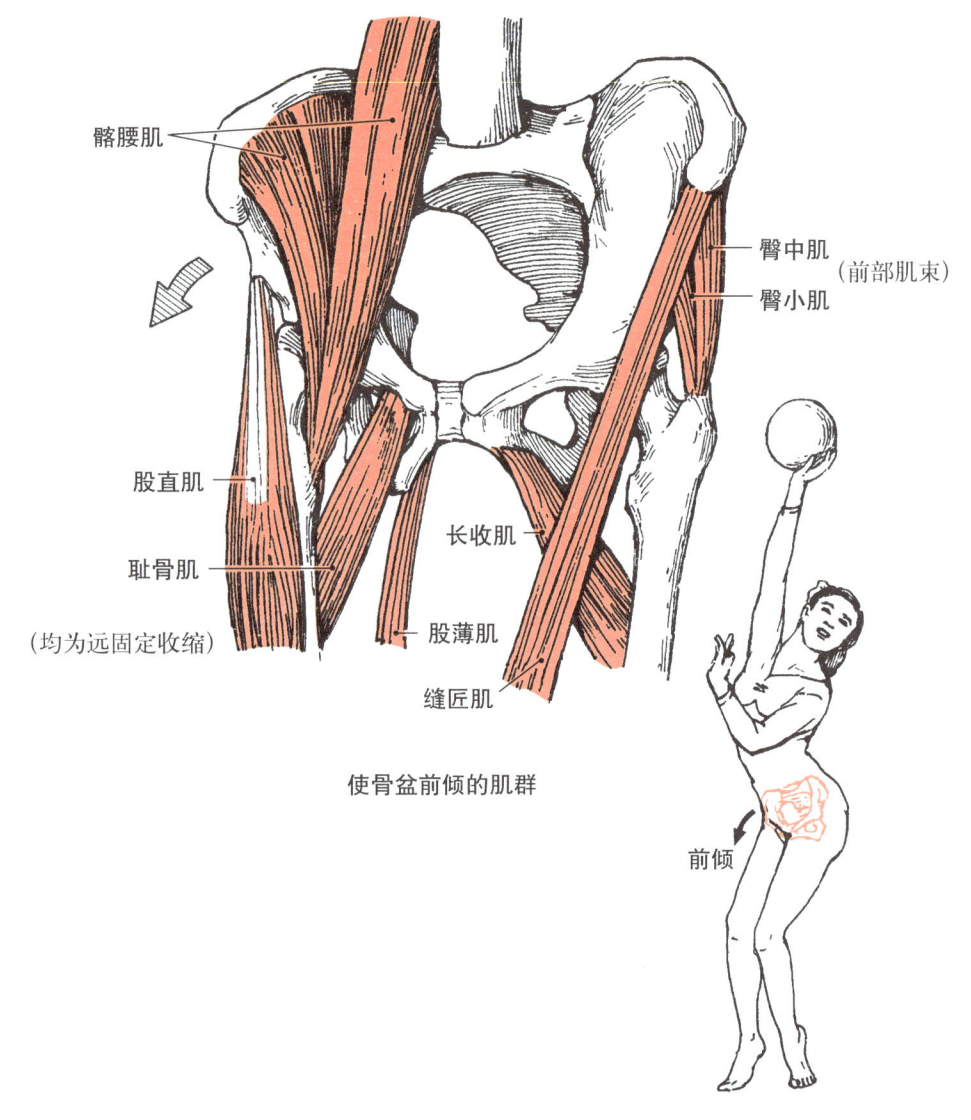
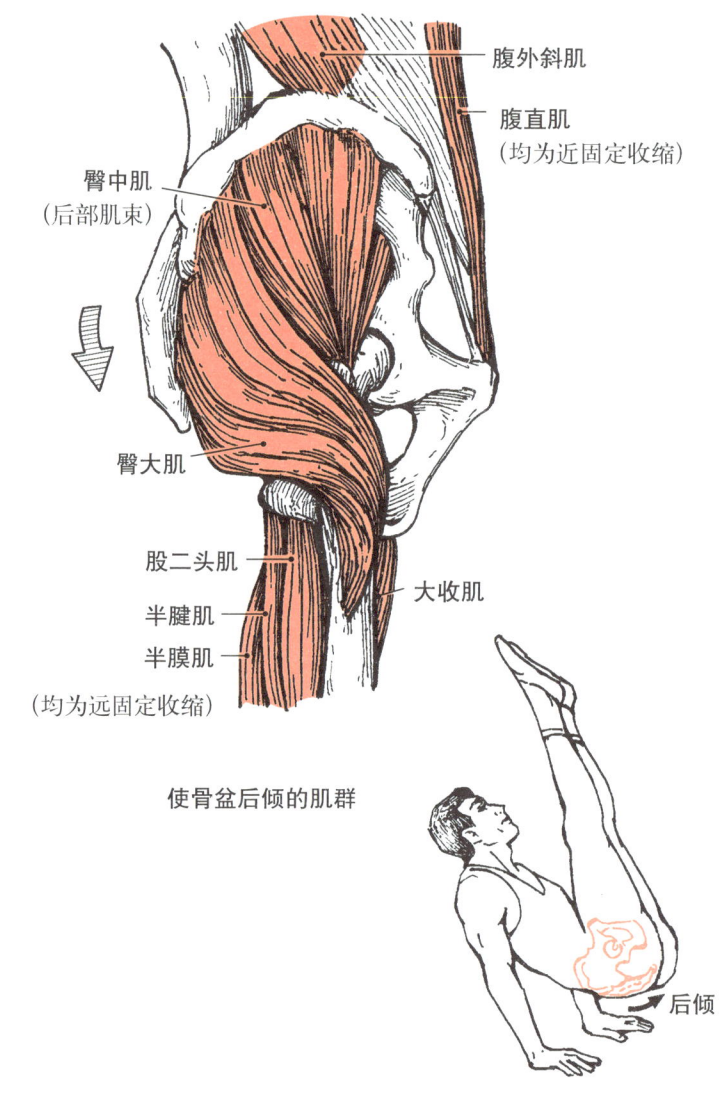

骨盆前倾是绕额状轴在矢状面内向前的转动。骨盆前倾时，耻骨联合向前下转动，骶骨背面朝上转动。骨盆前倾时连同上体前屈。

骨盆后倾绕额状轴在矢状面内向后的转动。骨盆后倾时，耻骨联合向前上转动，骶骨背面朝下转动。骨盆后倾亦可连同大腿在髋关节处屈的运动。

运动骨盆的肌群

骨盆的运动是在腰骶连结和髋关节之间进行的，骨盆与躯干以腰骶关节和椎间盘相连结，骨盆与下肢以髋关节相连结。

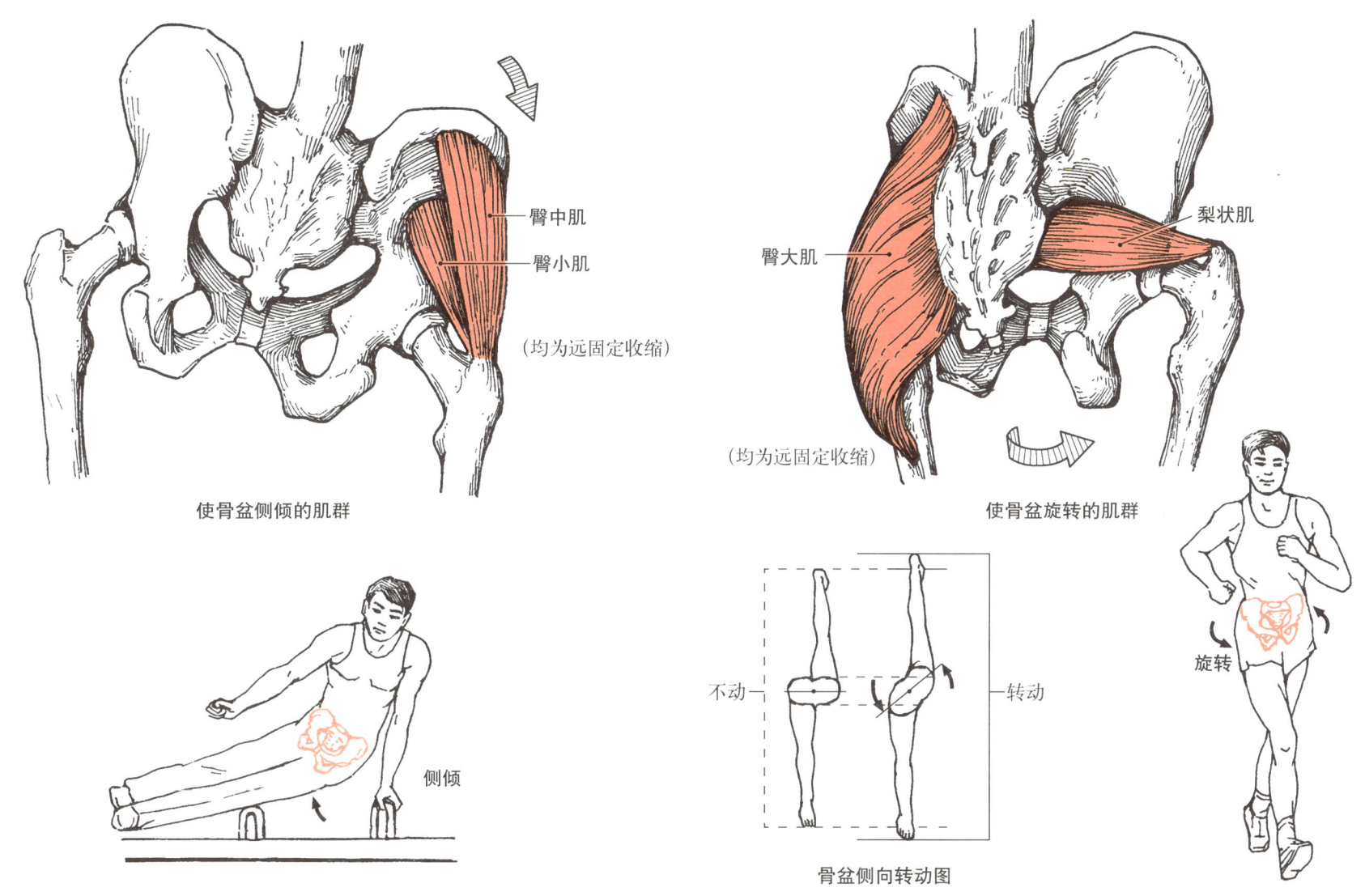

使骨盆侧倾的肌群 / 使骨盆旋转的肌群

臀中肌 / 臀小肌 / 臀大肌 / 梨状肌

（均为远固定收缩）

侧倾 / 不动 / 转动 / 旋转

骨盆侧向转动图

骨盆侧倾是绕矢状轴在额状面内的运动（如体侧运动），骨盆如向左侧倾，则左侧髂骨的髂嵴降低，右侧的髂嵴升高。骨盆如向右侧倾，则右侧的髂嵴降低，左侧的髂嵴升高。

骨盆旋转是绕垂直轴的运动。

骨盆的运动会引起躯干和下肢的运动，躯干和下肢的运动也会引起骨盆的运动。**骨盆的基本运动有**：前倾、后倾、侧倾、旋转(左、右回旋)和环转。

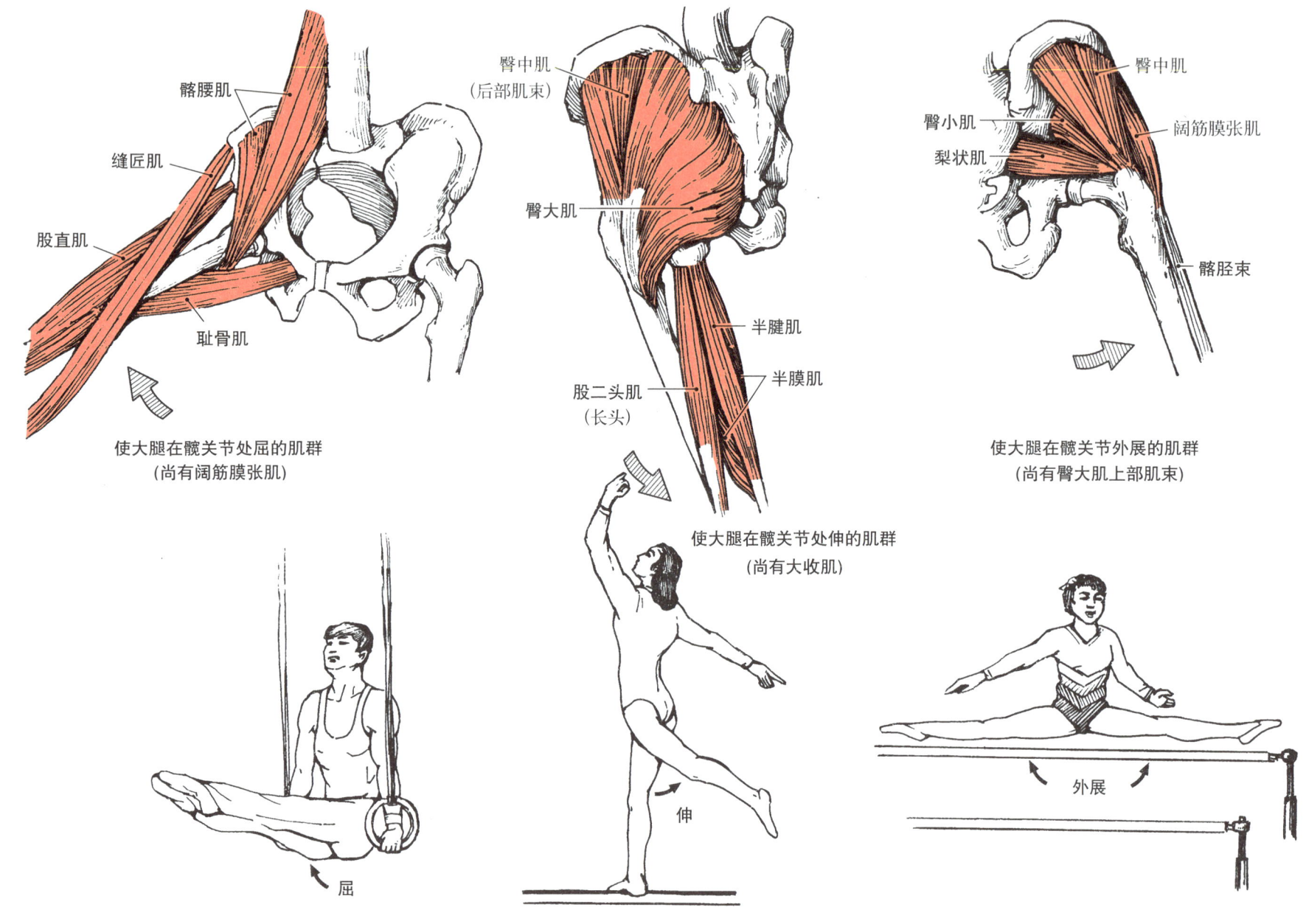

运动髋关节的肌群

上述肌肉在近固定收缩时，可使大腿在髋关节处做屈与伸、外展与内收、旋内与旋外的运动。此外，还可做环转运动。远固定时，可使骨盆运动。

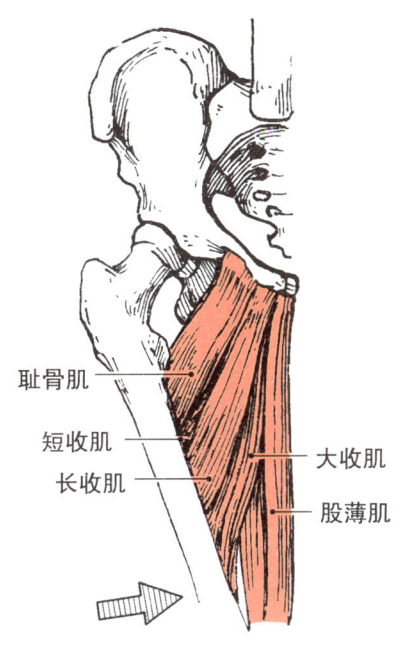

使大腿在髋关节处内收的肌群

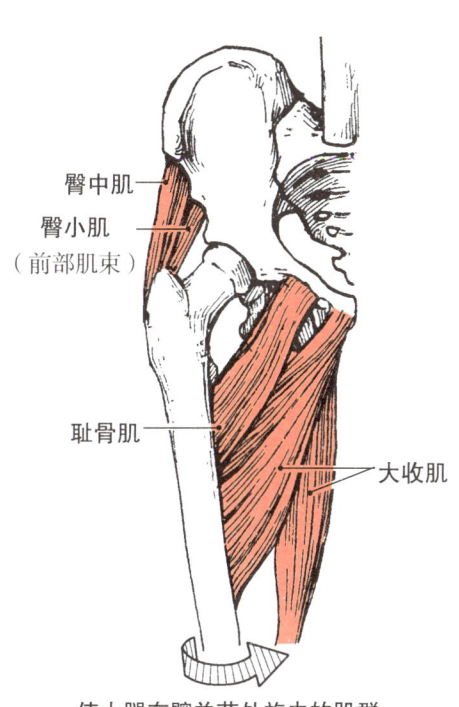

使大腿在髋关节处旋内的肌群
（尚有阔筋膜张肌、半腱肌、缝匠肌）

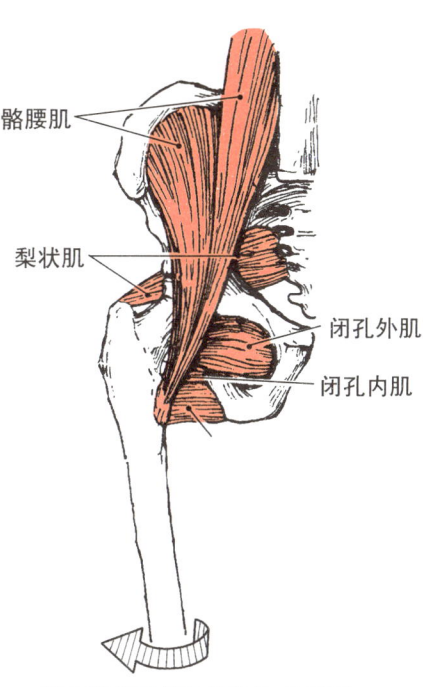

使大腿在髋关节处旋外的肌群
（尚有臀大肌、臀中肌）

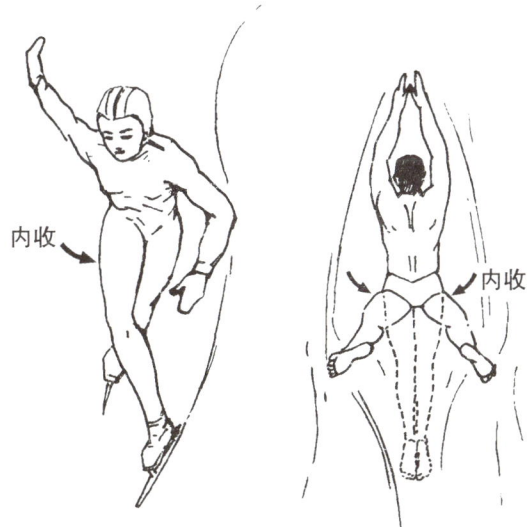

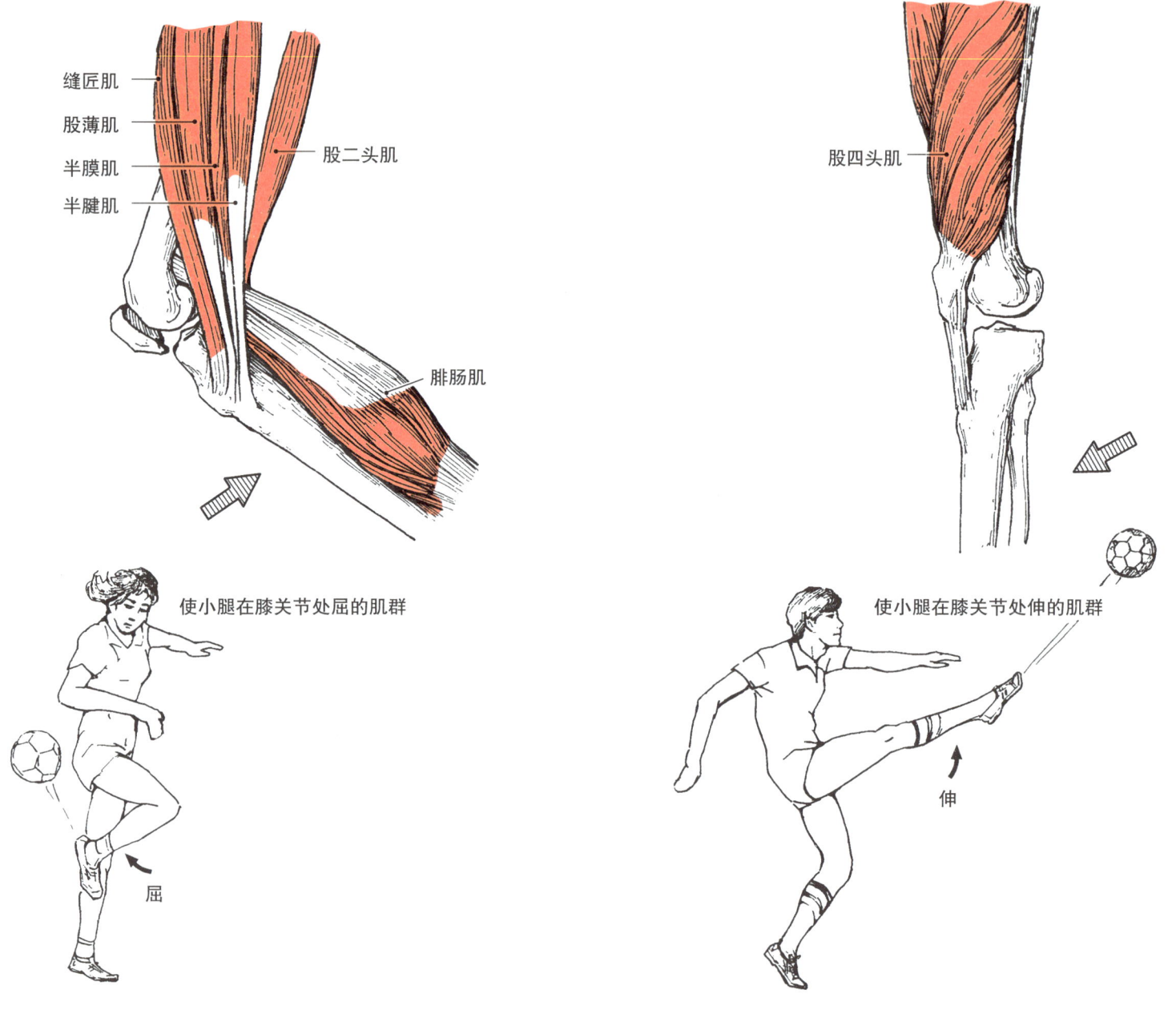

运动膝关节的肌群

上述肌肉在近固定收缩时，可使小腿在膝关节处做屈与伸，屈膝时可做旋内旋外的运动。

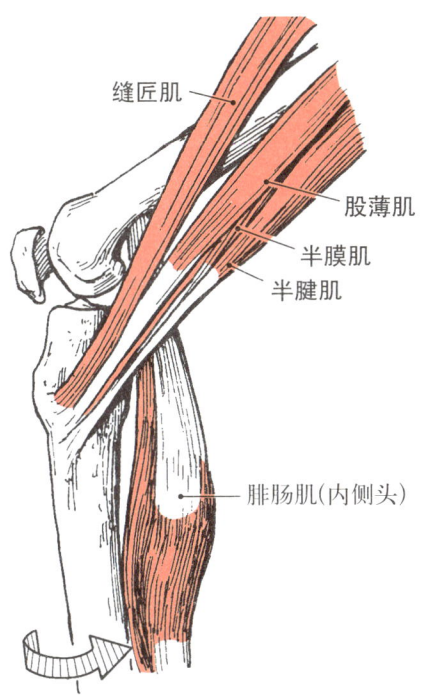
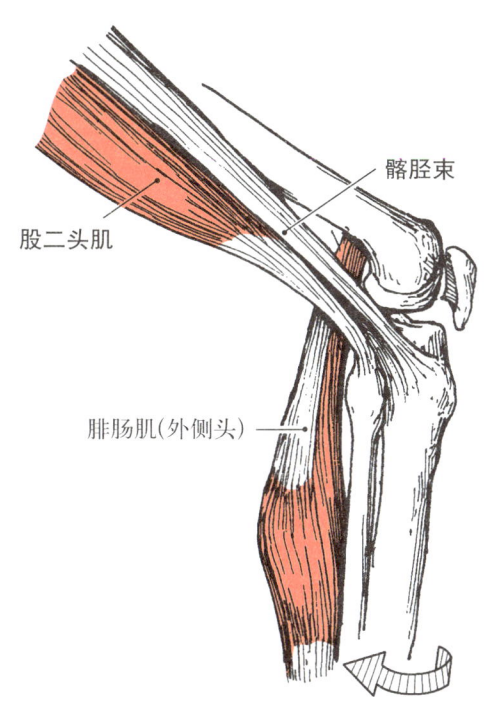

缝匠肌
股薄肌
半膜肌
半腱肌
腓肠肌(内侧头)

髂胫束
股二头肌
腓肠肌(外侧头)

屈膝时使小腿旋内的肌群

屈膝时使小腿旋外的肌群

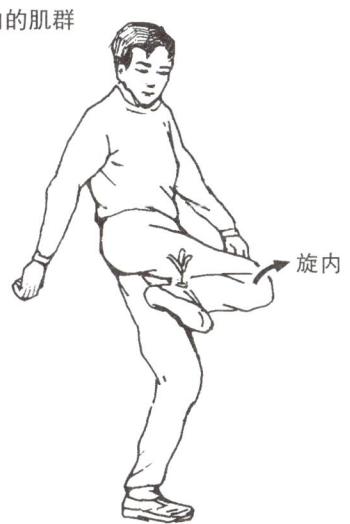
旋内

旋外

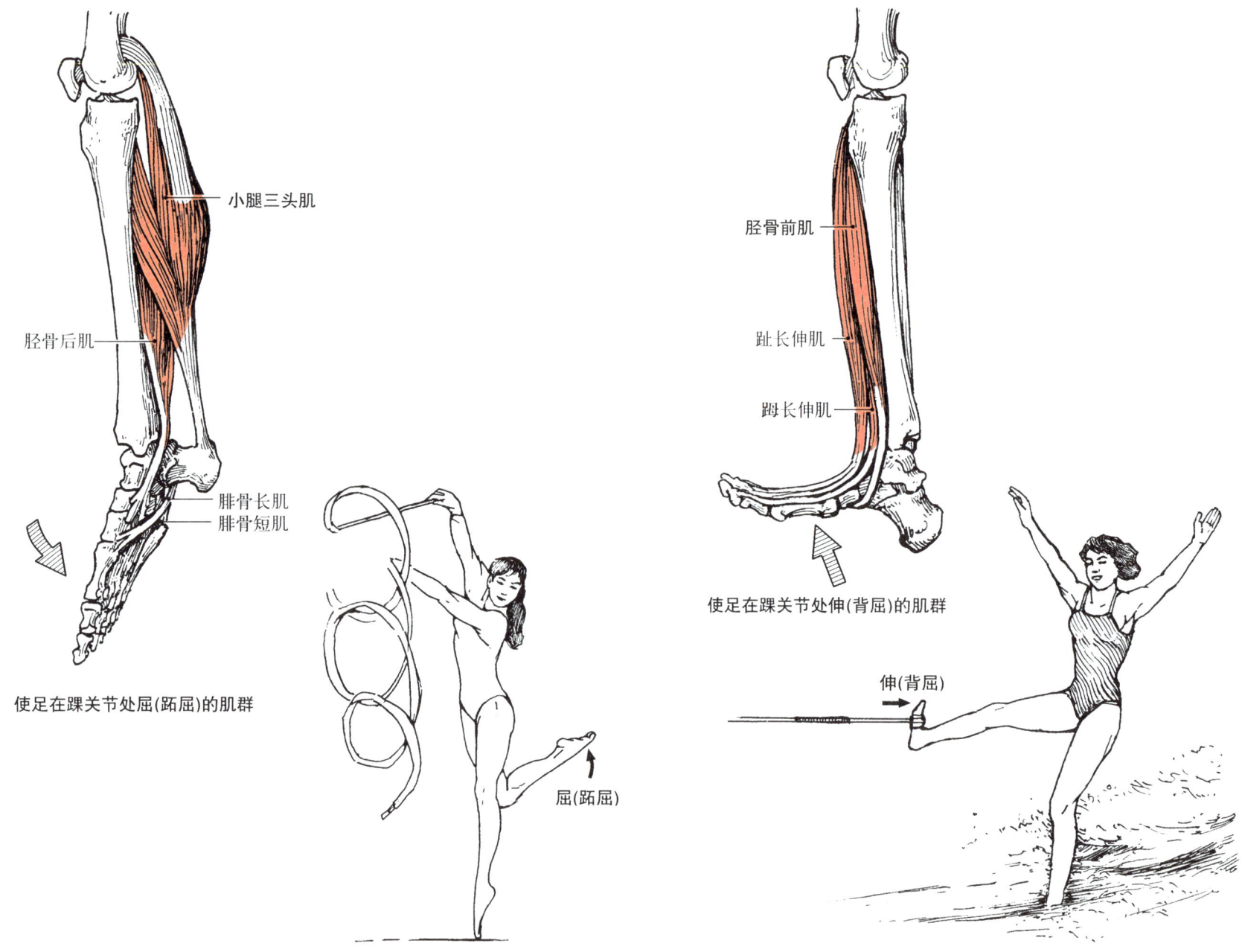

运动足（踝）关节的肌群
上述肌肉在近固定收缩时，可使足在踝关节处做屈与伸、内翻和外翻的运动。

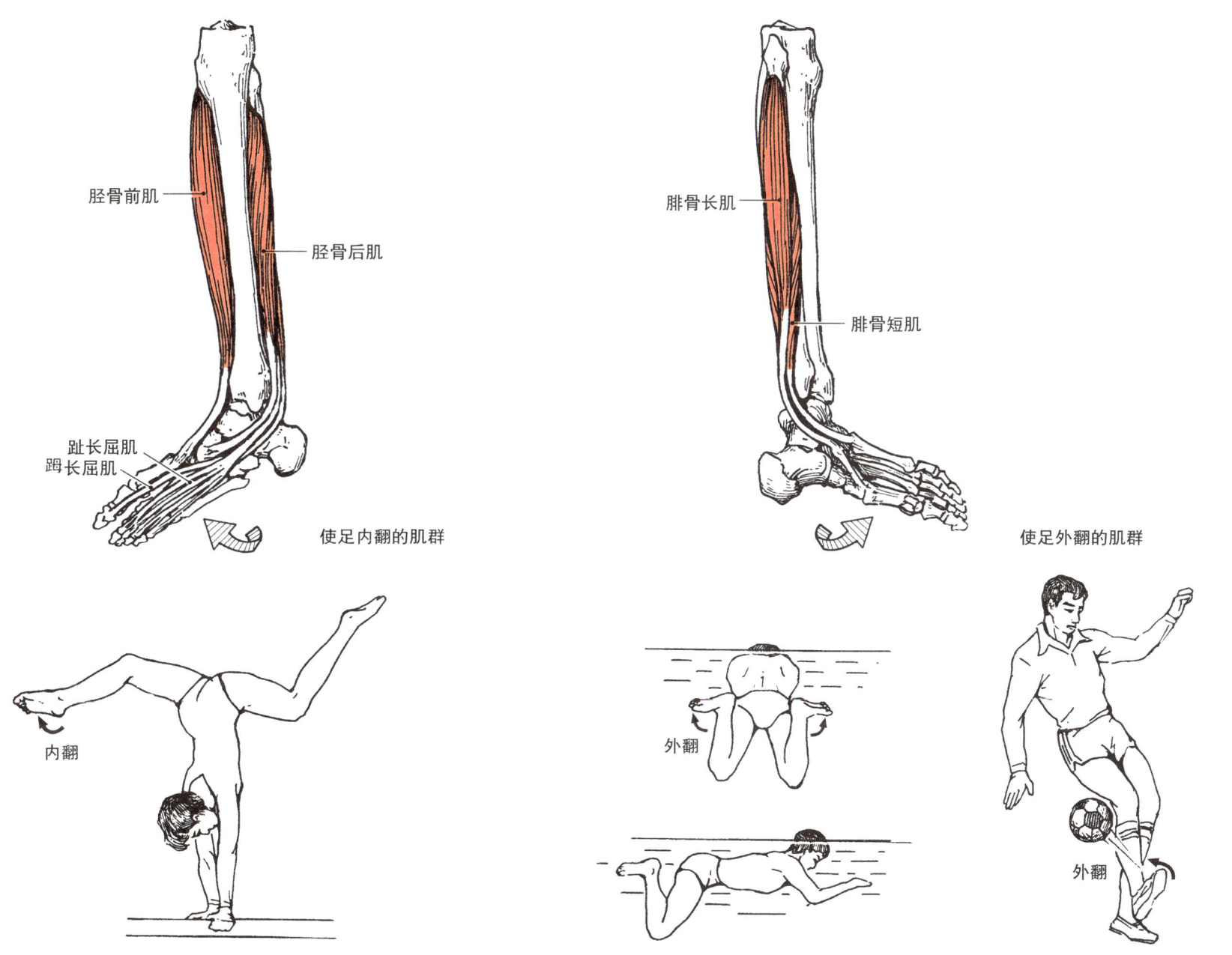

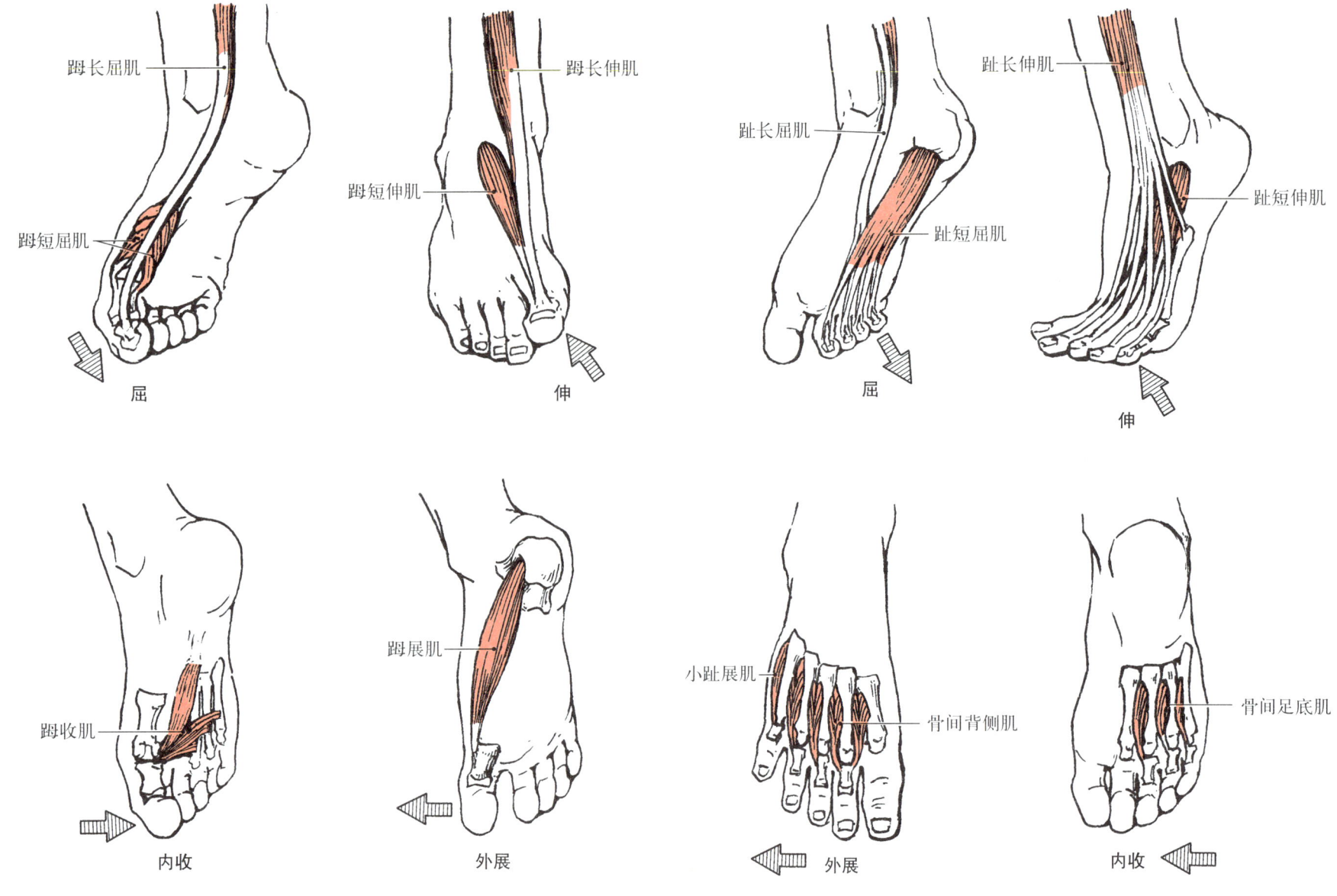

使𧿹趾运动的主要肌群　　使第二~五趾运动的主要肌群

运动足趾关节的肌群

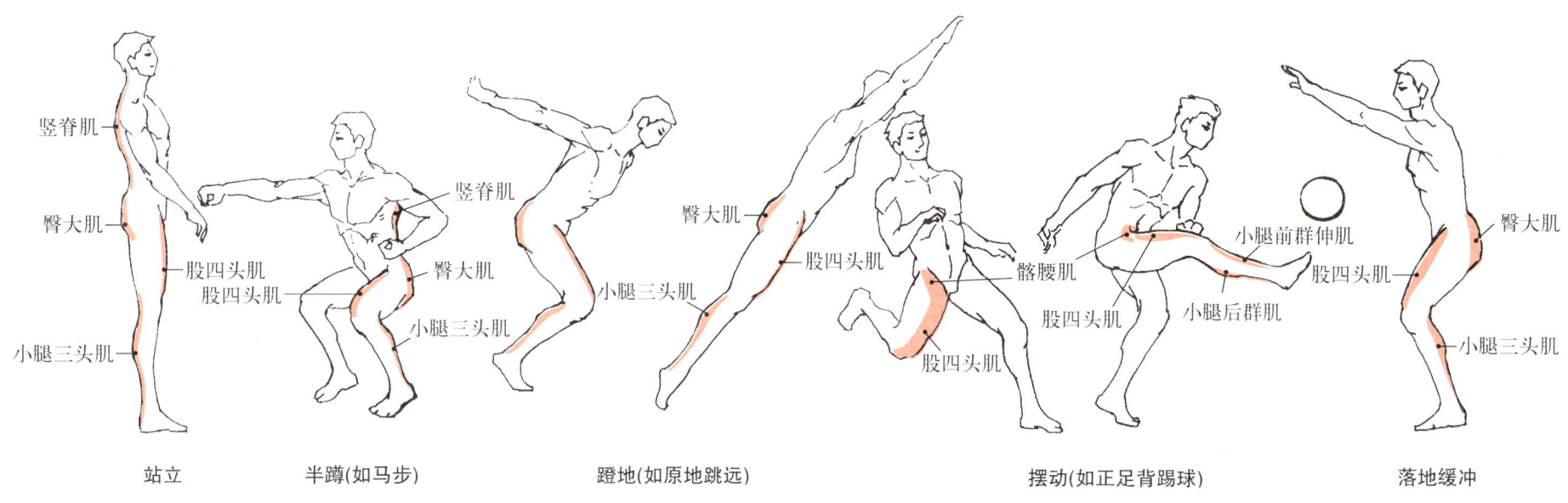

站立　　半蹲(如马步)　　蹬地(如原地跳远)　　摆动(如正足背踢球)　　落地缓冲

直立时，人体重心位置，一般说来在脐下第三骶椎前方约7厘米处，其投影点落在两足之间的支撑面内。

人体直立姿势主要依靠竖脊肌的下固定收缩；臀大肌、股四头肌和小腿三头肌的远固定收缩，相辅相成地维持人体的站立平衡。

人体呈半蹲位时，使髋、膝关节伸的臀大肌、股四头肌和足跖屈的小腿三头肌处于被拉长状态。上述肌肉远固定紧张收缩，以及竖脊肌的下固定收缩，克服重力，借以维持半蹲姿势。

参与蹬地动作的肌肉依次是，臀大肌收缩使躯干在髋关节处伸；股四头肌收缩使大腿在膝关节处伸；小腿三头肌收缩使足跖屈；小腿前群肌收缩使跖趾关节伸。上述肌肉均为远固定收缩，其合力作用于地面，地面产生相应的支撑反作用力而使人体腾起。

参与摆动(正足背踢球)动作的主要肌肉是，髂腰肌、股直肌收缩使大腿在髋关节处屈；股四头肌收缩使小腿在膝关节处伸；小腿后群肌收缩使足屈；小腿前群伸肌收缩使足伸，起调控作用。上述肌肉的近固定爆发式收缩使整个下肢形成鞭打式的踢球动作。

人体腾空后用前脚掌落地时，足的跖屈肌群(如小腿三头肌)、伸膝肌肉(股四头肌)和伸髋肌群(如臀大肌)，在远固定条件下紧张收缩，以减缓下肢各运动环节的屈曲状态和缓解落地时支撑反作用力对人体的震动。

下肢运动动作的解剖学分析

下肢动作有静力性的站立和半蹲；动力性的蹬地、摆动和落地缓冲。

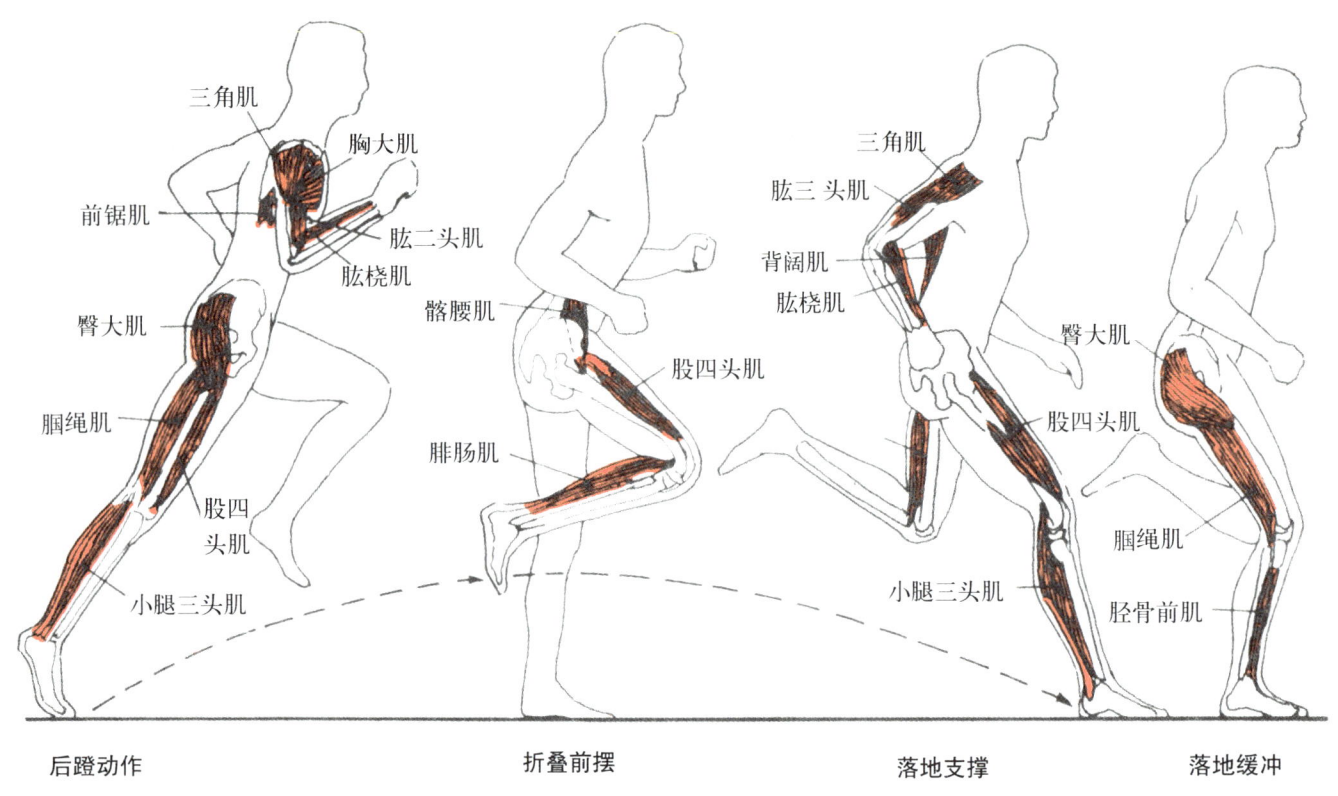

跑是周期性活动，以一侧下肢为例，可分为后蹬、折叠前摆和落地支撑、缓冲几个阶段。摆臂与下肢动作协调配合，分为前摆和后摆。

后蹬时，臀大肌、腘绳肌的远固定收缩，完成骨盆以髋关节为轴稍向后倾的"送髋"动作；股四头肌的远固定收缩使膝关节积极伸；小腿三头肌的远固定收缩使足跖屈；小腿前群肌收缩使跖趾关节伸。上述肌肉的合力作用于地面，产生后蹬动作。

折叠前摆动作，先是髂腰肌和股直肌的近固定收缩使大腿在髋关节处屈；继而是腓肠肌的近固定收缩，使小腿在膝关节处屈。小腿折叠增快了前摆速度。

落地支撑是下肢各关节自上而下过度到伸髋、伸膝的姿态。技术要求伸膝肌肉和足跖屈肌群要协调放松，发力不宜过大，以利减小"前蹬"阻力。落地支撑后期的缓冲动作，下肢形成似被压缩的弹簧，折叠前摆时，伸髋、伸膝和足跖屈肌群适当被拉长，有利于增大下一周期的后蹬发力。

途中跑动作的简要分析

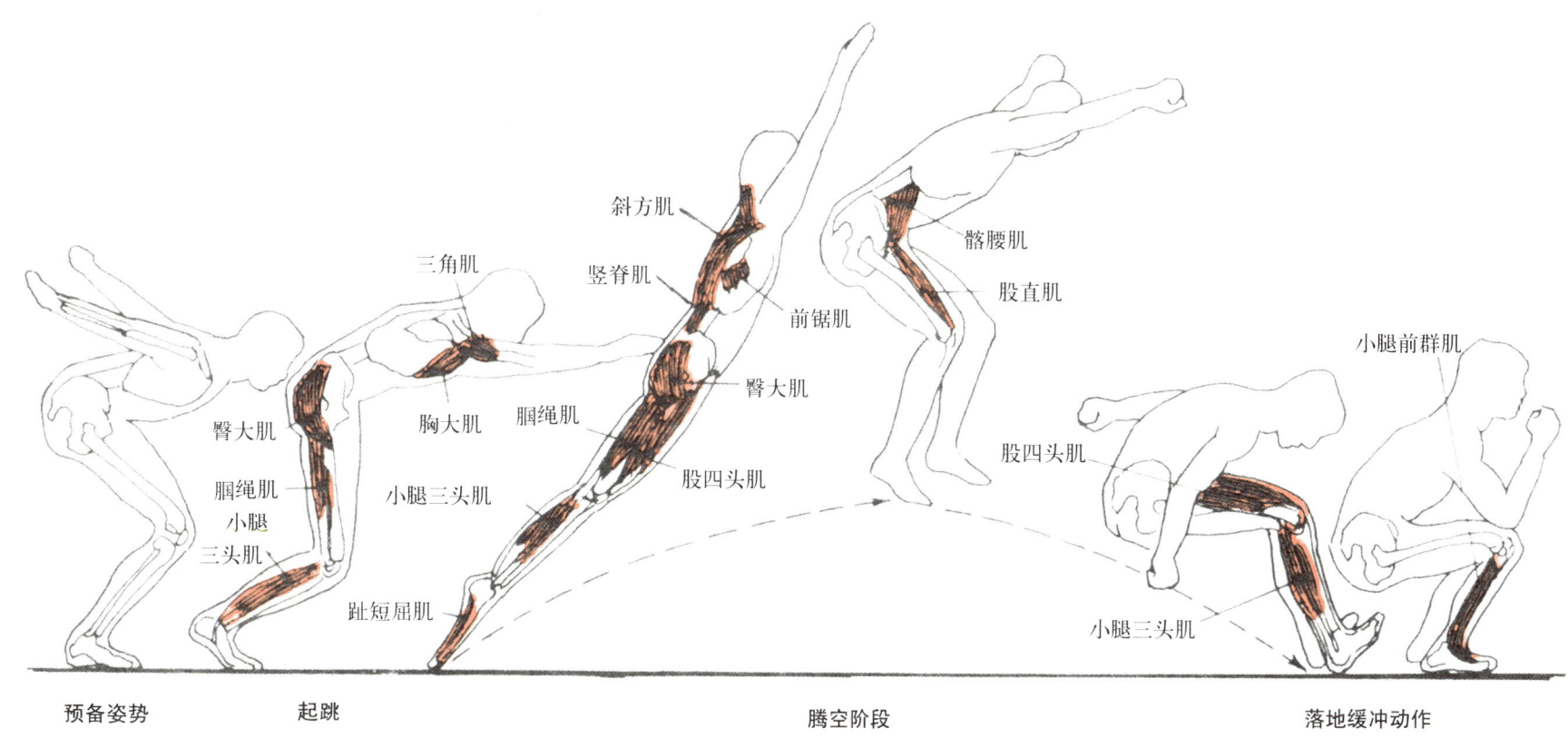

立定跳远动作的简要分析

　　立定跳远动作分为预备姿势、起跳、腾空阶段和落地缓冲阶段。
　　预备姿势时，下肢各关节预先屈曲，为起跳动作肌肉的爆发式收缩创造了有利条件。
　　起跳动作主要是髋、膝关节伸肌，足的跖屈肌群自上而下的爆发式收缩，使下肢各运动环节与上体伸展成一直线。起跳时，臂前摆至上举位，是由胸大肌、三角肌前束和斜方肌、前锯肌的近固定收缩完成；脊柱伸是竖脊肌的下固定收缩；髋关节由屈至伸是臀大肌和腘绳肌的远固定收缩；膝关节由屈至伸是股四头肌的远固定收缩；踝关节由背屈至跖屈，主要是小腿三头肌的远固定收缩，以及使跖趾关节伸的小腿前群肌的收缩。腾空时，大腿在髋关节积极屈，是髂腰肌、股直肌的近固定收缩，使运动着的人体加大了抛物线长度，以取得跳跃的远度。
　　落地缓冲时，主要依靠髋、膝关节屈曲和踝关节背屈的肌肉自下而上的协调工作，以缓冲地面的反作用力。

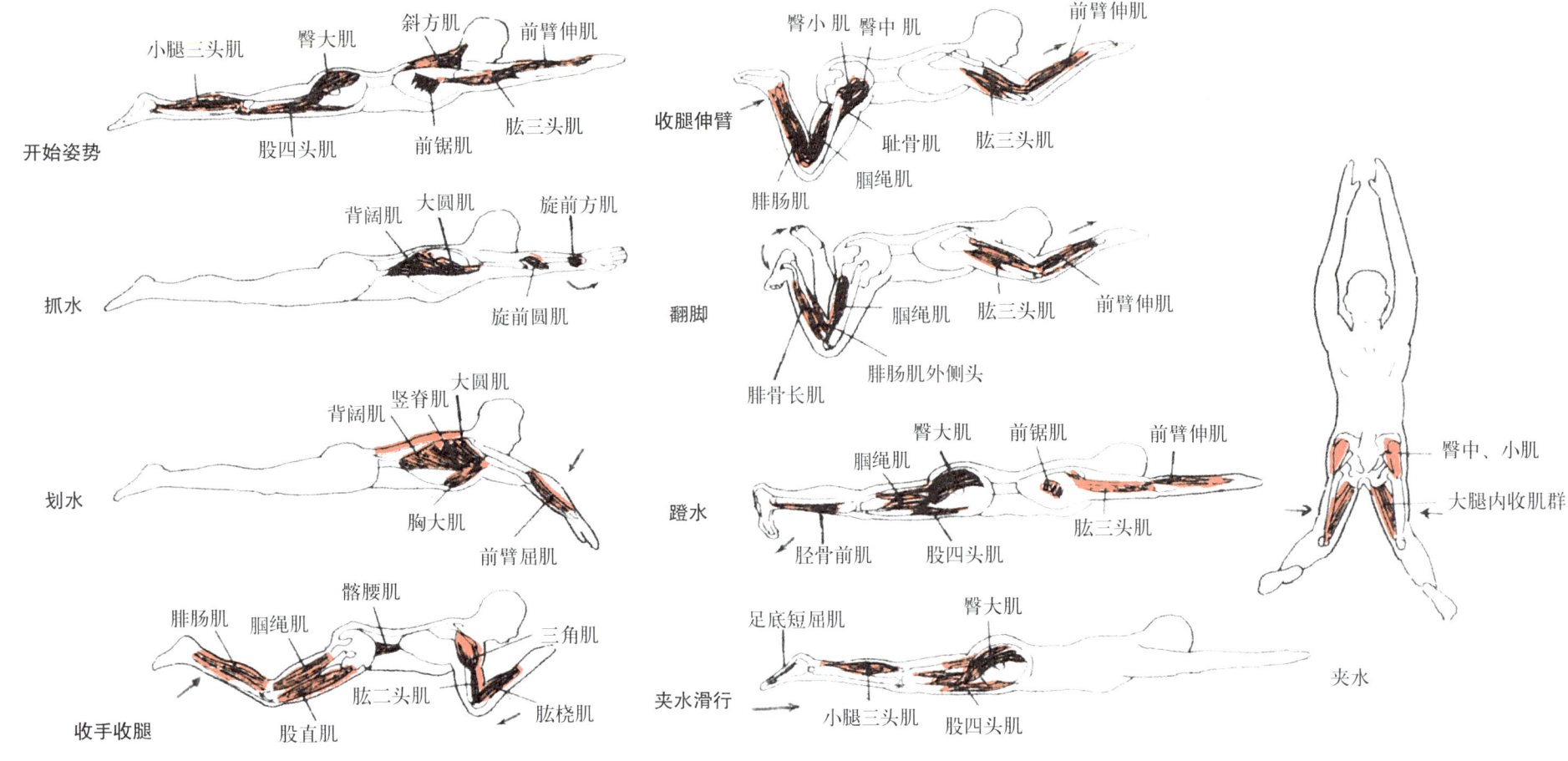

蛙泳为上、下肢协调并用的运动。主要连续性技术动作可分抓水、划水、收手收腿、收腿伸臂、翻脚、蹬水、夹水滑行几个阶段。

抓水时，旋前圆肌、旋前方肌收缩，使前臂旋内（旋前）；划水动作以肩关节为轴，前臂的伸增长了力臂，依靠背阔肌、大圆肌等的近固定条件下急剧收缩进行划水；收手是划水至上臂与肩轴在同一水平时，上臂内收（胸大肌、背阔肌的近固定收缩）和前臂屈（肱肌、肱二头肌的近固定收缩）的动作。收手继而收腿，收腿是使髋关节屈（髂腰肌、股直肌的近固定收缩）和膝关节屈（腘绳肌、腓肠肌的近固定收缩）；收腿伸臂是在收腿基础上伸肘关节（肱三头肌的近固定收缩）的连续性动作；翻脚是小腿旋外和足外翻动作的组合。翻脚动作形成足内侧、足底有效的对水面积，以利后蹬"水墙"；蹬水动作是在翻脚的基础上积极用力伸髋关节（臀大肌、腘绳肌的近固定收缩）和伸膝关节（股四头肌的近固定收缩）以获取有效推力；夹水滑行是依靠大腿内收肌群强有力的内收动作（主要是内收大肌、耻骨肌的近固定收缩）积极用力夹水，继续取得行进速度，并为后一周期动作做准备。

蛙泳动作的简要分析

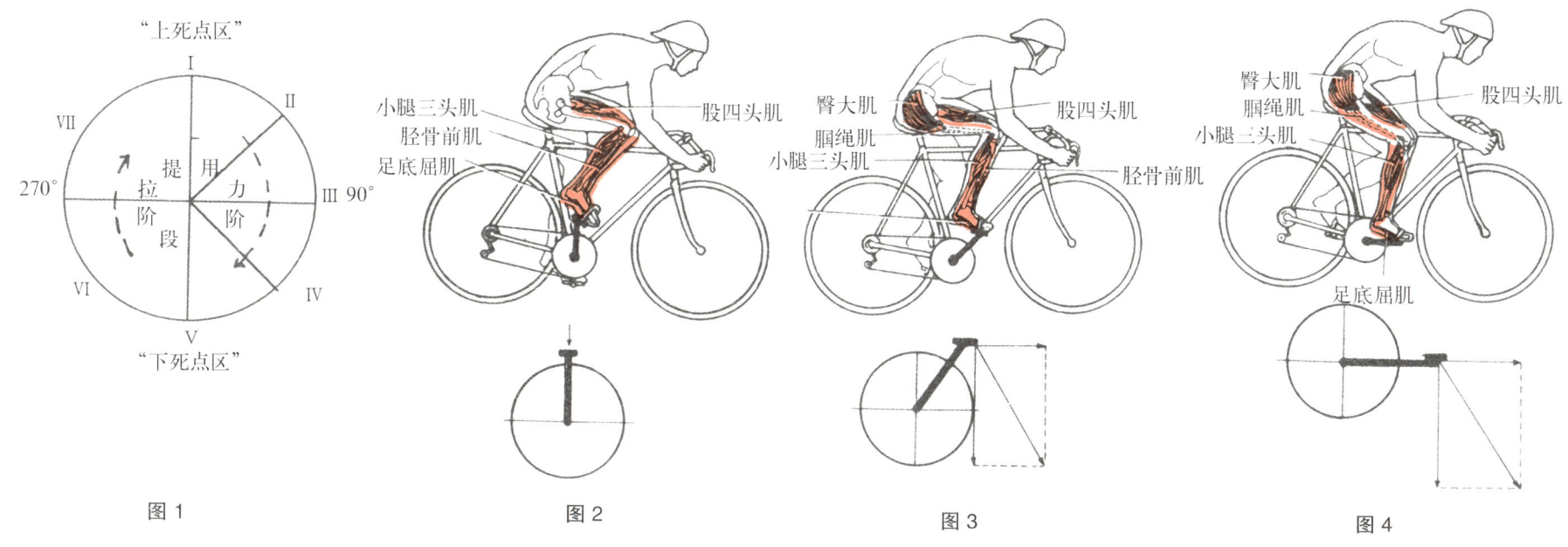

图1　　　　　　　图2　　　　　　　图3　　　　　　　图4

踏蹬动作是下肢肌协调交替收缩产生最大的踏蹬作用力，和踏蹬动作在各个运动阶段中形成的力学条件这两个因素。以单足顺时针踏蹬一周（图1）的动作过程分析。

当足在0°（图2）位置时（称"上死点区"），动作处于开始阶段，力臂等于零，主要启动功能肌的股四头肌处于主动不足的（拉长）状态。

足的踏蹬动作过渡到与水平面约成45°（图3）时，股四头肌、小腿三头肌在近固定条件下自上而下收缩，使膝关节伸，踝关节跖屈。

踏蹬动作运转至与水平面约成90°（图4）时，此时力臂最长，力矩也最大，是取得踏蹬作用力的最重要阶段。

自行车踏蹬动作的简要分析

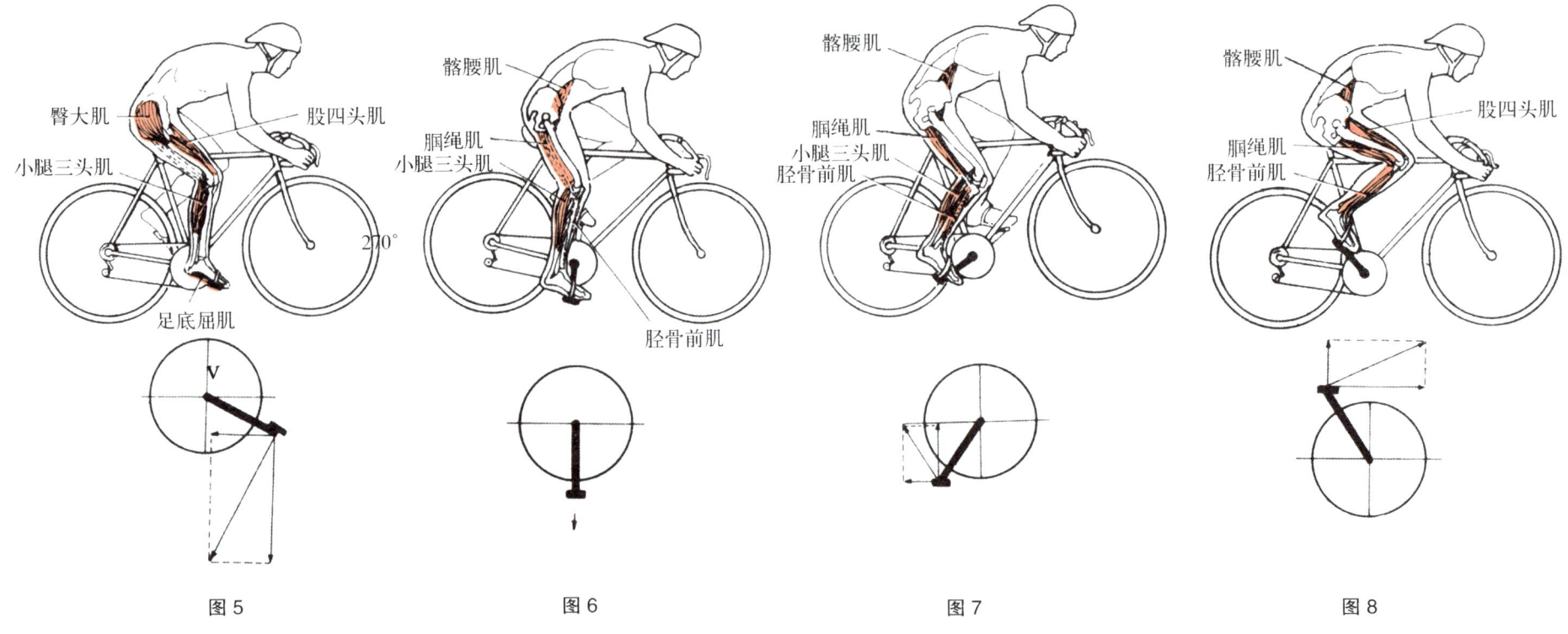

图5　　　　　　　　　图6　　　　　　　　　图7　　　　　　　　　图8

足的踏蹬动作运转至约135°（图5）时，股四头肌，小腿三头肌继续收缩，形成垂直向下的用力方向。

踏蹬运行至180°（图6）位置时（称"下死点区"），不形成力矩，也不做功，应依靠惯性和熟练技巧使动作尽快过渡。

足的踏蹬动作运转至225°～270°（图7、图8）阶段，依靠髂腰肌、腘绳肌和胫骨前肌等积极有力的收缩，使大小腿折叠动作加快，并带动足向后上提位，积极有力的提拉动作有助于增大垂直分力，提高车速。

当踏蹬动作临近完成圆周运行达"上死点区"时，股四头肌又处于被拉长状态，此时应依靠肌肉工作的灵活性和娴熟的动作技巧尽快过渡。

第 二 篇

人体运动的管理协调保证体系

人体是个整体，人体的运动不是单独由运动系统来完成的，而是由人体运动管理协调体系(神经系统、内分泌系统和感觉器官)和人体运动物质供应的保证体系〔循环(脉管)系统、消化系统、呼吸系统和泌尿系统〕共同配合协作完成的。

消化系统、呼吸系统、泌尿系统和生殖系统的器官大都位于胸腹腔内，这些器官统称为内脏。

人体运动的管理体系中神经系统在人体各器官系统中占统率管理地位,它和内分泌器官分泌的激素和感觉器官传来的信息一起经过整合统一协调完成人体的运动。

在人体运动物质供应保证体系中循环(脉管)系统是将由消化系统吸收的营养物质(经过肝加工)和呼吸系统吸入的氧作为动力能量原料输送到肌肉，肌肉又将运动中产生的代谢产物通过呼吸器官(肺和呼吸道)、消化道(肠)和泌尿系统器官(肾、输尿管、膀胱和尿道)排出体外，以保证人体运动能正常进行。

生殖系统的功能是繁殖后代和分泌激素。

- 内脏（消化、呼吸、泌尿、生殖系统）
- 循环（脉管）系统
- 神经系统
- 感觉器官系统
- 内分泌系统

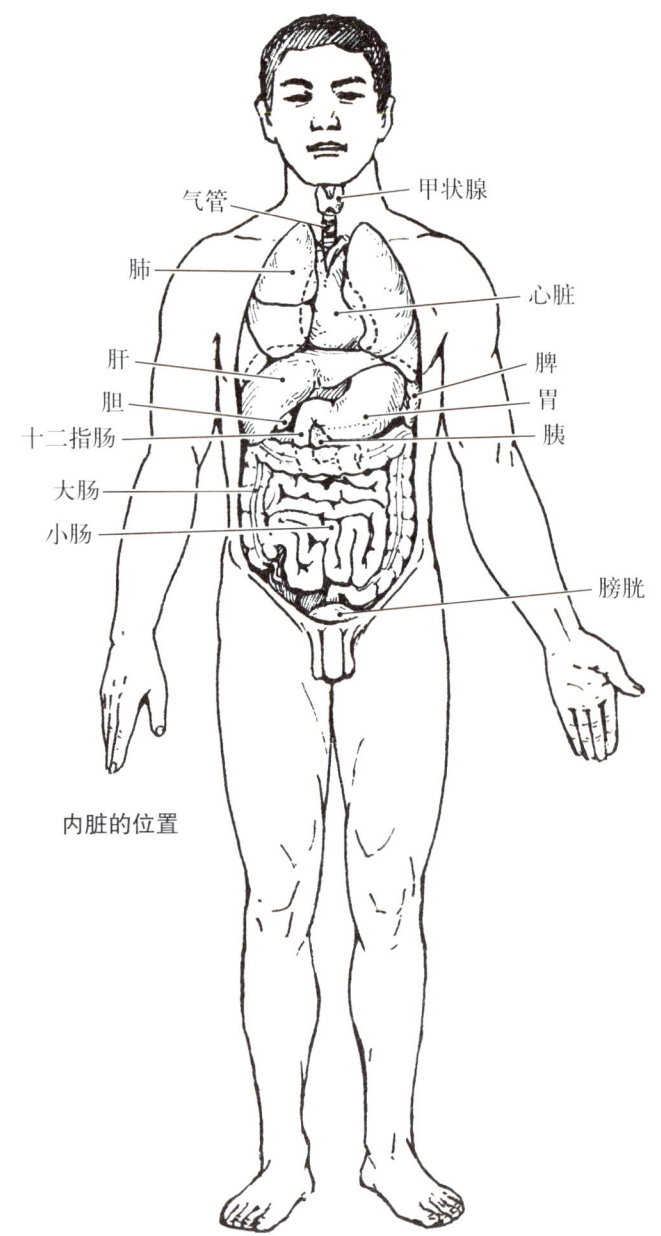

内脏的位置

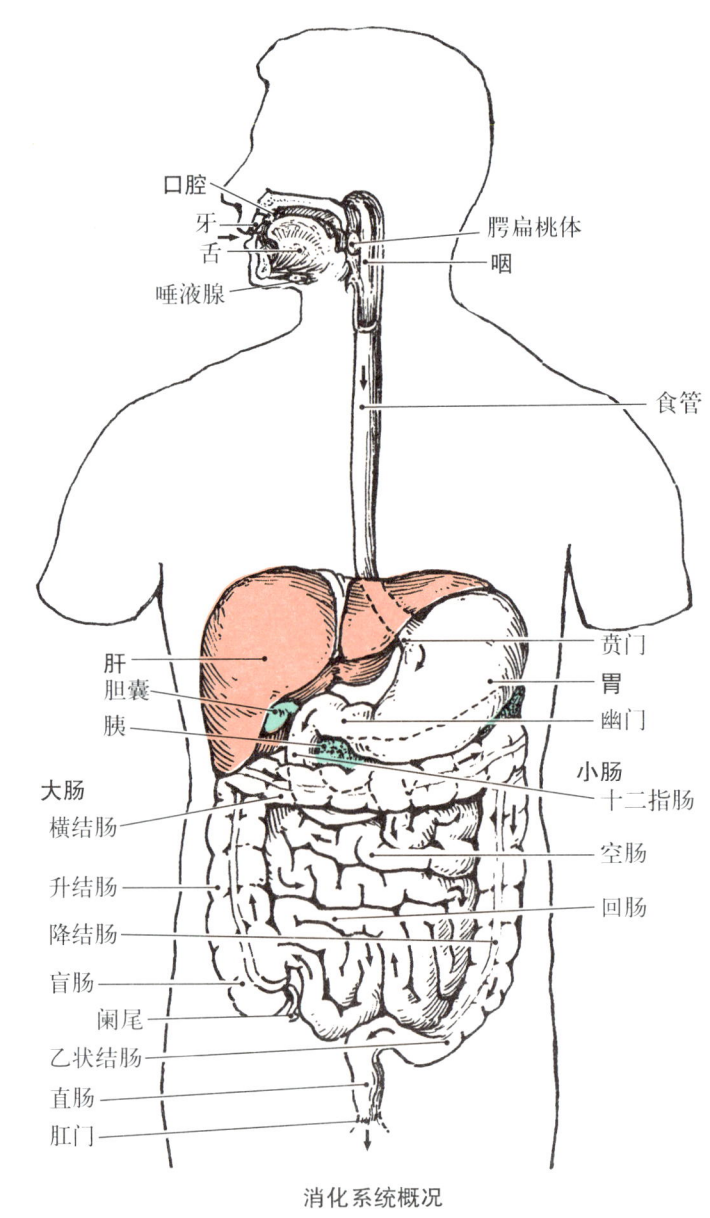

消化系统概况

内脏 (viscera)包括消化、呼吸、泌尿和生殖4个系统的器官，它们大部分分布于胸腔和腹腔内。

消化系统 (digestive or alimentary system)是由消化道和消化腺组成，消化道可分为口腔、咽 (pharynx)、食管、胃、小肠、大肠和肛门等部分。消化腺包括唾液腺、肝、胰等腺体。

内脏（消化、呼吸、泌尿、生殖系统）

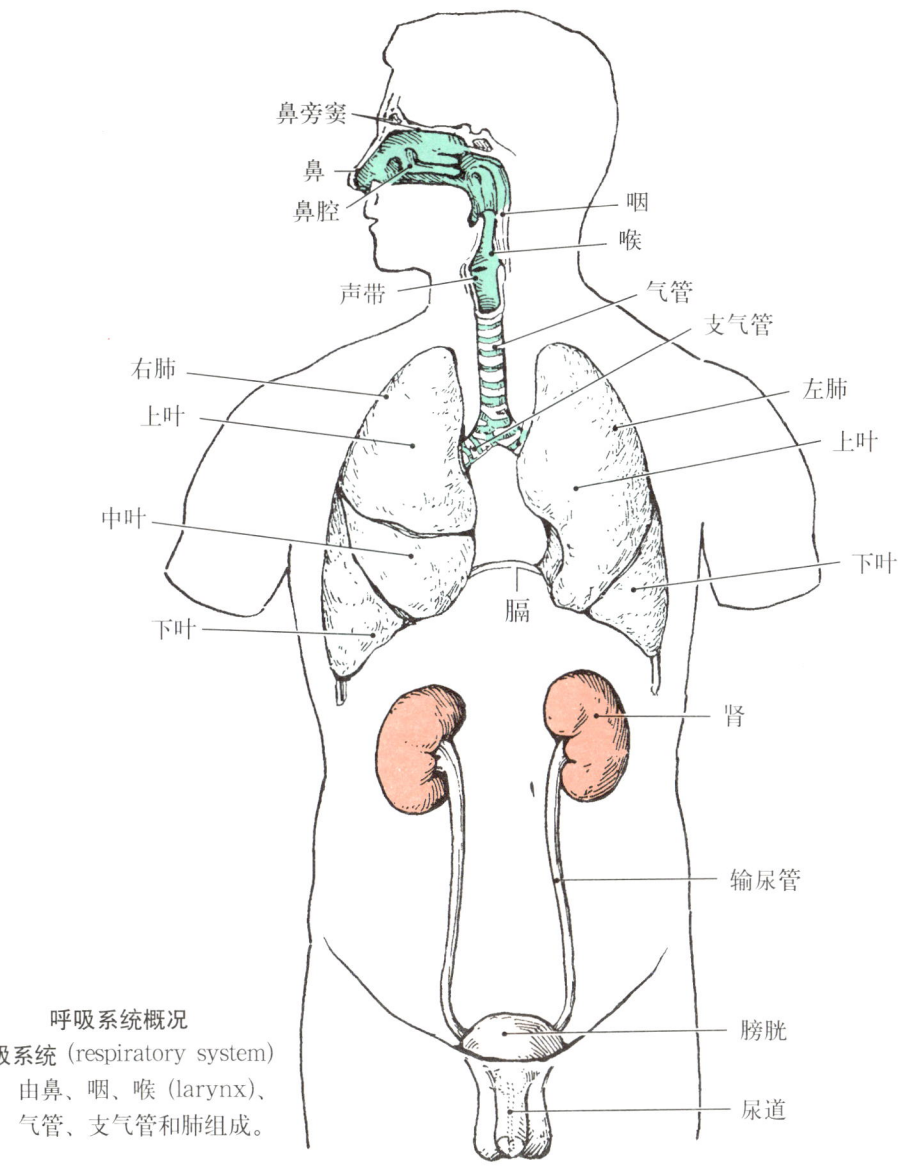
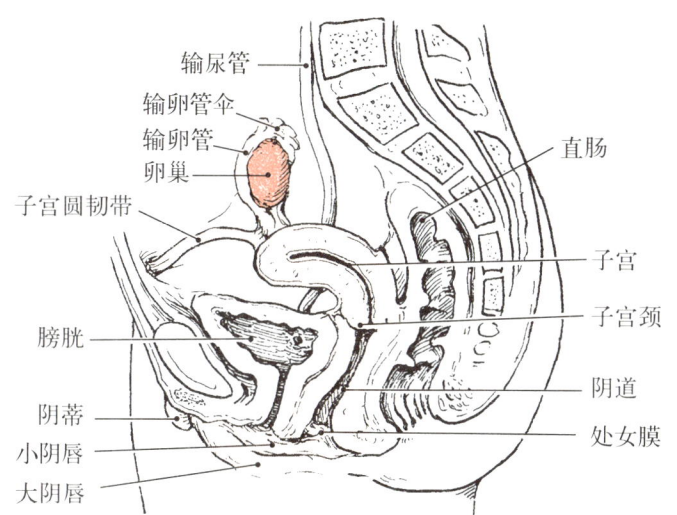
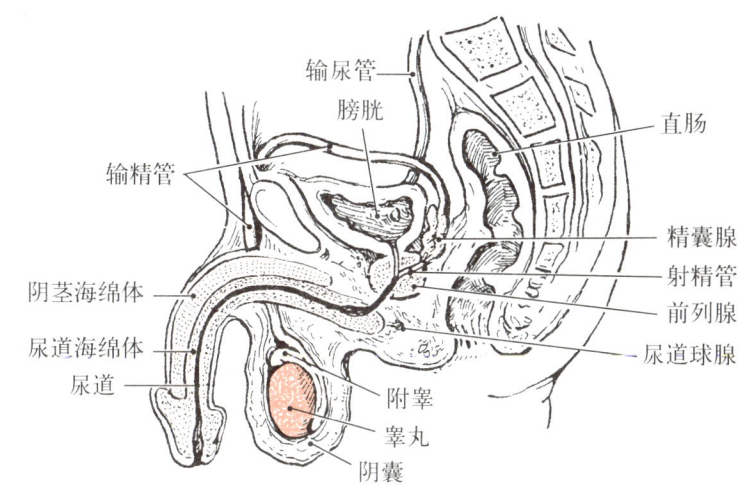

呼吸系统概况

呼吸系统（respiratory system）由鼻、咽、喉（larynx）、气管、支气管和肺组成。

泌尿系统概况

泌尿系统（urinary system）由肾、输尿管、膀胱及尿道4部分组成。

女性生殖系统（female reproductive or genital system）

内生殖器官包括卵巢、输卵管、子宫及阴道。
外生殖器官包括阴蒂、大阴唇及小阴唇。

男性生殖系统（male reproductive or genital system）

内生殖器官包括睾丸、附睾、输精管、射精管及尿道。它的附属腺主要有前列腺及精囊腺。
外生殖器官包括阴茎和阴囊。

生殖系统概况（矢状面）

生殖系统　　由内生殖器官和外生殖器官组成。

内脏（消化、呼吸、泌尿、生殖系统）

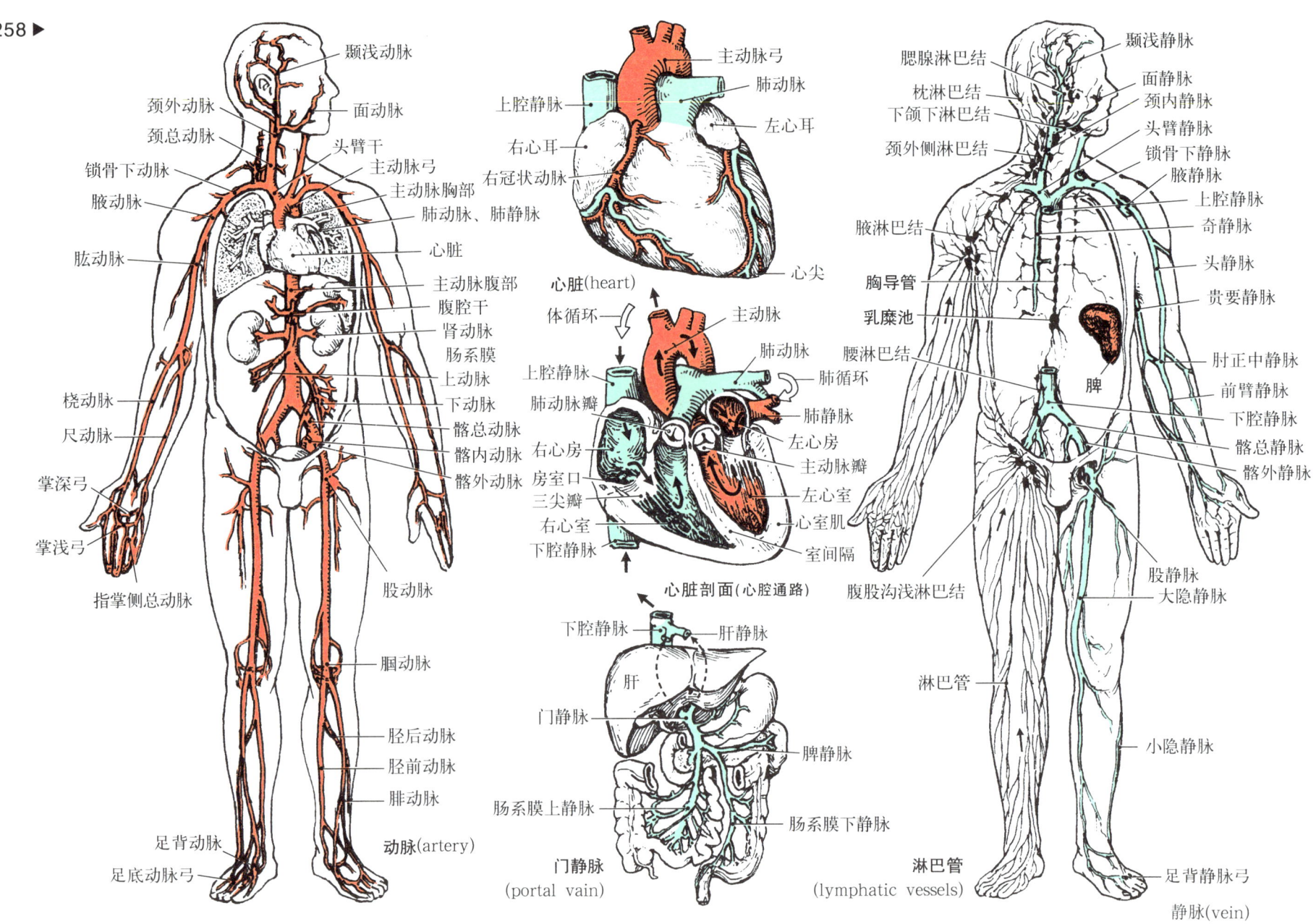

循环（脉管）系统

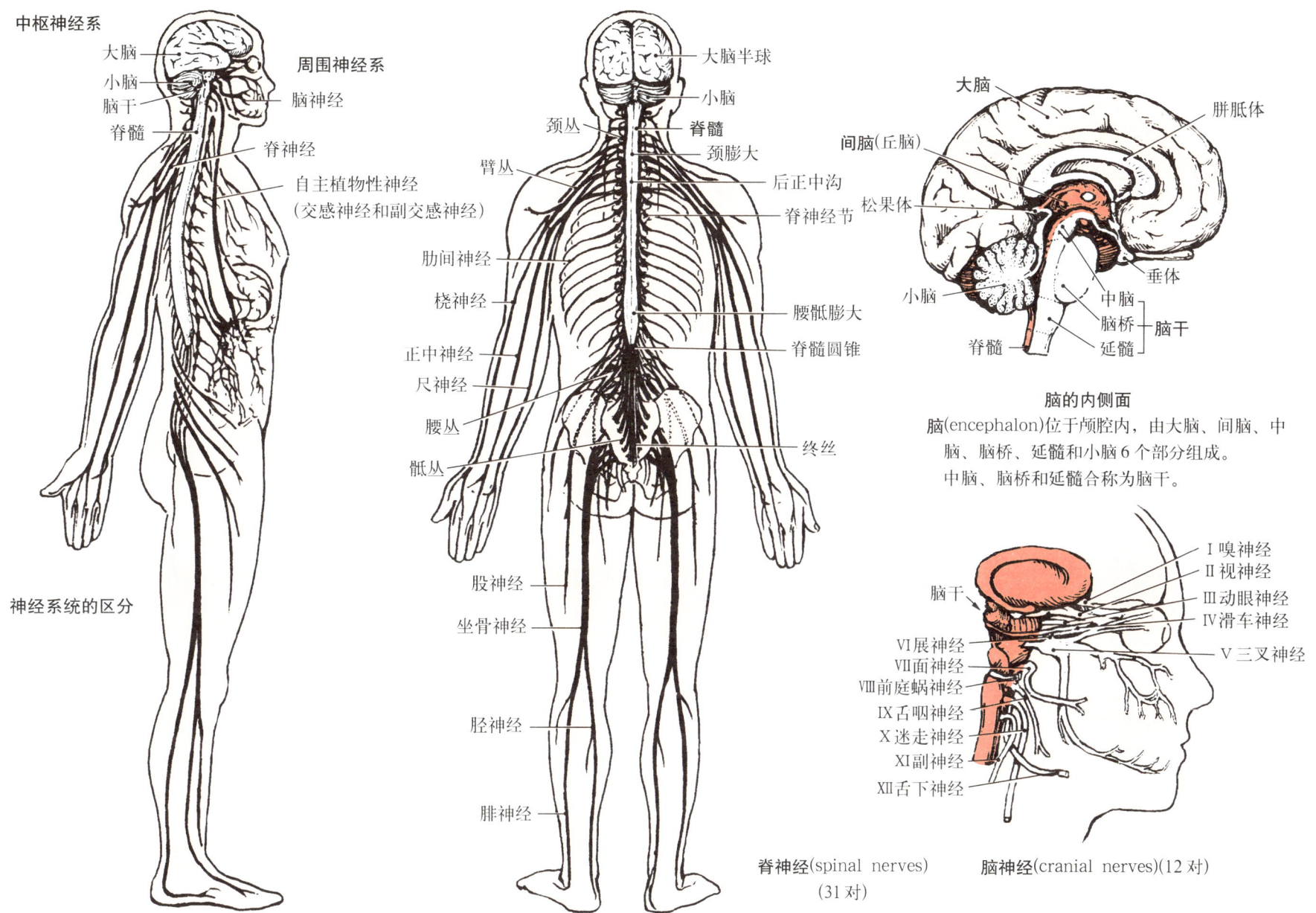

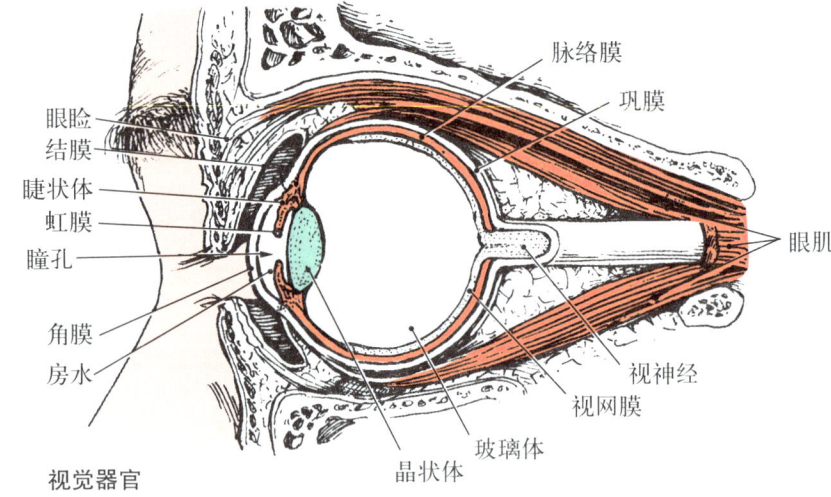

视觉器官

眼 包括眼球和眼睑、泪器、眼肌等辅助结构。
眼球近似圆球，由周围的眼球壁和内部的屈光物质组成。

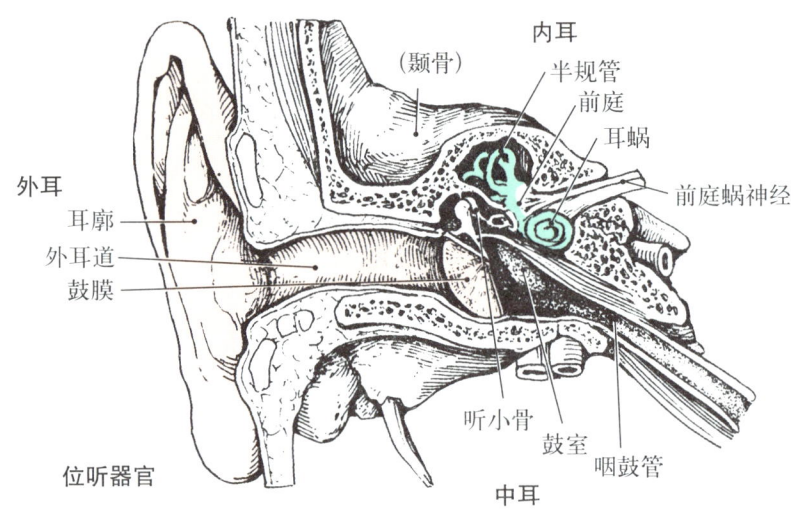

位听器官

耳 是听觉与位觉的器官(位听器官)，分为外耳，中耳及内耳3部分。
外耳和中耳收集和传导声音，内耳感受听觉和身体在空间的位置感觉。

感觉器官 (sensory organ)包括：视觉(眼)、听觉(耳)、位觉(内耳)前庭、味觉(舌)和触觉(皮肤)等器官。

感觉器官系统

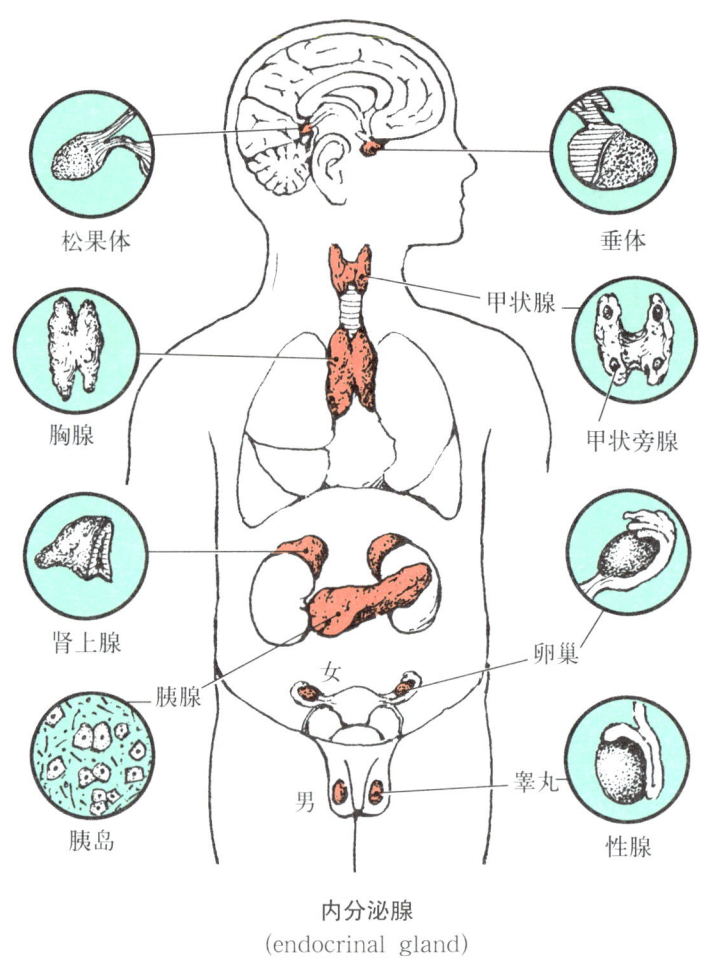

内分泌腺
(endocrinal gland)

内分泌系统 (endocrine system)的主要功能是调节机体的新陈代谢、生长发育和对外界环境的适应，内分泌功能的过盛或降低均可引起机体的功能紊乱。

内分泌系统

附录一

支配人体运动器官的主要运动神经图表

支配上肢主要关节的运动神经

肩关节	肘关节	前臂	腕关节	拇指	手指
颈5 外展 外旋 6 颈7 内收 内旋 8	颈5 屈 6 颈7 伸 8	颈6 旋前 旋后	颈6 屈 7 伸	颈7 屈 8 伸	颈8 收展 胸1

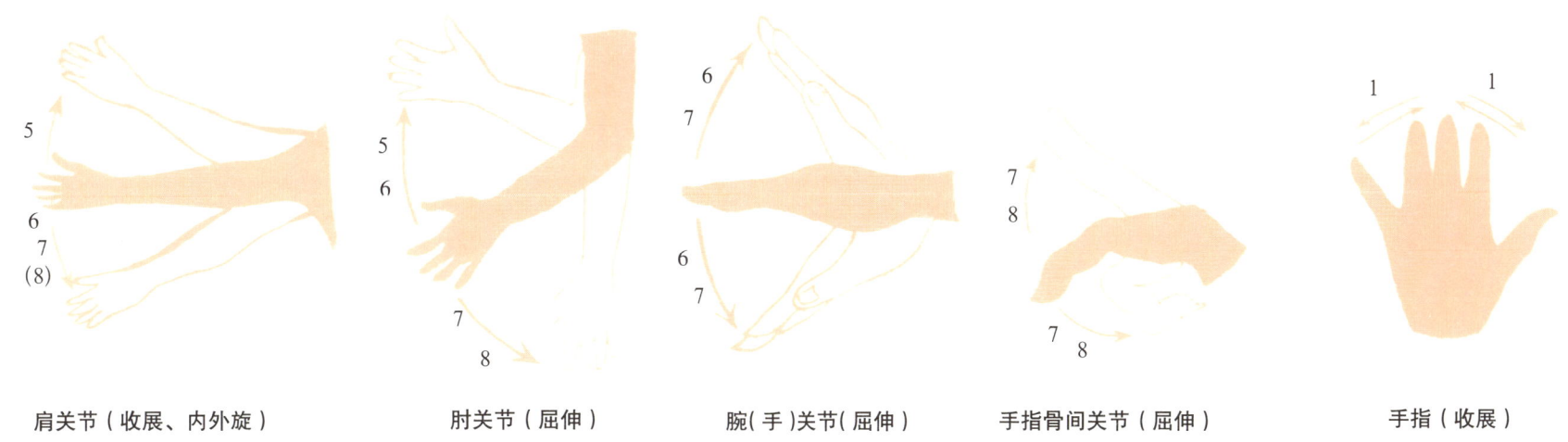

肩关节（收展、内外旋）　　肘关节（屈伸）　　腕(手)关节（屈伸）　　手指骨间关节（屈伸）　　手指（收展）

支配下肢主要关节的运动神经

髋关节	膝关节	踝关节	足关节
腰2〜3 屈、内收、内旋 腰4〜5 伸、外展、外旋	腰3〜4 伸 腰5〜骶1 屈	腰4〜5 足背屈 骶1〜2 足跖屈	腰4 足内翻 腰5〜骶1 足外翻

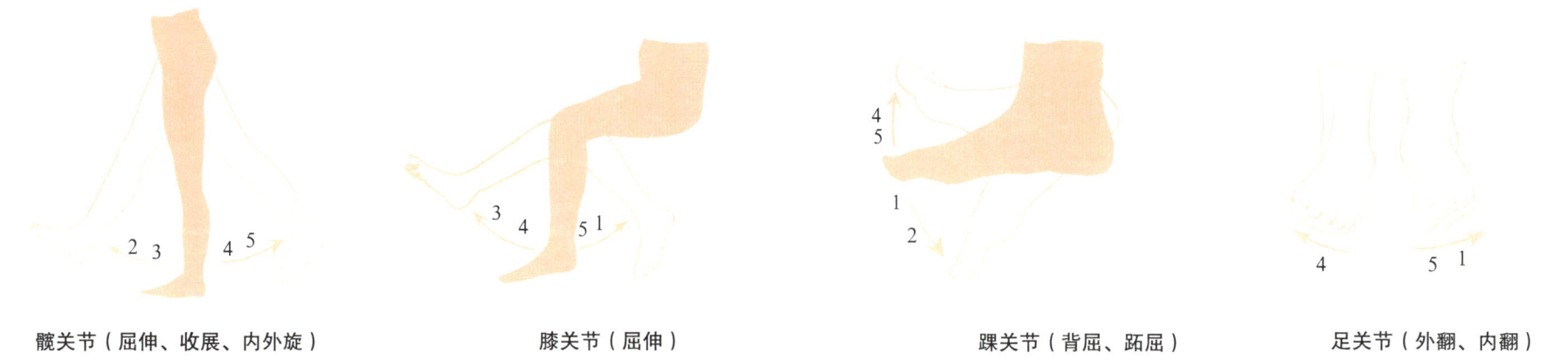

髋关节（屈伸、收展、内外旋）　　膝关节（屈伸）　　踝关节（背屈、跖屈）　　足关节（外翻、内翻）

支配躯干肌的运动神经

躯干肌的运动神经支配																													
C（颈段）								Th（胸段）												L（腰段）					S（骶段）					Co（尾段）
1	2	3	4	5	6	7	8	1	2	3	4	5	6	7	8	9	10	11	12	1	2	3	4	5	1	2	3	4	5	1–5
背部深肌																															
颈部深肌	夹肌						上后锯肌					下后锯肌										提肛肌／肛门括约肌／会阴肌／尾骨肌				
	斜方肌			背阔肌																										
		肩胛提肌																											
		菱形肌																											
	头长肌			颈长肌																								
			斜角肌																										
			胸大肌																										
				胸小肌																									
				锁骨下肌																								
				前锯肌																									
				膈																									
							腹直肌																						
							腹外斜肌																						
								腹横肌																					
									腹内斜肌																				
											腰方肌																
							肋间肌																						

支配肩部和上臂肌肉的运动神经

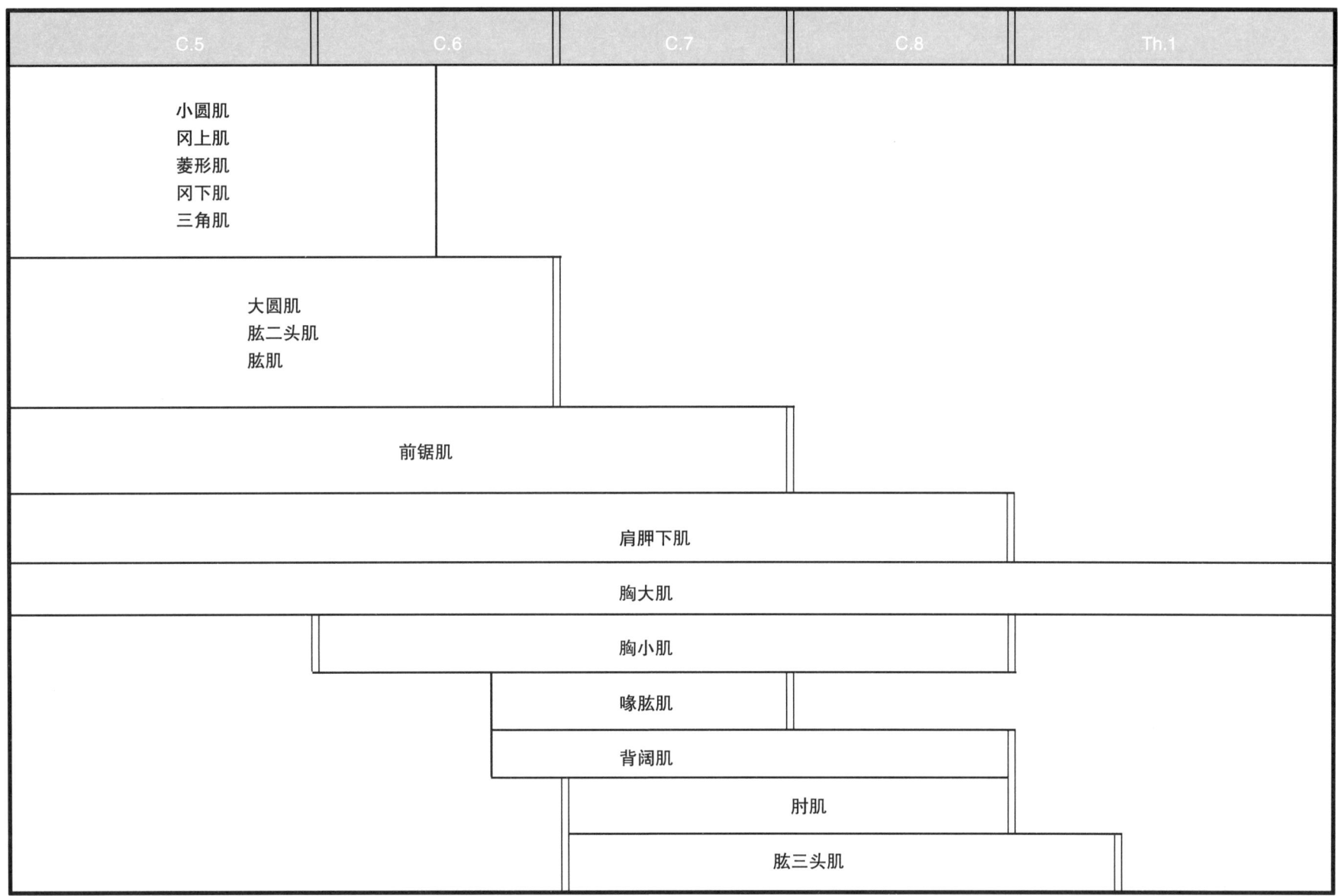

支配前臂和手部肌肉的运动神经

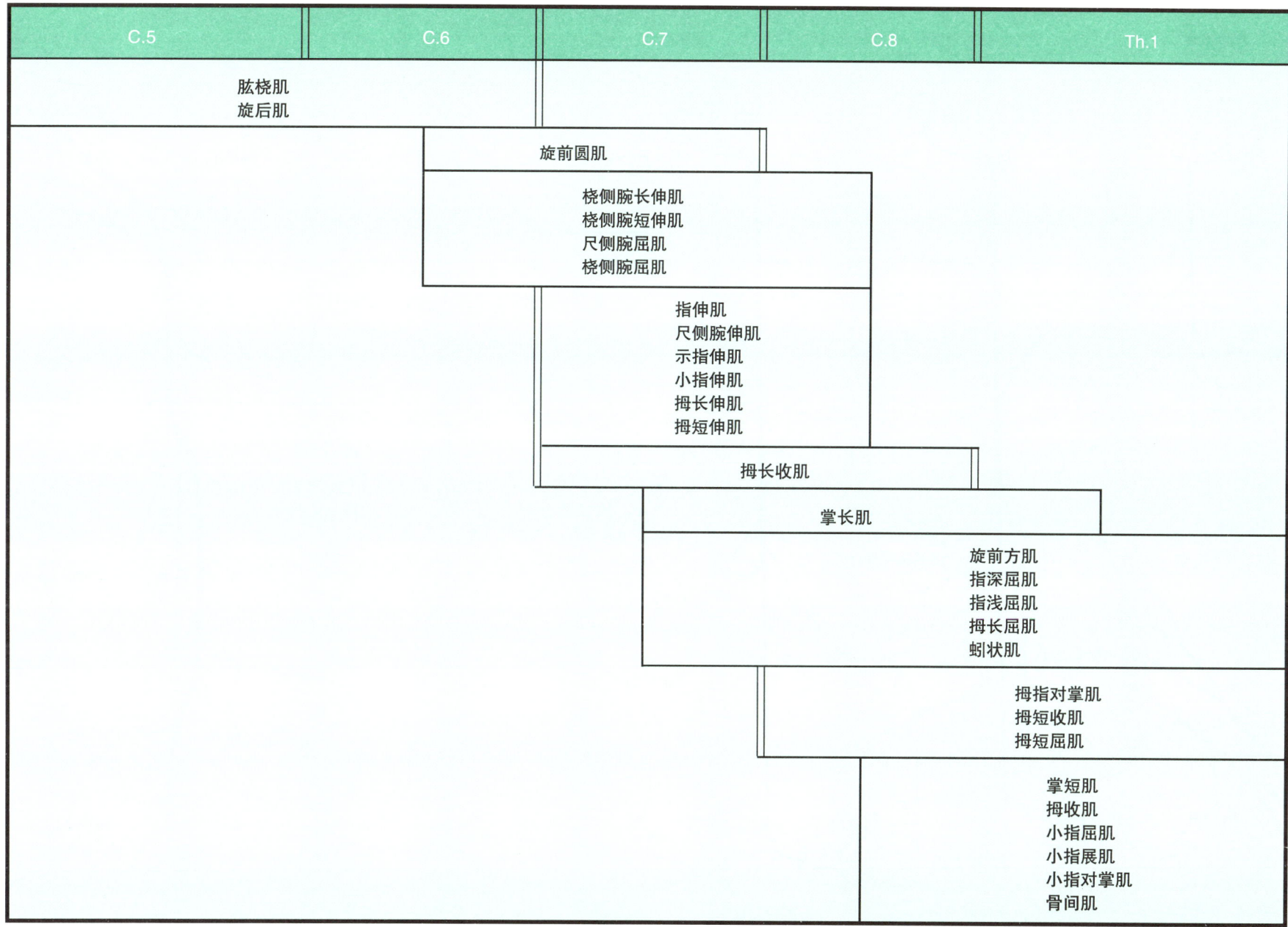

支配上肢肌的运动神经（前面） 支配上肢肌的运动神经（后面）

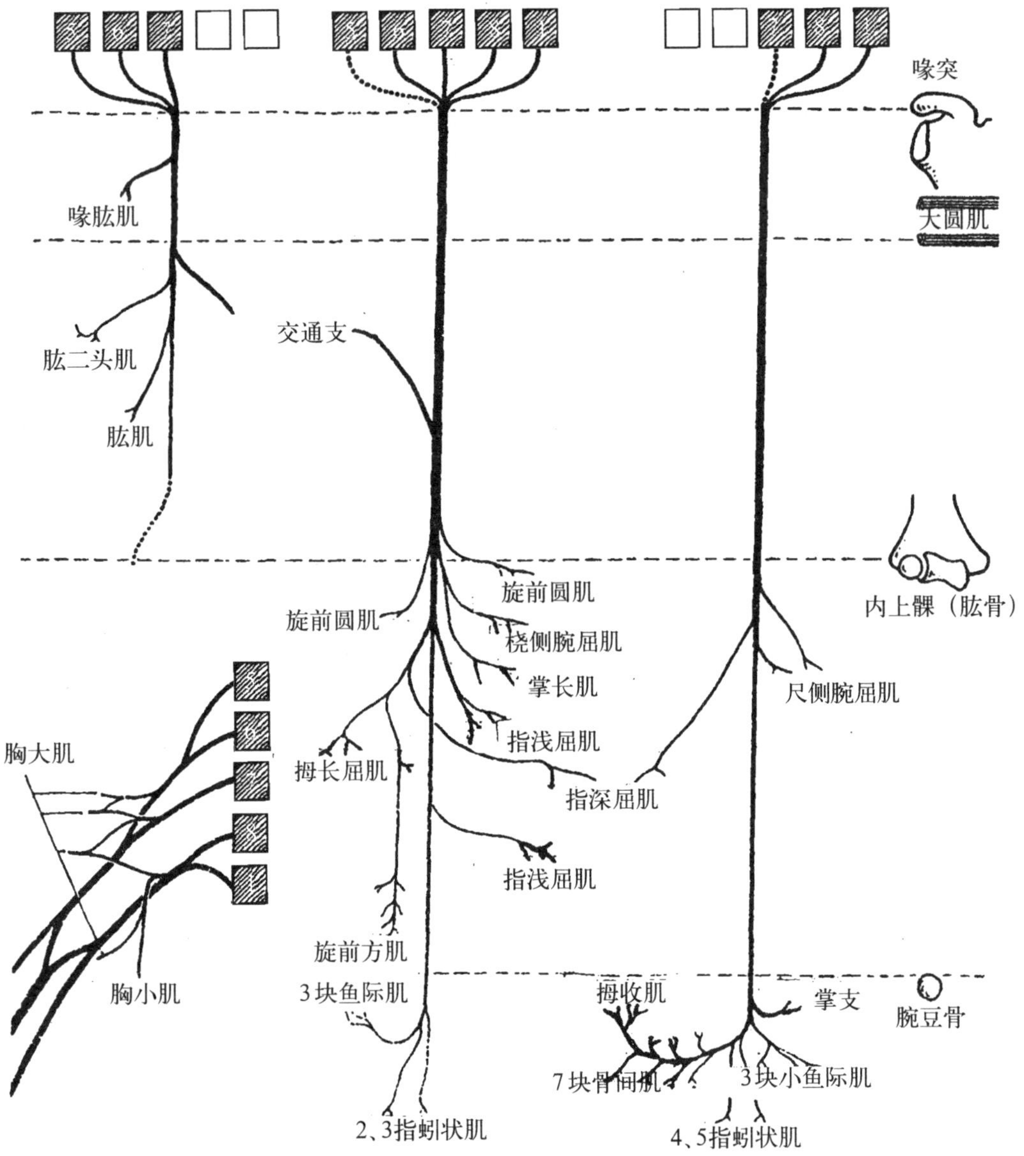

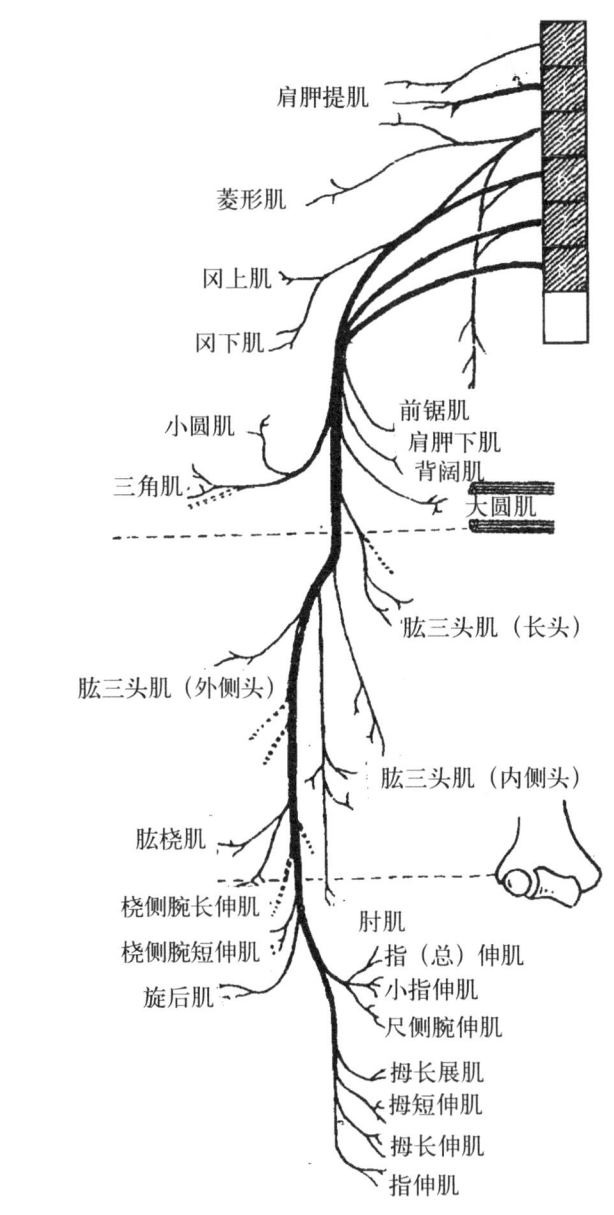

支配髋部和大腿肌肉的运动神经

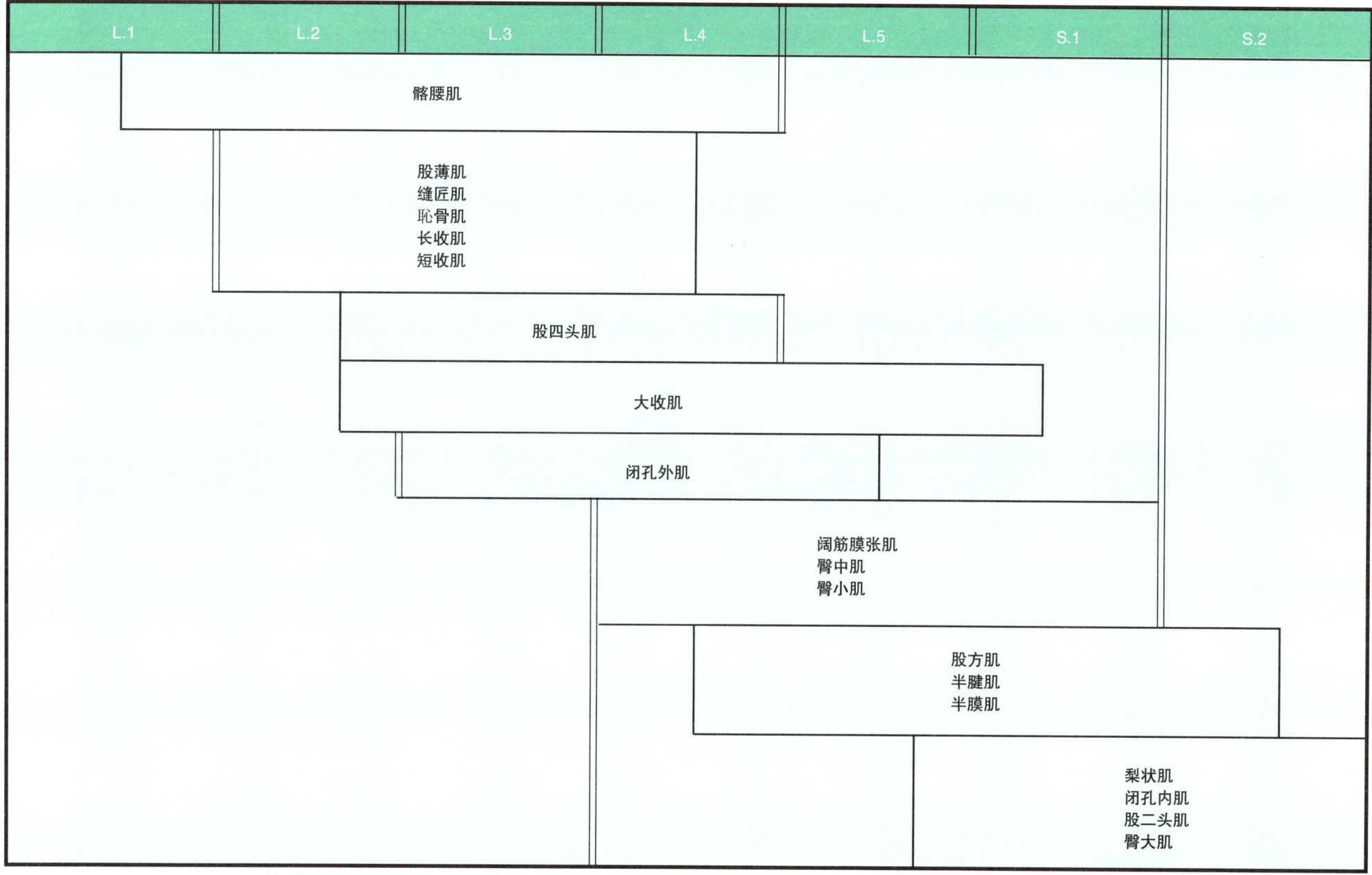

支配小腿和足部肌肉的运动神经

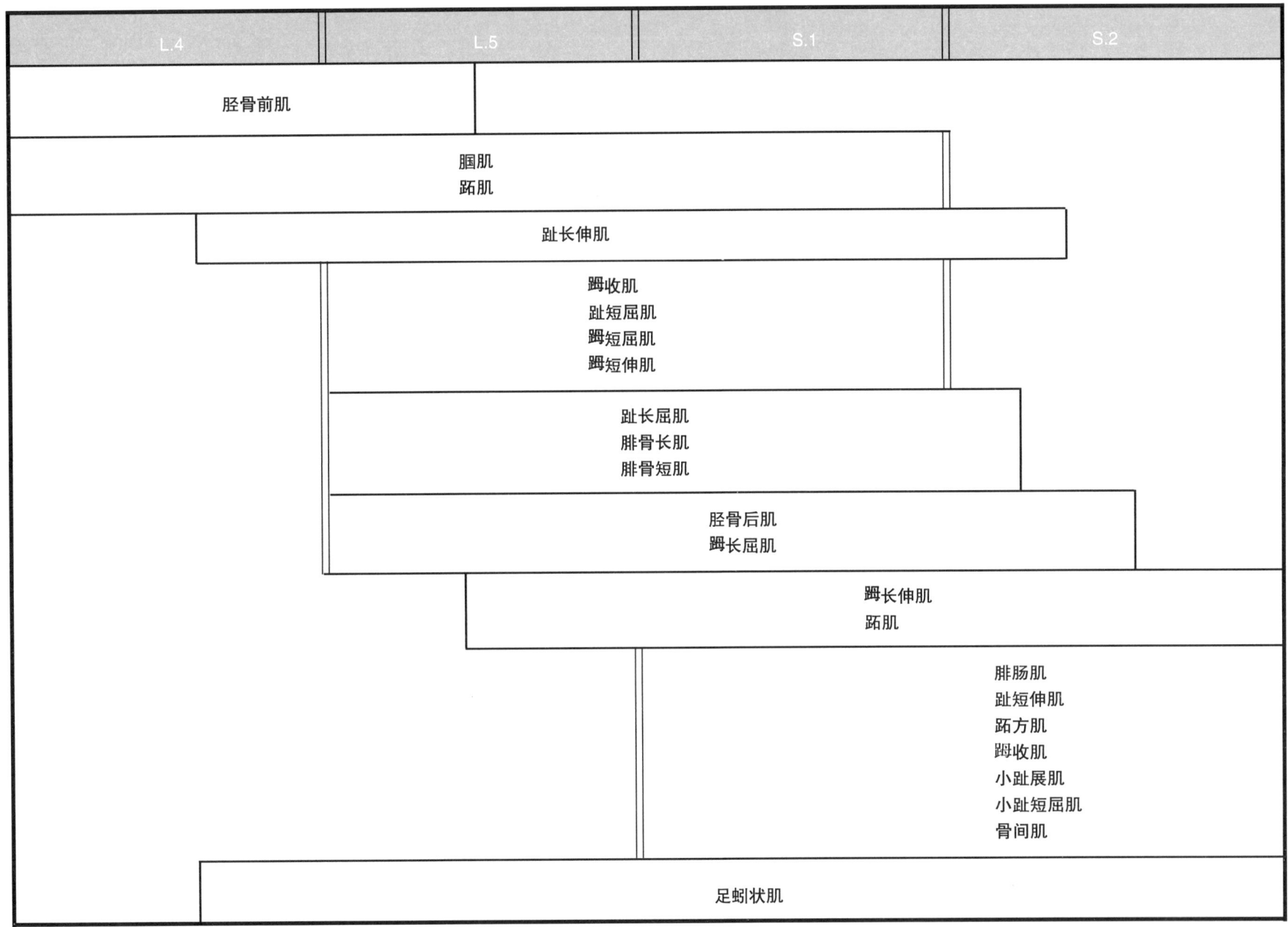

支配下肢肌的运动神经

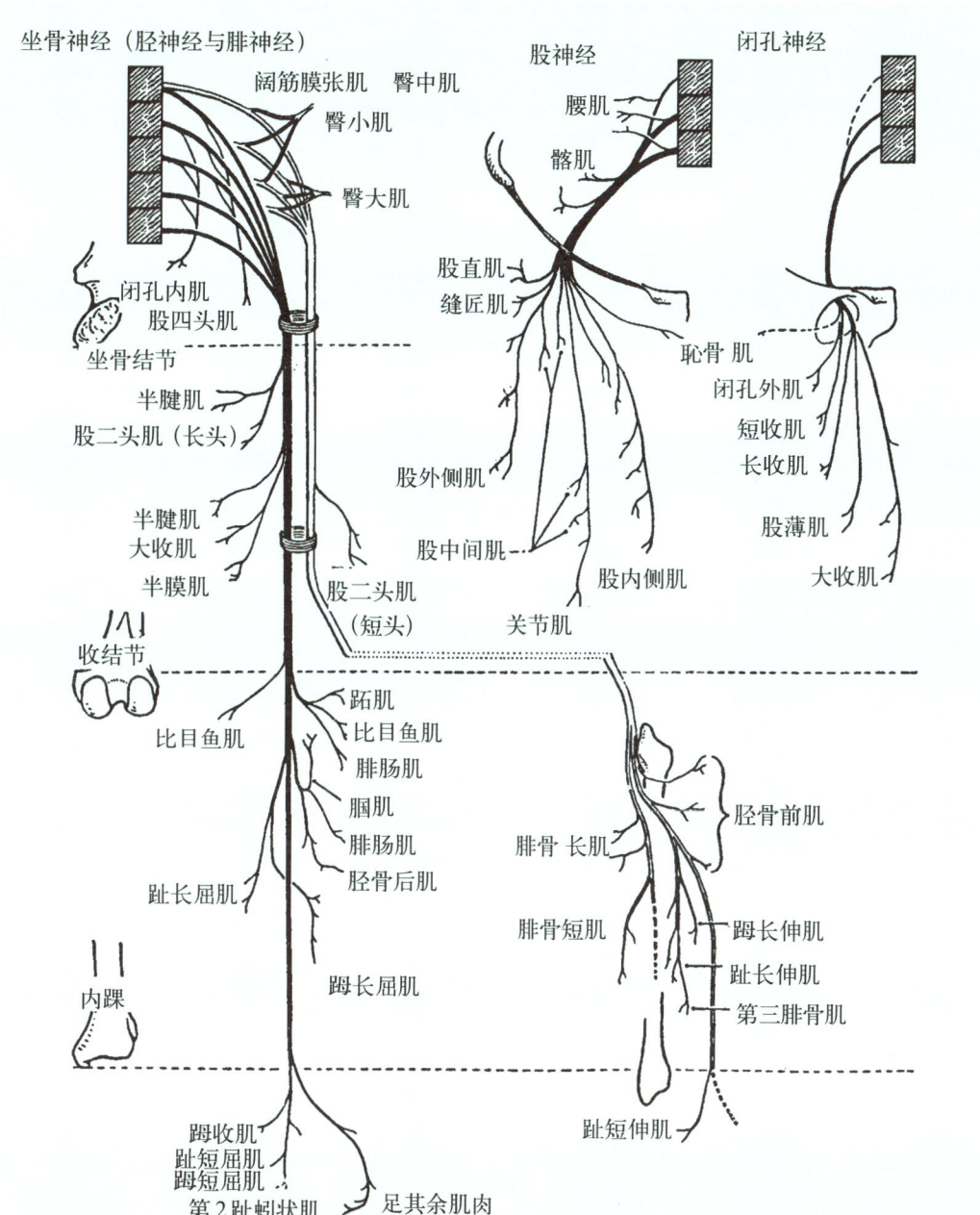

(附录一资料来自 Bing and Haymaker and Woodhall. 作者作了修改)

附录二

运动系统英汉解剖学常用名词英文索引

A

abdominal muscles 腹肌（141）
abduction 外展（53、54）
abductor digiti minimi 小指展肌（185、265） 小趾展肌（233、234、268）
abductor hallucis 姆展肌（234）
abductor pollicis brevis 拇短展肌（185）
abductor pollicis longus 拇长展肌（182）
abductor 展肌（104）
accessory apparatus of muscle 骨骼肌的辅助结构（装置）（106）
acetabulum labrum 髋臼唇（88、89）
acetabulum 髋臼（88）
acromioclavicular jount 肩锁关节（64）
acromioclavicular ligament 肩锁韧带（64）
acromion 肩峰（6、7、20）
adduction 内收（53、54）
adductor 收肌（104）
adductor brevis 短收肌（219、267）
adductor hallucis 姆收肌（234、268）
adductor longus 长收肌（219、267）
adductor magnus 大收肌（219、267）
adductor pollicis 拇收肌（185、265）
alimentary (digestive) system 消化系统（251）
anatomical cross section 解剖横断面（117）
anatomical position 解剖学姿势（1）
anconeus 肘肌（173、177）

ankle joint 踝关节（97、262）
ankle 踝（1）
annular ligament of radius 桡骨环（状）韧带（74）
anserine bursa 鹅趾囊（237）
antagonist 对抗肌（114）
anterior cruciate ligament 前交叉韧带（94、95）
anterior longitudinal ligament 前纵韧带（56、58）
anterior serratus 前锯肌（137~139）
anterior superior iliac spine 髂前上棘（30）*
anterior talofibular ligament 距腓前韧带（97）
anterior 前（1）
aponeurosis 腱膜（105）
arch of foot 足弓（101）
artery 动脉（258）
articular capsule 关节囊（51）
articular cartilage 关节软骨（51）
articular cavity 关节腔（51）
articular disc 关节盘（51）
articular labrum 关节唇（51）
articular surface 关节面（51）
articulation 关节（51）
atlantoaxial joint 寰枢关节（57）
atlantooccipital joint 寰枕关节（57）
atlas 寰椎（10、11）
auditory ossicles 听小骨（39）
axis 枢椎（10、11）

---

* 为非主要名词，图谱中有中文而未列出相应的英文。

B

ball and socket joint 球窝关节（52）
bi-articular muscle 双关节肌（107）
bi-axial joint 双轴关节（52）
biceps brachii 肱二头肌（170~172、264）
biceps femoris 股二头肌（216~218、267）
biceptoradial bursa 肱二头肌桡骨囊（190）
body of sternum 胸骨体（17）
bone 骨（5）
bone age 骨龄（45）
bone marrow 骨髓（5）
bones of foot 足骨（35）
bones of free lower limb 自由下肢骨（28）
bones of free upper limb 自由上肢骨（18）
bones of hand 手骨（25）
bones of lower limb 下肢骨（28）
bones of skull 颅骨（38~44）
bones of trunk 躯干骨（8）
bones of upper limb 上肢骨（18）
bony (osseous) substance 骨质（5）
brachialis 肱肌（170~172）
brachioradialis 肱桡肌（178、264）
broad muscle 阔肌（104）
bursa of calcanean tendon 跟腱（滑膜）囊（238）
bursa of coccygica 尾骨囊（236）
bursa of coracobrachialis 喙肱肌（滑膜）囊（189）
bursa of intecoracoclavicular lig 喙锁韧带间囊（236）
bursa of pectineus 耻骨肌囊（236）
bursa of pectoralis major 胸大肌下囊（189）
bursa of piriformis 梨状肌（滑膜）囊（236）
bursa of rectus femoris 股直肌囊（236）
bursa of semimembranosus 半膜肌（滑膜）囊（237）
buttock 臀（1）

C

calcanean tendon 跟腱（226）
calcaneocuboid joint 跟骰关节（99）
calcaneofibular ligament 跟腓韧带（97）
calcaneus 跟骨（35、136）
capitate bone 头状骨（25）
capitulum of humerus 肱骨小头（21）*
cardiovascular system 心血管系统（258）
carpal bone 腕骨（25）
carpal canal 腕管（77）
carpal joint 腕关节（76）
carpal transversa lligament 腕横韧带（77）
carpometacarpal joint 腕掌关节（77、78）
cartilaginous joint 软骨结合（51）
caudal 尾侧（1）
central tendon 中心腱（141、142）
cervical vertebra 颈椎（9、10、11）
circulatory (vascular) systcm 循环系统（258）
circumduction 环转（53、54）
clavicle 锁骨（19）
coccyx 尾骨（14）
common sheath of peroneal muscle 腓骨肌总腱鞘（235）
common synovial sheath of flexor digital muscle 屈指肌总腱鞘（188）
compact bone 骨密质（5）
compages of thorax 胸廓（15、16）
compound joint 复关节（52）
cooperating joint 联合关节（52）
coracoacromial ligament 喙肩韧带（64、68）
coracobrachialis 喙肱肌（170、264）

coracoclavicular ligament 喙锁韧带（64、68）
coracohumeral ligament 喙肱韧带（68）
coracoid process 喙突（20）*
coronal axis 冠（额）状轴（2）
coronal plane 冠（额）状面（2）
costal angle 肋角（17）*
costal arch 肋弓（62）
costal bone 肋骨（15、17）
costal cartilage 肋软骨（15）
costal head 肋头（17、63）
costotransverse joint 肋横突关节（63）
costovertebral joint 肋椎关节（63）
cotyloid joint 杵臼关节（52）
cranial 颅侧（1）
cranial nerves 脑神经（259）
cranium 颅（38~44）
crucial ligament of knee 膝交叉韧带（94、95）
cubital interosseous bursa 肘骨间囊（190）
cuboid bone 骰骨（35、36）
cuneiform bone 楔骨（35、36）
cuneocuboideonavicular joint 楔骰舟关节（99）

D

deep 深（1）
deep infrapatellar bursa 髌下深囊（237）
deltoid 三角肌（166、167）
deltoid ligament 三角韧带（97）
deltoid tuberosity 三角肌粗隆（21）*
depressor 降肌（104）
diaphragm 膈（肌）（141、142、263）
diaphysis/shaft 骨干（4）
digastric 二腹肌（153、155）

digital synovial 趾腱鞘（235）
digestive (alimentary) system 消化系统（251）
dilator 开大肌（104）
diploe 板障（4）*
distal 远侧（1）
distal radio-ulnar joint 桡尺远侧关节（74）
dorsal 背侧，背面（1）
dorsal flexion 背屈（53、97、100）
dorsal interossei 骨间背侧肌（234）
dorsal muscle of foot 足背肌（232）*
dorsal sacroiliac ligament 骶髂背侧韧带（82）*

E

elbow 肘（1）
elbow joint 肘关节（73、75、261）
ellipsiodal joint 椭圆关节（52）
encephalon 脑（259）
endocrinal gland 内分泌腺（260）
endocrine system 内分泌系统（260）
endomysium 肌内膜（105）
epimysium 肌外膜（105）
epiphysial cartilage 骺软骨（5、45）
epiphysial line 骺线（4、45）*
epiphysis 骺（4）
erector spinae 竖脊肌（120、130~132）
ethmoid bone 筛骨（39、41）
eversion （足）外翻（98、100）
extension 伸（53、59）
extensor 伸肌（235）
extensor carpi radialis brevis 桡侧腕短伸肌（181）
extensor carpi radialis longus 桡侧腕长伸肌（181）
extensor carpi ulnaris 尺侧腕伸肌（181）

extensor digitorum brevis 趾短伸肌（234）
extensor digitorum longus 趾长伸肌（224、225、268）
extensor digitorum minimi 小指伸肌（181）
extensor digitorum 指伸肌（181）
extensor hallucis brevis 踇短伸肌（234、225）
extensor hallucis longus 踇长伸肌（224、268）
extensor indicis 示指伸肌（182）
extensor pollicis brevis 拇短伸肌（182）
extensor pollicis longus 拇长伸肌（182）
extensor 伸肌（104）
exterior 外（1）
external 外（1）

F

fascia 筋膜（106）
female reproductive (genital) system 女性生殖系统（257）
femoral canal 股管（149）
femoral head 股骨头（31、32）
femur 股骨（31、32）
fibrous layer 纤维层（关节囊）（51）
fibular collateral ligament 腓侧副韧带（94、95）
fibular 腓侧（1）
fibula 腓骨（33、34）
fixator 固定肌（114）
fixing point 定点（108）*
flat bone 扁骨（4）
flexion 屈（53）
flexor 屈肌（104）
flexor carpi radialis 桡侧腕屈肌（178）
flexor carpi ulnaris 尺侧腕屈肌（178）
flexor digiti minimi brevis 小指短屈肌（185）
flexor digitorum brevis 趾短屈肌（234、268）
flexor digitorum longus 趾长屈肌（229）
flexor digitorum profundus 指深屈肌（179）

flexor digitorum superficialis 指浅屈肌（178）
flexor hallucis brevis 踇短屈肌（234、268）
flexor hallucis longus 踇长屈肌（229、268）
flexor pollicis brevis 拇短屈肌（185）
flexor pollicis longus 拇长屈肌（179）
flexor retinaculum 屈肌支持带（77）
fontanel 囟（102）
foot 足（1）
frontal bone 额骨（39）
frontal or coronal axis 额状(冠状)轴（2）
frontal or coronal plane 额状(冠状)面（2）
frontal plane 额状面（1）

G

gastrocnemius 腓肠肌（226～228）
genital system 生殖系统（252）
glenoid cavity 关节盂（20）*
glueus femoral bursa 臀肌股骨囊（236）
gluteus maximus 臀大肌（207、208、267）
gluteus medius 臀中肌（209、210、267）
gluteus minimus 臀小肌（209、210、267）
gracialis 股薄肌（219、267）
great pelvis 大骨盆（83）
great trochanter 大转子（31、32）*
great tubercle 大结节（21、22）*

H

hamate bone 钩骨（25）
hamstring muscle 腘绳肌（217、218）
head 头（1）
head of humerus 肱骨头（22）*
head of mandible 下颌头（42）

head of radius 桡骨头（23、24）*
head of ulna 尺骨头（23、24）*
heart 心脏（258）
hinge joint（trochlar joint）屈戌关节（52）
hip bone 髋骨（29、30、262）
hip joint 髋关节（88～93）
horizontal flexion and extension 水平屈和水平伸（53）
horizontal or transversal plane 水平面或横切面（2）
humeroradial joint 肱桡关节（73）
humerus 肱骨（21、22）
huneroulnar joint 肱尺关节（73）
hyoid bone 舌骨（39、42）
hypothenar 小鱼际（184）*

I

iliac crest 髂嵴（29、30）
iliacus 髂肌（205）
iliocostalis 髂肋肌（130）
iliofemoral ligament 髂股韧带（88、89）
iliolumbar ligament 髂腰韧带（82）
iliopsoas 髂腰肌（141、205、267）
iliopubic bursa 髂耻囊（236）*
iliotibial tract 髂胫束（214）
ilium 髂骨（29、30）
incus 砧骨（39）
inferior 下（1）
inferior extensor retinaculum 伸肌下支持带（232）*
inferior nasal concha 下鼻甲（39、40）
inferior subtendiinous bursa of biceps femoris 股二头肌腱下囊（237）
infraspinatus 冈下肌（168、264）
infraspinous fossa 冈下窝（20）

inguinal canal 腹股沟管（149）
insertion 止点（107）
intercarpal joint 腕骨间关节（79）*
intercondylar fossa 髁间窝（31、32）*
intercostales externi 肋间外肌（140、141、263）
intercostales interni 肋间内肌（140、141、263）
interior 内（1）
intermetatarsal joint 跖骨间关节（99）
intermuscular septum 肌间隔（106）
internal 内（1）
interossei dorsalis 骨间背侧肌（187）
interossei volares 骨间掌侧肌（187）
interosseous membrane of forearm 前臂骨间膜（74）
interosseous membrane of leg 小腿骨间膜（95）
interphalangeal joint of foot 足趾骨间关节（99）
interphalangeal joint of hand 手指骨间关节（79、261）
interspinales 棘间肌（121）*
interspinous ligament 棘间韧带（56）
intertransversal ligament 横突间韧带（56）
intertransverse 横突间肌（121）*
intervertebral articulation 椎骨间连结（55）*
intervertebral disc 椎间盘（51、55）
intervertebral foramen 椎间孔（12、58）*
intracapsular ligament 关节（囊）内韧带（51）*
intratendinous bursa of olecranon 鹰嘴腱内囊（190）
inversion （足）内翻（98、100）
irregular bone 不规则骨（4）
ischial spine 坐骨棘（29、30）*
ischial tuberosity 坐骨结节（29、30）
ischiofemoral ligament 坐股韧带（88、89）
ischium 坐骨（29、30）

J

joint 关节 (51)

joint cavity (articular cavity) 关节腔 (51)

joint movement (movement of joint) 关节运动 (53、54)

joint of costal head 肋头关节 (63)

joint of foot or pedal joint 足关节 (97)

joint of free lower limb 自由下肢关节 (81)

joint of free upper limb 自由上肢关节 (64)

joint of pelvic girdle 下肢带（盆带）关节 (81)

joint of shoulder girdle 上肢带（肩带）关节 (81)

K

kidney 肾 (252) *

knee joint 膝关节 (94、95、96、261)

knee 膝 (1)

L

lacrimal bone 泪骨 (39、40)

lamina of vertebral arch 椎弓板 (10、12) *

larynx 喉 (257)

lateral 外侧 (1)

lateral condyle 外侧髁 (31~34) *

lateral epicondyle 外上髁 (22、23) *

lateral longitudinal arch 外侧纵弓 (101)

lateral rotation 旋外 (54) *

latissimus dorsi 背阔肌 (125、126、263、264)

lesser pelvis 小骨盆 (83)

lesser tubercle 小结节 (21、22) *

levator 提肌 (104)

levator costarum 肋提肌 (121)

levator scapulae 肩胛提肌 (120、128、263)

lever 杠杆 (109)

ligament 韧带 (51)

ligament of head of femur 股骨头韧带 (89) *

ligament of sacroiliac joint 骶髂关节韧带 (82)

ligamenta flava 黄韧带 (56)

ligamentum nachae 项韧带 (58)

linea alba 白线 (133、149)

linea aspera 粗线 (32) *

long bone 长骨 (4)

long muscle 长肌 (104)

longissimus 最长肌 (130)

longus capitis 头长肌 (156、263)

longus coli 颈长肌 (156、263)

lumbar vertebra 腰椎 (13)

lumbricales 蚓状肌 (185、186、268)

lunate bone 月骨 (25)

lung 肺 (252) *

lymphatic nodes 淋巴结 (253)

lymphatic vessel 淋巴管 (258)

M

male reproductive or genital system 男性生殖系统 (257)

malleus 锤骨 (39)

mandibula 下颌骨 (39、42)

manual interphalangeal joint 手指骨间关节 (79)

manual joint 手（腕）关节 (76)

manubrium sterni 胸骨柄 (17)

masseter 咬肌 (152、153)

mastoid process 乳突 (41) *

maxilla 上颌骨 (39、42)

medial 内侧 (1)

medial condyle 内侧髁（31、32、33、34）*
medial cuniform bone 内侧楔骨（35）
medial epicondyle 内上髁（21、22）*
medial longitudinal arch 内侧纵弓（101）
medial malleolus 内踝（6、33）
medial meniscus 内侧半月板（94、95）
medial rotation 旋内（54）*
median plane 正中面（2）
mediocarpal joint 腕中关节（76）
medullary cavity 骨髓腔（5）
meniscus 半月板（51、94、95）
metacarpal bone 掌骨（25）
metacarpophalangeal joint 掌指关节（79）
metatarsal bone 跖骨（35）
metatarsolphalangeal joint 跖趾关节（99）
movement of elbow joint 肘关节的运动（75）*
movement of foot or pedal joint 足关节运动（100）*
movement of hand joint 手关节的运动（80）*
movement of hip joint 髋关节的运动（90、91、92、93）*
movement of joint 关节的运动（53、54）*
movement of knee joint 膝关节的运动（96）*
movement of pelvis 骨盆的运动（85、86、87）*
movement of shoulder girdle 上肢带（肩带）的运动（65、66、67）*
movement of shoulder joint 肩关节的运动（69～72）*
movement of vertebral column 脊柱运动（59～61）*
mover or agonist 原动肌（114）
moving point 动点（108）
multi-articular muscle 多关节肌（107）
multi-belly muscle 多腹肌（104）*
multi-pennate muscle 多羽状肌（104）*
multifidus 多裂肌（129）
muscle 肌肉（104、105）
muscles acting on ankle joint 运动（踝）关节的肌群（246、247）*
muscles acting on elbow joint 运动肘关节的肌群（196、197）*

muscles acting on head and neck 运动头颈的肌群（159）*
muscles acting on hip joint 运动髋关节的肌群（242、243）*
muscles acting on knee joint 运动膝关节的肌群（244、245）*
muscles acting on manualwrist joint 运动手腕关节的肌群（198、199）
muscles acting on pelvis 运动骨盆的肌群（240、241）*
muscles acting on rib 呼吸运动的肌群（158）*
muscles acting on shoudle girdle 运动上肢带（肩带）的肌群（192、193）*
muscles acting on shoulder joint 运动肩关节的肌群（194、195）*
muscles acting on vertebral column 运动脊柱的肌群（160、161）*
muscle belly 肌腹（105）
muscle bundle 肌束（105）
muscle of exptession 表情肌（151）
muscle fiber 肌纤维（105）
muscles of forearm 前臂肌（176）
muscles of hand 手肌（185）
muscles of foot 足肌（232）
muscles of forearm 前臂肌（176）
muscles of hand 手肌（185）
muscles of head 头肌（150）
muscles of leg 小腿肌（202）
muscles of lower limb 下肢肌（202）
muscles of pelvic girdle 盆带肌（下肢带肌）（203）
muscles of shoulder girdle 肩带肌（上肢带肌）（203）
muscles of thigh 大腿肌（204）
muscles of trunk 躯干肌（120）
musculotendinous cuff 肌腱袖（169）
myofiber 肌纤维（105）
myofibril 肌原纤维（105）
myomere 肌节（105）

N

nasal bone 鼻骨（38、39、40）
nasalis 鼻肌（151、153）
navicular bone of foot 足舟骨（35、36）

neck of femur 股骨颈（31、32）*
neck of radius 桡骨颈（23、24）*
nervous system 神经系统（259）

O

obliques externus abdominis 腹外斜肌（146、147、148、149、263）
obliques internus abdominis 腹内斜肌（146、147、148、149、263）
obliques popliteal ligament 腘斜韧带（94）
obturator externus 闭孔外肌（209、267）
obturator internus 闭孔内肌（209、267）
occipital bone 枕骨（39）
occipito-frontalis 枕额肌（150、151）
oesophagus 食管（251）*
omohyoid 肩胛舌骨肌（155）
one (uni-) axial joint 单轴关节（52）
opponens digiti minimi 小指对掌肌（185）
opponens pollcies 拇指对掌肌（185）
orbicular muscle 轮匝肌（104）
orbicularis oculi 眼轮匝肌（150、151）
orbicularis oris 口轮匝肌（150、151）
origin 起点（107）
osseous substance 骨松质（5）
ovary 卵巢（252）*

P

palatine bone 腭骨（39、40）
palmar interossei 骨间掌侧肌（187）
palmaris longus 掌长肌（178）
parietal bone 顶骨（39、41）
patellar ligament 髌韧带（94、95）
patella 髌骨（32）

pectineus 耻骨肌（219、267）
pectoralis major 胸大肌（133～136、263、264）
pectoralis minor 胸小肌（133、140、263、264）
pedal joint 足关节（97）
pelvic girdle 盆带（骨）（28）
pelvis 骨盆（83～87）
penniform muscle 羽状肌（104）*
perimysium 肌束膜（105）
perineal muscle 会阴肌（141）
periosteum 骨膜（5）
peroneous brevis 腓骨短肌（230、231）
peroneous longus 腓骨长肌（230、231）
perpendicular axis 垂直轴（2）
phalanges of fingers, bones of fingers 指骨（25、26、27）
phalanges of toes, bones of toes 趾骨（35）
pharynx 咽（251、252）
physiological cross section 生理横断面（117）
piriformis 梨状肌（205、267）
pisiform bone 豌豆骨（25）
pivot joint 圆柱关节（52）
plane joint 平面关节（52）
plane muscle 阔肌（104）
plantar calcaneonavicular ligament 跟舟足底韧带（98）*
plantar flexion 跖屈（97、100）
plantar interosei 骨间足底肌（234）
plantaris 跖肌（足底肌）（233、268）
platysma 颈阔肌（150、154）
pneumatic bone 含气骨（4）
poly-articulation muscle 多关节肌（107）
poly-axial joint 多轴关节（52）
popliteus 腘肌（223、229、268）*
portal vein 门静脉（258）
posterior 后（1）
posterior crucial ligament 后交叉韧带（94、95）

posterior longitudinal ligament 后纵韧带（56）
posterior talofibular ligament 距腓后韧带（97）
profund or deep 深（1）
promontory 岬（14）*
pronation 旋内（旋前）（54）
pronator 旋内（旋前）肌（104）
pronator quaratus 旋前方肌（179）
pronator teres 旋前圆肌（179）
proximal and distal 近侧与远侧（1）
proximal radiaoulnar joint 桡尺近侧关节（74）
psoas major 腰大肌（205、206）
pubic symphysis 耻骨联合（81、82）
pubic tubercle 耻骨结节（29、30）*
pubis 耻骨（29、30）
pubofemoral ligament 耻股韧带（88、89）

Q

quadratus femoris 股方肌（203、209、267）
quadratus lumborum 腰方肌（141、149）
quadriceps femoris 股四头肌（211、212、213、267）

R

radial and ulnar 桡侧与尺侧（1）
radial collateral ligament 桡侧副韧带（74）
radial tuberosity 桡骨粗隆（23、24）*
radiocarpal joint 桡腕关节（76）
radius 桡骨（23、24）
ramus of mandibule 下颌支（42）*
rectus abdominis 腹直肌（143~145、149、264）
rectus capitis anterior 头前直肌（156）
rectus capitis lateralis 头侧直肌（156）

rectus sheath 腹直肌鞘（143）
reproductive system 生殖系统（252）
respiratory system 呼吸系统（257）
rhomboideus 菱形肌（120、128、263）
rib 肋（15）
rotation 回旋（53、54）
rotator 回旋肌（129）
rotatory cuff 旋转袖（169）

S

sacrococcygeal articulation (joint) 骶尾连结（关节）（56）
sacroiliac joint 骶髂关节（81）
sacroiliac interosseous ligament 骶髂骨间韧带（82）
sacrolumbar articulation 腰骶连结（56）
sacrospinous ligament 骶棘韧带（82）
sacrotuberous ligament 骶结节韧带（82）
sacrum 骶骨（14）
saddle or sellar joint 鞍状关节（52）
sagittal axis 矢状轴（2）
sagittal plane 矢状面（2）
sartorius 缝匠肌（215、267）
scaleneus anterior 前斜角肌（156）
scaleneus medius 中斜角肌（156）
scaleneus posterior 后斜角肌（156）
scaphoid bone 手舟骨（25）
scapula 肩胛骨（20）
sciatic bursa of gluteus maximus 臀大肌坐骨囊（236）
sciatic bursa of obturator internus 闭孔内肌坐骨囊（236）
sellar joint 鞍状关节（52）
semimembranosus 半膜肌（216~218、267）
semipennate muscle 半羽状肌（104）*
semispinalis 半棘肌（129）
semitendinosus 半腱肌（216~218、267）

sensory organs 感觉器官（260）
serratus anterior 前锯肌（133、137~139、263、264）
serratus posterior(superior and inferior)上、下后锯肌（128、263）
shaft of bone 骨体（干）（4）*
shaft of rib 肋体（17）*
sheath of rectus abdominis 腹直肌鞘（143）
short bone 短骨（4）
short muscle 短肌（104）
shoulder 肩（1）
shoulder girdle 肩带骨（18）
shoulder joint 肩关节（68~72、261）
simple joint 单关节（52）
simple moving joint 单动关节（52）
skeletal muscle 骨骼肌（104、105）
skull (cranium) 颅（38~44）
sleeve shoulder 肩袖（169）
soleus 比目鱼肌（226~228）
sphenoid bone 蝶骨（39、41）
spheroid joint 杵臼关节（52）
sphincter 括约肌（104）
spinal cord 脊髓（9、254）*
spinal nerves 脊神经（259）
spinalis 棘肌（130）
spine of scapule 肩胛冈（20）*
spinous process 棘突（10、11、12、13）*
splenius 夹肌（129、263）
splenius capitis 头夹肌（129）
splenius cervicis 颈夹肌（129）
spongy bone 骨松质（5）
spring ligament 弹簧韧带（98）
stapes 镫骨（39）
sternal angle 胸骨角（17）*
sternum 胸骨（15、17）
sternoclavicular joint 胸锁关节（64）
sternocleidomastoideus 胸锁乳突肌（153、154）
sternocostal joint 胸肋关节（62）
sternohyoid 胸骨舌骨肌（155）
sternothyroid 胸骨甲状肌（155）
sternum 胸骨（15、17）
stomach 胃（251）*
stylohyoid 茎突舌骨肌（155）
styloid process 茎突（41）*
subacromial bursa 肩峰下囊（189）
subcoracoidal bursa 喙突下囊（189）
subcostalis 肋下肌（141）
subcutaneous bursa of acromion 肩峰皮下囊（189）
subcutaneous bursa of calcanus 跟骨皮下囊（238）
subcutaneous bursa of external epicondyle 外上髁皮下囊（190）
subcutaneous bursa of lateral malleolus 外踝皮下囊（238）
subcutaneous bursa of medial epicondyle 内上髁皮下囊（190）
subcutaneous bursa of medial malleolus 内踝皮下囊（238）
subcutaneous bursa of olecranon 鹰嘴皮下囊（190）
subcutaneous bursa of sacrum 骶骨皮下囊（236）
subcutaneous bursa of tibial tuberosity 胫骨粗隆皮下囊（237）
subcutaneous infrapatellar bursa 髌下皮下囊（237）
subcutaneous prepatellar bursa 髌前皮下囊（237）
subdeltoid bursa 三角肌下囊（189）
subfascial prepatellar bursa 髌前筋膜下囊（237）
subpoplitea recess (popliteal bursa) 腘下隐窝（腘肌囊）（237）
subscapularis 肩胛下肌（164、169）
subtalar joint 距下关节（98）
subtendinous bursa of iliacus 髂肌腱下囊（236）
subtendinous bursa of infraspinatus 冈下肌囊（189）
subtendinous bursa of lateral head of gastrocnemius 腓肠肌外侧囊（237）
subtendinous bursa of latissimus dorsi 背阔肌囊（189）
subtendinous bursa of medial head of gastrocnemius 腓肠肌内侧囊（237）
subtendinous bursa of olecranon 鹰嘴腱下囊（190）
subtendinous bursa of subscapular 肩胛下肌囊（189）

subtendinous bursa of trapizius 斜方肌腱下囊（189）
subtendinous bursa of teres major 大圆肌囊（189）
subtendinous bursa of tibialis anterior 胫骨前肌腱下囊（238）
subtendinous prepatellar bursa 髌前腱下囊（237）
superfacial and profund 浅与深（1）
superfacial fascia 浅筋膜（106）*
superfacial prepatellar bursa 髌前筋膜下囊（237）
superior and inferior 上与下（1）
superior bursa of biceps femoris 股二头肌上囊（236）
superior extexsor retinaculum 伸肌上支持带（222）*
supination 旋后（旋外）（54）
supinator 旋后肌（104、176、177、182）
suprapetallar bursa 髌上囊（237）
supraspinal ligament 棘上韧带（56）
supraspinatus 冈上肌（168）
supraspinous fossa 冈上窝（20）*
supratalar joint (ankle joint) 距上关节（踝关节）（97）
symphysial surface 耻骨联合面（29、30）*
synarthrosis 不动关节（51）
synchondrosis or cartilaginous joint 软骨结合（51）
syndesmosis 韧带连结（51）
synostosis 骨性结合（51）
synovial bursa 滑膜囊（51、106、189）
synovial bursae of elbow region 肘部滑膜囊（190）*
synovial bursae of gluteal region 臀部滑膜囊（236）*
synovial bursae of knee region 膝部滑膜囊（237）*
synovial bursae of pedal region 足部滑膜囊（235）*
synovial bursae of shoulder region 肩部滑膜囊（189）*
synovial fold (villi) 滑膜襞（51）
synovial layer 滑膜层（关节囊）（51）

T

talocalcaneal joint 距跟关节（98）
talocalcaneonavicular joint 距跟舟关节（98、99）
talocrural joint 距小腿关节（97、98）
talometatarsal joint 距跗关节（98）
talus 距骨（35、36）
tarsal bone 跗骨（35、36）
tarsometatarsal joint 跗跖关节（98、99）
temporal bone 颞骨（39、41）
temporalis 颞肌（152、153）
temporomandibular joint 颞下颌关节（102）
tendinous sheath 腱鞘（106）
tendinous sheath of abductor pollicis longus and extensor pollicies brevis 拇长展肌和拇短伸肌腱鞘（188）
tendinous sheath of extensor carpi radialis 桡侧腕伸肌腱鞘（188）
tendinous sheath of extensor carpi ulnaris 尺侧腕伸肌腱鞘（188）
tendinous sheath of extensor digitorum 指伸肌腱鞘（188）
tendinous sheath of extensor digiti minimi 小指伸肌腱鞘（188）
tendinous sheath of extensor digitorum longus 趾长伸肌腱鞘（235）
tendinous sheath of extensor hallucis longus 踇长伸肌腱鞘（235）
tendinous sheath of extensor pollicies longus 拇长伸肌腱鞘（188）
tendinous sheath of flexor carpi radialis 桡侧屈肌腱鞘（188）
tendinous sheath of flexor digitorum longus 趾长屈肌腱鞘（235）
tendinous sheath of flexor hallucis longus 踇长屈肌腱鞘（235）
tendinous sheath of flexor pollicis long 拇长屈肌腱鞘（188）
tendinous sheath of tibialis anterior 胫骨前肌腱鞘（235）
tendinous sheath of tibialis posterior 胫骨后肌腱鞘（235）
tendinous synobial sheath of foot 足滑膜鞘（235）
tendinous synovial sheath of hand 手滑膜鞘（188）
tendon 肌腱（105）
tensor fascia latae 阔筋膜张肌（214、267）
teres major 大圆肌（169、264）
teres minor 小圆肌（168、264）
thenar 鱼际（184）*
thoracic muscles 胸肌（133）
thoracic vertebra 胸椎（12）

thoracolumbar fascia 胸腰筋膜（120）*
thorax 胸廓（62）
thyrohyoid 甲状舌骨肌（153、155）
tibia 胫骨（33、34）
tibial 胫侧（1）
tibial collateral ligament 胫侧副韧带（94、95）
tibial tuberosity 胫骨粗隆（34）*
tibialis anterior 胫骨前肌（224、225、268）
tibialis posterior 胫骨后肌（229）
tibiofibular joint 胫腓关节（95）
trabeculae of bone 骨小梁（5）
trachea 气管（252）*
transverse acetabular ligament 髋臼横韧带（89）*
transverse arch（足）横弓（101）
transverse plane 横切面(水平面)(2)
transverse process 横突（11、12、13）*
transversospinalis 横突棘肌（129）
transversus abdominis 腹横肌（149、263）
transversus thoracis 胸横肌（140）
trapezium bone 大多角骨（25）
trapezius 斜方肌（122、123、124、263）
trapezoid bone 小多角骨（25）
triceps brachii 肱三头肌（173、174、175、264）
triceps surae 小腿三头肌（226、227、228）
triquetal bone 三角骨（25）
trochanteric bursa of gluteus maximus 臀大肌转子囊（236）
trochanteric bursa of gluteus medius 臀中肌转子囊（236）
trochanteric bursa of gluteus minimus 臀小肌转子囊（236）
trochlea of humerus 肱骨滑车（21、22）
trochlear notch 滑车切迹（23、24）
trochoid joint or pivot joint 车轴（圆柱）关节（52）
trocholear joint or hinge joint 滑车关节（52）
two-joint or bi-articular joint muscle 双关节肌（107）

U

ulna 尺骨（23、24）
ulnar 尺侧（1）
ulnar collateral ligament 尺侧副韧带（73）
ulnar tuberosity 尺骨粗隆（23）*
uni-articular muscle 单关节肌（107）
uni-axial joint 单轴关节（52）
upper and lower fixation 上固定和下固定（108）*
urinary system 泌尿系统（257）

V

vascular system 循环（脉管）系统（258）
vein 静脉（258）
venter 肌腹（105）
ventral 腹侧（1）
ventral sacroiliac ligament 骶髂腹侧（前）韧带（82）
vertebra 椎骨（10~14）
vertebra prominens 隆椎（10）
vertebral body 椎体（10、12、13）*
vertebral canal 椎管（9）*
vertebral (spinal) column 脊柱（9）
vertebral foramen 椎孔（10~13）*
vertical axis or perpendicular axis 垂直轴（2）
visera 内脏（251）
volar 掌侧（1）
vomer 犁骨（39、40）

W

white line of abdomen or linea alba 白线（143）*

work of muscle 肌肉（骨骼肌）的工作（107~118）*
wrist 腕（1）

X

xiphoid process 剑突（17）

Y

yellow bone marrow 黄骨髓（5）*

Z

zygapophysial joint 关节突关节（56）
zygomatic bone 颧骨（39、40）

运动系统汉英解剖学常用名词汉语拼音索引

A

鞍状关节 saddle (sellar) joint (52)

B

半腱肌 semitendinosus (216、217、218)
半膜肌 seminembranosus (216、217、218)
半羽状肌 semipennate muscle (104)
半月板 meniscus (51、94、95)
背阔肌 latissimus dorsi (125、126)
鼻骨 nasal bone (38、39、40)
鼻肌 nasalis (151、153)
比目鱼肌 soleus (226、227、228)
闭孔内肌 obturator internus (209)
闭孔外肌 obturator externus (209)
扁骨 flat bone (4)
表情肌 muscles of expression (151)
髌骨 patella (32)
髌前皮下囊 subcutaneous prepatellar bursa (237)
髌韧带 patellar ligament (94、95)
髌上囊 suprapatellar bursa (237)
髌下皮下囊 subcutaneous infrapatellar bursa (237)
髌下深囊 deep infrapattellar bursa (237)
不动关节 synarthrosis (51)
不规则骨 irregular bone (4)

C

长骨 long bone (4)
长肌 long muscle (104)
车轴关节 trochoid joint or pivot joint (52)
尺骨 ulna (23、24)
耻骨 pubis or pubic bone (29、30)
耻骨肌 pectineus (219)
耻骨联合 pubic symphysis (81、82)
垂直轴 vertical or perpendicular axis (2)

D

大多角骨 trapezium bone (25)
大收肌 adductor magnus (219)
大圆肌 teres major (169)
单动关节 single moving joint (52)
单关节 simple joint (52)
单关节肌 uni-articular muscle (107)
单轴关节 uni or one axial joint (52)
骶骨 sacrum or sacral bone (14)
骶棘韧带 sacrospinal ligment (82)
骶结节韧带 sacrotuberous ligament (82)
骶髂背侧（后）韧带 dorsal sacroiliac ligament (82)
骶髂腹侧（前）韧带 ventral sacroiliac ligament (82)
骶髂骨间韧带 sacroiliac interosseous ligament (82)

骶髂关节 sacroiliac joint（81）
蝶骨 sphenoid bone（39、41）
顶骨 pareital bone（39、41）
定点 fixing point（108）
动点 moving point（108）
短骨 short bone（4）
短肌 short muscle（104）
短收肌 adductor brevis（219）
对抗肌 antagonist muscle（114）
多腹肌 multi-belly muscle（104）*
多关节肌 poly-articulation muscles（107）
多羽状肌 multi-pennate muscle（104）*
多轴关节 poly-axial joint（52）

E

额骨 frontal bone（39）
额状面（冠状面）frontal（coronal）plane（2）
额状轴（冠状轴）frontal（coronal）axis（2）
腭骨 palatine bone（39、40）
二腹肌 digastric muscle（104、153、155）
二头肌 bicep muscle（104）

F

腓侧副韧带 fibular collateral ligament（94、95）
腓侧与胫侧 fibular and tibial（1）
腓肠肌 gastronimius（226、227、228）
腓骨肌上支持带 superior peroneal retinaculum（235）*
腓骨肌下支持带 inferior peroneal retinaculum（235）*
缝匠肌 sartorius（215）
跗骨 tarsal bone（35、36）

跗跖关节 tarsometatarsal joint（98、99）
复关节 compound joint（52）
腹白线（白线）linea alba（133、149）
腹股沟管 inguinal canal（149）
腹横肌 transversus abdominis（149）
腹内斜肌 obliquus internus abdominis（143、146、147、148、149）
腹外斜肌 obliquus externus abdominis（143、146、147、148、149）
腹直肌 rectus abdominis（143、144、145、149）
腹直肌鞘 sheath of rectus abdominis（143）

G

冈上肌 supraspinatus（168）
冈下肌 infraspinatus（168）
杠杆 lever（109）
膈（肌）diaphragma（141、142）
跟腓韧带 calcaneofibular ligament（97）
跟骨 calcaneus（35、36）
跟腱 calcanean tendon（226）
跟骰关节 calcaneocuboid joint（99）
肱二头肌 biceps brachii（170、171、172）
肱肌 brachialis（170、171、172）
肱桡肌 brachirodialis（178）
肱三头肌 triceps brachii（173、174、175）
股薄肌 gracialis（219）
股二头肌 biceps femoris（216、217、218）
股方肌 quadratus femoris（203、209）
股骨 femur（31、32）
股管 femoral canal（149）
股四头肌 quadriceps femoris（211、212、213）
骨 bone（5）
骨干 diaphysis/shaft（4）
骨连结 articulation（51）

骨松质 spongy bone or cancellous bone（5）
骨性结合 synosteosis（51）
骨质 bony substance（5）
固定肌 fixator（114）
关节 joint（51）
关节唇（关节盂缘）articular labrum（51）
关节的分类 clssification of joint（51）*
关节的辅助结构（装置）accessary structure (apparatus) of joint（106）
关节面 articular surface（51）
关节囊 articular capsule（51）
关节腔 articular cavity（51）
关节软骨 articular cartilage（51）
关节突关节（椎间关节）zygapophysial (intervertebral) joint（56）
关节的运动 joint movement（53、54）
关节运动轴 axis of motoion of joint（53）*
腘肌 popliteus（223、229）

H

含气骨 pneumatic bone（4）
横突棘肌 transversospinales（129）
横突间肌 intertransverse（121）
喉 pharynx（256、257）
骺 epiphysis（4）
骺线 epiphysial line（4、45）
呼吸系统 respiratory system（257）
后斜角肌 scaleneus posterior（156）
后纵韧带 posterior longitudinal ligament（56）
滑车关节 trochlear joint（52）
滑膜囊 synovial bursa（51、106、189）
踝 ankle（1）
寰枢关节 atlantoaxial joint（57）
寰枕关节 atlanto-occipital joint（57）

寰椎 atlas（10、11）
黄韧带 ligamenta flava（56）
回旋（旋转）rotation（53、54）
喙肱肌 coracobrachialis（170）
喙肱韧带 coracohumeral ligament（68）
喙肩韧带 coracoacromial ligament（64、68）
喙突 coracoid process（20）

J

肌腹 belly of muscle（105）
肌间隔 intermuscular septum（106）
肌腱 tendon（105）
肌内膜 endomysium（105）
肌肉的辅助结构（装置）accessary apparatus (structure) of muscle（106）
肌肉（骨骼肌）工作 work of muscle（107~118）
肌外膜（肌束膜）epimysium（105）
肌纤维 muscle fiber（105）
肌原纤维 myofril（105）
棘间肌 interspinales（121）
棘间韧带 interspinous ligament（56）
棘上韧带 supraspinal ligament（56）
脊髓 spinal cord（254）
脊柱 vertebral column（9）
脊柱的运动 movement of vertebral column（59~61）
夹肌 splenius（129）
肩 shoulder（1）
肩带的运动 movement of shoulder girdle（65~67）
肩关节 shoulder joint（68~72）
肩胛骨 scapula（20）
肩胛舌骨肌 omohyoid（153）
肩胛提肌 levator scapula（120、128）
肩胛下肌 subscapularis（164）
肩锁关节 acromioclavicular joint（64）

肩袖 sleeve shoulder (169)
降肌 depressor (104)
解剖横断面 anatomical cross section (117)
解剖学姿势 anatomical position (1)
筋膜 fascia (106)
近侧与远侧 proximal and distal (1)
近固定与远固定 proximal and distal fixation (108)
颈长肌 longus colli (156)
颈阔肌 platysma (150、154)
颈椎 cervical vertebra (9、10)
胫侧副韧带 tibial collateral ligament (94、95)
胫腓关节 tibiofibular ligament (95)
胫骨 tibia (33、34)
胫骨后肌 tibialis posterior (229)
胫骨前肌 tibialis anterior (224、225)
咀嚼肌 muscles of mastication (152)
距腓后韧带 posterior talofibular ligament (97)
距腓前韧带 anterior talofibular ligament (97)
距骨 talus (35、36)
距小腿关节（踝关节）talocrural (ankle) joint (97)
距小腿关节（踝关节）的运动 movement of talocrural (ankle) joint (98、100)

K

阔肌 plane muscle (104)

L

肋 rib (15)
肋骨 costal bone (15、17)
肋间内肌 intercostalis interni (140、141)
肋间外肌 intercostalis externi (140、141)
肋软骨 costal cartilage (15)

肋提肌 levator costrum (121)
肋头关节 joint of costal head (63)
肋下肌 subcostalis (141) *
肋与胸骨的连结 articulation between rib and sternum (62) *
肋椎关节 costovertebral joint (63)
泪骨 lacrimal bone (39、40)
梨状肌 piriformis (205)
联合关节 cooperating joint (52)
淋巴管 lymphatic vessels (258)
淋巴结 lymphatic nodes (258)
菱形肌 rhomboideus (120、128)
隆椎 vertebrae prominens (10)
颅 skull/cranium (38~44)
轮匝肌 orbicular muscle (104)

M

泌尿系统 urinary system (257)
面颅 facial cranium (39)
踇长屈肌 flexor hallucis longus (229)
拇长屈肌 flexor pollicis longus (179)
踇长伸肌 extensor pollicis longus (182)
踇短屈肌 flexor halliucis brevis (234)
拇短屈肌 flexor pollicis brevis (185)
拇短伸肌 extensor polliciss brevis (182)

N

内侧与外侧 medial and lateral (1)
内脏 visera (256)
男性生殖系统 male reproductive or genital system (257)
女性生殖系统 femal reproductive or genital system (257)
颞骨 temple bone (39、41)
颞下颌关节 temporomandibular joint (102)

P

膀胱 urinary bladder（252）
平面关节 plane joint（52）

Q

起点 origin（107）
气管 trachea（252）
髂股韧带 iliofemoral ligament（88、89）
髂骨 ilium（29、30）
髂肌 iliacus（205）
髂胫束 iliotibial tract（214）
髂腰肌 iliospsoas（141、205）
髂腰韧带 iliolumbar ligament（82）
前臂后肌群 rear group muscles of forarm（177）*
前臂前肌群 front group muscles of forarm（176）*
前锯肌 serratus anterior（133、137、138、139）
前列腺 prostate gland（252）*
前斜角肌 scaleneus anterior（156）
前与后 anterior and posterior（1）
前纵韧带 anterior longitudinal ligament（56、58）
浅与深 superfacial and profound/deep（1）
球窝关节 ball and socket joint（52）
屈肌 flexor（104）
屈肌支持带 flexor retinaculum（77）
屈戌关节 hinge joint（52）
屈体运动 pike movement（160）*
颧骨 zygomatic bone（39、40）

R

桡侧与尺侧 radial and ulnar（1）
桡尺远侧关节 distal radio-ulnar joint（74）
桡骨 radius（23、24）
桡腕关节 radiocarpal joint（76）
韧带 ligament（51）
韧带连结 syndesmosis（51）
软骨结合 synchondrosis or cartilaginous joint（51）

S

三角骨 triquetral bone（25）
三角肌 deltoid（166、167）
三角肌下囊 subdeltoid bursa（189）
三角韧带 deltoid ligament（97）
筛骨 ethmoid bone（39、41）
上固定与下固定 upper fixation and lower fixation（108）
上颌骨 maxilla（39、42）
上后锯肌 serratus posterior superior（128）
上与下 superior and inferior（1）
上肢骨 bones of upper limb（18）
舌 tongue（251）*
舌骨 hyoid bone（39、42）
伸肌 extensor（104）
伸肌上支持带 superior extensor retinaculum（222）*
伸肌下支持带 inferior extensor retinaculum（222）*
神经系统 nervous system（254）
肾 kidney（252）
生理横断面 physiological cross section（117）
生殖系统 reproductive system（252）

食管（道）oesophagus（251）
矢状面 sagittal plane（2）
矢状轴 sagittal axis（2）
手骨 bones of hand（25）
手关节 manual joint（76）
手肌 muscles of hand（184、185、186）*
手指骨间关节 interphalangeal joint of hand（79）
手舟骨 scaphoid bone of hand（25）
枢椎 axis（10、11）
竖脊肌 erector spinalis（120、130~132）
双关节肌 two joint muscle（107）
双轴关节 bi-axial joint（52）
水平面 horizontal（transversal）plane（2）
水平屈伸 horizontal flexion and extension（53）
锁骨 clavicle（19）

T

提肌 levator（104）
听小骨 auditory ossicles（39）
头侧直肌 rectus capitis latralis（156）
头长肌 longus capitis（156）
头前直肌 rectus capitis anterior（156）
头状骨 capitate bone（25）
骰骨 cuboid bone（35、36）
臀 buttock（1）
臀大肌 gluteus maximus（207、208）
臀小肌 gluteus minimus（209、210）
臀中肌 gluteus medius（209、210）
椭圆关节 ellipsoid joint（52）

W

外展与内收 abduction and adduction（53、54）
腕 wrist（1）
腕骨 carpal bone（25）
腕骨间关节 intercarpal joint（77）
腕掌关节 carpometacarpal joint（78）
尾骨 coccyx（14）
胃 stomach（251）
无固定 no fixation（108）*

X

膝 knee（1）
膝关节 knee joint（94、95、96）
膝交叉韧带 cruciate ligament of knee（94、95）*
下鼻甲 inferior nasal concha（39、40）
下颌骨 mandibula（39、42）
下后锯肌 serratus posterior inferior（128）
下肢骨 bones of lower limb（28）
项韧带 nachal ligament（58）
消化系统 digestive（alimentary）system（256）
小多角骨 trapezoid bone（25）
小腿骨间膜 interosseous membrane of leg（95）
小腿三头肌 triceps surae（226~228）
小圆肌 teres minor（168）
楔骨 cuniform bone（35、36）
斜方肌 trepzius（122~124）
心 heart/cor（258）
心血管系统 cardiovascular system（258）
囟 fontanel（102）

胸大肌 pectoralis major (133~136)
胸骨 sternum (15、17)
胸骨舌骨肌 sternohyoid (155)
胸横肌 transverse thoracis (140)
胸廓 thorax (62)
胸肋关节 sternocostal joint (62)
胸锁关节 sternoclavicular joint (64)
胸锁乳突肌 sternocleidomastoid (153、154)
胸小肌 pectoralis minor (133、140)
胸腰筋膜（腰背筋膜）thoracolumbar fascia (120)
胸椎 thoracic vertebra (12)
旋后肌 supinator (104、176、177、182)
旋前肌 pronator (104)
循环系统 circulatory system (253)

Y

咽 pharynx (256、257)
腰大肌 psoas major (205、206)
腰方肌 quadatus lumbarum (141、149)
腰椎 lumbar vertebra (13)
羽状肌 penniform muscle (104) *
原动肌 mover or agonist (114)
圆柱关节 pivot (trochoid) joint (52)
运动骨盆的肌群 muscles acting on pelvis (240、241) *
运动管理、保证、协调体系 the admistration、guarantee and cooperation system of motion (250) *
运动踝关节的肌群 muscles acting on ankle joint (246、247) *
运动脊柱的肌群 muscles acting on vertebral column (160、161) *
运动肩关节的肌群 muscles acting on shoudle joint (194、195) *
运动髋关节的肌群 muscles acting on hip joint (242、243) *
运动上肢带关节的肌群 muscles acting on shoulder girdle (192、193) *

运动头颈的肌群 muscles acting on head and neck (159) *
运动腕关节的肌群 muscles acting on wrist joint (198、199) *
运动膝关节的肌群 muscles acting on knee joint (244、245) *
运动执行体系 the excutive system of motion (3) *
运动肘关节的肌群 muscles acting on elbow joint (196、197) *

Z

掌骨 carpal bone (25)
掌指关节 metacarpophalangeal joint (79)
枕骨 occipital bone (39)
正中面 median plane (2)
跖骨 tarsal bone (35、36)
跖骨间关节 intermetatarsal joint (99)
跖肌 plantaris (233)
跖趾关节 metatarsophalangeal joint (99)
止点 insertion (107)
指骨 phalanges of finger (25)
趾骨间关节 interphalangeal joint of foot (99)
中斜角肌 scalenius medius (156)
肘 elbow (1)
肘关节 elbow joint (73、75)
肘肌 anconeus (173、177)
转体运动 pirouette movement (161) *
椎骨 vertebra (10~14)
椎骨间连结 intervertebral articulation (55)
足底肌 plantaris (plantar muscle of foot) (233)
足弓 arch of foot (101)
足骨 bones of foot (35、36、37)
足关节 pedal joint (97)
足腱滑膜鞘 tendinous synovial sheath of foot (235)
足舟骨 navicular bone of foot (35、36)
坐股韧带 ischiofemeral ligament (88、89)
坐骨 ischial bone (29、30)

图书在版编目（CIP）数据

运动解剖学图谱 / 顾德明，缪进昌著. -- 3版. -- 北京：人民体育出版社，2013（2025.1重印）
ISBN 978-7-5009-4381-5

Ⅰ.①运… Ⅱ.①顾… ②缪… Ⅲ.①运动解剖—解剖学—图谱 Ⅳ.①G804.4-64

中国版本图书馆CIP数据核字(2012)第264129号

*

人民体育出版社出版发行
北京中科印刷有限公司印刷
新 华 书 店 经 销

*

880×1230　16开本　19.25印张　500千字
2013年9月第3版　2025年1月第29次印刷
印数：310,601—322,600册

*

ISBN 978-7-5009-4381-5
定价：78.00元

社址：北京市东城区体育馆路8号（天坛公园东门）
电话：67151482（发行部）　　邮编：100061
传真：67151483　　　　　　　邮购：67118491
网址：www.psphpress.com
（购买本社图书，如遇有缺损页可与邮购部联系）

版权所有　侵权必究

作者简介

顾德明

1934年生，祖籍江苏常熟。南京体育学院运动解剖学教授。

曾就读于江苏师范学院体育教育专业、南京医学院人体解剖学专业和在北京体育学院进修运动解剖学。

主编出版《运动解剖学图谱》《人体（运动）解剖挂图》《运动解剖挂图》《男子健美训练》《健美训练》。其中《运动解剖学图谱》，1990年被译成日文在日本出版。

参编出版《运动解剖学》（体育院校通用教材）、《运动解剖学》（体育运动学校通用教材）、《人体解剖学》（江苏体育专业教材）。

1985年获国家体委颁发的"新中国体育开拓者"荣誉章和证书。1992年获国务院颁发的"政府特殊津贴"和证书。

《运动解剖学图谱》的出版，深受国际学术界的关注，英国剑桥大学国际传记中心将著者辑入《国际传记词典》第23册序列（1993年版），"以褒奖他在解剖学领域内作出的创新性贡献，这在我国体育界首次获此殊荣"，为中国解剖学跻身于世界学术之林做了贡献，这也是这个小型团队的荣光。其学术成就，被辑入1994年版《南京年鉴》。

作者简介

缪进昌

北京体育大学运动解剖学教授、硕士研究生导师。1924年7月出生于上海、祖籍浙江宁波。曾就读于上海圣约翰大学生物系，1951年毕业于江苏医学院本科（现南京医科大学）。曾在中国人民解放军第六和第七军医大学任助教，1954—1992年在北京体育大学任助教、讲师、副教授、教授。长期担任运动解剖学教研室主任工作，创建了北京体育学院运动解剖学教研室和解剖学标本陈列室。1955—1959年曾担任苏联专家助手，协助培养运动解剖学研究生，曾为本科生、研究生讲授过人体（局部和系统）解剖学、运动解剖学、组织学、人体发生学、神经解剖学、人体测量学、关节生理学、医用解剖拉丁文等课程，并编写了相应课程的讲义。在四十多年中培养了一批运动解剖学专业研究生、本科生、访问学者、留学生。其中不少成为本学科学术骨干。

1980—1995年曾担任中国体育科学学会理事、中国运动医学学会常务委员、运动解剖学学科组组长、《中国运动医学杂志》编委、《体育科学》杂志编委、北京解剖学会理事。1960—1992年，曾担任全国体育院校运动解剖学本科和中专（体育运动学校）统编教材编写组组长、副组长和顾问。

主要著作有《运动解剖学》《运动解剖学图谱》（与顾德明合作）、《运动解剖学挂图》《体育卫生图谱》等。其中《运动解剖学图谱》1990年被译成日文在日本发行。曾参加《中国大百科大辞典——体育卷》《现代科技综述大辞典》和《体育科学词典》等著作的有关运动解剖学方面条目的撰写工作。曾担任《中国体育辞书系列——运动解剖学、运动医学大辞典》一书的副主编和条目主要撰稿人。

科学研究方向为"体力负荷对机体形态结构的影响"。发表的论文有《运动训练对线粒体的影响》《不同体力负荷对股骨和肱骨的影响》《跳跃运动对跖骨和趾骨的影响》《不同运动负荷对手掌骨形态的影响》《肌节模型的制作》等。

1985年获国家体委"新中国体育开拓者"荣誉章、1988年在运动解剖学学术会上获"新中国运动解剖学开拓者"称号、1998年获中国运动医学专业委员会运动解剖学组授予的"中国运动解剖学学科发展贡献奖"、1999年获中国运动医学专业委员会授予的"中国运动医学杰出贡献奖"、1992年开始享受国务院颁发的政府特殊津贴。

作者简介

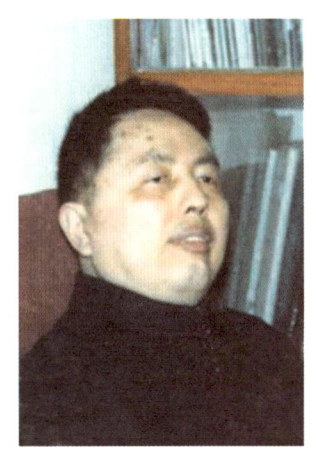

丁誉声

1930年出生，祖籍江苏镇江。南京医科大学绘图工程师。毕业于正则艺术专科学校。出版专著《人体解剖学图谱》人民卫生出版社出版。《连续层次解剖图谱》江苏科技出版社出版。《运动解剖学图谱》人民体育出版社出版。《人体（运动）解剖挂图》中国科学技术出版社出版。其中《运动解剖学图谱》1990年被译成日文在日本出版。

作者简介

丁山

1960年出生，祖籍江苏镇江。南京林业大学艺术设计学院，院长、教授。1988年毕业于南京艺术学院。出版专著《素描》《色彩》中国林业出版社出版。《展示设计》中国水利水电出版社出版。《人体（运动）解剖挂图》中国科学技术出版社出版。《运动解剖学图谱》人民体育出版社出版，该书于1990年译成日文在日本出版。